KB190583

이 책은
서울신학대학교 100주년기념사업
출판연구비 지원으로 연구, 저술되었습니다.

구약성서의 교육
하나님을 경외하는 삶을 위한 교육

지은이_박종석
초판1쇄_2014년 3월 14일
발행인_우순태

편집인_유윤종
책임편집_강신덕
기획/편집_전영욱 강영아
디자인/일러스트_최동호 권미경 오인표 김호정
마케팅/홍보_강형규 박지훈
행정지원_조미정 신지현

펴낸곳_도서출판 사랑마루
출판등록 제2011-000013호(2011. 1. 17.)
주소 | 서울시 강남구 테헤란로 64길 17(대치동)
전화 | (02)3459-1051~2/FAX (02)3459-1070
홈페이지 | http://www.eholynet.org

ISBN 978-89-7591-306-8 93230

※ 책값은 뒤표지에 표시되어 있습니다. 잘못된 책은 구입하신 곳에서 교환해 드립니다.

구약성서의 교육

하나님을 경외하는 삶을 위한 교육

박 종 석

도서출판 사랑마루

머리말

'기독교교육은 무엇일까?' 나는 언젠가 내가 쓴 책 중의 하나에서 기독교교육의 정체에 대한 물음을 '일종의 체기'같다고 쓴 적이 있다. 기독교교육의 정체라는 화두를 붙들고 나름대로 씨름한 뒤, 이제는 그것이 '기독교신앙을 가르치고 배우는 현상'이라고 정리한 후로 나는 일종의 학문적 쉼의 단계로 들어선 것 같았다. 지적 휴식 또는 침묵의 시간을 지내는 동안 마음에 말씀에 대한 사모함이 물안개처럼 솟아올랐다. 그리고 나의 소명이라고 생각하고 있는 교육과 현실적 사고가 짝이 되어 이 소중한 하나님의 말씀을 어떻게 가르쳐야하는가라는 문제의식에서 〈성서교육론〉(2008)을 집필하게 되었다. 그 책은 성경을 교육적 범주에서 다룬 책으로 성서 교육에 대한 일종의 교과서적 서적이라 할 수 있다. 그 책을 쓰고 난 후 뭔가 아쉬움이 있었는데, 나는 나중에야 그것이 성서 자체가 교육에 대해 무엇이라고 말하는 지에 대해서 아무런 언급도 못했기 때문임을 알게 되었다. 그래서 나는 궁금증을 품고 그런 내용을 다룬 책들을 찾아보았으나 발견할 수가 없었다. 기독교교육학자들은 성서의 교육을 주로 유대교의 초기 역사라는 상황에서 다루고 있었다. 성서신학자들은 쉐마나 이스라엘의 가정교육 정도를 다루고 있었다. 성서가 말하는, 좀 분명하게는 성서의 본문이 말하는 교육이 무엇인지를 진지하게 다룬 연구는 거의 찾아볼 수 없었다. 성서의 교육에 대한 이와 같은 답답한 연구 상황이 내게 이 책을 쓰도록 한 충동으로 작용하였다. 말은 '충동'이라 했지만 그와 함께 일종의 사명감도 느꼈다. 하나님의 말씀인 성서가 하나님과 인간의 관계 내용이라면 왜 그 안에 인간 형성에 중요한 교육에 대한 내용이 없겠는가 하는 추측도 추측이지만, 적어도 우리나라의 상황만 보더라도, 그리고 교회의 상황만 보더라도 우리는 성서가 말하는 교육에 대해 너무 무심했구나 하는 마음이 들었다. 그리고 한순간 객관적이라고 볼 수는 없지만 기독교교육을 포함해 우리가 너무 인간적인 교육, 하나님께서 하라는 교육을 하지 않았다는 깊은 심정적 반성을 하게 되었다. 기독교교육학자로서 어떻게 이 주제에 대한 연구가 이렇게 안 되어 있는지 의아할 수밖에 없었다. 부족하지만 이제 나라도 해야 되겠다는 마음이 이 연구를 하게 된 동기이다. 다만, 여러 가지 사정으로 성서 전체를 다룰 수 없었다는 게 아쉬움이다.

성서의 교육에 대한 연구는 모든 기독교교육의 주제들에 대한 원형(prototype)이라 볼 수 있다. 원형이기에 그것은 기존 기독교교육에 대한 일종의 근거 또는 바탕, 또는 척도로 작용할 수 있을 것이다. 기독교교육이 성서를 바탕으로 하지 않는다면 그것은 종교적 성격의 교육일 것이다. 기독교교육이 종교적이며 구속적 성격의 교육이기도 하다면 기독교교육이 지금처럼 기독교교육의 이론에 의해 형성이 되고 그것에 의해 평가된다면 그것은 인간의 구속적 변형을 야기할 수 있는 교육일 수 있겠는가. 따라서 나는 성서의 교육에 대한 연구가 단순히 성서에서 말하는 교육의 내용을 넘어, 현재의 기독교교육의 정체성 또는 근거에 대한 물음일 수 있기 때문에 앞으로의 기독교교육의 방향 설정에 도움이 될 수 있다고 본다.

이 책은 우선은 내가 궁금해 했던, '성서는 교육에 대해 무엇이라고 말하는가'와 동일한 물음을 가진 기독교교육 학도들에게 도움이 될 것이다. 나는 이 책을 쓰는 과정에서 성경이 말하는 자녀교육에 대한 책을 하나 써야겠다는 마음을 먹었는데, 그런 책이 나올 때까지는 이 책이 성서적으로 자녀를 교육하고자 하는 부모들에게 그나마 도움이 될 수 있을 것이다. 기독교교육학자들에게는 이 책이 기독교교육의 원형적 교육의 원리에 대해 생각해보는 계기가 될 수 있을 것이다.

또한 이 책은 기독교교육학의 '개론' 내용 중에서 기독교교육의 성서적 접근에 대한 참고서로 사용될 수 있으며, '성서교육론' 등의 강의 부교재로 이용될 수 있을 것이다. 대학원 등에서는 '성서교육론 세미나' 등에서 독서과제로 이용될 수 있을 것이다. 또한 초기 기독교교육사에 관한 참고도서로도 사용될 수 있을 것이다. 무엇보다 이 책은 성서가 말하는 교육에 대해 관심이 있거나 성서가 말하는 대로 교육을 해보고자 하는 사람들에게 큰 도움이 될 것이다.

이 책은 서울신학대학교 개교 100주년 기념총서로서 학교의 학술연구지원비에 의해 연구되었다. 서울신학대학교 개교 100주년을 축하하고 기념하는 일에 한 권의 책으로 참여할 수 있어서 필자에게는 영광이요, 큰 기쁨이었다. 이 책을 꼼꼼히 읽고 의견을 준 순복음대학원대학교의 박진숙 교수에게 고마움을 전한다. 어려운 출판 상황에서도 교육의 중요성을 인식하고 사명감으로 이 책을 출판해 준 기독교대한성결교회 출판위원회와 총회본부의 유윤종 교육국장, 그리고 이 책의 출판을 기획하고 진행한 교육국의 강신덕 팀장 및 직원들에게 감사한 마음을 전한다.

2014년 1월

박종석

목 차

3장 구약성서의 교육 방법/ 205

6장 구약성서의 교육 환경/ 447

일러두기

특별한 경우를 제외하고 성경 본문은 〈새번역성서〉(2001)를 사용했다. 새번역은 발행 취지로 보면 교육용성서이기 때문이다. 새번역 외의 성경을 사용할 경우에는 명기를 했다. 구태여 외경을 인용할 필요가 있을 경우, 공동번역 개정판을 사용했다.

성구의 주는 대한성서공회 본문의 방식을 그대로 따라 해당 구절의 앞에 두었다. 이 경우, '그'는 그리스어, 곧 헬라어의 약자이며, '히'는 히브리어의 약자이다.

하나님에 대한 명칭은 '야훼'(יהוה)로 했다. "이스라엘 하나님의 이름은 아직도 '여호와'라고 부르는 수가 많지만 아마 '야훼'가 본디 발음에 더 가까울 것이다."[1)]

'바빌론'은 '바빌로니아' 국가의 수도명이다. 그런데 '바빌론 유수'라는 사건을 계기로 바빌론 자체가 바빌로니아라는 국가의 의미로 사용되기도 한다.

바빌론 유수(Babylonian Captivity)는 주전 597~538년 이스라엘의 유다왕국 사람들이 신바빌로니아의 바빌론으로 포로가 되어 이주한 사건인데, '잡아 가두다'라는 뜻의 유수(幽囚)라는 한자어가 어려워 보일 수 있으므로 '포로'라는 용

1) 『해설·관주·성경전서: 독일성서공회판』(서울: 대한성서공회, 1997), 101.

어로 대신한다.

팔레스타인(Palestine)은 이스라엘을 중심으로 한 지중해의 동해안 일대를 가리키는 지역명이다. 철자 때문에 '팔레스틴'이라 쓰는 이들이 있다. 영어로는 팔레스티나(Palestina)라고 한다.

B.C.(Before Christ)는 예수 탄생이전의 시기를 가리키므로 '주전'으로, A.D.(Anno Domini)는 중세 라틴어로 '우리 주님의 해에'(in the year of our Lord)라는 뜻이므로 '주후'로 표기한다.

히브리, 이스라엘, 유대

유태인들에게 붙은 첫 번째 명칭은 아브라함과 그 자녀들에게 붙여진 '이브리(עברי)였는데 여기에서 '히브리'((עברית)가 나왔다. 이브리는 '아바르'(건너다)에서 나온 말로, 프랕(유프라테스)강, 혹은 야르덴(요단)강을 건넌 이스라엘 민족을 의미한다. '히브리'는 이 단어의 영어 번역인 'Hebrew'를 음역한 것이다.

한편, 히브리란 단어는 '떠돌아다니는 사람들' 혹은 '옮겨온 사람들'이라는 뜻이다. 초기의 유태인들을 방랑하는 사람들로 보았기 때문이었다. 그래서 히브리란 말은 구약시대에 이스라엘인들을 경멸하는 의미로 주변 국가들이 사용하였고(삼상 29장 참조), 바빌론 유수 이후에는 유태인들이 스스로를 '히브리인'으로 칭한다. 신약시대에 단순히 이스라엘 사람을 뜻하는 용어로 변용되었지만(빌 3:5 참조), 오늘날에는 히브리어, 히브리 문학 등 이스라엘의 문화적인 측면을 가리킬 때 사용된다.

그런데 이집트의 노예생활에서 벗어나 약속의 땅으로 들어가는 시절부터 '브나이 이스라엘'이란 명칭으로 불리기 시작했다. 이 말은 '이스라엘의 자손' 혹은 '이스라엘 사람들'이란 뜻이다. 원래 이스라엘이란 말은 '하나님과 씨름하는 사람'이란 뜻이었다. 이삭의 아들 야곱이 천사와 씨름을 한 후 천사로부터 받은 이름이다.

> "그 사람이 말하였다. '네가 하나님과도 겨루어 이겼고, 사람과도 겨루어 이겼으니, 이제 네 이름은 야곱이 아니라 [2]이스라엘이다.'"(창 32:28)

---

2) "하나님과 겨루다" 또는 "하나님이 겨루시다".

이스라엘은 또한 하나님이 아브라함과 그 자손들에게 준 땅인 가나안 땅을 가리키는 명칭이기도 하다.

유대란 말은 야곱의 열두 아들 가운데 한 명의 이름인 유다에서 유래되었다. 그리고 이 유다란 명칭은 유태민족 국가가 이스라엘과 유다왕국으로 나뉘어 존립하다가 이스라엘이 먼저 망하고 유다왕국만이 남아 유태민족을 대표하는 민족국가로 존속하면서 유태인 전체의 편리한 호칭으로 전래되어 오늘날까지 내려온 명칭이다. 오늘날의 유태인들은 끝까지 남아 지속된 유다왕국의 후손인 셈이다. 유태(猶太)란 호칭은 유다의 한자음 음역에서 비롯됐다.[3)]

교수, 학습

제임스 L. 크렌쇼(James L. Crenshaw)는 교육과 학습을 구별한다. 학습은 어느 곳에서나 어떤 조건에서도 일어날 수 있지만 교육은 그렇지 않다. 교육은 특정 교사에 의한 학습자에 대한 의도적 교수이다. 교육과 학습은 지식과 지혜의 성격과 유사하다. 지식은 사실적 자료에 대한 친숙함이라면 지혜는 현실을 지배하는 광범위한 원리들에 대한 이해를 나타낸다.[4)] 성서의 교육은 그 둘 다를 포함하지만 아무래도 후자 쪽의 성향이 더 할 것이다.

교육

고대 이스라엘에서 오늘날과 같은 개념의 교육은 없었다. 즉 당장의 실제적 필요와 무관한 계속 과정으로서의 교수와 학습은 존재하지 않았다. 교수나 학습을 지시하는 일정한 용어도 없었다. 대신에 '명령하다', '경고하다', '보여주다', 또는 '선언하다' 등이 일반적이었다.

> "내가 아브라함을 선택한 것은, 그가 자식들과 자손을 잘 가르쳐서, 나에게 순종하게 하고, 옳고 바른 일을 하도록 가르치라는 뜻에서 한 것이다."(창 18:19)

> "오직 너는 크게 용기를 내어, 나의 종 모세가 너에게 지시한 모든 율법을 다 지키

---

3) 김종빈, 『갈등의 핵, 유태인』 (서울: 효형출판사, 2007).

4) James L. Crenshaw, "Education, OT," Katharine D. Sakenfeld, ed., *The New Interpreter's Dictionary of The Bible* 2 (New York: Abingdon Press, 2006), 196.

고, 오른쪽으로나 왼쪽으로 치우치지 않도록 하여라."(수 1:7)
"'그들은 무슨 일이든지 생기면 저에게로 옵니다. 그러면 저는 이웃 간의 문제를 재판하여 주고, 하나님의 규례와 율법을 알려 주어야 합니다.' '그리고 자네는 그들에게 규례와 율법을 가르쳐 주어서, 그들이 마땅히 가야 할 길과 그들이 마땅히 하여야 할 일을 알려 주게.'"(출 18:16, 20)

"주님께서 모세에게 말씀하셨다. '너는 내가 있는 산으로 올라와서, 여기에서 기다려라. 그러면 내가 백성을 가르치려고 몸소 돌판에 기록한 율법과 계명을 너에게 주겠다.'"(출 24:12)

"또 너희는 나 주가 모세를 시켜 말한 모든 규례를 이스라엘 자손에게 가르쳐야 할 사람들이다."(레 10:11)

"당신들은 주님께서 택하신 곳에서 그들이 당신들에게 내려 준 판결에 복종해야 하고, 당신들에게 일러준 대로 지켜야 합니다. 그들이 당신들에게 내리는 지시와 판결은 그대로 받아들여서 지켜야 합니다. 그들이 당신들에게 내려 준 판결을 어겨서, 좌로나 우로나 벗어나면 안 됩니다."(신 17:10~11)

"[5]악성 피부병에 걸린 사람에 대하여는, 레위 사람 제사장들이 당신들에게 가르쳐 주는 대로, 모든 것을 철저히 지켜야 합니다. 내가 그들에게 명령한 대로 지키십시오."(신 24:8)

"나는 당신들이 잘 되도록 기도할 것입니다. 내가 기도하는 일을 그친다면, 그것은 내가 하나님께 죄를 짓는 것입니다. 그런 일은 없을 것입니다. 오히려 나는, 당신들이 가장 선하고 가장 바른길로 가도록 가르치겠습니다."(삼상 12:23)

"주님께서 하늘에서 들으시고, 주님의 종들과 주님의 백성 이스라엘의 죄를 용서해 주시고, 그들이 살아갈 올바른 길을 그들에게 가르쳐 주시며, 주님의 백성에게 유산으로 주신 주님의 땅에 비를 다시 내려 주십시오."(왕상 8:36)

"그리하여 사마리아로부터 사로잡혀 온 제사장 가운데 한 사람이, 그리로 돌아가 베델에 살면서, 주님을 경외하는 방법을 그들에게 가르쳤다."(왕하 17:28)

여기서 '가르치다'란 말은 구체적인 경우에 실제적 지도를 하는 의미로 이해해야 한다. 이 말은 오늘날 '교사'라는 말이 되었다.

---

5) 전통적으로 나병으로 알려져 왔으나 히브리어로는 여러 가지 악성 피부병을 뜻함.

교육이란 개념은 본디 미리 '본다'거나 '점을 친다'거나 하는 뜻의 '예언'이란 말이 '설교', '권면', 그리고 '가르침'이라는 뜻으로 바뀌면서 나타났다. 신명기에서 '안내하기'나 '가르치기'라는 뜻의 '라마드'는 오늘날의 교수와 학습과 같은 개념이라 볼 수 있다. 이 말은 성서의 어느 책에서보다 신명기에서 많이 사용되었다(17회). 이 말은 시편 119편에 13회, 그리고 예레미야에 14회 등장한다.[6]

구약성서에는 몇 가지 의미로 통일시킬 수 없는 교육과 관련된 다양한 용어들이 등장하고 있다.

라마드(למד)

구약에서 '가르치다'라는 의미로 가장 많이 쓰이고 있는 단어는 '라마드'이다. 라마드 동사와 '마르마드'(מלמד;'소 모는 막대기', 삿 3:31 "삼갈이 … 소를 모는 막대기만으로 블레셋 사람 육백 명을 쳐 죽여")라는 명사를 볼 때 원래는 황소에게 밭을 가는 것을 가르치기 위해, 몰이막대기에 길들게 하고 멍에에 길들게 한다는 의미였을 것이다. 이스라엘에서는 나중에 예언자 호세아는 이스라엘을 '길이 잘 든 암소'(비교. "한때 에브라임은 길이 잘 든 암소와 같아서, … 목에 멍에를 씌워 에브라임은 수레를 끌게 하고…." 호 10:11)로 묘사한다. 이 말이 또한 확대 적용되어 '자극하다', '익숙하게 하다', '훈련시키다'는 뜻으로 되었을 것이다. 이런 뜻으로는 동물, 특히 나귀에게 사용되었다. 그 예로 예레미야 2장 24절("너는 사막에 익숙한 야생 암나귀와 같았다.")의 '림무드 미듭바르'(למד מדבר; "사막에 익숙한")를 들 수 있다. 그러나 사람, 이스라엘의 훈련에도 사용되었다("전쟁이 무엇인지 가르쳐 알게 하여 주려고"[삿 3:2]). 라마드는 무엇에 익숙하도록 하기 위한 교육이었다.

이 동사가 피엘(강조)형으로 쓰이면[7] '가르치다'를 의미한다. 그 예는 "전쟁이 무엇인지 가르쳐 알게 하여"(삿 3:2)를 들 수 있다. 이 라마드의 뜻이 더욱 확대되어 일반적으로 '배우다', '가르치다'는 의미를 지니게 되었다.[8] 라마드는

---

6) Nathan Morris, *The Jewish School: An Introduction to the History of Jewish Education* (London: Eyre and Spottiswoode, 1937), 8.

7) 히브리어의 동사형의 종류는 칼(기본형, 능동형), 니팔(수동형), 피엘(강조형), 그리고 히필(사역형 또는 재귀형)이 있다.

'배우다'라는 동사의 어근으로도 사용된다. 라마드, '배우기', '가르치기(피엘)' 등이다. 마지막 어근은 주로 신명기에서 확인된다.

"내가 당신들에게 가르쳐 주는 규례와 법도"(신 4:1)
"당신들에게 규례와 법도를 가르쳐 주었습니다. … 그대로 지키도록 하려고 그렇게 가르쳤습니다."(신 4:5절)
"이것을 그들의 아들딸에게 가르치게 하려고 한다."(신 4:10절)
"규례와 법도를 가르쳐 주라고 하셨습니다."(신 4:14절)
"규례와 법도를 … 익히고 지키십시오."(신 5:1)
"이것은 주 당신들의 하나님이 당신들에게 가르치라고 나에게 명하신 명령과 규례와 법도입니다."(신 6:1)
"이 말을 당신들 자녀에게 가르치며, … 언제든지 가르치십시오."(신 11:19)
"하나님을 두려워하는 것을 배우게 됩니다."(신 14:23)
"주 하나님 경외하기를 배우며"(신 17:19)
"역겨운 일들을 본받지 마십시오."(신 18:9)
"율법을 듣고 배워서 … 당신들의 자손도 듣고 배워서"(신 31:12~13)
"이스라엘 백성에게 가르쳐 부르게 하여라. … 내가 무엇을 가르쳤는지를 증언할 것이다." (신 4:19절)
"그 날에 모세는 이 노래를 적어 이스라엘 백성에게 가르쳐 주었다."(신 4:22절).

신명기에서 이 용어는 '반복하기', '가르치기'라는 옛말 대신에 사용되었을 것이다.

"자녀에게 부지런히 가르치며, 집에 앉아 있을 때나 길을 갈 때나, 누워 있을 때나 일어나 있을 때나, 언제든지 가르치십시오."(신 6:7)

라마드는 이사야서에서도 잘 알 수 있다.

"옳은 일을 하는 것을 배워라."(사 1:17)
"이 가르침을 봉인해서"(사 8:16)
"의가 무엇인지 배우게 될 것입니다. … 악인들은 옳은 일 하는 것을 배우려 하지 않습니다."(사 26:9~10)

그리고 시편에서도 볼 수 있다.

---

8) 하지만 어근 '라마드'(למד)가 '배우다', '가르치다'의 의미로서 우가리트 문서에서 발견되며(3 Aqht: rev. 29) 어근 '라마두'(למד)가 '배우다'라는 뜻으로 아카드 문서에서 발견된다.

"내가 주님의 의로운 판단을 배울 때에, 정직한 마음으로 주님께 감사하겠습니다."(시 119:7)
"주님의 율례를 나에게 가르쳐 주십시오."(시 119:12, 64)
"주님의 율례를 내게 가르쳐 주십시오."(시 119:26)
"내가 주님의 계명을 따르니, 올바른 통찰력과 지식을 주십시오."(시 119:66)
"주님의 율례들을 내게 가르쳐 주십시오."(시 119:68, 124, 135)
"나는 주님의 율례를 배웠습니다."(시 119:71)
"주님의 계명을 배울 수 있는 총명도 주십시오."(시 119:73)
"주님의 규례를 내게 가르쳐 주십시오."(시 119:108)
"주님의 율례들을 나에게 가르치시니."(시 119:171)

하나크(חנך)

'가르치다'는 뜻의 '하나크'가 있다. 이 말에서 교육에 해당하는 현대 히브리어 용어 하노크(חנוך)가 나왔다. '교육시키다', '훈련시키다'라는 뜻을 지닌 하나크라는 히브리 단어는 '바치다', '헌신하다'라는 의미를 지닌 어근에서 쓰이고 있다. 구약에서는 후기시대에 명령형 동사로 쓰인 경우가 발견되는데 곧 잠언 22장 6절상의 '하노크 란나아르알 피 다르코'("마땅히 걸어야 할 그 길을 아이에게 가르쳐라")가 그 경우이다.

히브리적 관점에서 보았을 때 어린이를 교육시키는 과정은 그 교육에 전념하는 것으로 간주되었다. 그래서 하나크는 어린이들에 대한 가르침의 시작(initiate, start)을 의미할 수도 있다. 그리고 어린이에 대한 가르침이란 의미에서 헌신적 교육의 성격을 담고 있다.

야사르(יסר)

후기에 사용된 또 다른 동사는 야사르로서 원래는 '훈련시키다, 바로잡다, 경고하다'라는 뜻으로 사용되었고 여기서 뜻이 확대되어 '교훈하다'는 의미도 지니게 되었다. 많은 경우 이 용어의 다소는 엄중한 교훈을 뜻할 때 쓰인다. 그 예가 "농부에게 밭농사를 이렇게 짓도록 일러주시고 가르쳐 주신 분은, 바로 하나님이시다."(사 28:26)라는 말씀이다. '삔'(בין)의 사역능동형이 사용된 경우도 한 번 있는데 그것은 "왕은 또, 주님께 하게 구별되어서, 온 이스라엘을 가르치는 레위 사람들에게도 다음과 같이 지시하였다."(대하 35:3)란 구절에서이다. 또한 지식의 목적에 대하여 언급학고 있는데 이 목적은 '삐나'(בינה) 또는 '테부나'(תבונה), 즉 '통찰과 이해'를 얻는 것이었다. 이 사실은 "주님을 경외하는 것이 지혜의 근본이요, 하신 이를 아는 것이 슬기의 근본이다."(잠 9:10)라는 말씀과 "슬기를 외쳐 부르고, 명철을 얻으려고 소리를 높여라."(잠 2:3)란 말씀에서 찾아볼 수 있다.[9] 야사르는 보다 엄중한 교육에 대해 사용되었다.

무사르(מוסר)

명사로는 '지혜와 교훈'을 뜻하는 무사르가 있다. "이 잠언은 지혜와 훈계를 알게 하며, 명철의 말씀을 깨닫게 하며"(잠 1:2). 무사르라는 말은, 지혜의 선물인 '교훈'을 의미하는 동시에 '징계'(질책, 처벌)를 의미한다. 이 말은 지혜서들에서 가정교육에 대하여 사용되고, 예언서들과 신명기에서는 하나님의 행위의 특징을 나타내는데 사용되고 있다. 이 용어는 잠언에 30회, 예레미야에 8회, 그리고 욥기에 5회 등장한다. 또 이 말은 종종 '호크마'((חכם, 지혜)라는 말과 연합되기도 한다.(잠 1:2, 7; 23:23; 참조.. 8:33; 13:1; 15:33; 19:20). 그러나 무사르는 또한 '훈련', '징벌'이라는 특별한 의미도 있다.[10]

모레(מורה)

'가르침', '교사'(왕하 17:28, 사 9:14, 30:20, 합 2:18, 잠 5:16, 욥 36:22, 대하 15:3)

토라(תורה)

---

9) J. Kaster, "Education, OT," George A. Buttrick, ed., *The Interpreter's Dictionary of the Bible*, 『기독교대백과사전』 1 (서울: 기독교문사, 1980), 1151.

10) "이 말을 그리스어 '파이데이아'(paideia; 참조 라틴어, disciplina)로 번역하면서 70인역 역자들은, 교육을 그리스화할 의사는 없었다. 그리스식 교육은 보다 현세적인 영역에서 인간성을 계발하는 것을 추구했다." Xavier Léon-Dufour, etc., *Vocabulaire de Théologie Biblique*, 光州가톨릭大學展望編輯部 편, 『聖書神學事典』 (광주: 光州가톨릭大學, 1984), 47.

구약에서 '훈계', '가르침', '지도' 등을 의미하는 교육적인 용어는 토라이다. 토라는 '법'("본국인에게나 너희에게 몸 붙여 사는 타국인에게나, 이 법은 동일하다."[출 12:49])과 '규례'("속건제물도 속죄제물과 같아서, 같은 규정을 이 두 제물에 함께 적용한다. 그 제물은 죄를 속하여 주는 제사장의 몫이다."[레 7:7]; "이것은 번제와 곡식제와 속죄제와 속건제와 위임제와 화목제의 제물에 관한 규례이다."[37절])에 의해 잘 알려져 있다; 이 마지막 용어는 매우 자주 '율법'으로 번역되지만 그 첫 번째 의미는 '교수'이다.[11)]

명사 토라는 '지시하다', '보여주다'는 의미를 지닌 동사 '야라'에서 파생됨으로써 '방향을 세우다', '가르치다'라는 뜻을 지니게 되었다. 예를 들어 사무엘상 12장 23절에 나오는 말씀 "웨호레티 에트켐 빼데레크 핫토바 웨하여 샤라"("당신들이 가장 선하고 가장 바른 길로 가도록 가르치겠습니다.")가 그러한 경우이다. '빼데레크'(והוריתי)는 '레'(ירה) 동사의 사역능동형 과거 1인칭 단수로 여기서 '가르치다'는 의미를 지닌다.[12)] 인간에게 주어진 것이나 하나님에 의해 주어진 것이거나 교훈과 가르침은 구약에서 하나님이나 인간에 대한 삶의 바른 도리 또는 행동규범이라는 말과 동의어로 사용되며 그 까닭에 토라라는 용어가 '교훈'이라는 뜻과 동시에 율법이라는 뜻을 지니게 된 것이다. 토라는 '쏘다', '내던지다', '그물을 드리우다'라는 의미에서 유래되었다.[13)] 토라는 인간이 알아야 할 바른 도리이기에 가르치고 배워야 할 것이다. 토라는 당연히 배워야 할 교육의 내용이기에 가르쳐야 하는 것이다.

고대 이스라엘에서 가르치고 배우는 행위를 나타내는 데 사용한 말들은 배우는 것이 따로 있고 가르치는 것을 따로 있는 것으로 보지 않고 배우는 것과 가르치는 것이 하나인 통합되어 있는 것으로 보아 하나의 용어로 가르치고 배우는 두 가지 행위를 모두 표현하였다.

야다(ידע)

---

11) G. Östborn, *Tōrāh in the Old Testament, a Semantic Study* (Lund, 1945); J. Jensen, "The Use of Tôrāh by Isaiah", Catholic Biblical Quarterly, Monograph Series (CBQMS)3. Washington (1973). André Lemaire, "Education, Ancient Israel," David N. Freedman, ed., *The Anchor BiBle Dictionary*, vol.2 (New York: Doubleday, 1992), 305 재인용.

12) Kaster, "Education, OT," 1151.

13) Edward L. Hays, "기독교 교육의 성서적 근거", Werner C. Graendorf, *Introduction to Biblical Christian Education*, 김국환 역,『복음주의 기독교 교육론』(서울: 기독교문서선교회, 1992), 38.

지식과 지혜는 서로 연관이 있는 개념이다. 둘 다 하나님께 뿌리를 두고 있으며, 둘 다 공히 배움을 삶에 적용한다. 서구에서 지식은 자주 정의로 제한되고, 추상적 개념이나 이론적 원리들로 한정된다. 하지만, 히브리 사상에서는 무언가 안다는 것은 그것을 경험하는 것이다. 단지 지적으로만 그것을 경험하는 것이 아니다. 누군가를 안다는 것은 그 사람과 친밀한 인격적 관계를 나눈다는 것이다. 따라서 '안다'는 히브리 동사 야다는 만나고, 경험하고, 친밀한 방식으로 공유하는 것이다. 그래서 남자는 성적 교류를 통해 여자를 알고(창 4:1, 17, 25), 여자는 남자를 안다(민 31:17). 요약하면, 히브리 성서적으로 동사 야다는 어떤 사람에 대한 관심, 내적 참여, 헌신, 또는 애착이 포함되는 행위를 나타낸다. 또한 야다는 누군가에 대해 공감, 동정, 또는 애정을 갖는 것을 의미한다. 따라서 지식에 대한 사상은 전인격을 포괄한다.

한편 야다는 실제 삶의 영역에서 행동이나 도덕적으로 반응을 나타내는 것을 말한다. 예를 들어, 잠언 12장 10절 "의인은 집짐승의 생명도 돌보아 주지만"에서 '돌본다'는 말은 '안다'는 말로 짐승의 필요를 채우는 선한 행위를 나타내고 있다. 예언자들 역시 다른 사람을 위한 행동이나 관심으로서의 이 같은 지식관을 가르쳤다. 예레미야 22장 15~16절에서 주님은 예언자를 통해 말씀하신다.

> "네가 남보다 백향목을 더 많이 써서, 집짓기를 경쟁한다고 해서, 네가 더 좋은 왕이 될 수 있겠느냐? 네 아버지가 먹고 마시지 않았느냐? 법과 정의를 실천하지 않았느냐? 그 때에 그가 형통하였다. 그는 가난한 사람과 억압받는 사람의 사정을 헤아려서 처리해 주면서, 잘 살지 않았느냐? 바로 이것이 나를 아는 것이 아니겠느냐? 나 주의 말이다."

법(미쉬팔)과 정의(체다카)를 행하고 가난한 사람과 억압 받는 사람을 돌보는 것이 하나님을 아는 것이다. 하나님을 안다고 할 때의 da'ta(דעי)는 동사 야다와 관련된 명사지만 여기서는 동사적으로 기능한다. 따라서 사회적 행위와 훌륭한 인격은 하나님의 계시를 통한 하나님과의 바른 관계의 결과이다. 하나님을 안다는 것은 신실하게 그의 길을 간다는 것이며 그와의 언약의 차원에서 살아간다는 것이다. 그것은 진리의 내면화와 삶의 현실에서의 실현을 포함한다. 간단히 말하면, 히브리 백성에게 안다는 것은 하는 것이다.

더 나아가 지식의 영역에서 인지적 정서적 요소 둘 다를 연결 짓고 있는 증거는 동사 야다에 대한 자세한 연구에서 볼 수 있다. 보통 야다는 '안다'(to know)라고 번역되지만 NIV 등에서는 그것을 '가르치다'(to teach), '교수하다'(to instruct), '이끌다'(to lead)로 번역한다. 이 구절들은 아는 것이 단순히 마음만 사용하는 것이 아니라 몸이 수반되는 구체적 행위라는 면에서 특별히 생각해 볼 필요가 있다.

사사기 8장 16절("기드온은 그 성읍의 장로들을 체포한 다음에, 들가시와 찔레를 가져다가, 숙곳 사람들을 응징하였다.")에서 동사 야다는 들가시와 찔레로 누군가를 '치는 것'이다. 역대하 23장 13절("보니, 왕이 성전 어귀 기둥 곁에 서 있고, 관리들과 나팔수들이 왕을 모시고 서 있으며, 나라의 모든 백성이 기뻐하며 나팔을 불고 있고, 성전 성가대원들이 각종 악기로 찬양을 인도하고 있었다. 아달랴는 분을 참지 못하고 옷을 찢으며 '반역이다! 반역이다!' 하고 외쳤다.")에서 같은 동사 야다는 찬양을 인도하거나 하도록 신호를 보내는, 악기를 갖고 노래하는 사람들에게 사용되었다. 그러므로 '안다'나 '가르치다'는 단지 지적 활동 이상이다. 그것은 행동하는 것이다. 그것은 실제적 활동이나 개인적 지식을 인생의 다양한 영역들과 경험들에 적용하는 것을 포함한다.[14)]

---

14) Marvin R. Wilson, *Our Father Abraham: Jewish Roots of the Christian Faith*, 이진희 역, 『기독교와 히브리 유산』(서울: 컨콜디아사, 1995), 429. 히브리와 헬라의 성격은 여러 면에서 대조적이지만 지식관에서도 그렇다. 노만 H. 스네이스(Norman H. Snaith)는 이것을 다음과 같이 요약한다. "히브리 체계의 목적과 목표는 **'다아스 엘로힘'**(하나님에 관한 지식, Knowledge of God)이다. 헬라 시스템의 목적과 목표는 '그노티 세아우톤'(너 자신을 알라, Know thyself)이다. 이 둘 사이에는 대단히 폭 넓은 차이가 존재한다. 동일한 둘 사이에는 어떤 타협도 없다. 그들은 태도와 방법에서 반대편이다. 히브리 체계는 하나님으로 시작한다. 유일한 참 지혜는 하나님에 대한 지식이다. "하나님 경외가 지혜의 시작이다." 당연한 귀결은 사람은 먼저 하나님을 배우고 그분의 다스리는 뜻에 복종하지 않는다면, 자신이 누구이고 자신과 세계가 무엇인지 결코 알 수 없다. 반대로, 헬라 체계에서는 사람의 지식으로 출발해서 소위 "인간의 최고의 본성"에 대한 지식을 통해 하나님의 방법과 본성에 대해 이해하고자 한다. 성서에 의하면, 영으로 다시 태어나지 않으면 최고의 본성을 가질 수 없다. 성서에는 이 같은 헬라식 접근을 어느 곳에서도 찾아볼 수 없다. 성서는 구약과 신약 전체에 걸쳐 히브리적 태도와 접근을 바탕으로 하고 있다. Norman H. Snaith, *Distinctive Ideas of the Old Testament*(London: Epworth Press, 1984).

들어가는 글

고대 이스라엘 교육에 대한 연구의 필요성

고대를 포함해 이스라엘 교육에 대한 연구는 일반교육에서 경시되어 왔다. 폴 A. 몬로(Paul A. Monroe)는 그의 교육사 760쪽 분량에서 160여 쪽을 그리스와 로마 교육에 할애하고, 중국의 교육을 전형적인 동양적 교육으로 여겨 33쪽을 배당하지만, 유대교육에 대해서는 고대이든 현대이든 단 한 줄도 언급하고 있지 않다.[1] 엘우드 P. 쿠벌리(Ellwood P. Cubberley) 역시 1,500쪽이 넘는 방대한 두 권의 교육사에서 유대교육에 대해서는 종교와 묶어 단 두 쪽을 할애할 뿐이다.[2] 윌리엄 보이드(William Boyd) 역시 그의 교육사 책에서 고유한 것이 아닌 그리스 교육의 일면으로서 유대교육에 대해 열 쪽 분량으로 다루고 있다.[3] 유대교육은 내재적 특성을 지닌 고유한 것이 아닌 자녀교육에 대한 구약의 영향력으로 설명되고 있다. 역사가들은 유대교육은 페르시아나 바빌론 교육과 같은 역사의 일부이고 다만 역사적인 것 외에는 아무것도 아니라는 생각인 듯하다. 유대교육은 초기 기독교교육 발달에 약간의 영향을 준 정도이고 오늘날의 교육과는 거의 또는 전혀 상관이 없는 것으로 보인다.[4)

---

1) P. Monroe, *A Text-book in the History of Education* (New York: The Macmillan Co., 1905).

2) Ellwood P. Cubberley, *History of Education: Educational Practice and Progress Considered as a Phase of the Development and Spread of Western Civilization* (Boston, New York: Houghton Mifflin, 1920).

3) William Boyd, *The History of Western Education* (London: A. & C. Black, 1921).

성서의 교육의 중요성

유대인들에게 교육은 가장 중요한 것 중의 하나였다.

> "내가 기름 부어 세운 사람에게 손을 대지 말며, 나의 예언자들을 해하지 말아라."(대상 16:22)

여기서 '기름 부어 세운 사람'은 학교에 다니는 아동을 가리키고, '나의 예언자들'은 교사들을 가리킨다.[5)]

랍비 요수아 벤 페라키아(Joshua ben Perachiah)는 말했다.

> "지성소는 파괴하라. 그러나 아동은 학교에 가게 하라."

교육을 중단하느니 차라리 성전 건물의 건축을 중단할 수 있다고 할 정도로 교육을 중요시했다.[6)] 필로(Philo)는 이렇게 말했다.

> "유대인들은 … 한 율법과 규정되지 않은 관습을 교육받기 이전부터 교사나 부모, 혹은 자신들을 돌보는 이들로부터 유일한 아버지이자 세계의 창조자이신 하나님을 믿도록 강보에서부터 교육을 받았다."[7)]

왜 그들은 그렇게 교육을 중시했을까. 이스라엘 교육의 주요목적은 하나님의 언약의 백성으로서의 역사를 후손들에게 전수하는 것인데, 단지 전통적 사실의 전달이 아닌 그 역사에서 드러난 위대한 하나님을 인식하고 그 하나님을 경외하도록 하는 것이었다(잠 1:7). 그러나 하나님에 대한 경외가 단지 종교적인 형식적 행위로 그치는 것을 막기 위해 하나님에 대한 경외와 신앙이 삶으로까지 이어져야 한다고 보았다. 이 같은 관점에서 교육은 문화화, 즉 사회의 가치 체계를 모든 세대에 파종하는 것이다.[8)]

---

4) Nathan Morris, *The Jewish School: An Introduction to the History of Jewish Education* (London: Eyre and Spottiswoode, 1937), xxiv.

5) William Barclay, *Educational Ideals in the Ancient World*, 유재덕 역, 『고대세계의 교육사상』 (서울: 기독교문서선교회, 1993), 9.

6) Baby1. Shabbat 119b. Barclay, *Educational Ideals in the Ancient World*, 10 재인용.

7) PhiloLeg. ad Caium 31. Barclay, *Educational Ideals in the Ancient World*, 10 재인용.

8) James L. Crenshaw, "Education, OT," Katharine D. Sakenfeld. ed., *The New Interperter's*

그런데 여기서 교육이라고 할 때 그것은 무엇보다 성경교육이었다. 교육의 내용, 교육과정, 교재는 오직 성서라고 할 수 있었다.

> "성서 이외의 교과서는 없었다. 초등교육은 모두 율법을 읽기 위한 준비였고, 고등교육 역시 전부가 그것을 읽고 연구하는 것이었다."[9)]

성서가 말하는 교육

이 책은 성서의 교육에 관한 것이다. 성서의 교육은 성서가 교육에 대해 말하는 내용으로, 성서의 성격을 교육적 관점에서 찾고자 하거나,[10)] 성서를 가르치는 내용을 교과서적 차원에서 이론적으로나 실천적으로 다룬다거나,[11)] 성서 학습의 동기를 부여하는 방법에 대한 것이나,[12)] 특정 발달단계의 학습자를 대상으로 하는 연구나,[13)] 성서의 특정 책을 통해 기독교교육을 위한 함의를 발견하고자 하는 연구나,[14)] 성서 시대의 교육을 역사적으로 다루는 연구와도[15)] 다

Dictionary of The Bible 2 (New York: Abingdon Press 2006), 201.

9) Barclay, *Educational Ideals in the Ancient World*, 12.

10) Walter Brueggemann, *The Creative Word: Canon as a Model for Biblical Education*, 김도일·강성열 공역,『기독교 교육: 월터 브르거만의 창조적인 말씀을 통한』(서울: 한들, 1999) 등.

11) 이정효,『현대 성서 교육론: 이론과 실제』(서울: 성광문화사, 1996); Iris V. Cully, *The Bible in Christian Education*, 김도일 역,『성경과 기독교교육』(서울: 한국장로교출판사, 2004); 박종석,『성서교육론』(서울: 영성, 2008); 한춘기,『학습자의 삶을 변화시키는 성경교수방법론』(서울: 생명의양식, 2008); 강용원,『유능한 교사의 성경교수법』(서울: 생명의양식, 2008) 등.

12) Gerd Theiβen, *Zur Bibel Motivieren*, 고원석·손성현 공역,『성서, 어떻게 가르칠 것인가?: 열린 성서 학습의 길』(서울: 동연, 2010) 등.

13) Christine E. Blair, *The Art of Teaching the Bible: A Practical Guide for Adults* (Louisville: Geneva Press, 2001) 등.

14) Michael V. Fox, "The Pedagogy of Proverbs 2," *Journal of Biblical Literature* 113:2 (Summer 1994); Daniel J. Estes, *Hear, My Son: Teaching & Learning in Proverbs 1-9*. New Studies in Biblical Theology (Grand Rapids, MI: Eerdmans, 1997); Charles F. Melchert, *Wise Teaching: Biblical Wisdom and Educational Ministry*, 송남순·김도일 공역,『지혜를 위한 교육』(서울: 한국장로교출판사, 2002) 등.

15) Charles F, Kent, *The Great Teachers of Judaism and Christianity* (New York: Eaton & Mains; Cincinnati: Jennings & Graham, 1911); Fletcher H. Swift, *Education in Ancient Israel: From Earliest Times to 70 A.D.* (Chicago: Open Court Pub. Co., 1919); 유재덕 역,『고대 이스라엘의 종교교육: 발생부터 AD 70년까지』(서울: 소망, 2012); Nathan Morris, *The Jewish School: An Introduction to the History of Jewish Education* (London: Eyre and Spottiswoode, 1937; New York: Jewish Education Committee Press, 1964); Nathan Drazin, *History of Jewish education from 515 B.C.E. to 220 C.E.: During the Periods of the Second Commonwealth and the Tannaim* (Baltimore: The Johns Hopkins press, 1940); Eliezer

르다. 또한 성서신학자들에 의해 행해지는 성서신학 교수법과도 다르다.[16] 성서의 교육 내용은 성서가 말하는 교육의 내용을 다룬다.

왜 성서의 교육인가. 성서가 말하는 교육은 지금 우리의 상황과 너무 다르지 않은가. 그것은 너무 오랜 것이어서 시대에 뒤떨어진 것이 아닌가. 성서의 교육에 대한 여러 가지 부정적 의견이 나올 수 있을 것이다.

최근 인문학에 대한 열풍이 거세다. 지나친 물질주의적 세상과 경쟁의 심화에 대한 비판으로부터 자신을 돌아보려는 반성의 흐름이라고 보아도 좋을 것이다. 인문학이 무엇인가. 그것은 인문과학과 다르다. 옥스퍼드사전에 따르면 인문과학은 "자연과학이 주로 사용하는 경험적 접근과는 구분되는 주로 분석적, 비판적, 또는 사변적, 그리고 주요 역사적 요소를 가진 방법들을 사용해서 인간의 제반 문화를 연구하는 학문이다."[17] "인문과학은 인간의 제반 문화를 과학적으로 다루는 학문으로, '인문'은 대상이고 '과학'은 방법론인 것이다. 이에 비해 우리가 흔히 문학, 사학, 철학(속칭 '문사철')을 아우르는 개념인 '인문학'은 영어로 'Humanities'라고 부른다. 이는 바로 인간적인 것들(문화)을 다룬다는 말로 소피스트 전통 이후 전개되었던 고대 그리스의 인본주의 사상을 다시 부활시킨다는 의미다. '인문학'은 르네상스(재탄생) 이후의 인본주의 사상을 바탕에 깐 학문을 말하는 것으로, 인간을 학문의 대상으로 과학적으로 다루는 '인문과학'과는 엄밀하게 구별돼야 한다."[18]

미국의 언론인이며 사회비평가인 얼 쇼리스(Earl Shorris)가 지금부터 10여년 전, 우연한 기회에 교도소를 방문해 한 여죄수와 이야기를 나누게 됐다. "왜 가난한 사람들이 존재할까요?"라는 쇼리스의 질문에 그 여인은 "시내 중심가 사람들이 누리고 있는 정신적 삶이 우리에겐 없기 때문이지요."라고 대답했다. 가난한 사람들은 중산층들이 흔히 접할 수 있는 연주회와 공연, 박물관, 강연과

Ebner, *Elementary Education in Ancient Israel During the Tannaitic Period (10-220 C.E.)* (New York: Bloch Pub. Co., 1956); William Barclay, *Educational Ideals in the Ancient World*, 유재덕 역,『고대세계의 교육사상』(서울: 기독교문서선교회, 1993); James L. Crenshaw, "Education in Ancient Israel," *Journal of Biblical Literature* 104 (1985): 601-615; James L. Crenshaw, *Education in Ancient Israel: Across the Deadening Silence*, Anchor Bible Reference Library (Garden City, NY: Doubleday, 1998) 등.

16) Mark Roncace and Patric Gray. eds., *Teaching the Bible: Practical Strategies for Classroom Instruction* (Atlanta: Society of Biblical Literature, 2005); David J. A. Clines, "Learning, Teaching, and Researching Biblical Studies, Today and Tomorrow," *Journal of Biblical Literature* 129:1 (Spring 2010): 5-29.

17) "humanity," *Oxford English Dictionary*, 3rd ed. (Oxford; New York: Oxford University Press, 2003)

18) 임상훈, "인문과학은 여전히 가능하다", 〈경향신문〉 (2012.5.11).

같은 '인문학'을 접하는 것 자체가 원천적으로 힘들고, 그렇기 때문에 깊이 있게 사고하는 법, 현명하게 판단하는 법을 몰라 가난한 생활을 벗어날 수 없다는 것이다.[19] 인문학은 빈곤 탈출 등의 사회 개혁 수단이 아니다. 또한 스티브 잡스(Steve Jobs) 식의 혁신적 제품 생산을 위한 상상력의 근원으로서의 인문학도 아니다.[20] 인문학의 목적이 정신적 성격을 가질 수 있겠지만 지성주의에 빠질 위험이 있다. 인문학은 삶이 무엇인지 그것을 어떻게 바르고 의미 있게 살 것인지에 대한 고민이라고 할 수 있을 것이다. 그런데 그것을 어디서 발견할 수 있는가. 성서에 대한 내용은 상당수 그 물음에 대한 답이 될 것이다. 성서는 인간을 신과의 관계에서 파악하며, 그것은 진리이며 따라서 성서야말로 인문학적 탐구의 정수라고 할 수 있다.

그런데 성서에 대해 인문학적 답들을 묻는 방식에 따라 그 내용과 성격이 달라질 수 있다. 성서에 대해 신학적으로 물을 때, 그 내용은 신학적 내용이 될 수밖에 없다. 그러나 교육적으로 물을 때 우리는 성서가 신앙적 삶으로 사는 것이 무엇인지에 대해 말하는 소리를 듣게 된다. 이는 신학적 내용이 사람의 인지적 차원에 도움을 준다면 교육적 내용은 인간 전인에 도움을 줄 수 있기 때문이다. 교육은 원칙적으로 항상 인간 전인에 관여하며 그것을 추구한다. 이런 면에서 성서에 대한 교육적 접근은 성서가 하나님과의 관계적 삶 안에 있는 인간의 삶이 어떠해야 하는가에 대한 큰 도움을 받을 수 있다는 것이다. 우리는 성서 외에 그 어떤 곳으로부터도 인간의 본래적 삶이 어떤 것이며 그것을 어떻게 성취할 수 있는 지에 대한 답을 들을 수 없다. 이런 면에서 성서의 교육, 즉 성서가 말하는 교육의 중요성이 심히 크다 할 수 있을 것이다.

기독교교육의 과제로서의 성서의 교육 탐구

기독교교육에서 성서 교육은 가장 중요한 자리를 차지하고 있다. 기독교교육은 사실상 성서를 가르치는 교육이라고도 할 수 있기 때문이다. 그동안 기독교교육학계에서 성서교육은 성서를 내용으로 해서 가르치는 방법들에 대한 연구들을 폭넓게 해왔다. 그런 흐름에서 성서 교육은 성서의 내용을 가르치는 것으

19) Earl Shorris, *Riches for the Poor: The Clemente Course in the Humanities*, 고병헌·이병곤·임정아 공역, 『희망의 인문학』 (서울: 이매진, 2006).

20) 이남훈, 『CEO 스티브 잡스가 인문학자 스티브 잡스를 말하다: 스티브 잡스의 인문학적 통찰력과 예술적 감수성』 (서울: 팬덤북스, 2011).

로 인식되어왔다.

그러나 성서 교육에서 간과되어 온 다른 측면도 있는데, 그것은 성서가 교육에 대해 무엇이라 말하느냐 하는 것이다. 성서는 언약의 책이라고 할 수 있다(The Bible is Testaments). 그러나 성서는 교육의 책이기도 하다: 예를 들어, 바울서신들은 당시의 특수한 문맥들을 반영한다. 고린도서만 보더라도 부활 문제, 구제와 관련된 헌금 문제 등이 있다. 성서가 만고의 진리라고 하더라도 오늘날 고린도 교회와 동일한 문맥에서의 문제는 없을 것이다. 그럼에도 불구하고 성서는 여전히 오늘날 우리 교회의 진리이며 척도이다. 그것은 왜 그런가. 그것은 동일하지는 않더라도 유사한 상황이나 아니면 더 중요한 것으로 성서의 정신은 오늘 우리의 어떤 구체적 상황에서도 적용할 수 있는 것이기 때문이다. 이런 의미에서 성서는 교육의 책이다. 교육에 대한 직접적 언급이 없더라도 성서의 여러 내용들은 교육의 정신을 갖고 있으며 오늘날 우리의 구체적 교육현장에 적용할 수 있는 교육의 정신으로 충일하기 때문이다.

월터 브뤼그만(Walter Brueggemann)에 의하면, 구약은 세대를 지속시키고자 하는 공동체의 노력을 보여준다. 구약은 교육을 통하여 그 일을 시도했는데, 그 구체적 형태는 정경 형성을 통해서였다.[21] 따라서 구약의 정경 형성은 그것 자체가 공동체의 형성과 유지, 그리고 전수와 변혁의 동기를 지닌 교육 행위라고 할 수 있다.

교육과 관련해서 성서의 더욱 직접적인 성격은 성서가 교육의 실례들을 보여준다는 점이다. 구약의 예언자들은 개인과 사회가 하나님을 참으로 알고, 사랑하고, 섬기기를 가르쳤다.[22] 신약의 전도자들 가운데 가장 두드러진 바울은 사람들이 복음을 따라 살도록 교육에 전적인 노력을 기울였다.[23] 그러나 무엇보다 우리 주 예수께서는 선생이셨다.[24] 예수는 가르칠 목적으로 구약을 세 가지 방식으로 다루셨다.[25] 첫째, 구약을 전체적으로 해석하면서 학습자들을 위해 특수한 본문들을 다루셨다. 둘째, 학습자가 믿음-소망-사랑 안에서 자라도록

---

21) Walter Brueggemann, *The Creative Word: Canon as a Model for Biblical Education*, 강성열·김도일 역, 『창조적인 말씀을 통한 기독교교육: 성서교육의 모델로서의 정경』(서울: 한들, 1999).

22) 이에 대해서는 Gerhard von Rad, *Theologie des Alten Testaments* Band II, 허혁 역, 『구약성서신학』 2 (왜관: 분도출판사, 1977) 참조.

23) 예를 들어, 로마서 1장 13-15절 참조.

24) Robert H. Stein, *The Method and Message of Jesus' Teachings*, 유재덕 역, 『예수님의 교훈 내용과 그 방법』(서울: 할렐루야서원, 1994); 김도일·최흥진 공역, 『예수의 가르침에 나타난 방법과 메시지』(서울: 한국장로교출판사, 2004) 참조.

25) Robert S. Alley, *Revolt Against the Faithful* (Philadelphia: Lippincott, 1970), 22-39.

하기 위해 구약을 새롭게 하셨다. 셋째, 사랑의 율법과 성서의 내적 의미에 충실하기 위해 전통적인 랍비적 견해와 도그마(Dogma)를 배척하셨다. 구체적으로 예수는 지식인들에게는 논쟁을 통해, 대중들에게는 비유를 통해, 제자들에게는 직접적인 설명으로 가르치셨다는 사실은 상식에 속하는 일이다.[26] 성서는 하나님께서 그의 백성을 가르치시기 위한 책일 뿐만 아니라 하나님께서 당신의 백성들을 당신의 종들을 통하여 어떻게 교육하셨는지를 기록한 책이기도 하다.

제임스 M. 리(James M. Lee)는 성서는 본질적으로 '교육의 책'이라고 했다. 그는 그 이유를 두 가지로 말한다.[27] 하나는, 성서는 하나님께서 성서와 만나는 모든 사람을 가르치기 위한 책이라는 것이고, 다른 하나는, 성서는 하나님께서 언제, 어떻게, 무엇을 가르치셨는가에 대한 기록이라는 것이다. 성서의 목적과 내용 면에서 교육적이라는 것이다. 성서는 그리스도인의 경전일 뿐만 아니라 교육서이다. 바울은 신약성서의 초기문서인 로마서에서 이렇게 말한다. "무엇이든지 전에 기록한 것은, 우리에게 교훈을 주려고 한 것…입니다."(롬 15:4) 경전을 포함한 서신의 목적이 종교적 가르침에 있다는 것을 보여주는 말이다. 어거스틴(Augustine of Hippo)이나 아퀴나스(Thomas Aquinas) 역시 성서의 저자와 성령을 통하여 구원에 유익한 내용들을 가르치는 데 성서의 목적이 있다고 말했다. 성서는 하나님께서 그리고 그가 택하신 일꾼들을 통해서 구원을 시키려고 생각한 사람들이나 선택 받은 하나님의 백성들에게 구원이 무엇인지, 그리고 구원 받은 사람들은 어떻게 살아야 하는 지 등에 대한 여러 내용들을 가르치는 말씀의 책이다.

기독교교육은 성서의 다양한 내용들을 가르치고 배우는 것으로서의 교육이라는 관점에서 통합하지 못한 까닭에 성서를 교육적으로 이해하지 못했다. 교육을 가르치고 배우는 현상으로 이해할 때[28] 성서 안에는 무수한 교육의 현상들이 있을 것이다. 기독교교육의 원형이 성서 안에 있다면 기독교교육의 가장 큰 과제 중의 하나는 그것들을 드러내는 일일 것이다. 그럼으로써 신앙을 가르치고 배우는 것으로서의 기독교교육은[29] 인본주의적 일반교육과의 차별성을 통해

26) Lewis J. Sherrill, *The Rise of Christian Education* (New York: MacMillan Co., 1944), 90-93.

27) James M. Lee,"Religious Education and the Bible: A Religious Educationist's View," Joseph S. Marino ed., *Biblical Themes in Religious Education* (Birmingham, AL: Religious Education Press, 1983), 3-8.

28) 장상호, "敎育的 關係의 인식론적 의의," 『敎育原理硏究』 제1권 제1호 (서울대학교 敎育原理硏究會, 1996), 23-25.

29) 박종석, 『기독교교육학은 무엇인가?』 (파주: 한국학술정보[주], 2009), 100 이하 참조.

진정한 신앙교육이 무엇인지를 찾아내 학습자의 신앙을 성장시키는 데에 기여함으로써 그 본연의 사명을 다할 수 있을 것이다.

이스라엘의 역사와 교육

이스라엘의 역사와 교육은 긴밀한 관계가 있다. 따라서 고대 이스라엘의 교육을 다루고자 할 때 역사적 접근을 할 수 있다. 이스라엘 교육에 대한 대부분의 연구는 이와 같은 역사적 접근이었다. 대표적으로는 고대 이스라엘 교육에 대한 영어권 최초의 연구로 볼 수 있는 Fletcher H. Swift, *Education In Ancient Israel: From Earliest Times To 70 A.D.*, 유재덕 역, 『고대 이스라엘의 종교교육: 발생부터 AD 70년까지』 (서울: 소망, 2012); Nathan Morris, *The Jewish School from the Earliest Times to the Year 500 of the Present Era* (London, Eyre and Spottiswoode, 1937); Nathan Drazin, *History of Jewish Education from 515 B. C. E. TO 220 CE: During the Periods of the Second Commonwealth and the Tannaim* (Baltimore: The Johns Hopkins press, 1940) 등이 있다. 이 책은 고대 이스라엘의 교육을 목적, 내용 등 교육의 일반 범주에 따라 다루었다는 면에서 시간의 흐름을 따른 교육의 변화 내용을 다룬 고대 이스라엘 기독교교육사와는 다르다. 그밖에 고대 이스라엘 교육의 역사에 대해 다룬 책으로는 Paul E. Kretzmann, *Education Among the Jews from the Earliest Times to the End of the Talmudic Period, 500 A.D.* (Boston: R. G. Badger, 1916); Meyer J. Rosenberg, *The Historical Development of Hebrew Education from Ancient Times to 135 C.E.* (New York, 1927); J. Lewit, *Theoretische und Praktische Paedagogik im Juedischen Altertume* (Berlin, 1896) 등이 있으며, 교사에 대해 다룬 Charles F. Kent, *The Great Teachers of Judaism and Christianity* (New York: Eaton & Mains; Cincinnati: Jennings & Graham, 1911), 초등교육을 다룬 Eliezer Ebner, *Elementary Education in Ancient Israel During the Tannaitic Period*: 10-220 C.E. (New York: Bloch Pub. Co, 1956)과 아동과 청소년교육을 다룬 Joseph Simon, *L'education et instruction des enfants chez les anciens Juifs d'apris la Bible et le Talmud* (Paris: Leipsic, 1879) 등이 있다.

이 책이 다루는 범위는 내용 면에서는 구약성서에 한한다. 그렇게 하는 이유는 먼저 신약성서까지 다룰 때 책의 부피가 커지기 때문이다. 그럴 경우 편의

상 두 권으로 나누어야 한다면 자연스레 구약까지 다룰 수밖에 없다. 그러나 한편으로 생각하면 신약의 교육에 대한 연구는 구약에 비해 예수의 교육을 중심으로, 바울 등에 대한 연구들이 상대적으로 많기 때문에 신약의 교육에 대해 알고자 하는 독자들의 필요를 어느 정도는 채울 수 있다.[30] 성서의 교육에서 아쉬움은 구약 부분이지, 신약은 아니라는 생각이 연구를 구약에 한정짓게 되었다.

이 책이 다루는 범위는 구약성서에 한정한다고 했지만 관련 내용에 대해서는 시대 면에서 로마 시대(주전 63년에서부터 주후 70년)까지 다룬다. 이스라엘의 역사는 크게 바빌론 포로기 이전 시대, 즉 주전 587년 이스라엘이 멸망하여 포로로 잡혀간 시기를 중심으로 초기 이스라엘과 후기 이스라엘로 나눌 수 있다. 또는 각각 제 1국가기와 제 2국가기라고도 하며, 또는 제 1성전기 또는 제 2성전기라고도 한다. 초기 이스라엘은 족장시대인 선사시대를 지나 역사 형성기로 도입되는 주전 13세기 히브리민족의 출애굽으로부터 팔레스타인(가나안) 정착(주전 1250년~1200년), 선사시대(주전 1200년~1020년), 통일왕국시대(주전 1020년~922년), 그리고 분열왕국시대(주전 북왕국 922년~722년, 남왕국 주전 922년~587년)이다.

이 시기 동안 이스라엘 민족은 유목생활로 시작하여 팔레스타인정착과 더불어 농경 및 산업사회로 전환되었으며 왕국시대 동안에 무역과 상업의 시대로 돌입했다. 그들이 문자를 가지게 된 때는 팔레스타인 정착 후 (주전 12세기)로 보며 책이 없던 구전의 시대에서 이 시기 마지막 즈음에는 기록된 법전을 갖게

---

30) Herman H. Horne, *Teaching Techniques of Jesus: How Jesus Taught*, 박영호 역, 『예수님의 교육방법론』(서울: 예수교문서선교회, 1980); 고봉환 역, 『예수의 교육 원리』(서울: 요나, 1990); Regina M. Alfonso, *How Jesus Taught: The Methods and Techniques of the Master* (New York, NY:Alba House, 1986); Pheme Perkins, *Jesus as Teacher: Understanding Jesus Today* (Cambridge; New York : Cambridge University Press, 1990); Herman H. Horne, *Jesus, the Teacher: Examining His Expertise in Education*, Kregel Academic & Professional, revised and updated ed. Rev Upd Su edition (Grand Rapids, MI: Kregel Publications, 1998); La Verne Tolbert, *Teaching Like Jesus* (Grand Rapids, MI: Zondervan, 1999); Roy B. Zuck, *Teaching as Jesus Taught*, 송원준 역, 『예수님의 티칭 스타일』(서울: 디모데, 2000); Roy B. Zuck, *Teaching as Paul Taught*, 김태한 역, 『바울의 티칭 스타일: 바울에게서 배우는 탁월한 가르침의 원리』(서울: 디모데, 2002); Edwin Pugh, *Jesus, the Master Teacher: Teaching Tips from the Master* (Bloomington, IN: AuthorHouse, 2005); James T. Dillon, *Jesus As a Teacher: A Multidisciplinary Case Study* (Eugene, Oregon: Wipf & Stock Pub., 2005); Gregory C. Carlson, *Rock Solid Teacher: Discover the Joy of Teaching Like Jesus* (Ventura, CA: Gospel Light, 2006); Thomas A. Wayment, *To Teach as Jesus Taught: 11 Attributes of a Master Teacher* (Springville, UT: Cedar Fort, Inc., 2009); Susan O'Carroll Drake, *Secrets of the Master Teacher: Unlocking the Power and Potential of the Jesus Teaching Model* (Lake Forest, CA: Thousand Hills Publishing, 2010).

되었다.[31)]

성서의 교육의 근원은 어느 경로를 통해서든지 아브라함과 언약에 이른다. 야훼는 이 알려지지 않은 사람을 불러 고향을 떠나 알 수도 없는 새로운 고향이 될 곳으로 가라고 한다. 하나님은 아브라함에게 그의 후손이 바다와 같이 많아질 것이며 땅의 모든 사람들이 그 때문에 축복을 받게 될 것이라고 약속했다.

> "주님께서 아브람에게 말씀하셨다. '너는, 네가 살고 있는 땅과, 네가 난 곳과, 너의 아버지의 집을 떠나서, 내가 보여 주는 땅으로 가거라. 내가 너로 큰 민족이 되게 하고, 너에게 복을 주어서, 네가 크게 이름을 떨치게 하겠다. 너는 복의 근원이 될 것이다. 너를 축복하는 사람에게는 내가 복을 베풀고, 너를 저주하는 사람에게는 내가 저주를 내릴 것이다. 땅에 사는 모든 민족이 너로 말미암아 복을 받을 것이다.'"(창 12:1~3)

하나님께서 아브라함을 불러 메소포타미아의 티그리스와 유프라테스 강 사이에 있는 갈대아 우르로 떠나라 하신 이유는 이스라엘과 하나님과의 관계로부터 오는 삶을 관찰하고 다른 나라들도 하나님 앞으로 나오는 축복을 받도록 하기 위한 것이었다.[32)]

이 언약은 민족적이면서 개인적이다. 히브리 민족과 그 하나님 사이의 한 계약이면서 히브리 사람 하나하나와 하나님과 맺은 계약이다. 아브라함의 모든 후손들은 평생을 하나님, 가정, 그리고 민족에게 복종했다.[33)] 이 복종은 가정에서 전달이 되고-가르쳐졌다. 아마도 그들은 수많은 별들이 반짝이는 하늘 아래에서 모닥불 불 주위에 둘러앉아, 부모들은 자녀들에게 이야기를 하고, 그들은 자기 자녀들에게, 그리고 계속해서 자기 자녀들에게 말할 것이다.

> "내 조상은 떠돌아다니면서 사는 아람 사람으로서 몇 안 되는 사람을 거느리고 이집트로 내려가서, 거기에서 몸 붙여 살면서, 거기에서 번성하여, 크고 강대한 민족이 되었습니다."(신 26:5)

---

31) 김재은, "구약성서시대의 종교교육", 오인탁 외 4인편, 『기독교교육사』 (서울: 도서출판 교육목회, 1994), 19.

32) Michael J. Anthony and Warren S. Benson, *Exploring the History and Philosophy of Christian Education: Principles for the 21st Century* (Grand Rapids, MI: Kregel Publications, 2003), 19-20.

33) Kenneth O. Gangel and Warren S. Benson, *Christian Education: Its History and Philosophy*, 유재덕 역, 『기독교 교육사』 (서울: 기독교문서선교회, 1992), 22.

언약을 전달하는 것은 비형식적 과정이었으며 결코 경전화하거나 기구화하지 않았다. 하지만 그것이 효과적이었다. 그것이 하나님의 언약의 백성들의 이야기를 세대에서 세대로, 세기에서 세기로 살아있도록 보전했다.

성서학자들은 아브라함이 주전 약 1,800년 전에 살았다고 추산한다. 이후 족장 시대의 교육은 비공식적 교육이라 할 수 있는데, 수차례의 시행착오를 겪었지만 그 결실은 어느 정도 맺었다고 할 수 있다. 하나님에 대한 절대적 헌신을 보여주었던 요셉은 족장들을 향한 하나님의 권고적 교육에 대한 경험과 언약에 대한 확신을 보여 준다.[34]

> "요셉이 자기 친족들에게 말하였다. '나는 곧 죽는다. 그러나 하나님께서 반드시 너희를 돌보시고, 너희를 이 땅에서 인도하여 내셔서, 아브라함과 이삭과 야곱에게 맹세하신 땅에 이르게 하실 것이다.'"(창 50:24)

모세 시대쯤 주전 약 1,200년경 히브리교육이 형식화되었다. 토라(율법; 5경; 구약의 처음 다섯 책)는 오늘날 헌법이 의미하는 것보다 고대 이스라엘에게 훨씬 더한 것이었다. 헌법의 주요 조항의 일부조차 제대로 외울 수 있는 사람은 드물지만 히브리 소년들은 토라가 그들 삶의 결로서 짜여질 때까지, 토라를 늘 듣고 반복했다.[35]

토라라는 말 자체는 언약과 가르침이라는 두 가지 의미를 모두 갖고 있다.[36] 그래서 그것은 히브리인에게 그들과 맺은 하나님의 언약과 그들의 교육적 복종이란 이중적 의미로 전달되었다. 토라의 심장은 데칼로그(Decalogue), 십계명(출 20:1~17)이며 그것을 신명기 5장에서 연습한 후에 모세는 히브리 민족에게 쉐마를 주었다.

> "이스라엘은 들으십시오. [37]주님은 우리의 하나님이시요, 주님은 오직 한 분뿐이십니다. 당신들은 마음을 다하고 뜻을 다하고 힘을 다하여, 주 당신들의 하나님을 사랑하십시오. 내가 오늘 당신들에게 명하는 이 말씀을 마음에 새기고, 자녀에게 부지런히 가르치며, 집에 앉아 있을 때나 길을 갈 때나, 누워 있을 때나 일어나 있을 때나, 언제든지 가르치십시오. 또 당신들은 그것을 손에 매어 표로 삼고, 이마에 붙여 기호로

---

34) Gangel and Benson, *Christian Education*, 16.
35) Gangel and Benson, *Christian Education*, 23.
36) Donald E. Miller, *Story and Context: An Introduction to Christian Education* (Nashville, TN: Abingdon Press, 1987), 43.
37) 또는 '주 우리의 하나님, 주님은 한 분이시다.' 또는 '주 우리의 하나님은 한 주님이시다.' 또는 '주님은 우리의 하나님이시다. 오직 주님만이'

삼으십시오. 집 문설주와 대문에도 써서 붙이십시오."(신 6:4~9)

쉐마는 신앙고백적인 성격의 구절이다. 그래서 쉐마를 암송하는 것은 스스로 하나님 나라의 멍에를 지고, 계명의 멍에를 지니는 것으로 간주하였다.[38]

히브리 부모들은 세 가지를 하도록 되어 있었다: ① 야훼 사랑, ② 야훼의 율법 암기, 그리고 ③ 자녀들에게 말하기. 구체적 명령의 목록에서 모세는 부모들에게 생각할 수 있는 모든 기회를 이용해서 야훼의 율법을 자녀들에게 말하라고 하는 것 같다. 신명기 6장 본문의 열쇠어는 '샤난'이다. 그 뜻은 돋우거나 예리하게 한다는 뜻이다. 부모들은 자녀들의 지적, 영적 욕구를 돋우고, 마음과 영혼을 예민하게 하며, 이스라엘의 신앙 안에서 가르침이 주어질 수 있는 가르칠 만한 순간에 깨어있도록 기대되었다.[39]

히브리민족이 처음으로 역사철학, 왜 역사적 사건들이 그런 식으로 전개되었는지 설명하고자 하는 시도를 발전시킨 것은 모세 사후 여호수아 시대 동안이었다. 다른 민족들은 그와 같은 사건들을 자연의 재앙, 선신이나 악신, 정치 통치자들, 우연한 기회 등의 탓으로 돌렸다. 그러나 히브리 민족은 그들의 하나님, 야훼가 온 세상에 일어나는 모든 사건들을 주장한다는 철학을 발전시켰다. 이것이 역사를 해석으로 가르친 시작이었다. 거기서는 이름, 날짜, 장소 그리고 사건들이 그런 이름, 날짜, 장소와 사건들의 의미만큼 중요하지 않다. 역사에 대한 이 같은 특별한 이해가 여호수아 시대 동안에 일어났고, 이스라엘이 역사에 부여한 특별한 해석은 본성상 종교적이었다.

히브리교육에서 다음으로 위대한 운동은 왕정기 동안에 일어났다(약 주전 1,100년 초). 야훼는 예언자들을 불러 당신의 말씀을 백성들과 그 지도자들에게 전하라고 했다. 이사야, 미가, 아모스, 그 밖의 예언자들의 설교와 가르침은 깊은 종교적 통찰, 열성, 하나님에 대한 보다 친밀한 지식을 가져왔다. 예언자들은 고도의 윤리적 기준, 하나님 앞에서 개인적 의로움, 그리고 가난한 자, 병든 자, 그리고 나그네에 대한 돌봄을 선포했다. 그러나 대부분 그들의 메시지는 소귀에 경 읽기였다.

유대인들은[40] 마카비 시대(주전 167~63년)를 제외하고 주전 586년 바빌론

---

38) Sherrill, *The Rise of Christian Education*, 64.

39) Kenneth O. Gangel, "Toward a Biblical Theology of Marriage and the Family," *Journal of Psychology and Theology* 5 (Winter 1977), 60.

40) 성서시대 이래 유대인들은 유일신 신앙에 그 뿌리를 두고 있다. 따라서 유대교(Judaism)라 함은 곧 종교적인 개념이면서 동시에 민족적 개념이다. 대부분의 유대인들은 성서의 기본 규범인 토라와 이를 제도화한 할라카를 중심으로 매우 엄격한 규율 속에서 살아가고 있다.

유배로부터 70년 예루살렘 멸망까지 바빌로니아, 페르시아, 그리스, 시리아, 이집트, 로마처럼 늘 강력한 이민족들의 지배를 받았다. 이 시기에 전체적으로 디아스포라(Diaspora)라고 하는 수천 개의 유대인들의 생활공동체가 전 세계에 산재하게 되었다. 예루살렘 성전의 첫 번째 파괴(주전 586년)와 두 번째 성전 건축 사이의 70년의 기간을 일반적으로 바빌론 유수(Babylonian Captivity)라 일컫는다. 또는 제2 성전기(Second Temple period)라 하기도 한다. 이 시기는 예루살렘에 두 번째 성전이 존재했던 기간이다. 이 시기 동안 바리새파, 사두개파, 에세네파, 그리고 열심당 등이 형성되었다. 제2 성전기는 유대-로마 1차 전쟁과 로마의 예루살렘과 성전 파괴로 끝난다. 이름이 가리키듯, 대부분의 유대인들이 바빌로니아 임금 느부갓네살(Nebuchadnezzar)이 첫 번째 성전을 파괴한 후 약 2만여 명의 유대인들을 포로로 끌고 간 이 기간을 바빌론에서 보내야 했다. 새로운 환경에서 그들은 진보된 교육을 접할 수 있었다. 다시 고국으로 돌아오게 되었을 때 그들은 지식에 대한 갈급과 배움에 대한 새로운 애정을 지니고 왔다. 이 같은 교육에 대한 새로운 경험과 인식이 이후 이스라엘 교육에 영향을 끼쳤다.[41)]

바빌론 포로기 동안(약 597~538 주전) 예언자들의 활동은 계속되었다. 그러나 새로운 가르침이 소개되었다: 하나님은 자기 백성이 상처 받았을 때 위로하신다. 바빌론이 페르시아에 정복을 당한 후 고레스(Cyrus)가 유대인들이 고국으로 돌아가서 성전 재건축을 허락했다. 제2 성전 건축은 주전 516년에 완성되었다. 그러나 그때 모든 유대인들이 팔레스타인으로 귀환한 것은 아니고 대부분은 바빌론에 남아있었다. 팔레스타인으로 돌아온 수십만 명의 유대인들은 그 땅이 자신들의 것이라고 주장하는 외국이 차지한 넓은 땅을 보았다. 유대인들에게 점유가 허락된 땅은 쓸모가 없고 토양을 개선하기 위해 많은 노력이 필요한 땅이었다.[42)] 그러나 그나마도 땅이 충분치 않아 일부 유대인들은 다른 생계 수단을 찾아야 했다. 이런 상황과 까닭에 여러 가지 특별한 장인이나 기능공들이 생겨났다. 이 시기에 희년(Jubilee Year)은 더 이상 존재하지 않게 되었으며,[43)] 땅은 사유재산으로 거래할 수 있었다. 시간이 지나면서 땅은 소수의 재산이 되었고, 많은 사람들이 노동, 장사, 사업 등으로 생계를 꾸려나가야 했다.

---

41) Philip Magnus, "Adult Education in Ancient Times," *The Edinburgh Review* 237 (Jan 1, 1923), 90-91.

42) Nathan Drazin, *History of Jewish education from 515 B.C.E. to 220 C.E.: During the Periods of the Second Commonwealth and the Tannaim* (Baltimore: The Johns Hopkins press, 1940), 4.

43) 희년에 대해서는 레 25:8-24 참고.

한편 많은 유대인들은 여전히 바빌론에 남아서 그들의 무너진 한 성전을 한탄하고 있었으며, 하나님께 예배를 드리고 기도하기 위해 모일 수 있는 장소인 회당(Synagogue)을 세우기 시작했다. 유사한 회당들이 나중에 예루살렘의 성전에 쉽게 갈 수 없는 사람들을 위해 팔레스타인의 지방 마을에도 세워졌다.[44]

바빌론 유수 이후에는 교육 그 자체가 목적이 되었다. 독립을 위해서 유일한 길은 교육이라는 깨달음이 생겨난 것이다. 이와 같은 신념으로부터 추진된 교육적 내용들은 다음과 같다. ① 모든 삶을 규정하는 완벽한 법전(제사법전)의 개발, ② 제사법전의 공식적인 채택, 그리고 그것의 준수를 통한 유다 민족 전체의 결속 및 그에 따른 율법 지식의 필요, ③ 잠언과 집회서처럼 특별히 교재로 집필된 작품을 비롯한 구두 및 문자화된 한 문헌들의 급속한 증가, ④ 서기관 조직의 교직조합 결성, ⑤ 초등 및 상급학교의 등장.[45]

기원 전후에 활동한 것으로 알려진 힐렐(Hillel)과 샴마이(Shammai) 때부터 200년 경 미쉬나가 편찬될 때까지를 '타나임 시대'(Tannaitic Period, AD 10-220)라고 한다. "'타나'는 '탈무드'의 아람어로서 히브리어로는 '배운 것을 되풀이 한다' '혹은 '배운다'라는 '샤나'라는 뜻을 지닌다. 이 '샤나'는 '미쉬나'의 어원이다."[46] 이때 편찬된 율법 주석서를 '미드라쉬 타나임'이라고 한다. 이 율법 주석을 다시 주석한 시대를 '아모라임 시대'라고 한다. 이 시대의 주석을 탈무드라고 부르는데, 이것은 두 가지로 나뉜다. 5세기 경 히브리어와 아람어로 쓰여진 '예루살렘 게마라'와 7세기 초에 메소포타미아 이주 유대인이 만든 '바빌론 게마라'가 그것들이다. "게마라는 '완성하다'와 아람어로 '배우다'라는 뜻. 미쉬나에 대한 해설을 완성, 배움을 뜻하는 게마라라고 하는데, 미쉬나의 각 항에 게마라를 붙여 편집하여 집대성한 것이 소위 탈무드이다. 게마라란 미쉬나를 본문으로 삼아 그 내용을 논의한 것에 히브리 성서와 여타의 주제들에 대해 폭넓게 설명한 내용들을 덧붙여 편집한 것"이다.[47] 640년부터 1038년에 바빌론 탈무드가 통용되던 시기를 '게오님 시대'라고 한다. 바빌론 학파 게오님의 영향으로 바빌론 탈무드는 모든 유대 공동체의 율법 해석의 중심이 되었다.

---

44) Drazin, *History of Jewish education from 515 B.C.E. to 220 C.E.*, 4-5.

45) Fletcher H. Swift, *Education in Ancient Israel: From Earliest Times to 70 A.D.* (Chicago: Open Court Pub. Co., 1919); 유재덕 역, 『고대 이스라엘의 종교교육: 발생부터 AD 70년까지』 (서울: 소망, 2012), 110.

46) 최인식, 『예수와 함께 걷는 유대교 산책』 (부천: 예루살렘 아카데미, 2008), 500-501.

47) 최인식, 『예수와 함께 걷는 유대교 산책』, 495.

아마 인간 역사상 어떤 민족도 이스라엘 보다 교육과 삶을 통합시킨 민족은 없을 것이다. 이스라엘이 오늘날까지 존재할 수 있었다는 단순한 사실이 교육의 힘에 대한 증거이다. 부모들이 자녀들에게 자기민족의 이야기를 들려주고, 그 이야기를 들은 자녀들이 다시 자기 자녀들에게 들려주는 식으로 끝없이 계속되었다. 이스라엘의 민족적 정체성은 외국의 정복의 물결 이후에도 유지되었다. 나라는 산산조각이 나고 파괴되고 구타를 당하고 잡혀가고 모욕을 당하고, 1940년대에는 거의 사라질 뻔하였다. 그러나 이 민족은 항상 자기 이야기를 자녀들에게 했고 그와 같은 강력한 행위가 이스라엘을 오늘날까지 살아있게 한 힘 중의 하나였다. 이스라엘에게 삶은 개인적이기도 하지만 민족적이고 공동체적이기도 했으며, 그 공동체의 생존은 교육에 철저하게 의존해야 했다. 역사적 관점에서 볼 때 이스라엘의 교육은 생존을 위한 교육이었다고 할 수도 있겠다.[48]

이상 비교적 역사적으로 선명한 구약 성서 관련 시대를 정리하면 다음과 같다.

이집트(힉소스) 시대(주전 1010~539년)
페르시아 시대(주전 539~332년)
헬레니즘 시대(주전 332~167년)
하스모니아(마카비) 시대(주전 167~63년)
로마 시대(주전 63~주후 70년)

이와 관련된 이스라엘 교육을 나누면 다음과 같다.

〈도표1〉 고대 이스라엘 교육의 역사

시대	교육목적	교육내용	교육방법	교사	교육기관
토착기 또는 바빌론 포로기 이전(유목 초기부터 주전 586년 바빌로니아 포로기까지)	하나님의 언약백성으로서의 정체성 상기	율법	참여	부모, 제사장, 예언자	부족, 가족

48) Marvin L. Roloff, *Education for Christian Living*, 장종철 역, 『기독교교육』 (서울: 컨콜디아사, 1989), 21; Gangel and Benson, *Christian Education*, 27.

49) 유대인 율법학자들이 사회 전반의 사상(事象), 유대교의 율법, 전통적 습관, 축제, 민간전승 등에

서기관 또는 바빌론 포로기 이후(주전586년부터 AD70년 분산까지)	민족 주체성의 확립	타나크 (율법서, 예언서, 성문서)	교수, 학습	서기관 또는 소페림	회당, 초등학교, 서기관 배출학교
탈무드 시기(70년부터 550년경의 바빌로니아 탈무드[49]의 최종 개정까지)	선택받은 민족으로서의 삶	탈무드	이야기, 해석	랍비[50]	유아부터 대학까지의 학교 제도

쉐릴은 이스라엘의 역사를 바빌론 포로기를 전후하여 히브리시대와 유대시대로 나누고 전자에서 히브리인의 교육은 제사장들과 예언자들을 통한 하나님의 뜻의 추구방법, 가정에서 아버지를 중심으로 하는 가정교육의 역할, 자녀들에게 신앙교육과 함께 사회에서 생존하기 위한 기예, 기술 등을 전수하는 방법, 그리고 가정에서와 밖에서 준수되어 온 전통적이고 종교적인 의례들의 실천 등을 다루고 있다.[51]

성서와 그리고 교육과 관련해서 시대를 구분해 보았지만 그렇다고 성서의 교육이 교육의 역사는 아니다. 성서의 교육을 역사적으로 파악할 때 그것은 실제로는 연관성이 있지만 역사적 시기라는 잣대에 의해 분리된 내용으로 다루어진 소지가 있어 성서의 교육의 전체적인 내용을 파악하는 데 미치지 못할 수 있다.

대하여 구전과 해설한 것을 집대성한 책. 팔레스타인 혹은 이스라엘 탈무드와 바빌로니아 탈무드가 있는데, 보통 후자를 이른다. 그러나 기독교나 이슬람교에서와 같은 고정된 의미의 성전이 아니다. 오히려 탈무드는 종교·법률·철학·도덕에 관해 실시된 심포지엄이며 이 심포지엄은 지금까지 2,000년 동안이나 계속되고 있는 것이다. 탈무드라는 말은 원래 「연구」라는 의미를 지닌 것으로서 지금으로부터 1,200년 전부터 편찬되기 시작하여 현재까지 63권이나 된다고 전해지고 있다. 탈무드는 이것으로 끝나지 않고 앞으로도 계속해서 편찬되는 것으로서 시대에 따라 새로운 말, 새로운 견해가 첨가되고 있다는 특징을 보인다. 흔히 '랍비'(지역 카운슬러이며, 재판관이며, 교사의 역할도 하는 지도자)라고 불리는 사람들이 토론하여 얻은 토론의 중요한 내용들이 이 탈무드의 내용이 된다. (서울대학교 교육연구소,『교육학 용어사전』(서울: 하우동설, 1995). 오늘날에 이르기까지 유대인의 정신문화의 원천으로서 높이 평가된다.

50) 랍비는 문자적으로 '나의 주인'이란 뜻이다. 그래서 처음에는 노동자, 사형집행인, 직조공, 그리고 검투사의 우두머리까지 랍비로 불렸다. 일반적으로는 교사에 대한 호칭으로 사용되었지만 그렇다고 그들이 모두 설교나 교육에 종사한 것은 아니었다. Swift, *Education In Ancient Israel*, 118.

51) Sherrill, *The Rise of Christian Education.*

성서의 교육을 보는 관점

성서의 교육을 어떻게 보아야 하는가? 어떤 관점을 가질 때 성서의 교육을 그대로 드러나게 할 수 있는가. 성서의 교육을 보는 기존의 관점들에는 첫째로, 성서의 교육을 교육의 범주를 따라 보는 경우가 있다. 예를 들어, 다니엘 J. 에스테스(Daniel J. Estes)의 경우이다.[52] 그는 잠언 1~9장에서의 교육을 전통적 교육의 일곱 가지 범주를 따라 분석한다. 그것들은 세계관(worldview), 가치(values), 목적(goals[=outcomes]), 교육과정(curriculum[=content]), 교수(instruction[=pedagogy]), 그리고 교사와 학습자의 역할(the roles of the teacher and learner)이다. 또 다른 성서의 교육에 대한 접근은 안드레 룩스톤(Andrea Luxton)의 경우이다.[53] 그는 미국 국립 과학 기술원(U.S. National Academies of Sciences and Engineering)의 주요 실무 부서인 국립연구회의(National Research Council)의 교육관련 연구의 척도를 따라 성서의 교육을 본다. 그 척도는 학습자 중심(learner centered), 사실에 대한 지식, 이해(knowledge of facts, understanding)와 생활의 적용(life application) 사이의 결합(cohesion), 형성 평가(formative assessment), 그리고 공동체 중심(community-centered)의 네 가지이다.[54] 그러나 이 같은 접근은 프레데릭 C. 퍼트남(Frederic C. Putnam)이 앞에서 언급한 에스테스에게 한 비판이 타당하다. 퍼트남에 따르면 이 같은 접근은 20세기의 교육학 이론을 통해 하는 접근이기 때문에, 밖으로부터 주어진 것이며(imposed from without) 본문으로부터 생긴 것이(arising from the text) 아니다.[55]

따라서 성서의 교육에 대한 연구는 그것이 교육 연구라는 점에서 전통적이고 일반적인 교육의 범주, 즉 교육의 목적, 내용, 방법, 교사, 그리고 학습자, 환경 등이라는 틀에 맞추어 살펴볼 것이다. 이 같은 범주적 접근은 이스라엘의 교육의 역사적 단계를 통해서도 타당하다. 이스라엘은 역사적으로 하나님의 뜻에

---

52) Daniel J. Estes, *Hear, My Son. Teaching & Learning in Proverbs 1-9*, New Studies in Biblical Theology (Grand Rapids, MI: Eerdmans, 1997).

53) Andrea Luxton, "The Bible and Pedagogy," 2nd Symposium on the Bible and Adventist Scholarship (Juan Dolio, Dominican Republic: March 15-20, 2004). http://fae.adventist.org/essays/31주전c_211-238.htm

54) National Research Council, *How People Learn: Brain, Mind, Experience and School* (Washington D.C.: National Academic Press, 2000).

55) Frederic C. Putnam, "*Hear, My Son. Teaching & Learning in Proverbs 1-9*," *Journal of the Evangelical Theological Society* 43:2 (Lynchburg: Evangelical Theological Society, Jun 2000), 319.

따라 살도록 하기 위하여(교육 목적), ① 하나님의 뜻인 율법을 가르치고(지, 교육 내용), ② 그것을 마음에 새겨 기억하도록 하고(정, 교육 방법), ③ 그것에 복종하여 살도록(의, 교육 실현) 하는 교육을 거쳐 왔다. 이 같은 이스라엘의 교육에는 오늘날 우리가 교육의 범주라고 부르는 요소들이 드러난다.

성서의 교육에 대한 연구를 이와 같은 구조에서 살펴보게 되면 그 내용은 자연스레 성서 전체를 교육의 범주에 따라 분류하는 작업이 될 것이다. 즉 모세오경, 예언서, 성문서 등의 책별이나 성서의 유명한 인물들인 모세, 다윗, 이사야 등의 인물별 연구가 아니다. 성서의 교육에 대한 내용들을 일반적인 교육의 범주에 맞추어 살펴본다고 해서 각각의 범주의 내용, 즉 교육의 목적이라고 할 때, 성서의 교육의 목적은 이것이라고 단일하고 통일성 있게 제시하지는 못했다. 성서는 오랜 기간 동안 기록되었고 다양한 저자들에 의한 풍부한 사상을 제시하고 있기 때문에 그것들을 획일적으로 말하는 것은 오히려 성서 내용의 풍성함을 해치는 경우가 될 것이다. 따라서 성서의 교육을 총체적으로 묶어 정리해서 말하기는 어렵다. 성서가 지닌 다양성 때문에 성서의 어느 한 책이나 저자가 강조될 경우 다른 책이나 저자가 무시되는 결과를 낳을 수 있기 때문이다. 그러니 성서의 교육은 성서의 각권이 말하는 다양한 소리들의 총합이라고 할 수 있을 것이다. 교육의 범주에 맞춘 통일된 성서의 교육 내용 제시의 한계를 인정한다고 한다면 서술은 자연스레 해당 범주 내용과 관련된 대표적 책들이나 저자들을 다룰 수밖에 없을 것이다. 간단하게 말하면 교육의 범주에 맞추어 성서의 내용들을 범주의 내용에 따라 분류 가능한 정도에 맞추어 서술한다는 것이다.

성서 중에서 어떤 구절이 교육에 대한 것이냐는 필자의 선택에 의한다. 그리고 그런 성구들에 대한 설명이나 해석은 성서신학에 전적으로 의존하지 않았다. 모든 학문은 고유한 접근 방법을 사용하며, 이는 성서의 교육 관련 본문에 대해서도 마찬가지다. 동일 구절이라 해도 성서신학의 해석과 기독교교육의 해석은 다를 수 있다. 각자의 고유한 틀이 있기 때문이다. 성서 본문에 대한 해석을 성서신학만의 전매품이라고 생각하는 것은 오만이다. 이미 성서신학은 문학비평이나 사회학 등 다른 학문들의 도움을 받고 있는 사실에서 볼 수 있듯이, 타 학문의 해석을 통해 성서 본문은 더욱 새롭게 태어나고 풍성해질 것이다.

성서의 교육과 유대 교육

성서의 교육은 어찌 보면 이스라엘의 교육으로도 볼 수 있다. 성서의 주인공이 언약의 백성인 이스라엘이기 때문이다. 이런 면에서 성서의 교육은 이스라엘 교육이고, 이스라엘의 교육의 범위는 그 이상일 수 있다. 그럴 경우 성서의 교육은 이스라엘 교육의 일부가 될 것이다. 여기서는 성서의 교육이 이스라엘의 교육일 수 있다는 점은 인정하지만 그렇다고 성서의 교육이 반드시 이스라엘의 교육이라고는 보지 않는다. 성서는 이스라엘의 경전이지만 이스라엘의 성서와 기독교의 성서가 엄연히 다른 입장에서[56] 성서에 대한 해석 역시 큰 차이가 있기 때문이다. 유대교의 성서 해석이 적어도 신약 저자의 구약 해석에 영향을 미치긴 했겠지만 어디까지나 시대적 상황을 고려한 해석이라고 볼 때,[57] 오늘 우리의 성서 해석은 유대교의 해석과는 당연히 거리가 있을 것이다. 이런 면에서 지금 우리가 바라보는 성서의 교육을 이스라엘의 교육이라 할 수는 없다.

성서의 교육을 다루기 위해서는 그 범위를 성서에 국한할 수 있지만 성서의 교육을 그보다 넓은 이스라엘 교육의 일부로 언급할 필요성이 있을 경우에, 이스라엘의 교육을 다루기 위해서는 이스라엘뿐만 아니라 이스라엘 주변국과 연관시켜 다루어야 한다.[58] 앙드레 르마이유(André Lemaire)는 이에 대해 다음과 같이 말한다.

> "이스라엘 교육의 연구를 위해서는 이스라엘의 교육이 이스라엘의 긴 역사를 따라 변천을 겪어왔다는 사실을 고려해야 한다. 이것은 특히 아마 정치사의 변화에 따라 영향을 받았을 교육기관에 대해 사실일 것이다. 보다 일반적으로 말한다면 사사기 시대에 볼 수 있는 교육은 헬레니즘적 교육에 직면해 있던 마카비(Maccabees) 시대에까

---

56) 제2경전(Deuterocanon)은 구약성서 가운데 9개의 경전들(유딧, 토비트, 바룩, 지혜서, 집회서, 마카베오 상, 마카베오 하, 다니엘, 에스더)을 따로 떼어내어 가톨릭에서 부르는 이름으로서, 유대교에서는 이들을 이른바 "세간에 알려지지 않은", 혹은 "공인되지 않은" 문헌인 외경(아포크리파)으로 취급하고 있다. 개신교에서는 이와 달리 다니엘과 에스더는 정경으로 인정하고, 나머지는 외경으로 본다. 제2경전은 구약성서의 성경들 가운데 가장 늦게 편찬된 경전들로서 (주전 약 2세기-주전 1세기 중엽) 히브리어가 아닌 코이네(헬레니즘 시대와 고대 로마 시기에 사용되었던 고대 그리스어)로 쓰였다(에스더와 다니엘은 부분적으로 고대 그리스어). 동방 정교회에서 제2경전은 독특한 지위를 차지하고 있다. 제2경전으로 분류되는 책을 엄연히 정경으로 보나, 신학적으로 교리를 정당화하는 논거보단, 전례 안에서 읽는 성서로 보는 경향이 크다.

57) 장홍길, "유대교의 성서해석", 「성서마당」 (2008년 봄), 114.

58) 이스라엘 고대 교육을 자료 부족의 이유로 이스라엘 주변국 즉 근동지방의 관련 자료와 비교 연구하는 경우가 있다. 이때 주로 메소포타미아(Mesopotamia), 고대 이집트(Ancient Egypt), 그리고 알렉산드리아(Alexandria)의 유대교육의 문맥에서 다루어진다. 예를 들어, 제임스 L. 크렌쇼(James L. Crenshaw)는 고대 이스라엘의 교육 실천의 방법과 이유, 그리고 그와 같은 실천을 뒷받침하는 교육을 강조하는 문화에 대해 탐구했다. Crenshaw, *Education in Ancient Israel,*

지 동일하게 내려오지 않았다. 더구나 교육은 전체 사회적 수준에서 당연히 동일하지 않았다. 우리는 농가, 작은 마을, 또는 예루살렘과 같은 도시의 주민들 사이의 교육적 배경의 차이에 주의를 기울여야 한다. 마찬가지로 팔레스타인의 유대인들과 디아스포라의 유대인들 사이에 존재하는 차이들 역시 마찬가지이다. 고대 근동의 일반 역사적 사회학적 문맥이 이스라엘의 교육에 대한 이해를 도울 수 있을 것이다. 이집트, 시리아, 그리고 메소포타미아의 교육에 관해 이미 알려진 것들이 고려되어야 한다. 마찬가지로 보다 후기시기에 대해서는 그리스의 상황을 고려해야 한다. 이 배경은 비교 목적들에 봉사할 뿐만 아니라 구체적 영향력에 대한 가능한 자료들을 지시한다. 예를 들어, 잠언은 이집트의 책, 즉 아메네모펱의 교훈(*Instruction of Amenemopet*)과(잠 22:17~24:22과 ANET, 421~25) 요단(*Transjordan*)의 두 가지 작은 수집물들에서(잠 30:1 이하; 31:1 이하) 일부 채용물들을 포함한다는 사실이 대체로 수용된다. 포로기 동안에는 많은 유대인들이 아마 바빌로니아에서 약간의 칼케돈식 (주로 아람의) 교육을 받았을 것이다(단 14:17 참조). 주전 2세기 초에 헬레니즘적 교육의 영향은 예루살렘에서 매우 강해서(2마카 4:12 이하 참조) 유대 전통은 실제로 사라질 위험에 처했다. 그러므로 이스라엘 이웃나라들 사이에서 교육적 실천들에 대한 지식은 이스라엘 교육사의 다양한 측면들을 이해하기 위한 유용한 지침이다.

이스라엘의 교육에 대한 연구는 히브리에서의 발견물들과 팔레스타인과 디아스포라의 유대 공동체의 아람 비문(Puech 1988)을 고려해야 한다. 본문들이 파편적이라 하더라도 그것들은 우리에게 어느 정도 직접적인 증거를 준다. 예를 들어, 제1성전기 후반(약 B. C. 800~587)에 발견된 알파벳이 적힌 다양한 도편(陶片)들과 학습자들의 연습물들은 읽고 쓰는 것이 대도시뿐만 아니라 작은 마을과 성읍들에서도 가르쳐졌음을 드러낸다. 엘레판틴에서 발견된 주전 5세기의 아람 문서들은 거기서 유대적인 분명하게는 주로 아람적 교육에 대한 그리고 아마 디아스포라의 다른 공동체들에서의 교육에 대해서도 마찬가지로 빛을 던져준다. 팔레스타인에서는 사해사본들이 주전 1세기와 A.D. 1세기의 에세네 공동체의 가르침을 드러내주었다. 그들 공동체의 가르침에서 성서의 책들과 주석들이 두드러진 자리를 차지한다."[59]

성서의 교육을 연구하기 위한 자료의 포함 범위는 성서에 한정시키는 방식이 있고, 이스라엘 주변의 근동 세계, 특히 이집트와 메소포타미아의 자료에까지 확대시키는 방식이 있을 수 있다. 누가 보더라도 문제가 있을 듯한 후자의 방식을 택하는 이유 중의 하나는 전자의 방식의 자료가 부족해서이다. 성서에는 하다못해 이스라엘에 학교가 있었는지 없었는지에 대한 언급조차 없다. 그러니 전자의 목적을 성취하기 위해서라도 후자의 방식을 취하려는 유혹을 받을 수

59) André Lemaire, "Education, Ancient Israel," David N. Freedman, ed., *The Anchor Bible Dictionary* 2 (New York: Doubleday, 1992), 306.

있다.

이와 관련해서 이스라엘의 교육과 관련된 이슈들에 대한 논쟁들을 다루지 않는다. 예를 들어 고대 이스라엘에 학교가 존재했느냐하는 문제는 복잡하며, 그에 관련된 논쟁에는 크렌쇼 등을 비롯해 여러 사람이 참여하지만,[60] 이 책은 그런 논쟁에는 관심이 없다. 이 책이 관심을 갖는 문제는 오직 성서 안에 나타난 교육의 범주들의 내용을 드러내는 것이다.

성서 본문 비평

성서의 교육은 기본적으로 교육과 관련된다고 여겨지는 성서 본문에 대한 탐구라고 할 수 있다. 그러나 성서 본문에 대한 비평적 입장이 아닌, 성서 본문을 그대로 인정하는 입장을 취한다. 예를 들어, 마가복음 10장 14절("그러나 예수께서는 이것을 보시고 노하셔서, 제자들에게 말씀하셨다. 어린이들이 내게 오는 것을 허락하고, 막지 말아라. 하나님 나라는 이런 사람들의 것이다.")은 마가복음 9장 37절("누구든지 내 이름으로 이런 어린이들 가운데 하나를 영접하면, 그는 나를 영접하는 것이요, 누구든지 나를 영접하는 사람은, 나를 영접하는 것보다, 나를 보내신 분을 영접하는 것이다.")의 발전된 구절로 보는 등의 입장[61] 등을 고려하지 않는다.

대일 B. 마틴(Dale B. Martin)에 따르면, 성서는 성서학자들의 전유물이 아니다. 오랫동안 성서학자들은 성서를 이해하고 해석하기 위해 다양한 방법들을 고안해냈다. 역사비평은 해석의 한 가지 방법이다. 성서해석의 역할이 과거에 본문의 의미가 무엇이었나의 규명에 한정되는 것이 아니라면, 그리고 성서가 오늘 우리에게 직접 말하도록 해야 하는 것이라면 역사비평은 유용한 방법이긴

---

60) Crenshaw, *Education in Ancient Israel.*; G. I. Davies, "Were There Schools in Ancient Israel?," *Wisdom in Ancient Israel*, eds., J. Day, Robert P. Gordon, and H. G. M. Williamson, (Cambridge: Cambridge University Press, 1995): 199-211; A. Lemaire. *Les écoles et la formation de la Bible dans l'Ancien Israël*, Fribourg-Gôttingen, ed. (Universitaires, Vandenhoeck & Ruprecht, 1981); Eric W. Heaton, *The School Tradition of the Old Testament* (Oxford: Oxford University Press, 1994); "Les écoles dans l'Israël préexilique: données épigraphiques," dans Congress Volume, Jerusalem 1986, John A. Emerton éd., SVT 40, Leiden, Brill, 1988, 189-203; David W. Jamieson-Drake, *Scribes and Schools in Monarchic Judah: A Socio-Archaeological Approach* (London; New York: T&T Clark, 2009).

61) Hans-Ruedi Weber, *Jesus and the Children: Biblical Resources for Study and Preaching* (Atlanta: John Knox Press, 1979), 17.

하지만 그렇다고 유일하고 당연한 방법(*sine qua non*)은 아니다.

성서 본문의 의미는 독자(또는 공동체)의 해석과 불가결하게 얽혀있다. "본문이 의미를 창출하는 것이 아니라, 독자가 의미를 창출한다."[62] 성서를 오늘 우리에게 직접 말하는 살아있는 책으로 삼기 위해서는 성서를 대하고 읽는 우리가 본문의 의미를 창출해내는 의미-생산자(meaning-makers)이지 않으면 안 된다.

성서는 오늘날 시대의 변화와 필요 때문에 새롭게 해석되어야 한다. 성서는 그와 같은 해석을 위해서는 학문간 접근이 필요하다. 이것은 성서가 다른 학문이나 영역의 기초로서가 아니라 접근하는 학문이나 영역의 관점에서 독자적이고 중심적으로 해석해야 한다는 의미이다. 물론 이 같은 창의적 해석에 비중을 두는 마틴의 주장에 대하여 고집스럽게도 그럼에도 불구하고 성서는 신조, 예를 들어, 사도신경, 니케아신조[Nicene Creed] 등, 그리고 이에서 한 걸음 더 나아가 구약의 쉐마[שמע], 예를 들어 다음과 같은 기독교 초기의 신조적 진술들의 범위 내에서 해야 한다는 주장이 있을 수 있다. 그러나 이것은 또 다른 정답 추구형 성서해석이다.

> "나도 전해 받은 중요한 것을 여러분에게 전해 드렸습니다. 그것은 곧, 그리스도께서 성경대로 우리 죄를 위하여 죽으셨다는 것과, 무덤에 묻히셨다는 것과, 성경대로 사흗날에 [63]살아나셨다는 것과, 게바에게 나타나시고 다음에 열두 제자에게 나타나셨다고 하는 것입니다. 그 후에 그리스도께서는 한 번에 오백 명이 넘는 [64]형제자매들에게 나타나셨는데, 그 가운데 더러는 [65]세상을 떠났지만, 대다수는 지금도 살아 있습니다. 다음에 야고보에게 나타나시고, 그 다음에 모든 사도들에게 나타나셨습니다. 그런데 맨 나중에 달이 차지 못하여 난 자와 같은 나에게도 나타나셨습니다."(고전 15:3~8)

> "그는 하나님의 모습을 지니셨으나, 하나님과 동등함을 당연하게 생각하지 않으시고, 오히려 자기를 비워서 종의 모습을 취하시고, 사람과 같이 되셨습니다. 그는 사람의 모양으로 나타나셔서, 자기를 낮추시고, 죽기까지 순종하셨으니, 곧 십자가에 죽기까지 하셨습니다. 그러므로 하나님께서는 그를 지극히 높이시고, 모든 이름 위에 뛰어난 이름을 그에게 주셨습니다. [66]그리하여 하늘과 땅 위와 땅 아래 있는 모든 것들

---

62) Dale B. Martin, *Pedagogy of the Bible: An Analysis and Proposal* (Louisville, KY: Westminster John Knox Press, 2008), 38

63) 그, '일으켜지셨다.'

64) 그, '형제들'

65) 그, '잠들었지만'

66) 사 45:23(칠십인 역).

이 예수의 이름 앞에 무릎을 꿇고, 모두가 예수 그리스도는 주님이시라고 고백하여, 하나님 아버지께 영광을 돌리게 하셨습니다."(빌 2:6~11)

"아버지께서 우리를 암흑의 권세에서 건져내셔서, 자기의 사랑하는 아들의 나라로 옮기셨습니다. 우리는 그 아들 안에서 [67]구속 곧 죄 사함을 받았습니다. 그 아들은 보이지 않는 하나님의 형상이시요, 모든 피조물보다 먼저 나신 분이십니다. 만물이 그분 [68]안에서 창조되었습니다. 하늘에 있는 것들과 땅에 있는 것들, 보이는 것들과 보이지 않는 것들, 왕권이나 주권이나 권력이나 권세나 할 것 없이, 모든 것이 그분으로 말미암아 창조되었고, 그분을 위하여 창조되었습니다. 그분은 만물보다 먼저 계시고, 만물은 그분 안에서 존속합니다. 그분은 교회라는 몸의 머리이십니다. 그는 근원이시며, 죽은 사람들 가운데서 제일 먼저 살아나신 분이십니다. 이는 그분이 만물 가운데서 으뜸이 되시기 위함입니다. 하나님께서는 그분의 안에 모든 충만함을 머무르게 하시기를 기뻐하시고, 그분의 십자가의 피로 평화를 이루셔서, 그분으로 말미암아 만물을, 곧 땅에 있는 것들이나 하늘에 있는 것들이나 다, 자기와 기꺼이 화해시켰습니다."(골 1:13~20)

"이 경건의 비밀은 참으로 놀랍습니다. '[69]그분은 육신으로 나타나시고, 성령으로 의롭다는 인정을 받으셨습니다. 천사들에게 보이시고, 만국에 전파되셨습니다. 세상이 그분을 믿었고, 그분은 영광에 싸여 들려 올라가셨습니다.'"(딤전 3:16)

성서의 교육에 대한 연구는 적어도 복음주의적 기독교교육학계에서 도전해야 할 과제였다. 성서적 기독교교육을 해야 한다는 당위성에 대해서는 많은 언급들이 있었지만 그에 대한 시도는 거의 없었고, 있었다 해도 주로 신약성서의 예수와 바울의 교육에 관한 것 등에 대해 아주 부분적으로 행해졌다.[70] 따라서 성서의 교육에 대한 연구는 기독교교육학의 오랜 숙제 중의 하나를 해결하는 계기가 될 것이며, 이를 통해 성서의 교육에 대한 보다 심층적인 연구의 바탕

67) 다른 고대 사본들에는 '그의 피로'가 더 있음.
68) 또는 '말미암아'.
69) 다른 고대 사본들에는 '하나님은'.
70) Herman H. Horne, *Teaching Techniques of Jesus*, 박영호 역, 『예수님의 교육방법론』(서울: 예수교문서선교회, 1980); 고봉환 역, 『예수의 교육 원리』(서울: 요나, 1990); Herman H. Horne, revised and updated by Angus M. Gunn, *Jesus, the Teacher: Examining His Expertise in Education* (Grand Rapids, MI: Kregel Publications, 1998); Roy B. Zuck, *Teaching as Jesus Taught*, 송원준 역, 『예수님의 티칭 스타일』(서울: 디모데, 2000); Roy B. Zuck, *Teaching as Paul Taught*, 김태한 역, 『바울의 티칭 스타일: 바울에게서 배우는 탁월한 가르침의 원리』(서울: 디모데, 2002); Robert H. Stein, *The Method and Message of Jesus' Teachings*, 유재덕 역, 『예수님의 교훈 내용과 그 방법』(서울: 할렐루야서원, 1994); 김도일·최홍진 공역, 『예수의 가르침에 나타난 방법과 메시지』(서울: 한국장로교출판사, 2004).

을 마련할 수 있을 것이다.

이 책 이후의 과제는 성서 각 책들이 증언하는 교육에 대한 탐구이다. 그 같은 탐구는 성서 각 책들의 다양성에서 비롯된 일종의 혼란을 예상할 수 있지만, 아스라한 통일성을 기대할 수 있지 않을까 한다. 이 같은 연구는 우선은 성서 본문에 대한 공감적 독서가, 다음으로는 주제 성경(Topical Bible)을 통해 그 범위를 좁히고, 다음으로는 신학용어사전을 통해 주제와 관련되어 사용된 용어에 대한 사실들을 확보하고, 주제와 관련된 본문에 적절한 역사비평적 주석을 참고할 때 성취될 수 있을 것이다. 이런 식의 연구 방법은 전체적으로는 성서신학적 접근으로 볼 수 있을 것이다. 이 같은 성서신학적 방법론은 주제가 교육이라 하더라도 적어도 성서에 나온 내용에 대한 연구이기에 범주적 정당성을 띤다고 할 수 있을 것이다.

이 책은 성서가 말하는 교육에 대하여 비교적 객관적으로 소개하려고 하였다. 하나님의 말씀으로서의 성서가 말하는 교육은 오늘 우리도 따라야 할 말씀이다. 그러나 시대는 멀고 그 교육은 낡아 보여 오늘 우리에게 적용하기에는 아쉬움이 크다. 그 같은 아쉬움은 소위 주석과 대조되는 것으로서의 해석을 통해 오늘날의 상황에 적용된다면 피와 살이 흐르는 육체를 입게 될 것이다. 이 같은 과제는 여러 제약적인 조건 때문에 내일을 기약할 수밖에 없다.

1장 · 구약성서의 교육 목적

이스라엘 교육 내용의 심저에 있는 것은 하나님의 뜻이었다. 실재의 신, 곧 하나님에 대해 이스라엘은 “하나님은 내게 무엇을 원하는가? 어떻게 하기 원하는가?”를 물었다.[1] 이스라엘 교육의 목적 뒤에는 그와 같은 물음들이 자리하고 있다. 그와 같은 물음들은 성서를 이루는 여러 책들의 성격에 따라 다양한 형태로 나타났다. 그럼에도 이스라엘 역사의 진행과 구약성서의 대표적 문헌 양식에 나타나는 공통의 교육의 목적들은 어떻게 우리는 지금의 이와 같은 모습으로 존재하게 되었는가 하는 물음에 대한 대답으로서의 역사적 신앙 유산들의 전달, 역사적 교훈으로부터 주어지는 하나님의 권능에 대한 인식으로부터 자연스럽게 나와야 하는 하나님에 대한 경외, 그리고 하나님과의 언약이 삶 속에서 표현됨으로써 하나님에 대한 신앙의 진실함을 보여주는 것으로 나타났다.

---

1) Lewis J. Sherrill, *The Rise of Christian Education*, 이숙종 역, 『기독교교육의 발생』 (서울: 대한기독교서회, 1994), 21.

1. 역사적 유산의 전달

구약성서의 주인공이라 할 수 있는 이스라엘 교육의 목적은 무엇보다 선조들의 역사를 후손에게 전달하는 것이었다. 역사의 기능 중의 하나는 공동체와 그 정체성 형성이라고 할 수 있을 것이다. 어떤 공동체가 공동체일 수 있는 것은 그 구성원들이 공통적으로 기억할 수 있는 역사가 있기 때문이다. 조셉 카스터(Joseph Kaster)에 따르면, 고대 이스라엘 교육의 첫 번째 목적은 히브리 국가의 역사적 유산, 즉 하나님이 그의 백성과 맺으신 계약 이야기와, 그 이후의 역사에서 계약에 의하여 벌어진 일들에 관한 전설적 이야기들을 전달하는 것이었다.[2] 이는 이스라엘의 기원과 관련된다. 이스라엘의 시작을 아브라함의 소명으로 보았을 때의 교육의 목적은 하나님과의 언약을 지키도록 하는 것이다.

> "'내가 아브라함을 선택한 것은, 그가 자식들과 자손을 잘 가르쳐서, 나에게 순종하게 하고, 옳고 바른 일을 하도록 가르치라는 뜻에서 한 것이다. 그의 자손이 아브라함에게 배운 대로 하면, 나는 아브라함에게 약속한 대로 다 이루어 주겠다.'"(창 18:19)

이스라엘의 기원을 모세와 출애굽과 더불어 시작되었다고 볼 경우에도 마찬가지로, 교육의 목적은 후손들을 가르쳐 야훼를 알고 섬기도록 하는 것이다.

> "자녀에게 부지런히 가르치며, 집에 앉아 있을 때나 길을 갈 때나, 누워 있을 때나 일어나 있을 때나, 언제든지 가르치십시오."(신 6:7)

> "주님을 경외하는 것이 지식의 근본이어늘, [3]어리석은 사람은 지혜와 훈계를 멸시한다."(잠 1:7)

그렇게 함으로써 살아갈 동안 그 길에서 떨어지지 않게 하려는 것이었다.

---

2) Joseph Kaster, "Education, OT," George A. Buttrick, ed., *The Interpreter's Dictionary of the Bible*,『기독교대백과사전』1 (서울: 기독교문사, 1980), 1153.

3) '어리석은 사람'으로 번역된 히브리어 '에빌림'은 잠언 전체와 구약의 여러 곳에서 도덕적 결함이 있는 사람을 가리킴. 단순히 '둔한 사람'과 구별됨.

"마땅히 걸어야 할 그 길을 아이에게 가르쳐라. 그러면 늙어서도 그 길을 떠나지 않는다."(잠 22:6)

이스라엘 교육의 기본적 목적은 하나님과의 언약 관계에서 나온 종교적인 것으로 역사적 유산을 전달하는 것이고, 그래서 역사를 가르쳤다. 히브리인들은 이집트의 압박으로부터 이스라엘이 해방된 사실과 가나안 입주에 대한 생생한 기억을 호기심을 촉발시킬 수 있는 가장 효과적인 방법으로 자녀들에게 가르쳐야 한다고 굳게 다짐했다. 요단강에서 가져온 열두 개의 돌을 세운 후에, 여호수아는 이스라엘 자손에게 이렇게 말하였다.

"'당신들 자손이 훗날 그 아버지들에게 이 돌들의 뜻이 무엇인지를 묻거든, 당신들은 자손에게 이렇게 알려 주십시오. 이스라엘 백성이 이 요단강을 마른 땅으로 건넜다. 우리가 홍해를 다 건널 때까지, 주 우리의 하나님이 우리 앞에서 그것을 마르게 하신 것과 같이, 우리가 요단강을 다 건널 때까지, 주 우리의 하나님이 요단 강 물을 마르게 하셨다. 그렇게 하신 것은, 땅의 모든 백성이 주님의 능력이 얼마나 강하신가를 알도록 하고, 우리가 영원토록 주 우리의 하나님을 경외하도록 하려는 것이다.'"(수 4:21~24)

유월절 제사와 무교병을 먹는 행위에 대해서 자녀들이 왜 이러한 일들이 생겼는가라는 질문을 하면 아버지는 그 자녀들에게 그 의식들의 역사적, 종교적 상징의 의미를 가르치도록 하려는 것이었다.

"여러분의 아들딸이 여러분에게 '이 예식이 무엇을 뜻합니까?' 하고 물을 것입니다. 그러면 여러분은 그들에게 '이것은 주님께 드리는 4)유월절 제사다. 주님께서 이집트 사람을 치실 때에, 이집트에 있던 이스라엘 자손의 집만은 그냥 지나가셔서, 우리의 집들을 구하여 주셨다 하고 이르십시오.' 백성은 이 말을 듣고서, 엎드려 주님께 경배를 드렸다."(출 12:26~27)

"이레 동안 당신들은 누룩을 넣지 않은 빵을 먹어야 하며, 당신들 영토 안에서 누룩을 넣은 빵이나 누룩이 보여서는 안 됩니다. 그 날에 당신들은 당신들 아들딸들에게, '이 예식은, 내가 이집트에서 나올 때에, 주님께서 나에게 해주신 일을 기억하고 지키는 것이다' 하고 설명하여 주십시오."(출 13:7~8)

"뒷날 당신들 아들딸이 당신들에게 묻기를, 무엇 때문에 이런 일을 하느냐고 하거든,

---

4) '유월절(페싸흐)'과 '지나가다(파싸흐)'가 같은 어원에서 나옴.

> 당신들은 아들딸에게 이렇게 일러주십시오. '주님께서 강한 손으로 이집트 곧 종살이 하던 집에서 우리를 이끌어 내셨다.'"(출 13:14)

또한 출애굽사건과 관련된 증언들과 의식들을 기억할 것과 또한 그것들을 후손들에게 가르칠 것에 대한 출애굽기와 동일한 명령이 발견된다.

> "당신들은 오로지 삼가 조심하여, 당신들의 눈으로 본 것들을 잊지 않도록 정성을 기울여 지키고, 평생 동안 당신들의 마음속에서 사라지지 않도록 하십시오. 또한 그것을 당신들의 자손에게 길이 알리십시오. 당신들이 호렙 산에서 당신들의 하나님이신 주님 앞에 섰던 날에, 주님께서 나에게 말씀하셨습니다. '이 백성을 나에게로 불러 모아라. 내가 그들에게 나의 말을 들려주어서, 그들이 이 땅에서 사는 동안에 나를 경외하는 것을 배우고, 또 이것을 그들의 아들딸에게 가르치게 하려고 한다.'"(신 4:9~10)

> "나중에 당신들의 자녀가, 주 당신들의 하나님이 당신들에게 명하신 훈령과 규례와 법도가 무엇이냐고 당신들에게 묻거든, 당신들은 자녀에게 이렇게 일러주십시오. '옛적에 우리는 이집트에서 바로의 노예로 있었으나, 주님께서 강한 손으로 우리를 이집트에서 이끌어 내셨다.'"(신 6:20~21)

> "당신들이 혼자 생각에 '그 민족들이 우리보다 많은데, 어떻게 우리가 그들을 쫓아낼 수 있겠는가?' 하고 걱정할 수도 있을 것입니다. 그러나 그들을 두려워하지 말고, 주 당신들의 하나님이 바로와 모든 이집트 사람에게 하신 일을 잘 기억하십시오. 주 당신들의 하나님은, 당신들이 당신들의 눈으로 본 대로, 큰 재앙과 표징과 기적을 일으키시며, 강한 손과 편 팔로 당신들을 이끌어 내셨습니다. 주 당신들의 하나님은, 지금 당신들이 두려워하는 모든 민족에게도 그와 같이 하실 것입니다."(신 7:17~19)

> "주님께서 당신들을 사랑하시고 택하신 것은, 당신들이 다른 민족들보다 수가 더 많아서가 아닙니다. 오히려 당신들은 모든 민족 가운데서 수가 가장 적은 민족입니다." (신 32:7)

구약의 증거에 의하면 그 첫 번째 목적은 이스라엘 국가 형성기에 강조된 것으로, 새로운 국가를 계승할 후세대들이 하나님과의 계약에 의거하여 국가를 세울 당시의 놀라운 역사적 사건들을 생생하게 전수받아 확고한 민족의식의 바탕 위에 국가를 굳건히 세우도록 하기 위한 것이었다. 제임스 A. 크렌쇼(James A. Crenshaw)에 따르면 구약의 교육은 하나의 수단이다. 정리되지 않은 이스라엘의 역사적 무질서로부터 후손들에게 정리를 하여 질서를 잡는 것이고, 그

리하여 과거와의 연속성을 제공하는 것이다.[5)]

5) James L. Crenshaw, *Education in Ancient Israel: Across the Deadening Silence*, Anchor Bible Reference Library (Garden City, NY: Doubleday, 1998).

II. 하나님께 대한 경외

1. 지식과 순종으로서의 경외

잠언에 따르면, 지식의 근본은 주님에 대한 경외이다.

> "주님을 경외하는 것이 지식의 근본이어늘, 어리석은 사람은 지혜와 훈계를 멸시한다."(잠 1:7)

> "온갖 교육에 반드시 있어야 할 밑바탕은 하나님에 대한 올바른 관계이다. '야훼를 경외하는 것'은 하나님 앞에서 불안해하라는 뜻이 아니라 하나님의 하신 실체를 어려워하면서 존경하는 것을 뜻하며, 이는 사람이 하나님의 계명을 지키는 데서 드러난다. 하나님을 진지하게 섬기지 않는 사람은 여기 제시된 본보기에 들어맞지 않을 것이므로 '어리석은 자'로 불린다."[6]

> "성경에서 말하는 '하나님 경외'는 하나님 또는 야훼를 두려워한다는 뜻이다. 그렇지만 하나님 경외가 지혜 및 하나님을 기쁘시게 하는 삶의 근본이라고 할 때(잠 1:7, 8:13, 15:33, 16:6, 시 34:12, 사 11:2~3), 이는 형벌에 대한 불안에 호소하는 것이 아니다. 사람은 권능이 넘치는 하나님 앞에 떨 것이 아니라 창조주께 마땅히 그래야 하듯이 하나님을 어려워하며 받들어 모셔야 한다. 하나님에 대한 올바른 관계는 노예처럼 굴복하거나 또는 반대로 건방지게 자신만만해 하는 것이 아니라 공경과 신뢰로 가득 찬 관계이다. 신약성경에서는 이를 넘어서서 하나님에 대한 사랑을 말한다(요일 4:16~19). 그렇지만 이미 신명기 6장 5절에도 나온다."[7]

경외는 일단 심리적 감정이다.[8] 이스라엘 사람들은 시내산에서 하나님을 가까이 하게 되었을 때 두려움에 사로잡혔다.

> "온 백성이 천둥소리와 번개와 나팔 소리를 듣고 산의 연기를 보았다. 백성은 그것을 보고 두려워 떨며, 멀찍이 물러섰다."(출 20:18)

---

6) 『해설·관주·성경전서: 독일성서공회판』(서울: 대한성서공회, 1997), 1000.
7) "용어해설", 『해설·관주·성경전서: 독일성서공회판』(서울: 대한성서공회, 1997), 61.
8) Rudolf Otto, *The Idea of the Holy: An Inquiry into the Non-rational Factor in the Idea of the Divine and Its Relation to the Rational*, 2d ed. (London: Oxford University Press, 1950), 12-41 참조.

지혜문헌인 욥기에도 두려움으로서의 경외가 나타난다.

> "9)전능하신 분께서 나를 과녁으로 삼고 화살을 쏘시니, 내 영혼이 그 독을 빤다. 하나님이 나를 몰아치셔서 나를 두렵게 하신다."(욥 6:4)

> "내게 소원이 있다면, 내가 더 두려워 떨지 않도록, 하나님이 채찍을 거두시는 것. 그렇게 되면 나는 두려움 없이 말하겠다. 그러나 나 스스로는, 그럴 수가 없는 줄을 알고 있다."(욥 9:34~35)

> "거짓말로 나를 고발하면, 그분께서 너희의 속마음을 여지없이 폭로하실 것이다. 그분의 존엄하심이 너희에게 두려움이 될 것이며, 그분에 대한 두려움이 너희를 사로잡을 것이다."(욥 13:10~11)

경외에는 두려운 감정만 있는 것이 아니라 행복의 요소도 있다. 경외는 두려움이 아니라 평안과 보호와 생명으로 인도한다.

> "늘 두려워하는 마음으로 사는 사람은 복을 받지만, 마음이 완고한 사람은 재앙에 빠진다."(잠 28:14)

> "주님을 경외하며 살면 생명을 얻는다. 그는 만족스러운 생활을 하며, 재앙을 만나지 않는다."(잠 19:23)

그러나 경외는 하나님의 현존에 대한 감정적이거나 심리적 반응만은 아니다. 오히려 대부분 경외는 하나님에 대한 단순한 지식과 순종을 의미한다.[10] 지식과 순종은 교육적으로는 "깨어서 주의를 기울이는 것"을 의미한다.[11] 또한 이 지식은 습득되는 것이라기보다는 보고 놀라는 것이다. 하나님이 거기 계시다는 것을 아는 인식과 그에 따르는 감정적 응답이다. 또는 하나님에 대한 경외가 먼저 있을 때 그를 알게 된다. 이 경외는 두려움과 관심, 그리고 신중과 같은 것이다.[12] 경외는 인식과 감정의 총체이다. 하나님을 안다는 것은 그를 경외하는 것이다. 경외하는 앎이야말로 하나님에 대한 진정한 앎이다. 그 앎은 단순히

---

9) 히, '샤다이'.

10) Otto, *The Idea of the Holy*, 66.

11) Charles F. Melchert, *Wise Teaching: Biblical Wisdom and Educational Ministry*, 송남순·김도일 공역, 『지혜를 위한 교육』 (서울: 한국장로교출판사, 2002), 67

12) Paul Holmer, *Making Christian Sense* (Philadelphia: Westminster, 1984), 54-55.

인지적인 것이 아니라 감정이 함께 병행하는 전인적 앎이다.

2. 지혜로서의 경외

성서에서 지식은 하나님의 의지를 담은 율법의 규정을 넘어서 그 말씀을 삶에서 실현해나가는 지혜로 발전되어 나간다. 교육의 목적으로서의 주님께 대한 경외는 이 지혜와도 무관하지 않다.

> "주님을 경외하는 것이 지혜의 근본이요, 하신 이를 아는 것이 슬기의 근본이다."(잠 9:10)

위의 구절은 욥기에도 나타난다.

> "주님을 경외하는 것이 지혜요, 악을 멀리하는 것이 슬기다."(욥 28:28)

이 구절들은 지혜에 대해 말하면서 경외에 대해 말하고 있다. 사람은 자기의 삶을 일구어 갈 때, 지혜에 의존해야 한다. 그 지혜는 하나님을 경외하고 흠 없이 사는 데에 있다. 지혜로 나아가는 길로 내딛는 첫 걸음은 하나님과 내적으로 연결되는 것이다.

잠언의 교육적 의도는 그 서문에 의해 확증된다.

> "이 잠언은 지혜와 훈계를 알게 하며, 명철의 말씀을 깨닫게 하며, 정의와 공평과 정직을 지혜롭게 실행하도록 훈계를 받게 하며, 어수룩한 사람을 슬기롭게 하여 주며, 젊은이들에게 지식과 분별력을 갖게 하여 주는 것이니"(잠 1:2~4)

여기서 '훈계'(2~3절)는 교육을 뜻하고, 이로써 지혜론의 목적과 목표가 젊은이들을 육성하는 데 있다는 것을 밝힌다.[13)]

하나님을 아는 지식과 그것의 삶의 표현인 지혜의 현재적 표현을 경건이라고 할 수 있다. 이런 면에서 경건과 교육은 하나다. 교육 받지 않은 사람은 경건할 수 없다. 경건하려면 교육을 받아야 한다. 힐렐은 이렇게 말했다.

> "무지한 사람(즉 율법을 모르는 사람)은 진실로 경건할 수 없다."

---

13) 『해설·관주·성경전서』, 999.

"율법을 가르치면 가르칠수록 더욱 도덕적인 생활을 할 수 있으며, 학교가 많으면 많을수록 더욱 지혜로워지며, 충고를 하면 할수록 더욱 이성적인 행동을 하게 되는 법이다."[14)]

---

14) *Sayings of the Fathers*, 2. 5; 2. 7. William Barclay, *Educational Ideals in the Ancient World*, 유재덕 역, 『고대세계의 교육사상』 (서울: 기독교문서선교회, 1993), 12 재인용.

III. 하나님 백성으로서의 삶의 훈련

1. 일상생활

카스터에 의하면, 고대 이스라엘의 또 다른 일반적인 교육의 목적은 "삶에 있어서의 윤리적 행동에 관한 교육, 즉 지상에서 궁극적인 행복을 획득하기 위하여 인간의 삶은 어떻게 영위되어야 하는 것인가이다."[15] 이스라엘 국가가 확고한 기반 위에 서고 왕국이 그 조직적인 기능을 수행할 수 있게 되었을 때, 현세적 선을 지향하는 구체적인 윤리적 유일신론이 지혜문학에서 강조되고 형성되었다. 그 가장 대표적인 책이 잠언서이다. 그러나 이스라엘 초기에도 생활 속의 윤리적 행위에 대한 가르침은 매우 중요한 요소였음이, 특별히 십계명에서는 물론, 일반적으로 오경의 여러 부분들에서 입증된다. 이미 창세기는 이러한 윤리적 유산을 전수하는 교육의 목적을 간결하게 언급하고 있다. 이것이 이스라엘 교육 이념의 근본이요, 중핵이라 할 수 있다.

> "내가 아브라함을 선택한 것은, 그가 자식들과 자손을 잘 가르쳐서, 나에게 순종하게 하고, 옳고 바른 일을 하도록 가르치라는 뜻에서 한 것이다."(창 18:19상)

여기서 '옳고'(체다카) '바른 일'(미쉬팥)은 이스라엘 종교 내지 도덕 교육의 핵심이다. 이 '옳고 바른 일'은 출애굽기 20장 1~17절의 십계명에 구체화되어 있으며, "너희의 하나님인 나 주가 하니, 너희도 해야 한다."는 레위기 19장 2절 하의 말씀에서 종교적 의미를 형성하고 있다. 이 첫 구절에 이어 같은 장의 나머지 부분에는 부모에 대한 효도, 노인에 대한 공경 등의 개인적 윤리 준수에 대해 언급하고 있다.

> "너희는 저마다 어머니와 아버지를 공경하여라. … 내가 주 너희의 하나님이다."(레 19:3상)

> "백발이 성성한 어른이 들어오면 일어서고, 나이 든 어른을 보면 그를 공경하여라. 너희의 하나님을 두려워하여라. 나는 주다."(레 19:32)

---

15) Kaster, "Education, OT," 1153.

잠언서는 일상생활 속에서의 실제적 처신에 대해 가르치고 있다. 자신과 동등한 사람 및 이웃 사람들과 어떻게 어울려 지내며 분쟁이 야기되었을 때, 어떻게 처리할 것인가에 대한 방법들을 기록하고 있다. 그리고 적절한 예의범절과 사교술에 관한 가르침 역시 실제적 가치를 지닌 것으로 여겨졌다. 예를 들면 분별 있는 성생활에 대한 내용까지 다룰 정도이다.[16]

"음행하는 여자의 입술에서는 꿀이 떨어지고, 그 말은 기름보다 매끄럽지만, 그것이 나중에는 쑥처럼 쓰고, 두 날을 가진 칼처럼 날카롭다. 그 여자의 발은 죽을 곳으로 내려가고, 그 여자의 걸음은 [17]스올로 치닫는다. 그 여자는 생명의 길을 지키지 못하며, 그 길이 불안정해도 그것을 깨닫지 못한다. 내 아들아, 이제 너희는 내 말을 잘 들어라. 내가 하는 말에서 벗어나지 말아라. 네 길에서 그 여자를 멀리 떨어져 있게 하여라. 그 여자의 집 문 가까이에도 가지 말아라. 그렇지 않으면, 네 영예가 다른 사람에게 넘어가고, 네 아까운 세월을 포학자들에게 빼앗길 것이다. 다른 사람이 네 재산으로 배를 불리고, 네가 수고한 것이 남의 집으로 돌아갈 것이다. 마침내 네 몸과 육체를 망친 뒤에, 네 종말이 올 때에야 한탄하며, 말하기를 '내가 어찌하여 훈계를 싫어하였던가? 내가 어찌하여 책망을 멸시하였던가? 내가 스승에게 순종하지 않고, 나를 가르쳐 주신 분에게 귀를 기울이지 않고 있다가, 온 회중이 보는 앞에서 이런 처절한 재난을 당하는구나!' 할 것이다. 너는 네 우물의 물을 마시고, 네 샘에서 솟아나는 물을 마셔라. 어찌하여 네 샘물을 바깥으로 흘려 보내며, 그 물줄기를 거리로 흘려 보내려느냐? 그 물은 너 혼자만의 것으로 삼고, 다른 사람들과 나누지 말아라. 네 샘이 복된 줄 알고, 네가 젊어서 맞은 아내와 더불어 즐거워하여라. 아내는 사랑스러운 암사슴, 아름다운 암노루, 그의 품을 언제나 만족스럽게 생각하고, 그의 사랑을 언제나 사모하여라. 내 아들아, 어찌하여 음행하는 여자를 사모하며, 부정한 여자의 가슴을 껴안겠느냐?"(잠 5:3~20)

사실상 지혜는 일상적 삶의 윤리적 운영 그 자체와 다를 바 없는 것이다. 왜냐하면 하나님 경외로서의 지혜는 의에 이르는 윤리적 원칙들과 사회적응을 위한 실제적인 기술에 관한 지식을 포함하는 것으로서 존재의 근원이요 실제적으로 육체의 건강과 긴밀하다고 보았다.

"[18]아이들아, 들어라. 내 말을 받아들이면, 네가 오래 살 것이다. 훈계를 놓치지 말고

16) 지혜문학의 강조점은 윤리적 행위에 있었는데, 이 경우 일상생활에 관한 내용은 고대 근동의 문제와 많은 병행을 이루고 있다는 주장에 대해서는, Bradley L. Crowell, "A Reevaluation of the Edomite Wisdom Hypothesis," *Zeitschrift für die Alttestamentliche Wissenschaft* 120:3 (Berlin, 2008), 404-16 참조.

17) 또는 '무덤' 또는 '죽음'.

굳게 잡아라. 그것은 네 생명이니, 단단히 지켜라."(잠 4:10, 13)

"아이들아, 내가 하는 말을 잘 듣고, 내가 이르는 말에 귀를 기울여라. 이 말에서 한시도 눈을 떼지 말고, 너의 마음 속 깊이 잘 간직하여라. 이 말은 그것을 얻는 사람에게 생명이 되며, 그의 온 몸에 건강을 준다. 그 무엇보다도 너는 네 마음을 지켜라. 그 마음이 바로 생명의 근원이기 때문이다."(잠 4:20~23)

"나를 얻는 사람은 생명을 얻고, 주님께로부터 은총을 받을 것이다."(잠 8:35)

"의인의 수고는 생명에 이르고, 악인의 소득은 죄에 이른다."(잠 10:16)

"의인이 받는 열매는 생명의 나무요, 폭력을 쓰는 사람은 생명을 잃는다."(잠 11:30)

"의로운 사람의 길에는 생명이 있지만, 미련한 사람의 길은 죽음으로 이끈다."(잠 12:28)

"주님을 경외하는 것이 생명의 샘이니, 죽음의 그물에서 벗어나게 한다."(잠 14:27)

이스라엘의 교육은 옳고 바른 삶을 살도록 가르치는 것 이외에 다른 것이 아니었다. 바른 윤리적 삶 역시 추상적인 것이라기보다 개인의 일상생활에서 이루어져야 할 현실이었다.

2. 사회적 정의

레위기에는 가난한 자와 이방인체류자를 위하여 일부러 이삭을 남겨두는 일 등에 대한 계율과 그리고 도둑질, 사악한 행동, 거짓말, 거짓 맹세에 대한 금지 및 이웃과 노예, 그리고 육체불구자들을 억압하지 말 것 등이 기록되어 있다. 즉 윤리적 삶은 일상에서의 개인적 윤리뿐만 아니라 이스라엘 신앙공동체를 정의로운 사회로 세우기 위한 사회적 윤리를 포함한다.

"밭에서 난 곡식을 거두어들일 때에는, 밭 구석구석까지 다 거두어들여서는 안 된다. 거두어들인 다음에, 떨어진 이삭을 주워서도 안 된다. 포도를 딸 때에도 모조리 따서는 안 된다. 포도밭에 떨어진 포도도 주워서는 안 된다. 가난한 사람들과 나그네 신

---

18) 히, '내 아들아'. 스승이 제자를 부르는 말.

세인 외국 사람들이 줍게, 그것들을 남겨 두어야 한다. 내가 주 너희의 하나님이다." (레 19:9~10)

"도둑질하지 못한다."(레 19:11상)

"사기하지 못한다."(레 19:11중)

"서로 이웃을 속이지 못한다."(레 19:11하)

"나의 이름으로 거짓 맹세를 하여 너희 하나님의 이름을 더럽혀서는 안 된다. 나는 주다."(레 19:12절)

"너는 이웃을 억누르거나 이웃의 것을 빼앗아서는 안 된다. 네가 품꾼을 쓰면, 그가 받을 품값을 다음날 아침까지, 밤새 네가 가지고 있어서는 안 된다. 듣지 못하는 사람을 저주해서는 안 된다. 눈이 먼 사람 앞에 걸려 넘어질 것을 놓아서는 안 된다. 너는 하나님 두려운 줄을 알아야 한다. 나는 주다."(레 19:13~14)

그리고 이밖에도 레위기 19장에는 인간과 인간 사이의 윤리적 행동에 관한 권고들과 노인들을 공경하고 타국인을 사랑하라는 등의 선하고 정의로운 사회를 위한 여러 가지 다른 계율들이 포함되어 있다.

"백발이 성성한 어른이 들어오면 일어서고, 나이 든 어른을 보면 그를 공경하여라. 너희의 하나님을 두려워하여라. 나는 주다."(레 19:32)

"외국 사람이 나그네가 되어 너희의 땅에서 너희와 함께 살 때에, 너희는 그를 억압해서는 안 된다. 너희와 함께 사는 그 외국인 나그네를 너희의 본토인처럼 여기고, 그를 너희의 몸과 같이 사랑하여라. 너희도 이집트 땅에 살 때에는, 외국인 나그네 신세였다. 내가 주 너희의 하나님이다."(레 19:33~34)

이와 같은 사회의 정의에 관한 사상들은 하나님의 하심과 긴밀하게 관련되어 있을 뿐만 아니라 그로부터 유래된 것이다. 윤리적 금지 명령은 선하고 정의로운 사회 건설을 그 목표로 갖는 것이었다(레 19:2 이하). 사회정의는 한 하나님과 결합되어 있었다(암 2:6, 7).

잠언에서 교육의 목적은 지식(내용)과 분별력(능력이나 기술)과 이해를 갖게 하고, 어리석은 자나 무지한 자가 그것을 극복하도록 하기 위해서, 그리고 의로운 사회질서를 위한 토대가 될 수 있는 신중하고 정의롭고 현명하게 행동할 수

있도록 하는 데 있다(잠 1:1~7)[19)]

3. 바른 삶을 위한 교육

앞서 이스라엘 교육의 최우선적 목적은 하나님과 이스라엘 백성들 사이의 언약적 관계를 둘러싼 사건과 율법의 전수라고 하였다.

> "당신들은 오로지 삼가 조심하여, 당신들의 눈으로 본 것들을 잊지 않도록 정성을 기울여 지키고, 평생 동안 당신들의 마음속에서 사라지지 않도록 하십시오. 또한 그것을 당신들의 자손에게 길이 알리십시오."(신 4:9~10)

그런데 그 유산 전달의 실제적 내용은 윤리적 유산을 전수하는 것이었다.

> "내가 아브라함을 선택한 것은, 그가 자식들과 자손을 잘 가르쳐서, 나에게 순종하게 하고, 옳고 바른 일을 하도록 가르치라는 뜻에서 한 것이다."(창 18:19; 비교. 출 20:1~17)

바른 삶의 근본은 지혜이고, 그 지혜의 근본은 하나님 경외라는 면에서, 야훼를 경외하는 것이 선한 생활로 이끌어가는 첩경이라고 볼 수 있다.

> "주님을 경외하는 것이 지혜의 근본이요, 하신 이를 아는 것이 슬기의 근본이다."(잠 9:10)

사실상 주님에 대한 경외는 삶 그 자체와 동일시되기도 했다.

> "나를 얻는 사람은 생명을 얻고, 주님께로부터 은총을 받을 것이다."(잠 8:35)

하나님을 경외하는 자로서 윤리적 삶을 살아가야 하는 의무는 저절로 이루어질 수 없는 것이다. 그것은 선천적 본성에 의해 이루어질 수 없고, 후천적 교육에 의해 가능하다. 인간은 바른 삶을 살기 위해서는 교육을 받아야 한다는 언급이 잠언서 첫머리에 나온다.

---

19) Melchert, *Wise Teaching*, 44.

"이 잠언은 … 실행하도록 훈계를 받게 하며"(잠 1:2~3).

윤리적 삶을 위한 교육의 내용에 대해 잠언은 다음과 같이 말한다.

"이 잠언은 … 정의와 공평과 정직을 지혜롭게 실행하도록 훈계를 받게 하며"(잠 1:2~3)

즉, 잠언은 윤리적 삶의 내용을 의와 공의, 평등으로 보고 있다. 정의를 교육하는 것이 이스라엘 교육의 목적이었다.

이 같은 교육은 특정한 시기에 한정되지 않는다. 지혜 있는 사람이나 명철한 사람이라도 계속 가르침을 받아 그들의 학식과 모략을 항상 향상시켜 나갈 수 있으리라고 하였다.

"지혜 있는 사람은 이 가르침을 듣고 학식을 더할 것이요, 명철한 사람은 지혜를 더 얻게 될 것이다."(잠 1:5)

잠언서보다 후대에 와서 마침내 이 배움에 대한 유익은 그 자체로서 목적이 되었다. 즉 배우는 가운데 얻는 행복이 삶의 목적이었고 진정한 행복이란 밤낮으로 야훼의 율법(교훈)을 묵상하며 살아가는 가운데 얻어지는 것이다.

"오로지 주님의 [20]율법을 즐거워하며, 밤낮으로 율법을 [21]묵상하는 사람이다."(시 1:2)

바빌론 유수(Babylonian Captivity) 이후에는 교육 그 자체가 목적이 되었다. 독립을 위해서는 독립의 목적을 달성할 수 있는 유일한 길은 교육에 기댈 수밖에 없었다. 교육에 대한 열정의 배후에는 세 가지 믿음이 있었다. ① 야훼와 율법에 성실하지 않아서 국가적 재앙이라는 심판을 받았다는 믿음, ② 야훼의 법을 지키면 다시 국가가 번영할 수 있다는 믿음, ③ 유대의 사명은 열방에 야훼가 유일신임을 알리는 것이라는 믿음이었다.[22]

요약하면, 이스라엘 교육의 목적은 하나님과 이스라엘 백성의 언약과 관련된 사건과 그 내용을 후손들에게 전달하고, 하나님을 경외하는 것이 교육의 근본

20) 히, '토라'. 교훈, 가르침의 뜻.
21) 또는 '읊조리는'.
22) Fletcher H. Swift, *Education In Ancient Israel: From Earliest Times To 70 A.D.*, 유재덕 역, 『고대 이스라엘의 종교교육: 발생부터 AD 70년까지』 (서울: 소망, 2012), 109-10.

이고, 최고의 지식의 형태라고 할 수 있는 지혜는 다른 것이 아닌 하나님 경외라는 것, 나아가 그 지혜는 추상적 우주적 원리가 아니라 하나님의 언약의 백성들의 개인적 일상생활에서 그리고 사회적 생활 속에서 실천됨으로써만 완성되는 것이라는 것을 가르쳤다. 이 같은 교육의 목적들은 가르침에 의해서만 달성된다는 것을 인식한 이스라엘은 자신들의 역사 속에서의 경험을 통해 교육 자체에 큰 비중을 두는 교육적 백성이 되었다.

2장 · 구약성서의 교육 내용

우리는 앞에서 고대 이스라엘의 교육의 목적에 대해 살펴보았다. 이 같은 교육의 목적을 달성하기 위해 이스라엘은 어떤 교육의 내용을 선정했는가. 교육의 내용은 크게 나누어 역사적 유산 전달과 관련되어 율법, 이스라엘 삶의 특성이라 할 수 있는 종교적 전통, 율법이 역사와 삶의 체험 안에서 소화된 정수로서의 지혜, 그리고 실생활에 관한 것 등으로 나눌 수 있다.

제임스 A. 크렌쇼(James A. Crenshaw)는 종교보다 현실적 삶에 주의를 기울여 고대 이스라엘 교육의 내용을 모든 지식의 본질인 주님께 대한 경외(시 111:10, 잠 1:7)를 바탕으로 삼은 종교교육, 직업 기술, 그리고 군사 훈련 등으로 보았다.[1] 하나님께 대한 경외와 순종은 다양한 교육적 내용으로 표현되었다. 우선은 토라에 대한 학습으로, 그리고 하나님께 대한 순종의 일종의 상징적 표현이라고 할 수 있는 절기 준수 등의 종교적 전통으로 나타났다. 그리고 위에서 본 "옳고 바른 일"에 대한 교육, 곧 삶에 대한 교육이 행해졌다.

---

1) 이스라엘과 비교해서 이집트와 메소포타미아 학교의 커리큘럼은 언어, 과학적 지식과 기술적 지식, 지리, 천문학, 교본들, 용어 목록, 대화, 교과서, 그리고 그밖에 많은 것들을 포함했다. 이들 학교들은 시작하는 학습자들이 고전 문헌들을 자신들의 말로 번역할 수 있도록 하기 위해 2개 국어 사전을 준비하는 등의 상당한 힘을 쏟았다. James L. Crenshaw, "Education, OT," Katharine D. Sakenfeld, ed., *The New Interperter's Dictionary of The Bible* 2, (New York: Abingdon Press 2006), 200.

I. 읽고 쓰기

인류 역사를 통해서 볼 때, 그리고 교육을 인간의 삶의 향상을 위한 수단으로 볼 때, 가장 중요하며 다른 배움을 가능케 하는 기본적인 것으로서의 내용은 소위 읽기, 쓰기, 셈하기의 3R(Reading, wRiting, aRismetic)교육이다. 이 중에서 특히 읽기와 쓰기는 살아가는 데 필수적이며 인간 정신 발달을 위해 없어서는 안 될 도구적 내용이다. 하지만 고대 세계에서 읽고 쓴다는 것은 오늘날 우리가 생각하듯 단순한 문제가 아니다. 당장 문자를 만들어야 했고 그것이 다수에 의해 수용되면서 글로 작성되어야 하는 과정을 겪어야 하기 때문이다. 고대 이스라엘의 경우에도 예외는 아니었다. 이스라엘이 오랫동안 야훼를 섬기는 민족적 신앙공동체를 형성하고 유지할 수 있었던 데는 그 밑바탕에 읽고 쓰기의 힘이 뒷받침되었기 때문이다.

1. 읽기의 필요성

고대 이스라엘 당시 사회 자체가 구전 사회였고 그것을 기록하는 것에 대해 부정적이었던 까닭 등의 이유로 읽고 쓰는 능력을 가진 사람이 많지는 않았다. 성서는 문맹자의 존재에 대해 사실적으로 묘사한다.

> "너희가 그 두루마리를 무식한 사람에게 가지고 가서 '이것을 좀 읽어 주시오.' 하면, 그는 '나는 글을 읽을 줄 모릅니다.' 하고 말할 것이다."(사 29:2)

확실치는 않으나 일반인들 중에는 문맹인들이 많았던 것 같다. 예를 들어 이웃에게 돈을 빌릴 경우 차용증서를 쓰지 않고 옷을 전당물로 맡겼는데 이때 맡긴 전당물인 옷이 차용증서의 역할과 채무의 상징으로 기능한 것으로 보인다.

> "당신들은 이웃에게 무엇을 꾸어 줄 때에, 담보물을 잡으려고 그의 집에 들어가지 마십시오. 당신들은 바깥에 서 있고, 당신들에게서 꾸는 이웃이 담보물을 가지고 당신들에게로 나아오게 하십시오. 그 사람이 가난한 사람이면, 당신들은 그의 담보물을 당신들의 집에 잡아 둔 채 잠자리에 들면 안 됩니다. 해가 질 무렵에는 그 담보물을 반드시 그에게 되돌려주어야 합니다. 그래야만 그가 담보로 잡혔던 그 겉옷을 덮고

잠자리에 들 것이며, 당신들에게 복을 빌어 줄 것입니다. 이렇게 하는 것이 주 당신들의 하나님이 보시기에 옳은 일입니다."(신 24:13)

메소포타미아와 이집트의 경우 글자를 읽을 수 있는 문해율(rate of literacy)은 1% 미만이었고, 이스라엘의 경우 약 5% 정도였다. 이처럼 낮은 문해율에 대해서는 여러 가지 이유가 있겠지만 주된 이유 중 하나는 당시 메소포타미아의 설형문자(Cuneiform script)나 이집트 상형문자(Hieroglyphics)의 글자 자체가 어려웠다는 것, 그리고 이스라엘사회가 농경사회였기 때문에 문자 습득에 대해 그리 큰 필요성을 느끼지 못했었기 때문이다. 문맹율이 높았던 다른 이유들은 문서들의 가격이 비쌌고, 의도적 직업 선택의 제한(일종의 의도적 희소성), 그리고 대부분을 차지하는 작은 규모의 마을들, 상대적으로 도시 모양을 갖추었어도 학교를 유지하고 그 졸업생들을 소비할 만큼의 인구를 갖지 못했기 때문이다. 주전 2,000년 초엽의 고대 근동지방 전체에 걸쳐서 문자는 문명의 한 징표였다. 알파벳이 개발되고 나서야 읽고 쓰는 능력이 차츰 증가하기 시작하였다. 모세는 그 당시 벌써 십계명을 읽었다.

"주님께서 모세에게 말씀하셨다.
'너는 내가 있는 산으로 올라와서, 여기에서 기다려라. 그러면 내가 백성을 가르치려고 몸소 돌판에 기록한 율법과 계명을 너에게 주겠다.'"(출 24:12)

이스라엘의 경우, 교육의 목적인 율법을 알 뿐만 아니라 그것을 행하기 위해서는 우선 율법을 읽을 수 있는 능력이 필요했다. 여기서 읽기 교육이 요청된다. 읽기의 필요성은 무엇보다 유대 남자 성인이라면 누구나 회당에서 성서일과를 읽을 수 있는 특권과 의무를 지녔기 때문으로 보인다.[2)]

2. 읽기 교육

대중을 위한 학교가 존재하기 전에 읽기와 쓰기 교육은 가정에서 부모에 의해 이루어졌을 것이다. 일반적으로 유대 아동들은 초등학교에서 읽기를 배운 것 같다.[3)]

---

2) William Barclay, *Educational Ideals in the Ancient World*, 유재덕 역, 『고대세계의 교육사상』 (서울: 기독교문서선교회, 1993), 43.

3) 이스라엘에 글을 읽고 쓰는 능력이 어느 정도나 보편화되어 있었는지에 대한 논의에 대해서는

무엇보다 율법서를 읽기 위한 교육으로서의 읽기 교육은 정성스럽게 진행되었을 것이다. 교육의 기본법칙 중에는 한 번에 조금씩 가르쳐야 한다는 원리에 충실하게 어린 나이에 일찍 글 읽는 교육을 시작해야 했을 것이다. 이러한 교육학적 격언에 대한 인식이 이사야서에서 발견된다.

> "저자는 우리에게, [4]한 자 한 자, 한 절 한 절, 한 장 한 장 가르치려고 한다."(사 28:10)

"경계에 경계를 더하며, 교훈에 교훈을 더하되"라는 히브리어 '차우 라차우 카우 라카우' 또한 '한 글자씩 한 글자씩'이라는 뜻으로 해석되어있다. 여기서 '차우'는 '차데'의 고대형태이고, '카우'는 '코프'의 고대형으로서 유사한 문자 와우(ו)를 덧붙인 것이다. 이것은 히브리 문자 차데(צ)와 코프(ק)를 가르치기 위한 인용으로 이해할 수 있다.[5] 교육학적으로 말하자면 이것은 제일 먼저 알파벳의 각 글자를 가르침으로써 읽는 것을 가르친 방법을 보여주는 것이다. 선생이 어린 아이들에게 알파벳의 발음을 가르치려고 애쓰는, 보육원에서의 수업을 연상시킨다.[6] 이 본문이 어린이의 철자공부를 말하는 것이라는 의견도 있지만 알파벳을 반복적으로 따라 읽도록 하는 장면에 대한 묘사로도 본다.

읽기를 배울 때, 아동들은 아마 사각 히브리 글자(Square Hebrew)의 원형인 고 히브리글자(Paleo Hebrew) 본문들을 사용했을 것이다. 아이들은 처음에 전통적 순서로 알파벳 스물 두 글자를 확인하면서 읽기와 쓰기를 배웠다.

Fletcher H. Swift, *Education In Ancient Israel: From Earliest Times To 70 A.D.*, 유재덕 역, 『고대 이스라엘의 종교교육: 발생부터 AD 70년까지』 (서울: 소망, 2012), 42-44 참고.

4) 히브리어 본문의 뜻이 불확실하다. 히, '차브 라차브 차브 라차브/ 카브 라카브 카브 라카브/ 제에르 샴 제에르 샴' 예언자의 말을 흉내 내는 뜻 없는 소리일 수도 있다. 번역판에 따라서는 '경계에 경계를 더하며 경계에 경계를 더하며,/ 교훈에 교훈을 더하며 교훈에 교훈을 더하며,/ 여기서도 조금 저기서도 조금' 또는 '명령에 또 명령을 명령에 또 명령을/ 규칙에 또 규칙을 규칙에 또 규칙을/ 여기서도 조금 저기서도 조금'.

5) R. A. Culpepper, "Education," Geoffrey W. Bromiley, ed., *The International Standard Bible Encyclopedia* (Grand Rapids, MI: WM. B. Eerdmans Pub. Co., 1979), 23. 술 취한 자들은 이사야가 예언으로 말하는 소리를 흉내낸 것 같아 보일 수도 있다. "저자가 하는 소리를 좀 들어보세. '*사울라사우, 사울라사우! 카울라카우, 카울라카우! 즈에르삼, 즈에르삼!'" * 뜻은 이런 것인지 모른다. "명령에 또 명령을, 명령에 또 명령을, 규칙에 또 규칙을, 규칙에 또 규칙을, 여기서 조금, 저기서 조금."(공동번역 개정판)

6) 『해설·관주 성경전서: 독일성서공회판』 (서울: 대한성서공회, 1997), 1111.

〈그림1〉 히브리 알파벳

(옛날의 히브리알파벳)

(오늘날의 히브리 알파벳)

시대가 흘러 적어도 기독교 시대 초기에는 그들은 히브리 성서/구약으로 읽기를 시작했을 것이다.

"그대는 어려서부터 성경을 알고 있습니다."(딤후 3:15)

3. 쓰기의 현실

고대 이스라엘의 쓰기에 관한 증거는 성서 곳곳에 등장한다.

"그때에 주님께서 모세에게 말씀하셨다.
'너는 오늘의 승리를 책에 기록하여 사람들이 잊지 않도록 하고'"(출 17:14상)

"주님께서 모세에게 말씀하셨다.
'너는 이 말을 기록하여라. 내가 이 말을 기초로 해서, 너와 이스라엘과 언약을 세웠기 때문이다.'"(출 34:27)

"당신들이 주 하나님의 말씀을 잘 듣고, 이 율법책에 기록된 명령과 규례를 지키고, 마음을 다하고 정성을 다하여 주 당신들의 하나님께로 돌아오면, 그런 복을 받게 될 것입니다."(신 30:10)

"그것은 주님의 종 모세가 이스라엘 자손에게 명령한 대로, 또 모세의 율법책에 기록된 대로"(수 8:31)

광야 유랑기 동안 제사장들은 저주의 말을 기록하였다.

"그러면 제사장은 위에서 한 저주의 말을 글로 써서, 그 쓴 물에 담가 씻는다."(민 5:23)

사무엘은 왕의 권리와 의무를 기록하였다.

"사무엘이 왕의 제도를 백성에게 알려 준 다음, 그것을 책에 써서 주님 앞에 보관하여 두고"(삼상 10:25상)

다윗은 요압에게 편지를 썼다.

"다음날 아침에 다윗은 요압에게 편지를 써서, 우리야의 편에 보냈다."(삼하 11:14)

서기관들은 인명목록을 썼고, 예언자 이사야도 글을 썼으며, 예레미야는 그의 가르침을 비서 바룩에게 받아쓰게 하였다.

"레위 사람 느다넬의 아들 서기관 스마야가, 왕과 지도자들과 제사장 사독과 아비아달의 아들 아히멜렉과 제사장과 레위 사람 가문의 지도자들이 지켜보는 앞에서, 엘르아살과 이다말 가문 가운데서 한 집씩 제비를 뽑아, 그들의 이름을 기록하였다."(대상 24:6)

"주님께서 나에게 말씀하셨다.
'너는 큰 서판을 가지고 와서, 그 위에 두루 쓰는 글자로 [7]'마헬살랄하스바스'라고 써라.'"(사 8:1)

"예레미야가 불러 주고 바룩이 받아 쓴 그 두루마리를"(렘 36:27상)

---

7) '노략이 속히 올 것이다'.

쓰기에 관한 그밖에 구절들은 구약 초기의 몇몇 책에서도 발견된다. 예를 들어, 여호수아서의 정탐꾼 기사 중 각 부족에서 선발된 세 사람이 그 땅을 둘러보고 그에 대한 것을 기록하는 것에도 나타난다.

> "그 사람들이 가서 그 땅을 두루 다니며 성읍의 명단을 작성하여, 책에 일곱 몫으로 그려서, 실로의 진에 있는 여호수아에게 돌아왔다."(수 18:9)

이상과 같은 성서 구절들을 바탕으로 할 때, 읽고 쓸 수 있었던 사람들은 적지 않았던 것으로 여겨진다.

> "숲 속에는 겨우 몇 그루의 나무만 남아서, 어린 아이도 그 수를 기록할 수 있을 것이다."(사 10:19)

4. 쓰기 교육

자녀들은 처음에 가정에서 알파벳 읽기와 쓰기를 배웠다. 쓰기 연습은 잠언에 나온 간결한 속담 등을 불러주고 내용도 가르치면서 문법 연습과 더불어 행해졌을 것이다.[8] 그들은 속담과 같은 내용들을 이용해 같은 글자를 두 번 쓰고 문장을 완성하는 식으로 쓰기 연습을 했을 것이다. 그런 다음에 아동들은 자기 이름의 첫 글자 쓰기(ciphers)와 측정 단위의 약자(참고. 가데스-바네아[Kadesh-Barnea] 출토의 도편), 계산, 그리고 그리기(참고. Kuntillet-Ajrud의 큰 토기들(pithoi)[9] 그림 사본) 등을 교육 받았을 것이다. 이름과 달들의 목록, 간단한 메시지나 편지 서두의 인사 형식(참고. Lachish ostracon) 등을 쓰는 법도 배웠을 것이다.

---

8) Culpepper, "Education," 23.

9) 피토스(pithos)의 복수, 흙으로 만든 입이 큰 항아리. 고대 그리스인들이 술·곡물 따위를 보존하거나 죽은 사람을 매장하는 따위에 썼다.

〈그림2〉 이름 첫 글자 쓰기(ciphers)

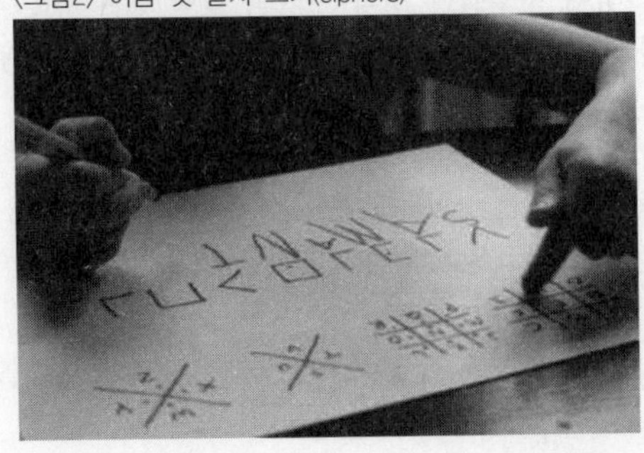

나중에, 학습자들은 파피루스와 가죽에 쓰기를 했을 것이다. 메소포타미아 학습자들은 창조와 홍수 설화를 내용으로 하는 대서사시인 아트라하시스(Atrahasis), 우룩의 왕이었던 길가메시의 모험 여정을 12편으로 구성하여 인간의 삶과 죽음의 문제를 다루는 길가메쉬(Gilgamesh), 그리고 대양의 신 티아맛(Tiamat)과 폭풍우의 신 마르둑(Marduk) 사이의 싸움 과정을 거쳐 천지를 만든다는 에누마 엘리쉬(Enuma Elish) 등을 필사했을 것이다. 이집트에서는 여러 문헌들 중에서 젊은 서기관들의 쓰기와 문법 교육용교재인 케미트서(Book of Kemit)나 아버지가 아들을 쓰기 학교에 보내는 이야기를 담은 케티의 교훈(Instruction of Khety) 등으로 쓰기 연습을 했을 것이다.

〈그림3〉 게제르력이 적힌 토서판

게제르력은 초기 군주시대에 중앙 팔레스타인에 살았던 농부들 사이에서 행해진 교육에 관하여 흥미로운 사실들을 보여주고 있다. 올브라이트는 이 토서판의 외적 내적 근거를 토대로 하고, 비교 금석학의 도움을 받아 주전 950~918년의 것으로 그 연대를 주장하였다. 열두어 살 정도의 어린아이가 손에 움켜쥐기에 꼭 알맞은 크기인 이 작은 석회암 서판은 다시 사용하기 위하여 양면을 깨끗하게 닦은 흔적이 있었으며, 이것을 근거로 이 석회암판이 학습자의 필기용 판임을 밝혀낸 사람도 역시 올브라이트였다. 팔레스타인 사람들의 농사력을 따라 농사일을 기억하기 쉽게 운율 형식으로 적어놓은 서판이다.

추수의 두 달(올리브?)
파종의 두 달(곡물들?)
두 달은 늦은 파종(채소?)
괭이질의 한 달
보리-추수의 한 달
추수와 잔치의 한 달(곡식?)
포도 수확의 두 달
여름과일의 한 달(또는 마지막 한 달?)

성인 농부에게는 그러한 교구가 별로 필요하지 않았다. 그러므로 이 석회암판 위에 새겨진 원문은 고대 이스라엘의 소년이 외우곤 했던 "구월은 30일이요…" 등을 가르치기 위한 교재에 해당하는 것으로 볼 수 있다. 더욱이 올브라이트는 그 소년이 십중팔구는 선생이 부르는 것을 받아썼을 것으로 본다. 따라서 게제르에서 출토된 이 서판은 초기 이스라엘의 군주시대에 농부들 중에서도 읽고 쓸 수 있는 사람들이 있었다는 것과 기억력을 돕기 위한 표준 교육 자료가 사용된 점, 그리고 교육의 한 방법으로서 받아쓰기가 사용됐다는 사실을 입증해주는 훌륭한 고고학적 증거물이다.10)

"알파벳 명각"(Abecedaries). 이즈벨 사르타 명각(The Izbet Sartah Abecedary, 주전 12세기)은 보통 히브리어 읽는 방향과는 반대로 왼쪽에서 오른쪽으로 읽

10) The Gezer Calendar에 대한 W. F. Albright의 언급은 *BASOR* 92(Dec. 1943): 16 이하. Kaster, "Education, OT," 1154-55 재인용. William F. Albright, "The Gezer Calendar," BASOR, 92 (1943), 16-26. 왼쪽 아래 구석에는 서기관의 야훼기자식 이름인 "아비야"(문자대로는 "야훼는 나의 아버지")란 문자가 있다.

었다. 이 명각은 일부 시편의 연대 결정에 도움이 된다.

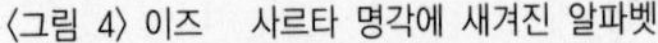
〈그림 4〉 이즈 사르타 명각에 새겨진 알파벳

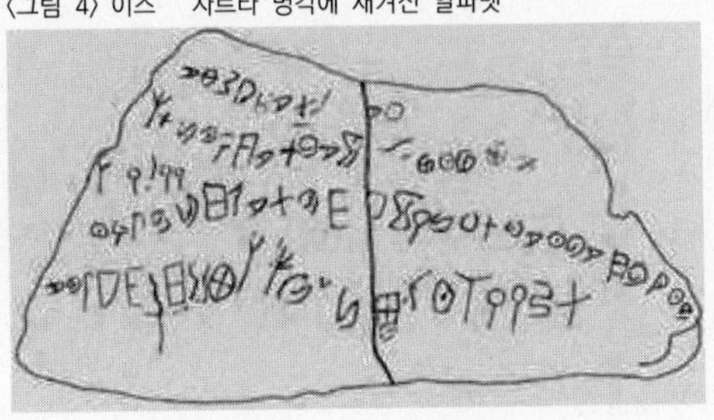

비록 글을 쓸 수 없어도 문서 등에 서명을 해야 하는 등의 사회적 필요상 간소한 마크를 만들어 사용하기도 했다. 즉 문서 하단에 알파벳 문자 중 하나를 써넣는 식이다.

"누구든지 나의 변명을 들어다오. 나의 서명이 여기 있으니"(욥 31:35, 개역개정)

크렌쇼에 따르면 이스라엘에서는 서기관 훈련 과정의 일부로서 욥기와 전도서를 필사했다.[11] 그러나 욥기와 전도서가 교육적이지도 행정적이지도 않은 문서라는 데서 완전한 동의는 어렵다. 서기관 견습생들의 이와 같은 필사훈련을 통해 그와 같은 문헌들이 알려지고 전달되었을 것이다.

장래 서기관을 할 사람은 아마 매매 행위와 엘레판틴 파피루스들(Elephantine papyri)과 같은 청원서, 민원(Meṣad Hashavyahu ostracon), 그리고 아래의 성구에서 볼 수 있듯이 혼인 계약서, 이혼증서, 그리고 소송장 등도 쓸 수 있도록 훈련 받았을 것이다.

"라구엘은 사라의 어머니를 불러 종이를 가져오라고 하였다. 그리고 모세 율법의 규정에 따라 사라를 토비아에게 준다는 혼인 계약서를 작성하였다."(토비 7:13)

"남녀가 결혼을 하고 난 다음에, 남편이 아내에게서 수치스러운 일을 발견하여 아내

11) Crenshaw, *Education in Ancient Israel*,

와 같이 살 마음이 없을 때에는, 아내에게 이혼증서를 써주고, 그 여자를 자기 집에서 내보낼 수 있습니다. 그 둘째 남편도 그 여자를 싫어하여 이혼증서를 써주고 그 여자를 자기 집에서 내보냈거나"(신 24:1, 3)

"주님께서 이렇게 말씀하신다. '내가 너희 어머니를 쫓아내기라도 하였느냐? 내가 너희 어머니에게 써 준 이혼증서가 어디에 있느냐?'"(사 50:1상)

"유다는, 이스라엘이 나를 배신하고 음행을 하다가, 바로 그것 때문에 나에게서 내쫓기는 것과, 이혼장을 쥐고 내쫓기는 것을 보았다."(렘 3:8)

"내가 한 이 변명을 들어줄 사람이 없을까? 맹세코 나는 사실대로만 말하였다. 이제는, [12]전능하신 분께서 말씀하시는 대답을 듣고 싶다."(욥 31:35)

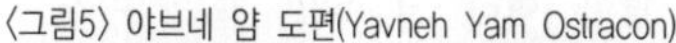
〈그림5〉 야브네 얌 도편(Yavneh Yam Ostracon)

주전 630~609년경. 메사드 하샤브야후 도편[Mesad Hashavyahu ostracon]으로도 알려짐. 외투를 빼앗긴 일꾼이 성주에게 억울함을 호소하는 내용이 담겨있다.

"너희가 정녕 너희 이웃에게서 겉옷을 담보로 잡거든, 해가 지기 전에 그에게 돌려주어야 한다."(출 22:26~27)

"그 사람이 가난한 사람이면, 당신들은 그의 담보물을 당신들의 집에 잡아 둔 채 잠자리에 들면 안 됩니다. 해가 질 무렵에는 그 담보물을 반드시 그에게 되돌려주어야

12) 히, '샤다이'.

> 합니다. 그래야만 그가 담보로 잡혔던 그 겉옷을 덮고 잠자리에 들 것이며, 당신들에게 복을 빌어 줄 것입니다. 이렇게 하는 것이 주 당신들의 하나님이 보시기에 옳은 일입니다."(신 24:12~13)

예레미야서가 그 가능성을 보여준다.

> "그때에 나는 매매계약서에 서명을 하고, 그것을 봉인하고, 증인들을 세우고, 은을 저울에 달아 주었다. 그리고 나는 법과 규례에 따라서 봉인된 매매계약서를 봉인되지 않은 계약서와 함께 받았다. 그리고 나는, 숙부의 아들 하나멜과 그 매매계약서에 서명한 증인들과 근위대 뜰 안에 앉아 있던 모든 유다 사람이 보는 앞에서, 그 매매계약서를 마세야의 손자이며 네리야의 아들인 바룩에게 넘겨주고, 또한 그들이 모두 보는 앞에서, 바룩에게 부탁하였다.
> '나 만군의 주, 이스라엘의 하나님이 말한다. 이 증서들 곧 봉인된 매매계약서와 봉인되지 않은 계약서를 받아서, 옹기그릇에 담아 여러 날 동안 보관하여라.'"(렘 32:10~14)

사사기 8장에는 숙곳 포로에 대한 내용이 나온다.

> "숙곳 사람 젊은이 한 명을 포로로 잡아서 캐물으니, 그 젊은이가 일흔 일곱 명이나 되는 숙곳의 지도자들과 장로들의 명단을 적어 주었다."(삿 8:14)

이 구절은 과거에 쓰기 능력이 일반적이었다는 증거로 인용되었지만, 일흔 일곱 명의 이름을 아는 젊은이를 보통이라거나 전형적이라고 생각할 수는 없다. 오히려 그는 아마도 훈련의 일부로서 관리의 이름들을 교육 받은 젊은 서기관이었을 것이다. 서기관에 대한 또 다른 초기의 언급은 사무엘하서에서 발견된다.

> "아히둡의 아들 사독과 아비아달의 아들 아히멜렉은 제사장이 되고, 스라야는 서기관이 되고"(삼하 8:17)

쓰기에 대한 다른 언급들은 여러 곳에서 발견되기는 하지만 그렇다고 포로기 이전 이스라엘 민족이 대부분 읽고 썼다는 강력한 증거로 볼 수는 없다. 계약서 등의 경우, 서명을 할 수 없어도 도장을 새긴 반지(signet ring)로 사인을 대신하기도 했다.

〈그림6〉 메소포타미아의 석회석 원통형 인장

셈족의 한 갈래이고 메소포타미아 최초의 통일왕국을 건설한 아카드인들의 인장은 원통형이었는데 카파도키아인들도 이 인장을 자주 사용했다.

"유다가 물었다. '내가 너에게 어떤 담보물을 주랴?' 그가 대답하였다. '가지고 계신 도장과 허리끈과 가지고 다니시는 지팡이면 됩니다.'"(창 38:18)

"누구든지 나의 변명을 들어다오. 나의 서명이 여기 있으니 전능자가 내게 대답하시기를 바라노라. 나를 고발하는 자가 있다면 그에게 고소장을 쓰게 하라."(욥 31:35, 개역개정)

"나는, 숙부의 아들 하나멜과 그 매매계약서에 서명한 증인들과 근위대 뜰 안에 앉아 있던 모든 유다 사람이 보는 앞에서, 그 매매계약서를 마세야의 손자이며 네리야의 아들인 바룩에게 넘겨주고"(렘 32:12)

포로기 이전 이스라엘에서 적어도 쓸 수 있는 능력은 아마 대체로 관리들, 제사장들, 서기관들, 그리고 상류층에 제한된 것 같다. 서기관들의 수와 그들이 차지하고 있는 다양한 지위들은 솔로몬 치하에서 크게 증가했다.

"시사의 아들 엘리호렙과 아히야는 서기관이고, 아힐룻의 아들 여호사밧은 역사 기록관이고"(왕상 4:3)

"또 성 중에서 사람을 사로잡았으니 곧 군사를 거느린 내시 한 사람과 또 성 중에서 만난 바 왕의 시종 다섯 사람과 백성을 징집하는 장관의 서기관 한 사람과 성 중에서 만난 바 백성 육십 명이라."(왕하 25:19, 개역개정)

그러므로 이 같은 수요를 충족시킬 필요에서 이들을 훈련시켰을 학교의 존재를 추측할 수 있다.[13] 이곳에서 교육받은 서기관들이 아마 구전을 기록했을

13) 솔로몬 치하에서부터 있었을 이 학교들은 이집트 학교 모델의 영향을 받았을 것이다.

것이고, 이들의 수가 늘어나면서 많은 사람들이 읽고 쓸 수 있는 능력을 지니게 되었을 것이다.

이와 같은 문화에서 쓰기는 권력의 상징처럼 보였다. 그래서 쓰기는 읽을 줄 아는 사람이 제한되어 있음에도 불구하고, 권력과 연관되어 묘비석, 왕실 기념물, 군주 선전 등에 사용되었다. 이 같은 주술적이고 중추적 기능 이외에 쓰기는 의식과 교리 등 종교적 보조 기능, 청중과 독자를 돕고, 편지나 도자기 등에 소유를 표시하는 이름을 기재하는 데 사용되었다(예를 들어 누구의 것, 누구의 술, 누구의 화살 등). 그리고 행정 문서 등에 사용되었다. 쓰기는 무게 단위 등에도 사용되어 경제 질서에도 기여했다.[14)]

이스라엘 역사 초기의 증거, 즉 이즈벳 사르타(Izbet Sartah)의 알파벳 도편(陶片)들, 큐부렐와라유다(Qubur el-Walaydah)의 명문들, 엘카드르(el-Khadr)의 화살촉에 새겨진 명문들, 그리고 그밖에 주전 12~10세기의 몇 개의 글자가 적힌 조각들은 직선모양 글자, 그리고 명백하게 직선 모양 글자만 팔레스타인에서 계속 사용되었으며, 이 문자 전통은 이스라엘이 가나안 전통의 영향을 받았으리라는 추정을 하게 된다. 이 같은 영향은 지역성소와 가까운 실로(Shiloh), 세겜(Shechem), 길갈(Gilgal), 베델(Bethel), 헤브론(Hebron), 그리고 브엘세바(Beersheba) 등에 미쳤을 것이다.

이스라엘이 생겨나기 이전 가나안 지역의 작은 나라들에서는 상형문자와 이집트 글자 외에 세 종류의 문자들을 사용했다. 그것들은 ① 국제관계, 특히 이집트에 대해서는 아카디안(Akkadian) 글, ② 벧세메스(Beth-Shemesh)와 타아낙(Taanak)의 판들, 그리고 나할 타보르(Nahal Tabor) 출토의 동검으로 증명된 설형문자 알파벳 글자, 그리고 ③ 팔레스타인, 특히 라기스(Lachish)에 흩어진 소수의 새긴 잉크 명문에 의해 입증된 직선모양 알파벳 문자이다. 이 세 종류의 글자 사용은 아페크(Aphek)에서 발견된 세 가지 언어로 된 본문들을 볼 때, 이 시기 동안 팔레스타인에 몇 종류의 서기관 훈련이 있었을 것이라는 짐작을 하게 한다. 하지만 그곳이 어디인지 구체적으로 밝히기는 어렵다.[15)]

---

14) Crenshaw, "Education, OT," 196.
15) D. O. Edzard, "The Ideas of Babylonian Geography," *Sumer* 41 (1985): 113-114.

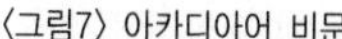

〈그림7〉 아카디아어 비문

일반 학교가 설립되던 시기 교사들이 지방으로 파견되었고 이들은 율법서를 읽어주고 설명하였다. 주전 5세기 경, 이 시기에 혁명적이라고 할 수 있는 히브리어에 아시리아어 알파벳이 채용되면서 문자 확산에 큰 기여를 한 것 같다.[16]

"그는 왕이 된 지 삼 년째 되는 해에, 지도자들인 벤하일과 오바댜와 스가랴와 느다넬과 미가야를 유다 여러 성읍에 보내어, 백성을 가르치게 하였다. 그들과 함께 레위 사람들, 곧 스마야와 느다냐와 스바댜와 아사헬과 스미라못과 여호나단과 아도니야와 도비야와 도바도니야, 이런 레위 사람들을 보내고, 또 그들과 함께 제사장 엘리사마와 여호람을 보냈다. 그들은 주님의 율법책을 가지고 유다 전국을 돌면서 백성을 가르쳤다. 그들은 유다의 모든 성읍을 다 돌면서 백성을 가르쳤다."(대하 17:7~9)

"하나님의 율법책이 낭독될 때에, 그들이 통역을 하고 뜻을 밝혀 설명하여 주었으므로, 백성은 내용을 잘 알아들을 수 있었다."(느 8:8)

16) Nathan Morris, *The Jewish School: An Introduction to the History of Jewish Education* (London: Eyre and Spottiswoode, 1937), 11; Eran Katz, *Jerome Becomes a Genius: The Jewish Way to Brain Power*, 박미영 역, 『천재가 된 제롬: 부와 성공을 얻는 유태인 지능의 비결』 (서울: 황금가지, 2007), 186.

II. 토라

유대인들의 교육 내용은 대부분 종교적인 것이라 할 수 있다. 그렇지 않은 것이라 할지라도 근본적으로는 종교적인 것과 연관이 되어 있다. 하나님께서 아브라함에게 하신 다음의 말씀에서 그것을 확인할 수 있다.

> "내가 아브라함을 선택한 것은, 그가 자식들과 자손을 잘 가르쳐서, 나에게 순종하게 하고, 옳고 바른 일을 하도록 가르치라는 뜻에서 한 것이다. 그의 자손이 아브라함에게 배운 대로 하면, 나는 아브라함에게 약속한 대로 다 이루어 주겠다."(창 18:19)

하나님께서 아브라함에게 하신 가르침에 대한 위의 말씀 안에는 그 가르침이 하나님과 연관되어 있으며("나에게 순종"), 얼핏 종교적이기보다는 윤리적으로 보이는 내용("옳고 바른 일")도 실은 하나님께 대한 순종으로 표현된 종교적인 내용의 결과로 보든 동기로 보든 아무튼 어떤 식으로든 종교적 내용과 관련이 있다고 보아야 할 것이다. 이스라엘 교육 자체를 종교교육으로 보아야 하겠지만 그중에서 율법교육이 큰 비중을 차지했다.

유대의 교육내용은 한 마디로 율법이었다. 이 율법은 토라(Torah)라고 불리는데, 이것은 개인적 교육 내용이 아니라 이스라엘 공동체의 내용이었다. 토라라는 말은 언약과 가르침이라는 이중적인 의미를 지닌다. 언약으로서의 토라는 하나님의 약속에 대한 충성 및 헌신을 통해 백성들을 결합시켜주는 기능을 했다.[17]

그리고 토라는 가르침을 의미했다. 이스라엘의 학교를 '벧 하세퍼'라 했는데, 이는 곧 '책의 집'이란 뜻이다. 그런데 이 책은 성경을 말하고 그 중에서 모세오경을 가장 중시했다. 어떤 랍비는 율법에 관해 다음과 같이 말했다.

> "그것에로 돌아서라. 다시 그것에로 돌아서라. 모든 것이 그 안에 있고, 또 너의 모든 것이 그 안에 있기 때문이다. 그것에서 벗어나지 말라. 이보다 훨씬 더 탁월한 것을 가질 수 없기 때문이다." 테일러는 이 구절에 대한 자신의 각주에서 율법의 전적인 포괄성에 대한 찬사를 몇 가지 더 인용한다. "그 안에는 틀림없이 역사와 이야기가 있다. 잠언과 불가해한 것이 있다. 신앙과 권고가 있다. 만가, 탄원, 기도, 찬양, 또 온갖 종류의 기원이 있다. 그리고 인간의 책에 담긴 모든 장황한 기도보다 우월

---

17) Donald E. Miller, *Story and Context*, 고용수·장종철 공역, 『기독교교육개론』 (서울: 대한예수교장로회 총회출판국, 1988), 49.

한 신적 방식에 관한 이 모든 것이 있다. 그 심연에 한 분, 복된 분의 이름들, 그리고 끝없는 존재의 비밀들을 담고 있는 그것은 말할 것도 없다(*Leb Aboth*)." 부지런한 토라의 학습자는 과학이나 철학을 공부할 필요가 없다. 토라에는 '구원에 필요한 모든 것들'과 '세계의 온갖 지혜들'이 모두 담겨있기 때문이다. 토라를 공부하라. "그러면 열국의 철학과 그들의 학문에 대한 책이 필요치 않을 것이다." 토라는 세계 전체보다 더 값지다. 이는 세계가 엿새 동안 창조되었지만 토라는 바로 사십 일이나 걸려서 만들어졌기 때문이다(*Shemoth Rabbah* 47).[18]

율법은 하나님에 의해 주어진 교육 내용이다. 율법의 가르침은 또한 후대에 전달하는 것을 포함한다.

"우리가 이것을 숨기지 않고 우리 자손에게 전하여 줄 것이니, 곧 주님의 영광스러운 행적과 능력과 그가 이루신 놀라운 일들을 미래의 세대에게 전하여 줄 것이다."(시 78:4).

그러니 율법은 늘 공부해야 할 것이었다.

"이 율법책의 말씀을 늘 읽고 밤낮으로 그것을 [19]공부하여"(수 1:8)

"이 말에서 한시도 눈을 떼지 말고, 너의 마음 속 깊이 잘 간직하여라."(잠 4:21)

율법 공부는 이론과 실천, 지식과 행위 둘 다를 포함한다. 율법을 먼저 공부하고 이어서 실행했기 때문이다. 이는 스파르타(Sparta)나 크레타(Crete)가 실천을 통해, 아테네(Athens)가 지식을 중시한 것과 대조된다.[20]

율법서는 주전 5세기 에스라와 느헤미야의 영향으로 구성되었고 공식적으로 채택되었다.[21] 율법은 종교와 도덕의 합이라고 볼 수 있다.[22] 그래서 율법은 교육과 생활에서 가장 중시되었다. 그리고 율법교육은 주로 토라와 쉐마를 통해서 이루어졌다.

---

18) Barclay, *Educational Ideals in the Ancient World*, 39 재인용.
19) 또는 '묵상하다', '사색하다', '낮은 소리로 읊조리다'.
20) Barclay, *Educational Ideals in the Ancient World*, 40.
21) Charles A. Briggs, *General Introduction to the Study of Holy Scripture* (New York: Charles Scribner's Sons, 1899), 120. Swift, *Education In Ancient Israel*, 42 재인용.
22) Swift, *Education In Ancient Israel*, 110.

1. 토라의 정의

토라라는 말은 대단히 광범위하게 사용되어 그 뜻이 다양하다. 가장 기본적으로 토라는 히브리 성서의 처음 다섯 권의 책, 창세기(베레쉽, Genesis), 출애굽기(쉐모트, Exodus), 레위기(와이크라, Leviticus), 민수기(바미드바르, Numbers), 그리고 신명기(데바림, Deuteronomy)를 가리킨다. 모세오경이라 불리는 이 책들은 모세가 시내산에서 하나님께로부터 직접 받은 다섯 가지 말씀이라는 뜻이다.[23] 모세는 시내산에서 40일 동안 하나님의 비서로서 금식과 기도를 하면서 십계명으로 상징되는 모세의 다섯 책들을 가지고 이스라엘 백성들에게 돌아왔다. 토라에 정관사를 사용할 경우 '모세의 율법'이란 의미로 사용된다. 모세의 율법이 성경의 처음 다섯 권을 말하기에 이 경우 토라는 모세 오경을 말한다. 하지만 모세오경 내에서도 토라는 상이한 의미를 지닌다. 출애굽기 18장 20절에서 토라는 공정한 결정을 말하며, 레위기 6장 9절에서는 제사와 관련된 특별한 행위를 말하며, 출애굽기 12장 4절에서는 법체계를 말한다.[24] 그러나 흔히 토라라고 하면 모세오경을 일컫는다. [25]

다음으로, 토라는 '가르치다'라는 뜻이다. 이 말은 '가르침', '교리', 또는 '교수'를 뜻하는 히브리어 어원 요드(י), 레쉬(ר), 헤(ה)(때로 그 첫 글자를 따서 '야라'로 표시하기도 한다.)로부터 왔다. 이 같은 문맥에서 토라는 일단 기록된 토라(토라, 예언서, 성문서)의 가르침을 말한다. 유대인에게 율법은 그들 종교인 유대교의 경전인 타나크(TaNaKh)를 말한다. 이 말은 율법서인 토라, 예언서인 느비임, 그리고 성문서인 케투빔의 첫 글자를 따서 붙인 유대인들의 성서 호칭이다. 그러나 이 같은 경전으로서의 성서는 오랜 기간에 걸쳐 형성되었을 것으로 보인다. 우선 모세의 토라는 대하 25:4과 35:12에서 언급된다.

> "처형 받은 신하의 자녀는 죽이지 않았으니, 그것은 그가 모세의 책, 곧 율법에 기록된 말씀을 따른 것이었다. 거기에는 '아버지가 자녀 대신에 처형 받아서는 안 되고, 또 자녀가 아버지 대신에 처형 받아서도 안 된다. 오직 각 사람은 자신이 지은 죄에 따라 처형 받아야 한다" 하고 말씀하신 주님의 명령이 있다."(대하 25:4)

---

23) 타나크라는 말은 제2성전기 이전에는 사용되지 않고 '읽는다'라는 뜻의 '미크라'라는 보다 공적인, 즉 타나크 등이 공공 학습 모임 등에서 사용되는 데 비해, 미크라는 대학 학부과정 등에서 사용된다. 영어로는 다섯이라는 뜻의 펜타(penta), 두루마리, 혹은 상자라는 뜻의 튜코스(teuchos)를 합쳐 펜타튜크(Pentateuch)라고 한다.

24) Ronnie J. Johnson, "Torah," 701.

25) S. L. Jacobs, "Torah as Teaching," Iris V. Cully and Kendig B. Cully, *Harper's Encyclopedia of Religious Education* (New York: Harpercollins, 1990), 659.

"그런 다음에, 레위 사람들은, 번제물로 바칠 짐승을 백성에게 가문별로 나누어 주어서, 백성이 모세의 율법에 기록되어 있는 대로 주님께 드리게 하고, 소도 같은 방법으로 하였다."(대하 35:12)

그리고 요시야 왕 때 성전을 재건하다가 모세의 율법책을 발견하게 된다.

"힐기야 제사장은, 주님의 성전에서 궤에 보관된 돈을 꺼내다가, 모세가 전한 주님의 율법책을 발견하고"(대하 34:14)

이 발견된 율법책은 나중에 언약 갱신 때 읽혀진다. 느비임이 경전화된 때는 바빌론 포로기 이후 헬라시기 이전인 주전 4세기 말로 보인다. 포로기 때 이스라엘에 남아 사마리아 지역의 사람들과 결혼한 사마리아 사람들이 예언서를 인정하지 않은 사실이 이를 뒷받침한다. 성문서는 훨씬 더 이후에 수용된듯하다. 예를 들어, 사해사본에는 에스더서가 들어있지 않다.[26]

경전으로서의 토라는 오늘날 기독교의 구약성서에 해당하는 것인데, 개신교에서 사용하는 구약성서의 내용과 같으나 분류는 다르다.[27] 율법서인 모세오경은 같으나, 예언서를 전기예언서와 후기예언서를 각각 4권과 소예언서로, 성문서에 역대기 등을 한 권으로 포함시켜 11권으로 나눈다. 따라서 유대 성서 전통에 따르면 토라는 구약의 39권 전체를 말한다.

〈도표2〉 유대 성서의 분류

<table>
<tr><th>분류</th><th colspan="3">내 용</th></tr>
<tr><td>율법서</td><td colspan="3">창세기, 출애굽기, 레위기, 민수기, 신명기</td></tr>
<tr><td rowspan="3">예언서</td><td>전기예언서</td><td colspan="2">여호수아, 사사기, 사무엘(상·하), 열왕기(상·하)</td></tr>
<tr><td rowspan="2">후기예언서</td><td>대예언서</td><td>이사야, 예레미야, 에스겔</td></tr>
<tr><td>소예언서</td><td>호세아, 요엘, 아모스, 오바댜, 요나, 미가, 나훔, 하박국, 스바냐, 학개, 스가랴, 말라기</td></tr>
<tr><td>성문서</td><td colspan="3">시편, 잠언, 욥기, 아가, 룻기, 예레미야애가, 전도서, 에스더, 다니엘, 에스라, 역대기(상·하)</td></tr>
</table>

26) Jacobs, "Torah as Teaching," 659.

27) 가톨릭의 경우에는 소위 외경이라는 책들을 경전으로 인정하고 있다. 이에는 토비트, 유딧, 지혜서, 집회서, 바룩, 마카베오상, 마카베오하 등이 포함된다.

토라를 '가르침'이라는 넓은 뜻으로 볼 경우, 토라에는 기록된 토라만이 아니라 구전 토라(Oral Torah, 탈무드의 두 부분인 미쉬나와 게마라)도 포함된다. 미쉬나와 탈무드로 구체화된 율법 전통과 더불어, 미드라쉬 문예는 유대의 구전 토라 전통에 해당된다. 이 구전 토라 역시 시내산에서 하나님께 모세에게 수여했다고 한다. 구전 토라의 기원에 대한 설명을 수용하든 안하든 이 구전 전통은 랍비 교사들이 랍비 수련생들에게 전하고 그 학생들이 다시 그들의 학생들에게 전한 것이다. 로마의 억압을 시작으로 유대의 생존 문제가 가장 중요한 문제가 되었을 때, 이 같은 구전 전통들이 기록되었다.[28)]

또한 개방적 유대인들의 경우 이 같은 문맥에서 토라 안에 미드라쉬(율법을 이해하기 위한 창의적 해석에 더 관심을 갖는 여타의 주석들)와 현대의 여러 저작들을 포함시킨다. 그래서 토라는 유대 성서 전통에 따르면, 후손들에게 유대 종교의 기본을 이루는 신앙, 유산, 그리고 전통을 나누는 가르침과 배움의 수단이 된다. 토라는 보통 '법'(law), '가르침'(teaching), 또는 '교수'(instruction)를 의미한다. 핵심적인 의미는 '가르침'이다. 이 가르침은 부모가 자녀에게 베푸는 가르침이나 하나님께서 이스라엘에게 주는 가르침 모두를 포함한다.

토라는 또한 '토라트 코하니임'(보통 레위기라고 하는 제사장 토라)과 '토라트 미쉬파차'(가족법)와 같은 특별한 법전들을 가리키기도 한다. 토라는 그 범위를 좁혀서 제사와 관련된 특수한 규정들을 포함하는 가르침으로 보기도 한다.[29)] 이와 같은 방식으로 사용할 경우 토라는 어떤 창시자의 특별한 사상 체계, 예를 들어, 마니모니데스의 토라(the Torah of Manides) 또는 라시의 토라(the Torah of Rashi) 등을 말하기도 한다.[30)]

토라는 앞에서 살펴보았듯이 여러 가지 의미로 사용된다. 토라 자체는 교육, 즉 훈육, 가르치는 일을 의미한다. 부모, 현자, 시인들의 가르침이며, 하나님의 종들의 신적 교훈일 수 있다. 예언자 교육의 내용일 수도 있으며, 축제나 안식일 법을 가리키기도 하며, 법조항(code)을 가리키기도 한다.[31)] 토라에 대한 해석인 미드라쉬, 탈무드의 기초가 된 미쉬나 등도 토라로 불린다. 그래서 토라라

---

28) Jacobs, "Torah as Teaching," 660.

29) Ronnie J. Johnson, "Torah," Michael J. Anthony, ed., *Evangelical Dictionary of Christian Education*, Baker Reference Library (Grand Rapids, MI: Baker Academic, 2001): 701.

30) S. H. Blumberg, "Torah, Study and Teaching of" Iris V. Cully and Kendig B. Cully, *Harper's Encyclopedia of Religious Education* (New York: Harpercollins, 1990), 661.

31) Lewis J. Sherrill, *The Rise of Christian Education*, 이숙종 역,『기독교교육의 발생』(서울: 대한기독교서회, 1994), 49 참조.

고 할 때 어떤 것을 말하는지 구별해야 한다. 이처럼 여러 가지를 모두 토라라고 부르는 이유는 어디 있을까. 그것은 토라라는 말이 지닌 뜻 때문일 것이다. 토라는 그것이 무엇을 가리키든 신령한 교훈(divine teaching)을 의미한다. 그것은 계시, 즉 인간에게 전달되고 있는 하나님의 뜻에 대한 계시이다.[32]

2. 토라 교육의 역사

> "토라는 유대교에서 가장 중요한 가치를 가지고 있다. 그 종교에서 계시와 교육은 결국 동일한 과정의 두 개의 다른 면이다. 따라서 교육은 토라 그 자체와 같은 가치를 가지게 되었다. 이 사실은 매우 다양한 방법으로 표현되었다. 한 가지는 토라를 배우고 연구하는 것은 하나님을 만나며 그의 계시를 받는 방법으로 생각하였다. 아들을 학교에 보내는 일은 그를 호렙산으로 인도하여 하나님 앞에 서게 하는 것과 비교될 수 있었다.[33] 열 명이 함께 앉아서, 토라에 전념하게 될 때, 그들 가운데 쉐키나(광채 나는 하나님의 현존)가 그들과 함께 있다는 말이 있다. 그리고 다섯 명, 세 명, 두 명, 심지어 한 명이 앉아서 전념할 때에도 마찬가지로 쉐키나가 거기에 있다.[34]"[35]

이스라엘 교육에서 토라 교육은 가장 기본적인 것이었다.[36] 토라는 아들이 태어나면 아버지가 우선적으로 가르쳐야 할 교육의 내용이었다. 토라는 유대인들이 '책의 집'이라고 하는 초등학교인 벧 하세퍼에서 가장 먼저 배우는 내용이

32) Sherrill, *The Rise of Christian Education*, 52.

33) *Kiddushin* 30a. Sherrill, *The Rise of Christian Education*, 88 재인용.

34) *Aboth* III, 6. Sherrill, *The Rise of Christian Education*, 88 재인용.

35) Sherrill, *The Rise of Christian Education*, 87-88.

36) 플라비우스 요세푸스([Flavius Josephus)는 초등교육이 장구한 설립 역사를 지닌 제도라고 말했다. 요세푸스는 어린이에 대한 교육의 근거를 모세의 율법으로부터 이끌어내었고(Antiq., IV. viii. 12; Apion II. xxv), 또한 어린이들의 교육을 위하여 그 부모들이 최선의 배려를 해주어야함을 강조하였다(Apion I. xii). 교육은 어린이가 무엇인가를 느낄 수 있게 되면서부터 즉시 시작된다(Apion II. xix). 유대인 필론이라고도 하는 필론(Philon)은 말하기를 유대인들이 아주 어렸을 때부터, 말하자면 강보에 싸여 있던 때부터 그들의 율법에 관한 지식을 배웠다고 하였다(*Leg. ad Caium* 31). 제2국가시대의 후반기 전체에 걸쳐 읽고 쓰는 교육은 널리 행해졌고 율법에 관한 책들이 여러 가정집에서 발견되었다(1마카 1:56 이하). 이러한 점에서 볼 때, 학교에서의 어린이 교육은 읽는 것을 가르치는 것으로 시작되었고, 그 다음에는 토라의 본문 자체를 연구한 것으로 보인다. 요세푸스는 그의 나이 14세에 이르렀을 때에 이미 그 자신이 율법에 관하여 매우 깊은 지식을 지니고 있었기 때문에 심지어 제사장과 예루살렘의 지도자들까지도 율법해석의 실제적 문제들을 상의하기 위하여 그를 찾곤 했다는 사실을 조금도 주저하지 않고 자랑하였다(*Vita* 2). Kaster, "Education, OT," 1156.

었다. 그리고 그 다음 단계인 '연구의 집'인 벧 함미드라쉬에서도 교육과정의 중심을 차지하는 것은 토라였다. 율법 연구는 그 해석에 대한 연구보다 앞섰다.

바빌론 포로기간 동안과 포로귀환 이후 얼마동안 교훈집(토라)은 제사장의 관리 하에 있었다. 백성들에게 축적된 전승을 설명해주는 일이 제사장들과 레위인들의 가장 중요한 역할 중 하나이다. 대제사장의 역할 중에서 이러한 측면은 중요하게 여겨졌다. 바빌론 포로기 이후인 제2국가기에는 제사장이 권력을 잡은 신권정치의 시대라 할 수 있으므로 율법에 대한 교육은 의무적으로 행해졌으며 이것은 헤롯대왕시대에까지 계속되었다. 국가적으로나 문화적으로 볼 때, 이스라엘의 대부흥은 에스라와 느헤미야에 의하여 시작되었다. 에스라는 그 자신이 제사장이었으며, 토라와 그것을 가르치는 일에 전문적 지식을 가졌던 제사장단의 일원이었음이 분명하다.

> "이런 일들이 지나가고 난 다음이다. 페르시아의 아닥사스다 왕이 다스리던 때에, 에스라라는 사람이 있었다. 그의 아버지는 스라야이고, 할아버지는 아사랴이며, 그 윗대는 힐기야요, 그 윗대는 살룸이요, 그 윗대는 사독이요, 그 윗대는 아히둡이요, 그 윗대는 아마랴요, 그 윗대는 아사랴요, 그 윗대는 므라욧이요, 그 윗대는 스라히야요, 그 윗대는 웃시엘이요, 그 윗대는 북기요, 그 윗대는 아비수아요, 그 윗대는 비느하스요, 그 윗대는 엘르아살이요, 그 윗대는 대제사장 아론이다."(스 7:1~5)

> "일곱째 달 초하루에 에스라 제사장은 율법책을 가지고 회중 앞에 나왔다. 거기에는, 남자든 여자든, 알아들을 만한 사람은 모두 나와 있었다."(느 8:2)

> "바로 그 에스라가 바빌로니아에서 돌아왔다. 그는 주 이스라엘의 하나님이 주신 모세의 율법에 능통한 학자이다. … 아닥사스다 왕 칠년에, 일부 이스라엘 자손들과 몇몇 제사장들과 레위 사람들과 노래하는 사람들과 성전 문지기들과 성전 막일꾼들이 예루살렘으로 올라올 때에, 에스라도 그들과 함께 올라왔다. … 에스라는 주님의 율법을 깊이 연구하고 지켰으며, 또한 이스라엘 사람들에게 율례와 규례를 가르치는 일에 헌신하였다."(스 7:6~10)

에스라는 자진해서 백성들에 대하여 제사장의 교육적 전통을 계속 행사하기로 결심하고 바빌론에서 토라 사본을 가지고 와서 함께 귀환한 회중들에게 그것을 설명하였다. 이들 회중들 속에는 '메비님'이라고 하는 레위인 교사들도 포함되어 있었다. "학자 에스라는 임시로 만든 높은 나무 단 위에"(느 8:4) 올라서서 그의 해석과 설명을 도와주는 협조자들인 레위인 교사들(느 8:7~9)에게 둘러싸인 채 회중에게 토라를 읽어주었다.

> "그는 수문 앞 광장에서, 남자든 여자든, 알아들을 만한 모든 사람에게 새벽부터 정오까지, 큰소리로 율법책을 읽어 주었다. 백성은 모두 율법책 읽는 소리에 귀를 기울였다. 학자 에스라는 임시로 만든 높은 나무 단 위에 섰다. 그 오른쪽으로는 맛디댜와 스마와 아나야와 우리야와 힐기야와 마아세야가 서고, 왼쪽으로는 브다야와 미사엘과 말기야와 하숨과 하스밧다나와 스가랴와 므술람이 섰다. 학자 에스라는 높은 단 위에 서 있었으므로, 백성들은 모두, 그가 책 펴는 것을 볼 수 있었다. 에스라가 책을 펴면, 백성들은 모두 일어섰다. 에스라가 위대하신 주 하나님을 찬양하면, 백성들은 모두 손을 들고 '아멘! 아멘!' 하고 응답하고, 엎드려 얼굴을 땅에 대고 주님께 경배하였다. 레위 사람인 예수아와 바니와 세레뱌와 야민과 악굽과 사브대와 호디야와 마아세야와 그리다와 아사랴와 요사밧과 하난과 블라야는, 백성들이 제자리에 서 있는 동안에, 그들에게 율법을 설명하여 주었다. 하나님의 율법책이 낭독될 때에, 그들이 [37]통역을 하고 뜻을 밝혀 설명하여 주었으므로, 백성은 내용을 잘 알아들을 수 있었다. 백성은 율법의 말씀을 들으면서, 모두 울었다. 그래서 총독 느헤미야와, 학자 에스라 제사장과, 백성을 가르치는 레위 사람들이, 이 날은 주 하나님의 한 날이니, 슬퍼하지도 말고 울지도 말라고 모든 백성을 타일렀다."(느 8:3~9)

에스라의 설명은 아주 명확하고도 상세했기 때문에 모든 사람들은 그의 말을 잘 이해할 수 있었다. 토라의 설명은 이와 같은 식으로 제2국가시대 전 기간 동안 월요일과 목요일에 실시되었는데, 이것은 팔레스타인 성읍들의 장날인 월요일과 목요일의 이점을 이용하여 그곳에 모여든 백성들에게 율법을 읽어주고 설명하기 위해서였다. 후에, 토라를 연속해서 읽어주는 한 가지 방법이 채택되었는데, 이것은 매 3년을 한 주기로 하여 토라 전체를 읽는 방법이었다.[38] 이 방법은 역사상 최초이면서 가장 대규모의 성인교육 프로그램이었다.[39]

---

37) 히브리어에서 아람어로.

38) 에스라의 법령은 어느 지역이든 머물 수 있는 교사를 가능한 한 많이 선발하고 또 훌륭한 교육을 위한 경쟁이 가능하도록 기존의 교사들을 방해해서는 안 된다고 규정했다고 한다. *Baba Bathra* 21b. Barclay, 32 재인용.

39) J. Kaster, "Education, OT," 1155-56.

바빌론 포로기 이후 율법은 더욱 강조되었다. 바빌론 포로기 동안 율법에 대한 강조는 그리스의 영향에 대한 반발로 더욱 컸던 것 같다. 주전 4세기 후반부터 유대인들은 그리스의 영향을 급속히 받기 시작했다. 그것이 일단은 외적인 것이라 해도 팔레스타인에만도 30여개의 그리스 도시가 세워졌다. 이들 도시들은 지중해 연안 트랜스 요르단, 특히 갈릴리해 주위로 이어졌다. 마카비 혁명 이전부터 헬라파 유대인들은 심지어 예루살렘에까지 헬라식 도시를 세우고자 했다. 이 도시들은 헬라의 문화, 언어, 정치, 사회의 중심지였다. 마카비 혁명은 이와 같은 헬라문화의 확산에 대한 저항이었으며, 교육에서는 집중적으로 토라에 대한 가르침으로 나타났다.[40)]

이스라엘은 주후 70년 로마에 의해 제2성전이 파괴된 후 세상으로부터 배척을 받았다. 이후 토라는 오히려 이스라엘의 일반교육과 종교교육에서 주요한 수단이 되었다. 이후 토라는 주후 220년 팔레스틴에서 마무리된 유대 율법 전승의 최초 편집인 미쉬나와 주후 500년에 시작되어 오늘날까지 계속 확대되고 있는 바빌론과 팔레스틴에서의 미쉬나 전통에 대한 학문적 토론을 편집한 탈무드(Talmud)에 의해 보충되었다.[41)]

헬레니즘의 영향으로 헬레니즘적 교양을 갖춘 인재를 양성하기 위한 학교가 세워지는 등 토라 교육은 위험에 처하기도 했다. 체육과 관련해서 안티오쿠스

---

40) Morris, *The Jewish School*, 38.
41) Jacobs, "Torah as Teaching," 660.

에피파네스 4세(재위 주전 175~164년)로부터 대제사장의 자리를 사들인 야손(Jason)이 예루살렘 요새 바로 아래에 그리스식 체육관을 건설한 것은 분명하다.[42)]

> "그들은 곧 이방인들의 풍속을 따라 예루살렘에 운동장을 세우고"(1마카 1:14)

> "그리고 왕이 자기에게 경기장을 건축할 권한과 청년 훈련소를 세울 권한과 예루살렘에 안티오쿠스 청년단을 결성할 권한을 준다면 백오십 달란트를 더 바치겠다고 약속하였다. … 그는 요새 도시의 성 바로 밑에 경기장을 재빨리 건축하고 가장 우수한 청년들에게 그리스 식 모자를 쓰게 했다."(2마카 4:9, 12)

헬레니즘의 영향에 대한 반동으로 경건주의적인, 즉 분리적이거나 민족적 전통에 열성을 내는 유대인들은 율법 교육을 유대 청년들에게 광범위하게 적용했다. 초등학교와 회당 설립이 확산되었고 율법에 대한 연구, 해석, 그리고 일상사에 대한 적용 등을 통해 율법을 따라 유대인의 생활을 규제하고자 하는 흐름이 나타났다. 권위 있는 인물에게서 증거를 찾는 헬레니즘의 영향으로 유대인들은 전통의 권위를 주장하기 위해 위대한 교사들(예를 들어, 모세, 다윗, 솔로몬, 예언자 등)의 말을 인용하는 방식이 나타나기도 했다.[43)]

율법에 대한 가르침은 히브리 일반교육의 주된 목표였다. 율법이 잘 준수되고 있을 때 뿐만 아니라 국가가 몰락한 이후에도 여호사밧과 요시야 같은 왕들에 의해 적어도 모세적 기준에 바탕을 둔 백성들의 도덕적 조건을 개혁하려는 시도가 있었다.[44)]

> "그런데도 주님께서는 이스라엘과 유다에 여러 예언자와 선견자를 보내어서 충고하셨다. '너희는 너희의 그 악한 길에서부터 돌아서서, 내가 너희 조상에게 명하고, 또 나의 종 예언자들을 시켜 내가 너희에게 준 그 모든 율법에 따라, 나의 명령과 나의 율례를 지켜라.'"(왕하 17:13)

---

42) Henry P. Smith, *Old Testament History* (New York, 1906), 443. Swift, *Education In Ancient Israel*, 112 재인용. 그리고 "셀류코스가 죽고 에피파네스라고 불리는 안티오쿠스가 그 왕위를 계승했을 때에 오니아스의 동생 야손이 부정한 수단으로 대사제직을 손에 넣었다. 야손은 왕을 알현하고 은 삼백육십 달란트와 또 다른 수입원에서 팔십 달란트를 바치겠다고 약속했다."(2마카 4:7-8) 참조.

43) Culpepper, "Education," 25.

44) "Education, Hebrew," John McClintock and James Strong, eds., *Cyclopedia of Biblical, Theological, and Ecclesiastical Literature* (Grand Rapids, MI: Baker Book House, 1981): 61.

"힐기야 대제사장이 사반 서기관에게, 주님의 성전에서 율법책을 발견하였다고 하면서, 그 책을 사반에게 넘겨주었으므로, 사반이 그 책을 읽어 보았다. … 사반 서기관은 왕에게, 힐기야 대제사장이 자기에게 책 한 권을 건네주었다고 보고한 다음에, 그 책을 왕 앞에서 큰소리로 읽었다. 왕이 그 율법책의 말씀을 듣고는, 애통해 하며 자기의 옷을 찢었다. 왕은 힐기야 대제사장과 사반의 아들 아히감과 미가야의 아들 악볼과 사반 서기관과 왕의 시종 아사야에게 명령하였다.
'그대들은 주님께로 나아가서, 나를 대신하여, 그리고 이 백성과 온 유다를 대신하여, 이번에 발견된 이 두루마리의 말씀에 관하여 주님의 뜻을 여쭈어 보도록 하시오. 우리의 조상이 이 책의 말씀에 복종하지 아니하고, 우리들이 지키도록 규정된 이 기록대로 하지 않았으므로, 우리에게 내리신 주님의 진노가 크오.'
그리하여 힐기야 제사장과 아히감과 악볼과 사반과 아사야가 살룸의 아내 훌다 예언자에게 갔다. … 훌다는 예루살렘의 제 이 구역에서 살고 있었는데, 그들이 그에게 가서 왕의 말을 전하였다. 그러자 훌다가 그들에게 말하였다.
'주 이스라엘의 하나님께서 이렇게 말씀하시니, 그대들을 나에게 보낸 그에게 가서 전하시오. '나 주가 말한다. 유다 왕이 읽은 책에 있는 모든 말대로, 내가 이곳과 여기에 사는 주민에게 재앙을 내리겠다. 그들이 나를 버리고 다른 신들에게 분향하고, 45)그들이 한 모든 일이 나의 분노를 격발하였기 때문이다. 그러므로 나의 분노를 이곳에 쏟을 것이니, 아무도 끄지 못할 것이다.' 주님의 뜻을 주님께 여쭈어 보라고 그대들을 나에게로 보낸 유다 왕에게 또 이 말도 전하시오. '나 주 이스라엘의 하나님이 말한다. 네가 들은 말을 설명하겠다. 이곳이 황폐해지고 이곳의 주민이 저주를 받을 것이라는 나의 말을 들었을 때에, 너는 깊이 뉘우치고, 나 주 앞에 겸손하게 무릎을 꿇고, 옷을 찢고, 내 앞에서 통곡하였다. 그러므로 내가 네 기도를 들어 준다. 나 주가 말한다. 그러므로 내가 이곳에 내리기로 한 모든 재앙을, 네가 죽을 때까지는 내리지 않겠다. 내가 너를 네 조상에게로 보낼 때에는, 네가 평안히 무덤에 안장되게 하겠다.'
그들이 돌아와서, 이 말을 왕에게 전하였다."(왕하 22:8~20).

"그는 왕이 된 지 삼 년째 되는 해에, 지도자들인 벤하일과 오바댜와 스가랴와 느다넬과 미가야를 유다 여러 성읍에 보내어, 백성을 가르치게 하였다. 그들은 주님의 율법책을 가지고 유다 전국을 돌면서 백성을 가르쳤다. 그들은 유다의 모든 성읍을 다 돌면서 백성을 가르쳤다."(대하 17: 7, 9)

이스라엘 교육의 관점에서 토라 교육은 유대인들에게 그들 민족의 근본적 자원에 대해 알려주고 유대인으로서의 책임을 경성시키도록 하는 역할을 했다. 토라는 유대인으로서의 긍정적 다짐을 하도록 하는 유용한 도구였다.[46)]

45) 또는 '그들이 만든 우상으로'.
46) Jacobs, "Torah as Teaching," 660.

이스라엘은 하나님의 뜻에 맞는 백성으로 살아가도록 한다는 교육의 목표를 토라를 통해서 이룰 수 있다고 생각했다. 따라서 토라 교육은 교육의 목표와 긴밀하게 연관되어 있다. 그리하여 종교교육은 율법에 주의를 집중시켰다. 토라 교육은 이스라엘의 생존과 연관된 것으로 여겨졌을 뿐만 아니라 인격 및 성격 형성과도 관련된다고 보았다. 앎은 존재와 행동으로부터 유리되지 않는다고 보았다. 좋은 성격은 율법 연구를 통한 하나님과의 올바른 관계에서 귀결되는 것이라고 생각하였다. 요람에서 무덤까지 율법은 삶 전체를 포괄하는 것이었다. 에스라 시대 이래 유대인의 삶은 율법 중심적이었다. 그들은 책의 백성(the people of the Book)으로 불렸는데, 이 말이야말로 유대인을 다른 민족으로부터 구별 짓는 말이었다. 후기 유대교에 있어서 율법에 대한 열심은 사소한 일에 구애되는 율법주의 체제로 발전하여 위선적인 자기의인으로 귀결되었다. 이러한 편협성에도 불구하고 오늘날까지 면면히 내려오는 유대 교육의 성공은 하나님을 섬기는 교육이었기 때문이다. 스파르타교육은 국가에 대한 봉사 때문에 개인이 말살되고, 아테네교육은 문화에 봉사하도록 하는 것이었으며, 로마의 교육은 국가를 섬기게 하는 것이었다. 그리스-로마 세계는 진정한 교육의 목표를 상실했기 때문에 몰락했다.[47] 이에 비해 이스라엘의 교육은 지식이나 자기 수양을 위한 교육이 아닌 함의 교육이었다.

> "이스라엘 자손 온 회중에게 말하여라. 너는 그들에게 이렇게 일러라. 너희의 하나님인 나 주가 하니, 너희도 해야 한다."(레 19:2)

(holiness)은 종교적 이상으로 교육의 목적이었다. 의 의미는 '야훼에게로 구분되다', 즉 '성별되다'라는 뜻이다. 예언자들이 등장하기 이전까지 그 용어는 윤리적인 내용에 전혀 포함되지 않았지만 그들에 의해 분리, 즉 마음의 행위가 완전히 정결한 상태를 의미하게 되었다.[48]

이스라엘의 교사들인 제사장, 예언자, 서기관, 현자, 랍비, 교사들은 이 사실을 깨우친 사람들이었다. 이스라엘 교육의 중심은 인간이 아니라 하나님이었고 목적은 의로움이지 자기 이익이 아니었다.

> "너희의 나라는 나를 섬기는 제사장 나라가 되고, 너희는 한 민족이 될 것이다. 너는 이 말을 이스라엘 자손에게 일러주어라."(출 19:6)

---

47) William M. Ramsey, *The Education of Christ* (Eugene, OR: Wipf & Stock Publishers, 1998), 66.
48) Swift, *Education In Ancient Israel*, 86-87.

3. 토라의 종류

유대교에는 다음과 같은 두 가지의 율법(토라)이 있다.

〈도표3〉 두 가지 율법의 비교

종 류	성문율법 (Written Torah)	구전율법 (Oral Torah)
히브리어	토라 쉐비크타우 (תורה שבכתב, Torah she-bi-khtav)	토라 쉐베알페[49] (תורה שבעל פה, Torah she-be-`al peh)
설 명	모세오경에 의한 명령 (Commandments of the Law)	랍비에 의한 명령 (Commandments of the Rabbis)
파생되어 나온 명령들	미츠봇 데 오라이타 (המצוות ד אורייתא)	미츠봇 데 라바난 (המצוות ד 'רבנן)

토라는 기록된 형태가 있고 구전으로 전해진 형태가 있다. 기록된 형태는 모세 오경을 말하고, 구전된 형태는 성경을 해석한 내용인 미쉬나와 미쉬나를 해석한 내용인 탈무드를 가리킨다. 그리고 미드라쉬라는 도덕적 교훈도 있다.[50]

구전은 구전법(Oral law)과 구전(Oral tradition)을 구별하여야 한다. 바리새파의 사상을 승계하는 랍비 유대교에서는 구전법 역시 토라와 마찬가지로 하나님이 시내산에서 모세에게 주었다고 주장한다. 이 구전법은 말로 전하여 내려옴, 또는 말로 전한다는 뜻의 구전(口傳)과 다르다. 이 구전은 토라가 문서화하기 이전 단계의 구전법이 전해지는 과정이라고 할 수 있다.

> "탈무드에서는 구전 토라를 시내산에서 모세가 받은 것임과 동시에 랍비들의 토론 가운데 형성된 것임을 인정하면서, 그럼에도 불구하고 그 토라가 신적 권위를 잃지 않는 것은 그 형성 과정에서 하나님이 능동적으로 개입하셨다고 믿기 때문이다. 즉, 하나님이 랍비들과 제자들의 토론 과정에 참여함과 동시에, 랍비들과 제자들도 하나

49) Sherrill, *The Rise of Christian Education*, 67 참조.
50) Marvin L. Roloff, *Education for Christian Living*, 장종철 역, 『기독교교육』 (서울: 컨콜디아사, 1989), 24.

님의 계속되는 계시에 능동적으로 참여해왔다는 것이다."[51]

구전법은 다음과 같은 요소들로 구성되어 있다.

〈도표4〉 구전법의 구성

히브리어	의 미
할라콧	성문율법(토라)에 대한 랍비들의 해석(미드라쉬)을 바탕으로 생겨난 법들(law)
타카놋	성문율법에 근거하지 않고 랍비들이 임의로 만들어낸 랍비들의 전통(decree, tradition). "…을 하라"는 명령은 타카놋, "…을 하지 말라"는 명령은 게제롯이라 한다.
민하김	관례나 전통에 의하여 파생된 관례법, 전통법(custom, tradition) 예. 키파(Kippah) 혹은 '야르물케'라고 불리는 유대식 납작모자를 착용하는 것.
마아심	유대전설이나 랍비들의 선례행위를 그대로 답습, 모방하게 하는 행위들(works, deeds)

구전법이 언급된 성구들에는 다음과 같은 것들이 있다.

"그때에 예루살렘에서 바리새파 사람들과 율법학자들이 예수께 와서 말하였다. '당신의 제자들은 어찌하여 장로들의 전통(타카놋)을 어기는 것입니까? 그들은 빵을 먹을 때에 손을 씻지 않습니다.' 예수께서 그들에게 말씀하셨다. '그러면 너희는 어찌하여 너희의 전통(타카놋) 때문에 하나님의 계명을 어기느냐?'"(마 15:1~3)

〈그림9〉 키파
하나님께 대한 존경을 나타내기 위해 유대 남성들이 머리를 가리기 위해 쓰는 일종의 모자.

51) Jacob Neusner, *Invitation to the Talmud: A Teaching Book*, South Florida Studies in the History of Judaism (San Francisco: Harper & Row, 1984), 8 이하. 최인식, 『예수와 함께 걷는 유대교 산책』(부천: 예루살렘 아카데미, 2008), 214 재인용.

> "그러나 사람이, 율법을 행하는 행위(마아심)로 [52]의롭게 되는 것이 아니라, 예수 그리스도를 믿는 믿음으로 의롭게 되는 것임을 알고, 우리도 그리스도 예수를 믿은 것입니다. 그것은, 우리가 율법을 행하는 행위(마아심)로가 아니라, 그리스도를 믿는 믿음으로 의롭다고 하심을 받고자 했던 것입니다. 율법을 행하는 행위(마아심)로는, 아무도 의롭게 될 수 없기 때문입니다."(갈 2:16)

> "나는 여러분에게서 이 한 가지만을 알고 싶습니다. 여러분은 율법을 행하는 행위(마아심)로 성령을 받았습니까? 그렇지 않으면, [53]믿음의 소식을 들어서 성령을 받았습니까?"(갈 3:2)

> "율법의 행위(마아심)에 근거하여 살려고 하는 사람은 누구나 다 저주 아래에 있습니다. 기록된 바[54]'율법책에 기록된 모든 것(성문율법)을 계속하여 행하지 않는 사람은 다 저주 아래에 있다' 하였습니다."(갈 3:10)

> "율법(성문율법)에 있는 모든 말씀이 율법(구전법) 아래 사는 사람에게 말한 것임을 우리는 압니다. 그것은 모든 입을 막고, 온 세상을 하나님 앞에서 유죄로 드러내려는 것입니다. 그러므로 율법(구전법)의 행위로는 하나님 앞에서 의롭다고 인정받을 사람이 아무도 없습니다. 율법(성문율법)으로는 죄를 인식할 뿐입니다."(롬 3:19~20)

보통 아동에게는 구전법을 가르치지 않았고, 주후 2세기경부터 성경을 희생시키면서까지 구전법이 본격적으로 연구되었다.[55]

〈그림10〉 〈토라 두루마리〉, 콜로뉴, 글록켄그라세 회당

52) 또는 '의롭다는 인정을 받는 것' 또는 '하나님과의 올바른 관계를 가지는 것'(다른 곳에서도).
53) '믿음의 소식에서, 믿음의 선포에서'; 또 '믿음'이 믿음의 내용 즉 복음을 뜻하고 '소식/선포'는 들음을 뜻한다고 보면 '복음을 들음으로'.
54) 신 27:26(칠십인 역).
55) Morris, *The Jewish School*, 94.

4. 토라의 해석[56)]

이스라엘에서 히브리 성서에 대한 해석의 기원은 주전 5세기 중엽에 바빌로니아에서 예루살렘으로 모세오경의 일부를 가져와 백성들 앞에서 낭독, 해설한 에스라에게로까지 거슬러 올라간다. 에스라에 의한 율법의 낭독과 해석은 유대인이 그 종교적·민족적 공동체의 모든 생활을 규율하는 성문율법의 소유와 동시에, 율법해석이라는 작업의 시작이라 할 수 있다.

주후 70년 예루살렘성전이 파괴되기 전까지 랍비들은 히브리 성서에 대한 토론과 해석을 말로 진행하였다. 랍비들의 그룹에 따라 다양한 해석들이 존재했는데, 그 중 유명한 그룹은 샴마이(Shammai)와 힐렐(Hillel)이었다. 이스라엘이 역사의 위기를 맞아 이스라엘 종교의 존립이 위태롭게 되면서 당시까지 구전으로만 이어오던 율법해석의 전통이 위험에 처하게 되었다. 이 같은 위기의 상황에서 이스라엘은 이전의 주요 구전을 모아 유대교의 정체성을 상실하지 않기 위해 구전을 기록해야 할 필요성을 느끼게 되었다.

오랫동안 구두로 전승되어오던 히브리 성서에 대한 다양한 해석들의 모음이 미쉬나이다. 미쉬나는 문자적으로 '반복하다', '연구하다'라는 '샤나'에서 나온 말로, 권위 있고 간결하게 문서화된 구전 토라이다. 랍비 예후다 하나시(Yehudah haNasi)가 주후 200년까지의 성서 해석들을 편집한 것이다. 그 내용은 크게 여섯 부분으로 나뉜다. ① 씨앗: 기도와 축복, 십일조, 농사법 등, ② 축제: 안식일법과 축제 등, ③ 여성: 결혼과 이혼, 맹세, 나실인법 등, ④ 상해: 사회법, 상해법, 법정과 맹세의 기능 등, ⑤ 성물: 희생제의, 성전, 음식법 등, ⑥ 정결: 정결과 부정에 관한 법, 제사장의 정결법, 가정의 정결예법 등. 이 미쉬나는 유대교의 불문율서 탈무드의 기초가 되었다.

탈무드는 유대교의 법, 윤리, 풍습, 역사 등에 대하여 랍비들이 토론한 내용들을 기록한 책이다. 탈무드는 미쉬나와 게마라(Gmeara, 아랍어로 원뜻은 '완결')로 구성된다. 그러나 미쉬나는 이미 독립된 책이기 때문에 실제로는 게마라가 탈무드라 할 수 있다. 게마라는 미쉬나의 각절과 그에 관한 학자들의 논의와 해석, 그리고 히브리성서와 기타 주제들에 대한 설명을 덧붙여 편집한 내용이다. 탈무드에는 미완성인 예루살렘 탈무드(Jerusalem Talmud, 별명 팔레스타인 탈무드(Palestinian Talmud)와 그보다 100여년 정도 늦은 바빌로니아 탈무드(Babylonian Talmud)가 있다. 바빌로니아 탈무드의 내용은 농사, 절기, 여성, 상해, 성물, 그리고 정결 등이다.

---

56) 이하의 내용은 최인식, 『예수와 함께 걷는 유대교 산책』(부천: 예루살렘아카데미, 2008), 106-122를 참고한 것임.

탈무드 이후 미드라쉬라는 저작이 출현했다.57) 미드라쉬는 히브리어 '다라쉬'(שרד)에서 온 말로 그 뜻은 '묻다', '탐구하다', '추구하다'란 말이다. 대문자 M과 정관사를 사용할 경우 바빌론 포로 이후 주후 1,200년경까지 유대 랍비들에 의해 쓰여져 편찬된 성서 주석과 해설을 말한다.

미드라쉬는 히브리인들의 성경의 독특한 해석용법으로 실생활에 적용하기 위해 묵상하거나 상상력을 동원하여 재구성한 것으로, 개념들을 새롭게 정의하거나, 이야기를 재해석하는 것인데, 이후 동작, 노래, 시각적 예술, 드라마 등의 다양한 기법들을 활용하기도 했다. 이로써 성서의 의미를 통해 새로운 시대에 맞는 이해를 하는 것이 목적이었다.

미드라쉬는 성서에의 참여에 바탕을 두고 언어유희, 비유, 심지어 본문의 능동적 경험을 강화하는 재담으로 드러내는 랍비 해석의 기록이다. 보다 자유로운 관점에서 미드라쉬는 동작, 노래, 시청각 예술, 그리고 드라마와 같은, 성서의 서사의 의미를 조명해주는 문학 외적 해석 행위를 포함할 수 있다.58)

미드라쉬의 목적은 단일한 의미를 정하거나, 여러 의미들이 종합적 목록을 편찬하는 것이 아니라 미드라쉬적 성격의 해석자로 참여하는 사람에게는 말 그대로 본문과 그 함축 사이의 여백을 번역하고 협상하는 것이다. 미드라쉬는 이 고대의 신성한 본문에 대한 인격적 친밀한 관계를 허용한다.59)

성서를 해석하기 위한 유대교의 접근, 즉 미드라쉬의 실천 방법은 히브리어 과수원이라는 뜻의 파르데스로 요약된다. 유대성서는 진리를 수확할 수 있는 과수원 같다. 파르데스(pardes)의 단어의 머리글자로 만드는 말(acronym)을 통해 하는 네 가지 방식이 있다.60) 이해를 돕기 위해 폭풍우를 잠잠케 하신 예수에 대한 기사를 통해 이것을 살펴보자(막 4:35~41). 첫째, Pa, '페샤트'라고 불리는 것으로 구절을 문자적으로 해석하는 것이다. 제자들은 폭풍우를 만났고, 예수께서 그것을 잠잠케 하셨고, 제자들은 놀랐다는 식이다. 둘째, R, '레메즈'인데, 문자적 의미가 암시하는 것으로, 영적인 해석이다. 바다는 마귀를 나타내며 예수께서는 그것을 제압하신다. 셋째, De, '드라쉬'라고 불리는 것으로, 암시

57) Gershom Scholem, ed., *Zohar: The Book of Splendor: Basic Readings from the Kabbalah* (New Yo가: Schocken, 1995) 참조.

58) Peter A. Pitzele, *Scripture Windows: Toward a Practice of Bibliodrama* (Los Angeles : Alef Design Group, 1998), 12.

59) 미드라쉬에서 카발라에 이르는 유대교의 해석에 대해서는 Betty Rojtman, *Black Fire on White Fire: An Essay on Jewish Hermeneutics, from Midrash to Kabbalah* (Berkeley and Los Angeles, CA: University of California Press, 1998) 참조.

60) Mark Link, S. J., "The Teacher as Interpreter of the Bible", *Religious Education* 77 (Sept-Oct 1982), 508-14; www.sichosinenglish.org; Jacobs, "Torah as Teaching," 660.

에서 뽑아낼 수 있는 교훈인데, 특별한 역사적, 사회·문화적 상황 속에서의 해석이다. 예를 들어, 박해를 당하던 그리스도인들은 자신들을 폭풍우에 시달리는 제자들로, 교회를 배로 보았다. 그들은 아무리 심한 박해가 오더라도 곧 예수께서 그것을 잠잠케 하신다는 것이다. 넷째, S, '소드'라고 불리는 것으로, 문자 뒤에 숨은 신비로운 비밀로서, 개인적 의미이다. 폭풍우를 만난 제자들의 상황은 오늘날에도 있다. 그들의 두려움, 공포, 그리고 걱정은 오늘날에도 여전히 있으며 예수께서 그 같은 염려들을 잠재우실 것이다. 미드라쉬는 이 중에서 레메즈를 취하지만 대부분 드라쉬 접근을 한다.[61]

유대교의 모든 법전은 길과 이야기로 번역될 수 있는 할라카(히브리어로 '길'이라는 뜻)와 아가다(히브리어로 '이야기'라는 뜻)의 전통을 따른다. 예를 들어, 미쉬나는 할라카 전통을, 미드라쉬는 아가다 전통을 따르는 식이다. 할라카는 유대교에서 유대인들의 종교생활과 일상생활 및 행동을 규제하기 위해 성서시대 이래로 발전해온 모든 율법과 규율이다. 모세오경, 즉 성서의 처음 다섯 권에 담긴 율법과는 아주 다르며, 시나이 산에서 받은 계시로부터 파생하거나 그것을 토대로 발전한 구전전승을 보존하고 나타내기 위한 목적을 지닌다. 또한 할라카의 법률적인 성격은 역사·우화·윤리교훈(하가다)을 포함하는 랍비 문학, 즉 탈무드 문학의 법률 성격과도 구분된다. 고대부터 존재한 할라카는 예를 들면 빚을 갚지 않을 경우 그에 따른 합법적인 형벌로 남의 종이 되는 것을 언급한 본문처럼 모세오경에 속하지 않는 성서 본문들로 확인된다.[62]

> "[63]예언자 수련생들의 아내 가운데서 남편을 잃은 어느 한 여인이, 엘리사에게 부르짖으며 호소하였다.
> '예언자님의 종인 저의 남편이 죽었습니다. 예언자님께서도 아시다시피 그는 주님을 경외하는 사람이었습니다. 그런데 빚을 준 사람이 와서, 저의 두 아들을 자기의 노예로 삼으려고 데려가려 합니다.'"(왕하 4:1)

아가다는 유대교에서 전설이나 격언을 포함하는 비법률적인 랍비 문학 형태로 성경과 관련된 민담들 또는 교훈적인 예화 전승이다. 일례로 하가다는 유월절 세데르 저녁식사 때 반드시 다시 듣는 성서의 출애굽기 본문이다. 출애굽기는 단지 세데르 의식의 부분이지만 하가다는 빈번히 전체 의식 또는 의식에 관한 책 자체를 가리킨다. 주석을 통해 수정된 성서 이야기를 보충하고, 어린이들

---

61) 최인식, 『예수와 함께 걷는 유대교 산책』, 116.
62) http://preview.britannica.co.kr/bol/topic.asp?article_id=b24h3092a
63) 히, '예언자들의 아들들'.

이 전승에 관해 질문한 것들에 대해 답해준다.[64)]

5. 토라와 지혜

시락[65)]에서 토라는 지혜와 동일시된다. 시락의 사상에서 지혜는 토라이다. 다음과 같은 예를 들 수 있겠다.

"율법을 체득한 사람은 지혜를 얻으리라."(집회 15:1, 공동번역 개정판, 이하 동일)

"주님을 두려워함은 지혜의 전부이며 율법의 완성이 그 속에 있다."(집회 19:20)

"율법을 지키는 사람은 자기 생각을 통제할 수 있고, 주님에 대한 두려움은 지혜로써 완성된다."(집회 21:11)

그리고 집회 24장 23~34절에는 지혜와 율법이란 주제로 말하고 있다.

"율법은 비손강 물처럼, 추수 때의 티그리스 강처럼 지혜를 넘치게 하며"(집회 24:25)

후대에 들어와 토라를 중시하는 히브리 사상을 지혜를 최고의 가치로 여기는 헬라사상과 종합하려는 시도들이 있었다. 예를 들어, 필로 유대우스(Philo

---

64) http://preview.britannica.co.kr/bol/topic.asp?article_id=b24h1726a; 하가다의 교육적 사례는 Joy Levitt and Michael Strassfeld, eds., *A Night of Questions: A Passover Haggadah* (New York: Reconstructionist Press, 1999) 참조.

65) 집회서(Ecclesiasticus, 集會書). 구약성서 외경(外經)의 한 책. 외경 중에서 가장 방대하며 초대 교회 사람들이 애독한 문서이다. 그리스어역에서 《벤 시락의 지혜》라고 하였지만, 《집회서》라는 성서는, 라틴어의 에클레시아스티쿠스(Ecclesiasticus)의 번역으로 '교회적인 책' 또는 '교회서'라고도 번역한다. 주전 180년경 히브리어로 유대 서기관인 시락의 아들 예루살렘의 예수 벤 시락(Jesus ben Sirach)에 의하여 씌어졌고, 주전 130년경 이집트로 가지고 간 동명의 인물(원저자의 손자)에 의하여 헬라어로 번역되었다. 알렉산드리아의 유대인들은 이를 구약성서(헬라어역)의 일부로서 인정하였다. 이 책은 구약성서의 지혜 문학(《잠언》, 《전도서》) 등과 비슷한 데가 많아 《솔로몬의 지혜》와 함께 지혜 문학서에 속한다. 제1부(1-23장), 제2부(24-50장) 및 추가(51장)로 되어 있으나, 그 내용에는 줄거리가 없으므로 분류가 어렵다. 주로 실제 생활에 경험이 많고 구약성서에 밝은 저자가 일상생활의 여러 가지 문제를 취급하여 이것을 설명하고 있다. "지혜의 시작은 하느님을 두려워하는 것이다."라는 등 지혜에 관하여 많은 것을 쓰고 있다. 가톨릭에서는 이 책을 '제2정경(正經)'으로 채택하고 있다. 『두산백과』

Judaeus)는 율법을 우주의 관점에서 언급한다. 우주는 율법과 조화를 이루며 율법은 우주와 일치한다.

"율법을 준수하는 사람은 전 우주가 지배하는 것에 따라서, 자연의 목적과 뜻에 의해 그의 행동을 규제하는 충성스러운 우주의 시민이 된다."66)

〈그림11〉 〈히브리역 시락〉, 1814년

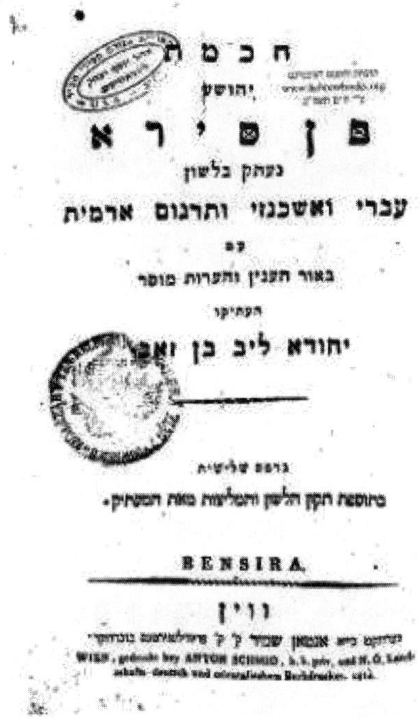
חכמת
יהושע
בן סירא
נעתק בלשון
עברי ואשכנזי ותרגום ארמית
עם
באור הענין והערות מוסר
העתיקו
יהודא ליב בן זאב
BENSIRA.
ווין

희년서(Book of Jubilees)67) 등에서는 토라를 한 인격으로, 영원한 것으

66) *De opificio mundi*, I. Sherrill, *The Rise of Christian Education*, 53 재인용.
67) 또는 소 창세기(Little Genesis), 일명 '요벨의 책'이라고도 불리는 이 책은 주전 1세기를 전후로 하여 씌어졌다. 내용은 창세기에서 출애굽기 12장까지에 대한 유다교적 해설이다. 저자는 유대교의 역사관에 입각해서 이른바 구세사적 입장을 견지하고 있다. '요벨'이란 희년 (레 25장, 눅 4:16-19)이 시작됨을 알릴 때 부는 양각 나팔로 자유와 해방의 해, 은혜의 해를 가리키는 히브리말이다.

로,[68] 혹은 양자의 속성을 지닌 것으로 다룬다. 그래서 속죄에 관한 레위법 등이 에덴동산의 아담과 하와에게 주어졌고, 칠칠절 같은 절기도 창세기부터 노아시대까지 지켜졌다고 주장한다.[69] 토라는 창조 이전에 존재했다.

> "나는 하나님의 활동의 도구, 즉 건축가가 집을 지을 때 사용하는 것과 같은 하나님의 계획이다."[70]

〈그림12〉〈어린이가 토라를 읽고 있다〉

6. 쉐마의 의의

자녀 교육은 우선적으로 가장인 아버지의 몫이었다. 어머니도 교사이지만 일반적으로 교육문제는 아버지와 함께 거론된다.[71] 아버지가 수행해야 할 삼중적 의무는 아들에게 율법을 가르치고, 결혼시키고, 또 손재주를 가르치는 것이었다.[72] 이 중에서 가장 중요한 의무는 아들에게 율법을 가르치는 것이었다. 바빌론 탈무드에 의하면 아들이 태어나 말을 하기 시작하면 부모들은 아이에게

---

68) 토라가 영원히 불변해야한다는 생각은 랍비 여호수아의 이야기에서 알 수 있다. 솔로몬 왕은 토라에서 한 글자, 요드(Jod)를 빼버리기 원했다. 왜냐하면 신명기 17장 17절에 "왕은 또 많은 아내를 둠으로써 그의 마음이 다른 데로 쏠리게 하는 일이 없어야 하며"라고 했기 때문이다. 이 구절에서 요드를 빼버리면 아내를 많이 두어도 된다는 뜻이 되기 때문이다. 이 소식을 들은 토라가 하나님 앞에 나아가 탄원하자 하나님께서 솔로몬과 같은 자들을 없애라고 하심으로써 토라를 보전하신다. 레위기 15:25, *Midrash Leviticus Rabba* XIX, Sherrill, *The Rise of Christian Education*, 55 재인용.

69) 희년서 3:1-13; 6:18. Sherrill, *The Rise of Christian Education*, 54 재인용.

70) 창세기 1:1, *Midrash Genesis Rabba* I, Sherrill, *The Rise of Christian Education*, 54 재인용.

71) 어머니의 교사 역할이 단독으로 언급된 곳은 한 곳이다. "르무엘 왕의 잠언, 곧 그의 어머니가 그에게 교훈한 말씀이다."(잠 31:1)

72) Kiddushin 30b. Barclay, *Educational Ideals in the Ancient World*, 14 재인용.

쉐마의 첫 구절인 신명기 6장 4절을 가르치도록 되어 있다.[73] 부모들은 아이들이 잠자리에 들기 전에 쉐마를 말하도록 가르쳤다.

쉐마 자체가 자녀에게 말씀을 가르치라는 명령이다.[74]

> "또 이 말을 당신들 자녀에게 가르치며, 당신들이 집에 앉아 있을 때나 길을 갈 때나, 누워 있을 때나 일어나 있을 때나, 언제든지 가르치십시오."(신 11:19)

쉐마는 하나님과 이스라엘과의 언약 관계에서 이스라엘이 하나님께 순종하고 사랑하며 하나님의 말씀대로 살겠다는 결의에 넘치는 신앙고백이다. 그렇기에 이스라엘 신앙공동체의 최소단위인 가정에서 부모는 무엇보다 이 같은 내용들을 자녀들에게 언제 어디서나 분명하게 여러 가지 방식으로 거듭 강조하고 가르칠 의무가 있었다. 적어도 요시야 시기부터 쉐마는 가정에 주어진 종교적 가르침의 핵심이었다.

십계명 다음으로 오경에서 가장 중요한 교훈인 쉐마는 자녀들에게 부지런히 하나님의 말씀을 가르칠 것을 모든 이스라엘인에게 명령하였다. 이스라엘 신앙의 핵심적 표현인 쉐마를 품고 있는 신명기에는 부모들의 자녀 양육에 대한 언급들이 여럿 있다. 쉐마와 더불어 아이들에게 바른 삶을 위한 계명들이 가르쳐졌다.

> "당신들은 오로지 삼가 조심하여, 당신들의 눈으로 본 것들을 잊지 않도록 정성을 기울여 지키고, 평생 동안 당신들의 마음속에서 사라지지 않도록 하십시오. 또한 그것을 당신들의 자손에게 길이 알리십시오. 당신들이 호렙 산에서 당신들의 하나님이신 주님 앞에 섰던 날에, 주님께서 나에게 말씀하셨습니다. '이 백성을 나에게로 불러 모아라. 내가 그들에게 나의 말을 들려주어서, 그들이 이 땅에서 사는 동안에 나를 경외하는 것을 배우고, 또 이것을 그들의 아들딸에게 가르치게 하려고 한다.'"(신 4:9~10)

> "4 이스라엘은 들으십시오. [75]주님은 우리의 하나님이시요, 주님은 오직 한 분뿐이십니다.
> 5 당신들은 마음을 다하고 뜻을 다하고 힘을 다하여, 주 당신들의 하나님을 사랑하

---

73) *Babylon Talmud*, Sukkah 42a.
74) Culpepper, "Education," 22.
75) 또는 '주 우리의 하나님, 주님은 한 분이시다.' 또는 '주 우리의 하나님은 한 주님이시다.' 또는 '주님은 우리의 하나님이시다. 오직 주님만이'.

십시오.
6 내가 오늘 당신들에게 명하는 이 말씀을 마음에 새기고,
7 자녀에게 부지런히 가르치며, 집에 앉아 있을 때나 길을 갈 때나, 누워 있을 때나 일어나 있을 때나, 언제든지 가르치십시오.
8 또 당신들은 그것을 손에 매어 표로 삼고, 이마에 붙여 기호로 삼으십시오.
9 집 문설주와 대문에도 써서 붙이십시오."(신 6:4~9)

쉐마는 신명기 6장 4~9절의 내용이나 그 명칭은 4절의 첫 두 단어이지만 나중에는 전체를 일컫는 말이 되었다. "이스라엘아 들으라."(쉐마 이스라엘). "쉐마 이스라엘"과 같은 표현은 모세오경의 다른 책에서는 사용되지 않고[76] 신명기에서만 사용되는 표현이다. 이 표현은 사람들에게 주의를 요청하는 말로서 대부분 중요한 내용에 대한 강조와 그 내용을 명심케 하려는, 즉 가르치려는 교육적 의도를 담고 있다.[77] 신명기 이전의 율법 전승은 주로 절기나 제사와 관련된 의식에 관한 규례와 사법적 성격의 지침이라고 한다면 신명기적 율법은 교훈적이고 교육적 성격이 짙다. 쉐마에는 듣고 사랑으로 응답하는 영성적 이론과 실천의 교육적 성격이 부각된다.[78]

쉐마는 하나의 기도문이기도 해서 경건한 유대인들이라면 아침·저녁으로 낭송한다. 지금은 안식일 저녁에 제일의 쉐마를 읽으며 주간에는 시편 79편 38절과 20편 10절을 먼저 읽고 쉐마를 읽는다.[79]

안근조는 구약성서의 교육은 토라 교육이며, 그 대표적인 경우가 쉐마라고 한다.

> "구약성서의 교육은 토라, 즉 모세오경에 대한 가르침을 일컫는다. 그 교육의 구체적인 현장의 목소리가 신명기 6장 4절에 기록되어 있다: '들으라(쉐마), 이스라엘이여! 야훼 우리 하나님은 오직 한 분이신 야훼이시다'[80] '쉐마'(שמע)로 시작된 이스라엘에게 향한 교육은 한 분 하나님을 사랑하는 일과(신 6:5) 하나님의 말씀을 새기는 일(신 6:6) 그리고 자녀들에게 가르치는 일(신 6:7) 등을 통해서 본격적인 토라교육의 세계로 들어간다."[81]

---

76) 유사한 표현으로는 잠언의 "내 아들아 들으라"(잠 1:8; 4:1, 10; 5:7; 7:24; 8:33; 23:19 등), 시편의 "내 백성아 들으라"(시 50:7; 81:9 등) 등이 있다.
77) 권혁승, "'쉐마'본문(신 6:4-9)의 주석적 연구", 「교수논총」 10 (서울신학대학교, 1999), 49.
78) 안근조, "구약성서의 '쉐마'와 호크마: 고대이스라엘의 지혜교육", 「기독교교육정보」 21(서울: 한국기독교교육정보학회, 2008, 12), 173.
79) 임인환, "신명기에 나타난 유대인의 교육관," 「성경과 고고학」 2006, 여름, 30.
80) 안근조 사역.
81) 안근조, "구약성서의 '쉐마'와 호크마", 165.

쉐마는 유대 신앙의 근본 내용이다. 쉐마는 모세오경 전체의 요지라고 할 수 있으며, 다른 모든 것은 이에 대한 해석이라 할 수 있을 것이다. 그리하여 쉐마는 유대인들의 삶의 정신이다. 태어나 말을 하기 시작하면서 암송한 쉐마를 죽을 때도 암송하며 야훼께 대한 신앙고백을 한다.[82)]

7. 쉐마 이해

신명기에서 중요한 부분인 5장 이하는 율법의 기본적 명령들을 다루는 11장까지(신 5:1~11:32)와 그 이후의 장(신 12~26장)으로 나눌 수 있다. 십계명에 이어지는 쉐마는 십계명과 원신명기라고 하는 신명기 12장 이하의 내용을 이어주는 교량 역할을 하고 있다.[83)] 쉐마는 하나님을 유일신으로 섬기는 이스라엘 종교의 본질이며 하나님과의 언약 관계 안에 있는 이스라엘의 신앙고백이라 할 수 있다. 율법의 정신이라 할 수 있는 십계명의 제일 계명인 하나님의 절대 유일성에 대한 천명이며 확인이라 할 수 있을 것이다.[84)]

쉐마가 포함된 신명기는 이스라엘과 주님과의 관계 안에서 살아가는 것에 대한 가르침으로 가득하다. 특히 쉐마가 포함된 6장은 그에 대한 가장 분명한 안내라고 할 수 있다.

> "이것은 주 당신들의 하나님이 당신들에게 가르치라고 나에게 명하신 명령과 규례와 법도입니다. 당신들은 건너가서 차지할 땅에서 이것을 지키십시오. 당신들이 주 당신들의 하나님을 경외하며, 내가 당신들에게 명한 모든 주님의 규례와 법도를 잘 지키면, 당신들과 당신들 자손이 오래오래 잘 살 것입니다. 그러니 이스라엘 자손 여러분, 이 모든 말을 듣고 성심껏 지키면, 주 당신들 조상의 하나님이 당신들에게 약속하신 대로, 젖과 꿀이 흐르는 땅에서 당신들이 잘 되고 크게 번성할 것입니다. 이스라엘은 들으십시오. 주님은 우리의 하나님이시요, 주님은 오직 한 분뿐이십니다. 당신들은 마음을 다하고 뜻을 다하고 힘을 다하여, 주 당신들의 하나님을 사랑하십시오. 내가 오늘 당신들에게 명하는 이 말씀을 마음에 새기고, 자녀에게 부지런히 가르치며, 집에 앉아 있을 때나 길을 갈 때나, 누워 있을 때나 일어나 있을 때나, 언제든지 가르치십

---

82) 권혁승, "'쉐마'본문(신 6:4-9)의 주석적 연구", 40.

83) Patrick D. Miller, *Deuteronomy*, Interpretation: A Bible Commentary for Teaching and Preaching, (Louisville: John Knox Press, 1980), 164.

84) Moshe Weinfeld, *Deuteronomy*, The Anchor Bible 5 (New York: Doubleday & Co. Inc., 1991), 328. ; S. R. Driver, A Critical and Exegetical Commentary on *Deuteronomy* (Edinburgh: T. & T. Clark, 1973), 89.

시오. 또 당신들은 그것을 손에 매어 표로 삼고, 이마에 붙여 기호로 삼으십시오. 집 문설주와 대문에도 써서 붙이십시오."(신 6:1~9)

2절에 "경외"라는 말이 눈에 띈다. 경외는 무서워해야 한다거나 겁을 먹어야 한다는 뜻이 아니다. 히브리어로 경외는 두려움과 존경 그 이상의 뜻을 지닌다. 성서적 경외는 우리가 하나님의 저주를 받을 만한 자들이나 하나님의 사랑과 동정으로 잘못을 용서받는다는 사실로부터 오는 것이다.[85]

4절은 "[86]주님은 우리의 하나님이시요, 주님은 오직 한 분뿐이십니다."라는 유일신 신앙을 고백한다. 이어 5절은 마음과 뜻과 힘을 다하여 하나님을 사랑하겠다는 응답이, 6절 이하에서는 하나님의 유일하심에 대한 고백과 그 하나님에 대한 사랑을 후손들에게 전해야 한다는 의무가 들어 있다. 이스라엘은 후손에게 하나님의 말씀을 전하는 교육 행위를 통하여 유기적 신앙공동체가 될 수 있었을 것이다. 유일하신 하나님에 대한 절대 충성과 더불어 자녀들에 대한 교육의 명령이 담겨있는 쉐마는 신앙적이면서 교육적인 양면을 가진 조화로운 내용이라 할 수 있다.

들으십시오. 쉐마라는 말은 4절에 나오는 "이스라엘은 들으십시오."에서 "들으십시오."에 해당하는 말이다. '들으라 이스라엘'이라는 말은 신명기적 표현이다(신 5:1; 6:4; 9:1; 20:3; 27:9). 쉐마라는 말은 '들으라', '주의 깊게 들으라'는 뜻이다. 2인칭 남성 단수에 해당되는 명령형 쉐마는 강력한 요구를 나타내는 단어이다. 이 '들으라'는 뜻의 쉐마는 어원적으로는 귀로 소리를 듣는다는 뜻이지만, 히브리어에서는 감각적 소리만이 아니라 마음을 기울여 배우거나 이해하는 것을 의미한다. 더 나아가 들은 바를 실천하는 것까지 포함한다. 히브리어에서 쉐마는 들을 뿐만 아니라 그것에 순종하여 그대로 사는 것까지를 의미하는 포괄적인 단어이다.[87] 본래 이 '들으라'라는 말은 전통적 초청문의 형식이다. 제사를 드리기 위해 모인 무리들에게 주의를 요청하는 말이다.[88] 이러한

---

85) Marva J. Dawn, *Is It a Lost Cause?: Having the Heart of God for the Church's Children* (Grand Rapids, MI: Wm. B. Eerdmans Publishing Company, 1997), 111.

86) 또는 '주 우리의 하나님, 주님은 한 분이시다.' 또는 '주 우리의 하나님은 한 주님이시다.' 또는 '주님은 우리의 하나님이시다. 오직 주님만이'.

87) "K. T. Aitken, "Shama'a," Willem A. VanGemeren, ed., *New International Dictionary of Old Testament Theology & Exegesis* 4 (Grand Rapids, MI: Zondervan Pub. House, 1997), 175-81.

88) Gerhard von Rad, *Deuteronomy* (Philadelphia: Westminster Press, 1966), 63.

초청 다음에는 중요한 교훈과 경계의 말씀이 뒤따른다.

이스라엘. "이스라엘"은 단수형이다. 그러나 이를 이스라엘 전체를 하나의 신앙공동체, 즉 쉐마 신앙을 지켜야 할 복수이지만 단수로 보아야 할 이스라엘 백성을 가리킨다고 보는 견해가 있다. 쉐마를 신명기의 언약적 성격을 배경에 놓고 볼 때 하나님과 언약을 맺은 것은 이스라엘 전체이기 때문이라는 것이다. 그러나 '이스라엘'을 단수로 보는 입장에서는 여기의 이 이스라엘은 야곱을 의미한다고 본다. 이 같은 해석에 따르면 쉐마는 하나님께 대한 신앙고백이 아니라 이스라엘의 조상인 야곱에게 하나님에 대한 신앙의 확고함을 천명하는 것이다.[89]

4절부터 시작되는 쉐마는 4절을 제외하고 모두 2인칭 소유격 어미를 사용하고 있다. 그 이유는 교육적 효용성 때문이다. 2인칭소유격은 대부분의 교육이 구전이라는 방법을 사용하던 당시에 동일한 원리를 따르기에 암기하기에 도움이 되었을 것이다. 여기에 교육적 실용성 외에도 2인칭을 사용했다는 데서 이스라엘 백성 모두가 하나님의 상대로서 말씀을 받아들이고 순종해야 할 주체임을 보여준다는 의도도 있었을 것이다.[90]

주님은 오직 한 분. 4절은 간단한 구절이지만 이스라엘의 신조이다. 이 구절은 신이라고 주장하는 모든 것들에 반대하는 이스라엘의 야훼 신앙의 요약이라 할 수 있다.[91] '주님은 오직 한 분뿐이다.'라는 구절은 여러 가지로 해석될 수 있다. 〈새번역 성경〉에 따르면, 이 구절은 '주 우리의 하나님, 주님은 한 분이시다.' 또는 '주 우리의 하나님은 한 주님이시다.' 또는 '주님은 우리의 하나님이시다. 오직 주님만이' 등으로 해석될 수 있다. 하나님이 한분이라는 말은 무슨 의미인가. 이는 존재적으로는 여러 신들 중에서 큰 신이 아니라 그냥 하나님만이 계시다는 단일성(Oneness)의 뜻이면서, 속성으로 볼 때 독특성(Uniqueness)이나 독자성(Aloneness)을 나타낸다.[92] 신앙적인 면에서는 "이는 사랑에 있어서 사랑하는 사람은 늘 오직 하나이며 하나뿐인 것과 마찬가지이다(아 6:8~9 참조)."[93]

89) Louis Jacobs, "Reading of Shema," Cecil Roth, ed., *Encyclopedia Judaica*, Vol 14 (Jerusalem: Keter Publishing House, 1972), 1370-74.
90) 권혁승, "'쉐마'본문(신 6:4~9)의 주석적 연구", 46.
91) Dawn, *Is It a Lost Cause?*, 111.
92) 권혁승, "'쉐마'본문(신 6:4~9)의 주석적 연구", 51.
93) 『해설·관주 성경전서,"』, 292.

"왕비가 예순 명이요, 후궁이 여든 명이요, 궁녀도 수없이 많다마는, 나의 비둘기, 온전한 나의 사랑은 오직 하나뿐"(아 6:8~9)

하나님은 이스라엘 백성이 사랑하는 유일하신 분이시며, 하나님만 사랑하겠다는 의지이다. 그러나 역사적으로 볼 때, 가나안 입성을 앞두고 율법의 선포자라기보다는 교사로서 모세에 의해 계약이 갱신되는 이 상황에서 '하나님 한 분'이라는 뜻은 하나님과의 계약을 맺은 이스라엘 백성의 정체성을 잃지 말아야 한다는 의미로도 볼 수 있다. 만일 이스라엘 백성의 정체성이 흔들린다면 가나안의 혼합주의와 타협주의적 성격의 우상 숭배 세계에서 순수성을 잃어버릴 것이기 때문이다.[94]

"당신들은 마음을 다하고 뜻을 다하고 힘을 다하여, 주 당신들의 하나님을 사랑하십시오."(신 6:5)

"마음을 다하고"에서 '마음'은 '전적으로'(in all)라는 뜻이다. 이것은 하나님 사랑이 분열되어서는 안 되고 전일성을 띠어야 한다는 뜻이다. 또한 이 마음은 "인간의 내적 근원으로서 인간의 모든 행동을 관장하는 중심으로 이해될 수 있다."[95] 초기 유대교 전승에서는 '마음'을 인간의 타고난 재능과 성품으로 이해하였다. 그래서 "마음을 다하고"라는 구절은 타고난 재능과 성품을 모두 주님을 사랑하는 데 바치라는 뜻이 된다.[96]

"뜻을 다하고"는 〈개역성경〉에 "성품을 다하고"로 번역되었다. 이 말은 본래 '숨을 쉬다'는 의미이다. 그로부터 '혼', '생명', '사람'이라는 의미가 나왔다. 그래서 〈새번역 성경〉에서 '뜻'으로 번역된 이 말은 자아의 의지나 지향성을 지칭한다. 이 말은 앞서 살펴본 "마음을 다하고"와 짝을 이루어 관용어로 사용된다. 유대 랍비문학에서는 이것을 문자 그대로 '생명'으로 받아들여 자신의 생명을 하나님께 바칠 정도의 순교자적 결의를 의미한다. 탈무드에 등장하는 랍비들 중에서도 가장 존경받는 인물이며, 유태 민족의 아키바(Akiva)가 순교 직전 쉐마를 암송한 동기가 바로 이런 까닭이다.[97]

---

94) 구덕관, 『지혜와 율법』 (서울: 대한기독교출판사, 1982), 213-17.
95) 권혁승, "'쉐마'본문(신 6:4~9)의 주석적 연구", 52.
96) Weinfeld, *Deuteronomy*, 332.
97) 권혁승, "'쉐마'본문(신 6:4~9)의 주석적 연구", 53.

"힘을 다하여"에서 "힘"은 어원적으로 '많다'는 뜻이다. 여기서 '힘', '능력'의 명사적 의미와 '매우', '대단히' 등의 부사적 의미가 파생되었다. 이 말은 대부분 부사적 의미로 사용되고 명사적으로 사용된 곳은 여기서와 열왕기하 23장 25절의 두곳 뿐이다.[98] 여기서의 '힘'은 능력과 더불어 그가 가진 재력을 포함한다.[99] 자신뿐만 아니라 자신에게 속해 있는 것까지 하나님을 사랑하는 데 쏟아 부어야 한다는 뜻이다. 히브리어에서 강조를 뜻하는 각운이 5절에서는 "힘을 다하여"에 위치한다.

하나님 사랑. 하나님을 사랑하는 것은 (때로 느낌이 따를 수는 있으나) 하나의 느낌이 아니다. 하나님 사랑은 하나의 행위, 즉 마음이라는 의지, 뜻이라는 전인, 그리고 힘이라는 실력의 행위이다. 하나님을 사랑한다는 것은 하나님을 태도와 의도와 결정(마음)의 중심에 둔다는 것이며, 은사와 재주와 성품(뜻)을 하나님을 중심에 두고 사용하는 것이며, 정력과 시간과 자원(힘)을 하나님 중심으로 사용하는 것이다.[100] 더구나 이 같은 사랑은 신명기의 언약적 성격을 배경으로 할 때, 하나의 행해야 할 명령이라 볼 수 있다. 하나님은 전에 경외를 말씀하셨으나 이제는 사랑을 명하신다. "여기서 요구하는 사랑은 사람 전체를 요구한다. 곧 이 사랑은 감정에 국한되지 않고 하나님의 뜻에 복종하여 하나님의 계명들을 지키는 가운데 드러난다."[101] 한편 히브리어로 '사랑과 은혜'를 뜻하는 '헤세드'로 표현되는 하나님 사랑은 토라 경건의 정수이다. 하나님을 사랑하는 것이 신앙이다.

하나님은 나뉘지 않는 하나이신 분이다. 그러므로 그의 자녀 역시 하나님 아버지께 나뉘지 않은 전인적 사랑을 드려야 한다. 그 사랑은 "자신의 삶과 실존을 반영하는 일차적 언어라고 할 수 있으며, 순수한 내면과 윤리적 삶을 포함하는 전인적 사랑이라고 할 수 있겠다."[102]

"내가 오늘 당신들에게 명하는 이 말씀을 마음에 새기고,"(신 6:6)

---

98) Robin Wakely, "Meod," Willem A. VanGemeren, ed., *The New International Dictionary of Old Testament Theology & Exegesis*, Vol. 2 (Grand Rapids, MI: Zondervan Pub. House, 1997), 824-27.

99) Jeffrey H. Tigay, *Deuteronomy*, The JPS Torah Commentary (Philadelphia: The Jewish Publication Society, 1996), 77.

100) Dawn, *Is It a Lost Cause?*, 112.

101) 『해설·관주 성경전서,"』, 292.

102) 김혜윤, "쉐마(신명기 6:4-5)에 대한 주석적 연구: 하느님과의 관계, 무엇이 필요한가?", 「신학전망」(광주가톨릭대학교, 2005), 48.

마음에 새기고. 6절에서 각운은 "마음에 새기고"라는 말에 있다. 히브리어에서 "마음"은 감정보다는 지적이고 논리적 기능을 담당하는 곳이다. "마음에 새기고"라는 말은 문자적으로는 '마음 위에 두다'라는 뜻이다. 이것은 자신이 배우고 익힌 것을 늘 기억하며 상기시키는 지적 활동을 의미한다.[103] 또한 '마음에 두다'는 관용적으로는 '암기하다'를 의미하기도 한다. 따라서 "말씀을 마음에 새기고"의 의미는 말씀이 자신의 생각을 지배하고 전 존재를 지배하도록 하는 것을 뜻한다.[104] 말씀을 마음에 새겨야 하는 이유는 그 말씀이 하나님의 의지로서 우리의 근거와 성취이기 때문이다.[105]

> "자녀에게 부지런히 가르치며, 집에 앉아 있을 때나 길을 갈 때나, 누워 있을 때나 일어나 있을 때나, 언제든지 가르치십시오."(신 6:7)

부지런히 가르치며. 여기서 "가르치다"라는 말은 '흥미를 돋우다', '선명하게 하다', '이해하고 인식할 수 있도록 반복하다', '중요성 · 심각성 등을 강조하여 이해시키다' 등의 뜻이다. 한편 그 뜻을 '설득하다', '주입하다', '갈아서 날카롭게 하다', '반복하다' 등으로 보기도 한다.[106] 부모들이 자녀들에게 말씀을 부지런히 가르치라고 한 것은 이렇게도 해보고 저렇게도 해보면서 말씀이 자녀들의 마음 깊은 곳에 심어질수 있도록 반복해서 가르치라는 뜻일 것이다.

언제든지. 아이들에 대한 교육은 항상 해야 한다. 우리는 집에 있거나 밖에 있거나 한다. 두 곳에 동시에 있을 수는 없다. 그러므로 이것은 하루 종일을 뜻한다. 7절에서의 각운의 위치는 "일어나 있을 때나"이다. "누워 있을 때나 일어나 있을 때"는 하루를 시작해서 하루를 마칠 때까지 역시 하루 종일을 의미한다고 할 수 있다. 7절에서 보이는 집-길, 누움-일어남의 쌍은 히브리 문학에서는 보편성을 말할 때 쓰이는 수사방식이다. 부모의 자녀에 대한 가르침은 시간, 장소, 상황에 불구하고 행해져야 한다.

> "또 당신들은 그것을 손에 매어 표로 삼고, 이마에 붙여 기호로 삼으십시오."(신 6:8)

---

103) Hans W. Wolff, *Anthropology of the Old Testament* (Philadelphia: Fortress, 1974), 48.

104) Matthew Henry, *Matthew Henry's Commentary on the Whole Bible*, Vol. 1 (Grand Rapids, MI: Guardian Press, 1976), 438.

105) Dawn, *Is It a Lost Cause?*, 112.

106) Weinfeld, *Deuteronomy*, 340.

이마에 붙여. 8절에서 각운의 위치는 "이마에"이다. 히브리 문학에서 손은 행동을 나타내며, 이마의 기호는 사고를 나타낸다. 따라서 이 구절은 행동과 사고에 하나님을 두라는 의미이다. 고대 사회에서는 섬기는 신을 기억하기 위해 특별한 표시가 있는 띠를 이마에 두르곤 했다.[107] 정통 유대인들은 문자 그대로 이 구절을 지킨다. 제2성전기말부터 이것은 테필린(헬라어 필락테리아, φυλάκτηρια) 관습으로 나타났다.

테필린은 본래 '기도'를 뜻하는 말이다. 테필린에 관한 언급은 출애굽기와 신명기에서 찾아볼 수 있다.

> "이 예식으로, 당신들의 손에 감은 표나 이마 위에 붙인 표와 같이, 당신들이 주님의 법을 늘 되새길 수 있게 하십시오. 주님께서 강한 손으로 당신들을 이집트에서 구하여 내셨기 때문입니다."(출 13:9)

> "이것을 각자의 손에 감은 표나 이마 위에 붙인 표처럼 여겨라. 이렇게 하는 것은, 주님께서 강한 손으로 우리를 이집트 땅에서 이끌어 내셨기 때문이다."(출 13:16)

> "또 당신들은 그것을 손에 매어 표로 삼고, 이마에 붙여 기호로 삼으십시오."(신 6:8).

> "그러므로 당신들은, 내가 한 이 말을 마음에 간직하고, 골수에 새겨두고, 또 그것을 손에 매어 표로 삼고, 이마에 붙여 기호로 삼으십시오."(신 11:18)

테필린은 의식상 깨끗한 동물의 가죽으로 만든 작은 검은색 가죽 사각상자와 한 쪽 면만 검은 색으로 물들인 가죽끈을 함께 일컫는 말이다. 유대 성인 남자는 두 개의 경문 곽(Phylacteries)을 하나는 이마에(테필라 셸로쉬), 하나는 왼팔에(테필라 셸야드) 잡아맸다. 유대인들에 의하면, 이마는 정신을, 왼쪽 팔은 심장과 가까워 감정과 정서를 나타낸다.[108] 구체적으로 경문 곽에 가죽띠를 달아 그 합이 미간 위에 놓이도록 매되 그 맨 띠가 목덜미에서 두 어깨를 넘어 가슴에 드리우도록 한다.[109]

경문 곽에는 토라의 구절이 적힌 양피지를 넣었다. 미간에 붙이는 경문 곽에는 네 간이 있는데, 여기에 출애굽기 13장 1~10절(이집트의 노예생활에서

---

107) Weinfeld, *Deuteronomy*, 342.
108) 권혁승, "'쉐마'본문(신 6:4~9)의 주석적 연구", 61, 주 60.
109) 유형기, 『성서사전』(서울: 미화인쇄소, 1970), 38.

구원받은 것을 기억해야 하는 유대인들의 의무), 출애굽기 13장 11~16절(출애굽에 대한 이야기를 자녀들에게 알려야 하는 유대인의 의무), 신명기 6장 4~9절(유일신 야훼와의 합일을 선포), 신명기 11장 13~21절(토라의 명령을 지키는 것에 대한 보상의 하나님의 약속과 어기는 것에 대한 징벌의 경고)을 한 구절씩 양피지에 정성들여 쓴 두루마리를 머리털로 매서 매 간에 각각 하나씩 넣는다. 팔에 묶는 경문 곽은 구획되어 있지 않다. 여기에는 이 네 개의 구절을 한 곳에 모두 적어 넣었다.

테필린은 원래 밤을 제외하고는 평일이면 하루 종일 착용해야 한다. 하지만 요즘은 평일 아침 기도시간에만 착용한다. 왜냐하면 화장실과 같은 깨끗하지 못한 장소에서는 테필린을 벗어야 하는 어려움이 있기 때문이다. 또한 안식일과 유월절, 오순절, 속죄일, 초막절 등을 포함하는 절기에는 착용하지 않는데, 이는 이 날 자체가 테필린과 동일한 기호가 되기 때문에 중복할 필요가 없기 때문이다.

유대교 정통파는 13세 이상의 남자들만 테필린을 착용하도록 한다. 보통 성인식(바 미츠바) 한 달 전에 테필린을 받아서 의미와 착용법에 대해 배우고 연습하게 된다. 반면 보수파(Conservative)의 경우는 남녀 모두에게 테필린을 착용하도록 권장하고 있지만, 개혁파(Reform)와 재건파(Reconstructionist)는 그렇지 않다. 카라이트파(Karaite Judaism)는 관련된 구절이 비유라고 해석하여 테필린을 착용하지 않는다. 복장 하나하나에 대해서도 구약성서의 내용을 그대로 반영하려고 하는 것을 통해 유대인들에게 토라가 가지는 의미가 어떤지 추측할 수 있겠다.

〈그림13〉〈테필린〉

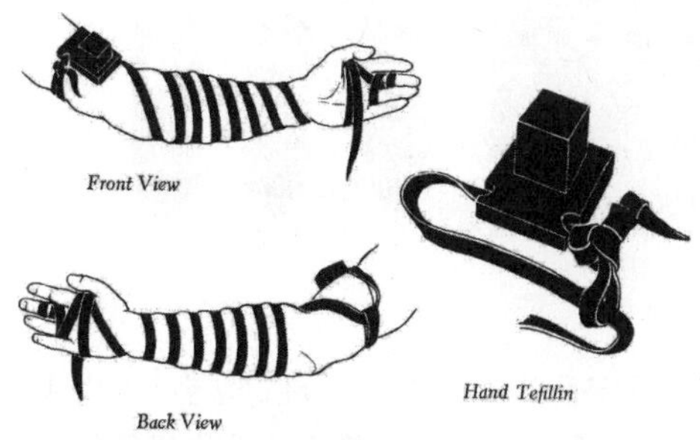

Correct Tefillin Position on Hand

손목에 착용하는 테필린
테필린을 착용한 모습(안쪽)
테필린을 착용한 모습(바깥쪽)

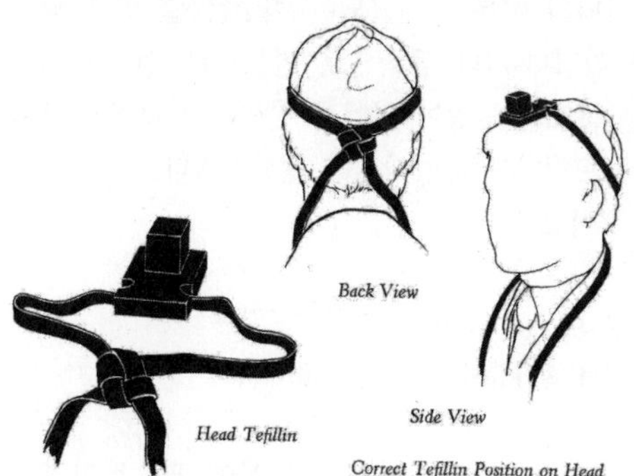

Correct Tefillin Position on Head

머리에 착용하는 테필린
테필린을 머리에 착용한 모습(뒷쪽)
테필린을 머리에 착용한 모습(앞쪽)

"집 문설주와 대문에도 써서 붙이십시오."(신 6:9)

문설주. 9절의 각운은 "대문에도"에 있다. 유대인들은 이 구절을 문자 그대로 지키기 위하여 신명기 6장의 쉐마를 적은 양피지 조각이 들어있는 '메주자'라고 하는 작은 상자를 들어가는 사람이 볼 때 오른편 문기둥인 문설주에 고정시킨다. 본래 메주자는 이 문기둥을 의미했으나 나중에는 쉐마의 내용을 기록한 양피지를 일컫다가 그 후에는 그 양피지를 넣는 나무나 금속통 전체를 칭하게 되었다.[110]

〈그림14〉 〈메주자〉

메주자는 두 개의 성경구절이 기록된 양피지였다. 그것은 신명기 6장 4~9절과 11장 13~21절 두 개의 성구를 정확하게 스물두 줄로 기록한 양피지 두루마리였다. 이 기록된 구절에서 하나님의 이름이 언급되는 회수는 열 번을 넘지 않았다. 이 성구가 적힌 양피지를 감람나무(나 금속으로 만든) 15~20cm 내외의 작은 통에 넣었다. 통 중심에는 동그란 구멍이 있어서 전능하신 분(Shaddai)이라는 낱말이 조그만 구멍을 통해 드러나도록 양피지를 정렬시켰다.

메주자는 율법의 명령을 따른 것이었다.

"집 문설주와 대문에도 써서 붙이십시오."(신 6:9)
"당신들의 집 문설주와 대문에도 써서 붙이십시오."(신 11:20)

그 명령에 따라서 메주자는 거주지로 사용되는 모든 건물에 필수적이었다.

110) 권혁승, "'쉐마'본문(신 6:4~9)의 주석적 연구", 61-62.

문설주나 집 안에 있는 청결한 방마다 문설주에 붙였다. 누구나 드나들 때마다 메주자의 구멍을 만지고, 만진 손가락에 입 맞추면서 축복을 빌었다. "하나님, 지금부터 영원까지 나의 출입을 보살펴 주옵소서."라는 기도를 드리면서 가족들은 집을 드나들면서 그것을 만진 손에 입을 맞추었다. 그것은 다음과 같은 말씀에 대한 유대식 사고와 밀접하게 연관되어 있다.

> "주님께서는, 네가 나갈 때나 들어올 때나, 이제부터 영원까지 지켜 주실 것이다."(시 121:8)

어린이들은 가족들이 출입구 앞에 멈춰선 채 조심스럽게 메주자를 만지는 것을 지켜보았을 것이다. 어린 아동이 메주자에 주목하고, 또 그 뜻을 물었을 지는 분명하다. 이 같은 일상적 의식이 야훼와 율법 등에 대한 존경과 사랑을 무의식적으로 교육했을 것이다.[111]

대문. '대문'의 경우, 구약 시대에 개인집에 대문이 없었다는 것을 고려하면, 여기서의 대문은 성문이나 그 입구를 가리킨다. 하나님의 말씀인 쉐마를 성문에도 기록하라는 명령은 하나님말씀에 대한 순종과 사랑이 단순히 개인적이고 사적인 문제가 아니라 이스라엘 신앙공동체 전체의 일임을 분명히 언급하는 것이다.[112] 9절을 8절과 더불어 고려하면 여기서 손, 이마, 집 문설주, 그리고 대문의 네 장소가 언급된다. 그것은 모든 처소를 가리킨다. 즉 우리의 모든 삶에서 하나님의 가르침을 기억할 수 있도록 해야 한다는 말이다.

쉐마는 모든 이스라엘 사람들의 교육적 책임을 강조한다. 전심으로 야훼께 헌신하라는 명령 외에 그것은 모든 부모들에게 토라, 특히 십계명을 자녀들에게 아침부터 저녁까지 가르치라고 명한다. 그것은 구체적으로 다음과 같은 시간들을 언급한다: 집에 앉았을 때, 길을 갈 때, 잠자리에 들 때, 그리고 잠자리에서 일어날 때.

경건한 유대인들은 신명기 6장 7절에 근거해서 이 쉐마를 아침과 저녁, 하루에 두 차례 암송하였다. 유대인들에게 쉐마는 형식적 기도문이라기보다는 하나의 신앙고백이라 할 것이다. 본래 쉐마는 신명기 6장 4절 단 한 구절이었다.[113] 그러나 의식에서의 쉐마 낭송은 앞서 말한 세 부분으로 되어 있다. 이것들은 유대 신앙의 중심 주제들과 관련이 있다. 쉐마란 말은 "쉐마 이스라엘"

---

111) Swift, *Education In Ancient Israel*, 87.
112) 권혁승, "'쉐마'본문(신 6:4~9)의 주석적 연구", 62.
113) Talmud Sukkah 42a and Berachot 13b 참조.

로 시작하는 매일 기도 전체(신 6:4~9, 11:13~21, 그리고 민 15:37~41로 구성됨)를 말하는 것으로 확대되었다.

유대 회당에서는 쉐마와 더불어 앞뒤로 축복기도문이 낭송된다. 아침에는 쉐마 전에 두 개의 축복기도문이, 쉐마 암송 뒤에는 한 개의 축복기도문이 낭송된다. 그러나 저녁 기도 뒤에는 두 개의 축복기도문이 따른다. 유대인들은 말끝에 쉐마를 덧붙이는 게 전통이다.

이 쉐마는 시간이 흐르면서 신명기 6장 4~9절, 11장13~21절, 그리고 민수기 15장 37~41절이 덧붙여졌다.[114] 신명기 11장 13~21절은 계명에 대한 순종 여하에 따르는 보상과 징벌에 대해 언급하고 있다. 하나님 백성의 번영은 전적으로 하나님의 계명을 지키는 데 달려 있다.

> "당신들이, 오늘 내가 당신들에게 명하는 [115]그의 명령들을 착실히 듣고, 주 당신들의 하나님을 사랑하며, 온 마음과 정성을 다하여 주님을 섬기면, [116]주님께서 당신들 땅에 [117]가을비와 봄비를 철 따라 내려 주셔서, 당신들이 곡식과 포도주와 기름을 거두게 하실 것이며, 들에는 당신들의 가축이 먹을 풀을 자라게 하여 주실 것이며, 그리하여 당신들은 배불리 먹고 살 것입니다. 당신들은, 유혹을 받고 마음이 변하여, 다른 신들을 섬기거나 그 신들 앞에 엎드려서 절을 하는 일이 없도록 주의하십시오. 당신들이 다른 신들을 섬기면, 주님께서는 당신들에게 진노하셔서, 하늘을 닫고 비를 내리지 않으실 것이며, 당신들은 밭에서 아무것도 거두지 못할 것입니다. 그렇게 되면 당신들은, 주님께서 주신 기름진 땅에서도 순식간에 망할 것입니다. 그러므로 당신들은, 내가 한 이 말을 마음에 간직하고, 골수에 새겨두고, 또 그것을 손에 매어 표로 삼고, 이마에 붙여 기호로 삼으십시오. 또 이 말을 당신들 자녀에게 가르치며, 당신들이 집에 앉아 있을 때나 길을 갈 때나, 누워 있을 때나 일어나 있을 때나, 언제든지 가르치십시오. 당신들의 집 문설주와 대문에도 써서 붙이십시오. 그러면 주님께서 당신들 조상에게 주겠다고 맹세하신 땅에서, 당신들과 당신들 자손이 오래오래 살 것입니다. 당신들은 하늘과 땅이 없어질 때까지 길이길이 삶을 누릴 것입니다."(신 11:13~21)

114) 이 같은 추가는 최소한 제2성전기가 끝난 주후 2세기 이전에 이루어졌을 것이다. 당시에 이미 유대인들의 관습으로 정착되어 있었기 때문이다. Louis Jacobs, "Shema," Cecil Roth, ed., *Encyclopedia Judaica* 14 (Jerusalem: Keter Publishing House, 1972), 1370-74.

115) 칠십인 역을 따름. 히, '나의'.

116) 사마리아 오경과 칠십인 역과 불가타를 따름. 히, '내가',

117) 히. '이른 비와 늦은 비'.

민수기 15장 37~41절에는 하나님의 계명을 기억하도록 옷단에 매다는 술에 대해 언급하고 있다. 이 술은 '탈리트'라고 하는 겉옷에 달았다. 유대 남자의 경우 평일, 안식일, 절기일의 아침기도 시간에 이 옷을 걸친다. 탈리트는 토라에서 엄격하게 금지하는 양털과 아마포를 섞는 것을 제외하고는 다른 어떤 재료로도 만들 수 있으나, 대부분의 전통적인 탈리트는 양털로 만든다. 이 옷의 네 귀퉁이에는 푸른 실과 흰실로 꼰 '지지트'라는 술을 달았다. 이는 구약성서에 근거한 옷자락에 다는 술(가마, 기, 끈, 띠, 책상보, 옷 따위에 장식으로 다는 여러 가닥의 실)이다. 네모난 천으로 만들어 겉옷의 네 귀에 매단 술은 늘 하나님의 계명을 생각나게 하려는 것이다.118)

"너는 이스라엘 자손에게 말하여라. 그들에게 일러라. 너희는 대대손손 옷자락 끝에 술을 만들어야 하고, 그 옷자락 술에는 청색 끈을 달아야 한다. 너희는 이 술을 볼 수 있게 달도록 하여라. 그래야만 너희는 주의 모든 명령을 기억하고, 그것들을 실천할 것이다. 그래야만 너희는, 마음 내키는 대로 따라가거나 너희 눈에 좋은 대로 따라가지 아니할 것이고, 스스로 색욕에 빠지는 일이 없을 것이다."(민 15:38~39)

"당신들은 당신들이 입은 겉옷 자락 네 귀퉁이에 술을 달아야 합니다."(신 22:12)

율법학자들과 바리새파 사람들은 자기들이 하는 모든 일을 사람들에게 보이려고 옷술을 길게 늘어뜨린다(마 23:5). 이와 같은 위선적 용례도 있지만 옷술을 다는 "그 배후에는 (출 28:33~34에서 대제사장의 겉옷에 달린 방울처럼) 해를 끼치는 세력들을 막으려는 주술적인 관습이 작용하고 있는 것 같은데, 여기서는 그러한 관습에 이스라엘의 신앙에 어울리는 새로운 의미를 부여한다."119)

"겉옷자락 둘레에는 청색 실과 자주색 실과 홍색 실로 석류 모양의 술을 만들어 달고, 석류 술 사이사이에 금방울을 만들어 달아라. 겉옷자락을 돌아가며, 금방울 하나 석류 하나, 또 금방울 하나 석류 하나를 달아라."(출 28:33~34)

이 같은 훈계의 보조로써 그 말씀들을 손에 묶고 미간에 두고, 문기둥에 새

118) "그 배후에는 (출 28:33-34에서 대제사장의 겉옷에 달린 방울처럼) 해를 끼치는 세력들을 막으려는 주술적인 관습이 작용하고 있는 것 같은데, 여기서는 그러한 관습에 이스라엘의 신앙에 어울리는 새로운 의미를 부여한다." 독일성서공회 판, 243.
119) 『해설·관주 성경전서,"』, 243.

기도록 했다. 이러한 의식들은 종교적이고 교육적인 상징으로서 시공간적으로 항시 하나님의 말씀을 상기시키는 시청각교구의 역할을 했다고 볼 수 있다. 오늘날까지도 정통 유대인들은 이 명령을 문자 그대로 취한다.

[그림15] 〈탈리트〉
탈리트는 유대 교파 전통에 따라 줄이 있는 것(Orthodox Ashkenazic tradition)과 없는 것(Sephardic traditions)이 있다.

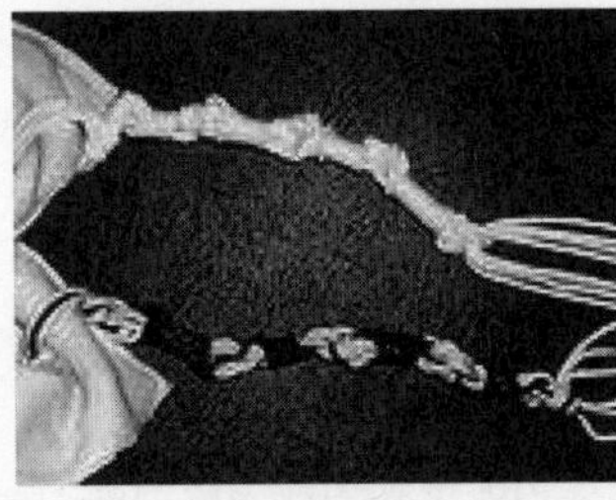

[그림16] 〈지지트〉
지지트에는 유대 교파 전통에 따라 흰색으로만 된 것(Ashkenazi style)과 흰색과 청색으로 된것(Sephardi style)이 있다.

한편 고대 세계에서 소매단은 그 사람의 신분이나 지위를 나타내는 것이기도 했다. 또한 계약의 내용이 담긴 진흙판에 인장식으로 단을 찍기도 했다. 그래서 소매 단은 상징적으로 하나님과의 언약 관계에 있는 이스라엘 백성의 신분을 나타낸다고도 볼 수 있다. 그리고 단에 만든 술의 끝을 청색으로 했다. 청색은 신성한 색이다. 장막 덮개나 대제사장의 옷들은 모두 청색 천으로 만들었다. 이스라엘인들은 옷 소매의 귀에 단 푸른 색 술을 통해 자신들을 하나님의 백성으로 상기하였을 것이다.[120]

III. 종교적 전통

이스라엘의 종교적 의식은 크게 절기와 안식일로 나눌 수 있다. 대표적 절기는 유월절, 칠칠절, 그리고 초막절이며, 여기에 초하루축제와 안식일, 그리고 속죄일이 있다.[121] 쉐릴은 유대인의 의식을 크게 가정의 의식, 안식일, 그리고 축제와 금식일로 나누었다.[122]

1. 가정의 의식

가정과 관련된 의식은 할례, 안식일, 그리고 절기 등이었다. 다양한 의식들을 거행하기 전에 지켜야 할 것들이나 순서들을 설명하는 것은 관례였다. 이 같은 의식들에서 아동이 주인공이 되는 경우들이 있다. 의식에서 중요한 자리를 차지하는 할렐(Hallel)은 시편 묶음을 따로 묶어 아동들에게 교육을 하고 의식에서 암송하도록 했다. 유월절 의식에서도 아동이 중심이 되는데 이처럼 의식들에는 교육적 의도가 있었다.[123]

자녀가 태어나면 나무를 심는 관습이 있었다. 사내아이일 경우에는 백향목을 계집아이일 경우에는 소나무를 심었다. 나무는 아이가 자라 결혼할 때 결혼식장의 차양을 만드는 데 사용되었다. 이 의식은 자녀의 출생을 기뻐하고 성장을 기원하는 의미가 있다.[124]

할례와 작명. 할례는 아들이 태어난 지 팔 일째 되는 날에 행했다. 그리고 아이의 이름을 지어주는 것이 전통이었다.

---

120) Walter C. Kaiser Jr. and Duane Garrett, eds., *NIV Archaeological Study Bible: An Illustrated Walk Through Biblical History and Culture* (Grand Rapids, MI: Zondervan, 2006), 217.

121) Yau-Man Siew, "Hebrew Education through Feasts and Festivals," Michael J. Anthony, ed., *Evangelical Dictionary of Christian Education*, Baker Reference Library (Grand Rapids, MI: Baker Academic, 2001), 324-25.

122) Sherrill, *The Rise of Christian Education*, 40-45.

123) Morris, *The Jewish School*, 92.

124) Lewis J. Sherrill, *The Rise of Christian Education*, 이숙종 역, 『기독교교육의 발생』 (서울 : 대한기독교서회, 1994), 25.

"아기가 태어난 지 여드레째 되는 날에, 그들은 아기에게 할례를 행하러 와서, 그의 아버지의 이름을 따서, 그를 사가랴라 하고자 하였다."(눅 1:59)

"여드레가 차서, 아기에게 할례를 행할 때에, 그 이름을 예수라고 하였다. 그것은, 아기가 수태되기 전에, 천사가 일러준 이름이다."(눅 2:21)

이름을 정하는 일은 아버지의 권한인데, 예수의 경우에는 하나님이 그것을 미리 정하셨다.[125] 할례는 아이가 언약의 자녀가 되어 공동체의 일원이 되었다는 일종의 선언이며, 아버지가 아이를 하나님의 뜻대로 양육하겠다는 서약이다.

장자대속예식. 자녀가 태어난 후 사십 일이 되면 어머니가 번제와 속죄제물로 새끼양을 바치기로 되어 있었다. 일반적으로 태어나서 한 달 이후에 아이를 성소에 데리고 가서 은 5세겔을 바친다.

"나에게 바친 것이 속전을 받고 되돌려 줄 것이면, 난 지 한 달 만에 되돌려 주어야 한다. 속전은 한 세겔 당 스무 게라 나가는 성소의 세겔에 따라서 네가 은 다섯 세겔로 정해 주어라."(민 18:16)

가난한 경우에는 간소하게 제물을 바칠 수 있었다.

"아들을 낳았든지 딸을 낳았든지, 몸이 정결하여지는 기간이 끝나면, 산모는 번제로 바칠 일 년 된 어린 양 한 마리와, 속죄제로 바칠 집비둘기 새끼 한 마리나 산비둘기 한 마리를, 회막 어귀로 가져가서 제사장에게 바쳐야 한다."(레 12:6)

가난한 사람의 사정을 고려해 주는 규정을 따라 예수님의 부모는 제물을 드린다.

"그 여자가 양 한 마리를 바칠 형편이 못 되면, 산비둘기 두 마리나 집비둘기 새끼 두 마리를 가져다가, 한 마리는 번제물로, 한 마리는 속죄제물로 바쳐도 된다. 그리하여 제사장이 그 산모의 죄를 속하여 주면, 그 여자는 정결하게 될 것이다."(레 12:8)

---

125) "하나님이 처음부터 그 아기를 자기의 것으로 점 찍으셨다. 그는 하나님의 아기이다(이미 창 16:11; 17:19; 왕상 13:2; 사 7:14 및 다음에 나오는 눅 1:59-63과 1:31 참조)." 『해설관주 성경전서,"』, 126.

"또 주님의 율법에 이르신 바 126)'산비둘기 한 쌍이나, 어린 집비둘기 두 마리를 드려야 한다' 한 대로, 희생제물을 드리기 위한 것이었다."(눅 2:24)

이 의식은 출애굽 시 사람과 생축의 수컷이 죽임을 당하는 상황에서 이스라엘 백성을 구원하신 것을 기념하는 것이다.

이유식. 아기가 자라서 젖을 떼게 될 때, 잔치나 제사로 이 일을 축하하였다.

"아기가 자라서, 젖을 떼게 되었다. 이삭이 젖을 떼는 날에, 아브라함이 큰 잔치를 벌였다."(창 21:8)

"한나는 함께 올라가지 않고, 자기 남편에게 이렇게 말하였다.
'나는 아이가 젖을 뗄 때까지 기다렸다가, 젖을 뗀 다음에, 아이를 주님의 집으로 데리고 올라가서, 주님을 뵙게 하고, 아이가 평생 그 곳에 머물러 있게 하려고 합니다. 127)나는 그 아이를 평생 나실 사람으로 바치겠습니다.'
남편 엘가나가 그에게 대답하였다.
'당신 생각에 그것이 좋으면, 그렇게 하시오. 그 아이가 젖을 뗄 때까지 집에 있으시오. 주님께서 128)당신의 말대로 이루어 주시기를 바라오.'
그래서 그의 아내는 아들이 젖을 뗄 때까지 집에 머무르면서 아이를 길렀다. 마침내 아이가 젖을 떼니, 한나는 아이를 데리고, 129)삼 년 된 수소 한 마리를 끌고, 밀가루 한 에바와 포도주가 든 가죽부대 하나를 가지고, 실로로 올라갔다. 한나는 어린 사무엘을 데리고 실로에 있는 주님의 집으로 갔다. 그들이 수소를 잡고 나서, 그 아이를 엘리에게 데리고 갔다."(삼상 1:22~25)

[그림17] 게르브란트 반 덴 에크후트 (Gerbrand van den Eeckhout), 〈한나가 사무엘을 엘리에게 바침〉, 1665년경

126) 레 12:8.
127) 사해 사본에는 이 말이 더 있음. 나실 사람은 '구별된 사람', '하게 바쳐진 사람'.
128) 사해 사본과 칠십인 역과 시리아어 역을 따름. 마소라 본문에는 '주님의 말씀대로'.
129) 사해 사본과 칠십인 역과 시리아어 역을 따름. 마소라 본문에는 '수소 세 마리'.

"옛 이스라엘 시대에는 갓난아이에게 제법 늦게까지 젖을 먹었다. 2마카 7장 28절에 따르면 만 세 살가량 되어서야 젖을 떼었다(삼상 1:22~24 참조). 수소는 서원한 바를 따라 보통 그리하듯이 화목제에 쓰이지만(시 66:13~20), 젖 떼는 날에 베푸는 잔치(창 21:8)에 쓰이기도 한다."[130)]

성인식. 남자 아이가 13세가 되면 율법의 아들이 되는 성인식(바 미츠바)을 성전에서 행했다. 13세 생일이 지난 첫 번째 안식일에 아버지가 소년을 회당으로 데려가 회중들 앞에서 율법에 대한 책임이 있다는 선언을 했다. 이때부터 이들에게 율법 준수의 책임이 주어지며 모든 종교의식에 참여할 수 있게 된다.[131)]

2. 안식일

바빌론 포로 시대 이후 안식일 '샤바트'는 할례와 더불어 이스라엘을 특징짓는 개념으로 여겨졌다.[132)] 하나님과 이스라엘 자손 사이에 영원한 표징인 안식일은 하나님이 엿새 동안에 천지를 창조하고 일곱째 날에 일을 마치고 쉬셨다는 사실에 근거를 두고 있다.

"하나님은 하시던 일을 [133)]엿샛날까지 다 마치시고, 이렛날에는 하시던 모든 일에서 손을 떼고 쉬셨다. 이렛날에 하나님이 창조하시던 모든 일에서 손을 떼고 쉬셨으므로, 하나님은 그 날을 복되게 하시고 하게 하셨다."(창 2:2~3)

"이것은 나와 이스라엘 자손 사이에 세워진 영원한 표징이니, 이는, 나 주가 엿새 동안 하늘과 땅을 만들고 이렛날에는 쉬면서 숨을 돌렸기 때문이다."(출 31:17)

---

130) 『해설·관주 성경전서』, 39, 443.
131) Charles B. Eavey, *History of Christian Education*, 김근수·신청기 공역, 「기독교교육사」 (서울: 한국기독교교육연구원, 1980), 101; Abraham Cohen, *Everyman's Talmud* (New York: E.P. Dutton, 1949), 73.
132) 희년서(The Book of Jubilees) 2장 19절에 따르면 안식일계명은 하나님이 이스라엘백성에게만 주신 것으로, 선민의 징표이며, 이스라엘을 이방족속과 구분하는 징표이다(참조. 4Q216 Col. 7). 안식일의 성화를 자신들의 방어보다 우선시한 이들은 안식일을 범하느니 차라리 죽음을 택했다(1마카 2:32-41참조). 김창선, "성서의 배경사: 안식일과 회당예배", 「성서마당」 (2008 여름), 85-87.
133) 사마리아 오경과 칠십인 역과 시리아어 역을 따름. 히, '이렛날까지'.

이러한 하나님의 행하심에 따라 경건한 유대인은 일상 삶 가운데 안식일을 지키고자 한다. 출애굽기에는 안식일을 지키는 일이 하나님의 엄중하신 계명으로 나온다.

> "너희는 안식일을 지킬지니 이는 너희에게 한 날이 됨이니라. 그날을 더럽히는 자는 모두 죽일지며 그날에 일하는 자는 모두 그 백성 중에서 그 생명이 끊어지리라. 엿새 동안은 일할 것이나 일곱째 날은 큰 안식일이니 야훼께 한 것이라. 안식일에 일하는 자는 누구든지 반드시 죽일지니라."(출 31:14~15)

안식일을 지키라는 규정은 십계명에도 나온다. 이날에는 모든 일을 멈춰야만 하고, 하인이나 이방인은 말할 것도 없고 가축도 일하기를 멈춰야한다.

> "그러나 이렛날은 주 너희 하나님의 안식일이니, 너희는 어떤 일도 해서는 안 된다. 너희나, 너희의 아들이나 딸이나, 너희의 남종이나 여종만이 아니라, 너희 집짐승이나, 너희의 집에 머무르는 나그네라도, 일을 해서는 안 된다."(출 20:10)

안식일 계명을 지켜야만 하는 근거가 되는 하나님이 만물의 창조를 마치고 쉬었다는 출애굽기(20:8~11)의 말씀을 신명기 5장 12~15절과 비교해볼 때, 출애굽기는 안식일에 대한 기억의 중요성을 강조하나(출 20:8 "안식일을 기억하여 하게 지키라"), 신명기는 안식일에 대한 준수의 중요성을 강조한다(신 5:12 "안식일을 지켜 하게 하라"). 그러나 이러한 표현상의 차이가 내용상의 차이를 나타내는 것은 아니다. "기억하라"는 것을 안식일을 무심코 지나쳐버리지 말라는 뜻으로 본다면, "준수하라"는 뜻과 동일한 것으로 볼 수 있기 때문이다.

그러나 랍비들은 지키는 것과 기억하는 것을 다른 내용으로 본다. 지킨다는 것은 다음과 같은 금지된 행위들을 하지 않는 것이다. 랍비시대에 들어와 안식일 규정은 보다 세분화된다. 미쉬나의 한 본문에 따르면 안식일에 금지된 구체적인 행위가 39가지나 된다.[134] 1) 씨뿌리기, 2) 쟁기질하기, 3) 수확하기, 4) 다발로 묶는 일, 5) 탈곡하는 일, 6) 키질하기, 7) 작물 씻기, 8) 으깨는 일, 9) 체질하기, 10) 반죽하기, 11) 빵 굽기, 12) 양털 깎는 일, 13) 씻는 일, 14) 두들기는 일, 15) 염색하기, 16) 실 뽑는 일, 17) 밧줄 만드는 일, 18) 새끼 꼬는 일, 19) 두실을 짜는 일, 20) 두실을 푸는 일, 21) 매듭 만드는 일, 22) 매듭 푸는 일, 23) 두 바늘코 꿰매기, 24) 두 바늘코를 꿰매기 위한 천 찢기, 25) 사

---

134) mShab. 7:2.

승 사냥하는 일, 26) 그것을 죽이는 일, 27) 그것의 껍질 벗기는 일, 28) 그것을 소금에 절이는 일, 29) 그것의 가죽을 마련하는 일, 30) 털을 문질러 뽑는 일, 31. 그것을 잘라내는 일, 32) 두통의 편지 쓰는 일, 33) 두통의 편지쓰기위해 지우는 일, 34) 건축하는 일, 35) 허무는 일, 36) 불 끄는 일, 37) 불 지피는 일, 38) 망치질하는 일, 39) 운반하는 일.[135]

안식일 계명을 지키기 위해 이처럼 엄격한 수칙들이 있는 이유는 실제로 안식일이 대 속죄일보다 더 중요한 날로 여겨졌기 때문이다. 성경은 대 속죄일을 지키지 않으면 파문을 시키라고 했으나 안식일을 지키지 않으면 반드시 죽이라고 하였다.

> "누구든지 이 날에 어떤 일이라도 하면, 내가 그를 백성 가운데서 끊어 버리겠다."(레 23:30)

> "엿새 동안은 일을 하고, 이렛날은 나 주에게 바친 한 날이므로, 완전히 쉬어야 한다. 안식일에 일하는 사람은 반드시 죽여야 한다."(출 31:15)

기억하는 것은 안식일 의식의 절차를 따르는 것이다. 특히 안식일 전날이나 안식일 아침 식사 전의 키두쉬 낭송은 필수적이었다. 키두쉬는 창세기 2장 1~3절로 시작된다.

> "하나님은 하늘과 땅과 그 가운데 있는 모든 것을 다 이루셨다. 하나님은 하시던 일을 엿샛날까지 다 마치시고, 이렛날에는 하시던 모든 일에서 손을 떼고 쉬셨다. 이렛날에 하나님이 창조하시던 모든 일에서 손을 떼고 쉬셨으므로, 하나님은 그날을 복되게 하시고 하게 하셨다."(창 2:1~3)

[그림18] 〈안식일을 마무리짓는 하브달라〉, 14세기, 스페인

135) 김창선, "성서의 배경사: 안식일과 회당예배", 87.

유대인들은 이처럼 엄중한 안식일 계명을 일상의 삶 가운데서 기꺼이 지킴으로써 일상의 삶을 경건한 삶으로 영위하고자 했다. 그들은 안식일 계명을 토라의 다른 모든 계명들보다 더 무겁고 중대한 계명으로 간주하였고, 이를 지킬 경우 하나님께서 주실 상급이 특히 크다고 여겼다. 안식일은 장소와 지역을 불문하고 준수해야 했다. 그래서 예루살렘뿐만 아니라 팔레스타인 내부나 디아스포라에서도 거행되었다.

안식일은 성전의 레위인과 지방의 회당 봉사자가 세 번에 걸쳐 나팔을 불면서 시작되는데, 이로써 평일과 구분된다. 그러면 경건한 이스라엘 사람은 안식일 램프를 점화하고[136], 경패를 떼어내고 좋은 옷으로 갈아입는다. 안식일은 기쁨의 날이기 때문이다.[137] 가정에서는 초저녁 식사와 함께 안식일이 시작된다. 첫 번째 식사에 두 개의 잔이 준비되는데, 이때 식탁기도와 안식일을 위한 "안식일을 성스럽게 하신 분은 찬양받으소서."라는 키두쉬 기도를 드린다.[138] 안식일에는 특별한 식사가 마련된다. 물론 요리는 안식일 전에 준비되어야 한다. 음식을 준비하고 만드는 일이 안식일에 금지되었기 때문이다. 정오 무렵에 이루어지는 넉넉한 안식일 만찬에 손님들이 초대된다. 안식일 때문에 발이 묶인 사람들을 위한 음식도 준비된다. 안식일은 기쁨의 날이기에 금식은 금지되어 있다."[139]

안식일은 본래 쉼과 예배를 위한 날이었으나 점차 종교준수일, 율법연구, 종교의식, 관습을 훈련하는 날이 되었다. 안식일은 초기에는 달 모양의 변화에 따라 지켰으나 나중에는 매 7일마다 드리는 것으로 확정되었다. 안식일 전날 금요일 저녁에 아버지는 십일조 등을 준비하고, 어머니는 집안에 등불을 밝히고 식탁에 깨끗한 상보를 덮고 그 위에 광야의 만나를 상기시키는 빵 두 덩어리를 놓는다. 금요일 이른 저녁에 드리는 성전이나 회당예배에 참석하고 온 부모들이 자녀들을 축복하고 함께 식사를 한다. 이때 가장은 포도주 잔을 들고 한 안식일을 위해 키두쉬 기도를 드린다.

초하루축제. 안식일처럼 정규적으로 지키는 축제에 초하루축제가 있다.

"너는 첫째 달 초하루에 성막 곧 회막을 세워라. 마침내 제 이 년 첫째 달 초하루에 성막을 세웠는데"(출 40:2, 17)

---

136) Schb. 2:7.
137) Midr. Hoh. Lied 5:16; 121.
138) Tos. Ber. 5:4.
139) 김창선, "성서의 배경사: 안식일과 회당예배", 88-89.

"안식일과 초하루와 절기에 주님께 번제를 드리되, 규례에 따라 정한 수대로, 거르지 않고 항상 주님 앞에 드리는 일을 맡았다."(대상 23:31)

초하루축제 때는 일을 금했으며 나팔을 불어 축제를 알리고

"너희들이 즐기는 경축일과 너희들이 정기적으로 모이는 날과 매달 초하루에는, 너희가 번제물과 화목제물을 바치며 나팔을 불어라. 그러면 너희 주 하나님이 너희를 기억할 것이다. 내가 주 너희의 하나님이다."(민 10:10)

제물과 제사를 드렸다.

"너희의 달력으로 매달 초하루마다, 너희는 나 주에게 번제를 바쳐라. 수송아지 두 마리와 숫양 한 마리와 일 년 된 어린 숫양 일곱 마리를 흠 없는 것들로 바쳐라."(민 28:11)

"또 아침 저녁으로 주님께 감사와 찬송을 드리며, 안식일과 초하루와 절기에 주님께 번제를 드리되, 규례에 따라 정한 수대로, 거르지 않고 항상 주님 앞에 드리는 일을 맡았다."(대상 23:30~31)

"이제 나는 주 나의 하나님의 이름을 모실 성전을 지어 바치고, 그분 앞에서 향기로운 향을 사르며, 늘 빵을 차려 놓으며, 안식일과 초하루와 주 우리의 하나님께서 정하여 주신 절기마다, 아침, 저녁으로 번제물을 바치려고 합니다. 이것은 이스라엘이 언제까지나 지켜야 할 일입니다."(대하 2:4)

"그때에 솔로몬은, 자기가 현관 앞에 세운 주님의 제단에서, 주님께 번제를 드렸다. 그는 안식일과 새 달과 해마다 세 번 지키는 절기인 무교절과 칠칠절과 초막절에 대하여, 모세가 명령한 제사의 일과를 그대로 하였다."(대하 8:12~13)

"왕도 자기의 가축 떼 가운데서, 아침, 저녁으로 드리는 번제에 쓸 짐승을 바치게 하고, 또 안식일과 초하루와 기타 절기의 번제에 쓸 짐승을 바치게 하였으니, 모두 율법에 규정된 대로 하였다."(대하 31:3)

축제에 어긋날 경우 하나님의 저주가 내렸다.

"다시는 헛된 제물을 가져 오지 말아라. 다 쓸모없는 것들이다. 분향하는 것도 나에게는 역겹고, 초하루와 안식일과 대회로 모이는 것도 참을 수 없으며, 한 집회를 열어 놓고 못된 짓도 함께 하는 것을, 내가 더 이상 견딜 수 없다. 나는 정말로 너희의

초하루 행사와 정한 절기들이 싫다. 그것들은 오히려 나에게 짐이 될 뿐이다. 그것들을 짊어지기에는 내가 너무 지쳤다."(사 1:13~14)

"또 그가 즐거워하는 모든 것과, 그의 온갖 잔치와, 초하루와 안식일과 모든 절기의 모임들을, 내가 끝장내겠다."(호 2:11)

"그들이 주님께 정조를 지키지 않고 사생아를 낳았으니, 그들이 지키는 140)새달 절기가 밭과 함께 그들을 삼킬 것이다."(호 5:7)

속죄일(욤 킵푸르). 초하루 축제의 정결적 성격과 유사한 축제에 속죄일이 있다. 속죄일은 옛 이스라엘 사람들이 초막절 닷새 전인 7월 10일에 지키던 명절이다. 이 의식은 예루살렘에 성전이 존재한 동안 제사장과 백성의 죄, 그리고 성소를 깨끗케 하기 위한 포괄적인 속죄 의식이었다.

"아론은 분향단 뿔에 한 해에 한 번씩 속죄예식을 하여야 하고, 한 해에 한 번씩 속죄의 피를 발라서 분향단을 속죄하여야 한다. 너희는 대대로 이와 같이 하여라. 이것은 주에게 가장 한 것이다."(출 30:10)

"주님께서 모세에게 말씀하셨다.
'일곱째 달 열흘날은 속죄일이다. 너희는 이 날에, 한 모임을 열고 고행하며, 주에게 살라 바치는 제물을 바쳐야 한다. 이 날은 속죄일 곧 주 너희의 하나님 앞에서 속죄예식을 올리는 날이므로, 이 날 하루 동안은 어떤 일도 해서는 안 된다. 이 날에 고행하지 않는 사람은 누구든지 자기 백성에게서 끊어지게 하여야 한다. 누구든지 이 날에 어떤 일이라도 하면, 내가 그를 백성 가운데서 끊어 버리겠다. 이 날 너희는 어떤 일도 해서는 안 된다. 이것은 너희가 사는 모든 곳에서, 너희가 대대로 영원히 지켜야 할 규례이다. 이 날은 너희가 반드시 쉬어야 할 안식일이며, 고행을 하여야 하는 날이다. 그 달 아흐렛날 저녁부터 시작하여 그 다음날 저녁까지, 너희는 아무 일도 하지 말고 쉬어야 한다.'"(레 23:26~32)

"일곱째 달 열흘날은 속죄일이니, 너희는 뿔나팔을 크게 불어라. 나팔을 불어, 너희가 사는 온 땅에 울려 퍼지게 하여라."(레 25:9)

"같은 달, 곧 일곱째 달 열흘날에도 너희는 한 모임을 열고 고행하여라. 너희는 아무 일도 해서는 안 된다. 너희는 나 주를 향기로 기쁘게 하는 번제로, 수송아지 한 마리와 숫양 한 마리와 일 년 된 어린 숫양 일곱 마리를 골라서 바쳐라. 이와 함께 너희

140) 또는 '초하루 축제'.

> 는 기름에 반죽한 고운 밀가루를 곡식제물로 바치되, 수소 한 마리에는 십분의 삼 에바를 바치고, 숫양 한 마리에는 십분의 이 에바를 바치고, 어린 숫양 일곱 마리의 경우에는, 어린 숫양 한 마리마다 십분의 일 에바씩을 바쳐라. 또 숫염소 한 마리를 속죄제물로 바치는데, 이것은, 죄를 속하는 속죄제물과 날마다 바치는 번제와 거기에 딸린 곡식제물과 부어 드리는 제물 외에 따로 바치는 것이다."(민 29:7~11)

대제사장은 먼저 자신을 정결케 했고 그 다음에 백성의 죄를 위해 염소를 희생 제물로 드렸다. 다음에 백성들의 죄를 속죄염소(scapegoat)에 지워 광야로 보냈다.

> "이렇게 하여, 아론은 성소와 회막과 제단을 성결하게 하는 예식을 마치게 된다. 다음에 아론은 살려 둔 숫염소를 끌고 와서, 살아 있는 그 숫염소의 머리 위에 두 손을 얹고, 이스라엘 자손이 저지른 온갖 악행과 온갖 반역 행위와 온갖 죄를 다 자백하고 나서, 그 모든 죄를 그 숫염소의 머리에 씌운다. 그런 다음에, 기다리고 있는 사람의 손에 맡겨, 그 숫염소를 빈 들로 내보내야 한다. 그 숫염소는 이스라엘 자손의 온갖 죄를 짊어지고 황무지로 나간다. 이렇게 아론은 그 숫염소를 빈 들로 내보낸다."(레 16:20~22)

신약에서는 예수께서 속죄염소 역을 하신다. 그러나 속죄는 율법에 의하지 않고 믿음에 의한다.

> "그러나 율법은 믿음에서 생긴 것이 아닙니다. 오히려 [141]'율법의 일을 행하는 사람은 그 일로 살 것이다' 하였습니다. 그리스도께서 우리를 위하여 [142]저주를 받은 사람이 되심으로써, 우리를 율법의 저주에서 속량해 주셨습니다. 기록된 바 [143]'나무에 달린 자는 모두 저주를 받은 자이다' 하였기 때문입니다."(갈 3:12~13)

> "하나님께서는 죄를 모르시는 분에게 우리 대신으로 죄를 씌우셨습니다. 그것은 우리가 그리스도 안에서 하나님의 의가 되게 하시려는 것입니다."(고후 5:21)

대제사장이 이날에만 들어갈 수 있는 지성소에서 피로써 거행하는 의식(레 16장)을 히브리서 저자는 예수 그리스도의 속죄 행위의 상징으로 본다. 예수께서 십자가에서 희생 제물이 되심으로써 인간의 모든 죄에 대한 속죄가 이루어

---

141) 레 18:5.
142) 그, '저주가 되심으로써'.
143) 신 21:23.

졌다는 것이다.

"그리스도께서는 144)이미 일어난 좋은 일을 주관하시는 대제사장으로 오셔서 손으로 만들지 않은 장막, 다시 말하면, 이 피조물에 속하지 않은 더 크고 더 완전한 장막을 통과하여 단 한 번에 지성소에 들어가셨습니다. 그는 염소나 송아지의 피로써가 아니라, 자기의 피로써, 우리에게 영원한 구원을 이루셨습니다. 염소나 황소의 피와 암송아지의 재를 더러워진 사람들에게 뿌려도, 그 육체가 깨끗하여져서, 그들이 하게 되거든, 하물며 영원한 145)성령을 힘입어 자기 몸을 흠 없는 제물로 삼아 하나님께 바치신 그리스도의 피야말로, 더욱더 146)우리들의 양심을 깨끗하게 해서, 우리로 하여금 죽은 행실에서 떠나서 살아 계신 하나님을 섬기게 하지 않겠습니까?"(히 9:11~14)

3. 절기 교육

이스라엘의 절기는 이스라엘의 역사가 형식화 한 것으로 신앙 사건의 상징화라 할 수 있다.[147] 이스라엘에는 여러 가지 종교적 절기가 있었다. 유월절, 오순절, 나팔절, 속죄일, 초막절, 수전절, 부림절 등이 그것이다.

"이스라엘의 연중 삼대 명절(출 23:14~17)은 본래 추수와 관련된 절기였는데, 나중에 하나님이 이스라엘의 역사 가운데서 행하신 바들을 기억하는 것과 결부되었다. 곧 보리 걷이를 시작할 때 출애굽을 기억하면서 (무교절과 아울러) 유월절을 지켰고(출 12~13장; 민 28:16~25), 그로부터 칠 주 뒤에 밀 걷이를 마무리할 때 율법 받은 것을 기억하면서 과일 및 포도 걷이의 명절(초막절)을 지켰다(레 23:34~36, 39~43). 게다가 7월 1일의 설날(레 23:34~35; 민 29:1~6)과 그 열흘 뒤의 대 속죄일(레 16장)이 있었는데, 속죄일에는 함께 잔치를 벌이지 않고 금식했다. 나중에 생긴 절기로는 부림절(에 3:7; 9:26~28)과 유다 마카베오가 성전을 다시 봉헌한 사건을 기념하는 수전절(1마카 4:59)이 있었다."[148]

---

144) 다른 고대 사본들에는 '장차 올 좋은 일을'.

145) 그, '영'.

146) 그, '여러분들의'.

147) 권혁승, "이스라엘의 3대 명절 연구(I): 오순절", 「기독교와 교육」 2 (부천: 서울신학대학교 기독교교육연구소, 1989), 101.

148) "이스라엘의 절기", 용어해설, 『해설·관주 성경전서,"』, 51. 신약 성경에서는 유월절(마 26:2)과 오순절(행 2:1)과 초막절(요 7:2)과 수전절(요 10:22)과 속죄일(히 9:7)이 언급되어 있다. "이스라엘의 절기", 51.

유대의 축제를 대별하면 할례 등의 아동을 위한 의식처럼 가정과 연관된 축제와 유월절이나 초막절처럼 민족적으로 중요한 역사적, 종교적, 사회적 사건을 기념하는 축제. 안식일처럼 본디 휴식의 시간이었던 것들이 점차 종교적으로 준수하고, 율법을 공부하고, 의식이나 종교적 관습을 훈련하는 날로 바뀌었다. 이들 이스라엘의 절기들은 정리하면 다음과 같다.

유대인들은 축제를 통해서 농사의 결실, 가정의 즐거움, 적으로부터의 구원이나 과거와 미래의 번영이 하나님에게 달려있음을 깨달았다. 유대의 축제는 히브리의 역사로부터 생겨난 것이다. 유대력의 날수는 354일인데, 유대의 축제는 초하루 축제(월삭, new moon)와 안식일 이외에도 한 해에 30일을 종교의식을 위해 사용했다.

절기라든지 그것을 위한 시가 자체가 주 야훼께서 이스라엘을 복 주시고 그들을 국민으로서 형성한 이래의 축복을 상기시킬 뿐만 아니라 기억케 하는 일이었다.

> "이제 이 노래를 적어서, 이스라엘 백성에게 가르쳐 부르게 하여라. 이 노래가 이스라엘 자손에게 내가 무엇을 가르쳤는지를 증언할 것이다."(신 31:19)

> "모세가 이스라엘 총회에 모인 모든 사람에게, 이 노래를 끝까지 들려주었다."(신 31:30)

여기서 노래는 신명기 32장 1~43절에 나오는 내용을 말한다.

유대의 축제는 국가적으로 하게 지키는 날이었다. 그렇다 하더라도 축제는 가정을 중심으로 지켜졌다. 이는 가정이 신앙교육의 기능과 긴밀한 관련이 있음을 보여주는 것이다.[149] 민족의 위대한 역사와 기념일, 절기 등은 아이들의 마음에 종교의 위대한 진리를 새겨 넣을 수 있는 좋은 기회이다. 이스라엘의 역사도 종교 교육의 기초로 이용되는 것과 마찬가지이다. 아버지는 하나님이 이루신 놀라운 일들을 상기시키며 앞으로 태어날 어린아이까지 장래 올 세대들이 일어나 그것들을 어린아이들에게 말해서 그들이 하나님께 희망을 두고 그의 계명들을 지킬 수 있도록 하고자 한다. 절기들을 통한 교육적 의도가 확연히 드러난다.

> "우리가 이것을 숨기지 않고 우리 자손에게 전하여 줄 것이니, 곧 주님의 영광스러운 행적과 능력과 그가 이루신 놀라운 일들을 미래의 세대에게 전하여 줄 것이다."(시 78:4)

---

149) 권혁승, 『고대 이스라엘의 가정생활』(부천: 서울신학대학교 출판부, 2010), 41.

> "아득한 옛날을 회상하여 보아라. 조상 대대로 내려온 세대를 생각하여 보아라. 너희의 아버지에게 물어 보아라. 그가 일러줄 것이다. 어른들에게 물어 보아라. 그들이 너희에게 말해 줄 것이다."(신 32:7)

절기는 교육적 기능을 충실히 감당했다. 절기는 연중 계속되었으므로 절기에 얽힌 선조들의 종교적, 정치적 경험을 듣고 배울 수 있어서 신앙과 애국심을 지속시켰다. 절기는 예배 훈련이기도 했다. 가정에서 부모들은 절기의 기원과 의미를 자녀들에게 가르쳤고, 이와 같은 사적 교육은 제사장과 서기관의 공적 교육에 의해 보완되었다.

절기는 부모들이 자녀들에게 인상적인 종교적 교훈을 제공할 수 있는 기회가 되었다. 절기는 민족의 역사와 종교를 교육하는 기간이기도 했다.

> "그들은, 이스라엘 자손은 일곱째 달 축제에는 초막에서 지내도록 하라는, 주님께서 모세를 시켜서 명하신 말씀이, 율법에 기록되어 있는 것을 발견하였다. 또한 그들은 책에, 산으로 가서 올리브 나무와 들올리브 나무와 소귀나무와 종려나무와 참나무의 가지를 꺾어다가 초막을 짓도록 하라는 말이 기록되어 있기 때문에, 그 말을 이스라엘 자손이 사는 모든 마을과 예루살렘에 널리 알려야 한다는 것을 알게 되었다. 그래서 백성은 나가서, 나뭇가지를 꺾어다가, 지붕 위와 마당과 하나님의 성전 뜰과 수문 앞 광장과 에브라임 문 앞 광장에 초막을 세웠다. … 에스라는 첫날로부터 마지막 날까지, 날마다 하나님의 율법책을 읽어 주었다. 백성은 이레 동안 절기를 지키고, 여드레째 되는 날에는 규례대로 성회를 열었다."(느 8:14~18)

가정에서의 종교교육은 가정과 공동체에서의 절기 축하에 의해 강화된다. 절기 준비와 절기 참여는 아이들에게 잊을 수 없는 교훈을 배울 수 있는 자연스런 문맥을 창출했다. 절기는 자녀들을 집중적으로 교육할 수 있는 기회이다. 이스라엘의 절기는 모두 그 안에 역사와 신앙을 반영하고 있다. 이스라엘의 3대 절기는 유월절, 오순절, 초막절이다. 이들 절기들은 가정 중심으로 진행되기에 자연스럽게 자녀들에게 이스라엘의 역사와 신앙을 가르치기에 더 없이 좋은 기회가 되었을 것이다. 부모들은 자녀들에게 축제의 기원과 상징적 행위의 의미를 설명했다.

> "여러분의 아들딸이 여러분에게 '이 예식이 무엇을 뜻합니까?' 하고 물을 것입니다. 그러면 여러분은 그들에게 '이것은 주님께 드리는[150] 유월절 제사다. 주님께서 이집트 사람을 치실 때에, 이집트에 있던 이스라엘 자손의 집만은 그냥 지나가셔서, 우리

---

150) '유월절(페사크)'과 '지나가다(파사크)'가 같은 어원에서 나옴.

의 집들을 구하여 주셨다' 하고 이르십시오."(출 12:26~27)

사실 가족 중 가장 어린아이가 이 같은 질문을 하면 아버지가 주님께서 자기 백성을 억압으로부터 어떻게 구원해주셨는지에 관한 이야기를 들려줄 수 있다.

> "그 날에 당신들은 당신들 아들딸들에게, '이 예식은, 내가 이집트에서 나올 때에, 주님께서 나에게 해주신 일을 기억하고 지키는 것이다' 하고 설명하여 주십시오. 뒷날 당신들 아들딸이 당신들에게 묻기를, 무엇 때문에 이런 일을 하느냐고 하거든, 당신들은 아들딸에게 이렇게 일러주십시오. '주님께서 강한 손으로 이집트 곧 종살이하던 집에서 우리를 이끌어 내셨다.'"(출 13:8, 14)

그 밖의 절기 역시 가르침의 기회로 여겨졌다.

> "이레 동안 너희는 초막에서 지내야 한다. 이 기간에 이스라엘의 본토 사람은 누구나 초막에서 지내야 한다. 이렇게 하여야 너희의 자손이, 내가 이스라엘 자손을 이집트 땅에서 인도하여 낼 때에, 그들을 초막에서 살게 한 것을 알게 될 것이다."(레 23:42~43)

가정에서의 아버지의 가르침과 절기의 의미에 대한 설명을 통해 하나님께서 과거에 어떻게 그들에게 자신을 나타내셨으며, 현재에 그들이 어떻게 살아가야 하며, 그리고 하나님의 약속이 자기 백성의 미래와 관계되는지 자녀들에게 가르쳤다.[151)]

[도표5] 유대 달력

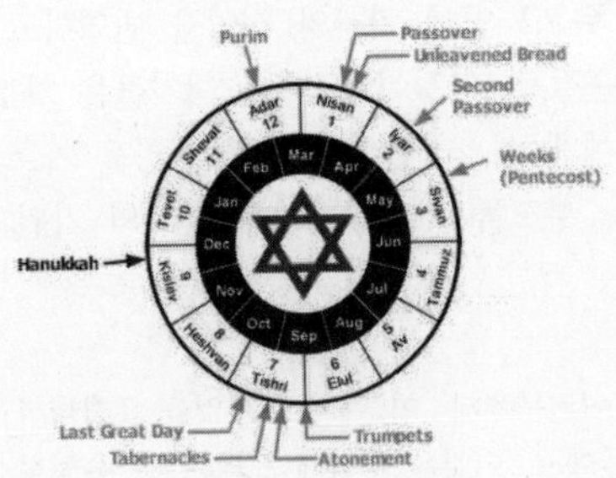

151) R. A. Culpepper, "Education," Geoffrey W. Bromiley, ed., *The International Standard Bible Encyclopedia* (Grand Rapids, MI: WM. B. Eerdmans Pub. Co., 1979), 22.

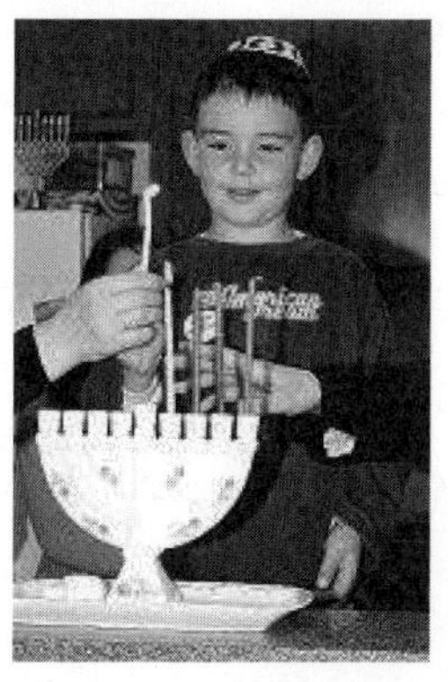

한 소년이 하누카 촛대에
불을 켜고 있다.

[도표6] 유대 절기

기념 절기	유대명	월일	관련성구	낭독성경	기념 내용
유월절 (무교절)	페사크	니산월 14일	출 12장 (레 23:4~8)	아가	애굽으로부터의 구원
오순절	샤브옷	시완월 6일	신 16:9~12	룻기	추수 기념
아브월 9일	티슈아 베압	아브월 9일		예레미야 애가	주전 586년과 주후 70년 성전 파괴 기억
속죄일	욤 키푸르	티슈리월 10일	레 16장 (레 23:26~32)		백성의 죄를 용서받기 위한 제사
초막절	숙곳	티슈리월 15~21일	느 8장 (레 23:33~36)	전도서	광야의 방황
봉헌	하누카(חנכה)	기슬레월 25일	요 10:22		주전 164년 성전 복구 기념
제비	부림	아달월 13~14일	에 9장	에스더	하만에 의한 유대민족 몰살 계획 실패

4. 유월절(페사크, פסח)

유월절, 오순절, 그리고 초막절은 유대의 민족적 3대 절기이다. 이 3대 절기는 계절의 변화에 따른 농사와 이스라엘 민족이 경험한 역사적 사건들에 대한 신앙고백과 관련되어 있다. 유대 민족은 유월절을 통해 애굽에서의 노예 신분과 속박에서 구출 받은 것을 기념했고, 오순절을 통해 시내산에서의 율법수여를 기념하였고, 그리고 초막절을 통해 광야를 지나 약속의 땅으로 들어가는 여정을 기념하였다. 이 주요 절기에는 모든 남자는 주께 보여야 했다.

"모든 남자는 한 해에 세 번, 무교절과 칠칠절과 초막절에, 주 당신들의 하나님이 택하신 곳으로 가서 주님을 뵈어야 합니다."(신 16:16)

태어난 지 얼마 안 된 아동도 예루살렘에서 치르던 큰 명절에 반드시 참석해야만 했다. 샴마이(Shammai)는 아동이 아버지의 목마를 탈 정도면 반드시 참석해야 한다고 말했다. 힐렐(Hillel)은 아버지의 손을 잡을 수 있고, 또 두 발로 걸을 수만 있다면 아동은 반드시 참석해야 한다고 말하였다.[152] 소년은 특히 초막절에 참석하곤 했다. "어머니를 더 이상 필요로 하지 않는" 아동은 초막절에 참석해야 하고, 또 "루라브를 흔들 정도의" 소년은 그것을 지켜야한다고 규정했었다.[153] 이중 유월절과 초막절은 가정과 관련이 있었다. 출애굽기에 묘사되어 있는 것과 같이 유월절은 가정의식이다(출 12:1~28). 성전이 있었던 시기에는 성전으로 순례도 했다. 바클레이는 그 당시의 유월절의 시작 풍경을 다음과 같이 전해준다.

니산월 14일, 보리를 베기로 정해진 남자들이 근처의 밭 중에서 농사가 잘된 곳을 골라 미리 가서 가장 좋은 다발을 고른 후에 그것을 묶어둔다. 다음날 저녁 남자 세 명이 낫과 바구니를 들고 표시되어 있는 다발을 수확하기 위해서 밭으로 간다. 이 의식을 보기 위해 모여든 사람들에게 그들이 큰소리로 묻는다. "해가 졌습니까?", "지금 이 낫을 가지고 보리를 베어 이 바구니에 담을까요?" 사람들이 "예"라고 응답하면 그들은 보리를 벤다. 벤 보리는 성전 마당으로 가져가 타작을 하고 구멍이 뚫린 냄비에 볶아 껍질을 벗긴 후에 방아에 찧어 가루로 만든다. 보리 가루의 일부는 기름과 향을 섞어 화제를 드리고 나머지는 제사장에게 드린다.[154]

유월절은 히브리어로 '페사크'라고 한다. 이는 '건너뜀', '통과함'이라는 동사 '파사크'의 명사형이다. 이스라엘 백성이 출애굽시 하나님께서 마지막 장자를 죽이는 재앙을 내리실 때, 하나님의 명령을 따라 양을 잡아, 문설주에 피를 바

---

152) *Hagigah* 1. 1. Barclay, *Educational Ideals in the Ancient World*, 37 재인용.
153) *Sukkah* 2. 8; 3. 15. Barclay, *Educational Ideals in the Ancient World*, 37 재인용.
154) Barclay, *Educational Ideals in the Ancient World*, 19-20.

른 사람들의 집을 넘어간 데서 유래한 절기이다. 이 절기는 반드시 지켜야 했는데, 시체 등을 만져서 부정해졌거나 여행 중에 있어서 이 절기를 못 지켰을 경우, 그 다음달 2월 14일에 지킬 수 있도록 했다.

> "너희들이나 너희 자손들은, 주검을 만져 더럽게 되었을 때나 먼 길을 떠나 있을 때나, 모두 주 앞에 유월절을 지켜야 한다. 그러한 사람들은 다음 달 십사일 해거름에 유월절 예식을 행하면서, 누룩을 넣지 않고 만든 빵과 쓴 나물과 함께 유월절 양을 먹도록 하여라. 너희들과 함께 살고 있는 외국인이 나 주에게 유월절을 지키고자 할 때에도, 그는 유월절의 율례와 규례를 따라야 한다. 그 땅에 몸붙여 사는 외국인에게나 그 땅에서 난 본토인에게나 같은 율례가 적용되어야 한다."(민 9:10~11, 14)

히스기야 왕이 지킨 유월절은 이 예외에 따라 지켜진 특별한 유월절이었다.

> "히스기야는 온 이스라엘과 유다에 전갈을 보내고, 에브라임과 므낫세에는 각각 특별히 편지를 보내서, 예루살렘에 있는 주님의 성전에서 이스라엘의 하나님이신 주님을 기리며 유월절을 지키도록, 오라고 초청하였다. 왕이 대신들과 예루살렘의 온 회중과 더불어 의논하여, 둘째 달에 유월절을 지키기로 한 것이다. 이처럼 유월절을 한 달이나 늦추어 지키기로 한 것은, 성결 예식을 치른 제사장도 부족한데다가, 백성도 예루살렘에 많이 모이지 못하였으므로, 본래 정해진 첫째 달에 지킬 수 없었기 때문이다."(대하 30:1~3)

바빌론 포로기 이후에는 '아빕'월 이라는 이름 대신에 '니산'월이라는 바빌론식 이름을 사용하였다. 이스라엘에서는 유월절의 첫째 날과 마지막 날을 완전한 명절로 지키고, 둘째 날부터 여섯째 날까지의 5일은 반휴일로 지키므로 세데르도 첫째 날 밤에만 갖는다. 그러나 세계 각국에 흩어져 사는 디아스포라 유대인들은 대부분 월력의 차이 때문에 유월절 준수를 확실히 하기 위해 둘째 날에도 세데르를 지킨다. 다만, 개혁파 유대인들과 일부 보수파 유대인들은 이스라엘 국내에서처럼 첫 날에 한 번 지킨다.[155)]

---

155) Alfred J. Kolatch, *The Jewish Book of Why*, 김종식·김희영 공역, 『유대인들은 왜?』 (서울: 크리스챤뮤지엄, 2009), 213.

[그림19] 〈유월절을 지키고 있는 유대 가족〉

식탁 가운데 놓인 컵은 유월절에 메시야의 도래를 알리기 위해 다시 온다는 예언자 엘리야를 위한 것이다.

니산월 14일 저녁에 지키는 유월절이 끝나면 바로 15일에 시작해서 21일까지 일주일 동안 계속되는 무교절을 지킨다.

이 기간에는 누룩이 들어가지 않은 빵, 즉 무교병을 먹는다. 그래서 이 유월절을 무교절이라고도 한다. 무교절은 히브리어로 '하그 마쪼트'(חג מצות)라고 한다.

> "이레 동안 당신들은 누룩을 넣지 않은 빵을 먹어야 하며, 당신들 영토 안에서 누룩을 넣은 빵이나 누룩이 보여서는 안 됩니다."(출 13:7)

그래서 집안에 효모가 든 음식이 있어서는 안 된다. 유대인 가정에서는 이 규정을 준수하기 위한 의식을 치른다. 가족 중 한 사람이 주로 방의 창틀에 열 개의 빵조각을 놓아둔다. 열 개의 빵 조각은 유대 신비주의에서 말하는 하나님의 열 가지 영역, 즉 10개의 세피롯(ספירות),[156] 또는 에스더서에 나오는 하만의 악한 열 아들을 상징한다. 빵 조각을 방마다 두고 나면, 가장은 아이들과 함께 촛불을 들고 방으로 가 빵조각과 부스러기들을 깃털로 나무 숟가락에 쓸어 담는다. 이렇게 모은 빵은 깃털, 숟가락과 함께 다음 날 아침에 기도문을 외우며 태워버린다. 이렇게 효모가 든 음식(하메츠, חמץ)을 찾아다니는 풍습을 '베디캇 하메츠'라고 한다.

유월절과 무교절은 처음에는 구분했다.

---

156) 유대교 신비주의 운동인 카발라에서 말하는 신의 현존에 대한 표현이다. ① 왕관(Keter, Crown), ② 지혜(Chokhmah, Wisdom), ③ 통찰(Binah, Understanding), ④ 사랑(Chesed, Kindness), ⑤ 힘(Gevurah, Severity), ⑥ 미(Tiferet, Beauty), ⑦ 승리(Netzach, Eternity), ⑧ 광채(Hod, Splendour), ⑨ 원천(Yesod, Foundation), ⑩ 통치(Malkuth, Kingship). 최인식, 『예수와 함께 걷는 유대교 산책』, 262-66 참조.

"첫째 달 열나흗날 157)해 질 무렵에는 주의 유월절을 지켜야 하고, 같은 달 보름에는 주의 무교절을 지켜야 하는데, 이레 동안 누룩을 넣지 않은 빵을 먹어야 한다." (레 23:5~6)

"첫째 달, 그 달 열나흗날은 나 주의 유월절이다. 같은 달 보름부터는 절기가 시작되니, 이레 동안은 누룩을 넣지 않고 만든 빵을 먹어야 한다."(민 28:16~17)

하지만 유월절부터 무교병을 먹어야 하는 등, 시간이 흐르면서 두 절기 사이의 밀접한 연관성 때문에 하나가 되었다.

"너희는 이레 동안, 누룩을 넣지 않고 만든 빵을 먹어야 한다. 그 첫날에 너희는 집에서 누룩을 말끔히 치워라. 첫날부터 이렛날까지 누룩을 넣은 빵을 먹는 사람은 누구든지 이스라엘에서 끊어진다. 너희는 첫째 달 열나흗날 저녁부터 그 달 스무하룻날 저녁까지 누룩을 넣지 않은 빵을 먹어야 한다."(출 12:15, 18)

"당신들은 이레 동안 누룩을 넣지 않은 빵을 먹어야 하며, 이렛날에는 주님의 절기를 지키십시오. 이레 동안 당신들은 누룩을 넣지 않은 빵을 먹어야 하며, 당신들 영토 안에서 누룩을 넣은 빵이나 누룩이 보여서는 안 됩니다."(출 13:6~7)

유월절에는 유대인들이 예루살렘에 모여 희생양을 바치고, 가족들과 함께 절기를 지켰다. 예루살렘에 모이지 못한 가족들도 예루살렘에 모인 사람들처럼 유월절 식탁을 준비하여 유월절을 기념했다. 이 절기가 시작되기 전에 온 집안에서 누룩이 들어가 있는 유교병(하메츠)을 제거해야 한다. 유월절 전날 밤에는 흠이 없는 1년 된 어린양을 통째로 구워서 쓴 나물과 함께 먹었다. 이 축제의 의도는 그 기원, 즉 이집트에서의 탈출을 생생하고 극적으로 회상하도록 하기 위한 것이다. 그래서 축제 참가자들은 허리에 띠를 띠고, 발에 신을 신고, 손에 지팡이를 잡고서 출발할 준비를 한 채 서서 급히 먹도록 규정했다.

유월절 전날에 애굽의 장남들이 모두 죽은 데 비해 이스라엘의 장남들은 살아남았으므로 감사하는 마음으로 장남이 금식을 하는 풍습이 있었다. 그러나 세월이 지나면서 계획된 탈무드 공부를 마치는 것으로 대체되었다. 랍비는 유월절 전날 아침 지역의 모든 장자들을 한 곳에 모아 그동안 공부해 오던 탈무드의 마지막 부분을 마친다. 이를 '시윰' 또는 '시윰 마섹타'라고 하는데, '(탈무드의) 한 부분(tractate)을 마치다'라는 뜻이다.158)

---

157) 히, '두 저녁 사이에는'.
158) Kolatch, *The Jewish Book of Why*, 214.

세월이 흐르면서 식탁에는 새로운 의식이나 상징적인 음식들이 하나씩 추가되었고, 시편이나 노래들도 더해졌다. 이것이 오늘날의 세데르(סדר)이다. 오늘날 유월절은 가정에서의 저녁 식사 시간에 15가지 순서로 구성된다.[159] 세데르는 '순서'(order)라는 뜻이다. 식사 순서 등이 유월절 기도서(하가다)에 적혀 있고, 이 순서에 따라서 행사가 진행되므로 세데르라 불린다.[160]

[그림20] 〈유월절 음식〉

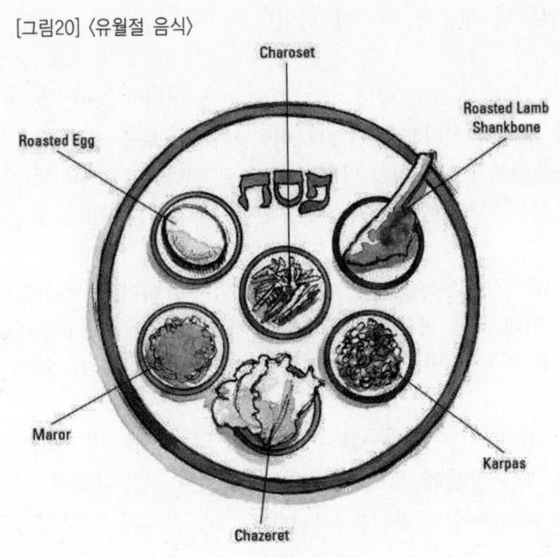

세데르 식탁에는 애굽에서의 이스라엘의 고난과 하나님의 구원을 상징하는 상징적 음식을 차려놓는다. 유월절 쟁반은 원형의 그릇으로 여섯 개의 동그란 홈이 파여 있는데, 이 홈에는 여섯 가지의 상징적 음식을 담는다. 쟁반은 식탁에서 눈에 잘 보이는 곳에 놓는다. 만찬 중 이 쟁반의 음식이 가진 뜻을 설명하기 때문이다.[161]

---

159) 이하의 설명은 최인식,『예수와 함께 걷는 유대교 산책』, 137-40, 그리고 http://cafe.daum.net/kmcysk/INTl/46?docid=1NvZlINTl4620120323143303으로부터 온 것임.
160) Kolatch, *The Jewish Book of Why*, 225.
161) Kolatch, *The Jewish Book of Why*, 228.

마로르(מרור). 쓴 나물. 쓴 나물은 애굽에서의 노예생활이 얼마나 고통스러웠는지 상기시킨다. 주로 양고추냉이(horseradish)가 사용된다. 세데르가 진행되는 동안 참석자들은 모두 쓴 나물을 조금씩 맛보는 순서가 두 차례 있다. 처음에는 견과류와 사과를 섞어 만든 소스(하로세트)와 함께 먹고, 나중에는 마짜(무교병) 두 조각 사이에 쓴 나물을 넣어 먹는다. 이 마짜 샌드위치를 '힐렐의 샌드위치'라고도 부른다.

카르파스(כרפס). 입맛 돋우기로 먹는 푸른 채소인 샐러리나 파슬리. 유월절 만찬에서 채소를 먹는 풍습은 주후 1~2세기 예루살렘에서 공식적인 식사를 하기 전에 야채를 전채로 먹던 풍습으로부터 유래되었다. 세데르 쟁반에는 일반적으로 오이나 상추, 무, 파슬리, 감자 또는 그 계절에 나는 다른 채소를 사용한다. 어느 채소든지 먹을 때는 소금물에 찍어서 먹는다.

하제레트(חזרת). 더 쓴 채소. 마로르와 마찬가지로 애굽에서의 고통을 상기하기 위한 것이지만, 민수기 9장 11절과 관련이 있다. 거기에 '쓴 나물'이 복수형으로 쓰인 까닭에 쓴 나물(maror) 외에 다른 쓴 나물 한 가지를 추가하게 된 것이다. 보통 오이나 양고추냉이, 무와 같이 쓴 맛이 있는 야채를 쓴다. 하제레트가 없어도 된다는 주장도 있다.

하로세트(חרוסת). 사과, 호두, 계피, 포도주, 꿀 등을 섞어 만든 달고 검은 빛이 나는 젤리. 때로는 빵이나 생강을 넣기도 한다. 이스라엘 백성이 애굽에서 노예생활을 할 때 만들어야 했던 회반죽을 상징한다. 쓴 나물(maror)을 먹을 때 함께 먹으면 양고추냉이의 쓴 맛을 줄여 준다. 보통은 세데르 쟁반에 상징적으로 조금 담아 둔 하로세트보다 별도의 그릇에 준비한 것을 먹는다. 다른 방식의 하로세트도 있다. 하인리히 하이네(Heinrich Heine)가 19세기 초반에 쓴 "바하라하의 랍비"(The Rabbi of Bacharach)라는 중편 소설에 보면, 독일의 한 가정에서는 건포도와 계피, 견과류를 섞어서 하로세트를 만들었다. 그리고 미쉬나에서는 견과류와 과일을 함께 빻아서 식초를 섞어 만든다고 했다.

제로아(זרוע). 구운 양이나 닭의 정강이뼈 또는 목. 정강이뼈는 애굽의 굴레에서 이스라엘 백성을 풀어주신 하나님의 '전능하신 팔'을 상징한다. 정강이뼈는 또한 성전시대에 유월절 희생 제물로 드려졌던 어린양을 상징하기도 한다. 어떤 가정에서는 정강이뼈 대신 동물의 뼈를 구워서 사용하거나 닭이나 다른 가금류의 목뼈를 담기도 한다.

삶은 달걀(베이짜, ביצה). 예루살렘 성전에 드려졌던 명절의 희생 제물 또는 예루살렘 성전을 잃은 유대인들의 슬픔을 상징한다.

1) 카데쉬(קדש): ''이라는 뜻이다. 인도자인[162] 아버지가 포도주의 첫잔을 부은 후 모두들 일어서서 '키두쉬'(קידוש)라고 하는 기도문을 낭독한다.

"키두쉬(성별축사) 본문

여러분, 주목하시기 바랍니다.
복되신 주 우리 하나님, 우주의 왕이시여, 당신께서 이 포도의 열매를 내셨나이다. (아멘)
복되신 주 우리 하나님, 우주의 왕이시여, 당신께서 모든 민족들 가운데서 우리를 뽑으시고, 모든 자보다 높이 세우시며, 당신의 계명들로 우리를 하게 하셨나이다.
주 우리 하나님, 당신께서는 또한 사랑으로 즐거운 축제들과 기쁨의 시간인 무교병 축제, 곧 우리의 자유를 위한 시간이었던 출애굽을 기억하는 한 모임을 주셨나이다.
당신께서 모든 민족들 가운데서 우리를 뽑으시고 하게 하셨기 때문에, 행복하고 즐거운 당신의 한 축제를 우리에게 유산으로 주셨나이다.
복되신 하나님, 당신께서 이스라엘과 한 절기들을 성별하셨나이다. (아멘)
복되신 주 우리 하나님, 우주의 왕이시여, 당신께서 우리를 살리시고 지키시고 오늘에 이르게 하셨나이다. (아멘)"[163]

이렇게 기도한 후 네 개의 잔 중 첫 번째 '한 잔' 혹은 '축복의 잔'이라고 하는 포도주 잔을 마신다. 이 잔을 마실 때에는 한쪽으로 기댄 채 편안한 자세로 마시면서 해방과 자유를 누리고 있음을 상징적으로 나타낸다.[164]

---

162) 유월절 만찬의 인도자는 '키텔'이라는 긴 흰색 가운을 입는다. 키텔은 전통적으로 신년과 대속죄일때 입는 것과 같은 종류의 옷이다. 죽은 사람을 묻을 때 입히는 수의이기도 하고 신랑이 결혼식을 거행하는 천막 아래서 입는 옷이기도 하다. 유월절 세데르를 인도하는 사람이 이 예복을 입는 것은 노예의 신분에서 풀려난 출애굽을 기념하면서, 자유롭게 살게 된 것을 축하하기 위한 것이다. 키텔을 '사르기노스'라고도 하는데, 이는 양모나 아마포로 만든 옷을 가리킨다. Kolatch, *The Jewish Book of Why*, 226.

163) 최인식, 『예수와 함께 걷는 유대교 산책』, 137.

164) 베개에 비스듬히 기대어서 음식을 먹는 풍습은 페르시아에서 시작된 것으로 자유와 독립을 상징하는 것으로 알려져 있다. 그리스 사람과 로마 귀족들도 이러한 풍습을 가지고 있다. 이러한 풍습을 가까이에서 본 유대인들도 외부로부터 침략당하지 않고 자유롭게 살고 싶다는 마음의 표현으로 이 풍습을 받아들였다. 미쉬나(Pesachim 10:1)에 보면, 유월절 첫째 날 밤에는 이스라엘에서 가장 가난한 사람일지라도 비스듬히 눕지 않고는 저녁을 먹지 말라고 기록되어있다. Kolatch, *The Jewish Book of Why*, 226.

2) 우르카쯔(ורחץ): '그리고 손을 씻으시오'라는 뜻이다. 가족 중의 한 사람이 손을 씻을 수 있도록 물 주전자와 대야와 수건을 식탁에 앉아있는 사람들에게 가져다준다. 손을 씻는다는 것은 '정결'을 뜻한다. 예수께서 유월절 만찬석상에서 손수 물과 수건과 대야를 가져와 제자들의 발까지 씻겨 주셨는데, 이러한 유대인의 유월절 준수와 밀접한 행동이다.

3) 카르파스(כרפס): '셀러리'(celery)를 가리킨다. 아버지가 기도를 한 후 소금물에 두 번 찍어서 가족들에게 나누어 준 후 자신도 먹는다. 소금물은 이스라엘 백성의 눈물을 상징한다.

4) 야카쯔(יחץ): '반으로 나누시오'라는 뜻이다. 무교병 마짜 세 개 중에서 가운데 것을 두 조각으로 나누어 큰 쪽을 냅킨에 싸서 베개 아래에 숨긴다.165) 가장이 숨기고 후식 때 어린 자녀들에게 찾게 하거나 어린이가 숨기고 어른들이 찾는 경우도 있다. 안식일이나 다른 명절 때는 두 덩이의 빵을 사용하여 성전에 두 줄로 진열되어 있던 진설병을 기념한다. 그러나 유월절에 한 덩이를 추가하는 이유는 유월절에 해방을 얻은 자유의 기쁨을 표현하기 위한 것이다.

'마쪼트'(מצות, 마짜의 복수)가 세 개인 이유에 대해서, 유대인들은 이것이 제사장, 레위인, 이스라엘 백성, 또는 아브라함, 이삭, 야곱을 상징한다고 하고, 메시아파 유대인들은 성부, 성자, 성령 하나님을 상징하며, 가운데 마짜를 자르는 것은 성자 하나님이신 예수 그리스도께서 십자가에 달리심을 상징한다고 말한다. 또는 메시아파 유대인들은 마짜는 성자 하나님을 상징하고, 냅킨은 예수께서 십자가상에서 돌아가신 후에 세마포로 둘리우심을 받은 것과 연관 짓고, 찾아오는 것을 예수 그리스도의 부활과 연관을 짓는다.

또 어떤 이들은 아브라함이 세 명의 천사들을 장막 입구에서 맞았던 시기가 유월절이었으므로 그렇게 한다고 추정한다. 이들에 따르면, 아브라함이 사라에게 "고운 가루 세 스아를 가져다가 반죽하여 떡을 만들라"고 했을 때 사라가 무교병 세 개를 구웠을 것이고, 이 사건을 기념하기 위하여 유월절 식탁에 무교병 세 개를 올려놓는다는 것이다.166)

---

165) 동양이나 유럽의 유대인 공동체에서는 "이레 동안은 누룩을 넣지 않은 빵 곧 고난의 빵을 먹어야 합니다. 이는 당신들이 이집트 땅에서 나올 때에 급히 나왔으므로, 이집트 땅에서 나올 때의 일을 당신들이 평생토록 기억하게 하려 함입니다."(신 16:3)라는 말씀을 따라 벽에 마짜를 걸어두기도 한다. Alfred J. Kolatch, *The Jewish Book of Why*, 233.

166) Kolatch, *The Jewish Book of Why*, 223.

[그림21] 〈마짜〉
원래의 무교병은 둥근 모양이었다. 그러다가 무교병 만드는 기계가 등장하면서 정사각형 무교병이 생겨났다. 그러나 대부분의 유대인들은 둥근 무교병을 고집하는 경향이 있다. 무교병에 작은 구멍들을 뚫는 이유는 반죽 안의 공기를 그리로 빼서 밀가루 반죽이 발효되는 것을 막기 위해서이다.

5) 마기드(מגיד): '이야기하기'라는 뜻이다. 이 순서에서는 성경에 기록되어진 출애굽 사건과 이와 관련되어 전해져 내려오는 이야기인 '하가다'의 첫 부분을 읽는다. 하가다는 유월절 첫째 날 저녁 축제 만찬 시 사용하는 얇은 책으로서 출애굽의 극적인 이야기를 소재로 한 시편과 기도 등을 순서대로 기록하고 있다. 인도자는 이 책을 넘기면서 순서를 진행하게 된다. 하가다는 출애굽기 13장 8절의 "그 날에 당신들은 당신들 아들딸들에게, '이 예식은, 내가 이집트에서 나올 때에, 주님께서 나에게 해주신 일을 기억하고 지키는 것이다' 하고 설명하여 주십시오."라는 말씀에 따라 2,500년 전 최고회의(Great Assembly) 회원들이 모여서 만들었다.[167] 하가다는 출애굽 사실을 아이들도 쉽게 이해할 수 있도록 설명한 유용한 책이다.

이때 '교훈의 잔'이라고 하는 두 번째 잔을 마시면서 할렐(Hallel)의 첫 부분인 시편 113~114편을 암송한다. 할렐은 시편 113~118편을 말한다. 때로 145~150편 역시 할렐이라고 한다. 또한 시편 136편을 최고의 할렐이라 부르기도 한다. 그 내용은 주로 찬양과 감사이다.

> "의식이 어느 정도 진행되면 유월절 식탁에 참석한 가장 어린 자녀가 일어나서 이 모든 의식의 의미는 무엇이고 그 날 밤이 다른 날과 어떻게 다른지 공개적으로 질문하고, 아버지는 자녀가 이해할 수 있는 언어를 고려해서 아브라함의 부름부터 이집트에서의 구원과 율법이 주어질 때까지의 이스라엘 민족의 전체적 역사를 들려주어야 했다."[168]

---

167) The Great Assembly(크네세트 하게도라)는 최고 회당(Great Synagogue)이라고도 하는데, 유대 전승에 따르면 예언자 시기 말부터 헬레니즘 시대 초까지 120명의 서기관, 현자, 그리고 예언자들로 구성된 회의체로 유대교 경전 확정에 기여했다. http://en.wikipedia.org/wiki/Great_Assembly.

이 시간에 자녀의 질문, 열 가지의 재앙 목록, 출애굽 이야기, 유월절 희생양, 무교병, 쓴 나물의 의미에 대한 설명이 있다.

"그 날에 당신들은 당신들 아들딸들에게, '이 예식은, 내가 이집트에서 나올 때에, 주님께서 나에게 해주신 일을 기억하고 지키는 것이다' 하고 설명하여 주십시오."(출 13:8)

아버지의 오른편에는 전통적으로 집안에서 가장 나이가 어린 아이가 앉는데, 이 아이가 아버지에게 4가지의 질문을 하게 된다. 4가지 질문이란,

첫째, 다른 날 밤에는 누룩 있는 빵과 누룩 없는 빵을 함께 먹었는데, 왜 오늘은 누룩 없는 빵만 먹어야 합니까?

둘째, 다른 날 밤에는 모든 종류의 채소를 먹었는데, 왜 오늘은 쓴 나물만 먹어야 합니까?

셋째, 다른 날 밤에는 한 번도 채소를 다른 것에 담그지 않았는데, 왜 오늘은 죽에 채소를 담가야 합니까?

넷째, 다른 날 밤에는 똑바로 앉기도 하고 비스듬히 눕기도 하였는데, 왜 오늘은 비스듬히 드러누워 식사를 합니까?

이상의 질문들에 대한 답변이 하가다의 본론 부분을 차지하고 있다. 질문에 대한 답변의 내용은 신명기에 간략하게 나와 있다.

"옛적에 우리는 이집트에서 바로의 노예로 있었으나, 주님께서 강한 손으로 우리를 이집트에서 이끌어 내셨다."(신 6:21)

유월절이 다른 날 밤과 다른 이유는 야훼께서 이집트의 종 되었던 이스라엘 백성을 구원해 내신 밤이기 때문이라는 것이다. 이 같은 내용을 상세히 설명하기 위하여 하가다에는 여러 관련 성구나 내용들이 들어 있다.[169]

"여러분의 아들딸이 여러분에게 '이 예식이 무엇을 뜻합니까?' 하고 물을 것입니다. 그러면 여러분은 그들에게 '이것은 주님께 드리는 [170]유월절 제사다. 주님께서 이집트 사람을 치실 때에, 이집트에 있던 이스라엘 자손의 집만은 그냥 지나가셔서, 우리

---

168) Alfred Edersheim, *In the Days of Christ: Sketches of Jewish Social Life* (New York: 1876), 110. Swift, *Education In Ancient Israel*, 90 재인용.

169) 권혁승, "이스라엘의 3대 명절 연구(II): 유월절", 「기독교와 교육」 (부천: 서울신학대학교 기독교교육연구소, 1990·3), 103-104.

170) '유월절(페싸흐)'과 '지나가다(파싸흐)'가 같은 어원에서 나옴.

의 집들을 구하여 주셨다' 하고 이르십시오."(출 12:26~27)

"그 날에 당신들은 당신들 아들딸들에게, '이 예식은, 내가 이집트에서 나올 때에, 주님께서 나에게 해주신 일을 기억하고 지키는 것이다' 하고 설명하여 주십시오. 이 예식으로, 당신들의 손에 감은 표나 이마 위에 붙인 표와 같이, 당신들이 주님의 법을 늘 되새길 수 있게 하십시오. 주님께서 강한 손으로 당신들을 이집트에서 구하여 내셨기 때문입니다."(출 13:8~9)

둘째 컵을 섞은 후, 아들은 자기 아버지에게 질문하도록 지시를 받았다(그리고 아들이 질문 방법에 대한 아버지의 가르침을 충분히 알지 못할 경우에도 그랬다).

"왜 오늘밤만 특별한가요?"

"보통 때 우리는 양념을 넣은 음식을 한 번 먹지만, 오늘 밤에는 두 번 먹기 때문이다. 보통 때 우리는 누룩을 넣거나 혹은 그것을 넣지 않은 빵을 먹지만, 오늘밤에는 모두 누룩을 넣지 않는다. 보통 때 우리는 고기를 굽거나 찌거나 아니면 요리를 해서 먹지만, 오늘은 모두 굽는단다."

그리고 아동의 이해 정도에 따라서 아버지는 아들에게 가르친다. "그는 치욕에서 시작해서 영광으로 끝맺는다. 그리고 그 차례가 끝나기 전에 '내 조상은 유리하는 아람사람'(신 26:5)이라고 설명한다."[171] 유월절은 종교적 교훈이나 훈련을 하는 데 축제를 어떻게 활용하는 지를 보여주는 대표적 방식이다. 교육은 의식의 일부였다.

6) 라크차(רחצה): '씻기'라는 뜻이다. 다시 한 번 손을 씻는다. 이때 마쪼트를 먹기 전의 축복 기도를 한다. 본격적인 식사가 시작된다.

7) 모찌(מוציא): '꺼내기'라는 뜻이다. 땅으로부터 소산물을 얻어서, 즉 땅에서 부터 빵을 꺼내게 된 것에 대한 축복 기도를 한다.

8) 마짜(מצה): '무교병'. 무교병을 먹으라는 하나님의 명령을 지켜서, 실제로 무교병을 먹을 수 있게 된 것에 대해 축복 기도를 한다. 남겨 둔 무교병을 자른다.

9) 마로르(מרור): '쓴 나물'이라는 뜻이다. 쓴 나물을 먹으라는 명령을 지켜

---

171) *Pes.* 10. 4. Barclay, *Educational Ideals in the Ancient World*, 21 재인용.

서, 실제로 쓴 나물을 먹을 수 있게 된 것에 대해 축복 기도를 한다. 쓴 나물은 하로세트를 찍어 먹는다. 이스라엘 백성들이 노예생활 중에 왕의 창고를 짓기 위한 벽돌을 만들었던 진흙반죽을 상징하는 '하로세트'는 특별히 유월절에 먹기 위해 만든 일종의 잼이다. 여러 종류의 과일과 단맛을 내는 향료들과 포도주를 섞어서 만든다.

10) 코레크(כורך): '결합한', '묶여진'의 뜻이다. 쓴 나물과 하로세트를 무교병에 올려 샌드위치같이 만들어 먹는다. 이 같은 풍습은 주전 1세기 힐렐 시대로부터 유래했다.

11) 슐칸 오레크(שולחן עורך): '잘 차려진 식탁'을 뜻한다.

지금까지는 거의 예배에 가까운 의식적인 순서였다면, 이제부터 진짜 명절 식사이다. 음식에 누룩을 써서는 안 되었다. 전통적으로 풍요와 갱신을 상징하는 삶은 달걀부터 시작해서 송어, 잉어에 계란, 양파를 섞어 둥글게 뭉쳐 익힌 게필테 피시, 마짜 볼 스프, 구운 닭고기와 칠면조, 쇠고기 가슴살 등을 먹는다.

12) 차푼(צפון): '감추어진'이라는 뜻이다. 유월절 만찬이 끝난 후 후식(아피코만)으로 숨겨두었던 반쪽 마짜를 먹는 차례이다. 아피코만을 찾아온 아이들에게는 상을 주기도 하면서, 길고 복잡한 이 쎄데르에 능동적으로 참여하게끔 유도한다.

13) 바레크(ברך): '축복'이라는 뜻이다. 이때 '축복의 잔'이라고 하는 세 번째 잔을 돌린다. 식사가 끝나면 음식에 대한 감사기도와 축복기도의 관례를 따라 기도한다.

14) 할렐(הלל): '찬양'이라는 뜻이다. '찬양의 잔'이라고 하는 네 번 째 잔을 마신 후, 할렐의 뒷부분인 시편 115~118편을 암송한다. 이 네 번 째 잔은 '영접의 잔'이라고도 한다. 엘리야의 자리에 놓여있던 잔에 포도주를 따르고, 아이를 시켜서 대문을 열어, 메시야의 선구자인 엘리야를 영접하기 위해서이다. 유대인들은 유월절 밤에 엘리야가 와서 메시야의 오심을 선포한다고 믿고 있다. 유대인들이 엘리야를 기다리는 것은 히브리어 성경 말라기 3장 23절(한글 성경은 4:5) "주의 크고 두려운 날이 이르기 전에, 내가 너희에게 엘리야 예언자를

보내겠다."라는 구절에 근거한다.

유대인들은 쎄데르 페사크 과정에서 네 차례 포도주를 마신다.[172] 이는 출애굽기 6장 6~7절의 하나님께서 이스라엘 백성을 애굽에서 구원해 내시는 네 가지 행위의 표현이다.

> "나는 주다. 나는 이집트 사람들이 너희를 강제로 부리지 못하게 거기에서 *너희를 이끌어 내고,* 그 종살이에서 *너희를 건지고,* 나의 팔을 펴서 큰 심판을 내리면서, *너희를 구하여* 내겠다. 그래서 너희를 *나의 백성으로 삼고,* 나는 너희의 하나님이 될 것이다."(출 6:6~7)

이런 이유로 네 차례 포도주를 마시고, 또 반드시 붉은 포도주를 마시는데, 그 이유는 유월절에 대속하기 위해 죽임을 당한 양과 염소들의 붉은 피를 상징하기 위해서이다.[173]

15) 니르짜(נרצה): 유월절 축제가 받아들여지기를 원한다는 의미이다. 쎄데르 페싸크를 마감하는 순서로써, 메시야가 오기를 소망하는 마음으로 '내년에는 예루살렘에서'라고 노래함으로써 유월절 식사를 모두 마친다. 유대인들은 예루살렘이 세상의 중심이라고 생각한다. 세상은 예루살렘에서 시작되었고, 예루살렘에서 끝난다. '내년에는 예루살렘에서'라는 기원은 유대인들의 이 같은 종말론적인 신앙의 확인이다.

아동은 이 같은 절기 행사의 과정을 관심을 갖고 지켜보면서 그것이 무엇을 뜻하는지, 왜 그렇게 하는지 등을 아버지에게 물었을 것이고 아버지의 즉각적인 답을 통해 그들이 배우는 것을 상상할 수 있다. 특히 유월절의 경우에 교육은 당연한 것이었다. 유월절 기간에 아동교육을 하는 것은 의무였고, 또 절기의 주요 부분이었다.

---

172) 전통적으로 안식일과 명절 식탁에서는 두 잔의 포도주를 마신다. 한 잔은 식사를 시작하는 단계에서 키두쉬가 낭송된 후에 마시고, 나머지 한 잔은 식사 후의 기도(Grace After Meals)를 낭송할 때에 마신다. Kolatch, *The Jewish Book of Why*, 231.

173) 전통적으로 세데르 식탁에서는 적포도주를 마시는데, 그 이유는 적포도주가 백포도주보다 더 우수하다는 탈무드의 의견 때문이라는 설이 있다. 하지만 이 적포도주 때문에 유대인들은 유월절 포도주에 기독교를 믿는 아이의 피를 섞어서 마신다는 오해를 받기도 했다. 그런 까닭에 백포도주를 사용하자는 주장도 있다. Kolatch, *The Jewish Book of Why*, 231

5. 오순절(Πεντηκοστή, Pentecost)

오순절은 유월절 이후 50일째 되는 날이었다. 오순절은 유월절 이후 7주간이 지난 다음날, 곧 50일째 되는 날, 시완월 6일에 지켰으므로 그 헬라어 표현 '펜테코스테'(=50일)를 따라 오순절이라는 이름이 붙게 되었다. 유월절 이후 7주간이 지난 날에 지켰기에 칠칠절이라고도 하며, 늦봄의 밀 추수시기에 지켰던 절기이기에 맥추절(하그 하 샤브옷[חג השבועות], Festival of Weeks)이라고도 한다.

예루살렘으로 처음익은 열매를 가져오는 사람들

[그림22] 〈예루살렘으로 처음 익은 열매를 가져오는 사람들〉

"너희는 밀을 처음 거두어들일 때에는 칠칠절을 지키고, [174]한 해가 끝날 때에는 수장절을 지켜야 한다."(출 34:22)

"그리고 주 당신들의 하나님이 당신들에게 주신 복을 따라, 마음에서 우러나오는 예물을 가지고 와서, 주 당신들의 하나님께 칠칠절을 지키십시오."(신 16:10)

"거기에다가 일곱 번째 안식일 다음날까지 더하면 꼭 오십 일이 될 것이다. 그때에 너희는 햇곡식을 주에게 곡식제물로 바쳐야 한다. 너희는 너희가 살고 있는 곳에서, 주에게 맏물로 흔들어 바칠 햇곡식으로 만든 빵 두 개를 가져 와야 한다. 그 빵은 밀가루 십분의 이 에바를 가지고 만들어야 하고, 고운 밀가루에 누룩을 넣어 반죽하여

174) 또는 '가을에는'.

구운 것이어야 한다."(레 23:16~17)

"오순절은 (유월절) 7주 후인 6월 초에 돌아왔다. 그것은 밀추수를 기념하기 때문에 의식의 일부는 야훼께 우량의 가루로 만든 빵 두 덩이를 바치는 것이었다. 나중에는 이 빵을 만들고 굽는 자세한 설명이 있었다. 가루는 12회 체로 걸러야 했고, 성전 마당 바깥에서 반죽했지만 굽는 것은 안에서 했다. 빵 귀퉁이마다 제단의 뿔과 비슷하게 손가락 네 마디를 합한 정도의 높이로 뿔을 세웠다. 그것들은 전체 성전 제물 가운데서 평범하고 일상적인 빵을 상징했음을 보여주기 위해 발효시킨 유일한 것이었다."[175)]

여기에서 또 다시 빵 덩어리를 응시하는 바로 그 시선은 질문을 일깨우는 것과 맞물려 있었고, 또 교육의 기회가 다시 한 번 주어지면 의문의 여지없이 받아들였다.

[그림23] 〈샤브옷 축제일의 예루살렘을 향한 행진〉

Shavuot축제일에 예루살렘을 향한 행진

유월절에 첫 오멜을 바침으로 시작되는 추수한 곡식의 헌물은 오순절에 누룩을 넣은 두 개의 빵을 흔들어 바치는 감사의 예물로 마감된다. 이 화목제는 제단이 아닌 제사장에게 드렸다. 떡이 누룩을 넣은 것이기 때문이다. 성회로 모여 안식일로 지키고 두 개의 떡을 요제로 드리고 우양의 번제, 숫염소 속죄제, 숫양으로 화목제, 첫 이삭의 떡과 함께 두 어린양을 요제로 드리게 된다.

"이 빵과 함께, 너희는, 일 년 된 흠 없는 어린 양 일곱 마리와, 소 떼 가운데서 수

175) *Men.* 6:7; 11:2, 4. Barclay, *Educational Ideals in the Ancient World*, 20 재인용.

송아지 한 마리와, 숫양 두 마리를 끌어다가, 주에게 번제물로 바쳐야 한다. 이때에 곡식제물과 부어 드리는 제물도 함께 바쳐야 한다. 이것이, 제물을 태워서 그 향기로 주를 기쁘게 하는, 살라 바치는 제사이다. 너희는 또 숫염소 한 마리는 속죄 제물로 바치고, 일 년 된 어린 숫양 두 마리는 화목제물로 바쳐야 한다. 제사장은 그것들을 받아 첫 이삭으로 만들어 바치는 빵과 함께, 주 앞에서 그것들을 흔들어서, 두 마리 양과 함께 바쳐야 한다. 이것들은 주에게 바친 한 제물로서 제사장의 몫이다. 바로 그 날에 너희는 모임을 열어야 한다. 그 모임은 너희에게 한 것이므로, 그 날은 생업을 돕는 어떤 일도 하지 않아야 한다. 이것은 너희가 사는 모든 곳에서 대대로 길이 지켜야 할 규례이다."(레 23:18~21)

유대 전승에 따르면, 이 절기는 출애굽 후 50일 되던 날에 시내산에서 율법을 수여받은 것에 감사하는 이스라엘의 역사적 신앙고백과 함께 첫 추수를 감사하는 데 그 목적이 있다. 오순절은 농사절기의 차원을 넘어 후에 시내산에서 토라를 받은 일을 기념하는 축제가 되었다. 유월절에 출애굽을 축하했다면, 오순절에는 주후 1세기 이후 무엇보다도 모세가 시내산에서 율법을 받은 것을 기념했다.

[그림24] 베르던의 니콜라스(Nicolas of Verdun), 〈시내산에서 율법을 수여받는 모세〉, 1181년. 구리에 금박과 에나멜, 14x10cm, 클로스테르노이부르크, 아우구스티너 수도원

신약에서 오순절은 성령이 강림한 날이다.

"오순절이 되어서, 그들은 모두 한 곳에 모여 있었다. 그때에 갑자기 하늘에서 세찬 바람이 부는 듯한 소리가 나더니, 그들이 앉아 있는 온 집안을 가득 채웠다. 그리고 불길이 솟아오를 때 혓바닥처럼 갈라지는 것 같은 혀들이 그들에게 나타나더니, 각 사람 위에 내려앉았다. 그들은 모두 성령으로 충만하게 되어서, 성령이 시키시는 대로, 각각 [176]방언으로 말하기 시작하였다. 예루살렘에는 경건한 유대 사람이 세계 각국에서 와서 살고 있었다. 그런데 이런 말소리가 나니, 많은 사람이 모여와서, 각각 자기네 지방 말로 제자들이 말하는 것을 듣고서, 어리둥절하였다."(행 2:1~6)

6. 초막절(하그 하 숙곳[חג הסוכות], Feast of Ingathering)

[그림25] 〈집 밖의 초막〉, 미국

초막절은 선조들의 광야생활을 기념하기 위하여 가을(9월말에서 10월말) 티쉬리월 15~21일까지 예루살렘으로 순례를 가서 거기서 한 주간 동안 계속되었다.

176) 또는 '다른 언어로'.

"일곱째 달의 보름날부터 이레 동안은 주에게 예배하는 177)초막절이다. 이레 동안 너희는 초막에서 지내야 한다. 이 기간에 이스라엘의 본토 사람은 누구나 초막에서 지내야 한다. 이렇게 하여야 너희의 자손이, 내가 이스라엘 자손을 이집트 땅에서 인도하여 낼 때에, 그들을 초막에서 살게 한 것을 알게 될 것이다."(레 23:34, 42~43)

"일곱째 달 보름날에도 한 모임을 열고 생업을 돕는 일은 아무것도 하지 말아라. 이레 동안 주 앞에서 절기를 지켜라."(민 29:12)

"당신들은 타작마당과 포도주 틀에서 소출을 거두어들일 때에, 이레 동안 초막절을 지켜야 합니다."(신 16:13)

"그들은, 이스라엘 자손은 일곱째 달 축제에는 초막에서 지내도록 하라는, 주님께서 모세를 시켜서 명하신 말씀이, 율법에 기록되어 있는 것을 발견하였다. 또한 그들은 책에, 산으로 가서 올리브 나무와 들올리브 나무와 소귀나무와 종려나무와 참나무의 가지를 꺾어다가 초막을 짓도록 하라는 말이 기록되어 있기 때문에, 그 말을 이스라엘 자손이 사는 모든 마을과 예루살렘에 널리 알려야 한다는 것을 알게 되었다. 그래서 백성은 나가서, 나뭇가지를 꺾어다가, 지붕 위와 마당과 하나님의 성전 뜰과 수문 앞 광장과 에브라임 문 앞 광장에 초막을 세웠다. 사로잡혀 갔다가 돌아온 모든 사람이 초막을 세우고 거기에 머물렀다. 눈의 아들 여호수아 때로부터 그 날까지, 이렇게 축제를 즐긴 일이 없었으므로, 이스라엘 자손은 크게 즐거워하였다. 에스라는 첫날로부터 마지막 날까지, 날마다 하나님의 율법책을 읽어 주었다. 백성은 이레 동안 절기를 지키고, 여드레째 되는 날에는 규례대로 성회를 열었다."(느 8:14~18)

초막절은 '수장절'(하그 하 아시프[חג האסיפה], The Feast of Ingathering)이라고도 하는데, 이는 추수한 곡식을 저장하는 절기라는 뜻이다.

"너희는 너희가 애써서 밭에 씨를 뿌려서 거둔 곡식의 첫 열매로 맥추절을 지켜야 한다. 또한 너희는 밭에서 애써 가꾼 것을 거두어들이는 한 해의 끝무렵에 수장절을 지켜야 한다."(출 23:16)

이로부터 초막절의 의미를 알 수 있다. 역사적으로는 사십 여년의 광야생활 기념이고, 농경적으로는 올리브와 포도 등 수확을 저장하는 것이고, 축제적으로 야훼께서 베푸신 복을 기뻐하는 것이다.178)

177) 또는 '장막절'.

초막절은 유월절, 오순절과 함께 유대인의 삼대 절기 중 가장 큰 명절이었다. 따라서 초막절은 '여호와의 절기'(하그 하 야훼), 또는 '그 절기'(하그 하 하그)라고 불렀다.

"너희가 토지소산 거두기를 마치거든 일곱째 달 열닷새 날부터 이레 동안 여호와의 절기를 지키되 첫 날에도 안식하고 여덟째 날에도 안식할 것이요."(레 23:39, 개역개정)

"이스라엘의 모든 남자는, 일곱째 달 곧 [179]에다님월의 절기에, 솔로몬 왕 앞으로 모였다."(왕상 8:2)

"이스라엘의 모든 남자가 일곱째 달 절기에 왕 앞에 모였다."(대하 5:3)

"그 때에 또 솔로몬은 이레 동안 절기를 지켰는데, 하맛 어귀에서부터 이집트 접경을 흐르는 강에까지 이르는 넓은 지역에 사는 대단히 큰 회중인 온 이스라엘이 그와 함께 모였다."(대하 7:8)

절기 기간 동안에 이스라엘 백성은 모두 초막에서 생활해야 한다. 초막은 하늘이 보이는 장소에, 벽은 천 종류를 사용하여 가릴 수 있지만 지붕은 반드시 종려가지와 나뭇가지들과 시내 버들가지 등으로 짓는다. 초막은 절기가 시작되기 대개 일주일 전부터 부모와 자녀들이 함께 지으며 전통을 이어간다.[180]

초막절 기간에는 일을 할 수 없다. 첫날에 수송아지 열셋, 숫양 둘, 일 년 된 숫양 열네 마리를 속죄제로 드리고 소제로 기름 섞은 가루를 드린다. 날마다 수송아지 하나를 감하여 드림으로 칠일에는 수송아지를 일곱 마리 드린다. 첫날과 팔 일째 날은 안식일로 지키고, 절기 마지막 날에는 한 주간 살던 집을 허물고 예루살렘 성전에 모여 장엄한 행사를 한다.

농경적 입장에서 보면 이 절기는 한 해를 마무리 짓는 가장 중요한 추수 절기인 가을 실과 추수기에 지키는 과실제이며, 신앙적 회고로 보면 하나님과 백성 사이의 계약 갱신 시기이다. 이 명절의 특수한 점, 곧 사람들이 초막에 거주하는 것은 포도를 거두어들일 때 종일, 그리고 밤에도 포도원에서 지내야 하는 데서 비롯된 듯한데, 이스라엘의 경우에는 이 풍습이 광야 길을 오던 동안에

178) 최인식, 『예수와 함께 걷는 유대교 산책』, 143.
179) 양력 구월 중순 이후. 에다님(Ethanim)월은 바빌론 포로기 이후 티쉬리월로 바뀌었다.
180) 권혁승, "이스라엘의 3대 명절 연구(III): 초막절", 「기독교와 교육」 4 (부천: 서울신학대학교 기독교교육연구소, 1990), 97.

천막에서 살았던 사실을 기억하는 계기가 되었다.[181]

초막절의 특징은 루라브(לולב)의 전달이었다. 교훈은 이랬다.

> "첫날 너희는 좋은 나무에서 딴 열매를 가져 오고, 또 종려나무 가지와 무성한 나뭇가지와 갯버들을 꺾어 들고, 주 너희의 하나님 앞에서 이레 동안 절기를 즐겨라."(레 23:40)

> 무성한 가지는 도금양(myrtle)으로 보인다. 예배자들은 가운데에 종려가지를, 그리고 양편에는 무성한 가지와 시내버들로 만든 다발인 루라브(문자적으로는 종려가지)를 한 손에 들고 다른 손에는 구변열매(citron) 나무를 들었다. 이 의식에 사용되는 것들은 이스라엘 백성이 광야를 지나 약속의 땅에 이르는 경험과 과정의 상징이었다. 종려가지는 종려나무가 서식했던 계곡과 평지를, 도금양은 산과 비탈의 버드나무와 관목을 상징했다. 갯버들가지는 그들이 마시던 시내를 가리키고, 구변열매는 약속의 땅에서 열리는 과일을 상징하였다. 당연히 어떤 아동이든지 루라브와 구변열매가 상징하는 바를 물었을 것이고, 그 같은 설명은 역사와 하나님의 은총에 대한 언급으로 이어졌을 것이다.[182]

또 유대인들은 장막절의 마지막 날을 큰 구원의 날로 지키며 지난해의 죄를 용서받을 수 있는 마지막 사죄의 날이자 기쁨의 날로 믿었다. 나팔을 불며 찬양하고, 종려나무를 흔들고 춤을 추었다.

또 장막절에는 제단에 희생 제물을 드리고 평상시에 붓던 포도주 대신 물을 부었다. 제사장들은 날마다 실로아 못('수로')에서 물을 길어 매일 아침 번제를 드릴 때 사용하였다. 이는 장막절이 지난 후 밀, 보리의 파종기가 다가오므로 비를 기원하는 뜻이 있다. 이때 제사장과 레위인, 그리고 절기를 지키기 위해 예루살렘에 올라온 사람들은 "너희가 구원의 우물에서 기쁨으로 물을 길을 것이다."(사 12:3)라는 찬양을 하였다. 요한복음 7장에 나오는 예수의 말씀은 이 초막절의 물 붓기 행사와 관련이 있다.

> "명절의 가장 중요한 날인 마지막 날에, 예수께서 일어서서, 큰 소리로 말씀하셨다. '[183]목마른 사람은 다 나에게로 와서 마셔라. 나를 믿는 사람은, 성경이 말한 바와 같이, 그의 배에서 생수가 강물처럼 흘러나올 것이다.'"(요 7:37~38)

---

181) "초막절", 용어해설, 『해설·관주 성경전서,"』, 59.

182) Barclay, *Educational Ideals in the Ancient World*, 20-21.

183) 또는 '목마른 사람은 다 나에게로 오너라. 38. 나를 믿는 사람은 마셔라. 성경에…'

모세는 고별 설교에서 매 칠 년 마지막 해, 곧 정기 면제년의 초막절에 모든 이스라엘 사람들을 모아 율법을 선포하라고 명했다(신 31:1~13). 초막절에 이스라엘 모든 사람 앞에서 율법을 읽어 들려주는 것도 교육의 기회였다(신 31: 10, 11). 솔로몬의 성전이 봉헌된 후 성전에서 제일 처음 지킨 절기가 초막절이었다. 이때 이스라엘 모든 족속의 족장들이 소집되었고 엄청난 규모의 축제가 벌어졌다(대하 8:13). 또 바빌론 포로에서 돌아온 후 느헤미야 시대에 초막절이 지켜졌다. 이는 여호수아 이후 최대의 초막절이었다(느 8:16~17). 에스라는 그 칠 일 기간 동안 매일 율법을 낭독하였고 팔 일째에는 성회를 베풀었다(느 8:18).

이 날을 명절의 큰 날로 축하하는 이유 중에는 '심하토라'라는 의식이 있었기 때문이다. 이 의식은 탈무드 시기 이후에 생긴 의식이기는 하지만 이 날에 회당에서 매년 한 차례씩 읽게 되는 토라 읽기가 끝이 나고 새로 시작하는 날을 축하하는 의식이다. 토라의 마지막 부분을 읽는 사람을 '하탄 토라'(토라의 신랑)라 불렀고, 새로 시작하는 토라의 첫 부분을 읽는 사람을 '하탄 브레쉬트'(창세기의 신랑)라고 하였다. 토라 읽기를 마친 후에 이들은 회중을 청하여 춤과 노래로 축하하는 잔치를 벌였다.[184]

[그림26] 〈종려나무와 버드나무 가지로 만든 루라브〉

184) 권혁승, "이스라엘의 3대 명절 연구(III): 초막절", 99.

수 있다. 신명기에서는 매 7년마다 이스라엘 백성에게 율법을 낭독하여 듣게 하라고 하였다(신 31:10~11). 이것은 율법을 가르쳐 지키게 하려는 교육적 의도도 있지만, 율법이 근본적으로 계약법이란 성격을 고려하면 이는 하나님과의 언약 갱신의 의미도 있다고 할 수 있다. 레위기 23장 39절과 사사기 21장 19절에는 초막절을 '주님의 축제'라고 부르고 있다. 이는 초막절이 여호와의 언약을 갱신하는 절기였기 때문에 그렇게 부른 것으로 보인다. 느헤미야 8장 역시 초막절에 율법이 낭독되는데, 하나님과의 언약 갱신을 의미하는 것이라 할 수 있다.[185] "율법의 기쁨"으로 알려진 축제가 초막절 팔 일째 되는 날에 행해졌다.[186] 유월절이 해방을 나타낸다면, 초막절은 율법에 대한 새로운 이해를 나타낸다. 곧 두 가지 축제는 자유와 율법을 나타낸다.[187]

쉐릴은 이와 같은 절기들이 의미 있는 교육 방식이었다고 하며 그 원리를 두 가지로 말한다. 하나는 종교 의식은 자녀들의 호기심을 유발시켜서 학습을 시킨다. 예를 들어, 안식일 등잔(Sabbath Lamp)이 일주일에 한 번씩 밝혀질 때, 또한 유월절에 먹던 빵이 누룩 없는 빵으로 바뀔 때 아이들은 궁금해서 물을 것이다.

> "여러분의 아들딸이 여러분에게 '이 예식이 무엇을 뜻합니까?' 하고 물을 것입니다." (출 12:26)

> "뒷날 당신들 아들딸이 당신들에게 묻기를, 무엇 때문에 이런 일을 하느냐고 하거든"(출 13:14)

> "훗날 당신들 자손이 그 돌들이 지닌 뜻이 무엇인지를 물을 때에"(수 4:6)

종교적 내용은 추상적이나 의식을 통해 구체화됨으로써 그 내용을 이해할 수 있었다는 것이다. 뿐만 아니라 학습자들이 직접 의식에 참여함으로써 의식 자체를 배울 수 있었다.

다른 하나의 원리는 의식 자체가 예언자와 제사장 사이의 긴장 가운데서 새로운 해석을 해나갈 수 있는 교육의 자료가 되었다는 것이다.[188]

"여러분은 그들에게 '이것은 주님께 드리는 [189]유월절 제사다. 주님께서 이집트 사람

---

185) 권혁승, "이스라엘의 3대 명절 연구(III): 초막절", 95-96.
186) Sherrill, *The Rise of Christian Education*, 44.
187) Sherrill, *The Rise of Christian Education*, 45.
188) Sherrill, *The Rise of Christian Education*,, 38-40. 그것은 마치 신약 시대 바리새인과 사두개인의 갈등과 유사하다.

을 치실 때에, 이집트에 있던 이스라엘 자손의 집만은 그냥 지나가셔서, 우리의 집들을 구하여 주셨다' 하고 이르십시오."(출 12:27)

"그 날에 당신들은 당신들 아들딸들에게, '이 예식은, 내가 이집트에서 나올 때에, 주님께서 나에게 해주신 일을 기억하고 지키는 것이다' 하고 설명하여 주십시오. 뒷날 당신들 아들딸이 당신들에게 묻기를, 무엇 때문에 이런 일을 하느냐고 하거든, 당신들은 아들딸에게 이렇게 일러주십시오. '주님께서 강한 손으로 이집트 곧 종살이하던 집에서 우리를 이끌어 내셨다. 그때에 바로가 우리를 내보내지 않으려고 고집을 부렸으므로, 주님께서, 처음 난 것을, 사람뿐만 아니라 이집트 땅에 있는 모든 처음 난 것을 죽이셨다. 그래서 나는 처음 태를 열고 나온 모든 수컷을 주님께 제물로 바쳐서, 아들 가운데에서도 맏아들을 모두 대속하는 것이다.'"(출 13:8, 14~15).

"나중에 당신들의 자녀가, 주 당신들의 하나님이 당신들에게 명하신 훈령과 규례와 법도가 무엇이냐고 당신들에게 묻거든, 당신들은 자녀에게 이렇게 일러주십시오. '옛적에 우리는 이집트에서 바로의 노예로 있었으나, 주님께서 강한 손으로 우리를 이집트에서 이끌어 내셨다. 그때에 주님께서는 우리가 보는 데서, 놀라운 기적과 기이한 일로 이집트의 바로와 그의 온 집안을 치셨다. 주님께서는 우리를 거기에서 이끌어 내시고, 우리의 조상에게 맹세하신 대로, 이 땅으로 우리를 데려오시고, 이 땅을 우리에게 주셨다. 주님께서 우리에게 이 모든 규례를 명하여 지키게 하시고, 주 우리의 하나님을 경외하게 하셨다. 우리가 그렇게만 하면, 오늘처럼 주님께서 언제나 우리를 지키시고, 우리가 잘 살게 하여 주실 것이다. 우리가 주 우리의 하나님 앞에서, 그가 우리에게 명하신 대로 이 모든 명령을 충실하게 지키면, 그것이 우리의 의로움이 될 것이다.'"(신 6:20~25)

"이것이 당신들에게 기념물이 될 것입니다. 훗날 당신들 자손이 그 돌들이 지닌 뜻이 무엇인지를 물을 때에, 주님의 언약궤 앞에서 요단 강 물이 끊기었다는 것과, 언약궤가 요단강을 지날 때에 요단 강 물이 끊기었으므로 그 돌들이 이스라엘 자손에게 영원토록 기념물이 된다는 것을, 그들에게 말해 주십시오."(수 4:6~7)

히브리의 종교 의식에서 볼 수 있는 교육적 내용은 첫째, 학습이 경험적이었다는 것이다. 번제, 짐승 제물, 추수 등은 보고 듣고 만지고 맛보고 냄새 맡는 오감을 불러일으켰다. 초막절 등은 일상생활과 노동을 중지하고 완전히 다른 생활을 경험하는 절기였다. 둘째, 학습이 공동체에서 일어났다. 유월절은 가족적으로 지켜졌고 여기에 아이들이 자유롭게 참여하도록 했다. 다른 절기들도 국가적으로 행해졌다. 셋째, 학습은 하나님이 민족의 근거요 지탱시키시는 분이

189) '유월절(페사크)'과 '지나가다(파사크)'가 같은 어원에서 나옴.

라는 데 초점을 맞추었다. 축재들은 언약을 갱신하고 다시 뿌리인 하나님께 돌아가 시작하도록 하는 것이었다. 축제에서 율법이 낭독되고 가르치는 것이 놀라운 일은 아니었다.

> "모세가 이 율법을 기록하여, 주님의 언약궤를 메는 레위 자손 제사장들과 이스라엘의 모든 장로에게 주었다. 모세가 그들에게 명령하였다.
> '일곱 해가 끝날 때마다, 곧 빚을 면제해 주는 해의 초막절에, 온 이스라엘이 주 당신들의 하나님을 뵈려고 그분이 택하신 곳으로 나오면, 당신들은 이 율법을 온 이스라엘 백성 앞에서 읽어서, 그들의 귀에 들려주십시오. 당신들은 이 백성의 남녀와 어린 아이만이 아니라 성 안에서 당신들과 같이 사는 외국 사람도 불러 모아서, 그들이 율법을 듣고 배워서, 주 당신들의 하나님을 경외하며, 이 율법의 모든 말씀을 지키도록 하십시오. 당신들이 요단 강을 건너가서 차지하는 땅에 살게 될 때에, 이 율법을 알지 못하는 당신들의 자손도 듣고 배워서, 주 당신들의 하나님을 경외하게 하십시오.'"(신 31:9~13)

마지막으로, 축제만이 아니라 학습은 그들의 다양한 요구와 더불어 전체 삶을 포괄하는 것이었다. 정교한 축하 예식을 통해 이스라엘 사람들은 그들의 미약한 시작을 기억했고(유월절), 하나님의 지켜주시는 은혜를 축하했으며(칠칠절), 정결케 하고 (속죄일), 한 예배를 통해 정규적으로 자신을 깨끗케 했다(안식일, 초하루축제).[190]

190) Siew, "Hebrew Education through Feasts and Festivals," 325.

Ⅳ. 지혜

고대 이스라엘에서 보다 확신 있게 소위 교육이라고 부를 수 있는 형태를 찾아볼 수 있는 곳은 구약성서의 성문서들이다. 잠언을 필두로 욥기와 전도서, 그리고 시편 등에서 이스라엘의 지혜교육을 엿볼 수 있다. 구약성서에서 지혜에 대한 가르침은 소위 지혜문헌을 통하여 가르쳐진다. 지혜문헌은 성경 안에서는 잠언, 전도서가 있고, 외경에서는 집회서와 지혜서가 있다. 그밖에도 일련의 시편이 있다. 이를테면, 37; 49; 112; 127; 128; 133편들이다. 그리고 지혜론의 인생관에 대해 비판적인 욥기에서도 욥의 친구들이 하는 말 가운데 지혜론의 교훈이 가득하다.[191]

1. 지혜의 의미

구약성서에서 지혜(호크마)는 여러 의미로 사용되었다. '현명함', '이해력', '영리함', '능숙함', '통찰' 등의 의미로 사용되었을 뿐만 아니라, 사람에게도 적용되었다. '근면한 사람', '특별한 기술이 있는 사람', '예의 있게 행동하는 사람', '능력이 있는 사람' 등을 지혜 있는 자라고 하였다.

역사적으로 지혜는 변천을 겪어왔다. 처음에 지혜는 가족이나 부족의 전승을 잇는 것이었다. 이 경우 지혜는 선조들의 삶의 경험으로부터 나온 것으로, 후손들에게 번영과 발전을 가져다 줄 수 있는 유익한 지식이나 교훈을 말한다. 왕정시대에 지혜는 통치체제의 질서와 왕권의 강화, 그리고 국력 강화에 봉사하는 역할을 했다. 처음에는 이집트나 메소포타미아와 같은 이웃 국가와의 교류에 종사하는 관리들에 대해서, 이어서 궁정의 관리들이나 고문관들(counselors)을 양성하는 교육기관에서, 그리고 나중에는 전문서기관들의 그룹으로 이루어진 현자들(sages)에 대해 사용하게 되었다.

성서적 지혜의 독특한 개념은 신비한 여인, 아마 은유적으로 인격화된 지혜를 포함한다.[192] 이 비상한 인물은 여신 이시스와 마아트와 유사성이 있는 것 같다. 그녀는 어린 소년에게 직접 말하는데, 충고하고 동시에 잠언 8장 22~31절, 집회 24,[193] 그리고 지혜서[194] 7장 25~26절에서 천상의 기원을 자랑한다.

---

191) 『해설·관주 성경전서,"』, 998.
192) Crenshaw, "Education, OT," 199.

"주님께서 일을 시작하시던 그 태초에, 주님께서 모든 것을 지으시기 전에,
이미 주님께서는 195)나를 데리고 계셨다.
영원 전, 아득한 그 옛날, 땅도 생기기 전에, 나는 이미 196)세움을 받았다.
아직 깊은 바다가 생기기도 전에, 물이 가득한 샘이 생기기도 전에,
나는 이미 태어났다.
아직 산의 기초가 생기기 전에, 언덕이 생기기 전에,
나는 이미 태어났다.
주님께서 아직 땅도 들도 만들지 않으시고, 세상의 첫 흙덩이도 만들지 않으신 때이다.
주님께서 하늘을 제자리에 두시며, 깊은 바다 둘레에 경계선을 그으실 때에도, 내가 거기에 있었다.
주님께서 구름 떠도는 창공을 저 위 높이 달아매시고, 깊은 샘물을 솟구치게 하셨을 때에,
바다의 경계를 정하시고, 물이 그분의 명을 거스르지 못하게 하시고, 땅의 기초를 세우셨을 때에,
나는 그분 곁에서 창조의 명공이 되어, 날마다 그분을 즐겁게 하여 드리고, 나 또한 그분 앞에서 늘 기뻐하였다.
그분이 지으신 땅을 즐거워하며, 그분이 지으신 사람들을 내 기쁨으로 삼았다."(잠언

---

193) "지혜는 스스로 자신을 찬미하고,
군중들 속에서 자기의 영광을 드러낸다.
지혜는 지극히 높으신 분을 모신 모임에서 입을 열고,
전능하신 분 앞에서 자기의 영광을 드러낸다.
'나는 지극히 높으신 분의 입으로부터 나왔으며 안개와 같이 온 땅을 뒤덮었다.
나는 높은 하늘에서 살았고 내가 앉는 자리는 구름기둥이다.
나 홀로 높은 하늘을 두루 다녔고 심연의 밑바닥을 거닐었다.'"
(집회 24:1-5).

194) 지혜서(The Wisdom of Solomon). 구약성서 외경(外經) 중의 한 권. 주전 50년경. 정식명칭은 《솔로몬의 지혜》이다. 가톨릭에서는 제2정경으로 채택하였으며, 《공동번역성경》(외경부)에도 들어가고 있다. 《벤시락의 지혜》와 함께 외경의 2대 지혜문학서이다. 저자는 솔로몬 왕이 아니라 주전 50년경 알렉산드리아의 유대인 철학자가 그리스어로 쓴 것으로 보고 있다. 저자는 유대사상과 그리스 사상을 융합시키고자 하였는데, 그리스 철학에서도 분명히 신의 초월성과 인간의 영생, 영혼의 선재를 말하고 있다. 19장으로 이루어져 있으며, 3부(2부·4부 분류설도 있다)로 나뉘어져 있다. 제1부(제1-5장)에서는 의인과 악인의 운명을 다루어, 신에 바탕을 둔 지혜와 신 없는 현세의 지혜와의 대립에 관하여 말하고 있다. 제2부(제6-9장)에서는 신의 지혜가 어떤 것이라는 것을 설명하고, 지혜에 관한 미덕을 서술하고 있으며, 제3부(제10-19장)에서는 지혜가 이스라엘의 역사상에서 보여준 기적을 말하고, 형벌의 이론을 설명, 우상숭배와 이에 따라 죽을 수밖에 없는 악을 책망한다. 이 책은 사도 바울로나 《히브리인들에게 보낸 편지》의 저자에게도 영향을 미쳤다(고후 8:1-4; 히 1:3, 9:15). [출처] 두산백과.

195) 히, '카나니'. 아퀼라역과 심마쿠스역에는 '나를 소유하고 계셨다'. 칠십인 역과 시리아어역과 타르굼에는 '나를 낳으셨다'. '나를 창조하셨다'.

196) 또는 '형성되다' 또는 '만들어지다'.

8:22~31)

"지혜는 하느님께서 떨치시는 힘의 바람이며 전능하신 분께로부터 나오는 영광의 티 없는 빛이다. 그러므로 티끌만한 점 하나라도 지혜를 더럽힐 수 없다. 지혜는 영원한 빛의 찬란한 광채이며 하느님의 활동력을 비쳐 주는 티 없는 거울이며 하느님의 선하심을 보여주는 형상이다."(지혜 7:25~26)

그러나 다니엘 J. 에스테스(Daniel J. Estes)는 지혜문헌 특히 잠언에 대한 근동 국가의 영향에 대해 어휘나 개념을 빌려왔을 수 있으나 그것을 이스라엘 자신의 세계관에 맞도록 적용했다고 주장한다.[197] 포로기와 포로 후기에 지혜는 하나님의 통치와 하나님 백성의 고통에 대한 회의로부터 전도서와 욥기 등의 문헌이 산출되면서 인생 경험 일반에 대한 반성으로 나타난다.[198] 그러나 잠언에는 율법이나 역사에서의 하나님의 행동 등에 대한 언급이 드문데, 그 이

---

197) Daniel J. Estes, *Hear, My Son: Teaching & Learning in Proverbs 1-9* (Grand Rapids, MI: Eerdmans, 1997). 21.

198) 집회서의 경우, 지혜에 관한 내용은 다음과 같다. ① 지혜의 본질/ "주님을 경외하는 것이 지식의 근본이어늘"(잠언 1:7); "주님을 두려워함이 지혜의 시작이며"(집회 1:14); "주님을 두려워함이 지혜의 성숙이며 … 주님을 두려워함이 지혜의 완성이며 … 지혜는 주님을 두려워함에 그 뿌리를 박고"(집회 1:16, 18, 20). ② 지혜와 계명 준수/ "모든 인간에게 지혜를 너그러이 내리시고 특히 당신을 사랑하는 사람들에게 지혜를 풍부히 나누어주신다. 지혜를 원하거든 계명을 지켜라. 주님께서 지혜를 주시리라."(집회 1:10, 26) ③ 지혜를 얻기 위한 성실함/ "지혜는 처음에 그를 험난한 길로 인도한다. 그를 믿게 될 때까지 법으로 그를 시험하여 무서운 공포심을 안겨주고 규율로 그를 괴롭힌다. 네 발을 지혜의 족쇄로 채우고 네 목에 지혜의 칼을 써라. 네 등을 구푸려 지혜의 짐을 지고 그 속박에 짜증내지 말아라."(집회 4:17; 6:24-25); "지혜는 문자 그대로 지혜라, 아무나 터득하는 것은 아니다."(집회 6:22) ④ 지혜와 어리석음/ "어리석은 자의 마음은 깨진 그릇과 같아서 아무런 지식도 담을 수 없다."(집회 21:13-14). ⑤ 지혜와 정의/ "만일 사람이 지혜의 길을 빗나가면 지혜는 그를 버리고 멸망의 손에 내맡기리라."(집회 4:19) ⑥ 이스라엘과 지혜/ "나는 이 모든 것들 틈에서 안식처를 구했으며 어떤 곳에 정착할까 하고 찾아다녔다. 온 누리의 창조주께서 나에게 명을 내리시고 나의 창조주께서 내가 살 곳을 정해 주시며, '너는 야곱의 땅에 네 집을 정하고 이스라엘에서 네 유산을 받아라.' 하고 말씀하셨다. 그분은 시간이 있기 전에 나를 만드셨다. 그런즉 나는 영원히 살 것이다. 그분이 계신 한 장막 안에서 나는 그분을 섬겼다. 이렇게 해서 나는 시온에 살게 되었다. 주님은 사랑하시는 이 도읍에 나의 안식처를 마련하셨고, 예루살렘을 다스리는 권한을 주셨다. 주님께서 고르시어 차지하시고, 영광스럽게 만드신 그 백성 안에 나는 뿌리를 내렸다."(집회 24:7-12) ⑦ 지혜의 대가/ "지혜를 따르는 사람의 삶은 안전하리라."(집회 4:15); "가난해도 지혜 있는 사람은 떳떳하게 다닐 수 있으며 고귀한 인물들과 자리를 같이할 수 있다."(집회 11:1); "지혜는 그 열매로 사람들을 흡족케 한다. 지혜는 그들의 집안을 재물로 그득 차게 하고 그들의 곳간을 곡물로 채워준다."(집회 1:16-17); "너는 그 지혜에게서 마침내 안식을 얻고 그 지혜는 너에게 기쁨이 되어주리라. 그때 지혜의 족쇄는 너에게 견고한 방패가 되고 네 목에 쓴 칼은 영광스런 의상이 되리라. 지혜의 멍에는 황금의 장식이 되고 그 밧줄은 고귀한 옷술이 된다. 네가 지혜를 영광의 예복처럼 입을 것이요, 빛나는 왕관처럼 머리에 쓸 것이다."(집회 6:28-31)

유는 이 같은 내용을 부정하는 것이라기보다는 이미 청중들이 이 같은 신학은 인지하고 수용하고 있었기 때문이다.[199)]

> "이렇듯 이스라엘 역사의 변천과 더불어 호크마는 다양한 삶의 상황과 대결하였으며 그때마다 주어진 의미의 변화와 갱신을 거치게 된다. 그러나 그러한 모든 과정에 있어서 일관되게 고백되어진 정신이 있으니 그것이 바로 '여호와 경외'의 지혜자적 삶의 태도이다. 잠언서 1장 7절에서 대표적으로 선포된 경건한 지혜의 메시지는 삶의 근본적 반성이 가해지는 욥기와 전도서에 있어서도 변함없이 중심 메시지로서 자리하고 있었다(욥 28:28; 전 12:13)."[200)]

2. 지혜의 변천

안근조는 지혜교육이 "주님을 경외하는 것이 지혜의 근본이요"(잠 9:10)라는 여호와 경외신앙에 뿌리를 두고 있기 때문에 동일한 성격의 쉐마로 시작된 토라교육의 연장으로 본다.[201)] 그는 결국, 에스라 7장 14절("그대가 잘 아는 하나님의 율법에 따라서")과 에스라 7장 25절("하나님이 그대에게 주신 지혜를 따라")을 근거로, 포로후기 에스라 시대에 이르러 율법과 지혜가 동일시되었다고 말한다.[202)]

> "구약성서의 지혜서를 중심으로 하는 *호크마* 전승의 화두는 '여호와 경외'이다. *쉐마*로 대표되는 율법전승에서 '여호와 사랑'(신 6:5)을 강조한 것과는 대조적이다. 한편으로, *쉐마* 선포는 순전한 여호와 사랑을 통하여 하나님의 계약백성으로서의 합당한 존재로 살아가라는 요구이다. 다른 편으로, *호크마* 가르침은 창조세계와 인간사회에 충만한 하나님의 섭리를 깨닫고 복된 삶을 영위하기 위해서는 창조주 하나님을 경외해야 함을 역설한다."[203)]

쉐마로 대표되는 율법이 언약관계에서의 이스라엘 백성의 의무를 말한다면, 지혜는 구속 받은 이스라엘 백성이 하나님께서 지으신 이 세상의 질서를 이해

---

199) Estes, *Hear, My Son*, 21.
200) 안근조, "구약성서의 '쉐마'와 호크마", 176-77.
201) 안근조, "구약성서의 '쉐마'와 호크마", 166.
202) 토라와 지혜의 연합이 가능했던 이유는 지혜 전승 역시 하나님과의 계약 사상을 근거로 한 토라에 기반할 수밖에 없고, 율법 전수의 책임이 있던 레위인 중심의 서기관들의 지혜문헌 중심의 도덕적 가르침을 동시에 담당하였기 때문이다. 안근조, "구약성서의 '쉐마'와 호크마", 181.
203) 안근조, "구약성서의 '쉐마'와 호크마", 177-78.

하여 풍성한 행복을 누리도록 하는 데 있다. 여기서 지혜는 하나님이 창조하신 자연과 세계의 원리와 비밀을 드러내는 계시의 역할을 하게 되는데, 하나님을 경외하고 순종하는 자들에게 그 감추어진 것들, 즉 하나님의 섭리가 드러나, 삶 속에서 충만한 생명과 부귀와 명성을 얻게 된다는 것이다.[204]

이스라엘의 지혜론은 형식과 내용 면에서 역사적 변천 과정을 거친다.

문헌 이전 단계. 이 시기에 지혜는 삶에서 문제에 부딪쳤을 때의 지혜로운 처리에 대한 내용으로, 대중적인 속담이나 원칙의 형식으로 표현되었다. 특히 잠언 10~22장과 25~29장에서 그렇다. 일반적으로 이런 잠언 묶음들은 모범적 지혜자인 솔로몬 왕이 지은 것으로 알려져 있다.[205]

지혜론 전통의 시작 시기. 이스라엘에 애굽과 바빌론 등 중동의 이웃 민족들의 생활양식이 영향을 끼치던 다윗과 솔로몬 시대에 지혜는 사회지도층의 중요한 교육 및 훈련의 수단이었다. 이로써 지혜론의 전통이 생겨나기 시작했고 이 전통은 왕궁에서 임금에게 조언을 해야 했던 왕궁의 관리들에 의해 이어졌다. 이 시기의 지혜 교육의 내용은 신앙과 이스라엘 공동체 안에서의 삶이었다.

> "주님을 경외하는 것이 지식의 근본이어늘, [206]어리석은 사람은 지혜와 훈계를 멸시한다."(잠 1:7)

> "주님을 경외하는 것이 지혜의 근본이요, 하신 이를 아는 것이 슬기의 근본이다."(잠 9:10)

> "[207]주님을 경외하라는 것은 지혜가 주는 훈계이다. 겸손하면 영광이 따른다."(잠 15:33)

> "주님을 경외하는 것이 지혜의 근본이다. 주님의 계명을 지키는 사람은 바른 깨달음을 얻으니, 영원토록 주님을 찬양할 일이다."(시 111:10 참조)

---

204) Richard J. Clifford, *The Wisdom Literature* (Nashville: Abingdon Press, 1998), 50. 안근조, "구약성서의 '쉐마'와 호크마", 78 재인용.

205) 『해설·관주 성경전서,"』, 998

206) '어리석은 사람'으로 번역된 히브리어 '에빌림'은 잠언 전체와 구약의 여러 곳에서 도덕적 결함이 있는 사람을 가리킴. 단순히 '둔한 사람'과 구별됨.

207) 또는 '지혜는 주님을 경외하라고 가르친다' 또는 '주님을 경외하면 지혜를 배운다.'

또한 지혜의 내용은 삶에서의 관계에 대한 것들이었다.

1) 자기 자신

"좀처럼 성을 내지 않는 사람은 매우 명철한 사람이지만, 성미가 급한 사람은 어리석음만을 드러낸다. 마음이 평안하면 몸에 생기가 도나, 질투를 하면 뼈까지 썩는다." (잠 14:29~30)

"화를 쉽게 내는 사람은 다툼을 일으키지만, 성을 더디 내는 사람은 싸움을 그치게 한다."(잠 15:18)

"성급한 사람과 사귀지 말고, 성을 잘 내는 사람과 함께 다니지 말아라."(잠 22:24)

2) 타인

"지혜가 없는 사람은 이웃을 비웃지만, 명철한 사람은 침묵을 지킨다."(잠 11:12)

3) 여자

"지혜가 너를 음란한 여자에게서 건져 주고, 너를 꾀는 부정한 여자에게서 건져 줄 것이다. 그 여자는 젊은 시절의 짝을 버리고, 208)하나님과 맺은 언약을 잊은 여자이다. 그 여자의 집은 죽음에 이르는 길목이요, 그 길은 죽음으로 내려가는 길이다. 그런 여자에게 가는 자는 아무도 되돌아오지 못하고, 다시는 생명의 길에 이르지 못한다."(잠 2:16~19)

4) 돈

"자기의 재산만을 믿는 사람은 넘어지지만, 의인은 푸른 나뭇잎처럼 번성한다."(잠 11:28)

이 같은 관계에서 어리석게 되지 않으려면 인간에 대한 이해를 바탕으로 사리를 따져 보아야한다. 지혜로운 삶을 살기 위한 통찰력을 얻기 위한 요령은 지혜로워야 하며, 선과 악, 복과 화의 관계를 이해해야 하며, 사람의 현실적인 한계와 하나님의 현실적인 실재를 염두에 두는 것이며, 이 같은 내용들을 무시하는 자는 어리석은 자로 여겨졌다.[209] 그래서 잠언의 인식론을 경험에 두었다고 볼 수 있다. 그러나 잠언은 그 경험 이상이다.

잠언은 지식(knowledge)(또는 지혜[wisdom], 이해[understanding][210])에 큰

---

208) 또는 '하나님 앞에서 맺은 언약'.
209) 『해설·관주 성경전서,"』, 998.

관심을 갖는다. 하지만 지식이 어떻게 형성되고, 어디서부터 오는지, 그리고 지식의 진위에 대한 증명 등에는 관심이 없다. 그럼에도 불구하고 잠언에는 지식이 무엇이며, 그 근거가 무엇인지를 묻는 인식론이 있다.[211] 즉 잠언은 어떤 것은 옳고 어떤 것은 그르다고 구별하는 수단, 즉 비록 반성적이지 않고 체계적이지 않지만 엄연한 인식론이 있다.

마이클 폭스(Michael Fox)에 따르면, 잠언의 인식론은 일반 철학의 인식론 중 하나인 경험론, 즉 모든 지식은 감각경험으로부터 온다는 주장과는 다르다.[212] 얼핏 보면 잠언의 지혜는 경험적인 것처럼 보인다. 왜냐하면 잠언의 말들은 대체로 일상생활에 관한 것이기 때문에 잠언의 지혜가 일상생활에 바탕을 두었고 경험에 대한 반성으로 보이기 때문이다. 여기에 현자들은 지혜의 근원으로 신적 계시에 대해서나 전통을 들먹이지 않고 있기 때문이다. 그들은 오직 관찰을 지식의 근원으로 본다. 그들은 세계를 바라보고, 유익한 것과 해로운 것을 살펴 잠언과 경구 형태로 말한다.

일부 잠언들이 경험에 근거하고 있기 때문에 지혜의 근원을 경험주의에서 찾으려 할 수 있다. 잠언의 여러 구절이 경험에 바탕을 둔 듯하다. "미움은 다툼을 일으키지만, 사랑은 모든 허물을 덮어 준다."(잠 10:12)와 같은 주장은 다른 사람을 다루는 사람을 관찰한 것이라는 것을 상식적으로 알 수 있다. 왕의 저주의 위험과 그것을 진정시키는 지혜("슬기로운 신하는 왕의 총애를 받지만, 수치스러운 일을 하는 신하는 왕의 분노를 산다."[잠 14:35]; "왕의 진노는 저승사자와 같지만, 지혜로운 사람은 왕의 진노를 가라앉힌다."[잠 16:14]; "왕의

---

210) 잠언에서 실제로 동일한 개념인 지식과 이해에 대해 사용되는 용어는 다양하다. 가장 중요한 지혜 용어는 "지혜", "이해", "분별", "지식", 그리고 때로는 "고려"보다는 "신중함", "분별"을 의미한다, 이 용어들은 뉘앙스나 통사 제약 때문에 학자들 사이에서 구별되어 사용되기도 한다 (Michael V. Fox, *Proverbs 1-9: A New Translation with Introduction and Commentary* [AB 18A; Garden City, NY: Doubleday, 2000], 28-43) and Nili Shupak, *Where Can Wisdom Be Found? The Sage's Language in the Bible and in Ancient Egyptian Literature*, OBO 130 [Göttingen: Vandenhoeck & Ruprecht, 1993], 31-53). 하지만 이 지혜관련 용어들은 실용적 동의어로 기본적으로 동일한 사상을 전달하며, 적어도 잠언에서는 동일한 현상을 나타낸다. 지혜가 의인화될 경우는 다른 몇 가지 다른 이름으로 불린다. "지혜가 길거리에서 부르며, 광장에서 그 소리를 높이며"(1:20); "지혜가 부르고 있지 않느냐?"(8:1상); "명철이 소리를 높이고 있지 않느냐?"(8:1하); "내게는 지략과 건전한 지혜가 있으며, 명철과 능력이 있다."(8:14)

211) 인식론은 철학의 일부분이며 인식·지식의 기원·구조·범위·방법 등을 탐구하는 학문. 이것이 문제로 삼는 것은 인식이 성립하는 기원, 인식의 과정이 취하는 형식과 방법, 진리라는 것은 무엇을 의미하는가 등에 대한 고찰이다.

212) Michael Fox, "The Epistemology of the Book of Proverbs," *Journal of Biblical Literature* 126:4 (Winter 2007), 669-84.

분노는 사자가 소리 지르는 것과 같고, 그의 은혜는 풀 위에 내리는 이슬과 같다."[잠 19:12]; "왕의 노여움은 사자의 부르짖음과 같으니, 그를 노하게 하면 목숨을 잃는다."[잠 20:2])는 궁정관리가 우선적으로 배워야 할 어떤 것, 어려운 길 같다. 보증을 서는 것에 대한 경고("[213]아이들아, 네가 이웃을 도우려고 담보를 서거나, 남의 딱한 사정을 듣고 보증을 선다면, 네가 한 그 말에 네가 걸려들고, 네가 한 그 말에 네가 잡힌다. 아이들아, 네가 너의 이웃의 손에 잡힌 것이니, 어서 그에게 가서 풀어 달라고 겸손히 간청하여라. 너는 이렇게 하여 자신을 구하여라. 잠을 자지도 말고, 졸지도 말고 노루가 사냥꾼의 손에서 벗어나듯, 새가 새 잡는 사람의 손에서 벗어나듯, 어서 벗어나서 너 자신을 구하여라."[잠 6:1~5]; "모르는 사람의 보증을 서면 고통을 당하지만, 보증서기를 거절하면 안전하다."[잠 11:15]; "지각없는 사람 서약 함부로 하고, 남의 빚보증 잘 선다."[잠 17:18]; "남의 보증을 선 사람은 자기의 옷을 잡혀야 하고, 모르는 사람의 보증을 선 사람은 자기의 몸을 잡혀야 한다."[잠 20:16]; "이웃의 손을 잡고 서약하거나, 남의 빚에 보증을 서지 말아라."[잠 22:26]; "남의 보증을 선 사람은 자기의 옷을 잡혀야 하고, 모르는 사람의 보증을 선 사람은 자기의 몸을 잡혀야 한다."[잠 27:13])는 경험의 교훈일 것이다. 왜냐하면 그것은 엄격히 말해 도덕이 아닌 지혜의 원리를 가르치기 때문이다.

하지만 경험이 지혜의 인식론적 기초는 아니다. 경험은 게르하르트 폰 라트(Gerhard von Rad)가 강조하듯, 지혜의 직접적 자원이 아니다. 경험은 그것 이전에 이미 형성된 전제를 바탕으로 진행되어 정리된다. 경험적 지식(Erfahrungswissen)은 경험으로부터 구성되는 것이 맞지만 경험을 경험 되게 하는 전제가 없는 경험은 없다. 사람은 나름의 전제를 바탕으로 자기 세계를 구성한다.[214] 경험은 곧바로 지혜로 번역되지 않는다. 예를 들어, 에스겔 18장 2절에 나오는 '아버지가 신 포도를 먹으면, 아들의 이가 시다.'는 말은 그것을 사용하는 사람들의 경험과 일치한다. 즉 주전 597년의 재앙에 여전히 매여 있는 예루살렘 사람들은 그것이 무엇을 의미하는 지 자신들의 경험으로부터 인식했다. 또한 부모의 행동이 자녀들에게 해를, 때로는 비참할 정도의 영향을 끼친다는 사실도 경험을 통해 알 수 있다. 그러나 잠언은 이것을 지혜로 여기지 않는다. 예를 들어, 세대들 사이에 전가되는 징벌 사상은 개인적 보복에 관한 지혜적 견해와 상충된다. 아들들은 자기 아버지의 의로움 때문에 덕을 볼 수 있

213) 히, '내 아들아'. 스승이 제자를 부르는 말.

214) Gerhard von Rad, *Weisheit in Israel* (Gütersloh: Güterslöher Taschenbucher, 1437; 1992), 13.

다.

> "선한 사람의 유산은 자손 대대로 이어지지만, 죄인의 재산은 의인에게 주려고 쌓은 것이다."(잠 13:22)

> "주님을 경외하면 강한 믿음이 생기고, 그 자식들에게도 피난처가 생긴다."(잠 14:26)

> "의인은 흠 없이 살며, 그의 자손이 복을 받는다."(잠 20:7)

욥의 친구들은 역시 전가되는 징벌을 믿었다.

> "어리석은 사람의 뿌리가 뽑히고, 어리석은 자의 집이 순식간에 망하는 것을, 내가 직접 보았다. 그런 자의 자식들은 도움을 받을 데가 없어서, 재판에서 억울한 일을 당해도, 구해 주는 이가 없었고, 그런 자들이 거두어들인 것은, 굶주린 사람이 먹어 치운다. 가시나무 밭에서 자란 것까지 먹어 치운다. 목마른 사람이 그의 재산을 삼켜 버린다."(욥 5:3~5)

> "옛 격언에도 이르기를 '돈에 눈이 멀어 친구를 버리면, 자식이 눈이 먼다' 하였다." (욥 17:5)

> "그 자녀들이 가난한 사람에게 용서를 구할 것이며, 착취한 재물을 가난한 사람에게 배상하게 될 것이다."(욥 20:10)

경험은 공동체적이거나 사회적이거나 혈연적 사실을 옹호하지만 잠언은 개인적 책임을 옹호한다.

> "너희는 '하나님이 아버지의 죄를 그 자식들에게 갚으신다.'하고 말하지만, 그런 말 말아라! 죄 지은 그 사람이 벌을 받아야 한다. 그래야만 그가 제 죄를 깨닫는다."(욥 21:19)

따라서 지혜라는 것은 경험이 아닌 다른 것에 근거하고 있음을 추측할 수 있다. 예를 들어, 잠언 10장 12절은 경험적 바탕이 있어서가 아니라, 그것이 사회적 악을 경고하고 사랑과 화합 등의 인정된 덕들을 확증하고 있다.

> "부정하게 모은 재물은 쓸모가 없지만, 의리는 죽을 사람도 건져낸다."(잠 10:12)

경험주의는 잠언 대부분과는 무관하다. 아래와 같은 잠언들은 경험적 자료로부터 추출되었다고 보기 어렵다.

"주님은 의로운 생명은 주리지 않게 하시지만, 악인의 탐욕은 물리치신다."(잠 10:3)

"의인은 아무런 해도 입지 않지만, 악인은 재난에 파묻혀 산다."(잠 12:21)

"사람의 행실이 주님을 기쁘시게 하면, 그의 원수라도 그와 화목하게 하여 주신다." (잠 16:7)

이 격언들은 현실을 관찰하는 데서 온 경험적 진술이라기보다는 현자들의 신념이라고 보아야 한다. 그것들은 경험적 자료의 추출이 아니라 신앙의 진술이다. 많은 잠언들이 어떤 경험적 바탕에 대한 언급 없이 결과를 주장한다.

"'악을 갚겠다' 하지 말아라. 주님을 기다리면, 그분이 너를 구원하신다."(잠 20:22)

이 경구의 내용이 복수를 벼르고 있는 사람들이 나중에 하나님께서 이기도록 보상하신 수많은 경우를 보고 나온 경험의 진술로 볼 수는 없다.

"부모를 저주하는 자식은 암흑 속에 있을 때에 등불이 꺼진다."(잠 20:20)

누가 자기 부모를 저주하는 경우를 직접 보기는 어렵다. 설사 그런 경우를 보았다 할지라도 그 결과까지, 즉 이 경구대로 죽음을 암시하는 "암흑 속에 있을 때에" 등불이 꺼지는 것을 보기는 어려울 것이다. 이와 같은 내용들은 잠언의 지혜가 인간적 경험을 부정하지는 않지만 그 이상의 신적 존재의 섭리를 믿는 신앙의 진술이요, 권면인 것을 알 수 있다.

지혜론의 체계화 시기. 바빌론 포로기 이후 "지혜는 사람에 대한 하나님의 부르심, 하나님 계시의 중재자, 하나님이 몸소 피조 세계에 주신 법칙, 하나님의 구원이 사람에게 다가서는 '인격', 마침내는 하나님 자신이 나타나신 형태가 되었다.

"나를 얻는 사람은 생명을 얻고, 주님께로부터 은총을 받을 것이다."(잠 8:35)

지혜롭기 위해서는 하나님을 알아야 했다고 하면(잠 1:7) 이제는 지혜가 하

나님에 대한 지식을 주는 존재가 되었다.(잠 2:4~6)

> "주님을 경외하는 것이 지식의 근본이어늘"(잠 1:7상)

> "은을 구하듯 그것을 구하고, 보화를 찾듯 그것을 찾아라. 그렇게 하면, 너는 주님을 경외하는 길을 깨달을 것이며, 하나님을 아는 지식을 터득할 것이다. 주님께서 지혜를 주시고, 주님께서 친히 지식과 명철을 주시기 때문이다."(잠 2:4~6)

전에는 지혜가 일상과 관계된 것이었다면 이제는 세계와 자연과 창조와 구원, 그리고 세계사와 구속사라는 주제와 관련되었다. 이와 같은 내용들은 잠언 8~9장과 욥기 28장에 나타난다.

> "이로써 지혜로운 자는 곧바로 의인이자 하나님을 경외하는 자이고, 경건하지 못한 자이자 죄인은 미련한 자와 같은 뜻이 된다."[215]

지혜론 반성기. 지혜론이 발전하면서 지혜가 마치 삶의 온갖 문제에 대한 처방전이라도 되는 듯 삶을 지나치게 단순하고 소박하게 보는 낙관론에 대해 비판하는 소리가 일어나게 되었는데, 그 대표적인 것이 전도서와 욥기의 일부이다.

사람의 행복과 성공이 그 사람의 행위에 달려있다는 지혜론의 전통에 대해 전도서는 회의적이다. 현실이 그렇지 않기 때문이다. 선한 사람도 불행할 수 있으며 악한 사람도 성공할 수 있다. 사람은 한평생 행복할 수 없으며 더구나 죽으면 모두 그만이다. 전도서는 인간의 이와 같은 곤궁 속에서 삶의 온전한 의미에 대해 이해하려고 애쓰지 말고 오히려 삶의 주인이신 하나님께 삶을 위탁할 것을 권하고 있다. 하나님께서 삶 가운데 행하시는 일들을 인정하고 전폭적인 신뢰와 기쁨을 누리라고 한다.[216]

> "전도자의 판단은 '해 아래'(전 1:3; 2:17~20; 6:12 등)라는 사람의 제한된 생활공간에 관한 것이다. 거기서 전도자는 '하나님이 하시는 일'(전 3:11)을 보는데, 이는 사람의 손길에서 완전히 벗어나 있다. 사람의 지혜와 탐구와 경험과 지식으로써는 이를 밝혀내지 못한다. 전도자가 생각하기로는 사람이 제 '몫'('분복')을 찾고 그로써 하나님의 행하시는 바 가운데서 제자리를 차지할 수 있는 길은 하나님을 경외하는 것(전 3:14; 5:7; 7:18)과 삶에서 좋은 것을 기뻐하는 것(전 2:10; 3:12~13; 5:18)

215) 『해설·관주 성경전서,"』, 999
216) 『해설·관주 성경전서,"』, 1041.

둘밖에 없다."[217]

3. 지혜의 길

지혜로운 자가 되려면 어디서부터 시작해야 하는 것일까. 지혜롭기 위해 이리저리 궁리를 한다. 어차피 인간의 성취는 이성이라는 손아귀를 벗어날 수 없다고 생각하기 때문이다. 지혜는 은금이나 철, 구리를 땅 속 깊이 파고 들어가 캐내듯(욥 28:1~3) 지혜 역시 피나는 이성적 탐구에 의해 찾을 수 있다고 생각한다. 단단한 바위를 깨고 뚫기도 하고, 강의 근원을 찾아내고, 깊고 넓은 바다를 찾아도 지혜는 없다. 지혜는 금은이나, 루비나 사파이어보다 값지다(9~16절). 지혜로의 기회가 될 수 있는 멸망과 죽음을 겪은 자조차 "지혜라는 것이 있다는 말은 다만 소문으로만 들었을 뿐이다"(22절)라고 말한다. 지혜는 노력의 시작이 아닌 끝에서 시작한다. 지혜를 찾기 위해 노력해서가 아닌 그 같은 노력을 그칠 때 지혜가 시작된다.[218] 지혜는 찾으려 하나 숨어 있어 발견할 수 없다. 그래서 전도서는 지혜를 얻었다고 주장하는 모든 현자들을 거짓말쟁이로 본다.

> "하나님이 하시는 모든 일을 두고서, 나는 깨달은 바가 있다. 그것은 아무도 [219]이 세상에서 이루어지는 일을 이해할 수는 없다는 것이다. 그 뜻을 찾아보려고 아무리 애를 써도, 사람은 그 뜻을 찾지 못한다. 혹 지혜 있는 사람이 안다고 주장할지도 모르지만, 그 사람도 정말 그 뜻을 알 수는 없는 것이다."(전 8:17)

하나님께서는 사람들에게 "하나님이 하신 일을 처음부터 끝까지 다 깨닫지는 못하게 하셨"기 때문이다(전 3:11).

> "지혜는 문자 그대로 지혜라, 아무나 터득하는 것은 아니다."(집회 6:22)

더 나아가 그는 쓴다.

> "네가 감당하지 못할 것을 구하지 말고 네 힘에 겨운 것을 좇지 말아라. 하느님께서

217) 『해설·관주 성경전서,』, 1041.
218) Crenshaw, "Education, OT," 204-205.
219) 히, '해 아래'

너에게 명령한 일에만 전념하고 알려주시지 않은 일을 캐내려고 애쓰지 말아라. 힘에 겨운 것을 위하여 헛수고를 하지 말아라. 하느님은 이미 인간의 이해력에 넘칠 정도로 너에게 알려주셨다. 많은 사람들이 자기를 과신하여 미혹에 빠졌고 그 망상 때문에 정도에서 벗어났다."(집회 3:21~24)

그렇다고 이성적 탐구가 무용한 것은 아니다. 이성적 탐구는 지혜가 아닌 지혜의 외부에 드러난 사실들에 머물러야 한다.

"숨겨진 것은 우리 하느님 야훼께서나 아실 일이다. 우리와 우리 자손들이 언제까지나 할 일은 이미 드러난 일이다."(신 29:28, 공동번역 개정판)

지혜에 대한 이성적 탐구의 무능은 지성이 인생의 신비를 결코 설명할 수 없다는 겸손으로 그친다면[220] 지혜는 영원히 사람과 무관한 것이 될 것이다. 지혜는 여전히 올라야 할 고지이다. 지혜의 은폐는 욥기 28장의 정교한 시의 주제이다. 그것은 땅에서 보석을 캐내는 인간의 재주와 지혜가 발견될 수 있다는 사실에 대한 확고한 부정, 하나님에 의한 구원이라는 사실을 병치시킨다. 시는 주장하길 스올과 아바돈조차 지혜에 대해 소문을 엿듣는 것처럼 간접적 지식을 가질 뿐이다.

"그렇다면 지혜는 어디에서 오며, 슬기가 있는 곳은 어디인가?"(욥 28:20)

지혜의 불가해성에도 불구하고 그것은 자연을 통해 드러난다. 크렌쇼는 하나님의 비밀이 드러나는 장소들에 대한 두 가지 표현에 대해 말한다.[221] 그 두 가지는 "모레의 상수리나무"(창 12:6)와 "모레 언덕"(삿 7:1)인데, 크렌쇼는 여기서 '모레'를 장소로 보지 않고 '가르침'으로 본다. 그래서 '모레의 상수리나무'는 '가르침의 상수리나무', '모레 언덕'은 '가르침의 언덕'이 맞다는 것이다. '모레'는 '점괘를 말해주는'이라는 뜻이다.[222] 상수리나무(terebinth)와 언덕 등의 자연물이 하나님의 계시를 드러내어 인간을 가르칠 수 있음을 말해준다.

"그들은, 자기들이 가지고 있는 모든 이방 신상과 귀에 걸고 있는 귀고리를 야곱에게

---

220) Crenshaw, "Education, OT," 205.
221) Crenshaw, "Education, OT," 202.
222) 『해설·관주 성경전서,"』, 27.

가져 왔다. 야곱은 그것들을 세겜 근처 상수리나무 밑에 묻었다."(창 35:4)

[그림27] 피이터 라스트만(Pieter Lastman[1583-1633]) 〈가나안으로 가는 아브라함〉, 1614년.

[그림28] 〈상수리나무〉

우리말로 상수리나무로 번역되어 있지만 우리나라에는 없는 나무다.

키가 2~10m이며 구약시대에는 신성시되었다.

"세겜 성읍의 모든 사람들과 밀로의 온 집안이 세겜에 있는 돌기둥 곁의 상수리나무 아래로 가서 아비멜렉을 왕으로 삼았다.
다시 가알이 말하였다.
'보시오! 사람들이 높은 지대에서 내려오고, 또 한 떼는 므오느님 상수리나무쪽에서 내려오고 있소!'"(삿 9:6, 37)

사람은 동물을 통해서도 배울 수 있다. 하나님께서는 짐승이나 새에게도 지혜를 주셨고 인간은 그것을 보고 배울 수 있다.

"하나님이 우리에게 짐승이나 새가 가진 지혜보다 더 나은 지혜를 주시는데도 하나님께로 돌아가지 않습니다."(욥 35:11)

지혜는 하나님을 통해서 찾을 수 있다.

"하나님은, 지혜가 있는 곳에 이르는 길을 아신다. 그분만이 지혜가 있는 곳을 아신다. 오직 그분만이 땅 끝까지 살피실 수 있으며, 하늘 아래에 있는 모든 것을 보실 수 있다. 그분께서 저울로 바람의 강약을 달아 보시던 그때에, 물의 분량을 달아 보시던 그때에, 비가 내리는 규칙을 세우시던 그때에, 천둥 번개가 치는 길을 정하시던 그때에, 바로 그때에 그분께서, 지혜를 보시고, 지혜를 칭찬하시고, 지혜를 튼튼하게 세우시고, 지혜를 시험해 보셨다. 그런 다음에, 하나님은 사람에게 말씀하셨다. '주님을 경외하는 것이 지혜요, 악을 멀리하는 것이 슬기다.'"(욥 28:23~28)

구약성서의 율법서에서 보았던 쉐마교육과 마찬가지로 지혜(호크마) 교육 역시 야훼 경외와 밀접하게 관련된다.

"주님을 경외하는 것이 지혜의 근본이요."(잠 9:10상)

이 구절은 지혜의 본질은 주님에 대한 경외라고 말한다. 이것의 고밀도적 의미는 지혜는 주님에 대한 신앙이며, 그래서 지혜의 내용은 따로 있는 것이 아니라 주님이 지혜의 내용이고, 주님이 지혜다. 그런데 이 구절을 안근조는 다음과 같이 번역한다.[223]

"지혜(호크마)의 시작은 야훼를 경외하는 것이다."

잠언 9장 10절상을 이렇게 번역할 경우, 지혜의 내용이 무엇인지에 대해 여유가 있게 된다. 하나님 경외가 지혜가 아니고 그것은 다만 지혜의 시작일 따름이며, 그 밖의 다른 지혜의 내용이 전개될 것이다.

4. 지혜의 내용

이스라엘 자녀 교육의 목적은 지혜이다.

현자들에게 중심적인 것은 네 가지 덕의 획득이었다: 자기-통제, 절제, 설득, 그리고

---

223) 안근조의 사역. "히브리어 구절의 순서는 '지혜의 시작'이 '야훼를 경외하는 것'보다 앞서 있다." 안근조, "구약성서의 '쉐마'와 호크마", 166.

> 정직. 첫 번째 덕은 엄청난 정열의 힘(두려움, 염려, 그리고 정욕)을 인식한다. 두 번째 덕, 절제는 관점을 상실할 위험에 처해서, 수사적 과장, 겸손의 고양, 군중의 필요물로서의 과묵에 주어진 문화상 필요한 균형을 제공한다. 세 번째 덕인 달변은 선과 악 둘 다를 위한 말의 설득력 인정이다. 네 번째 덕은 진실함, 특히 재판 상황에서 진리를 전하는 혀의 사용을 보장한다.[224)]

잠언서에서 훈련(discipline)이나 교습(instruction)의 뜻으로 사용되는 교육이란 용어 '무사르'는 성공적인 삶으로서의 지혜를 추구하고 있는데, 그 내용은 빈틈없는 예상, 절제, 순결함, 근면, 진실함, 빈민에 대한 배려, 원수들에 대한 가장 이례적이면서도 거짓 없는 고귀한 자비, 진정한 우정의 가치, 그리고 훌륭한 여성들의 품위를 가르친다.

빈틈없는 예상.

"네 바깥일을 다 해놓고 네 밭일을 다 살핀 다음에, 네 가정을 세워라."(잠 24:27)

절제.

"향락을 좋아하는 사람은 가난하게 되고, 술과 기름을 좋아하는 사람도 부자가 되지 못한다."(잠 21:17)

"너는 술을 많이 마시는 사람이나 고기를 탐하는 사람과는 어울리지 말아라. 늘 술에 취해 있으면서 먹기만을 탐하는 사람은 재산을 탕진하게 되고, 늘 잠에 빠져 있는 사람은 누더기를 걸치게 된다."(잠 23:20~21)

"재난을 당할 사람이 누구며, 근심하게 될 사람이 누구냐? 다투게 될 사람이 누구며, 탄식할 사람이 누구냐? 까닭도 모를 상처를 입을 사람이 누구며, 눈이 충혈될 사람이 누구냐? 늦게까지 술자리에 남아 있는 사람들, 혼합주만 찾아다니는 사람들이 아니냐! 잔에 따른 포도주가 아무리 붉고 고와도, 마실 때에 순하게 넘어가더라도, 너는 그것을 쳐다보지도 말아라. 그것이 마침내 뱀처럼 너를 물고, 독사처럼 너를 쏠 것이며, 눈에는 괴이한 것만 보일 것이며, 입에서는 허튼 소리만 나올 것이다. 바다 한가운데 누운 것 같고, 돛대 꼭대기에 누운 것 같을 것이다. '사람들이 나를 때렸는데도 아프지 않고, 나를 쳤는데도 아무렇지 않다. 이 술이 언제 깨지? 술이 깨면, 또 한 잔 해야지' 하고 말할 것이다."(잠 23:29~35절)

순결함.

"나는, 나의 집 창가에서 창살문으로 내다보다가, [225)]어수룩한 젊은이들 가운데, 지

---

224) Crenshaw, "Education, OT," 201.
225) '어수룩한 사람'으로 번역된 히브리어 '프타임'은 도덕적 방향감각이 없어서 악으로 기울어질

혜 없는 젊은이가 있는 것을 보았다.… 한 여자가 창녀 옷을 입고서, 교활한 마음을 품고 그에게 다가갔다. … 그 젊은이를 와락 붙잡고 입을 맞추며, 뻔뻔스러운 얼굴로 그에게 말하였다.… 이렇게 여러 가지 달콤한 말로 유혹하고 호리는 말로 꾀니, 그는 선뜻 이 여자의 뒤를 따라 나섰다. … 그런 여자의 집은 스올로 트인 길이며, 죽음의 안방으로 내려가는 길이다."(잠 7:6 이하)

"지혜를 사랑하는 아들은 아버지를 기쁘게 하지만, 창녀에게 드나드는 아들은 재산을 탕진한다."(잠 29:3)

근면.

"게으른 사람아, 개미에게 가서, 그들이 사는 것을 살펴보고 지혜를 얻어라. 개미는 우두머리도 없고 지휘관도 없고 통치자도 없지만, 여름 동안 양식을 마련하고, 추수 때에 먹이를 모아 둔다. 게으른 사람아, 언제까지 누워 있으려느냐? 언제 잠에서 깨어 일어나려느냐? '조금만 더 자야지, 조금만 더 눈을 붙여야지, 조금만 더 팔을 베고 누워 있어야지'하면, 네게 가난이 강도처럼 들이닥치고, 빈곤이 [226]방패로 무장한 용사처럼 달려들 것이다."(잠 6:6~11)

진실함.

"[227]거만한 말이 미련한 사람에게는 안 어울린다. 하물며 거짓말이 통치자에게 어울리겠느냐?"(잠 17:7)

빈민에 대한 배려.

"이웃을 멸시하는 사람은 죄를 짓는 사람이지만, 가난한 사람에게 은혜를 베푸는 사람은 복이 있는 사람이다."(잠 14:21)

"가난한 사람에게 은혜를 베푸는 것은 주님께 꾸어드리는 것이니, 주님께서 그 선행을 넉넉하게 갚아 주신다."(잠 19:17)

"남을 잘 보살펴 주는 사람이 복을 받는 것은, 그가 자기의 먹거리를 가난한 사람에게 나누어 주기 때문이다."(잠 22:9)

원수들에 대한 가장 이례적이면서도 거짓 없는 고귀한 자비.

"네 원수가 배고파하거든 먹을 것을 주고, 목말라 하거든 마실 물을 주어라. 이렇게

수 있는 단순한 사람을 일컬음(22, 32절 참조).

226) 또는 '거지처럼'.

227) 또는 '유창한 말이'.

하는 것은, 그의 낯을 뜨겁게 하는 것이며, 주님께서 너에게 상으로 갚아 주실 것이다."(잠 25:21~22)

진정한 우정의 가치.

"사랑이 언제나 끊어지지 않는 것이 친구이고, 고난을 함께 나누도록 태어난 것이 혈육이다."(잠 17:17)

"친구를 많이 둔 사람은 해를 입기도 하지만 동기간보다 더 가까운 친구도 있다"(잠 18:24)

"너의 친구나 너의 아버지의 친구를 저버리지 말아라. 네가 어렵다고 친척의 집을 찾아다니지 말아라. 가까운 이웃이 먼 친척보다 낫다."(잠 27:10)

훌륭한 여성들의 품위.

"누가 유능한 아내를 맞겠느냐? 그 값은 진주보다 더 뛰어나다."(잠 31:10)

지혜 내용의 성격은 종교적이며 율법과 비슷한 권위를 갖고 있으나 한편으로는 일반 교양적인 성격도 지니고 있다. 그래서 지혜는 광대하다.[228]

"내가 올바로 깨닫고 그대로 말할 수 있게 해주시며 지혜가 가르쳐준 대로 생각할 수 있게 해주시기를 하느님께 빈다. 하느님은 바로 지혜의 인도자이시며 현자들의 지도자이시다. 우리와 우리말이 다 그분의 손에 달렸으며 모든 현명함과 생활의 지혜 또한 그분께 달려 있다. 그분은 나에게 만물에 대한 어김없는 지식을 주셔서 세계의 구조와 구성 요소의 힘을 알게 해주셨고 시대의 시작과 끝과 중간, 동지, 하지의 구분과 계절의 변화를 알게 해주셨으며 해가 바뀌는 것과 별들의 자리를 알게 해주셨고 동물들의 성질과 야수들의 본능, 그리고 요귀들의 힘과 인간의 생각, 또 각종 식물들과 그 뿌리의 특성을 알게 해주셨다. 만물을 만드신 하느님의 지혜의 가르침을 받아서 나는 드러나 있는 것은 물론 감추어진 모든 것까지도 알게 되었다. 지혜 속에 있는 정신은 영리하며 … 하다.(지혜 7:15~22)

지혜의 범위는 천문학, 생물학, 심리학, 식물학, 그리고 온갖 종류의 지식을 포함한다.

예절. 예절(manners)은 종교와 도덕의 문제로 간주되었다. 이것은 다음의 성구

---

228) Barclay, *Educational Ideals in the Ancient World*, 27.

에 잘 나타나 있다.

> "백발이 성성한 어른이 들어오면 일어서고, 나이 든 어른을 보면 그를 공경하여라. 너희의 하나님을 두려워하여라. 나는 주다."(레 19:32)

이 구절은 예절이 하나님에 대한 경외와 연관되고 있음을 알려준다. 그렇다고 예절을 따로 교육한 것 같지는 않다. 다만 가부장적 체제, 부모에 대한 복종 강조, 연장자들에 대한 존경, 삶에 대한 중시 등을 감안한다면 예절 교육은 중시되었을 것이다.

식탁예절. 예의범절이 잘 드러나는 경우는 식탁에서이다. 탐식은 본인뿐만 아니라 부모에 대한 수치로 언급한다.

> "슬기로운 아들은 율법을 지키지만, 먹기를 탐하는 사람들과 어울리는 아들은 아버지에게 욕을 돌린다."(잠 28:7)

집회서의 다음 구절은 식탁예절에 대해 대단히 구체적이다.

> "성찬을 차린 식탁에 앉았을 때, 입을 딱 벌리고, '야, 굉장하구나.' 하고 말하지 말아라. 게걸들린 눈초리는 상스럽다는 것을 알아라. 세상 만물 중에서 눈보다 더 죄스러운 것이 어디 있겠느냐? 그래서 눈은 자칫하면 눈물을 흘린다. 주인이 바라보고 있는 음식에 먼저 손을 내밀지 말고 그가 집는 음식을 다투어 집으려 하지 말아라. 네가 좋아하는 것은 남도 좋아한다고 생각하고 매사에 조심하여라. 네 앞에 놓인 것만 점잖게 먹어라. 게걸스럽게 먹으면 남의 빈축을 산다. 예의바르게 먼저 숟가락을 놓아라. 포식을 하는 것은 실례가 된다. 여럿이 식사할 때에는 남보다 먼저 수저를 들지 말아라. 점잖은 사람은 너무 많이 먹지 않는다. 그러면 오히려 잘 때에 숨이 가쁘지 않다. 절제 있게 먹으면 잠도 잘 오고 상쾌한 기분으로 일찍 일어나게 된다. 포식한 자에게 돌아오는 것은 불면과 구토와 복통뿐이다. 만일, 권에 못 이겨 억지로 많이 먹었거든, 자리를 빠져 나와 토하고 나서 좀 거닐어라, 가벼워질 것이다. 너는 내 말을 가볍게 듣지 말아라. 언젠가는 내 말을 깨닫게 될 것이다. 네가 여러 모로 절도를 지킨다면 아무 병에도 걸리지 않을 것이다. 향응을 잘하는 사람은 많은 사람의 칭찬을 받고, 대체로 후한 대접의 칭송은 헛되지 않다. 한편 대접에 인색한 자는 온 동네의 악평을 사게 되니, 사람들이 그의 인색함을 불평하는 것은 당연한 일이다."(집회 31:12~24)

종교와 도덕, 그리고 예절은 불가분적으로 얽혀 있다.

이웃과의 관계

이웃은 혈육과 지역민뿐만 아니라 그 범위를 넘어 이방인으로까지 확장된다.

"그런데 그 율법교사는 자기를 옳게 보이고 싶어서 예수께 말하였다.
'그러면, 내 이웃이 누구입니까?'
예수께서 대답하셨다.
'어떤 사람이 예루살렘에서 여리고로 내려가다가 강도들을 만났다. 강도들이 그 옷을 벗기고 때려서, 거의 죽게 된 채로 내버려두고 갔다. 마침 어떤 제사장이 그 길로 내려가다가 그 사람을 보고 피하여 지나갔다. 이와 같이, 레위 사람도 그곳에 이르러 그 사람을 보고, 피하여 지나갔다. 그러나 어떤 사마리아 사람은 길을 가다가, 그 사람이 있는 곳에 이르러, 그를 보고 측은한 마음이 들어서, 가까이 가서, 그 상처에 올리브기름과 포도주를 붓고 싸맨 다음에, 자기 짐승에 태워서, 여관으로 데리고 가서 돌보아주었다. 다음 날, 그는 두 229)데나리온을 꺼내어서, 여관 주인에게 주고, 말하기를 '이 사람을 돌보아주십시오. 비용이 더 들면, 내가 돌아오는 길에 갚겠습니다.' 하였다. 너는 이 세 사람 가운데서 누가 강도 만난 사람에게 이웃이 되어 주었다고 생각하느냐?'
그가 대답하였다.
'자비를 베푼 사람입니다.'
예수께서 그에게 말씀하셨다.
'가서, 너도 이와 같이 하여라.'"(눅 10:29~37)

[그림29] 에메 모로(Aimé Morot) 〈선한 사마리아 사람〉, 1880년

229) 한 데나리온은 노동자의 하루 품삯.

"한 백성끼리 앙심을 품거나 원수 갚는 일이 없도록 하여라. 다만 너는 너의 이웃을 네 몸처럼 사랑하여라. 나는 주다."(레 19:18)

"네가 가진 것이 있으면서도, 너의 이웃에게 '갔다가 다시 오시오. 내일 주겠소.' 말하지 말아라."(잠 3:28)

환대.

"아브라함이 … 보니, 웬 사람 셋이 자기의 맞은쪽에 서 있었다. 그는 그들을 보자, 장막 어귀에서 달려 나가서, 그들을 맞이하며, 땅에 엎드려서 절을 하였다. 아브라함이 말하였다.
'손님들께서 저를 좋게 보시면, 이 종의 곁을 그냥 지나가지 마시기 바랍니다. 물을 좀 가져 오라고 하셔서, 발을 씻으시고, 이 나무 아래에서 쉬시기 바랍니다. 손님들께서 잡수실 것을, 제가 조금 가져오겠습니다. 이렇게 이 종에게로 오셨으니, 좀 잡수시고, 기분이 상쾌해진 다음에 길을 떠나시기 바랍니다.' …
아브라함이 장막 안으로 뛰어 들어가서, 사라에게 말하였다.
'빨리 고운 밀가루 세 스아를 가지고 와서, 반죽을 하여 빵을 좀 구우시오.'
아브라함이 집짐승 떼가 있는 데로 달려가서, 기름진 좋은 송아지 한 마리를 끌어다가, 하인에게 주니, 하인이 재빨리 그것을 잡아서 요리하였다. 아브라함이 엉긴 젖과 우유와 하인이 만든 송아지 요리를 나그네들 앞에 차려 놓았다. 그들이 나무 아래에서 먹는 동안에, 아브라함은 서서, 시중을 들었다. … 그 사람들이 떠나려고 일어서서, 소돔이 내려다보이는 데로 갔다. 아브라함은 그들을 바래다주려고, 함께 얼마쯤 걸었다. 그때에 주님께서 말씀하셨다.
'내가 앞으로 하려고 하는 일을, 어찌 아브라함에게 숨기랴? 아브라함은 반드시 크고 강한 나라를 이룰 것이며, 땅 위에 있는 나라마다, 그로 말미암아 복을 받게 될 것이다.'"(창 18:2~18)

환대는 적극적 이웃사랑과 예절의 표현이다. 환대는 종교적 의무이지만 아브라함은 의무감에서만은 할 수 없는 행동을 보여준다. 아브라함은 자기 장막 어귀에 앉아 있다가 세 명의 사내를 본다. 그는 그들을 보자 달려 나간다. 그리고 몸을 땅에 굽혀 절하며 손 대접을 하게 해달라고 더할 나위 없는 예의를 갖춰 간청한다. 그리고 최상의 음식을 대접하며 옆에서 시중을 들기까지 한다. 그리고 그들이 떠날 때 전송을 한다. 이 같은 환대의 결과는 후손에 대한 약속이다. 롯의 경우도 마찬가지이다.

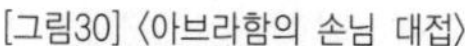

[그림30] 〈아브라함의 손님 대접〉

> "롯이 소돔 성 어귀에 앉아 있다가, 그들(천사)을 보고 일어나서 맞으며, 얼굴을 땅에 대고 엎드려 청하였다.
> '두 분께서는 가시는 길을 멈추시고, 이 종의 집으로 오셔서, 발을 씻고, 하룻밤 머무르시기 바랍니다.'"(창 19:1~2)

롯은 두 딸을 희생시키면서까지 손님들을 보호한다(8절). 그 결과 소돔에 닥친 재앙으로부터 구원을 받는다(12~22절).

[그림31] 하르트만 쉐델(Hartmann Schedel), 〈소돔과 고모라〉, 1493년.

그림 중앙에 있는 롯의 아내는 이미 소금 기둥이 되었다.

훈계. 훈계는 교육의 결실을 지칭하는 말이다. 그것은 인생을 올바로 살아가는 방법인 처세술로서 사람들이 배우고 보존해야 할 것이다.

> "이 잠언은 지혜와 훈계를 알게 하며, 명철의 말씀을 깨닫게 하며"(잠 1:2)

> "훈계를 놓치지 말고 굳게 잡아라. 그것은 네 생명이니, 단단히 지켜라."(잠 4:13)

> "내가 스승에게 순종하지 않고, 나를 가르쳐 주신 분에게 귀를 기울이지 않고 있다가"(잠 5:13)

> "훈계를 지키는 사람은 생명의 길에 이르지만, 책망을 저버리는 사람은 잘못된 길로 들어선다."(잠 10:17)

인생에 성공하기 위해 사람은 교훈에 마음을 쏟아야 한다.

> "훈계를 너의 마음에 간직하고, 지식이 담긴 말씀에 너의 귀를 기울여라. 아이 꾸짖는 것을 삼가지 말아라. 매질을 한다고 하여서 죽지는 않는다."(잠 23:12~13)

교육내용으로서의 지혜는 그 내용을 떠나서 역사적으로 고대 이스라엘에서 교육이 행하여졌음을 증언하는 증거이다. 보통 교육이라고 하면 학교교육을 말하는데, 이스라엘에 학교가 언제부터 있었느냐, 있기는 했느냐 하는 것은 논란이 되고 있다. 그러나 지혜를 둘러 싼 성서의 구절들은 '스승'과 '제자들'이라는 말을 하고 있어 어느 정도 공식교육이 행해졌으리라는 짐작을 하게 한다.

> "내가 스승에게 순종하지 않고, 나를 가르쳐 주신 분에게 귀를 기울이지 않고 있다가"(잠 5:13)

> "내가 주님의 증거를 늘 생각하므로, 내가 내 스승들보다도 더 지혜롭게 되었습니다."(시 119:99)

> "나는 이 증언 문서를 밀봉하고, 이 가르침을 봉인해서, 나의 제자들이 읽지 못하게 하겠다."(사 8:16)

> "이들이 제비를 뽑아서 책임을 맡을 때에는, 대가나 초보자나, 스승이나 배우는 사람이나, 구별을 두지 않았다."(대상 25:8)

그러므로 지혜는 고대 이스라엘의 확실한 교육의 증거로서 기능하기에 그 내용은 어느 것보다 이스라엘 백성이 학습했을 분명한 교육의 내용이라 할 수 있을 것이다. 이는 지혜가 교육의 문맥에서 논의되고 있음을 반증한다.

이스라엘의 지혜는 민족의 종교적 전통 안에 머문다. 그것은 도덕적 가치와 우선권에 대한 이해를 갖고 있다. 잠언은 의심 없이, 누구나 정의, 순결, 정직, 공평과 같은 가치들을 고려해야 한다는 점을 강조한다. 이는 종교적 원칙일 뿐만 아니라 삶의 기준이기도 하다. 삶과 종교, 그리고 지혜, 즉 신앙적 가치들과 실용적 원칙들은 통합되어야 한다.

지혜로서의 잠언은 경직된 폐쇄적 불변의 약속이나 법이기보다 진리에 대한 유동적이며 개방적인 일반적 진술이다. 개인적 잠언은 보통은 어떤 주제에 대한 종합적 진술이라기보다 진리에 대한 단편이다. 이 작은 진리의 단편들은 보다 큰 전체의 일부이다. 학습자의 과제는 이 단편들을 삶의 복잡성에 기술적으로 적용하는 법을 배우기 위해 보다 큰 모자이크를 이루도록 짜 맞추는 것이다.[230] 대부분의 잠언들은 예외를 인정하지 않고 어떤 일반적인 단일한 진리를 말한다. 그래서 이와 같은 접근은 여타의 것에 신경 쓰지 않고 배우는 원리에 초점을 맞추게 한다. 예외를 언급하지 않는 것은 예외에 대한 무시가 아니라 하나의 교육적 성찰이다. 학습자의 중요한 과제는 다양한 잠언들에 표현된 원리들을 알게 될 뿐만 아니라 지혜롭게 사는 것을 배우고자 할 때 각각의 원리들의 조건과 한계들을 이해하는 것이다.

이스라엘의 민족사에 일어났던 사건들을 통한 부모를 중심으로 한 절기교육 등과 비교할 때 지혜에 대한 교육은 보다 형식적 교육에 속한다. 지혜는 젊은이들에게 으뜸 되는 것들(the principal things)로서 선포되며, 현자들은 그것을 취하라고 권한다.

> "지혜가 으뜸이니, 지혜를 얻어라. 네가 가진 모든 것을 다 바쳐서라도 명철을 얻어라."(시 4:7)

그들에게 지혜는 도덕이며, 삶을 바르게 사는 방식의 지식이다. 그리고 도덕적 삶은 그것이 종교에 뿌리 내리고 있을 때 안정적이다. 지혜의 시작은 주께 대한 경외이다.

> "주님을 경외하는 것이 지혜의 근본이요, 하신 이를 아는 것이 슬기의 근본이다"(잠 9:10)

---

230) Edward M. Curtis, "Learning Truth from the Sages," *Christian Education Journal* 2:1(Spring 2005): 114-5.

"그런 다음에, 하나님은 사람에게 말씀하셨다. '주님을 경외하는 것이 지혜요, 악을 멀리하는 것이 슬기다.'"(욥 28:28)

지혜에 대한 권면은 자신을 위해, 그리고 부모를 위해서이다. 지혜는 생명이다. 그리고 지혜를 얻으면 자신에게 유익하며 부모의 기쁨이 된다.[231]

"나 지혜로 말미암아 네가 오래 살 것이요, 네 수명도 길어질 것이다."(잠 9:11)

"네가 지혜로우면 그 지혜가 네게 유익하지만,"(잠 9:12상)

"지혜로운 아들은 아버지를 기쁘게 하지만,"(잠 10:1상)

잠언은 동료, 장로, 권위를 가진 남자, 그리고 어린이들과 어떻게 연합할 수 있는지 가르치는 데 적절하다. 간단히 말해 지혜학교는 어떻게 즐겁고 성공적인 인생을 살 수 있는지 그리고 문제를 피할 수 있는지 가르치고 있다.[232]

---

231) J. Wight Dutt, "Education," James Hastings, Louis H. Gray, and John A. Selbie, eds., *Encyclopaedia of Religion and Ethics* (Edinburgh: T. & T. Clark, 1981), 194.

232) Culpepper, "Education," 23.

V. 생활과 인간

히브리 어린이들에 대한 교육은 가정으로부터 시작된다. 그것은 먼저 어머니의 품에서 얼마동안 머물지만 아들에 대한 훈련과 가르침은 아주 어릴 때부터 아버지의 손에 달려 있었다. 말을 할 때쯤부터 아들은 아버지로부터 종교와 생활, 그리고 직업교육까지 받았다. 어머니는 딸에 대한 가사교육을 담당했다. 포로시대 전까지 전시대에 걸쳐서 가정교육의 대부분은 직업적인 것이었다. 아동 후기와 청소년기에는 일, 실제 직업, 그리고 무기를 구사하는 훈련을 받았다. 반유목시대에 남자 아이들은 가축을 돌보고, 사냥하고, 활과 화살을 쏘며, 그리고 돌팔매질을 배웠다.[233] 이스라엘 교육은 단순히 종교적 성격이 아닌, 그리고 개인적이면서도 공동체적인 것으로 삶과 생활을 아우르는 것이었다.

유대인들에게 교육은 생활과 긴밀한 연관이 있다. 교육은 생활 준비가 아니었다. 필요가 없어지면 치워버릴 수 있는 도구가 아니었다. 교육은 오히려 생활과 공존하는 것이며, 생활을 번성케 하는 것이며, 생활에 방향과 의미를 주는 것이었다.[234]

1. 가사

어린이들은 이미 어린 시절에 양을 치는 일(삼상 16:11), 들에서 하는 일(왕하 4:18) 등과 같은 가족의 일상 의무들에 대하여 교육을 받았다. 소년들은 한 해 농사의 때를 배우고 들에 나가 일하고 양을 치는 법을 배웠다. 아들이 아버지의 직업을 이어받는 일은 보통이었다.

> "예수께서 그들에게 말씀하셨다.
> '내가 진정으로 진정으로 너희에게 말한다. 아들은 아버지께서 하시는 것을 보는 대로 따라 할 뿐이요, 아무것도 마음대로 할 수 없다. 아버지께서 하시는 일은 무엇이든지, 아들도 그대로 한다.'"(요 5:19)

여자아이의 교육은 전적으로 어머니의 손에 달려 있었고 그 교육 내용은 가

---

233) Sherrill, *The Rise of Christian Education*,, 34.
234) Charles B. Eavey, *History of Christian Education*, 김근수·신청기 공역, 『기독교교육사』 (서울: 한국기독교교육연구원, 1980), 76.

사와 도덕적 훈계와 독서였다.[235] 딸들의 경우에, 교육은 보다 실제적인 내용들이었다. 소녀들에 대한 세부적인 교육내용은 가정에서의 임무, 음악, 춤, 노동, 신앙, 관습, 그리고 예절이 포함되었다. 죽은 자를 위한 애도에 대해서도 가르침을 받을 정도였다.

> "여인들아, 너희는 주님의 말씀을 들어라. 너희는 귀를 기울여서, 그의 입에서 나오는 말씀을 받아들여라. 딸들에게 애도하는 법을 가르치고, 너희도 장송곡 부르는 법을 서로 익혀라."(렘 9:20)

가사일에는 요리, 실잣기, 천짜기, 염색, 가축 돌보기, 포도원 지키기, 추수, 방아 찧기, 양육과 노예관리 등이 있었다. 가사일을 해내기 위해서 읽기, 쓰기, 셈하기도 배웠을 것이다.[236] 그리고 소녀는 가정부로서 자기 어머니를 돕거나 또는 들에 나가서 일하며 할 일을 배웠다. 소녀들은 어머니에게서 집안일, 특히 빵 굽기, 물레질, 옷감 짜기, 그리고 가사를 꾸려나가는 데 요구되는 기술들을 배웠다.

> "다말이 밀가루를 가져다가, 이겨서, 그가 보는 앞에서 맛있는 빵 몇 개를 빚어, 잘 구웠다."(삼하 13:8)

그리고 여자 아이들은 맷돌로 곡식을 찧고, 반죽과 빵을 굽고, 우유를 짜고, 버터를 만들고, 요리하고, 실을 잣고, 직조하고, 바느질하며, 그리고 염색하는 법을 배웠다.[237]

> "재주 있는 여자들은 모두 손수 실을 자아서, 그 자은 청색 실과 자주색 실과 홍색 실과 가는 모시실을 가져 왔다. 타고난 재주가 있는 여자들은 모두 염소 털로 실을 자았다."(출 35:25~26)

가사일은 주로 직접 가정 일에 참여함으로써 배웠다. 대표적인 예가 예레미야서에 나타난다.

> "자식들은 땔감을 줍고, 아버지들은 불을 피우고, 어머니들은 하늘 여신에게 줄 빵을 만들려고 가루로 반죽을 하고 있다."(렘 7:18)

---

235) Williams, *New Concise Bible Dictionary*, 45.
236) Swift, *Education In Ancient Israel*, 157.
237) Sherrill, *The Rise of Christian Education*,, 34.

제2 국가기에는 체계화된 학교가 이미 존재하고 있었지만 이 학교들은 소년들의 교육만을 맡았고, 소녀들은 집에 남아서 여러 가지 가사 기술들을 배웠다. 어린 소녀들은 들에서도 일할 수 있었다. 아들이 없는 집안에서는 딸들이 양을 돌보는 일과 양에게 물을 먹이는 일 등 소년들이 하는 일을 하기도 하였다.

"'저기 그의 딸 라헬이 양 떼를 몰고 옵니다.' 라헬이 아버지의 양 떼를 이끌고 왔다. 라헬은 양 떼를 치는 목동이다. 야곱이 외삼촌 라반의 딸 라헬과 그가 치는 외삼촌의 양 떼를 보고"(창 29:6, 9~10)

"미디안 제사장에게 일곱 딸이 있었는데, 그 딸들이 그리로 와서 물을 길어 구유에 부으며, 아버지의 양 떼에게 물을 먹이려고 하였다."(출 2:16)
아내는 "밭을 살 때에는 잘 살펴본 다음에 사들이고, 또 자기가 직접 번 돈으로 포도원도 사서 가꾼다."(잠 31:16 참조)[238]

2. 인품

노동과 성품. 여성들을 위한 교육은 주로 가사를 중심으로 이루어졌음을 위에서 보았다. 그러나 여성에게는 그 이상의 성품도 요구되었는데, 그것은 노동과 분리할 수 없을 정도로 긴밀하다.

"누가 유능한 아내를 맞겠느냐? 그 값은 진주보다 더 뛰어나다. 남편은 진심으로 아내를 믿으며 가난을 모르고 산다. 그의 아내는 살아 있는 동안, 오직 선행으로 남편을 도우며, 해를 입히는 일이 없다. 양털과 삼을 구해다가, 부지런히 손을 놀려 일하기를 즐거워한다. 또한 상인의 배와 같이, 먼 곳에서 먹거리를 구하여 오기도 한다. 날이 밝기도 전에 일어나서 식구들에게는 음식을 만들어 주고, 여종들에게는 일을 정하여 맡긴다. 밭을 살 때에는 잘 살펴본 다음에 사들이고, 또 자기가 직접 번 돈으로 포도원도 사서 가꾼다. 허리를 단단히 동여매고, 억센 팔로 일을 한다. 사업이 잘 되어가는 것을 알고, 밤에도 등불을 끄지 않는다. 한 손으로는 물레질을 하고, 다른 손으로는 실을 탄다. 한 손은 펴서 가난한 사람을 돕고, 다른 손은 펴서 궁핍한 사람을 돕는다. 온 식구를 홍색 옷으로 따스하게 입히니, 눈이 와도 식구들 때문에 걱정하는

238) 집회서 42:9-11에 따르면, 고대 이스라엘에서 아버지는 대체로 아들보다 딸에 대한 교육에 더 관심이 많았고 걱정을 하였다. 후기 유대교에서는 자기자녀에게 직업을 가르치는 부모의 책임이 다음과 같은 경구로 강조되었다: "자기 아들에게 직업을 가르치지 않는 자는 그에게 강도질을 가르치는 것이다."(*b. Qidd.* 29a)

일이 없다. 손수 자기의 이부자리를 만들고, 고운 모시옷과 자주색 옷을 지어 입는다. 남편은 마을 원로들과 함께 마을회관을 드나들며, 사람들의 존경을 받는다. 그의 아내는 모시로 옷을 지어 팔고, 띠를 만들어 상인에게 넘긴다. 자신감과 위엄이 몸에 배어 있고, 239)미래에 대한 두려움이 없다. 입만 열면 지혜가 저절로 나오고, 혀만 움직이면 상냥한 교훈이 쏟아져 나온다. 집안일을 두루 살펴보고, 일하지 않고 얻은 양식은 먹는 법이 없다. 자식들도 모두 일어나서, 240)어머니 업적을 찬양하고 남편도 241)아내를 칭찬하여 이르기를 '덕을 끼치는 여자들은 많이 있으나, 당신이 모든 여자 가운데 으뜸이오.' 한다. 고운 것도 거짓되고, 아름다운 것도 헛되지만, 주님을 경외하는 여자는 칭찬을 받는다. 아내가 손수 거둔 결실은 아내에게 돌려라. 아내가 이룬 공로가 성문 어귀 광장에서 인정받게 하여라."(잠 31:10~31)

위의 잠언 31장 10~31절은 이상적 여성상을 소녀교육의 모델로서 제시하는 것 같다.[242] 잠언 31장을 통해서 보는 여성의 덕목들은 경건함, 자비, 부지런함, 신중함, 절약, 건전한 판단, 그리고 남편을 위한 헌신 등이다. 그러나 여기에는 높은 지적 발달의 필요성에 대한 암시가 전혀 없다.

소년은 거주지나 밭에서 일할 때 부지런하도록, 용기와 충성심이 요구되는 구체적인 상황에 직면하면 용기를 갖고 충성하도록, 그리고 복종을 통해서 복종하도록 배웠다. 그런 훈련은 조상이나 부족, 그리고 민족의 영웅이 보여준 행위와 덕목을 소개하는 이야기, 전설, 그리고 전통을 통해서 더 강화되었다.[243]

부모에 대한 절대적 순종은 아동기의 중요한 덕목이었다.

"너희 부모를 공경하여라. 그래야 너희는 주 너희 하나님이 너희에게 준 땅에서 오래도록 살 것이다."(출 20:12)

"주님을 두려워하는 사람은 아비를 공경하며 하인이 주인을 섬기듯이 자기 어버이를 섬길 것이다."(집회 3:7)

---

239) 또는 '다가올 날을'
240) 히, '그 여자의'
241) 히, '그 여자를'
242) Margaret B. Crook, "The Marriageable Maiden of Proverb 31:10-31," *Journal of Near Eastern Studies* 13 (July 1954), 137-40, André Lemaire, "Ancient Israel", David N. Freedman, ed., *The Anchor BiBle Dictionary* 2 (New York: Doubleday, 1992), 307 재인용.
243) Swift, *Education In Ancient Israel*, 45.

"네 마음을 다하여 아비를 공경하고 너를 낳으실 때 겪은 어미의 고통을 잊지 말아라. 네가 세상에 태어난 것은 부모님의 덕택임을 잊지 말아라. 그들의 은덕을 네가 어떻게 무엇으로 갚을 수 있겠느냐?"(집회 7:27~28).

자녀들은 나이든 부모를 각별히 존경하라는 가르침을 받았다.

"너를 낳아 준 아버지에게 순종하고 늙은 어머니를 업신여기지 말아라."(잠 23:22)

"너는 네 아비가 늙었을 때 잘 보살피고 그가 살아 있는 동안 슬프게 하지 말아라. 그가 설혹 노망을 부리더라도 잘 참아 받고 네가 젊고 힘 있다고 해서 그를 업신여기지 말아라. 아비를 잘 섬긴 공은 잊혀지지 않으리니 네 죄는 용서받고 새 삶을 이룰 것이다. 네가 역경에 처했을 때 주님께서는 너의 효도를 기억하시겠고 네 죄는 얼음이 햇볕에 녹듯이 스러질 것이다. 자기 아비를 저버리는 것은 하느님을 모독하는 것이요, 어미를 노엽게 하는 것은 주님의 저주를 부르는 것이다."(집회 3:12~16)

도덕. 구약의 교육 내용은 거의 모두 종교적 성격의 것이라 할 수 있다. 그러나 도덕적 성격이 긴밀하게 연결되어 있다. 도덕적 덕목 역시 교육의 내용이었다. 도덕적 덕목의 배경은 사방이 강력한 적이고 계속해서 군사적 대비상태에서 살아가는 데 필요한 내용이었다. 가장 중시된 덕목들은 용기, 그리고 친족과 국가의 신에 대한 충성심, 권위자와 가족과 부족 국가에 대한 절대적이고 맹목적인 복종, 친족에 대한 친절, 힘없는 여행자에 대한 호의, 원수에 대한 무자비함이었다.

도덕은 예언자들과 관계있는 교육의 내용이다. 예언자들은 야훼를 정결한 마음과 올바른 삶을 요구하는 의로운 하나님으로 소개하였다. 도덕은 가족과 사회뿐만 아니라 야훼와 직접적으로 관계가 있었다. 따라서 도덕과 종교는 서로 구분할 수 없었다. 의롭지 않으면 신앙을 갖는 게 불가능했다.

이상적 성품. 잠언, 시편, 전기, 의식, 관습 등을 종합하여 볼 때 이스라엘에 요청되는 덕목들은 다음과 같다.[244]

① 복종(Obedience), ② 경외(Reverence), ③ 형제애(Brotherly love), ④ 자애(Charity), ⑤ 동정(Compassion), ⑥ 환대(Hospitality), ⑦ 절제(Temperance), ⑧ 순결(Chastity), ⑨ 진실(Truthfulness), ⑩ 근면(Industry), ⑪ 절약(Thrift),

244) Swift, *Education In Ancient Israel*, 92.

⑫ 신중(Prudence), ⑬ 애국심(Patriotism), ⑭ 인내(Patience), ⑮ 온순(Meekness), ⑯ 충성(Loyalty), ⑰ 성실(Diligence), ⑱ 끈기(Perseverance), ⑲ 자비(Mercy)

소박함, 온순함, 겸손, 관대함과 친절, 이와 같은 성품들은 야훼의 자비와 관심과 보상을 불러온다.

> "주님은 순박한 사람을 지켜 주신다."(시 116:6상)

> "겸손한 사람들이 오히려 땅을 차지할 것이며, 그들이 크게 기뻐하면서 평화를 누릴 것이다."(시 37:11)

> "눌림 받는 약한 사람에게 승리의 영광을 안겨 주신다."(시 149:4하)

> "지극히 높으신 분, [245]영원히 살아 계시며, 한 이름을 가지신 분께서, 이렇게 말씀하신다.
> '내가 비록 높고 한 곳에 있으나, 겸손한 사람과도 함께 있고, 잘못을 뉘우치고 회개하는 사람과도 함께 있다. 겸손한 사람과 함께 있으면서 그들에게 용기를 북돋우어 주고, 회개하는 사람과 같이 있으면서 그들의 상한 마음을 아물게 하여 준다.'"(사 57:15)

> "모세로 말하자면, 땅 위에 사는 모든 사람 가운데서 가장 겸손한 사람이다."(민 12:3)

왜곡된 성품, 곧 천박함의 내용에 대해서는 자랑, 과시, 그리고 자만심 등을 들고 있다.

> "네가 너를 칭찬하지 말고, 남이 너를 칭찬하게 하여라. 칭찬은 남이 하여 주는 것이지, 자기의 입으로 하는 것이 아니다."(잠 27:2)

> "'나 주가 말한다. 지혜 있는 사람은 자기의 지혜를 자랑하지 말아라. 용사는 자기의 힘을 자랑하지 말아라. 부자는 자기의 재산을 자랑하지 말아라. 오직 자랑하고 싶은 사람은, 이것을 자랑하여라. 나를 아는 것과, 나 주가 긍휼과 공평과 공의를 세상에 실현하는 하나님인 것과, 내가 이런 일하기를 좋아한다는 것을, 깨달아 알 만한 지혜

---

245) 또는 '보좌에 앉아 계시는 이'.

를 가지게 되었음을, 자랑하여라. 나 주의 말이다.'"(렘 9:23~24)

"스스로 지혜롭다고 여기지 말고, 주님을 경외하며 악을 멀리하여라."(잠 3:7)

"어리석은 사람은 자신의 행실만이 옳다고 여기지만, 지혜로운 사람은 충고에 귀를 기울인다."(잠 12:15)

교만, 수다, 분노 등은 경원시되었다.

"교만에는 멸망이 따르고, 거만에는 파멸이 따른다."(잠 16:28)

"말이 많으면 허물을 면하기 어려우나, 입을 조심하는 사람은 지혜가 있다."(잠 10:19)

"미련한 사람은 쉽게 화를 내지만, 슬기로운 사람은 모욕을 참는다."(잠 12:16)

"미련한 사람은 화를 있는 대로 다 내지만, 지혜로운 사람은 화가 나도 참는다."(잠 29:11)

"죽고 사는 것이 혀의 힘에 달렸으니, 혀를 잘 쓰는 사람은 그 열매를 먹는다."(잠 18:21)

경박스러움 역시 부정적이다.

"롯의 아내는 뒤를 돌아보았으므로, 소금 기둥이 되었다."(창 19:26)

"그때에 벳세메스 사람들이 주님의 궤 속을 들여다보았기 때문에, 주님께서는 그 백성 가운데서 오만 칠십 명이나 쳐서 죽이셨다."(삼상 6:19상)

3. 직업교육

아버지는 가정에서 아들들에게 우선적으로 종교적 교육을 했다. 이와 더불어 반드시 아들들에게 한 가지 특수기술을 가르칠 의무가 있었다. 어떤 랍비는 "아들에게 특수한 기술을 가르치지 않는 사람은 그에게 강탈하는 법을 가르치는 사람이다."라고 단호하게 말했다.[246]

예를 들어, 야곱과 에서의 이야기에서 에서는 사냥꾼, 그리고 야곱은 목자로 성장했는데, 이는 아버지 이삭에 의한 직업교육의 결과로 볼 수 있다. 부모들은 보통 자기 자녀들에게 자기 직업을 가르쳤다.

직업은 일반적으로 아버지의 직업을 물려받은 것으로 보이는데, 그런 까닭에 직업 훈련은 자연스럽게 아버지를 돕는 가운데 이루어졌을 것이다. 아들은 자연스럽게 아버지가 일을 하는 것을 보고 도우면서 아버지의 일을 배웠다. 직업의 대부분을 차지하고 있는 직종은 고대 이스라엘 사회가 농경사회이면서 동시에 유목사회였기에 농업과 목축업이 대부분이었을 것이다.

> "사무엘이 이새에게 '아들들이 다 온 겁니까?' 하고 물으니, 이새가 대답하였다. '막내가 남아 있기는 합니다만, 지금 양 떼를 치러 나가고 없습니다.'"(삼상 16:11)

> "그 아이가, 자기 아버지가 곡식 베는 사람들과 함께 곡식을 거두고 있는 곳으로 나갔다."(왕하 4:18)

직업은 진지하게 여겨야 했고 노동은 성실하게 감당해야 하는 것이었다.

> "부지런한 사람의 손은 남을 다스리지만, 게으른 사람은 남의 부림을 받는다. 게으른 사람은 사냥한 것도 불에 구우려 하지 않지만, 부지런한 사람은 귀한 재물을 얻는다."(잠 12:24, 27)

> "모든 수고에는 이득이 있는 법이지만, 말이 많으면 가난해질 뿐이다."(잠 14:23)

> "자기 일을 게을리 하는 자는, 일을 망치는 자와 형제간이다."(잠 18:9)

> "가난하지 않으려면 잠을 좋아하지 말고, 먹거리를 풍족히 얻으려면 깨어 있어라."(잠 20:13)

> "자기 일에 능숙한 사람을 네가 보았을 것이다. 그런 사람은 왕을 섬길 것이요, 대수롭지 않은 사람을 섬기지는 않을 것이다."(잠 22:29)

직업은 단지 생계를 위한 수단이 아니었다. 그것은 개인의 성품 훈련을 위한 도구일 뿐만 아니라, 사명, 가정, 그리고 사회의 안녕과 연관된 것으로 여겨

---

246) Palestinian Talmud, *Peah*, 1; Babylonian Talmud, *Kiddushin* 29a. Sherrill, *The Rise of Christian Education*, 35 재인용.

졌다.

"밭을 가는 사람은 먹을 것이 넉넉하지만, 헛된 것을 꿈꾸는 사람은 지각이 없다."(잠 12:11)

"네 바깥일을 다 해놓고 네 밭일을 다 살핀 다음에, 네 가정을 세워라."(잠 24:27)

"게으른 사람의 밭과 지각이 없는 사람의 포도원을 내가 지나가면서 보았더니, 거기에는 가시덤불이 널려 있고, 엉겅퀴가 지면을 덮었으며, 돌담이 무너져 있었다. 나는 이것을 보고 마음 깊이 생각하고, 교훈을 얻었다. '조금만 더 자야지, 조금만 더 눈을 붙여야지, 조금만 더 팔을 베고 누워 있어야지' 하면, 가난이 강도처럼 들이닥치고, 빈곤이 방패로 무장한 용사처럼 달려들 것이다."(잠 24:30~34)

"무화과나무를 가꾸는 사람이 그 열매를 먹듯이, 윗사람의 시중을 드는 사람이 그 영화를 얻는다."(잠 27:18)

"너의 양 떼의 형편을 잘 알아 두며, 너의 가축 떼에게 정성을 기울여라. 재물은 영원히 남아 있지 않으며, 왕관도 대대로 물려줄 수 없기 때문이다. 그러나 풀은 벤 뒤에도 새 풀이 돋아나니, 산에서 꼴을 거둘 수 있다. 어린 양의 털로는 너의 옷을 지어 입을 수 있고, 숫양으로는 밭을 사들일 수 있으며, 염소의 젖은 넉넉하여, 너와 너의 집 식구의 먹을 것뿐만 아니라, 너의 여종의 먹을 것까지 있을 것이다."(잠 27:23~27)

"밭을 가는 사람은 먹을 것이 넉넉하지만, 헛된 것을 꿈꾸는 사람은 찌들게 가난하다."(잠 28:19)

직업교육은 생계를 위해 누구에게나 필요한 기본적 교육이었다. 실제로 전 계층을 통해 가장 수준 높은 서기관들과 랍비들조차 필요할 경우 부지런히 손을 놀려 직접 생계를 꾸렸다는 사실에서 이를 확인할 수 있다.[247] 아버지의 임무 가운데 하나는 사회적 지위와 무관하게 자식에게 장사를 가르치는 일이었다. 직업 훈련은 초등교육이 의무가 된 후에는 대부분 어쩔 수 없이 초등학교를 끝마친 뒤로 연기되었을 것이다.[248]

사회가 발전하고 분화되면서 직업훈련은 가정으로 한정될 수 없었다. 군주

247) 탈무드에는 기술자 출신의 랍비들이 100명 이상 등장한다. Swift, *Education In Ancient Israel*, 102.

248) Swift, *Education In Ancient Israel*, 85.

제가 출범한 이후에는 도시가 발전함에 따라 무역과 공예 기술이 발달하게 되면서 다양한 직업들이 생겨났다. ① 농업, ② 가축 사역, ③ 어업, ④ 채광, ⑤ 건축, ⑥ 목수와 목재 생산, ⑦ 금속공예, ⑧ 실잣기, ⑨ 직조, ⑩ 염색, ⑪ 제혁, ⑫ 천막 제조, ⑬ 도예, ⑭ 무역과 공예기술에 필요한 도구의 생산. 이 같은 직업에는 공통적으로 손재주가 필요했다. 이와 같은 직업을 수행하는 데 필요한 기술들은 천막이나, 행진 중이나, 목초지에서, 가게나 시장터에서 시간과 장소를 불문하고 아버지나 친지들의 지도를 받아가면서 익혔다.

히브리인들은 건축, 광산, 금속 제련, 목재 및 석재 공정 등 기술을 많이 알고 있었다. 직업훈련은 가족의 외부로부터 주어졌다. 예를 들어, 공예인들은 때때로 길드로 조직되어있는 것 같다(느 3:8, 11~32; 대상 4:14, 21~23). 이 같은 기술을 배우고자 하는 도제들은 아마 이런 문맥에서 훈련되었을 것이다. 장인들(craftsmen)은 당연히 교사의 역할을 했을 것이다. 동일 장인이나 동일 장사들은 흔히 특정 지역에서 함께 살았으며 지도자나 책임자를 가졌다.[249)]

> "그 다음은 여리고 사람들이 쌓았고, 또 그 다음은 이므리의 아들인 삭굴이 쌓았다. '샘 문'은 미스바 구역의 책임자이며 골호세의 아들인 살룬이 보수하였다. 문틀을 얹고, 지붕을 덮은 다음에, 문짝을 달고, 빗장과 빗장둔테를 만들어 달았다. 그가 왕의 동산 옆 [250)]'셀라 연못' 가의 성벽을 다윗 성에서 내려오는 층계까지 보수하였다."(느 3:2, 15)

> "스라야는 게하라심의 아버지 요압을 낳았는데, 그는 '기능공 마을'의 창시자이다. 그곳에 사는 사람들이 모두 기능공이다."(대상 4:14)

사람들은 종종 금세공인 누구의 아들 또는 단순하게 금세공인 누구 식으로 그 직업으로 소개되곤 하였다.

> "그 다음은 세공장이 할해야의 아들 웃시엘이 보수하였다. 그 다음은 향품 제조업자 하나냐가 보수하였다. 그들은 '넓은 벽'에 이르기까지 예루살렘을 복구하였다. 그 다음에 이어지는 부분 곧 '점호 문' 맞은쪽, 성전 막일꾼들과 상인들의 숙소가 있는 데까지, 그리고 성 모퉁이 누각까지는, 세공장이 말기야가 보수하였다."(느 3:8, 31)

동종업자들은 심지어 가족으로까지 언급되었다.

---

249) Culpepper, "Education," 23.
250) '실로아' 곧 '실로암'.

"야베스에 사는 서기관 족은 디랏 족과 시므앗 족과 수갓 족이며, 이들이 레갑 가문의 조상 함맛에게서 나온 겐 족이다."(대상 2:55)

포로기 이후에 장인들은 강력한 법적 실체가 되었다. 이들은 어느 정도 그들 지역에 대한 권위를 가졌다. 그들은 또한 그들 일원을 위한 일종의 직업보험을 제공했다. 과실의 경우를 제외하고 도구, 나귀, 배나 다른 생계수단을 잃어버렸을 때 보장을 해주었다.[251] 그와 같은 동종업들이 조직된 곳마다 어린 도제들에게 그들의 수공기술을 가르치는 교육을 했을 것으로 보인다.[252]

"모세가 이스라엘 자손에게 말하였다.
'주님께서 유다 지파 사람, 훌의 손자이며 우리의 아들인 브살렐을 지명하여 부르셔서, 그에게 하나님의 영을 가득하게 하시고, 지혜와 총명과 지식과 온갖 기술을 갖추게 하셨습니다. 그래서 그는 여러 가지를 생각해 내어, 그 생각해 낸 것을 금과 은과 놋으로 만들고, 온갖 기술을 발휘하여, 보석을 깎아 물리는 일과, 나무를 조각하는 일을 하게 하셨습니다. 또한 주님께서는 그와 단 지파 사람 아히사막의 아들 오홀리압에게는 남을 가르치는 능력도 주셨습니다. 주님께서는 그들에게 기술을 넘치도록 주시어, 온갖 조각하는 일과 도안하는 일을 할 수 있게 하시고, 청색 실과 자주색 실과 홍색 실과 가는 모시 실로 수를 놓아 짜는 일과 같은 모든 일을 할 수 있게 하시고, 여러 가지를 고안하게 하셨습니다.'"(출 35:30~35)

이와 같은 직업 훈련은 예언자 그룹에서도 행해진 것으로 보인다. 제자들에게 전수된 예언자들의 가르침에 독초와 해독에 관한 과학적 지식도 포함되어 있었다는 사실은 흥미 있다.

"그들이 각자 국을 떠다 먹으려고 맛을 보다가, 깜짝 놀라 하나님의 사람을 부르며, 그 솥에 사람을 죽게 하는 독이 들어 있다고 외쳤다. 그래서 그들이 그 국을 먹지 못하고 있는데, 엘리사가 밀가루를 가져 오라고 하여, 그 밀가루를 솥에 뿌린 뒤에, 이제는 먹어도 되니 사람들에게 떠다 주라고 하였다. 그러고 나니 정말로 솥 안에는 독이 전혀 없었다."(왕하 4:40~41)

분명히 이것은 당시의 의학에 관한 그들의 일반적인 지식의 한 부분이었다.

"갑자기 그 아이가 '아이고, 머리야! 아이고, 머리야!' 하면서, 아버지가 듣는 데서 비

251) Culpepper, "Education," 23.
252) Culpepper, "Education," 23.

명을 질렀다. 그의 아버지는 함께 있는 젊은 일꾼더러, 그 아이를 안아서, 어머니에게 데려다 주라고 일렀다. … 엘리사가 집 안에 들어가서 보니, 그 아이는 죽어 있었고, 그 죽은 아이는 엘리사가 눕던 침대 위에 뉘어 있었다. 엘리사는 방 안으로 들어가서 문을 닫았다. 방 안에는 엘리사와 그 죽은 아이 둘뿐이었다. 엘리사는 주님께 기도를 드린 다음에, 침대 위로 올라가서, 그 아이 위에 몸을 포개어 엎드렸다. 자기 입을 그 아이의 입 위에 두고, 자기 눈을 그 아이의 눈 위에 두고, 자기의 손을 그 아이의 손 위에 놓고, 그 아이 위에 엎드리니, 아, 아이의 몸이 따뜻해지기 시작하는 것이 아닌가! 엘리사가 잠시 내려앉았다가, 집 안 이곳저곳을 한 번 거닌 뒤에 다시 올라가서, 그 아이의 몸 위에 몸을 포개어 엎드리니, 마침내 그 아이가 일곱 번이나 재채기를 한 다음에 눈을 떴다."(왕하 4:19, 32~35)

이러한 의학기술들은 제사장들에 의해서도 가르쳐졌다.[253)]

한 곳에 가정이 정착하게 되면 밭 갈기, 씨뿌리기, 추수하기, 이삭줍기, 포도나무 돌보기, 포도주 만들기, 목수일 하기, 양치기, 토기 만들기, 그리고 피혁 만들기 등의 가사와 관련된 일들을 배웠을 것이다. 그러나 가내 수공업의 단계를 넘어서 도자기, 제혁법, 직조업, 석공, 금세공, 마제공 등과 같은 상업적 성격의 직업 훈련으로 발전되었다. 모든 가능성으로 볼 때, 대부분의 특별한 수업은 특별한 가문에 속한 조합과 연관되어 발생했다. 금속 세공인, 재단사, 금세공인, 활제작자, 목수, 가죽세공인, 도공, 서기관, 이발사, 점쟁이, 사제, 마술사, 그리고 기타 사람들은 그들의 일을 그들의 아버지에게서 뿐만 아니라 본격적으로 도제로서 전문적으로 배웠다.

4. 군사교육

이스라엘은 국가적으로 오랫동안 불안정한 정세에 처해 있었기 때문에 유목시대와 가나안 정착 이후 상당한 시간이 지나기까지 목자와 전사, 그리고 사냥꾼을 선호했다. 따라서 국가의 부름에 응답을 해야 했던 소년들이 군사훈련을 받는 것은 당연했다. 소년들은 싸움을 위한 준비로 물매, 활과 화살, 검, 방패와 창 등의 사용법을 익혔을 것이다. 경우에 따라서는 말 타기와 전차 조정도 익혔을 것이다. 물맷돌은 대표적인 공격 무기였다.

"다윗은 재빠르게 그 블레셋 사람이 서 있는 대열 쪽으로 달려가면서, 주머니에 손을

---

253) Kaster, "Education, OT," 1155.

넣어 돌을 하나 꺼낸 다음, 그 돌을 무릿매로 던져서, 그 블레셋 사람의 이마를 맞히었다. 골리앗이 이마에 돌을 맞고 땅바닥에 쓰러졌다."(삼상 17:49)

"이 모든 사람 가운데서 뽑힌 칠백 명 왼손잡이들은, 무릿매로 돌을 던져 머리카락도 빗나가지 않고 맞히는 사람들이었다."(삿 20:16)

군사 훈련은 아마 처음에 가족과 씨족 또는 부족에서 주어졌던 것 같다.

"전에 전쟁을 겪어 본 일이 없는 이스라엘 자손의 세대들에게, 전쟁이 무엇인지 가르쳐 알게 하여 주려고 그들을 남겨 두신 것이다."(삿 3:2)

소년은 전쟁에 아버지나 그의 형제들과 함께 나가서 전투 현장을 경험했다.

"기드온은 맏아들 예델에게, 어서 그들을 죽이라고 명하였다. 그러나 그는 아직 어리고 두려워서 칼을 뽑지 못하였다."(삿 8:20)

"이새의 큰 아들 셋은 사울을 따라 싸움터에 나가 있었다. 군대에 가 있는 그 세 아들의 이름은, 맏아들이 엘리압이요, 둘째가 아비나답이요, 셋째가 삼마였다."(삼상 17:13)

군사 훈련에서 우선적으로 요구되는 행동은 끈기와 민첩함이었다.

"하나님께서는 나의 발을 암사슴의 발처럼 튼튼하게 만드시고, 나를 높은 곳에 안전하게 세워 주신다. 내가 발걸음을 당당하게 내딛도록 주님께서 힘을 주시고, 발목이 떨려서 잘못 디디는 일이 없게 하셨습니다."(삼하 22:34, 37)

이와 같은 기본적 조건을 갖추기 위해 우선 신체 훈련을 일반적으로 했을 것이다. 여기에 활, 검, 그리고 물맷돌, 창을 포함한 무기 사용법을 배웠을 것이다. 예를 들어, 베냐민 족은 양면에 날이 선 칼과 물맷돌로 유명하다.

"에훗은 길이가 한 자쯤 되는 양쪽에 날이 선 칼을 만들어서 오른쪽 허벅지 옷 속에 차고"(삿 3:16)

"이 모든 사람 가운데서 뽑힌 칠백 명 왼손잡이들은, 무릿매로 돌을 던져 머리카락도 빗나가지 않고 맞히는 사람들이었다."(삿 20:16)

한편으로 다른 젊은이들은 활을 사용하도록 훈련받았다.

"내가 과녁을 쏘려 함 같이 화살 셋을 그 바위 곁에 쏘고"(삼상 20:20)

"명령하여 그것을 유다 족속에게 가르치라 하였으니 곧 활 노래라 야살의 책에 기록되었으되"(삼하 1:18)

젊은이들은 면 대면으로 싸우는 훈련도 받았다.

"아브넬이 요압에게 이르되 원하건대 청년들에게 일어나서 우리 앞에서 겨루게 하자. 요압이 이르되 일어나게 하자. 하매 그들이 일어나 그 수대로 나아가니 베냐민과 사울의 아들 이스보셋의 편에 열두 명이요, 다윗의 신복 중에 열두 명이라. 각기 상대방의 머리를 잡고 칼로 상대방의 옆구리를 찌르매 일제히 쓰러진지라. 그러므로 그 곳을 254)헬갓 핫수림이라 일컬었으며 기브온에 있더라."(삼하 2:14~16)

여기에 과거의 영웅적 위업, 그리고 특히 전략적 속임수에 관한 특별 훈련이 보충되었을 것이다.

"에브라임에게서는 255)아말렉에 뿌리를 내린 사람들이 내려오고, 베냐민의 뒤를 이어서는 너의 백성이 내려오고, 마길에서는 지휘관들이 내려오고 스불론에서는 지휘봉 잡은 이들이 내려왔다. 잇사갈의 지도자들이 드보라와 합세하고, 잇사갈과 바락도 이에 합세하여, 그의 뒤를 따라 골짜기로 달려갔다. 그러나 르우벤 지파 가운데서는 마음에 큰 반성이 있었다. 어찌하여 네가 양의 우리에 앉아, 양 떼를 부르는 피리 소리나 듣고 있는가? 르우벤 지파에서는 마음에 큰 반성을 하였다."(삿 5:14~16)

"블레셋과 이스라엘 사이에 다시 전쟁이 일어나서, 다윗이 군대를 거느리고 내려가서, 블레셋 사람과 싸웠다. 블레셋 사람과 싸우는 전투에서 다윗이 몹시 지쳐 있을 때에, 256)거인족의 자손인 이스비브놉이라는 사람이 삼백 세겔이나 되는 청동 창을 들고, 허리에는 새 칼을 차고, 다윗을 죽이려고 덤벼들었다. 그러자 스루야의 아들 아비새가 그 블레셋 사람을 쳐 죽이고, 다윗을 보호하였다. 그런 다음에는, 다윗의 부하들이 다윗에게, 다시는 자기들과 함께 싸움터에 나가지 않겠다고 약속을 받고서 그에게 말하였다.
'임금님은 이스라엘의 등불이십니다. 우리는 우리의 등불이 꺼지지 않도록 지키고자

254) 날카로운 칼의 밭.
255) 칠십인 역에는 '사람들이 계곡으로 내려왔고'.
256) 히, '라파'.

합니다.'
그 뒤에 다시 곱에서 블레셋 사람과 전쟁이 일어났다. 그 때에 후사 사람 십브개가 거인족의 자손인 삽을 쳐 죽였다. 또 곱에서 블레셋 사람과 전쟁이 일어났다. 그때에는 베들레헴 사람인 야레오르김의 아들 엘하난이 가드 사람 골리앗을 죽였는데, 골리앗의 창자루는 베틀 앞다리같이 굵었다. 또 가드에서 전쟁이 벌어졌을 때에 거인이 하나 나타났는데, 그는 손가락과 발가락이 여섯 개씩 모두 스물넷이었다. 이 사람도 거인족의 자손 가운데 하나였다. 그가 이스라엘을 조롱하므로, 다윗의 형 삼마의 아들 요나단이 그를 쳐 죽였다. 이 네 사람은 모두 가드에서 태어난 거인족의 자손인데, 다윗과 그 부하들에게 모두 죽었다."(삼하 21:15~22)

"여호수아가 군인들을 다 동원하여, 아이 성으로 쳐 올라갔다. 여호수아는 용사 삼만 명을 뽑아 밤을 틈타 보내면서, 그들에게 명령을 내렸다. '너희들은 성 뒤로 가서, 성에서 너무 멀지 않은 곳에 매복하고, 모두들 공격할 준비를 갖추어라. 나와 함께 있는 모든 군인은 그 성으로 접근하겠다. 아이 성 사람들이 우리와 싸우려고 나오면, 우리는 지난번과 같이 뒤돌아서 도망칠 것이다. 그들은 우리를 뒤쫓고, 우리는 그들을 성 밖으로 이끌어 낼 것이다. 그들은 도망하는 우리를 보고서, 자기들끼리, 지난번과 같이 우리 앞에서 도망한다고 말할 것이다. 우리가 그들 앞에서 도망하거든, 너희는 매복하고 있던 곳에서 일어나서, 그 성을 점령하여라. 주 너희 하나님이 그 성을 너희의 손에 넘겨주실 것이다. 성을 점령하거든, 주님께서 하신 말씀을 따라서 그 성을 불태워라. 내가 너희에게 내린 명령이니, 명심하여라.'"(수 8:3~8)

한편 한번 저질렀던 실수는 반복되지 않도록 상기되었다.

"그 뒤에 아비멜렉은 데베스로 갔다. 그는 데베스에 진을 치고, 그곳을 점령하였다. 그러나 그 성읍 안에는 견고한 망대가 하나 있어서, 남녀 할 것 없이 온 성읍 사람들이 그곳으로 도망하여, 성문을 걸어 잠그고 망대 꼭대기로 올라갔다. 아비멜렉은 그 망대에 이르러 공격에 나섰고, 망대 문에 바짝 다가가서 불을 지르려고 하였다. 그러나 그때에 한 여인이 맷돌 위짝을 아비멜렉의 머리에 내리 던져, 그의 두개골을 부숴 버렸다."(삿 9:50~53)

"임금님이 화를 내시며 네게 말씀하시기를 '너희가 왜 그토록 성에 가까이 가서 싸웠느냐? 적의 성벽 위에서 적병들이 활을 쏠 줄도 몰랐단 말이냐? 여룹베셋의 아들 아비멜렉을 누가 쳐서 죽였느냐? 어떤 여자가 성벽 위에서 그의 머리 위로 맷돌 위짝을 던져서, 그가 데벳스에서 죽지 않았느냐? 그런 것을 알면서, 너희가 무엇 때문에 그토록 성벽에 가까이 갔느냐?' 하시면, 너는 '임금님의 부하 헷 사람 우리야도 죽었습니다' 하고 대답하여라."(삼하 11:20~21)

이후에 군사 훈련은 필요한 무기들을 공급한 궁정의 전문적 관리들의 감독 하에 행해졌다.

"이스라엘 각 지파의 영도자들은 다음과 같다. 르우벤 지파의 영도자는 시그리의 아들 엘리에셀이고, 시므온 지파의 영도자는 마아가의 아들 스바댜이고, 레위 지파의 영도자는 그무엘의 아들 하사뱌이고, 아론 지파의 영도자는 사독이고, 유다 지파의 영도자는 다윗의 형 엘리후이고, 잇사갈 지파의 영도자는 미가엘의 아들 오므리이고, 스불론 지파의 영도자는 오바댜의 아들 이스마야이고, 납달리 지파의 영도자는 아스리엘의 아들 여레못이고, 에브라임 지파의 영도자는 아사시야의 아들 호세아이고, 므낫세 반쪽 지파의 영도자는 브다야의 아들 요엘이고, 길르앗에 있는 므낫세 반쪽 지파의 영도자는 스가랴의 아들 잇도이고, 베냐민 지파의 영도자는 아브넬의 아들 야아시엘이고, 단 지파의 영도자는 여로함의 아들 아사렐이다. 이들이 이스라엘 각 지파의 영도자이다."(대상 27:16~22)

"이렇게 그는 유다 여러 성읍에 많은 일을 하여 놓았고, 예루살렘에는 전투 병력과 용사들을 배치하였다. 가문별로 병적에 오른 수는 다음과 같다. 유다 가문에 속한 천부장 가운데서는 천부장 아드나가 으뜸이 되어, 용사 삼십만 명을 거느렸고, 다음으로는 여호하난이 이십팔만 명을 거느렸고, 그 다음으로는 주님을 위하여 자원하여 나선 시그리의 아들 아마샤가 용사 이십만 명을 거느렸다. 베냐민 가문에서는 용장 엘리아다가 활과 방패를 잡은 사람 이십만 명을 거느렸고, 다음으로는 여호사밧이 무장한 병사 십팔만을 거느렸다."(대하 17:13~18)

"웃시야에게는, 언제든지 나가서 싸울 수 있는 큰 규모의 군대가 있었다. 여이엘 병적 기록관과 마아세야 병무담당 비서관이 이들을 징집하여 병적에 올렸다. 이 두 사람은 왕의 직속 지휘관 가운데 한 사람인 하나냐의 지휘를 맡았다. 그 군대에는 이천육백 명의 장교가 있고, 그들의 밑에도, 왕의 명령이 떨어지면 언제라도 대적과 싸워 이길 수 있는 삼십만 칠천오백 명의 군인들이 있었다. 웃시야는 이 군대를 방패와 창과 투구와 갑옷과 활과 무릿매로 무장시켰다. 예루살렘에는 무기제조 기술자들을 두어 새로운 무기를 고안하여 만들게 하였으니, 그 무기는 망대와 성곽 모서리 위에 설치하여 활과 큰 돌을 쏘아 날리는 것이었다. 그의 명성이 사방으로 퍼졌고, 하나님께서 그를 도우셨으므로, 그는 매우 강한 왕이 되었다."(대하 26:11~15)

"이밖에도 그가 도성 안에서 체포한 사람은, 군대를 통솔하는 내시 한 사람과, 도성 안에 그대로 남은 왕의 시종 다섯 사람과, 그 땅의 백성을 군인으로 징집하는 권한을 가진 군대 참모장과, 도성 안에 남은 그 땅의 백성 예순 명이다."(왕하 25:19)

5. 예능교육

이스라엘 전 역사에 걸쳐 이스라엘인들은 음악과 춤 등의 예술에 생동감 넘치는 흥미를 느끼고 살았던 것이 분명하다. 그럼에도 그 예술은 단순히 즐기기 위한 취미가 아니라 신앙 표현의 도구였다.

"실로의 처녀들이 춤을 추러 나오면, 포도원에서 달려 나와, 그 실로의 처녀들 가운데서 하나씩 붙들어 아내를 삼아, 베냐민 땅으로 돌아가시오."(삿 21:21)

"우리가 바빌론의 강변 곳곳에 앉아서, 시온을 생각하면서 울었다. 그 강변 버드나무 가지에 우리의 수금을 걸어 두었더니, 우리를 사로잡아 온 자들이 거기에서 우리에게 노래를 청하고, 우리를 짓밟아 끌고 온 자들이 저희들 흥을 돋우어 주기를 요구하며, 시온의 노래 한 가락을 저희들을 위해 불러 보라고 하는구나. 우리가 어찌 이방 땅에서 주님의 노래를 부를 수 있으랴."(시 137:1~4)

"그때에는 처녀가 춤을 추며 기뻐하고, 젊은이와 노인들이 함께 즐거워할 것이다." 내가 그들의 슬픔을 기쁨으로 바꾸어 놓고, 그들을 위로하여 주겠다. 그들이 근심에서 벗어나서 기뻐할 것이다."(렘 31:13상)

"노인들은 257)마을 회관을 떠나고, 젊은이들은 노래를 부르지 않습니다."(애 5:14)

소년 시절에 다윗이 이미 수금을 탈 수 있는 재능을 가지고 있었다.

사울이 신하들에게 명령을 내렸다.
'그러면 수금을 잘 타는 사람을 찾아보고, 있으면 나에게로 데려오너라.'
젊은 신하 가운데 한 사람이 대답하였다.
'제가 베들레헴 사람 이새에게 그런 아들이 있는 것을 보았습니다. 그는 수금을 잘 탈 뿐만 아니라, 용사이며, 용감한 군인이며, 말도 잘하고, 외모도 좋은 사람인데다가, 주님께서 그와 함께 계십니다.'
그리하여 하나님이 보내신 악한 영이 사울에게 내리면, 다윗이 수금을 들고 와서 손으로 탔고, 그때마다 사울에게 내린 악한 영이 떠났고, 사울은 제정신이 들었다."(삼상 16:17~18, 23)

---

257) 히, '성문'

성전예배에서 종교음악이 차지하는 비중은 크고 중요했다. 특히 성전에서 음악으로 봉사하는 레위족에게 음악 훈련은 꼭 필요한 것이었다.

"이들은 모두 주님을 찬양하는 법을 배운, 능숙한 사람들이다. 이들이 제비를 뽑아서 책임을 맡을 때에는, 대가나 초보자나, 스승이나 배우는 사람이나, 구별을 두지 않았다."(대상 25:7~8)

"그리하여 레위 사람들은 다윗이 만든 악기를 잡고, 제사장들은 나팔을 잡았다. 히스기야가 번제를 제단에 드리라고 명령하니, 번제가 시작되는 것과 함께, 주님께 드리는 찬양과, 나팔 소리와 이스라엘의 다윗 왕이 만든 악기 연주 소리가 울려 퍼졌다. 온 회중이 함께 예배를 드렸다. 번제를 다 드리기까지 노래하는 사람들은 노래를 부르고, 나팔 부는 사람들은 나팔을 불었다. 제사를 마친 다음에, 왕과 온 회중이 다 엎드려 경배하였다. 그렇게 하고 난 다음에, 히스기야 왕과 대신들이 레위 사람들을 시켜서, 다윗과 아삽 선견자가 지은 시로 주님을 찬송하게 하니, 그들은 즐거운 마음으로 찬송하고, 몸을 굽혀 경배하였다."(대하 29:26~30)

초기 히브리 예배에서 두드러진 역할을 했던 춤은 종교행위로는 점차 인기를 잃었다.[258] 이스라엘에서는 음악이 예배 의식에서 활용된 것 외에는 건축, 조각, 회화, 예술이나 연극 등에 대한 체계적 교육을 찾아볼 수 없다. 예외적으로 필사예술, 특히 금속세공인의 기술들은 특별히 존중되었다. 노련한 예술가인 브살렐[259]은 그의 영감을 하나님께로부터 얻었는데 하나님은 그의 마음속에 재능을 나타낼 수 있는 지혜와 지식을 가득 채워주셨다. 여호와께서는 이스라엘 회중에서 브살렐을 직접 지명하여 부르시고 그에게 하나님의 영을 충만하게 부어주셨다. 이는 여호와께서 성막 건설에 필요한 금속, 나무, 석재와 관련된 일련의 작업을 브살렐에게 맡기시기 위함이었다.

"보아라, 내가, 유다 지파 사람 훌의 손자요 우리의 아들인 브살렐을 지명하여 불러서, 그에게 하나님의 영을 채워 주어, 지혜와 총명과 지식과 온갖 기술을 갖추게 하겠다. 그가 여러 가지를 생각하여, 그 생각한 것을 금과 은과 놋으로 만들게 하고, 온갖 기술을 발휘하여, 보석을 깎아 내는 일과 나무를 조각하는 일을 하게 하겠다. 분명히 나는 단 지파 사람 아히사막의 아들 오홀리압이 브살렐과 함께 일하게 하겠다. 그리고 기술 있는 모든 사람에게 지혜를 더하여, 그들이 내가 너에게 명한 모든 것을 만들게 하겠다. 회막과 [260]증거궤와 그 위에 덮을 [261]속죄판과 회막에 딸린 모

258) Swift, *Education In Ancient Israel*, 86.
259) '하나님의 그늘'이라는 뜻으로 유다지파 훌의 손자며 우리의 아들이다 .

든 기구와 상과 거기에 딸린 기구와 순금 등잔대와 거기에 딸린 모든 기구와 분향단과 번제단과 거기에 딸린 모든 기구와 물두멍과 그 받침과 제사장 일을 할 때에 입는 잘 짠 옷 곧 제사장 아론의 한 옷과 그 아들들의 옷과 성별하는 기름과 성소에서 쓸 향기로운 향을, 그들이 내가 너에게 명한 대로 만들 것이다."(출 31:2~11)

"모세가 이스라엘 자손에게 말하였다.
'주님께서 유다 지파 사람, 훌의 손자이며 우리의 아들인 브살렐을 지명하여 부르셔서, 그에게 하나님의 영을 가득하게 하시고, 지혜와 총명과 지식과 온갖 기술을 갖추게 하셨습니다. 그래서 그는 여러 가지를 생각해 내어, 그 생각해 낸 것을 금과 은과 놋으로 만들고, 온갖 기술을 발휘하여, 보석을 깎아 물리는 일과, 나무를 조각하는 일을 하게 하셨습니다. 또한 주님께서는 그와 단 지파 사람 아히사막의 아들 오홀리압에게는 남을 가르치는 능력도 주셨습니다. 주님께서는 그들에게 기술을 넘치도록 주시어, 온갖 조각하는 일과 도안하는 일을 할 수 있게 하시고, 청색 실과 자주색 실과 홍색 실과 가는 모시 실로 수를 놓아 짜는 일과 같은 모든 일을 할 수 있게 하시고, 여러 가지를 고안하게 하셨습니다.'"(출 35:30~35)

이와 관련해서 성서는 기술을 예술의 차원에서 생각했으며, 그 예술은 하나님으로부터 나온다고 생각했다는 것이다. 하나님께서 사람들에게 그의 기술을 가르칠 마음을 주셨다는 사실이다. 이는 문화예술이 이교도와 연관되어 있었기 때문이지만[262] 근본적으로 이스라엘에서 예술은 하나님께서 자기 자신을 모세와 예언자들에게 계시하였다는 신앙에 기초하고 있기 때문이다.

외국 문물. 위에서 보는 것과 같은 교육 내용 이외에도 다음과 같은 예외적 교육 내용들도 있었다. 예를 들어 모세의 경우 이집트 교육을 받았다.

"모세는 이집트 사람의 모든 지혜를 배워서, 그 하는 말과 하는 일에 능력이 있었습니다."(행 7:22)

욥기의 저자는 자연사와 천문에 능통했다.

"네가 북두칠성의 별 떼를 한데 묶을 수 있으며, 오리온성좌를 묶은 띠를 풀 수 있느냐? 네가 북두칠성의 별 떼를 한데 묶을 수 있으며, 오리온성좌를 묶은 띠를 풀 수

---

260) 또는 '법궤'.
261) 또는 '속죄소' 또는 '시은좌'.
262) 유대인의 교육이 예술을 도외시한 것처럼, 철학도 도외시했다. 철학은 인간의 지성을 믿는 인본주의 사회에 그 기원을 두고 있기 때문이다.

있느냐? 네가 철을 따라서 성좌들을 이끌어 낼 수 있으며, 큰곰자리와 그 별 떼를 인도하여 낼 수 있느냐? 하늘을 다스리는 질서가 무엇인지 아느냐?"(욥 38:31~33; 39~41장 참조)

포로로 잡혀간 다니엘과 그 친구들은 지적 재능이 뛰어났다.

"몸에 흠이 없고, 용모가 잘생기고, 모든 일을 지혜롭게 처리할 수 있으며, 지식이 있고, 통찰력이 있고, 왕궁에서 왕을 모실 능력이 있는 소년들을 데려오게 하여서, 그들에게 263)바빌로니아의 언어와 문학을 가르치게 하였다. 하나님은 이 네 젊은이들이 지식을 얻게 하시고, 문학과 학문에 능통하게 하셨다. 그밖에도 다니엘에게는 환상과 온갖 꿈을 해석하는 능력까지 주셨다."(단 1:4, 17)

그리고 솔로몬의 학식은 만방 중에 알려질 정도였다.

"하나님께서 솔로몬에게 지혜와 총명과 넓은 마음을 바닷가의 모래알처럼 한없이 많이 주시니, 그래서 그의 지혜에 관한 소문을 들은 모든 백성과 지상의 모든 왕은, 솔로몬의 지혜를 들어서 배우려고 몰려 왔다."(왕상 4:29, 34)

"스바 여왕이, 주님의 이름 때문에 유명해진 솔로몬의 명성을 듣고서, 여러 가지 어려운 질문으로 시험해 보려고, 솔로몬을 찾아왔다. 여왕은 수많은 수행원을 데리고 또 여러 가지 향료와 많은 금과 보석을 낙타에 싣고 예루살렘으로 왔다. 그는 솔로몬에게 이르러서, 마음속에 품고 있던 온갖 것을 다 물어 보았다. 솔로몬은, 여왕이 묻는 온갖 물음에 척척 대답하였다. 솔로몬이 몰라서 여왕에게 대답하지 못한 것은 하나도 없었다. 스바의 여왕은, 솔로몬이 온갖 지혜를 갖추고 있는 것을 확인하고, 또 그가 지은 궁전을 두루 살펴보고, 또 왕의 식탁에다가 차려 놓은 요리와, 신하들이 둘러앉은 모습과, 그의 관리들이 일하는 모습과, 그들이 입은 제복과, 술잔을 받들어 올리는 시종들과, 주님의 성전에서 드리는 번제물을 보고, 넋을 잃었다. 여왕이 왕에게 말하였다.
'임금님께서 이루신 업적과 임금님의 지혜에 관한 소문을, 내가 나의 나라에서 이미 들었지만, 와서 보니, 과연 들은 소문이 모두 사실입니다. 내가 여기 오기 전까지는 그 소문을 믿지 않았는데, 내 눈으로 직접 확인하고 보니, 오히려 내가 들은 소문은 사실의 절반도 안 되는 것 같습니다. 임금님께서는, 내가 들은 소문보다, 지혜와 복이 훨씬 더 많습니다. 임금님의 264)백성은 참으로 행복한 사람들입니다. 임금님 앞에 서서, 늘 임금님의 지혜를 배우는 임금님의 신하들 또한 참으로 행복하다고 하지 아니

263) 또는 '갈대아'.
264) 칠십인 역과 시리아어 역에는 '부인들'.

할 수 없습니다. 임금님의 주 하나님께 찬양을 돌립니다. 하나님께서는 임금님을 좋아하셔서, 임금님을 이스라엘을 다스리는 왕좌에 앉히셨습니다. 주님께서는 이스라엘을 영원히 사랑하셔서, 임금님을 왕으로 삼으시고, 공평과 정의로 다스리게 하셨습니다.'"(왕상 10:1~9)

"스바의 여왕이 솔로몬의 명성을 듣고, 여러 가지 어려운 질문으로 그를 시험하여 보려고, 예루살렘으로 그를 찾아왔다. 그는 많은 수행원을 데리고, 또 여러 가지 향료와 많은 금과 보석들을 낙타에 싣고 왔다. 그는 솔로몬에게 이르자, 마음속에 품고 있는 온갖 것들을 다 물어 보았다. 솔로몬은 여왕이 묻는 모든 물음에 척척 대답하였다. 솔로몬이 몰라서 여왕에게 대답하지 못한 것은 하나도 없었다. 스바의 여왕은, 솔로몬이 온갖 지혜를 갖추고 있는 것을 확인하고, 그가 지은 궁전을 두루 살펴보고, 또 왕의 상에 오른 요리와, 신하들이 둘러앉은 모습과, 그의 관리들이 일하는 모습과, 그들이 입은 제복과, 술잔을 받들어 올리는 시종들과, 그들이 입은 제복과, 주님의 성전에서 드리는 번제물을 보고 나서 넋을 잃었다. 여왕이 왕에게 말하였다.
'임금님께서 이루신 업적과 임금님의 지혜에 관한 소문을, 내가 내 나라에서 이미 들었지만, 와서 보니, 과연 들은 소문이 모두 사실입니다. 내가 여기 오기 전까지는 그 소문을 믿지 못하였는데, 내 눈으로 직접 확인하고 보니, 오히려 내가 들은 소문은 사실의 절반도 안 되는 것 같습니다. 임금님께서는, 내가 들은 소문보다 훨씬 뛰어나신 분이십니다. 임금님의 백성은 참으로 행복한 사람들입니다. 임금님 앞에 서서, 늘 임금님의 지혜를 배우는 임금님의 신하들 또한, 참으로 행복하다 아니할 수 없습니다. 주 임금님의 하나님께 찬양을 돌립니다. 하나님께서는 임금님을 좋아하셔서 임금님을 그의 보좌에 앉히시고, 주 하나님을 받드는 왕으로 삼으셨습니다. 임금님의 하나님께서는 이스라엘을 사랑하셔서, 그들을 영원히 굳게 세우시려고, 임금님을 그들 위에 왕으로 세우시고, 공평과 정의로 다스리게 하셨습니다.'"(대하 9:1~8)

[그림32] 〈시바 여왕과 솔로몬 왕의 만남〉. 르네상스 시대. 플로렌스 세례당 문 부조

3장 · 구약성서의 교육 방법

이스라엘과 인접한 고대 수메르와 이집트의 경우, 교육을 하기 위해 매질, 활발한 토론 자극, 어린 남자아이의 상상력을 돋우기 위해 암시적 언어 등의 방법을 사용했으며, 학습자들은 암기와 교재 베끼기를 통해 배웠다. 구약성서의 교육 방식은 이와 같은 방법들을 사용하는 이상으로 잠언에서 볼 수 있듯이 자연과 인간을 관찰하기, 다른 사람들의 주장들을 듣고 평가하기, 그리고 욥기에서 볼 수 있듯이 하나님과의 만남을 유도하는 식이었다. 인생의 딜레마를 포함하는 이 같은 교육 방법들은 대체로 토라를 배우기 위한 것이었다.

> "하나님은, [1]마음이 정직한 사람과 마음이 정결한 사람에게 선을 베푸시는 분이건만, 그런데 놀랍게도, 그들은 모두가 악인인데도 신세가 언제나 편하고, 재산은 늘어만 가는구나. 이렇다면, 내가 깨끗한 마음으로 살아온 것과 내 손으로 죄를 짓지 않고 깨끗하게 살아온 것이 허사라는 말인가? 하나님, 주님께서는 온종일 나를 괴롭히셨으며, 아침마다 나를 벌하셨습니다. 내가 이 얽힌 문제를 풀어 보려고 깊이 생각해 보았으나, 그것은 내가 풀기에는 너무나 어려운 문제였습니다."(시 73:1, 12~14, 16)

토라는 이스라엘 공동체의 핵심이었다. 언약으로서의 토라는 지켜야 할 중요한 내용이었다. 언약을 지키는 것은 기억에 바탕을 두고 있다. 기억은 다양한 방식으로 이루어졌다. 그 중에서 중요한 세 가지 방법은 율법의 준수, 언약의 계시를 둘러싼 역사적 사건들에 대한 의식의 준행, 그리고 공적인 성경의 낭독이었다.[2]

---

1) 히, '이스라엘에게'.
2) Donald E. Miller, *Story and Context*, 고용수·장종철 공역, 『기독교교육개론』 (서울: 대한예수교장로회 총회출판국, 1988), 49.

기본적으로 교육의 방법들은 대부분 구두로 행해졌다. 그리고 나름대로 발달을 고려한 것으로 보인다. 이스라엘은 교육을 어린나이부터 그리고 아침부터 했다는 사실이 그렇다. 제1, 2국가기 동안, 어린이 교육은 아주 어린나이, 즉 젖을 떼는 즉시로부터 시작되었다.[3]

> "제사장들이 나에게 빈정거린다.
> '저자가 누구를 가르친다는 건가? 저자의 말을 들어야 할 사람이 누구란 말인가? 젖뗀 아이들이나 가르치라고 하여라. 젖을 먹지 않는 어린 아이들이나 가르치라고 하여라.'"(사 28:9)

또한 실제로 교육은 아침 일찍부터 시작되었다.

> "주 하나님께서 나를 학자처럼 말할 수 있게 하셔서, 지친 사람을 말로 격려할 수 있게 하신다. 아침마다 나를 깨우쳐 주신다. 내 귀를 깨우치시어 학자처럼 알아듣게 하신다."(사 50:4)

> "그들은 나에게 등을 돌려 나를 외면하였다. 내가 그들을 쉬지 않고 가르쳐 주고 또 가르쳐 주었으나, 그들은 나의 교훈을 받아들이지 않았다."(렘 32:33)

이 구절들에서 이른 아침에 가르침을 베푸시는 모범적인 교사는 바로 하나님임을 주목해야 한다. 그럼에도 불구하고 하나님께서 그랬다면 이스라엘 사람들 역시 실제로 어린이에 대한 교육을 그렇게 했을 가능성은 크다. 가능한 한 어렸을 적부터 교육을 시작하는 것과 마음이 상쾌한 아침시간을 이용하는 것은 교육학의 두 가지 기본적인 근거로 널리 인정되어져 왔다.[4]

---

3) 요세푸스는 자기가 살던 그 당시에 어린아이들의 의식작용이 시작되는 시기부터 그들의 교육을 시작하는 일은 이미 아주 오래전부터 전통으로 되어있었다고 증언하였다.(*Leg. ad Caium* 31)

4) J. Kaster, "Education, OT," George A. Buttrick, ed., *The Interpreter's Dictionary of the Bible*, 『기독교대백과사전』 1권 (서울: 기독교문사, 1980), 1157.

Ⅰ. 구전

유대인들을 '책의 백성'이라 하는데, 그 말은 이미 포로생활에서 귀환할 당시에 그렇게 되어 있었다. 그럼에도 불구하고 유대 교육에서 중요한 것은 책을 통해서가 아니라 구두로 하는 교육이었다. 유대인들에게 "이상적인 교육은 구두 교육이었기 때문에 결코 소멸되지 않는 가장 값진 진리의 전당은 성실한 제자의 기억과 마음이다."[5] 유대인들이 '책의 백성'으로 불린 것은 책을 소유하고 있다는 의미가 아니라 이미 구두교육을 통해 그들의 정신에 주입되었고 마음에 새겨진 삶의 규정들이 그 책에 담겨 있기 때문이다.[6] 물론 이스라엘이 교육에서 구전의 방법을 주로 사용한 것은 이스라엘 초기에 문자가 없었기 때문일 것이다. 스미스에 따르면 이스라엘이 문자를 갖게 된 것은 팔레스틴 정착후인 주전 12세기경이다.[7]

1. 유산의 전달

교육내용으로서의 역사. 기록문화가 있기 전의 역사는 구전으로 전해졌다. 예를 들어, 중요한 사건이 발생한 경우 그곳에 돌기둥을 세우고 그와 관련된 일화를 후손에게 전하는 식이다.

> "'이리 와서, 자네와 나 사이에 언약을 세우고, 그 언약이 우리 사이에 증거가 되게 하세.'
> 그래서 야곱이 돌을 가져 와서 그것으로 기둥을 세우고, 또 친족들에게도 돌을 모으게 하니, 그들이 돌을 가져 와서 돌무더기를 만들고, 그 돌무더기 옆에서 잔치를 벌이고, 함께 먹었다. 라반은 그 돌무더기를 [8]여갈사하두다라고 하고, 야곱은 그것을 갈르엣이라 하였다. 라반이 말하였다. '이 돌무더기가 오늘 자네와 나 사이에 맺은 언약의 증거일세.'"(창 31:44~48)

---

5) William R. Smith, *The Old Testament in the Jewish Church: A Course of Lectures on Biblical Criticism*, 2nd ed. (London: Black, 1985), 299. William Barclay, *Educational Ideals in the Ancient World*, 유재덕 역, 『고대세계의 교육사상』(서울: 기독교문서선교회, 1993), 23 재인용.
6) Barclay, *Educational Ideals in the Ancient World*, 23.
7) William A. Smith, *Ancient Education* (New York: Piloosophical Library, 1955), 232.
8) '증거의 무더기'를 아람어로는 여갈사하두다라고 하고, 히브리어로는 갈르엣이라 함.

> "온 백성이 모두 요단강을 건넜을 때에, 주님께서 여호수아에게 말씀하셨다.
> '너는 백성 가운데서 각 지파마다 한 사람씩 열두 사람을 뽑아서 세워라. 그리고 그들에게, 제사장들의 발이 굳게 선 그곳 요단 강 가운데서 돌 열두 개를 가져다가, 오늘 밤 그들이 머무를 곳에 두라고 하여라.'
> 여호수아는 이스라엘 자손 가운데서 각 지파마다 한 사람씩 세운 그 열두 사람을 불러서, 그들에게 말하였다.
> '주 당신들 하나님의 언약궤 앞을 지나 요단 강 가운데까지 들어가서, 이스라엘 자손의 지파 수대로 돌 하나씩을 각자의 어깨에 메고 오십시오. 이것이 당신들에게 기념물이 될 것입니다. 훗날 당신들 자손이 그 돌들이 지닌 뜻이 무엇인지를 물을 때에, 주님의 언약궤 앞에서 요단 강 물이 끊기었다는 것과, 언약궤가 요단 강을 지날 때에 요단 강 물이 끊기었으므로 그 돌들이 이스라엘 자손에게 영원토록 기념물이 된다는 것을, 그들에게 말해 주십시오.'"(수 4:1~7)

[그림33] 버나드 살로몬(Bernard Salomon, 1506-1561), 〈요단강가의 기념석〉

구전은 경험을 말로 전하는 방식이다. 구전은 먼저 자녀의 질문으로부터 시작된다. 구전의 내용은 크게 두 가지였다. 하나는 하나님께서 이스라엘을 이끄시고 보호하신 역사였고 다른 하나는 하나님의 백성에 대한 뜻이 담긴 율법이었다.

> "당신들은 오로지 삼가 조심하여, 당신들의 눈으로 본 것들을 잊지 않도록 정성을 기울여 지키고, 평생 동안 당신들의 마음속에서 사라지지 않도록 하십시오. 또한 그것을 당신들의 자손에게 길이 알리십시오. 당신들이 호렙 산에서 당신들의 하나님이신

주님 앞에 섰던 날에, 주님께서 나에게 말씀하셨습니다. '이 백성을 나에게로 불러 모아라. 내가 그들에게 나의 말을 들려주어서, 그들이 이 땅에서 사는 동안에 나를 경외하는 것을 배우고, 또 이것을 그들의 아들딸에게 가르치게 하려고 한다.'"(신 4:9~10)

그러나 이 둘은 둘이 아니고 하나이다. 아이들이 율법의 의미를 물을 경우 민족의 역사를 들려줌으로써 설명하는 식이다.

"나중에 당신들의 자녀가, 주 당신들의 하나님이 당신들에게 명하신 훈령과 규례와 법도가 무엇이냐고 당신들에게 묻거든, 당신들은 자녀에게 이렇게 일러주십시오.
'옛적에 우리는 이집트에서 바로의 노예로 있었으나, 주님께서 강한 손으로 우리를 이집트에서 이끌어 내셨다. 그때에 주님께서는 우리가 보는 데서, 놀라운 기적과 기이한 일로 이집트의 바로와 그의 온 집안을 치셨다. 주님께서는 우리를 거기에서 이끌어 내시고, 우리의 조상에게 맹세하신 대로, 이 땅으로 우리를 데려오시고, 이 땅을 우리에게 주셨다. 주님께서 우리에게 이 모든 규례를 명하여 지키게 하시고, 주 우리의 하나님을 경외하게 하셨다. 우리가 그렇게만 하면, 오늘처럼 주님께서 언제나 우리를 지키시고, 우리가 잘 살게 하여 주실 것이다. 우리가 주 우리의 하나님 앞에서, 그가 우리에게 명하신 대로 이 모든 명령을 충실하게 지키면, 그것이 우리의 의로움이 될 것이다.'"(신 6:20~25)

조상들의 역사를 후손들에게 이야기하는 것은 부모의 의무였다.

"아득한 옛날을 회상하여 보아라. 조상 대대로 내려온 세대를 생각하여 보아라. 너희의 아버지에게 물어 보아라. 그가 일러줄 것이다. 어른들에게 물어 보아라. 그들이 너희에게 말해 줄 것이다."(신 32:7)

부모는 종교적 의식에 대해서도 그 의미를 설명해야 했다.

"여러분의 아들딸이 여러분에게 '이 예식이 무엇을 뜻합니까?' 하고 물을 것입니다. 그러면 여러분은 그들에게 '이것은 주님께 드리는 [9]유월절 제사다. 주님께서 이집트 사람을 치실 때에, 이집트에 있던 이스라엘 자손의 집만은 그냥 지나가셔서, 우리의 집들을 구하여 주셨다' 하고 이르십시오."(출 12:26)

이런 식으로 종교 전통과 그 가르침이 세대에서 세대로 전해진다. 부모는 선조들의 종교적 경험을 자손들에게 들려주어야 한다.

---

9) '유월절(페싸흐)'과 '지나가다(파싸흐)'가 같은 어원에서 나옴.

"내가 이집트 사람들을 어떻게 벌하였는지를, 그리고 내가 그들에게 어떤 이적을 보여 주었는지를, 네가 너의 자손에게도 알리게 하려고, 또 내가 주님임을 너희에게 가르치려고 그렇게 한 것이다."(출 10:2)

"그 날에 당신들은 당신들 아들딸들에게, '이 예식은, 내가 이집트에서 나올 때에, 주님께서 나에게 해주신 일을 기억하고 지키는 것이다' 하고 설명하여 주십시오."(출 13:8)

부모가 자녀에게 전하는 선조들의 역사와 율법의 목적은 그 내용에 있는 것이 아니라 하나님의 신실하심을 알리고자 하는 데 그 의도가 있었다.

"부모들이 자녀들에게 주님의 신실하심을 일러줍니다."(사 38:19)

주의 신실하심을 전하는 방식의 대표적인 것이 구전이었다.

"그뿐만 아니라, 내가 이집트 사람들을 어떻게 벌하였는지를, 그리고 내가 그들에게 어떤 이적을 보여 주었는지를, 네가 너의 자손에게도 알리게 하려고, 또 내가 주님임을 너희에게 가르치려고 그렇게 한 것이다."(출 10:2)

이스라엘 후손들은 시간이 지나면서 하나님께서 그들의 선조들을 어떻게 인도하셨는지에 대한 기억들을 망각할 수 있다. 따라서 그 역사는 반복적으로 언급되고 암송되어야 했다. 시편 78편은 이스라엘 역사의 요약이다. 이 같은 이야기를 통해서 후손들은 선조들의 과거를 생생하게 보전해야 하며, 아직 태어나지 않은 후손들조차 그들의 소망을 하나님께 두고, 하나님의 하신 일을 잊지 않게 될 것이다.

"내가 입을 열어서 비유로 말하며, 숨겨진 옛 비밀을 밝혀 주겠다. 이것은 우리가 들어서 이미 아는 바요, 우리 조상들이 우리에게 전하여 준 것이다. 우리가 이것을 숨기지 않고 우리 자손에게 전하여 줄 것이니, 곧 주님의 영광스러운 행적과 능력과 그가 이루신 놀라운 일들을 미래의 세대에게 전하여 줄 것이다. 주님께서 야곱에게 언약의 규례를 세우시고 이스라엘에게 법을 세우실 때에, 자손에게 잘 가르치라고, 우리 조상에게 명하신 것이다. 미래에 태어날 자손에게도 대대로 일러주어, 그들도 그들의 자손에게 대대손손 전하게 하셨다. 그들이 희망을 하나님에게 두어서, 하나님이 하신 일들을 잊지 않고, 그 계명을 지키게 하셨다."(시 78:2~7)

전달의 방법. 구전은 말로 전해졌다는 단순한 뜻 이상의 의미가 있다. 미드라쉬는 하나님께서 시내산에서 율법을 주셨을 때, 그의 음성이 전 세계에 울려 퍼졌다고 해석한다. 당시 인간이 사용하는 70개의 언어로 말해졌기 때문에 온 세상 사람이 모두 자기의 언어로 율법을 들었다고 말한다. 더 나아가 이 음성은 발달의 단계에 맞추어 전해졌다. 즉 갓난 아이, 어린이, 청소년, 성인 등의 수준에 따라 전해졌다고 주장한다.10)

율법, 하나님의 계시는 모든 연령대가 이해할 수 있는 말은 모든 세대가 이해할 수 있도록 가르쳐야 한다는 말이기도 하다. 그래서 율법의 자구가 아닌 율법의 정신을 학습자의 수준에 따라 가르칠 것이 요구되었다. 예를 들어, 유월절 식사 시 “왜 오늘 저녁은 다른 날과 다르냐?”고 묻는다면, “다른 날에는 음식을 한 번 먹지만, 오늘 저녁에는 두 번을 먹고, 다른 날에는 누룩이 들어있는 빵을 먹어도 되지만 오늘은 누룩이 없는 빵을 먹어야 하고, 다른 날에는 고기를 굽거나 삶아먹을 수 있지만, 오늘 저녁에는 구워먹어야 한다”고 설명할 수 있다. 그렇게 시작해서 유월절의 역사를 가르쳐줄 수 있다.

팔레스타인 탈무드에는 이를 더 구체적으로 말한다. 아이를 네 종류, 즉 총명한 아이, 장난을 좋아하는 아이, 어리석은 아이, 그리고 말을 하지 못하는 어린아이로 나누어 각각에 맞게 가르치는 방법을 말한다. 총명한 아이에게는 성서에 나온 질문과 내용을 그대로 이용해서 가르치고, 장난을 좋아하는 아이에게는 유월절 저녁식사에 후식이 없는 이유를 설명하는 것으로 시작해서 유월절에 대한 설명을 할 수 있다. 말을 하지 못하는 어린 아이에게는 유월절 음식이 평상시 먹었던 음식과 다른 점 등을 자세히 설명해 주는 식이다.11)

토라의 학습은 능력에 따라 한 번에 두세 구절을 배우도록 했다. 5~6세가 되면 성서 연구를 할 준비가 되어 있는 것으로 보았다.12)

교육이 발생하는 것은 부모나 교사가 자녀와 학습자들에게 죽은 듯이 조용하게 지식을 전달할 때뿐이다.13) “오늘날 아랍인 유목민들이 그렇듯이 그들은 모닥불 옆에서 긴 밤을 보내면서 이야기를 들었다. 느리게 움직이는 가축 떼를 목자들이 지켜보면서, 아니면 은밀한 여성의 공간(하렘 harem)이나 처녀들이 물을 길러가는 우물에서, 그것도 아니면 결혼잔치나 종교 축제에서도 그랬다. 현대 팔레스타인 마을마다 그렇듯이 사람들이 여가를 즐기러 한 자리에 모일

10) 출 4:12에 관한 *Midrash Exdus Rabba* V. Lewis J. Sherrill, *The Rise of Christian Education*, 이숙종 역, 『기독교교육의 발생』 (서울 :대한기독교서회, 1994), 67 재인용.

11) *Palestinian Talmud, Pesahim* X, 4, Gemara. Sherrill, *The Rise of Christian Education*, 69 재인용.

12) Sherrill, *The Rise of Christian Education*, 70.

13) James L. Crenshaw, *Education in Ancient Israel: Across the Deadening Silence*, Anchor Bible Reference Library (Garden City, NY: Doubleday, 1998)

때마다 몸짓과 행동으로 온갖 이야기를 암송하는 전문적인 이야기꾼이 존재했을 것이다."[14]

[그림34] 〈이야기꾼〉, 모로코 중부 마라케시 제마 엘프나 광장(Jemaa el-Fna Square, Marrakesh)

이곳에서는 옛이야기들이 옛 방식으로 전달되는데, 청중들의 귀를 사로잡기 위해 풍부한 화술이 발전돼왔다. 블로그 〈아펙트리아〉.

구전에서 문자로. 문자의 발명은 인류 최초의 문명이었던 수메르에서였다. 사회가 발달하고 관계망이 복잡해지면서 정보의 양이 기하급수적으로 늘어남에 따라 이를 관리할 필요에 따라 생겨난 것이다. 인간의 기억을 대신해서 구술된 정보를 고정시키고 언어로 재생하게 해줄 체계가 필요했던 것이다.[15] 주전 약 1,700년경 가나안에서는 글자가 단순해지고, 더불어 주전 8세기경 아람어가 국제 통상어로 사용되면서 문자에 구어가 접붙여졌다. 성서 히브리어와 아람어는 비교적 단순한 22자의 자음을 채용했다. 모음은 없었지만 몇 개의 자음은 모음

---

14) Charles F. Kent, *Narratives of the Beginnings of Hebrew History* (New York: Charles Scribner's Sons, 1904), 13. Fletcher H. Swift, *Education In Ancient Israel: From Earliest Times To 70 A.D.*, 유재덕 역, 『고대 이스라엘의 종교교육: 발생부터 AD 70년까지』 (서울: 소망, 2012), 41 재인용.

15) Jean Castarede, *Luxe et Civillisations*, 이소영 역, 『사치와 문명』 (서울: 뜨인돌, 2011), 26.

역할을 했다. 이 글자는 수백 개의 상징들을 채용한 수메르, 바빌로니아, 그리고 아시리아의 설형문자(cuneiform script)와 이집트의 그림 문자인 상형문자(hieroglyphs)와 대조되었다. 이 두 문자는 수년 동안의 서기관 훈련을 받아야 습득할 수 있었다.[16]

[그림35] 〈메소포타미아의 설형문자〉

[그림36] 〈이집트 상형문자〉

---

16) Crenshaw, James L. "Education, OT," *The New Interperter's Dictionary of The Bible*. vol. 2. Katharine D. Sakenfeld, eds. (New York: Abingdon Press 2006): 196.

이스라엘 초기는 대체로 구두 공동체의 특징을 띤다. 그 같은 상황이 솔로몬 치하에 극적으로 변화를 겼었는지에 대한 문제는 논쟁거리이다. 솔로몬이 계몽의 시대를 주도했다는 주장도 있지만, 문자 시대로의 발전은 주전 8세기 히스기야 시대 하에서 일어났다고 보는 주장도 있다. 히스기야는 다른 것보다 소 잠언 모음집(잠 25~29장)을 전수했다고 보는 서기관 그룹을 후원한 것 같기 때문이다.[17)]

그럼에도 불구하고 이사야, 아모스, 호세아, 그리고 미가의 이 시대와 그 다음 세기의 예레미야 등의 예언자들은 그들의 신탁을 말로 전한 것 같다. 예레미야 당대의 에스겔과 학자로 알려진 후기 예언자인 제2이사야와 바빌론의 연결이 구두-문자 연속선에서 문자적 면으로의 이동이 있었음을 부분적으로 설명해준다. 비록 문어가 페르시아와 헬레니즘 기간 동안에 중요성을 획득하기는 했지만 구어가 계속해서 우위를 차지했다. 동시에 기록된 문서들은 특히 옛날 것일 경우 한 성격을 갖게 되었으며, 성서의 정경은 점차 이런 식으로 형성되어갔다. 예언자적 영감 어린 경고는 후대의 예언자들이 하나님으로부터 온 생생한 말씀 선포보다는 이전 예언자들의 신탁에 의존한다는 사실로부터 문서 모음집이 더 우대받았다. 사해 서안의 쿰란의 큰 문고는 정경이 아직 확정되지 않았다는 것을 보여주면서도 이 같은 문서화의 과정에 대한 증거이다. 여기서 발견된 단편들은 에스더서를 제외한 성서의 모든 책을 포함하고 있으며 이사야서의 경우는 완전한 형태로 발견되었다. 여기에 그 종파의 다양한 문서들도 함께 발견되었다. 예를 들어, 호다요트(Hodayot, 찬양시편들), 전쟁 두루마리(the *War Scroll*), 언약 경전(the Covenant Code), 성전 두루마리(the *Temple Scroll*), 그리고 하박국 페서(*Habakkuk Pesher*)[18)] 등이다.[19)]

그러므로 구두에서 문자 문화로의 이동은 점진적이었으며 항상 환영 받은 것은 아니다. 쓰기의 발견은 전통적인 기억에의 의존을 위협했다. 또한 그것이 엘리트주의를 부추겼다는 사실을 추가할 수 있겠다.[20)]

---

17) Crenshaw, "Education, OT," 196.

18) 페서는 쿰란 사해 사본의 성서 해석관이다. 성서는 제한된 지식을 가진 일반인에게는 표피적 의미를, 수준 높은 지식을 가진 전문가에게는 숨겨진 의미까지 깨닫도록 되어 있다. 특히 하박국 페서는 하나님께서 에세네 공동체의 중요한 인물인 '의의 교사'(Teacher of Righteousness)에게 예언자들의 모든 신비를 알리신다고 주장한다. http://en.wikipedia.org/wiki/Pesher

19) Crenshaw, "Education, OT," 196-97.

20) Crenshaw, "Education, OT," 197.

[그림37] 〈사해사본이 담겨있던 토기 중 하나〉

2. 이야기

예언자들은 학습자로서의 국가와 민족에 감동을 주기 위해 이야기와 예화의 큰 가치를 알았다. 아모스는 북이스라엘을 향하여 자신이 세우고자 하는 원리의 강력한 예로서 그 백성의 과거의 경험을 회상하도록 한다.21)

"'내가 바로 너희를 이집트 땅에서 이끌어내어, 사십 년 동안 광야에서 인도하여 아모리 사람의 땅을 차지하게 하였다. 또 너희의 자손 가운데서 예언자가 나오게 하고, 너희의 젊은이들 가운데서 22)나실 사람이 나오게 하였다. 이스라엘 자손아, 사실이 그러하지 않으냐?'
주님께서 하신 말씀이다.
'그러나 너희는 나실 사람에게 포도주를 먹이고, 예언자에게는 예언하지 말라고 명령하였다.'"(암 2:10~12)

"하나님은 자기 백성을 약속의 땅에 데려다 주시는 데 필요한 모든 조치를 다 하셨다. 따라서 백성이 하나님께 받은 생활 규정들을 지키기를 기대하셨다. 백성에게 이를 늘 상기시키시려고 하나님은 자신의 심부름꾼으로 예언자와 나시르 사람(나실인)을 쓰셨다. 백성은 이들을 존중하기는커녕 이들이 임무를 다하지 못하게 막았다."23)

---

21) Charles F. Kent, *The Great Teachers of Judaism and Christianity* (New York: Eaton & Mains: Cincinnati: Jennings & Graham, 1911), 22.
22) 주님께 몸바친 사람들; 하게 구별된 사람들.
23) 『해설·관주 성경전서: 독일성서공회판』(서울: 대한성서공회, 1997), 1422.

호세아 역시 백성이 야훼의 명령에 따르는 것의 중요성을 강조하기 위해 그들 민족의 역사에서 예화를 끌어온다.[24)]

"내가 이스라엘을 처음 만났을 때에, 광야에서 만난 포도송이 같았다. 내가 너희 조상을 처음 보았을 때에, 제철에 막 익은 무화과의 첫 열매를 보는 듯하였다. 그러나 바알브올에 이르자, 그들은 거기에서 그 부끄러운 우상에게 몸을 바치고, 우상을 좋아하다가 우상처럼 추악해지고 말았다. … 우리 조상 야곱은 [25)]메소포타미아 평야로 달아나야 했다. 이스라엘은 아내를 얻으려고 종살이를 하였다. 아내를 얻으려고 목자가 되었다. … 다 큰 다음에는 하나님과 대결하여 싸웠다. 야곱은 천사와 싸워서 이기자, 울면서 은총을 간구하였다. 하나님은 베델에서 그를 만나시고, 거기에서 우리에게 말씀하셨다. 주님은 만군의 하나님이다. '주님'은 우리가 기억해야 할 그분의 이름이다. 그러니 너희는 하나님께로 돌아오너라. 사랑과 정의를 지키며, 너희 하나님에게만 희망을 두고 살아라."(호 9:10; 12:12, 3하~6)

"하나님은 광야에서, 곧 이스라엘을 애굽에서 이끌어 내심으로써 이들을 하나님 백성으로 뽑으셨다. 포도 및 사람들이 특히 좋아하는 이른 무화과 열매는 '첫 사랑'을 상징한다. 그러나 이스라엘은 기름진 가나안땅의 경계에 이르기가 바쁘게 바알 종교에 빠지기 시작했다. 우상과 관계를 맺는 사람은 그 우상처럼 가증해진다."[26)] "하나님은 이미 처음에 하셨던 바를 이제도 하신다. 곧 모세 시대부터 지금에 이르기까지 예언자들을 통해서 자기 백성을 이끄신 것이다. 그리고 이 백성은 야곱과 마찬가지로 이해할 수 없는 반응을 보인다. 하나님과 겨룬 야곱은 스스로 종살이하여 아내를 얻었다."[27)]

그러나 하나님께서는 벧엘에서 야곱을 처음으로 만났을 때 하신 약속의 말씀을 상기시키시면서 "이스라엘에게 전해주시려는 말씀은 회개의 길을 하나님이 열어놓으셨다는 것뿐만 아니라 피할 수 없었던 포로 생활을 마치고 고향에 돌아올 날이 있으리라는 약속이다. 6하반절에서는 이런 약속 말씀을 근거로 실제로 할 일이 무엇인지를 일러주는데, 5절에서는 이 약속 말씀을 하시고 그에 따른 행동을 요구하시는 분이 누구이신지를 분명히 밝힌다."[28)]

예언자들의 역사 회고는 역사적 사실 자체에 대한 관심보다는 교육적 목적을 갖는다. 그것은 마치 예를 들어 사무엘서의 저자의 입장과 같다. 저자가 다

24) Kent, *The Great Teachers of Judaism and Christianity*, 23.
25) 히, '아람'.
26)『해설·관주 성경전서』, 1405.
27)『해설·관주 성경전서』, 1409.
28)『해설·관주 성경전서』, 1408.

윗의 정치적, 군사적 성취보다는 오히려 죄와 그 결과에 대해 그처럼 여러 장을 할애하여 다루는 이유는 그것의 교육적 목적 때문이다. 역사적 언급은 사실의 증거에 목적이 있는 것이 아니고 교육에 목적이 있다. 죄의 치명적 결과는 바람직한 선행의 열매와 더불어 사람들이 악을 피하고 선을 택하도록 도울 수 있다. 예언자들은 이처럼 역사적 사실들을 채용해 효과적인 교육의 도구로 삼았던 것이다.[29] 예언자들은 이처럼 역사적 서사를 사용하여 중요하고 영원한 원리들인 도덕적 영적 내용들을 가르쳤다.

시적 형식. 예언자들은 여러 형태를 통해 메시지를 전했다.[30] 예언자들은 그들의 메시지를 시적 형태를 빌어서 표현했다. 시적 형태는 주로 병행과 반복으로 이루어지는데, 예언자들은 자기 메시지에 가장 적합한 운율을 택해 메시지를 전하려고 했다. 보통은 3박자를 사용하나 때로 효과적인 종결부를 위해 2박자를 사용한다. 나훔의 메시지가 그것을 보여준다.

"침략군이 [31]너를 치러 올라왔다.
성을 지켜보려무나.
길을 지켜보려무나.
허리를 질끈 동이고 있는 힘을 다하여 막아 보려무나.
(약탈자들이 야곱과 이스라엘을 약탈하고, 포도나무 가지를 없애 버렸지만, 주님께서 야곱의 영광을 회복시키시며, 이스라엘의 영광을 회복시키실 것이다.)
적군들은 붉은 방패를 들고,
자주색 군복을 입었다.
병거가 대열을 지어 올 때에 그 철갑이 불꽃처럼 번쩍이고,
[32]노송나무 창이 물결친다.
병거들이 질풍처럼 거리를 휩쓸고,
광장에서 이리저리 달리니,
그 모양이 횃불 같고,
빠르기가 번개 같다.
정예부대를 앞세웠으나,
거꾸러지면서도 돌격한다.
벼락같이 성벽에 들이닥쳐
성벽 부수는 장치를 설치한다.

---

29) Kent, *The Great Teachers of Judaism and Christianity*, 23.
30) Kent, *The Great Teachers of Judaism and Christianity*, 24-34.
31) 니느웨를 두고 말함.
32) 칠십인 역과 시리아어 역에는 '기마병이 질주해 온다'.

마침내 강의 수문이 터지고,
왕궁이 휩쓸려서 떠내려간다."(나 2:1~6)

논리적 메시지의 경우에는 4박자를 사용한다. 예를 들어, 아모스는 북 이스라엘 왕국 사람들의 머리에 호소한다.

"참으로 주 하나님은,
당신의 비밀을 그 종 예언자들에게 미리 알리지 않고서는,
어떤 일도 하지 않으신다.
사자가 으르렁거리는데, 누가 겁내지 않겠느냐?
주 하나님이 말씀하시는데, 누가 예언하지 않을 수 있겠느냐?"(암 3:7~8)

예언자들은 더 빈번하게는 5박자, 즉 3박자에 이어 2박자가 따르는 운율을 사용했다. 이 같은 형식은 보다 깊은 정서를 표현하는 데 유용했다. 아모스는 당장 멸망할 북이스라엘에 대해 그와 같은 형식으로 말한다.

"이스라엘 가문아, 이 말을 들어라. 이것은 너희를 두고, 내가 지은 애가다.
'처녀 이스라엘이 쓰러져서, 다시 일어날 수 없구나.
제 땅에서 버려졌어도, 일으켜 줄 사람이 하나도 없구나!'"(암 5:1~2)

다양한 예언 방식. 때로 예언자들의 메시지는 신탁의 형태로 전해졌다.

"사마리아 언덕에 사는 너희 바산의 암소들아, 이 말을 들어라.
가난한 사람들을 억압하고, 빈궁한 사람들을 짓밟는 자들아,
저희 남편들에게 마실 술을 가져 오라고 조르는 자들아,
주 하나님이 당신의 하심을 두고 맹세하신다.
'두고 보아라. 너희에게 때가 온다.
사람들이 너희를 갈고리로 꿰어 끌고 갈 날, 너희 남은 사람들까지도 낚시로 꿰어 잡아갈 때가 온다.
너희는 무너진 성 틈으로 하나씩 끌려 나가서
하르몬에 내동댕이쳐질 것이다.' 주님께서 하신 말씀이다."(암 4:1~3)

때로 예언자들은 고발한다.

"이스라엘 자손아, 주님의 말씀을 들어라.
주님께서 이 땅의 주민들과 변론하신다.

'이 땅에는 진실도 없고,
사랑도 없고,
하나님을 아는 지식도 없다.
있는 것이라고는 저주와 사기와 살인과
도둑질과 간음뿐이다.
살육과 학살이 그칠 사이가 없다.'"(호 4:1~2)

때로 예언자들은 저주의 형태를 사용한다.

"너희가, 더 차지할 곳이 없을 때까지,
집에 집을 더하고,
밭에 밭을 늘려 나가,
땅 한가운데서 홀로 살려고 하였으니, 너희에게 재앙이 닥친다!
만군의 주님께서 나의 귀에다 말씀하셨다.
'많은 집들이 반드시 황폐해지고,
아무리 크고 좋은 집들이라도 텅 빈 흉가가 되어서,
사람 하나 거기에 살지 않을 것이다.
또한 열흘 갈이 포도원이 포도주 [33]한 바트밖에 내지 못하며,
[34]한 호멜의 씨가 겨우 [35]한 에바밖에 내지 못할 것이다.'
악한 것을 선하다고 하고 선한 것을 악하다고 하는 자들,
어둠을 빛이라고 하고 빛을 어둠이라고 하며,
쓴 것을 달다고 하고 단 것을 쓰다고 하는 자들에게, 재앙이 닥친다!
스스로 지혜롭다 하며,
스스로 슬기롭다 하는 그들에게, 재앙이 닥친다!
포도주쯤은 말로 마시고,
온갖 독한 술을 섞어 마시고도 끄떡도 하지 않는 자들에게, 재앙이 닥친다!
그들은 뇌물을 받고 악인을 의롭다고 하며,
의인의 정당한 권리를 빼앗는구나."(사 5:8~10, 20~23)

때로 예언자들은 종말의 노래를 부른다.

"그 날에 인간의 거만한 눈초리가 풀이 죽고,
사람의 거드름이 꺾이고,
오직 주님만 홀로 높임을 받으실 것이다.

---

33) 약 6갈론(약 22리터).
34) 약 12말.
35) 약 1말 2되.

그 날은 만군의 주님께서 준비하셨다.
모든 교만한 자와 거만한 자,
모든 오만한 자들이 낮아지는 날이다.
또 그 날은, 높이 치솟은 레바논의 모든 백향목과
바산의 모든 상수리나무와,
그 날에, 인간의 거만이 꺾이고,
사람의 거드름은 풀이 죽을 것이다.
오직 주님만 홀로 높임을 받으시고,
우상들은 다 사라질 것이다."(사 2:11~13, 17~18)

예언자들은 단어의 소리를 사용하기도 한다.

"'가드에 알리지 말며,
울지 말아라.
베들레아브라에서는 티끌에 묻어라.
사빌에 사는 사람들아, 벌거벗은 몸으로 부끄러움을 당하며 사로잡혀 가거라.
사아난에 사는 사람들은 감히 그 성읍에서 나오지도 못할 것이다.
벳에셀이 통곡하여 너희로 의지할 곳이 없게 할 것이다.
나 주가 예루살렘 성문에까지 재앙을 내렸으므로,
마롯에 사는 사람들은 고통을 받으면서 거기에서 벗어나기를 기다린다.
라기스에 사는 사람들아, 너희는 군마에 병거를 매어라.
라기스는 딸 시온의 죄의 근본이니, 이는 이스라엘의 허물이 네게서 보였기 때문이다.'"(미 1:10~13)

청자의 의지에 호소하기 위해 합리성에 바탕을 둔 치밀한 주장을 하는 경우도 있다.

"두 사람이 미리 약속하지 않았는데, 그들이 같이 갈 수 있겠느냐?
사자가 먹이를 잡지 않았는데, 숲 속에서 부르짖겠느냐?
젊은 사자가 움켜잡은 것이 없는데, 굴속에서 소리를 지르겠느냐?
덫을 놓지 않았는데, 새가 땅에 놓인 덫에 치이겠느냐?
아무것도 걸린 것이 없는데, 땅에서 새 덫이 튀어 오르겠느냐?
성읍 안에서 비상나팔이 울리는데, 사람들이 두려워하지 않겠느냐?
어느 성읍에 재앙이 덮치면, 그것은 주님께서 하시는 일이 아니겠느냐?"(암 3:3~6)

권면은 지성보다는 감성에 호소하는 것이었다.

"'너희 변절한 자녀들아, 내가 너희의 변절한 마음을 고쳐 줄 터이니 나에게로 돌아오너라.' '이스라엘아, 정말로 네가 돌아오려거든, 어서 나에게로 돌아오너라. 나 주의 말이다.
내가 싫어하는 그 역겨운 우상들을 내가 보는 앞에서 버려라. 네 마음이 흔들리지 않게 하여라.
네가 '주님의 살아 계심을 두고' 진리와 공평과 정의로 서약하면,
세계 만민이 나 주를 찬양할 것이고, 나도 그들에게 복을 베풀 것이다.'
'참으로 나 주가 말한다. 유다 백성과 예루살렘 주민아, 가시덤불 속에 씨를 뿌리지 말아라.
묵은 땅을 갈아엎고서 씨를 뿌려라.
유다 백성과 예루살렘 주민아, 너희는 나 주가 원하는 할례를 받고, 너희 마음의 포피를 잘라 내어라.'"(렘 3:22상; 4:1~4상)

독백을 사용하기도 한다.

"살해된 나의 백성, 나의 딸을 생각하면서, 내가 낮이나 밤이나 울 수 있도록,
누가 나의 머리를 물로 채워 주고, 나의 두 눈을 눈물샘이 되게 하여 주면 좋으련만!
누군가가 저 사막에다가 내가 쉴 나그네의 휴식처를 마련하여,
내가 이 백성을 버리고 백성에게서 멀리 떠나, 그리로 가서 머물 수 있게 하여 주면 좋으련만!
참으로 이 백성은 모두 간음하는 자들이요, 배신자의 무리이다.
'내 백성이라는 것들은 활을 당기듯 혀를 놀려 거짓을 일삼는다.
진실은 없고, 그들의 폭력만이 이 땅에서 판을 친다.
참으로 그들은 악에 악을 더하려고 돌아다닐 뿐, 내가 그들의 하나님인 줄은 알지 못한다. 나 주의 말이다.'"(렘 9:1~3)

3. 비유(마샬)

비유는 상징적인 표현으로 이야기를 전개하는 형식으로, 진리 혹은 어떤 원칙의 적용 혹은 유추에 의한 논쟁을 생생하게 보여주는 풍유나 우화의 형식으로 표현되는 것이 보통이었다. 이 용어는 원래 시적인 신탁을 표시하는 용어로 사용되었고(예를 들면, 민 23:7절의 '발람의 신탁'의 경우; RSV는 '강화'라고 번역함), 그 후에 유비를 강조하기 위해서(거기에 사는 한 사람이 "다른 예언자들은 어떻습니까? 그들의 아버지가 누구라고 생각하십니까?" 하고 물었으므로, ""사울마저도 예언자가 되었는가?" 하는 속담이 생겼다.[삼상 10:12]), 혹은 수

수께끼 형식의 이야기를 강조하기 위해서("사람아, 너는 이스라엘 족속에게 수수께끼를 내고, 비유를 들어 말하여라."[겔 17:2]) 사용되었다. 구약에서 비유는 도덕적인 교훈을 가르치기 위한 목적으로 사용되었으며 아주 생생하게 그 취지를 달성하기 때문에 비유의 대상이 된 당사자조차 그 자신이 관계되었음을 모르고 그 교훈을 받아들인다(주님께서 예언자 나단을 다윗에게 보내셨다. 나단은 다윗을 찾아와서, 이런 이야기를 하였다. "어떤 성읍에 두 사람이 살았습니다. 한 사람은 부유하였고, 한 사람은 가난하였습니다."[삼하 12:1]). 후에 마샬이라는 용어는 지혜교육 자체를 의미하는 데 사용되었다('솔로몬의 잠언'[잠 1:1]이라고 번역된 이 책의 제목이 이것을 말해준다). 제2국가시대 서기관들과 율법학자들은 비유를 광범위하게 사용하였다. 즉, 비유는 그 당시의 탈무드 문학의 모든 분야에서 발견되며, 이것이 교육 분야에서 널리 사용된 증거는 신약(예를 들면, 예수의 비유들)에 나타난 교육이 비유에 크게 의지하고 있다는 사실에서 설명된다.[36]

비유는 상징적으로 무엇에 견주어 말하거나 은근히 암시하는 것을 가리키는 듯하며, 오묘한 말이 무엇을 뜻하는지를 알 수 있는 좋은 보기로는 전도서 12장이나 이른바 숫자 잠언인 30장을 들 수 있다.[37]

> "젊을 때에 너는 너의 창조주를 기억하여라. 고생스러운 날들이 오고, 사는 것이 즐겁지 않다고 할 나이가 되기 전에, 해와 빛과 달과 별들이 어두워지기 전에, 먹구름이 곧 비를 몰고 오기 전에, 그렇게 하여라. 그때가 되면, 너를 보호하는 팔이 떨리고, 정정하던 두 다리가 약해지고, 이는 빠져서 씹지도 못하고, 눈은 침침해져서 보는 것마저 힘겹고, 귀는 먹어 바깥에서 나는 소리도 못 듣고, 맷돌질 소리도 희미해지고, 새들이 지저귀는 노랫소리도 하나도 들리지 않을 것이다. 높은 곳에는 무서워서 올라가지도 못하고, 넘어질세라 걷는 것마저도 무서워질 것이다. 검은 머리가 파뿌리가 되고, 원기가 떨어져서 보약을 먹어도 효력이 없을 것이다. 사람이 영원히 쉴 곳으로 가는 날, 길거리에는 조객들이 오간다. 은사슬이 [38]끊어지고, 금그릇이 부서지고, 샘에서 물 뜨는 물동이가 깨지고, 우물에서 도르래가 부숴지기 전에, 네 창조주를 기억하여라. 육체가 원래 왔던 흙으로 돌아가고, 숨이 그것을 주신 하나님께로 돌아가기 전에, 네 창조주를 기억하여라."(전 12:1~7)

> "거머리에게는 '달라, 달라' 하며 보채는 딸이 둘이 있다. 전혀 배부른 줄 모르는 것이 셋, 만족할 줄 모르는 것 넷이 있으니, 곧 스올과 아기 못 낳는 태와 물로 갈증을

---

36) Kaster, "Education, OT," 1158.
37) 『해설·관주 성경전서』, 1000.
38) 시리아어 역과 불가타를 따름. 히, '풀리고'.

없앨 수 없는 땅과 만족하다고 말할 줄 모르는 불이다. 아버지를 조롱하며 어머니를 멸시하여, 순종하지 않는 사람의 눈은, 골짜기의 까마귀에게 쪼이고 새끼 독수리에게 먹힐 것이다.

기이한 일이 셋, 내가 정말 이해할 수 없는 일이 넷이 있으니, 곧 독수리가 하늘을 날아간 자취와, 뱀이 바위 위로 지나간 자취와, 바다 위로 배가 지나간 자취와, 남자가 여자와 함께하였던 자취이다. 간음한 여자의 자취도 그러하니, 먹고도 안 먹었다고 입을 씻듯이 '나는 아무런 악행도 한 일이 없다' 한다.

세상을 뒤흔들 만한 일이 셋, 세상이 감당하지 못할 일이 넷이 있으니, 곧 종이 임금이 되는 것과, 어리석은 자가 배불리 먹는 것과, 꺼림을 받는 여자가 시집을 가는 것과, 여종이 그 안주인의 자리를 이어받는 것이다.

땅에서 아주 작으면서도 가장 지혜로운 것이 넷이 있으니, 곧 힘이 없는 종류이지만 먹을 것을 여름에 예비하는 개미와, 약한 종류이지만 바위틈에 자기 집을 짓는 오소리와, 임금은 없으나 떼를 지어 함께 나아가는 메뚜기와, 사람의 손에 잡힐 것 같은데도 왕궁을 드나드는 도마뱀이다.

늠름하게 걸어 다니는 것이 셋, 위풍당당하게 걸어 다니는 것 넷이 있으니, 곧 짐승 가운데서 가장 강하여, 아무 짐승 앞에서도 물러서지 않는 사자와, 자랑스럽게 걷는 사냥개와, 숫염소와, 아무도 맞설 수 없는 임금이다. 네가 어리석어서 우쭐댔거나 악한 일을 도모하였거든, 너의 손으로 입을 막고 반성하여 보아라. 우유를 저으면 굳은 우유가 되고, 코를 비틀면 피가 나오듯, 화를 돋우면 분쟁이 일어난다."(잠 30:15~33)

성서의 현자들은 야훼가 우주의 진리를 창조 질서 안에 깊숙이 숨겨놓았다고 믿었다.

"일을 숨기는 것은 하나님의 영광이요, 일을 밝히 드러내는 것은 왕의 영광이다."(잠 25:2)

"하나님은 모든 것이 제때에 알맞게 일어나도록 만드셨다. 더욱이, 하나님은 사람들에게 과거와 미래를 생각하는 감각을 주셨다. 그러나 사람은, 하나님이 하신 일을 처음부터 끝까지 다 깨닫지는 못하게 하셨다."(전 3:11)

인간의 과제는 자연과 사회로부터 이 교훈들을 성실하게 찾는 것이다. 그런 다음에 그들은 비유를 끌어내어 그것들을 자신의 행동에 적용할 수 있었다. 그러므로 식물, 곤충, 동물, 날씨, 그리고 사람 등 그 어느 것도 예리한 관찰을 통해 교훈을 얻고자하는 학습자들의 시야를 벗어난 것은 아무것도 없었다.

비유는 예언자들도 사용했다. 나단이 다윗을 고발할 때 했던 것이 대표적이다.

"주님께서 예언자 나단을 다윗에게 보내셨다. 나단은 다윗을 찾아와서, 이런 이야기를 하였다.
'어떤 성읍에 두 사람이 살았습니다. 한 사람은 부유하였고, 한 사람은 가난하였습니다. 그 부자에게는 양과 소가 아주 많았습니다. 그러나 그 가난한 사람에게는, 사다가 키우는 어린 암양 한 마리밖에는, 아무것도 없었습니다. 그는 이 어린 양을 자기 집에서 길렀습니다. 그래서 그 어린 양은 그의 아이들과 함께 자라났습니다. 어린 양은 주인이 먹는 음식을 함께 먹고, 주인의 잔에 있는 것을 함께 마시고, 주인의 품에 안겨서 함께 잤습니다. 이렇게 그 양은 주인의 딸과 같았습니다. 그런데 그 부자에게 나그네 한 사람이 찾아왔습니다. 그 부자는 자기를 찾아온 손님을 대접하는 데, 자기의 양 떼나 소 떼에서는 한 마리도 잡기가 아까웠습니다. 그래서 그는 그 가난한 사람의 어린 암양을 빼앗아다가, 자기를 찾아온 사람에게 대접하였습니다.'"(삼하 12:1~4)

이 비유와 관련해서 세례 요한이 떠오른다(막 6:16~28). 두 사람 모두 각자 왕에게 다른 사람의 아내와 결혼한 잘못에 대해 말한다. 나단은 성공했지만, 요한은 실패하고 목숨까지 잃었다. 그 차이는 어디에 있을까. 한 가지 가능한 설명은 나단은 위협적이지 않은 흥미로운, 그러면서도 초점을 알리는 이야기를 사용해서 최근의 사건에 대해 말했다는 점이다. 반면에 요한은 직설적으로 말함으로써 불안과 두려움을 일으켜서 목적을 이루지 못했다. 라이히 K. 헬무트(Reich, K Helmut)는 이와 같은 접근을 상관적 문맥적 추론(relational and contextual reasoning)으로 부르고 있다.[39)]

이사야 5장 1~7절의 포도원의 노래도 그렇다. 그러나 지혜자들 역시 비유 사용을 선호했다. 비유는 삶이나 자연의 사실적인 어떤 것을 사용한다는 면에서 직유와 유사하다. 비유는 수수께끼와 역설처럼 상상, 호기심, 그리고 연상에 강하게 호소한다. 그래서 학습자 편에서 독자적으로 사고하도록 한다.[40)]

서기관과 랍비들은 예화라는 수단을 많이 이용해서 가르쳤다. 예를 들어 보자. 한 랍비는 "지혜는 너무 높이 있어서, 어리석은 사람이 거기에 미치지 못하니"(잠 24:7)라는 잠언을 다음과 같은 비유로 가르쳤다.

"옛날에 깨진 양동이에 물을 길어 붓기 위해 일꾼 둘을 고용했다. 그들 중의 하나가 말했다.
'이런 쓸 데 없는 짓을 왜 하는가? 물을 길어다 부으면 즉시 새어버리고 마는데, 무

---

39) Reich, K Helmut, "Teaching Genesis: A Present-day Approach Inspired by the Prophet Nathan," *Zygon* 38:3 (Sep 2003), 633-41.
40) Kent, *The Great Teachers of Judaism and Christianity*, 82.

슨 소용이 있는가?'
현명한 다른 일꾼이 대답했다.
'우리는 우리 노동의 대가로 임금을 받는다.'
율법을 공부하는 것도 이와 같다.
한 사람이 말했다.
'계속하지 않으면 배운 것을 곧 잊어버리는데 율법공부가 무슨 소용이 있는가?'
다른 사람이 말했다.
'우리가 잊어버린다고 해도 하나님께서는 우리가 보이는 의지에 보상하실 것이다.'41)

사람은 육체로 한 일이나 영혼이 한 것이나 모두 판단을 받는다는 사실을 설명하기 위해 다음과 같은 예화를 사용했다.

"옛날에 아름다운 과수 나무가 있는 멋진 정원을 소유한 왕이 있었다. 왕은 자신의 과수원을 지키기 위하여 두 명의 파수꾼을 고용하였다. 한 사람은 절름발이였고, 다른 한 사람은 장님이었다. 절름발이가 장님에게 말했다.
'정원에 아름다운 실과가 보이는데 이리 오시오. 내가 당신 어깨 위에 올라가도록 해주면 과일을 딸 테니 함께 먹읍시다.' 그런 다음 절름발이는 장님의 어깨 위에 올라가 과일 몇 개를 따서 먹었다.
얼마 뒤 정원 주인이 찾아와 그들에게 물었다.
'과일은 어디 갔는가?'
그러자 절름발이가 왕에게 말했다.
'내겐 다리가 없으니 어찌 나무에 오를 수 있겠습니까?'
장님도 말했다.
'나는 눈이 없으니 어찌 볼 수 있겠습니까?'
정원의 주인이 어찌 했겠는가?
왕은 절름발이에게 장님의 어깨 위에 올라가라고 한 다음 한 사람으로 인정하고 벌을 내렸다."
영혼은 육체 없이 죄를 저지르지 못하며, 육체도 영혼 없이 죄를 저지르지 못한다. 죄는 각각이지만, 육체와 영혼은 하나로 간주될 것이다.42)

4. 잠언

구약 성서 중에서 성문서의 잠언보다 가르침의 기술에 대해 통찰력을 제공

41) Kent, *The Great Teachers of Judaism and Christianity*, 103.
42) Kent, *The Great Teachers of Judaism and Christianity*, 103.

해주는 문헌은 없을 것이다.[43] 잠언은 현자들이 지혜를 가르치기 위해 주로 이용한 방법이다. 사람들은 이어지는 세대들의 누적된 경험과 지혜들을 보전해서 그것을 적용할 수 있도록 나누어야 할 필요성이 있었다. 이 경험들을 나누기 위해 초기에 사용했던 구전에 의한 교육의 여건이 여의치 않게 되면서 문서 기록에 의존하게 되었다. 현자들의 경우, 편의와 효과상 이 풍요로운 경험 전달을 위해 잠언 형태를 이용했다. 그들은 제자들의 주의를 사로잡고, 상상력, 질문, 사고를 불러일으키고, 기억하도록 하기 위해 다양한 문학 양식을 사용했다. 이들이 사용한 양식에는 직유, 수수께끼, 역설, 비유 등 여러 가지 방법들이 있는데, 이 형식들은 대부분 단순한 시적 형태로 되어 있다.

잠언은 지혜문헌 전체에서 찾아볼 수 있다. 잠언은 풍부한 경험의 결정체라 할 수 있다. 그러나 그 표현은 가장 간명하고 명백한 형태를 띤다. 가장 단순한 형식으로 대개는 짝을 이루어 둘째 연에서 첫째 연의 사상을 약간 다른 형태로 반복한다. 이 같은 반복을 통해 사상은 명료해지고 기억하기 쉽게 된다. 교사는 진리를 표현하기 위해 두드러진 비교나 극명한 대조나 다수의 병행되는 인물이나 삽화들을 사용했다.[44]

직유. 직유는 비슷한 성질이나 모양을 가진 두 사물을 '같이', '처럼', '듯이'와 같은 연결어로 결합하여 직접 비유하는 수사법이다. 예를 들면, '그는 여우처럼 교활하다.', '내 누님같이 생긴 꽃이여.' 따위가 있다. 잠언에서 직유는 진리를 평범한 사물과 삶의 경험과 연합시켜 가르치는 방식이다.

> "문짝이 돌쩌귀에 붙어서 돌아가듯이, 게으른 사람은 침대에만 붙어서 뒹군다. 악한 마음을 품고서 말만 [45]매끄럽게 하는 입술은, [46]질그릇에다가 은을 살짝 입힌 것과 같다."(잠 26:14, 23)

수수께끼. 수수께끼는 신비와 경쟁심 때문에 사람들에 대한 교육 자료로 효

43) 그 내용에 대해서는 다음의 문헌들을 참조.하시오. Crenshaw, *Education in Ancient Israel*; Charles F. Melchert, *Wise Teaching: Biblical Wisdom and Educational Ministry* (Harrisburg, PA: Trinity Press International, 1998); Daniel J. Estes, *Hear My Son: Teaching and Learning in Proverbs 1-9* (Grand Rapids, MI: Eerdmans, 1997); Donn F. Morgan, *The Making of the Sages: Biblical Wisdom and Contemporary Culture* (Harrisburg, PA: Trinity Press International, 2002).

44) Kent, *The Great Teachers of Judaism and Christianity*, 79-80.

45) 칠십인 역을 따름. 히, '열변을 토하는'.

46) 마소라 본문에는 '질그릇 위의 은찌꺼기와 같다'. 붙어 있는 히브리 자음 본문을 어떻게 끊어 읽느냐에 따라 뜻이 달라지는 예.

과적이다. 잠언 30장이 대표적이다. 우선 질문이 주어진다.

"세상을 뒤흔들 만한 일이 셋, 세상이 감당하지 못할 일이 넷이 있으니,"

그리고 답이 주어진다.

"곧 종이 임금이 되는 것과, 어리석은 자가 배불리 먹는 것과, 꺼림을 받는 여자가 시집을 가는 것과, 여종이 그 안주인의 자리를 이어받는 것이다."(잠 30:21~23)

현자들은 자주 모호성을 통해 가르치거나 긴장이나 딜레마를 조성해서 제자가 그 수수께끼의 의미를 이해하도록 한다. 잠언에서 불가사의(riddle)나 불가해(enigma)는 이에 대한 인지적 이해가 불가능한 곳에서 출현하며, 신비(mystery)와 수수께끼(puzzle)는 인지적 이해가 아닌 삶에 대한 순수한 지혜적 접근과 폭넓은 의미와 적용의 가능성이 있는 곳에서 진가가 나타난다.

잠언에는 어떤 공통적 요소들을 갖고 있는 수수께끼들이 있는데, 그 공통요소가 무엇인지를 발견하는 것은 학습자에게 남겨진 과제이다. 예를 들어 다음을 보자.

"기이한 일이 셋, 내가 정말 이해할 수 없는 일이 넷이 있으니, 곧 독수리가 하늘을 날아간 자취와, 뱀이 바위 위로 지나간 자취와, 바다 위로 배가 지나간 자취와, 남자가 여자와 함께하였던 자취이다."(잠 30:18~19)

이 네 가지 일에 공통적인 "기이함"은 불분명하다. 윌리엄 맥케인(William McKane)은 네 가지 요소들을 묶어주는 것은 "데렉(자취)의 양면성"과 "공통의 신비 요소"라고 말한다.47) 이 딜레마는 20절에 의해 더 강화된다.

"간음한 여자의 자취도 그러하니, 먹고도 안 먹었다고 입을 씻듯이 '나는 아무런 악행도 한 일이 없다' 한다."

학자들은 이 같은 방식의 배열에 관해 의견이 상이하다. 그것이 세 구절을 묶어주는 데렉이라는 표제어 이상의 어떤 의미가 있는지에 대해서도 다르다. 이 현재의 내용이 남녀 사이의 관계에 존재하는 보다 폭넓은 가능성에 대해 말

---

47) William McKane, *Proverbs*, Old Testament Library (Philadelphia: Westminster Press, 1970), 658.

하고자 하는 지혜교사의 의도를 반영한 것일 수도 있다. 이 잠언 구절에 등장하는 예들의 관련성에 대한 이해와 20절의 도덕성에 관한 판단은 독자의 몫으로 남겨진다. 그 이상으로, 이성과의 관계에서 이 모든 것이 어떤 관련이 있는지를 이해하는 것 역시 제자의 몫이다.

역설. 수수께끼와 유사한 것이 역설이다. 두 개의 반 명제를 병행시켜 생각을 불러일으킨다.

> "미련한 사람이 어리석은 말을 할 때에는 대답하지 말아라. 너도 그와 같은 사람이 될까 두렵다.
> 미련한 사람이 어리석은 말을 할 때에는 같은 말로 대응하여 주어라. 그가 지혜로운 체할까 두렵다."(잠 26:4~5)

> "4절과 5절은 한데 어우러진다. 각 절이 그 자체로 바른 원칙을 하나씩 표현하기도 하지만, 둘을 함께 놓고 보면 멍청한 사람과 이야기할 때 바르게 처신하기가 얼마나 어려운지를 똑똑히 알 수 있다."[48)]

일부 잠언들은 학습자가 의미와 적용의 가능성을 생각할 때 사고를 자극하기 위해 모호함을 사용한다. 잠언 17장 9절에 이르기를, "허물을 덮어 주면 사랑을 받고, 허물을 거듭 말하면 친구를 갈라놓는다." Whoever covers an offense seeks love, but he who repeats a matter separates close friends(English Standard Version). 여기서 "repeating a matter"는 무슨 뜻인가? 히브리어 '사나'는 영어 "repeat"만큼이나 모호하다. 그래서 그것에 대해 여러 가지로 생각할 수 있다: 신뢰를 저버림, 친구에게 허물이 되는 것을 계속함, 반복적으로 친구에게 과거의 허물을 상기시킴, 그리고 그 밖의 가능성. 현명하게 된다는 것은 원리의 의미의 한계를 찾아 적절한 적용을 하기 위해 그와 같은 잠언 등을 사려 깊게 성찰하는 것이다. 모호함은 현자들의 교육이며 앎과 배움에 대한 그들의 접근에서 중요한 요소이다.

랩소디(rhapsody). 랩소디는 지금은 "형식·내용면에서 비교적 자유로운 환상곡풍의 기악곡"으로 광시곡이라고도 한다. 그러나 "랩소디란 원래 서사시의 한 부분 또는 계속적으로 불리는 서사시적 부분의 연속을 뜻하는 그리스어에서 유래된 말이다. 성격적으로는 서사적·영웅적·민족적인 색채를 띠고 있다."[49)]

---

48) 『해설·관주 성경전서』, 1033.

"깨어나십시오! 깨어나십시오! 힘으로 무장하십시오, 주님의 팔이여!
오래 전 옛날처럼 깨어나십시오!
50)라합을 토막 내시고 용을 찌르시던 바로 그 팔이 아니십니까?"(사 51:9)

아이러니(irony). 아이러니는 반어와 같은 말로, 표현의 효과를 높이기 위하여 실제와 반대되는 뜻의 말을 하는 것이다.

"나는 이제 사는 것이 지겹습니다. 영원히 살 것도 아닌데, 제발, 나를 혼자 있게 내버려 두십시오. 내 나날이 허무할 따름입니다. 사람이 무엇이라고, 주님께서 그를 대단하게 여기십니까? 어찌하여 사람에게 마음을 두십니까? 어찌하여 아침마다 그를 찾아오셔서 순간순간 그를 시험하십니까? 언제까지 내게서 눈을 떼지 않으시렵니까? 침 꼴깍 삼키는 동안만이라도, 나를 좀 내버려 두실 수 없습니까? 사람을 살피시는 주님, 내가 죄를 지었다고 하여 주님께서 무슨 해라도 입으십니까? 어찌하여 나를 주님의 과녁으로 삼으십니까? 51)어찌하여 나를 주님의 짐으로 생각하십니까?"(잠 7:16~20)

욥은 아이러니하게도 "사람이 무엇이라고, 주님께서 그를 대단하게 여기십니까?"라며 시편 8편을 말한다. 욥은 고통을 자기 친구라고 부를 뿐만 아니라 그것들에 대해 반어적으로 반응한다.

"지혜로운 사람이라곤 너희밖에 없는 것 같구나. 너희가 죽으면, 지혜도 너희와 함께 사라질 것 같구나."(욥 12:2)

욥기는 독자에게 상당한 정도의 생각, 반성, 그리고 판단을 요구하는 수수께끼를 제공한다.[52] 욥기의 독자 대항 방식은 현자들의 수수께끼와 매우 비슷하다. 그것은 문제에 대한 관망이 아니라 참여를 촉구하며 함께하는 방식이다. 현실에 참여하되 즐기는 방식(playful way of engaging reality)으로 하는 것이다. 이 같은 현자의 방식은 우리에게 친근한 제사장적, 예언적, 그리고 역사적 스타일과 대조적이다. 그 방식이 아래 성구에 간략하게 요약되어 있다.

---

49) 〈두산백과〉. http://terms.naver.com/entry.nhn?docId=1087359&cid=200000000&categoryId=200003473.

50) 전설적인 바다 괴물, 혼돈과 악의 세력을 상징함. 때로는 이집트의 상징

51) 마소라 사본 가운데 일부와 고대 히브리의 서기관 전통과 칠십인 역을 따름. 대다수의 마소라 사본에는 '내가 나에게 짐이 됩니다.'

52) Charles F. Melchert, "The Book of Job: Education through and by Diversity," *Religious Education* 92:1 (Winter 1997), 19.

"이 잠언은 지혜와 훈계를 알게 하며, 명철의 말씀을 깨닫게 하며,
정의와 공평과 정직을 지혜롭게 실행하도록 훈계를 받게 하며,
53)어수룩한 사람을 슬기롭게 하여 주며, 젊은이들에게 지식과 분별력을 갖게 하여 주는 것이니,
지혜 있는 사람은 이 가르침을 듣고 학식을 더할 것이요, 명철한 사람은 지혜를 더 얻게 될 것이다.
잠언과 비유와 지혜 있는 사람의 말과 그 심오한 뜻을 깨달아 알 수 있을 것이다." (잠 1:2~6)

잠언(비유), 경구, 수수께끼, 현자의 말들은 젊은이와 노인 모두의 가르침을 위한 것이다. 그래서 사람들이 지혜롭게 되도록, 정의를 행하기를 배우도록, 하나님과 맞추어 옳은 길을 걷도록 하려는 것이다. 지혜자들에게 명철함을 배우는 것은 단지 지적인 것만은 아니다. 오히려 그것은 배우고 사랑하는 것이라고 언급된다. 이것이 우리가 현명하게 행동하는 삶의 방식이다.

"지혜를 얻고, 명철을 얻어라. 내가 친히 하는 말을 잊지 말고, 어기지 말아라. 지혜를 버리지 말아라. 그것이 너를 지켜 줄 것이다. 지혜를 사랑하여라. 그것이 너를 보호하여 줄 것이다. 지혜가 으뜸이니, 지혜를 얻어라. 네가 가진 모든 것을 다 바쳐서라도 명철을 얻어라. 지혜를 소중히 여겨라. 그것이 너를 높일 것이다. 지혜를 가슴에 품어라. 그것이 너를 존귀하게 할 것이다. 그 지혜가 아름다운 화관을 너의 머리에 씌워 주고, 영광스러운 왕관을 너에게 씌워 줄 것이다."(잠 4:5~9)

욥기를 교육적 관점에서 보면 본문에서 신학적이면서도 교육적인 심오함이 드러난다. 욥기는 고난의 모호함과 하나님에 관해 질문을 한다. 하지만 그것들에 대해 최종적인 정답을 제공하지는 않는다. 오히려 본문은 독자를 아이러니에 빠지게 하고 옳을 수도 있고 그를 수도 있는 모순적 주장들을 평가해보도록 초청한다.

명명(naming). 예언자들이 전한 말씀을 임금과 백성이 귀 기울여 듣지 않는 일이 벌어지게 되었다. 그들의 말이 효과가 없어졌을 때 그들은 다른 다양한 방법들을 사용해서 그들의 메시지를 전하려고 했다. 메시지의 보전을 확실히 하기 위한 방식 중에는 메시지의 내용으로 자녀들의 이름을 작명하는 것이었다.

---

53) '어수룩한 사람'으로 번역된 히브리어 '프타임'은 도덕적 방향감각이 없어서 악으로 기울어질 수 있는 단순한 사람을 일컬음(22, 32절 참조).

> "고멜이 다시 임신하여 딸을 낳았다. 이때에 주님께서 호세아에게 말씀하셨다. '그 딸의 이름은 로루하마라고 하여라. 내가 다시는 이스라엘 족속을 불쌍히 여기지도 않고, 용서하지도 않겠다.'"(호 1:6)

로루하마는 '자비 없음', '불쌍히 여김을 받지 못하는 딸'이라는 뜻이다. 주전 701년까지 이스라엘 사람들은 하나님의 자비를 받지 못한다.

> "로루하마가 젖을 뗄 때에, 고멜이 다시 임신하여 아들을 낳았다.
> 주님께서 말씀하셨다. '그의 이름을 로암미라고 하여라. 너희가 나의 백성이 아니며, 나도 너희의 하나님이 아니기 때문이다.'"(호 1:8~9)

로암미는 '내 백성이 아니다'라는 뜻이다.

> "이로써 하나님은 이스라엘 사람들이 하나님을 낯선 이처럼 대한다는 사실과 그래서 하나님이 더 이상 그들을 위해 계시지 않는다는 사실을 그들에게 말씀하신."[54)]

> "그때에 주님께서 이사야에게 말씀하셨다.
> '너는 너의 아들 스알야숩을 데리고 가서, 아하스를 만나거라. 그가 '세탁자의 밭'으로 가는 길, 윗못 물 빼는 길 끝에 서 있을 것이다.'"(사 7:3)

스알야숩은 '남은 자만(또는 적어도 남은 자만큼은) 회개한다(또는 돌아온다)', '남은 자가 돌아올 것이다'를 뜻한다.

> "하나님의 심판은 결정되어 돌이킬 수 없지만, 그와 마찬가지로 확실한 것은 이스라엘 가운데 포로 생활을 마치고 '돌아와' 하나님께로 돌아올('돌아오다'를 표현하는 히브리 낱말에도 이 두 가지 뜻이 다 들어 있다) 남은 자가 있으리라는 약속이다."(사 10:21~22)[55)]

풍자. 랍비들이 선호한 다른 형태의 가르침은 풍자였다. 풍자에서는 이야기의 개별 요소들이 진리의 어느 단계들을 상징한다. 풍자는 학습자가 흥미를 갖게 하며 그의 생각을 불러일으키지만, 보통은 해석이 요구된다. 예를 들어 다음의 풍자적 가르침의 형태를 보자.

---

54) 『해설·관주 성경전서』, 1394.
55) 『해설·관주 성경전서』, 1087.

"한 여행자가 여행 중에 칠흑같이 어두운 밤에 숲을 지나게 되었다. 그는 자기가 가는 길에 우글거리는 강도들이 두려워 떨었다. 그는 또한 도중에 도랑이나 구덩이에 빠지지 않을까 걱정이 되었다. 우연히 그는 소나무 가지를 발견하게 되어 거기에 불을 붙여 길을 밝혀서 큰 힘이 되었다. 이제 길을 볼 수 있었기 때문에 그는 더 이상 가시덩굴이나 구덩이에 빠지지 않을까 두려워하지 않았다. 그러나 강도와 맹수들에 대한 두려움은 아침 동이 틀 때까지 여전했다. 숲을 빠져나와 십자로에 이르러 마음이 놓일 때까지 여전히 그는 길에 대해 불안했다."

이에 대한 해석은 다음과 같다.

"이 사람이 맞은 어둠은 종교적 지식의 부족을 말한다. 횃불은 하나님의 수칙을 말한다. 그것은 하나님의 한 말씀인 성경과 비교되는 축복의 햇살이 비칠 때까지 그가 가는 길을 도와준다. 그가 숲(세상)에 있는 동안에 그는 전적으로 평화롭지 않다. 그의 마음은 겁먹어 질려있다. 길을 잃을 지도 모른다. 하지만 교차로(죽음)에 다다랐을 때 그는 참으로 의로워진다. 명예로운 이름은 부자의 향수보다 더 향이 난다. 죽음의 날이 탄생의 날보다 더 낫다."56)

비아냥.

"지혜로운 사람이라곤 너희밖에 없는 것 같구나.
너희가 죽으면, 지혜도 너희와 함께 사라질 것 같구나."(욥 12:2)

"너희는 무식을 거짓말로 때우는 사람들이다. 너희는 모두가 돌팔이 의사나 다름없다. 입이라도 좀 다물고 있으면, 너희의 무식이 탄로 나지는 않을 것이다."(욥 13:4~5)

풍자는 겸손(humility)을 유발할 수 있으나, 비꼼은 수치(humiliation)를 유발한다.

딜레마(dilemma). "부드러운 대답은 분노를 가라앉히지만, 거친 말은 화를 돋운다."(잠 15:1)는 말을 현명하게 하고 화난 사람을 다루는 것에 관한 한 가지 진리를 말한다. 같은 주제에 대해 몇 가지 조언을 구할 때 상충되는 조언을 들을 수 있다. 예를 들어, 잠언 26장 4절은 "미련한 사람이 어리석은 말을 할 때에는 대답하지 말아라. 너도 그와 같은 사람이 될까 두렵다."고 한다. 그러나

---

56) Kent, *The Great Teachers of Judaism and Christianity*, 104.

바로 다음 구절에서 "미련한 사람이 어리석은 말을 할 때에는 같은 말로 대응하여 주어라. 그가 지혜로운 체할까 두렵다." 그와 같은 역설이 학습자로 하여금 어리석은 자를 만났을 때 특별한 그 상황에 따라 적절한 반응을 해야 함을 깨닫게 한다. 때로는 어리석은 자의 말에 대꾸를 해야 하며 때로는 대답을 하지 않는 것이 바른 대응일 수 있다. 학습자는 또한 잠언 26장 4절과 5절 사이의 모순적 상황에서 어떻게 반응해야 할 것인가에 관해 그 두 가지 외의 다른 가능성을 포함한다는 사실을 이해해야 한다. 지혜의 목적은 어떤 상황에 처하든 적절하게 반응할 수 있는 능란한 기술자를 길러내는 것이다. 이 같은 모순적 성격의 잠언은 제자가 요구된 기술들을 획득할 수 있도록 안내하는 디자인된 가르침이다. 교사는 이 기술들을 학습자에게 단순하게 전달할 수 없다. 제자들은 기술들을 발달시키기 위해 지적이고 실천적으로 반응해야 한다. 현자들이 조성하는 긴장과 모호함이 그 같은 행위들을 돕는다.

때로 잠언은 어떤 도덕적 가치를 확증하지 않은 채 도덕 문제를 건드린다. 잠언 17장 8절은 "뇌물을 쓰는 사람의 눈에는 뇌물이 요술방망이처럼 보인다. 어디에 쓰든 안 되는 일이 없다."라고 한다. 여기서 뇌물에 대해 도덕적으로 판단을 내리지는 않지만, 그럼에도 불구하고 뇌물을 사용하는 행위의 도덕성에 대해 생각해볼 것을 요구한다. 그와 같은 반성은 학습자들이 현명하고 적절한 행위가 무엇인지 판단하도록 유도한다. 학습자가 이 딜레마를 해결하고자 할 때 외부의 다른 잠언 자료로부터 올 수 있지만 새내기 현자에게 기대되는 것은 그 잠언을 이해하고 적용하려고 하는 노력이 가치로운 것이다.

전도서 12장 11절에는 현자의 말을 목자가 가축을 원하는 방향으로 몰아가려고 할 때 사용하는 도구인 "채찍"과 같다고 말한다.

> "지혜로운 사람의 말은 찌르는 채찍 같고, 수집된 잠언은 잘 박힌 못과 같다. 이 모든 것은 모두 한 목자가 준 것이다."

잠언 교사의 말이 갈등이나 모순 같더라도 제자의 균형적 판단을 촉구하는 기능을 한다. 먼저 대면한 어떤 잠언이 학습자를 어떤 방향으로 향하게 하고 그 다음에 그와 대조적인 원리가 나타나 학습자의 방향을 수정하도록 한다. 그래서 성숙한 지혜를 구성하는 균형감각을 잡도록 인도하는 것이다. 이와 같은 과정을 통해 학습자는 이 세계와 하나님의 질서를 보다 정확하게 이해하게 된다. 그리하여 이 모든 잠언의 목적은 이 세계에서 그 다양성과 모호성과 더불어 삶을 지혜롭게 효과적으로 살아가는 기술의 획득이다.

전체적으로 찰스 F. 멜처트(Charles F. Melchert)는 잠언의 교육적 원리를 다음과 같이 말한다.[57] 첫째, 적당한 때의 원리이다. 잠언은 서로 모순되어 보일 때가 있다.

"미련한 사람이 어리석은 말을 할 때에는 대답하지 말아라.
너도 그와 같은 사람이 될까 두렵다.
미련한 사람이 어리석은 말을 할 때에는 같은 말로 대응하여 주어라.
그가 지혜로운 체할까 두렵다."(잠 26:4~5)

그래서 어느 것이 옳고 어느 것은 그른 것 같다. 같은 말이라도 적당한 상황에서 사용하지 않을 경우 잘못되어 보인다.

"적절한 대답은 사람을 기쁘게 하니,
알맞은 말이 제때에 나오면 참 즐겁다."(잠 15:23)

둘째, 은유를 사용하는 속담이다.

"자기의 기분을 자제하지 못하는 사람은,
성이 무너져 성벽이 없는 것과 같다."
(잠 25:28)

셋째, 인생살이를 배우는 일상생활을 포함한다. 지혜문헌은 일상의 삶 안에 하나님의 질서와 뜻이 감춰져있다고 믿었다.

수사법(반복, 과장법). 현자들은 통찰을 주석적이거나 가설적 양태로 표현했다. 전자는 문장에 대한 관찰과 훈계적 명령을 포함한다. 그것은 교사의 권위를 강조하며 학습자들에게 교사들의 수준 높은 성취들을 상기시킴으로써 상당히 예의 힘에 의존한다. 후자의 교육적 양태는 보통의 선언적 말을 질문식으로 하는 것이다. 그것은 초점이 교사로부터 학습자에게로 옮겨간다. 학습자는 유도하는 질문들에 대답하기 위한 탐구에 참여토록 도전 받는다. 성서의 지혜는 두 가지 기술을 모두 채택한다. 경구와 가르침은 주석적 면에서 상당한 비중이 나간다. 반면에 욥기와 전도서와 같은 본문들은 엄격한 가설적 반성의 과정을 거쳐 독자들이 새로운 통찰을 발견하도록 격려한다.[58] 현자들은 전문가의 권위로

57) Melchert, *Wise Teaching*, 115-18.
58) Crenshaw, "Education, OT," 201.

고도로 지시적인 담론과 촉진자의 비지시적 담론 둘 다를 사용했다. 이 두 스타일을 사용해서 학습자들이 삶의 도전들에 직면해 스스로 길을 찾아나가도록 설계했다.

교사들이 로고스(*logos*, 논리), 에토스(*ethos*, 인격), 그리고 파토스(*pathos*, 정서)가 가진 설득력에 호소했다. 논리에 의한 설득은 말 자체를 강조한다. 설사 듣는 사람이 일관되어서 확신할 수 있는 것으로 지나친다고 해도 그렇다. 논리적 설득의 최상의 예는 교사가 합의를 호소하고 그것을 수사적 질문들로 감쌀 때 일어난다. 예를 들어, 욥이 묻는다. "풀이 있는데 나귀가 울겠느냐? 꼴이 있는데 소가 울겠느냐?" 그런 다음에 똑같은 방식으로 두 번째 질문을 한다. "싱거운 음식을 양념도 치지 않고 먹을 수 있겠느냐? 달걀 흰자위를 무슨 맛으로 먹겠느냐?"(욥 6:5~6). 빌닷이 유사하게 논리(*logos*)에 호소하는 식으로 맞받는다.

> "어느 누구도 다시는 나를 볼 수 없을 것입니다. 주님께서 눈을 뜨고 나를 찾으려고 하셔도 나는 이미 없어졌을 것입니다. 구름이 사라지면 자취도 없는 것처럼, [59]스올로 내려가는 사람도 그와 같아서, 다시는 올라올 수 없습니다. 그는 자기 집으로 다시 돌아오지도 못할 것이고, 그가 살던 곳에서도 그를 몰라볼 것입니다."(욥 7:8~10)

여기서 사용된 대로의 에토스는 화자의 인격을 말한다. 욥기 8장 8~10절에서 빌닷은 과거 세대의 누적된 지식, 수년에 걸쳐 획득된 인격에 대해 호소한다. 그는 이 지식을 신념, 가치, 그리고 호흡 자체처럼 자연스러운 것이 된 습성으로 이해한다. 그러므로 에토스의 두 가지 요소는 물려받은 전통과 개인적 점유이다.

말하는 사람들이 그들 자신으로부터 청중으로 옮겨갈 때, 파토스는 주요한 힘이 되어 인간의 감정을 전한다. 말하는 사람들은 그들 능력 안에서 청중의 열정을 불러일으키기 위해서 모든 것을 사용한다. 그렇게 함으로써 감정으로부터 탄생한 행동의 기회들을 고양시킨다. 경외는 실제로 말하는 사람의 손으로 들어간다. 엘리바스는 냉소적인 방문자의 경우를 들어 그의 청중을 어리둥절하게 한다. 어떤 영이 미끄러지듯 그의 얼굴을 지나 괴상한 속삭임으로 그를 깨우친다. "인간이 하나님보다 의로울 수 있겠으며, 사람이 창조주보다 깨끗할 수 있겠느냐?"(욥 4:12~17).[60]

---

59) 또는 '무덤' 또는 '죽음'.
60) Crenshaw, "Education, OT," 202.

상담. 지혜자들이 사용한 교육의 방법 중에 상담이 있다. 국가사에 대해서 상담했으며, 이들 중 대표적 인물은 다윗 시대의 아히도벨과 후사이다. 왕들은 정책을 결정할 때, 지혜자들과 의논했다.[61]

> "내게는 지략과 건전한 지혜가 있으며, 명철과 능력이 있다.
> 내 도움으로 왕들이 통치하며, 고관들도 올바른 법령을 내린다.
> 내 도움으로 지도자들이 바르게 다스리고, 고관들 곧 공의로 재판하는 자들도 올바른 판결을 내린다."(잠 8:14~16)

하지만 현자들은 보통은 자기 주위의 소그룹들을 가르쳤다. 현자들은 이들에게 '아들'이라는 친근한 호칭을 주었다. 이들은 보통 성문 안에서 모였는데, 법정의 효시라고도 할 수 있는 여기서 공적 사적 문제들이 토의되었다. 현자들은 여기서 사람들과 가깝게 접촉할 수 있었으며, 특히 젊은 학습자들은 선생과 쉽게 상담할 수 있었다. 교육은 주로 문답식으로 진행되었을 것으로 보인다.[62]

격언시(Gnomic Essay). 이것은 한 주제를 다양한 측면에서 자세히 다루는 것이다. 현자들은 이것을 조롱조의 성격으로 사용했다.

> "게으른 사람은 핑계 대기를 '길에 사자가 있다. 거리에 사자가 있다.' 한다.
> 문짝이 돌쩌귀에 붙어서 돌아가듯이, 게으른 사람은 침대에만 붙어서 뒹군다.
> 게으른 사람은 밥그릇에 손을 대고서도, 입에 떠 넣기조차 귀찮아한다.
> 게으른 사람은 재치 있게 대답하는 사람 일곱보다 자기가 더 지혜롭다고 생각한다."
> (잠 23:13~16)

> "재난을 당할 사람이 누구며, 근심하게 될 사람이 누구냐? 다투게 될 사람이 누구며, 탄식할 사람이 누구냐? 까닭도 모를 상처를 입을 사람이 누구며, 눈이 충혈 될 사람이 누구냐?
> 늦게까지 술자리에 남아 있는 사람들, 혼합주만 찾아다니는 사람들이 아니냐!
> 잔에 따른 포도주가 아무리 붉고 고와도, 마실 때에 순하게 넘어가더라도, 너는 그것을 쳐다보지도 말아라.
> 그것이 마침내 뱀처럼 너를 물고, 독사처럼 너를 쏠 것이며,
> 눈에는 괴이한 것만 보일 것이며, 입에서는 허튼 소리만 나올 것이다.
> 바다 한가운데 누운 것 같고, 돛대 꼭대기에 누운 것 같을 것이다.

---

61) Kent, *The Great Teachers of Judaism and Christianity*, 75.
62) Kent, *The Great Teachers of Judaism and Christianity*, 76.

'사람들이 나를 때렸는데도 아프지 않고, 나를 쳤는데도 아무렇지 않다. 이 술이 언제 깨지? 술이 깨면, 또 한 잔 해야지.' 하고 말할 것이다."(잠 23:29~35)

효과적인 문답의 방법이 대화와 결합되어 주제를 강력하게 다루게 된다. 가장 아름다운 격언시의 예는 인격화된 지혜에 대해 고상하고 정교하게 묘사한 잠언 8~9장에서 발견된다. 후의 전도서 역시 인간의 삶과 고통의 의미, 그리고 하나님과 우주의 관계를 다루는 유사한 격언 문집이라고 할 수 있다.[63]

63) Kent, *The Great Teachers of Judaism and Christianity*, 83.

II. 암기

유대의 〈열조 어록〉(The Sayings of the Fathers)에는 토라를 공부하는 방법 48가지가 나온다.[64] 그 목록은 "배워서, 귀로 들어서, 시키는 말로 해서"로 시작된다. 반복이 공부의 어머니(Repetitio mater studiorum)라는 것이 유대 교육의 모토였다. 반복하지 않고 토라를 공부하는 것은 씨를 뿌리기는 하지만 거두지 못하는 사람과 같다. 공부는 눈으로만 하는 것이 아니라 눈과 입으로 하는 것이다.

유대인들은 탈무드가 사라졌다고 해도 랍비 12명만 있으면 그들의 기억에 의해 다시 살려낼 수 있다고 말한다. 유대인들에게 하나이면서 전부인 방법이 있다면 그것은 한 마디로 '암기'(memorizing)이다.

1. 암기의 의의

유대인들은 평생에 걸쳐 탄생에서 죽음까지 기억하라고 권하는 끝없이 이어지는 기호와 상징으로 둘러싸여 있다.[65] 기억이 과거의 유의미한 사건과 사실에 대한 보존 노력이라면 그 기억은 이미 이스라엘의 문화, 역사, 전통과 의식 속에 새겨져 있다.

'기억하기'(Remembering)나 '회상하기'(recalling)란 말은 성경에서 자주 '마음에 떠오르다'(coming up to)나 '마음속에 받아들이다'(putting into)와 동의어로 쓰인다. 그 반대로 '잊다'(forget)나 '잊혀지다'(be forgotten)란 말은 마음에

---

64) "배워서, 귀로 들어서, 시키는 말로 해서, 마음의 식별로, 경외로, 두려움으로, 온순함으로, 유쾌함으로, 순수함으로, 지혜를 섬김으로, 친구들과 이야기하고 토론함으로, 제자들의 논쟁으로, 침착함으로, 성경을 통해, 미쉬나를 통해, 장사나, 관계나, 사치나, 잠이나, 떠들썩하지 않음으로, 끈기로, 훌륭한 용기로, 지혜에 대한 믿음으로, 징계를 수용함으로, 분수를 알고, 자신의 것에 만족하고, 말조심하고, 욕심을 버리고, 사랑을 받고, 하나님을 사랑하고, 사람을 사랑하고, 의를 사랑하고, 정직함을 사랑하고, 훈계를 즐김으로, 명예를 등지고, 배움을 자랑하지 않고, 결정을 쉽게 하지 않고, 친구와 짐을 나누고, 공을 내세우지 않고, 진리에 자리 잡고, 화평에 자리 잡고, 공부에 매진하고, 묻고 답함으로, 듣고 또 거기에 보태서, 가르치기 위해서 배우며, 실행하기 위해서 배우고, 스승을 더 지혜롭게 하고, 들은 바를 숙고하고, 전해준 사람의 이름으로 말함으로써." Aboth VI, 6, William Barclay, *Educational Ideals in the Ancient World*, 유재덕 역, 『고대세계의 교육사상』(서울: 기독교문서선교회, 1993), 42-43 재인용.

65) Nathan Morris, *The Jewish School: An Introduction to the History of Jewish Education* (London: Eyre and Spottiswoode, 1937), 117.

서 '떠나기'(departing)나 '지우기'(removing)와 동일하다.[66]

"너희 죄인들아, 이것을 기억하여라. 그리고 확고하게 서라. 너희 반역한 죄인들아, 이 일을 가슴 깊이 간직하여라."(사 46:8)

"네가 그처럼 무서워하는 신들이 누구냐? 도대체 그 신들이 얼마나 무서우면, 나를 속이면서까지, 나를 까마득히 잊어가면서까지, 그 신들에게 매달리느냐?"(사 57:11)

"그때가 이르러서, 너희가 이 땅에서 번성하여 많아지면, 아무도 다시는 주의 언약궤를 말하지 않을 것이다. 나 주의 말이다. 그것을 다시는 마음속에 떠올리지도 않을 것이며, 기억하거나 찾지도 않을 것이다."(렘 3:16)

"여러분과 여러분의 조상, 여러분의 왕들과 여러분의 고관들, 그리고 일반 백성 모두가 유다의 성읍들과 예루살렘 모든 거리에서 제물을 불살라 바친 그 분향을, 주님께서 기억하지 않으셨겠습니까? 바로 그런 일이 주님의 마음속에 떠오르지 않으셨겠습니까?"(렘 44:21)

"내가 죽은 사람이라도 된 것처럼, 나는 사람들의 기억 속에서 잊혀졌으며, 깨진 그릇과 같이 되었습니다."(시 31:12)

암기나 기억에 대한 강한 인상을 심기 위한 말들도 등장한다.

"그 때에 주님께서 모세에게 말씀하셨다.
'너는 오늘의 승리를 책에 기록하여 사람들이 잊지 않도록 하고, 여호수아에게는, 내가 아말렉을 이 세상에서 완전히 없애서 아무도 아말렉을 기억하지 못하게 하겠다.' 고 한 나의 결심을 일러주어라.'"(출 17:14)

"주 당신들의 하나님이 당신들 사방의 적들을 물리치셔서 당신들로 안식을 누리게 하실 때에, 당신들은 하늘 아래에서 아말렉 사람을 흔적도 없이 없애버려야 합니다. 이것을 잊지 말아야 합니다."(신 25:19)

"유다의 죄는 그들의 마음 판에 철필로 기록되어 있고, 금강석 촉으로 새겨져 있다. 그들의 제단 뿔 위에도 그 죄가 새겨져 있다."(렘 17:1)

"나는 나의 율법을 그들의 가슴 속에 넣어 주며, 그들의 마음 판에 새겨 기록하여,

---

66) Morris, *The Jewish School*, 122.

나는 그들의 하나님이 되고, 그들은 나의 백성이 될 것이다."(렘 31:33)

"그의 67)아버지가 지은 죄를 주님이 기억하시고, 그의 어머니가 지은 죄도 지워지지 않게 하십시오."(시 109:14)

유대교육에서 암기(memorization)는 어떤 역할을 했는가. 그리고 유대인들은 성경을 어떻게 외웠는가. 유대인들에게 암기는 토라에 초점을 맞춘 교육의 한 가지 수단이었다. 그리고 유대 학교, 즉 초등학교인 벧 하세퍼나 그 상위 단계인 벧 함미드라쉬에서 가장 중시되는 방법은 암기였다.

유대교육의 가장 기초적 교육 방법 두 가지가 있는데, 그것들은 모두 직접적으로 암기와 관련된다. 거기에 좋은 기억력은 학습자나 학자 모두에게 필수적이다. 교육이라는 것 자체가 대체로 암기하기 위한 것이다. 자료를 읽을 수 없었기 때문에 암기하지 않으면 안 되었다.

2. 반복(repetition)

유대교육에서 두드러진 방법은 반복과 암기이다. 반복은 같은 일을 되풀이하는 것이고, 암기는 잊지 않기 위해 외우는 것이다. 혼동을 줄 수 있는 말에 암송(recitation)이 있다. 암송은 글을 보지 않고 입으로 외우는 것을 말한다. 율법에 대한 초론 내용을 정리한 미쉬나라는 용어 자체도 반복의 중요성을 말한다. 미쉬나란 히브리어로 '공부'라는 뜻으로, 히브리어 어원인 '샤나'는 '반복하다' 또는 (반복해서) '연구하다' 또는 (반복을 통해) '가르치다'라는 뜻을 가지고 있다. 교육을 한다는 것은 언제나 그 내용을 큰소리로 반복하는 것이었다. 교육은 반복이고 반복이 교육이다. 교육에서의 반복의 중요성은 필연성이었을 것이다. 교사 자신을 제외하고 교육도구로서의 책이 거의 존재하지 않던 시대에 입으로 하는 반복 외에는 마땅한 방법이 거의 없었을 것이다. 그렇지만 그 효과가 큰 것이 사실이다. 탈무드에는 반복하지 않고 배운 내용은 3년 이상 지속되지 않는다고 하였다.[68] 반복하지 않고는 아무것도 쌓이지 않는다. 반복이 지식의 어머니이다. "토라를 반복하지 않고 배우는 사람은 누구든지 파종은 하되 거두지 않는 사람과 같다." 눈으로만 공부해서는 부족하다. 눈과 입으로 해야 한다.[69] 반복을 하는 목적은 그것을 암기하기 위해서였다. 반복과 암기는 자연

67) 히, '아버지들' 또는 '조상'.
68) *Erubin* 54a. Barclay, *Educational Ideals in the Ancient World*, 42 재인용.

스레 연결이 되었다. 입으로 소리를 내어 암송할 수 있을 때까지 몇 차례고 되뇌는 것이 강조되었다.

무엇보다 유대교육은 말로 가르치는 교육이라고 할 수 있다. 그래서 자연스럽게 반복을 하게 된다. 바클레이는 '고대 유대교육은 전적으로 말로 가르치기 때문에 전적으로 반복으로 진행된다. 미쉬나라는 말 자체가 반복과 교수라는 두 가지 뜻이다. 그것은 둘이 아니고 하나이다. 어쩌면 동일한 것이다.'라고 말한다.

암기는 반복의 결과이고, 반복은 암기를 향한 과정이다. 그래서 방법 면에서는 반복이 방법일 수 있으나 암기가 반드시 반복에 의해서만 이루어지는 것은 아니기 때문에 암기를 위한 목적으로서의 방법이라 할 수 있겠다. 반복은 지식의 어머니이다. 누가 많이 모으기만 했다면 그는 실제로는 아무것도 모은 것이 아니다. 반복이 이와 같다. 누가 토라를 반복하지 않고 배운다면 그는 씨를 뿌리나 거두지 못하는 자와 같다. 공부는 눈으로만 하는 것이 아니라 눈과 입으로 하는 것이다. 유대인에게 성서를 암기해서 평생 기억하는 것은 두드러진 특성이다. 탈무드가 영원히 사라져도 랍비 열두 명만 있으면 그것을 그대로 살려낼 수 있다는 말이 있을 정도이다. 유대 교사에게 단 한 가지의 교육 방법이 무엇이냐고 물으면 그것은 암기라고 말할 것이다.

이집트와 메소포타미아에서의 교육과 달리 이스라엘 교육은 글을 보지 않고 입으로 외우는 암송을 지지한다. 그러므로 암기가 교육의 중심에 놓여있다. 암기는 먼저 따라하는 것으로부터 시작했다. 고대 이스라엘의 일반적 교육 방법은 고대 근동의 다른 나라들에서의 것과 동일했을 것이다; 즉 그들은 두 가지 교육적 도구를 강조했다: 다 같이 따라 하기(oral repetition)와 매. 읽기 학습은 이사야 28장 9~10절에서 볼 수 있듯이 글자와 음절의 소리를 따라하는 것으로 시작되었다. "읽기"(미크라)는 본질적으로 "선포하기, 큰소리로 읽기"로, 지금도 여전히 전통적 쿠란 학교들(Quranic schools)[70]에서 행해진다. 이 따라 하기가 찬송 사이에 있어서 전체 본문을 암기하는 데 큰 도움이 되었다. 이것은 "네 마음판에 새기라"(시 3:3; 7:3; 렘 31:33; 신 6:6 참고)는 표현을 목에 걸고 다니던 남학습자의 연습판에 대한 언급으로 이해될 수 있다.[71] 쓰기 전에 이

---

69) *Essays on Jewish Life and Thought: The Letters of Benammi*, Second Series, 54. Barclay, *Educational Ideals in the Ancient World*, 43 재인용.

70) Madrasah, 이슬람 세계의 학교.

71) B. Couroyer, La tablette du coeur. *RB* 90:416-34.1983. André Lemaire, "Education (Israel)," David N. Freedman, ed., *The Anchor BiBle Dictionary* 2 (New York: Doubleday, 1992), *ABD*, 309. 재인용

말을 반복하는 것은 신명기의 유명한 본문에 대해 언급되어졌다.

> "내가 오늘 당신들에게 명하는 이 말씀을 마음에 새기고, 자녀에게 부지런히 가르치며, 집에 앉아 있을 때나 길을 갈 때나, 누워 있을 때나 일어나 있을 때나, 언제든지 가르치십시오."(신 6:6~7)

따라 하기. 고대 이스라엘에서 배움에는 항상 큰소리로 따라 하는 것이 포함된다. 큰소리로 따라서 해야 하는 까닭은 기억과 관계되기 때문이라고 생각했다. 탈무드에도 큰소리로 따라 하지 않고 배운 것들은 3년이면 다 잊어버린다고 했다. 큰소리로 따라 하는 것은 기억을 유지시키고 이해에 도움을 준다. 큰소리로 따라함으로써 배우는 내용이 명료해지고 정리가 된다.[72)]

조용하게 공부할 경우 망각하기 쉽다는 사실은 한 랍비의 부인이 조용히 공부하는 학습자를 꾸짖는 데서 나타난다. 그녀는 얌전하게 공부하는 학습자에게 토라를 공부할 때 몸을 움직이면서 해보라고 권한다.[73)]

실제로 따라하는 방식은 먼저 교사가 성경의 일부를 암송하면 전체 학습자가 따라서 한다. 그 다음에 교사는 암송할 수 있는 학습자에게 암송해보라고 한다. 그러면 또 다른 학습자들이 따라하는 식으로 했을 것이다. 회당에서는 교사가 외울 내용의 첫 부분만 말하면 나머지를 학습자들이 큰소리로 채우는 방식으로 진행된 것 같다.[74)] 따라서 학습자들이 토라를 학습하기 위해서는 오랫동안 듣고 따라 하기를 했어야 했다.

3. 보조물

알파벳 시(acrostic). 암기를 위한 다양한 보조물들이 개발되었고, 특히 알파벳 시(acrostic)들이 대표적이다. 이것은 보통 각 행의 첫 글자를 아래로 연결하면 특정한 어구가 되게 쓴 시나 글을 말한다. 오늘날 영어의 경우로 예를 든다면 아래와 같은 것이다. 행의 첫 글자를 연결하면 'SPRING'이 된다.

---

72) Nathan Drazin, *History of Jewish Education from 515 B.C.E. to 220 C.E.: During the Periods of the Second Commonwealth and the Tannaim* (Baltimore: The Johns Hopkins Press, 1940), 108.

73) Eliezer Ebner, *Elementary Education in Ancient Israel During the Tannaitic Period* (10-220 C.E.) (New York: Bloch Pub. Co, 1956), 91.

74) Ebner, Elementary Education in Ancient Israel During the Tannaitic Period (10-220 C.E.), 81.

Sunny days are coming
Pretty birds chirp early in the morning
Rain falls from the sky
Insects buzz and crawl
New baby animals take their first steps
Green grass grows and flowers bloom! (Spring, by Nicole Diaz)

성경에서 대표적인 예는 잠언에 나온다.

잠언 31장 10~31절은 여자 아이들을 위한 가르침으로 암기하기 쉽도록 각 절의 첫 단어가 히브리 문자의 순서를 따라 구성되어 있다. 10절의 첫 글자가 히브리어 알파벳의 첫 글자 알렙(א)으로 시작하여 히브리어 알파벳의 끝 글자인 타우(ת)로 시작하는 31절에 이르기까지 이어지는 각 절들이 히브리어 알파벳순으로 되어 있다.

잠언 31장 10~31절의 첫 단어 및 음역(히브리어 알파벳 순)

10. אֵשֶׁת(애쉐트)	히브리어 알파벳: א (알렙)
11. בָּטַח(바타흐)	ב (베)
12. גְּמָלַתְהוּ(게마라트후)	ג (김멜)
13. דָּרְשָׁה(다레샤)	ד (달렛)
14. הָיְתָה(하예타)	ה (헤)
15. וַתָּקָם(와타캄)	ו (와우)
16. זָמְמָה(자메마)	ז (자인)
17. חָגְרָה(하게라)	ח (헤트)
18. טָעֲמָה(타아마)	ט (테트)
19. יָדֶיהָ(야데하)	י (요드)
20. כַּפָּהּ(카파흐)	כ (카프)
21. לֹא-תִירָא(로-티라)	ל (라메드)
22. מַרְבַדִּים(마르바딤)	מ (멤)
23. נוֹדָע(노다)	נ (눈)
24. סָדִין(사딘)	ס (사메크)
25. עֹז(오즈)	ע (아인)
26. פִּיהָ(피하)	פ (페)

27. צוֹפִיָּה(초피아) צ (차데)
28. קָמוּ(카무) ק (코프)
29. רוֹבֹת(라보트) ר (레쉬)
30. שֶׁקֶר(쉐케르) שׁ (쉰)
31. תְּנוּ(테누) ת (타우)

"10 누가 유능한 아내를 맞겠느냐? 그 값은 진주보다 더 뛰어나다.
11 남편은 진심으로 아내를 믿으며 가난을 모르고 산다.
12 그의 아내는 살아 있는 동안, 오직 선행으로 남편을 도우며, 해를 입히는 일이 없다.
13 양털과 삼을 구해다가, 부지런히 손을 놀려 일하기를 즐거워한다.
14 또한 상인의 배와 같이, 먼 곳에서 먹거리를 구하여 오기도 한다.
15 날이 밝기도 전에 일어나서 식구들에게는 음식을 만들어 주고, 여종들에게는 일을 정하여 맡긴다.
16 밭을 살 때에는 잘 살펴본 다음에 사들이고, 또 자기가 직접 번 돈으로 포도원도 사서 가꾼다.
17 허리를 단단히 동여매고, 억센 팔로 일을 한다.
18 사업이 잘 되어가는 것을 알고, 밤에도 등불을 끄지 않는다.
19 한 손으로는 물레질을 하고, 다른 손으로는 실을 탄다.
20 한 손은 펴서 가난한 사람을 돕고, 다른 손은 펴서 궁핍한 사람을 돕는다.
21 온 식구를 홍색 옷으로 따스하게 입히니, 눈이 와도 식구들 때문에 걱정하는 일이 없다.
22 손수 자기의 이부자리를 만들고, 고운 모시옷과 자주색 옷을 지어 입는다.
23 남편은 마을 원로들과 함께 마을회관을 드나들며, 사람들의 존경을 받는다.
24 그의 아내는 모시로 옷을 지어 팔고, 띠를 만들어 상인에게 넘긴다.
25 자신감과 위엄이 몸에 배어 있고, [75]미래에 대한 두려움이 없다.
26 입만 열면 지혜가 저절로 나오고, 혀만 움직이면 상냥한 교훈이 쏟아져 나온다.
27 집안일을 두루 살펴보고, 일하지 않고 얻은 양식은 먹는 법이 없다.
28 자식들도 모두 일어나서, [76]어머니 업적을 찬양하고 남편도 [77]아내를 칭찬하여 이르기를
29 "덕을 끼치는 여자들은 많이 있으나, 당신이 모든 여자 가운데 으뜸이오." 한다.
30 고운 것도 거짓되고, 아름다운 것도 헛되지만, 주님을 경외하는 여자는 칭찬을

---

75) 또는 '다가올 날을'.
76) 히, '그 여자의'.
77) 히, '그 여자를'.

받는다.

31 [78]아내가 손수 거둔 결실은 [79]아내에게 돌려라. 아내가 이룬 공로가 성문 어귀 광장에서 인정받게 하여라."

이 구절들은 전형적인 가정생활을 그리고 있지는 않다. 다만 가계를 잘 꾸려나가야 할 책임을 곧 맡아야 할 여자 아이들을 위한 훈련 과정에서 사용된 것으로 보인다. 가계운영, 원예, 뜨개질과 문양, 그리고 자녀 교육에 대한 내용의 훈련을 마친 후에 소녀들은 미래의 지침으로 삼기 위해 이 구절들을 가정에서 구체화 시키려고 했을 것이다.[80]

보통 각 행의 첫 글자를 아래로 연결하면 특정한 어구가 되게 쓰는 위와 같은 알파벳시의 예들은 성경에 자주 등장한다(시 9~10; 25; 34; 37; 111; 112; 119; 145; 잠 31:10 이하; 애 1~4; 나 1:2 이하 참고)[81]

숫자를 이용한 경구

"주님께서 미워하시는 것, 주님께서 싫어하시는 것이 예닐곱 가지이다. 교만한 눈과 거짓말하는 혀와 무죄한 사람을 피 흘리게 하는 손과 악한 계교를 꾸미는 마음과 악한 일을 저지르려고 치닫는 발과, 거짓으로 증거하는 사람과, 친구 사이를 이간하는 사람이다."(잠 6:16~19)

"거머리에게는 '달라, 달라' 하며 보채는 딸이 둘이 있다. 전혀 배부른 줄 모르는 것이 셋, 만족할 줄 모르는 것 넷이 있으니, … 기이한 일이 셋, 내가 정말 이해할 수 없는 일이 넷이 있으니, … 세상을 뒤흔들 만한 일이 셋, 세상이 감당하지 못할 일이 넷이 있으니, … 땅에서 아주 작으면서도 가장 지혜로운 것이 넷이 있으니, … 늠름하게 걸어 다니는 것이 셋, 위풍당당하게 걸어 다니는 것 넷이 있으니"(잠 30:15~29)

특정하게 분류한 물품 목록

---

78) 히, '그 여자가'.

79) 히, '그 여자에게'.

80) 그러나 이와 같은 학교는 일반적인 것 같지 않아서 부유한 가정의 딸들을 위한 것으로 보인다. R. A. Culpepper, "Education," Geoffrey W. Bromiley, ed., *The International Standard Bible Encyclopedia* (Michigan: WM. B. Eerdmans Pub. Co., 1979), 24.

81) D. Freedman, "Acrostics and Metrics in Hebrew Poetry," *HTR* 65 367-92, 1972를 보라. André Lemaire, "Education(Israel)," 310. 재인용.

> "'나의 종들이 레바논에서부터 바다에까지 나무를 운반하고, 바다에 뗏목으로 띄워서, 임금님께서 나에게 말씀하신 곳까지 보내고, 그곳에서 그 나무를 풀어 놓을 것입니다. 그러면 임금님께서는 끌어올리기만 하시면 됩니다. 그리고 그 값으로 내가 바라는 것은, 나의 왕실에서 쓸 먹거리를 제공하여 주시는 것입니다.'
> 이렇게 하여서, 히람은 백향목 재목과 잣나무 재목을 솔로몬이 원하는 대로 다 보내 주었다. 솔로몬은 히람에게, 왕실에서 쓸 먹거리로, 밀 이만 섬과 짜낸 기름 [82]스무 섬을 보내 주었다. 솔로몬은 해마다 히람에게 이렇게 하였다. 주님께서는, 약속하신 그 말씀대로, 솔로몬에게 지혜를 주셔서, 히람과 솔로몬 사이에는 평화가 있었다. 그리고 그 둘은 조약도 맺었다. 솔로몬 왕은 이스라엘 전국에서 노무자를 불러 모았는데, 그 수는 삼만 명이나 되었다. 그는 그들을 한 달에 만 명씩 번갈아 레바논으로 보내어, 한 달은 레바논에서 일을 하게 하고, 두 달은 본국에서 일을 하게 하였다. 노역부의 책임자는 아도니람이었다."(왕상 5:9~14)

교차대구(ring composition). 교차대구법(chiasmus)은 교차대칭구조(chiastic structure)라고도 한다. 이사야서에서 많이 나타난다.

> "악한 것을 선하다고 하고 선한 것을 악하다고 하는 자들, 어둠을 빛이라고 하고 빛을 어둠이라고 하며, 쓴 것을 달다고 하고 단 것을 쓰다고 하는 자들에게, 재앙이 닥친다!"(사 5:20)

악한 것/ 선하다, 선한 것/ 악하다, 어둠/ 빛, 빛/ 어둠, 쓴 것/ 달다, 단 것 / 쓰다.

인클루지오(inclusios, 양괄 대칭 구조).

> "그분은 나에게 만물에 대한 어김없는 지식을 주셔서 세계의 구조와 구성 요소의 힘을 알게 해주셨고
> 시대의 시작과 끝과 중간, 동지, 하지의 구분과 계절의 변화를 알게 해주셨으며
> 해가 바뀌는 것과 별들의 자리를 알게 해주셨고
> 동물들의 성질과 야수들의 본능, 그리고 요귀들의 힘과 인간의 생각, 또 각종 식물들과 그 뿌리의 특성을 알게 해주셨다.
> 만물을 만드신 하느님의 지혜의 가르침을 받아서 나는 드러나 있는 것은 물론 감추어진 모든 것까지도 알게 되었다."(지혜 7:17~21)

후렴(refrain).

---

82) 칠십인 역에는 '이만'(대하 2:10에서도).

"주님을 두려워하는 사람들아, 그분의 자비를 기다려라. 빗나가지 말아라, 넘어질까 두렵다.
주님을 두려워하는 사람들아, 그분을 신뢰하여라. 그러면 반드시 상금을 받으리라.
주님을 두려워하는 사람들아, 행복과 영원한 기쁨과 자비에 희망을 두어라."(집회 2:7~10)

"비겁하고 나태한 자는 화를 입으리라. 두 길을 가는 죄인도 화를 입으리라.
낙심하는 자는 화를 입으리니, 하느님을 믿지 아니하므로 보호를 받지 못하리라.
인내심을 저버린 자들은 화를 입으리라. 주님께서 오시는 날에 어떻게 하려느냐?"(12~14절 비교)

교차(chiasms) 등 그 이상의 많은 것들이 있다.[83] 암기에 대한 요구는 가르침에서 사용된 연상기호 장치들 때문에 쉽게 이루어질 수 있었다. 그런 것들에는 다음과 같은 것들이 있다.[84]

다수의 경구들(epigram).

"'한결같은 사랑도 주님의 것'이라는 사실을. 주님, 주님께서는 각 사람에게 그가 행한 대로 갚아 주십니다."(시 62:12)

"그는 여섯 가지 환난에서도 너를 구원하여 주시며, 일곱 가지 환난에서도 재앙이 네게 미치지 않게 해주시며"(욥 5:19)

"사실은 하나님이 말씀을 하시고 또 하신다고 하더라도, 사람이 그 말씀에 주의를 기울이지 못할 뿐입니다."(욥 33:14)
"주님께서 미워하시는 것, 주님께서 싫어하시는 것이 예닐곱 가지이다."(잠 6:16)

"거머리에게는 '달라, 달라' 하며 보채는 딸이 둘이 있다. 전혀 배부른 줄 모르는 것이 셋, 만족할 줄 모르는 것 넷이 있으니."(잠 30:15)
"기이한 일이 셋, 내가 정말 이해할 수 없는 일이 넷이 있으니."(잠 30:18)

"세상을 뒤흔들 만한 일이 셋, 세상이 감당하지 못할 일이 넷이 있으니."(잠 30:21)

---

83) Crenshaw, "Education, OT," 201.
84) W. Roth, *Numerical Sayings in the Old Testament.* VT Sup 13. Leiden, 1965; H. P. Rueger, *Die gestafelten Zahlensprüche des Alten Testaments und Aram.* Achiqar 92. *VT* 31: 229-32. 1981 참조. Lemaire, "Education(Israel)," 309. 재인용.

"늠름하게 걸어 다니는 것이 셋, 위풍당당하게 걸어 다니는 것 넷이 있으니."(잠 30:29)[85)]

대구법(parallelism).

① 어조나 어세가 비슷한 글귀를 짝지어 병렬적으로 조사하여 문장의 묘미를 더하는 한편, 문장의 뜻을 더욱 명확하게 전달하기 위한 예,

"황제의 것은 황제에게 돌려주고, 하나님의 것은 하나님께 돌려드려라."(마 22:21; 막 12:17; 눅 20:25)

② 늘 비슷한 구문과 의미를 지닌 구들이나 문장들이 나란히 놓여서 서로 균형을 이루게 하는 예,

"하늘은 하나님의 영광을 드러내고, 창공은 그의 솜씨를 알려 준다."(시 19:1)
"어둠 속에서 헤매던 백성이 큰 빛을 보았고, [86)]죽음의 그림자가 드리운 땅에 사는 사람들에게 빛이 비쳤다." (사 9:2)

주제어, 그리고 두운법(alliteration). 작시법에서 연속된 단어들이나 가깝게 놓인 단어들의 첫 자음이 동일하게 반복되는 것. 경우에 따라서는 첫 모음소리를 반복하는 것을 말하기도 한다.

---

85) "자기 아비를 저버리는 것은 하느님을 모독하는 것이요, 어미를 노엽게 하는 것은 주님의 저주를 부르는 것이다."(집회 23:16); "내가 행복하다고 생각하는 사람에 아홉 종류가 있다. 열 번째 사람은 결론에서 말하겠다. 자기 자녀들에게서 즐거움을 맛보는 사람, 살아서 자기 원수의 몰락을 보는 사람, 지각 있는 아내를 가진 남편과, *소와 노새를 함께 써서 가래질을 하지 않는 농부, 혀로 죄를 짓지 않는 사람, 그리고 자기보다 못한 사람의 종노릇을 하지 않는 사람, 이 얼마나 행복한 사람인가? 또한 총명한 사람과 자기 말을 경청하는 청중을 가진 사람은 얼마나 행복한가? 그리고 지혜를 찾은 사람은 또 얼마나 위대한가? 그러나 아무도 주님을 두려워하는 사람을 당해 낼 수는 없다. 주님을 두려워하는 것이 모든 것을 능가한다. 누가 주님을 두려워하는 사람과 견줄 수 있으랴? **주님을 두려워함이 주님을 사랑함의 시작이며, 주님에 대한 사랑의 시작은 믿음이다."(25:7-12) *시리아어 역본을 따라 한 줄을 삽입하였다. **칠십인 역에는 12절이 빠져 있다.; "내가 무서워하는 것이 세 가지 있으니, 온 동네에 퍼진 험담과 군중의 폭동, 그리고 무고한 소송인데 이것들을 당하느니 죽는 것이 낫다. 그러나 이보다도 네 번째 더 무서운 것이 있으니, 그것은 딴 여자를 질투하는 아내를 가진 자의 고통과 슬픔이다. 나를 몹시 괴롭히는 일 두 가지가 있으니, 가난에 시달리며 늙어가는 용사와, 멸시받으며 사는 지식인이 그것이다. 그런데 내 분노를 자아내는 세 번째 것은, 정의를 버리고 악을 좇는 자로서 이런 자는 천벌을 받아 죽을 것이다."(26:5-6, 28); "내가 마음으로 증오하는 민족이 둘 있는데 세 번째 것은 민족이라 할 수도 없다. 사마리아 산에 사는 주민들과 블레셋인들, 그리고 세겜에 사는 어리석은 자들이 그들이다.(50:25-26) 참조.

86) 또는 '어둠의 땅에'.

4. 시청각

듣기. 눈과 귀는 이스라엘이 자연과 신을 탐구하고 판단하는 데 사용하는 중요한 도구이다. 욥은 시각을 더 중시하는 듯하다.

> "주님이 어떤 분이시라는 것을, 지금까지는 제가 귀로만 들었습니다. 그러나 이제는 제가 제 눈으로 주님을 뵙습니다."(욥 42:5)

그러나 고대 근동의 현자들은 배움이 시각적 활동의 결과가 아니라 귀로 들어간다고 생각하는 경향이 있었다. 역사적으로 듣기는 이미 이스라엘 최초의 교육내용인 쉐마에서 볼 수 있는 가장 기본적인 교육 방법이다. 쉐마에서 "들어라, 이스라엘아"라는 표현은 '들어라'라는 명령형과 '이스라엘아'라는 호격이 어울려 강력한 주의를 요구한다. 듣기는 지혜를 얻기 위한 가장 기본적 조건이며, 하나님께 순종하여 그 뜻을 따르기 위해 우선적으로 요청되는 덕목이다.[87] 쉐마는 이스라엘이 먼저 취해야 할 자세는 듣는 일임을 분명히 한다. 그럴 때 그 요구 사항인 순종으로 이어질 수 있기 때문이다.[88]

선생이 암송을 채택하고 학습자들이 들은 것을 외우도록 하는 데 치중했기 때문에, 선생들은 모범생의 특징을 "잘 알아듣는 자"(hearing one)로 생각했다. 이와 유사하게 이사야 50장 4절하의 종은 말한다.

> "아침마다 나를 깨우쳐 주신다. 내 귀를 깨우치시어 학자처럼 알아듣게 하신다."

고대 이스라엘은 구전 사회였다. 그래서 듣고 기억하기의 방법이 우세할 수 밖에 없다.

이사야서에 따르면, 제자의 주요 기능은 교사의 말을 듣고 기억하는 것이었다.

> "주 야훼께서 학자들의 혀를 내게 주사 나로 곤고한 자를 말로 어떻게 도와 줄 줄을 알게 하시고 아침마다 깨우치시되 나의 귀를 깨우치사 학자들 같이 알아듣게 하시도다."(사 50:4, 개역개정)[89]

---

87) Georg Braulik, *Deuteronomium 1-16:17*, NEB (Würzburg: Echter Verlag, 1986), 55.
88) Duane L. Christensen, *Deuteronomy 1:1-21:9*, Word Biblical Commentary (Nashville, TN: Thomas Nelson Publishers, 2001), 137.
89) "주님께서는 내 두 귀를 열어 주셨습니다."(시 40:6상) 참조.

여기서 '학자들'은 '제자들, 가르침을 받은 자들'을 의미한다. "제자는 스승과 공동생활을 하는 가운데 자기가 언제 어떻게 말해야 하는 지를 배운다. 말하기에 앞서 들어야 하는데, 들을 수 있게 하는 자가 스승이다."[90)]

예언자들의 주변을 형성하고 있는 학교들과 형제단들은 예언자들을 교사로 간주했고, 이들의 말을 암기했다. 여기에 예언자들의 생애와 말들의 전승을 그것들이 수집되어 기록되기 전에 말로 전달을 했다.

> "마침 그때에 왕은 하나님의 사람의 시종인 게하시와 이야기를 나누고 있었다. 왕이 게하시에게 엘리사가 한 큰 일들을 말해 달라고 하였다."(왕하 8:4)

> "이때에 지방의 장로들 가운데서 몇 사람이 일어나서, 거기에 모인 백성의 온 회중에게 이렇게 말하였다."(렘 26:17 이하)

지혜문학 역시 듣기를 강조한다. 듣는다는 일반적 용어 외에, 이와 유사한 표현인 "들어라, 내 아들아", 혹은 "들어라, 내 백성아"라는 말도 지혜를 전달하기 위한 도입의 기능으로 사용되고 있다.[91)]

> "지혜 있는 사람은 이 가르침을 듣고 학식을 더할 것이요, 명철한 사람은 지혜를 더 얻게 될 것이다."(잠 1:5)

> "아이들아, 들어라. 내 말을 받아들이면, 네가 오래 살 것이다."(잠 4:10)
> "내 아들아, 이제 너희는 내 말을 잘 들어라. 내가 하는 말에서 벗어나지 말아라."(잠 5:7)
> "내 훈계를 들어서 지혜를 얻고, 그것을 무시하지 말아라."(잠 8:33)
> "어리석은 사람은 자신의 행실만이 옳다고 여기지만, 지혜로운 사람은 충고에 귀를 기울인다."(잠 12:15)
> "내 아이들아, 너는 잘 듣고 지혜를 얻어서, 너의 마음을 바르게 이끌어라."(잠 23:19)

> "[92)]아이들아, 아버지의 훈계를 잘 듣고, 어머니의 가르침을 저버리지 말아라."(잠 1:8)
> "[93)]아이들아, 너희는 아버지의 훈계를 잘 듣고, 명철을 얻도록 귀를 기울여라. [94)]아

---

90) 『해설·관주 성경전서』, 1148.
91) J. W. McKay, "Man's Love for God in Deuteronomy and the Father/Teacher-Son/Pupil Relationship," *Vetus Testamentum* 22(1972), 431.
92) 히, '내 아들아'. 스승이 제자를 부르는 말.
93) 히, '아들들아' 스승이 제자를 부르는 말.
94) 히, '내 아들아'. 스승이 제자를 부르는 말.

이들아, 들어라. 내 말을 받아들이면, 네가 오래 살 것이다."(잠 4:1, 10)
"내 아들아, 이제 너희는 내 말을 잘 들어라. 내가 하는 말에서 벗어나지 말아라."(잠 5:7)
"내 아이들아, 너는 잘 듣고 지혜를 얻어서, 너의 마음을 바르게 이끌어라."(잠 23:19)

"내 백성아, 들어라. 내가 말한다. 이스라엘아, 내가 너희에게 경고하겠다. 나는 하나님, 너희의 하나님이다."(시 50:7)
"내 백성아, 들어라. 내가 너에게 경고하겠다. 이스라엘아, 나는 네가 내 말을 듣기를 바란다."(시 81:8)

읽기. 시와 같이 하나의 단위로 되어 있어서 전체적으로 뜻을 드러내는 내용들은 처음부처 끝까지 거듭 읽는 방식으로 암기했다. 그러나 대부분 날마다 조금씩 익혀가는 것이 도움이 되었다. 전체와 부분은 상황에 따라 지혜롭게 사용하여 기억력을 높일 수 있다.[95] 학습자들은 배운 내용들 중에서 하루에 한 구절 정도를 외워야 했을 것이다.[96] 큰소리로 읽는 것도 암기에 도움이 되었을 것이다. 큰 소리로 읽을 때 그 의미가 잘 들어올 수 있다. 속으로 읽을 때 놓친 여러 뜻이 큰소리로 읽을 때 분명하게 알 수 있다.[97]

또한 읽을 때 시편이나 할렐과 같은 운문뿐만 아니라 산문도 리듬을 넣어 읽으면서 기억하려고 했을 것이다.

보기. 암기의 방법 중에는 보는 것이 있다.

"너희는 이 술을 볼 수 있게 달도록 하여라. 그래야만 너희는 주의 모든 명령을 기억하고, 그것들을 실천할 것이다."(레 15:39)

이 구절에는 보면 기억하게 되고, 기억하면 실천하게 된다는 현대 교육심리학의 원리가 반영되어 있다.

"당신들은 오로지 삼가 조심하여, 당신들의 눈으로 본 것들을 잊지 않도록 정성을 기울여 지키고, 평생 동안 당신들의 마음 속에서 사라지지 않도록 하십시오."(신 4:9)

---

95) Morris, *The Jewish School*, 135.
96) Morris, *The Jewish School*, 136.
97) Morris, *The Jewish School*, 138.

> "인자와 진리를 저버리지 말고, 그것을 목에 걸고 다니며, 너의 마음 속 깊이 새겨 두어라."(잠 3:3)

> "그것을 항상 네 마음에 간직하며, 네 목에 걸고 다녀라."(잠 6:21)

> "그것을 너의 손가락에 매고, 네 마음 속 깊이 새겨 두어라."(잠 7:3)

손을 이용한 암기법도 있다. 십계명은 10개의 단문으로 구성되어 있다. 이는 크게 다섯 가지 내용의 구별되는 두 부분으로 나뉜다. 이것들은 각각의 손가락에 연결 지을 수가 있다. 학습자가 암기하기에 용이했을 것이다.[98]

교사들이 격언들을 말로 되풀이해주고 그것들을 받아 적도록 하는 방법을 볼 수 있다(우사체). 이 격언들은 학습자들이 마음에 간직하고, 외우고, 이해해서 부모들에게 바른 대답을 할 수 있게 하였다.

> "인자와 진리를 저버리지 말고, 그것을 목에 걸고 다니며, 너의 마음 속 깊이 새겨 두어라."(잠 3:3)

> "그것을 너의 손가락에 매고, 네 마음 속 깊이 새겨 두어라."(잠 7:3)

> "*귀를 기울여서* 지혜 있는 사람의 말을 *듣고*, 나의 가르침을 너의 마음에 새겨라. 그것을 깊이 간직하며, 그것을 모두 너의 입술로 말하면, 너에게 즐거움이 된다. 이는 네가 주님을 의뢰하며 살도록 하려고 오늘 내가 너에게 특별히 알려 주는 것이다. *내가 너에게*, 건전한 충고가 담긴 서른 가지 교훈을 *써 주지 않았느냐?* 이는 네가 진리의 말씀을 깨달아서, 너에게 묻는 사람에게 바른 대답을 할 수 있게 하려 함이다." (잠 22:17~21)

제사장. 제사장들은 사람과 사람, 사람과 하나님 사이를 주관하는 원리들을 형성하고 그 원리들을 백성들의 의식과 기억 속에 심어놓는 방법을 사용했다. 그 중에 하나가 문답 방법(catechetical method)이다.

> "그리고 레위 사람들은 큰소리로 온 이스라엘 모든 백성에게 다음과 같이 외치십시오.
> '대장장이를 시켜서, 주님께서 역겨워하시는 우상을 새기거나 부어 만들어서, 그것을 은밀한 곳에 숨겨 놓는 자는 저주를 받는다.' 하면, 모든 백성은 '아멘' 하고 응답하

---

98) Kent, *The Great Teachers of Judaism and Christianity*, 55.

십시오."(신 27:14~15)

랍비. 랍비들은 전적으로 말로 하는 교육을 했다. 2세기 말까지도 랍비들은 구전을 기록하는 것에 반대했다. 그 결과 랍비들은 기억하기 쉽도록 그들의 가르침을 간략하게 때로는 경구 형태로 전했다. 그들의 이상적 제자는 "듣기는 빨리하고, 잊기는 느린 자이다."[99] 현자가 앉아 공부하다가 미쉬나 한 자라도 잊어버린다면 그는 죽어 마땅하다는 말을 학교에서 흔히 말할 정도였다.[100]

학교. 이스라엘의 남자 아이들은 5~7세 사이에 초등학교인 벧 하세퍼에 들어가서 토라를 배운다. 가르침의 방법은 매우 기계적이었다. 학습자들은 성경을 정확하게 읽을 수 있을 때까지 토라의 구절들을 큰소리로 읽고 반복했다. 기계적 암기(Rote memorization)와 반복은 학습과정에서 주요한 역할을 했다.[101]

기억은 순수 기억(pure memory)과 기계적 암기(rote memory)로 구분된다. 순수 기억은 의도와 의미를 기억하는 것이다. 의식과 예식의 역사적 종교적 의미를 기억하는 것이다. 반면에 기계적 암기는 기계적으로 아주 사소한 것까지, 연상이나 재치 있게 보조물을 이용하여 반복해서 나름대로 외우는 것이다.[102]

초등학교에서의 교육방법은 율법의 암기였다. 오늘날의 사람들에게 암기는 대체로 부정적이다. 암기를 주어진 문제의 뜻을 파악하지 않고서 무조건 기억하려는 시도로 보기 때문이다. 그러나 유대 초등학교에서의 교육방법이 기억임을 상기해야 한다. 암기 역시 일종의 기억으로 기계적 기억이라고도 한다. 유대 소년들에게 요구된 기억이라는 방법은 일종의 회상이라고 보아야 할 것이다. 학교에서 암기의 과제로 주어진 과제는 이미 가정에서 몇 차례고 구체적으로 주어진 내용들이다. "부모는 일찍부터 어린이의 나이와 기억력에 맞추어서 실제적이면서도 전통적인 기원은 물론, 법률이나 의식과 관련된 의미를 모두 설명

---

99) *Aboth* 5. 18, Kent, *The Great Teachers of Judaism and Christianity*, 98 재인용.

100) *Aboth* 3. 12. Kent, *The Great Teachers of Judaism and Christianity*, 98 재인용.

101) 랍비 전승(Aboth v.21)에 따르면, 열 살이면 벌써 미쉬나나 구전법(Oral law)을 공부할 준비가 되었다. Culpepper, "Education," 26.

102) Morris, *The Jewish School*, 117. 이는 베르그송의 순수 기억과는 아주 다르다. 그에게 순수 기억은 과거로서 인식된 과거를 재현하면서 그 인상을 기억하는 형태로 과거를 의식에 기재하는 것이다. 베르그송이 이에 대한 예로 드는 것은 동일한 구절을 학습할 때의 기억이다. Henri-Louis Bergson, *Matiere Et Memoire*, 박종원 역, 『물질과 기억』 대우고전총서 17 (서울: 아카넷, 2005) 참조.

해 주었다." 따라서 초등학습자들에게 사용되었던 암기의 방법은 실제로는 이미 가정을 통해 학습되었던 내용들에 대한 상기였기 때문에 오늘날의 사람들이 생각하듯 거친 교육 방식이 아니었다. 초등학교에서 히브리어로 된 내용을 배울 경우 글자가 어렵고 글자 한 자만 틀려도 전혀 다른 뜻이 되는 등의 어려움이 있었기에 학습자들은 수없이 반복해서 암기할 수밖에 없었다.

탈무드. 탈무드에 따르면 반복과 암송 외에 토라를 배우는 방법에는 마흔여덟 가지가 있었다. 토라는 48가지에 의해 습득된다. 그 중에는 경외감, 두려움, 겸비, 참을성, 관대함 등이 포함된다.[103] 이는 토라 교사의 자격 요건이기도 하다.

> "배워서, 귀로 들어서, 말로 해서, 마음의 식별로, 경외로, 두려움으로, 온순함으로, 유쾌함으로, 순수함으로, 지혜를 섬김으로, 친구들과 이야기하며 토론함으로, 제자들의 논쟁으로, 침착함으로; 성서를 통해서, 미쉬나를 통해서; 거의 장사나, 관계나, 사치나, 잠이나, 떠들썩하지 않음으로써; 끈기로, 훌륭한 용기로, 지혜에 대한 신앙으로, 징계의 수용으로; 분수를 알고, 자신의 몫에 만족하고, 말조심하고, 욕심을 부리지 않으며; 사랑을 받고, 하나님을 사랑하고, 사람을 사랑하고, 의로움을 사랑하고, 정직함을 사랑하고, 훈계를 즐겨하며; 명예를 등지고, 배움을 자랑하지 않고, 결정을 서두르지 않고, 친구와 짐을 나누고, 또 공을 내세우지 않고, 진리에 터하고, 화평에 터하며; 그리고 공부에 매진하고, 묻고 답하고, 듣고 또 거기에 보태며; 가르치기 위해서 배우고, 실행하기 위해서 배우며; 스승을 더욱 지혜롭게 하고, 들은 바를 숙고하고, 전해준 사람의 이름으로 말함으로써 가능하다."[104]

토라는 또한 순종함으로써 배울 수 있다. 유대 어린이는 레위기에서 그들 수준에 맞는 성구를 택하여 그것에 순종하도록 했다. 부모 역시 자녀를 가르치는 자로서 토라에 순종하는 모습을 통해 토라를 더욱 잘 배웠다.[105]

---

103) Gabriel Moran, "Religious Education," Mircea Eliade, ed., *The Encyclopedia of Religion* 12 (New York: Macmillan Pub. Co., 1987-), 321.

104) *Sayings of the Fathers* 6. 6. Barclay, *Educational Ideals in the Ancient World*, 43 재인용.

105) Sherrill, *The Rise of Christian Education*, 70.

[그림38] 〈성경 암송〉

얼마나 많이 듣고 피상적으로 배우느냐가 중요한 것이 아니라 머리에 담아두는 정보의 질이 더 중요하다. 유대 학교에서 말 그대로 성서의 암송을 그토록 강조하는 것은 바로 이 때문이다. 토라를 기억하지 않고 단지 듣기만 하는 것은 마치 거둘 것이 없는데 씨만 뿌리는 것과 같다.

제자들은 형태나 내용 면에서 스승에게서 배운 것과 다르게 가르쳐서는 안 된다는 말을 항시 들었다. 이 같은 경직성은 교사의 독창성과 신념을 무시할 수 있기에 부정적이다. 사람들이 예수께서 서기관들과 달리 권위 있게 가르치시는 데 놀랐다는 말은 이런 서기관들의 경직성으로부터 나왔다. 이 같은 엄격함이 과거의 유산을 잘 보존하고자 하는 마음으로부터 나오기는 했지만, 다음 세대의 필요와 관점들을 끊임없이 반영해야 하는 진정한 종교의 발전에는 치명적이다.

III. 징계

성서에서 징계는 크게 세 가지 형태로 나타난다. 첫째, 보복적 원리이다. 초기 문서인 출애굽기 등에 나타나는 주도적 원리는 보복적 정의이다. 이것은 잘못을 저지른 자에게 징벌을 하는 이론의 여지가 없는 원칙이다. 그럼에도 그 안에는 범죄에 비례한 징벌을 함으로써 어떤 식으로든 처음의 보복을 제한하고자 하는 노력이 들어있다.

> "가해자에게는, 목숨은 목숨으로, 눈은 눈으로, 이는 이로, 손은 손으로, 발은 발로, 화상은 화상으로, 상처는 상처로, 멍은 멍으로 갚아야 한다."(출 21:23~25)

> "자기 이웃에게 상처를 입혔으면, 피해자는 가해자가 입힌 만큼 그 가해자에게 상처를 입혀라. 부러뜨린 것은 부러뜨린 것으로, 눈은 눈으로, 이는 이로 갚아라. 상처를 입힌 사람은 자기도 그만큼 상처를 받아야 한다."(레 24:19~20)

> "당신들은 이런 일에 동정을 베풀어서는 안 됩니다. 목숨에는 목숨으로, 눈에는 눈으로, 이에는 이로, 손에는 손으로, 발에는 발로 갚으십시오."(신 19:21)

신명기는 새로운 원리를 소개한다. 그것은 예방적 차원의 징벌이다. 거듭해서 그것은 징벌의 목적은 사회를 보호하기 위해 악을 제거하거나 사람들이 처벌에 대해 듣고 두려워 범죄를 그치게 하는 것이라고 말한다. 정의의 목적이나 공동체의 이익이 우선적으로 고려되었다. 범죄자, 범죄의 동기, 징벌이 그의 미래의 행동에 미칠 영향 등은 무시되었다.

> "그는 당신들을 꾀어 이집트 땅 종살이하던 집에서 건져내 주신 주 당신들의 하나님으로부터 당신들을 떠나게 하려는 사람이니, 돌로 쳐서 죽여야 합니다. 그러면 온 이스라엘이 그 소식을 듣고 두려워하여, 이런 악한 일을 저지르는 사람이 당신들 가운데서 생기지 않을 것입니다."(신 13:11~12)

> "죽일 때에는 증인이 맨 먼저 돌로 쳐야 하고, 그 다음에 모든 백성이 뒤따라서 돌로 쳐야 합니다. 그렇게 하여, 이런 악한 일을 당신들 가운데서 뿌리를 뽑아야 합니다. 주 당신들의 하나님을 섬기는 제사장이나 재판관의 말을 듣지 않고 거역하는 사람이 있으면, 죽여야 합니다. 그렇게 하여서 이스라엘에서 그런 악한 일은 뿌리를 뽑아야 합니다. 그러면 온 이스라엘 백성이 듣고 두려워하며, 다시는 아무도 재판 결과를 하찮게 여기지 않을 것입니다."(신 17:7, 12~13)

"당신들은 그런 사람에게 동정을 베풀어서는 안 됩니다. 이스라엘 안에서, 죄 없는 사람이 죽임을 당하는 일이 없어야만, 당신들이 복을 받을 것입니다. 그 증인이 그 이웃을 해치려고 마음먹었던 대로 그 이웃에게 갚아 주어야 합니다. 그래서 당신들 가운데서 그런 악의 뿌리를 뽑아야 합니다. 그러면 남은 사람들이 이 말을 듣고 두려워하여서, 이런 악한 일을 하는 사람이 당신들 가운데서 다시는 생기지 않을 것입니다."(신 19:13, 19~20)

"그러면 그 성읍의 모든 사람이 그를 돌로 쳐서 죽일 것입니다. 이렇게 하여서 당신들 가운데서 악을 뿌리 뽑아야 합니다. 그래야만 온 이스라엘이 그 일을 듣고 두려워할 것입니다."(신 21:21)

"어떤 사람이 같은 겨레인 이스라엘 사람을 유괴하여 노예로 부리거나 판 것이 드러나거든, 그 유괴한 사람은 죽여야 합니다. 당신들은 당신들 가운데서 그러한 악의 뿌리를 뽑아야 합니다."(신 24:7)

하지만 예언서의 관심거리는 죄보다는 죄인이다. 악을 행하는 자를 변화시키는 수단으로서의 징벌이 주된 사상이다.

"나 주 하나님의 말이다. 악인이 죽는 것을, 내가 조금이라도 기뻐하겠느냐? 오히려 악인이 자신의 모든 길에서 돌이켜서 사는 것을, 내가 참으로 기뻐하지 않겠느냐?"(겔 18:23)

또 다른 징벌의 원리는 인물에 대한 시험이나 담금질을 하는 훈련의 가치이다.

"광야에서는 당신들의 조상도 알지 못하던 만나를 당신들에게 먹이셨습니다. 이것이 다 당신들을 단련시키고 시험하셔서, 나중에 당신들이 잘 되게 하시려는 것이었습니다."(신 8:16)

교육의 경우를 보자. 고대 근동 지방의 모든 선생들에게서처럼 징벌은 교육상 필요한 부가물이었다. 이스라엘 자녀 교육의 목적은 지혜이고, 이것을 달성하기 위한 바람직한 수단은 징계이다.[106]

106) Xavier Léon-Dufour, "교육", *Vocabulaire de Theologie Biblque*, 임춘갑 역, 『성서신학사전』(광주: 광주가톨릭대학, 1984), 48.

> "뭇 나라를 꾸짖으시는 분이 벌할 수 없겠느냐? 뭇 사람을 지식으로 가르치는 분에게 지식이 없겠느냐? … 주님, 주님께서 꾸짖으시고 주님의 법으로 친히 가르치시는 사람은 복이 많은 사람입니다."(시 94:10, 12)

여기에 나타나있는 어근 야사르(יסר)와 라마드(למד)의 대구법은 '가르치다', '훈계하다', '훈련하다' 등의 뜻을 가진 이집트어 동사의 어근에서 그 원형을 찾아볼 수 있으며 이것은 징벌을 내포한 결정력 있는 물리적인 힘의 행사를 수반한 것이다. 비록 회초리의 사용이 필요하다 할지라도 교육에는 조용한 제재가 곁들여 행해져야 하는 법이다. 왜냐하면 "어리석은 통치자의 고함치는 명령보다는, 차라리 지혜로운 사람의 조용한 말을 듣는 것이 더 낫"기 때문이다(전 9:17).[107]

1. 훈육의 성격

성서에는 아이들에 대한 욕심과 사랑이 스며있다. 요셉에 대한 야곱의 사랑과 탕자의 비유를 통해 예수가 그려낸 아버지의 상은 자애로운 것이었다. 이스라엘에 대한 야훼의 자비에 대한 언급도 지상의 아비를 예로 들고 있다.

> "부모가 자식을 가엾게 여기듯이, 주님께서는 주님을 두려워하는 사람을 가엾게 여기신다."(시 103:13)

아버지는 아들의 행동에 대해 책임이 있는 것으로 생각되었다. 그릇된 행위에 대해서는 꾸짖어야 했다.

> "엘리는 매우 늙었다. 그는 자기 아들들이 모든 이스라엘 사람에게 저지른 온갖 잘못을 상세하게 들었고, 회막 어귀에서 일하는 여인들과 동침까지 한다는 소문을 들었다. 그래서 그는 그들을 타일렀다.
> '너희가 어쩌자고 이런 짓을 하느냐? 너희가 저지른 악행을, 내가 이 백성 모두에게서 듣고 있다. 이놈들아, 당장 그쳐라! 주님의 백성이 이런 추문을 옮기는 것을 내가 듣게 되다니, 두려운 일이다. 사람끼리 죄를 지으면 [108]하나님이 중재하여 주시겠지만, 사람이 주님께 죄를 지으면 누가 변호하여 주겠느냐?'
> 아버지가 이렇게 꾸짖어도, 그들은 아버지의 말을 듣지 않았다. 주님께서 이미 그들

---

107) Kaster, "Education, OT," 1157.
108) 또는 '법관이'.

을 죽이려고 하셨기 때문이다."(삼상 2:22~25)

"그런데 너희는 어찌하여, 나의 처소에서 나에게 바치라고 명한 나의 제물과 예물을 [109]멸시하느냐? 어찌하여 너는 나보다 네 자식들을 더 소중하게 여기어, 나의 백성 이스라엘이 나에게 바친 모든 제물 가운데서 가장 좋은 것들만 골라다가, 스스로 살찌도록 하느냐? 그러므로 나 주 이스라엘의 하나님이 말한다. 지난 날 나는, 너의 집과 너의 조상의 집이 제사장 가문을 이루어 언제까지나 나를 섬길 것이라고 분명하게 약속하였지만, 이제는 더 이상 그렇게 하지 않겠다. 이제는 내가 나를 존중하는 사람들만 존중하고, 나를 경멸하는 자들은 수치를 당하게 할 것이다. 나 주의 말이다. [110]내가 네 자손과 네 족속의 자손의 대를 끊어서, 너의 집안에 오래 살아 나이를 많이 먹는 노인이 없게 할 날이 올 것이다. 너는 고통을 받으면서, 내가 이스라엘의 모든 백성에게 베푸는 복을 [111]시샘하며 바라볼 것이다. 네 가문에서는 어느 누구도 오래 살지 못할 것이다. 그러나 나는 네 자손 가운데서 하나만은 끊어 버리지 않고 살려 둘 터인데, 그가 제사장이 되어 나를 섬길 것이다. 그러나 [112]그는 맹인이 되고, 희망을 다 잃고, 그의 자손들은 모두 젊은 나이에 [113]변사를 당할 것이다.

네 두 아들 홉니와 비느하스도 한 날에 죽을 것이며, 이것은 내가 말한 모든 것이 반드시 이루어진다는 표징이 될 것이다. 나는 나의 마음과 나의 생각을 따라서 행동하는 충실한 제사장을 세우겠다. 내가 그에게 자손을 주고, 그들이 언제나 내가 기름부어 세운 왕 앞에서 제사장 일을 보게 하겠다. 그때에 너의 집에서 살아남는 자들은, 돈 몇 푼과 빵 한 덩이를 얻어먹으려고, 그에게 엎드려서 '제사장 자리나 하나 맡겨 주셔서, 밥이나 굶지 않고 살게 하여 주십시오.' 하고 간청할 것이다."(삼상 2:29~36)

"그때에 다윗과 학깃 사이에서 태어난 아들 아도니야는, 자기가 왕이 될 것이라고 하면서, 후계자처럼 행세하고 다녔다. 자신이 타고 다니는 병거를 마련하고, 기병과 호위병 쉰 명을 데리고 다녔다. 그런데도 그의 아버지 다윗은 아도니야를 꾸짖지도 않고, 어찌하여 그런 일을 하느냐고 한 번도 묻지도 않았다. 그는 압살롬 다음으로 태어난 아들로서, 용모가 뛰어났다.(왕상 1:5~6)

신명기는 불순종한 아들의 경우에 따라야 할 공식적 절차를 보여준다.

---

109) 사해 사본과 칠십인역에는 '탐내느냐?'.
110) 히, '내가 네 팔과 네 조상의 집의 팔을 끊어서' 또는 '내가 네 기운 곧 네 가문의 기운을 끊어서'.
111) 사해 사본과 칠십인역을 따름. 히, '멸시할 것이다'.
112) 사해 사본과 칠십인역을 따름. 히, '너도'.
113) 사해 사본과 칠십인역을 따름. 히, '죽을 것이다'.

"어떤 사람에게, 아버지의 말이나 어머니의 말을 전혀 듣지 않고, 반항만 하며, 고집이 세어서 아무리 타일러도 듣지 않는 아들이 있거든, 그 부모는 그 아들을 붙잡아, 그 성읍의 장로들이 있는 성문 위의 회관으로 데리고 가서, 그 성읍의 장로들에게 '우리의 아들이 반항만 하고, 고집이 세어서 우리의 말을 전혀 듣지 않습니다. 방탕한 데다가 술만 마십니다.' 하고 호소하십시오. 그러면 그 성읍의 모든 사람이 그를 돌로 쳐서 죽일 것입니다."(신 21:18~21)

"자기 부모를 저주하는 자는 반드시 사형에 처하여야 한다."(출 21:17 참고)

이처럼 극단적 경우는 매우 드물 것이다. 이 법이 계속 시행되었는지 어떤지는 모르겠지만 이 경계는 부모 권위의 한계를 보여준다. 고대 이스라엘에서 부모는 비록 아들이 그릇된 행동을 하는 경우라 할지라도 생사권을 쥐고 있지 않았다. 죽음은 공적 절차의 결과일 뿐이다. 젊은 여성의 부정의 경우도 그렇게 명확하지는 않지만 같은 방식으로 해석될 수 있다. 즉 반항적인 자녀는 공식적 판결 후에 죽음에 처해질 수 있다.

"석 달쯤 지난 다음에, 유다는 자기의 며느리 다말이 창녀짓을 하여 임신까지 했다는 소문을 들었다. 유다가 명하였다.
'그를 끌어내서 화형에 처하여라!'"(창 38:24)

"제사장의 딸이 창녀짓을 하여 제 몸을 더럽히면, 제 아버지를 더럽히는 것이나 마찬가지이므로, 그 여자는 불태워 죽여야 한다."(레 21:9)

자녀에 대한 징계가 이 지경까지 이르는 것은 바람직하지 않다. 그래서 성서는 타이르고 대화를 통해 가르치는, 자녀의 도덕적 양심에 호소하는 것의 우수성을 인식하고 있다.

"미련한 사람을 백 번 매질하는 것보다 슬기로운 사람을 한 번 징계하는 것이 더 효과가 있다."(잠 17:10)[114]

신랄하고 매서운 말대꾸는 피해야 했다.

"부드러운 대답은 분노를 가라앉히지만, 거친 말은 화를 돋운다."(잠 15:1)

---

114) J. Wight Dutt, "Education," James Hastings, Louis H. Gray, and John A. Selbie, eds., *Encyclopaedia of Religion and Ethics* (Edinburgh: T. & T. Clark, 1981), 194.

"북풍이 비를 일으키듯, 헐뜯는 혀는 얼굴에 분노를 일으킨다."(잠 25:23)

잠언에는 적절한 대화에 대한 격려와 경솔하거나 그릇된 발언에 대한 비난의 사례가 자주 등장한다.

"따뜻한 말은 생명나무와 같지만, 가시돋힌 말은 마음을 상하게 한다."(잠 15:4)

"경우에 알맞은 말은, 은쟁반에 담긴 금사과이다."(잠 25:11)

"다 들어 보지도 않고 대답하는 것은, 수모를 받기에 알맞은 어리석은 짓이다."(잠 18:13)

대화의 주제는 지혜, 지혜로움, 그리고 야훼의 율법이다.

"자녀에게 부지런히 가르치며, 집에 앉아 있을 때나 길을 갈 때나, 누워 있을 때나 일어나 있을 때나, 언제든지 가르치십시오. 또 이 말을 당신들 자녀에게 가르치며, 당신들이 집에 앉아 있을 때나 길을 갈 때나, 누워 있을 때나 일어나 있을 때나, 언제든지 가르치십시오."(신 6:7; 11:19)

"내 혀로 주님의 의를 선포하겠습니다. 온종일 주님을 찬양하겠습니다."(시 35:28)

"의인의 입은 지혜를 말하고, 그의 혀는 공의를 말한다."(시 37:30)

아버지는 아들이 아버지를 수치스럽게 하지 않도록 회초리를 사용하지 않아도 아들을 꾸짖는 데 망설여서는 안 되었다.

"매와 꾸지람은 지혜를 얻게 만들어 주지만, 내버려 둔 자식은 그 어머니를 욕되게 한다."(잠 29:15)

"주님은, 당신이 사랑하시는 사람을 꾸짖으시니, 마치 귀여워하는 아들을 꾸짖는 아버지와 같으시다."(잠 3:12)

"아이 꾸짖는 것을 삼가지 말아라. 매질을 한다고 하여서 죽지는 않는다. 그에게 매질을 하는 것이, 오히려 그의 목숨을 스올에서 구하는 일이다."(잠 23:13~14)

2. 훈육의 단계

잠언에는 여러 단계의 훈육이 나오는데 그것들은 약간 중복되기는 하지만 대체로 부드러운 지시에서부터 보다 심한 체벌까지 걸쳐있다.[115)]

1단계. 바른 행동 격려: 현명한 부모는 아이가 올바르게 행동하도록 격려한다. 잠언의 여러 구절들이 이 낮은 단계의 훈육과 가르침을 권한다. 부모들은 현명하게 단순히 권면하거나 적절한 행동의 예를 들어줌으로써 아이들의 행동을 형성시킨다. 이 단계를 보여주는 구절들은 다음과 같다.

① 잠 1:8~9: "[116)]아이들아, 아버지의 훈계(무사르[117)])를 잘 듣고, 어머니의 가르침(토라)을 저버리지 말아라. 진정 이것은 머리에 쓸 아름다운 관이요, 너의 목에 걸 목걸이이다."

② 잠 2:2~5: "지혜(호크마)에 네 귀를 기울이고, 명철(테부나)에 네 마음을 두어라. 슬기(비나)를 외쳐 부르고, 명철을 얻으려고 소리를 높여라. 은을 구하듯 그것을 구하고, 보화를 찾듯 그것을 찾아라. 그렇게 하면, 너는 주님을 경외하는 길을 깨달을 것이며, 하나님을 아는 지식을 터득할 것이다."[118)]

지혜로운 부모는 아이가 바른 행동의 유익함을 알도록 격려한다. 아이가 실제로 올바른 행동의 유익들을 볼 수 있게 될 때, 아이가 합리적이라면 다음과 같은 구절들에 나타나는 행동들을 선택할 수 있을 것이다.

① 잠 3:13~15: "지혜를 찾는 사람은 복이 있고, 명철을 얻는 사람은 복이 있다. 참으로 지혜를 얻는 것이 은을 얻는 것보다 낫고, 황금을 얻는 것보다 더 유익하다. 지혜는 진주보다 더 값지고, 네가 갖고 싶어하는 그 어떤 것도 이것과 비교할 수 없다."

---

115) Paul D. Wegner, "Discipline in the Book of Proverbs: 'To Spank or Not to Spank?,'" *Journal of the Evangelical Theological Society* 48:4 (Dec 2005), 727 재인용.

116) 히, '내 아들아'. 스승이 제자를 부르는 말.

117) "히브리어 '무사르'라는 말은, 지혜의 선물인 교훈을 의미하는 동시에 징계(질책, 처벌)를 의미한다. 이 말은 지혜서들에서 가정 교육에 대하여 사용되고, 예언서들과 신명기에서는 하느님의 행위를 특징지우는 데 사용되고 있다. 이 말은 그리스어 '파이데이아'(paideia; 참조 라틴어, disciplina)로 번역하면서 70인역 역자들은, 교육을 그리스화(化)할 의사는 없었다. 그리스식 교육은 보다 현세적인 영역에서 인간성을 계발하는 것을 추구했다." Leon-Dufour, *Vocabulaire de Theologie Biblque*, 47.

118) 그밖에 잠 3:13-26; 4:3-9; 5:1-2 참조..

② 잠 4:7~8: "지혜가 으뜸이니, 지혜를 얻어라. 네가 가진 모든 것을 다 바쳐서라도 명철을 얻어라. 지혜를 소중히 여겨라. 그것이 너를 높일 것이다. 지혜를 가슴에 품어라. 그것이 너를 존귀하게 할 것이다."

2단계. 올바르지 못한 행동을 알려주기: 현명한 부모는 아이가 문제에 직면하기 전에 앞서서 알린다. 일반적으로 부모들은 부적절한 행동에 대해 잘 지적한다. 하지만 화를 내고 겁을 주면서 그러는 때가 많다. 그러나 잠언의 경우에는 부적절한 행동을 알릴 때 그 행동을 할 때가 아니라 하기 전에 알린다.

① 잠 1:10~15: "[119]아이들아, 악인들이 너를 꾀더라도, 따라가지 말아라. 그들이 너에게 이렇게 말할 것이다. '함께 가서 숨어 기다렸다가, 이유를 묻지 말고, 죄 없는 사람을 죽이자. [120]스올처럼 그들을 산 채로 삼키고, 무덤이 사람을 통째로 삼키듯이, 그들을 통째로 삼키자. 우리는 온갖 값진 것을 얻게 될 것이며, 빼앗은 것으로 우리의 집을 가득 채우게 될 것이다. 너도 우리와 함께 제비를 뽑고, 우리 사이에 돈주머니는 하나만 두자.' [121]아이들아, 그들이 이렇게 말하더라도, 너는 그들과 함께 다니지 말고, 네 발을 그들이 가는 길에 들여놓지 말아라."

② 잠 3:31~32: "폭력을 휘두르는 사람을 부러워하지 말고, 그의 행위는 그 어떤 것이든 따르지 말아라. 참으로 주님은 역겨운 일을 하는 사람은 미워하시고, 바른길을 걷는 사람과는 늘 사귐을 가지신다."[122]

3단계. 죄의 부정적 결과를 설명하라: 현명한 부모는 생명길에 놓인 죄의 부정적 결과들에 대해 지적한다. 잠언의 주요 목적은 다음 세대에게 지혜를 가르치는 것이다.

① 잠 1:18~19: "그들이 가만히 엎드려서 지키고 있으니 제 피나 흘릴 뿐이요, 숨어서 기다리고 있으니 제 목숨이나 잃을 뿐이다. 무릇 부당한 이득을 탐하는 자의 길은 다 이러하니, 재물이 목숨을 빼앗는다."

② 잠 5:3~6: "음행하는 여자의 입술에서는 꿀이 떨어지고, 그 말은 기름보다 매끄럽지만, 그것이 나중에는 쑥처럼 쓰고, 두 날을 가진 칼처럼 날카롭다. 그 여자의 발은 죽을 곳으로 내려가고, 그 여자의 걸음은 [123]스올로 치닫는다. 그 여자는 생명의 길

119) 히, '내 아들아'. 스승이 제자를 부르는 말.
120) 또는 '무덤' 또는 '죽음'.
121) 히, '내 아들아'. 스승이 제자를 부르는 말.
122) 그밖에 잠 1:7, 10-19; 3:27-35; 13:1; 22:24-25; 23:26-28 참조..

을 지키지 못하며, 그 길이 불안정해도 그것을 깨닫지 못한다."[124]

4단계. 부드러운 권면: 현명한 부모는 자녀가 쉽사리 하나의 양태가 될 수 있는 죄에 대항하도록 지속적으로 충고하고 권면해서 그들이 지혜를 사용하도록 격려할 것이다. 이 단계는 앞서의 단계들과는 권면이 훨씬 더 인격적이고 엄중하다는 데서 다르다. 이 단계의 훈육에서는 다음의 구절들이 보여주는 바와 같이 개인적 책임이 나타난다.

① 잠 4:1~2: "[125]아이들아, 너희는 아버지의 훈계(무사르)를 잘 듣고, 명철을 얻도록 귀를 기울여라. 내가 선한 도리를 너희에게 전하니, 너희는 내 교훈을 저버리지 말아라."

② 잠 4:14~16: "악독한 사람의 길에 들어서지 말고, 악한 사람의 길로는 다니지도 말아라. 그런 길은 피하고, 건너가지도 말며, 발길을 돌려서, 지나쳐 버려라. 그들은 악한 일을 저지르지 않고는 잠을 이루지 못하며, 남을 넘어지게 하지 않고는 잠을 설치는 자들이다."[126]

5단계. 부드럽게 힐책하거나 책망하기: 현명한 부모는 언제 꾸짖는 것이 적당한지 안다. 잠언에서 꾸짖음에 대해 다루는 구절이 대단히 적다는 것은 흥미롭다. "꾸짖다"라는 말은 잠언에서 긍정적 훈육 방법으로 나타난다.[127]

① 잠 3:12: "주님은, 당신이 사랑하시는 사람을 꾸짖으시니(야카), 마치 귀여워하는 아들을 꾸짖는 아버지와 같으시다."

② 잠 24:24~25: "악인에게 '네가 옳다' 하는 자는 백성에게서 저주를 받고, 뭇 민족에게서 비난을 받을 것이다. 그러나 악인을 꾸짖는 사람은 기쁨을 얻을 것이며, 좋은 복도 받을 것이다."

구절에서 받는 인상은 꾸짖거나 책망이 때로 필요하다는 것이다. 하지만 바

---

123) 또는 '무덤' 또는 '죽음'.

124) 그밖에 잠 1:18-19, 27-33; 2:14-22; 5:3-23; 6:6-35; 7:6-27; 9:1-18; 13:18; 14:14; 16:18, 26; 17:20; 18:13; 23:10-12; 24:17-20 참조.

125) 히, '아들들아' 스승이 제자를 부르는 말.

126) 그밖에 잠 1:8; 4:1-9, 10-27; 5:1-6; 6:1-5, 20-35; 7:1-27; 23:22-23 참조..

127) VanGemeren, *New International Dictionary of Old Testament Theology and Exegesis* 2, 443.

보는 그것으로부터 배우지 못한다.

> "거만한 사람을 훈계하면 수치를 당할 수 있고, 사악한 사람을 책망하면 비난을 받을 수 있다. 거만한 사람을 책망하지 말아라. 그가 너를 미워할까 두렵다. 지혜로운 사람은 꾸짖어라. 그가 너를 사랑할 것이다."(잠 9:7~8)

> "거만한 사람은 자기를 책망하는 사람을 좋아하지 않으며, 지혜 있는 사람을 찾아가지도 않는다."(잠 15:12)

> "오만한 사람을 치면, [128]어수룩한 사람도 깨닫는다. 명철한 사람을 꾸짖으면, 그가 지식을 얻는다.(잠 19:25)

> "그 말씀에 아무것도 더하지 말아라. 그렇지 않으면 그분이 너를 책망하시고, 너는 거짓말을 하는 사람이 될 것이다."(잠 30:6)

하나님 스스로도 때로 이 같은 훈육 방법을 사용하신다. 하지만 그것은 사랑으로부터 나온 것이다.

> "주님은, 당신이 사랑하시는 사람을 꾸짖으시니, 마치 귀여워하는 아들을 꾸짖는 아버지와 같으시다."(잠 3:12)

6단계. 신체에 해를 입히지 않는 육체적 처벌: 현명한 부모는 언제 학대성 처벌이 아닌 신체적 벌을 줄지 안다. 다음의 구절들은 그 정확한 의미가 약간 불확실하지만, 주된 의도는 일시적 징벌은 사악함이나 악을 허락해서 거칠어서 더 심각한 벌을 받는 것보다 낫다고 하는 것 같다. 잠언 19장 18절의 "훈육"(야사르)은 폭넓은 의미를 지니는데, 말로 꾸짖거나 가르치는 것에서부터 매로 잘못을 깨닫게 하는 데까지 이른다.

> "주님께서는 당신들을 단련하시려고, 당신들에게 하늘로부터 그의 음성을 들려주시고, 땅 위에서는 그의 큰 불을 보여 주셨습니다. 그래서 당신들은 불 가운데서 그의 말씀을 들었던 것입니다."(신 4:36)

> "거만한 사람을 훈계하면 수치를 당할 수 있고, 사악한 사람을 책망하면 비난을 받을

---

128) '어수룩한 사람'으로 번역된 히브리어 '프타임'은 도덕적 방향감각이 없어서 악으로 기울어질 수 있는 단순한 사람을 일컬음(22, 32절 참조).

수 있다."(잠 9:7)

"말만으로는 종을 제대로 가르칠 수 없으니 다 알아들으면서도 따르지 않기 때문이다."(잠 29:19)

"레위 사람의 족장 그나냐는 지휘를 맡았다. 그는 음악에 조예가 깊었으므로 찬양하는 것을 지도하였다."(대상 15:22)

"'내 아버지가 너희에게 무거운 멍에를 메웠다. 그러나 나는 이제 너희에게 그것보다 더 무거운 멍에를 메우겠다. 내 아버지는 너희를 가죽 채찍으로 매질하였지만, 나는 너희를 쇠 채찍으로 치겠다.' 하고 말씀하십시오."(왕상 12:11)

"그는 젊은이들의 충고대로 백성에게 말하였다. '내 아버지가 당신들에게 무거운 멍에를 메웠소. 그러나 나는 이제 그것보다 더 무거운 멍에를 당신들에게 메우겠소. 내 아버지는 당신들을 가죽 채찍으로 매질하였지만, 나는 당신들을 쇠 채찍으로 치겠소.'"(왕상 12:14)

따라서 이 단계의 훈육에만도 다양한 단계의 엄격함이 있으므로, 현명한 부모는 잘못된 행동을 바로잡는 데 필요한 훈육 단계만을 사용한다.

① 잠 19:18: "네 아들을 훈계(야사르)하여라. 그래야 희망이 있다. 그러나 그를 죽일 생각은 품지 말아야 한다."

히브리어 '야사르'는 "훈계하다, 잘못을 깨닫게 하다, 꾸짖다"를 뜻하지만 아이의 갑작스런 죽음을 막기 위해 사용될 수 있는 훈육 기술의 범위를 나타내는 것 같다. D. Winton Thomas는 이 구절은 비유적 의미로 "아이를 너무 극단적으로 꾸짖지 마라"는 뜻이라고 한다.[129] 그러나 이 구절은 부모에게 아이에 대한 훈계를 무시해서는 안 된다고 하는 지시에 보다 가까운 것 같다. 그렇지 않을 경우 아이의 생명이 단축될 수 있다. 추측컨대 해로운 행동 때문일 것이다.[130] 이 구절이 강조하는 바는 이 단계의 훈육의 목적이나 동기는 아이의 성

---

129) D. Winton Thomas, "Textual and Philological Notes on Some Passages in the Book of Proverbs," *Vetus Testamentum Supplement* 3 (1955), 288.

130) William McKane, *Proverbs: A New Approach* (Philadelphia: Westminster, 1970), 524; Roland E. Murphy, *Proverbs*, Word Biblical Commentary 22 (Nashville: Thomas Nelson, 1998), 145; Allen P. Ross, *Proverbs*, The Expositor's Bible Commentary 5 (Grand Rapids, MI: Zondervan, 1991), 1035; Crawford H. Toy, *A Critical And Exegetical Commentary on*

격을 바꾸고 개선하는 것이다.131)

② 잠 13:24: "매(세베트)를 아끼는 것은 자식을 사랑하지 않는 것이다. 자식을 사랑하는 사람은 훈계를 게을리 하지 않는다(사하르)."

히브리어 세베트는 '매', '지팡이', '몽둥이'를 의미하며, 체벌에 사용된다.

"어떤 사람이 자기의 남종이나 여종을 몽둥이로 때렸는데, 그 종이 그 자리에서 죽으면, 그는 반드시 형벌을 받아야 한다."(출 21:20)

"도끼가 어찌 찍는 사람에게 뽐내며, 톱이 어찌 켜는 사람에게 으스대겠느냐? 이것은 마치 막대기가 막대기를 잡은 사람을 움직이려 하고, 몽둥이가 나무 아닌 사람을 들어 올리려 하는 것과 같지 않으냐!"(사 10:15)

"명철한 사람의 입술에는 지혜가 있지만, 지혜가 없는 사람의 등에는 매가 떨어진다."(잠 10:13)

"아이의 마음에는 미련한 것이 얽혀 있으나, 훈계의 매가 그것을 멀리 쫓아낸다."(잠 22:15)

그리고 회향을 찧는 데에나, 무기로도 사용되었다.

"소회향을 도리깨로 쳐서 떨지 않는다. 대회향 위로는 수레바퀴를 굴리지 않는다. 소회향은 작대기로 가볍게 두드려서 떨고, 대회향도 막대기로 가볍게 두드려서 떤다."(사 28:27)

"그는 또 이집트 사람 하나를 죽였는데, 그 이집트 사람은 풍채가 당당하였다. 그 이집트 사람은 창을 들고 있었으나, 브나야는 막대기 하나만을 가지고 그에게 덤벼들어서, 오히려 그 이집트 사람의 손에서 창을 빼앗아, 그 창으로 그를 죽였다."(삼하 23:21)

The Book of Proverbs, International Critical Commentary (Edinburgh: T. & T. Clark, 1989), 375-76; R. Norman Whybray, *Proverbs*, The New Century Bible Commentary (Grand Rapids, MI: Eerdmans, 1994), 283.

131) Richard J. Clifford, *Proverbs: A Commentary*, The Old Testament Library (Louisville: Westminster /John Knox Press, 1999), 178.

"그는 또 이집트 사람 하나를 죽였는데, 그 이집트 사람은 키가 [132]다섯 규빗이나 되는 거인이었다. 그 이집트 사람은 베틀다리 같은 굵은 창을 들고 있었으나, 브나야는 막대기 하나만을 가지고 그에게 덤벼, 오히려 그 이집트 사람의 손에서 창을 빼앗아, 그 창으로 그를 죽였다."(대상 11:23)

이 같은 의미는 세베트가 용도에 따라 막대기에서 지팡이에 이르기까지 다양한 형태의 도구였음을 알려준다. 비유적 의미에서 이 용어는 이스라엘에 대한, 때로는 심한 하나님의 징벌을 나타낸다.

"앗시리아에게 재앙이 닥쳐라! 그는 나의 진노의 몽둥이요, 그의 손에 있는 몽둥이는 바로 나의 분노다."(사 10:5)

"그러므로 주 만군의 하나님께서 이렇게 말씀하신다.
'시온에 사는 나의 백성아, 앗시리아가 몽둥이를 들어 너를 때리고, 이집트가 그랬듯이 철퇴를 들어 너에게 내리친다 하여도, 두려워하지 말아라.'"(사 10:24)

"주님께서 몽둥이로 치실 것이니, 앗시리아는 주님의 목소리에 넋을 잃을 것이다."(사 30:31)

히브리어 동사 *사하르*는 "진정으로, 일찍, 근면하게 찾는 것"을 의미한다. 이것은 부모는 필요할 경우 가끔씩 자녀를 꾸짖음으로써 우위에 설 수 있다는 것을 말한다.

③ 잠 23:13~14: "아이 꾸짖는 것(무사르)을 삼가지 말아라. 매질(세베트)을 한다고 하여서 죽지는 않는다. 그에게 매질(세베트)을 하는 것이, 오히려 그의 목숨을 스올에서 구하는 일이다."

여기서 보이는 심한 꾸짖음의 분명한 의도는 아이를 아마 시기상조적인 죽음에 대한 언급으로 보이는 스올로부터 구하는 것이다. 이 단계의 훈육은 이전의 단계들이 아이의 잘못된 행동을 억제하여 바로잡지 못할 때 사용해야 한다. "꾸짖는 매질"조차도 아이에게 회복할 수 없는 상처를 입혀서는 안 된다. (화를 내면서 사용하거나 비열한 것을 포함해서) 남용하거나 해를 입히는 방식으로 사용해서는 안 된다는 뜻이다.[133] 심한 비행, 특히 어떤 형태의 심각한 죄가

132) 약 2.3미터.
133) 에베소서 6장 4절은 이 구절과 균형을 이룬다. "또 아버지 된 이 여러분, 여러분의 자녀를 노

있을 경우에는 가혹한 결과가 따른다. "꾸짖음"이란 말은 단순히 "매질을 하는 것" 이상이지만, 문맥상 사랑하는 부모가 그런 극단까지 간다고 해도 시기상조의 죽음에 직면한 아이를 갖는 것보다는 나을 것이다.

> ④ 잠 29:15: "매(세베트)와 꾸지람(토카하트)은 지혜를 얻게 만들어 주지만, 내버려 둔 자식은 그 어머니를 욕되게 한다."

이 구절은 만약에 자식이 자기 뜻을 굽히지 않으려고 할 경우, 걷잡을 수 없어 가족의 수치가 될 것이라는 의미이다.[134] 자녀를 지혜롭게 키우기 위해서는 신체적 벌이 따를 필요가 있다. 잠언의 경우, 여기서만 '어머니'가 언급되지만, 그렇다고 자녀교육에 어머니만 책임을 진다는 뜻은 아니다.

> "매를 아끼는 것은 자식을 사랑하지 않는 것이다. 자식을 사랑하는 사람은 훈계를 게을리하지 않는다."(잠 13:24)

"매"라는 말은 의심 없이 어떤 신체적 징벌을 말하지만, 단지 "매질"이상의 보다 넓은 꾸짖음을 의미할 가능성도 있다. 잠언 29장 15절은 '내버려 둔' 자식과 '매와 꾸짖음'을 받은 자식을 강하게 대조한다. 그런 이유는 매와 꾸짖음이 자식의 의지를 꺾는 데 효과적일 수 있음을 말하기 위해서이다.

꾸짖음의 목적은 자식을 반항 때문에 빚어질 수 있는 죽음으로부터 구하고자 하는 것이다. 이 단계의 징벌은 다른 형태의 징벌이 먹히지 않거나 죄를 짓는 해로운 행위를[135] 여전히 할 때까지 보류해야 한다.

이스라엘 부모들은 자식을 야단치는 데 전적인 역할을 했지만, 어떤 지경에는 즉 반항적이고 불순종하는 자식은 장로들에게 데려가 벌을 받도록 했다.[136]

엽게 하지 말고, 주님의 훈련과 훈계로 기르십시오."

134) Clifford, *Proverbs*, 253; Duane A. Garrett, *Proverbs, Ecclesiastes, Song of Songs*, New American Commentary14(Nashville, TN: Broadman, 1993), 231; Derek Kidner, *The Proverbs: An Introduction and Commentary* (Tyndale Old Testament Commentaries 15 (Downers Grove, IL: InterVarsity, 1964), 51; McKane, *Proverbs*, 634; Murphy, *Proverbs*, 222; Whybray, *Proverbs*, 402.

135) "악, 곤경, 정신적 신체적 고통, 상해, 재앙": BDB, 948-49. "악, 무가치한, 악의적, 손상을 주는, 사악한, 악한 마음을 먹는": KB 3.1250-51; NIDOTTE 3. 1154-58.

136) 참조. "어떤 사람에게, 아버지의 말이나 어머니의 말을 전혀 듣지 않고, 반항만 하며, 고집이 세어서 아무리 타일러도 듣지 않는 아들이 있거든, 그 부모는 그 아들을 붙잡아, 그 성읍의 장로들이 있는 성문 위의 회관으로 데리고 가서, 그 성읍의 장로들에게 '우리의 아들이 반항만 하고, 고집이 세어서 우리의 말을 전혀 듣지 않습니다. 방탕한 데다가 술만 마십니다.' 하고 호소하십시오. 그러면 그 성읍의 모든 사람이 그를 돌로 쳐서 죽일 것입니다. 이렇게 하여서 당신들 가운데

7단계. 육체적 상해를 입히는 신체적 징벌: 잠언은 부모가 자식을 벌주는 데에 이 기술을 사용해야 한다고 하는 것이 아니다. 하지만 심각한 죄는 심각한 처벌을 받을 수 있다고 말한다.

① 잠 20:30: "상처가 나도록 때려야 악이 없어진다. 매는 사람의 속 깊은 곳까지 들어간다."

"없어진다"는 드문 동사는 수에서 복수인 주어(합부로트 페세, "상처가 나도록 때림")와 일치하지 않는다.137) 그럼에도 불구하고, 이 동사는 이 의미와 가깝고 후반절과 병행하는 것 같다. 때리거나 매질한다는 개념은 심한 신체적 처벌이 고의적 반항을 바로잡는 데 효과적이며, 죄를 말끔히 씻어낸다고 한다.138)

서 악을 뿌리 뽑아야 합니다. 그래야만 온 이스라엘이 그 일을 듣고 두려워할 것입니다."(신 21:18-21).

137) 합부로트("줄무늬, 휘두르다" [BDB 289a]; "상처"[KB 1. 285]; 창 4:23["나에게 상처를 입힌 남자를 내가 죽였다. 나를 상하게 한 젊은 남자를 내가 죽였다."]; 출 21:25["화상은 화상으로, 상처는 상처로, 멍은 멍으로 갚아야 한다."]; 시 38:5["내 몸의 상처가 곪아터져 악취를 내니 이 모두가 나의 어리석음 때문입니다."]; 잠 20:30["상처가 나도록 때려야 악이 없어진다."]; 사 1:6["발바닥에서 정수리까지 성한 데가 없이, 상처 난 곳과 매 맞은 곳과 또 새로 맞아 생긴 상처뿐인데도, 그것을 짜내지도 못하고, 싸매지도 못하고, 상처가 가라앉게 기름을 바르지도 못하였구나."]; 53:5["그러나 그가 찔린 것은 우리의 허물 때문이고, 그가 상처를 받은 것은 우리의 악함 때문이다. 그가 징계를 받음으로써 우리가 평화를 누리고, 그가 매를 맞음으로써 우리의 병이 나았다."])
그리고 페세("멍, 상처"[BDB 822d]; "상처"[KB 3. 954b]; 창 4:23; 출 21:25; 욥 9:17["그분께서 머리털 한 오라기만한 하찮은 일로도 나를 이렇게 짓눌러 부수시고, 나도 모를 이유로 나에게 많은 상처를 입히시는데,"]; 잠 20:30; 23:29["까닭도 모를 상처를 입을 사람이 누구며, 눈이 충혈될 사람이 누구냐?"]; 27:6["친구의 책망은 아파도 진심에서 나오지만, 원수의 입맞춤은 거짓에서 나온다."]; 사 1:6). 존 N. 오스왈트(John N. Oswalt)는 사 1:6에 나오는 상처들을 다음과 같이 몇 가지 상이한 형태로 구별한다: "6절에 나오는 단어들은 전쟁터에서 입은 부상을 말한다: 베인 상처(페사, 찢긴 상처(합부라), 그리고 피가 흐르는 상처(막카 테리아)"(*The Book of Isaiah 1-39*, New International Commentary on the Old Testament [Grand Rapids, MI: Eerdmans, 1986], 89). 출 21:25의 복수법(*lex talionis*, 눈에는 눈)에도 "상처는 상처"(페사), "멍은 멍(합부라)"으로 규정된 하나의 구분이 나온다.

138) R. 노만 와이브래이(R. Norman Whybray)는 말한다. "많은 학자들과 REB의 견해도 대표하는 표준개정역(RSV)*이 옳다면, 이 구절은 추측컨대 심한 매질은 당하는 자의 성격에는 불쾌할지 모르지만 유익하다는 것을 의미한다."(*Proverbs*, 305; 참조. Kidner, *The Proverbs*, 141; McKane, *Proverbs*, 540; Murphy, *Proverbs*, 154). 듀에인 A. 개렛(Duane A. Garrett)은 이 구절이 부모가 하는 교육이 아니라, "범죄에 대한 벌로서 관리가 처리해야 하는 매질"이라고 믿는다(*Proverbs, Ecclesiastes, Song of Songs*, 179).
*The Revised Standard Version (RSV)은 미표준역(American Standard Version)의 개정판이다. 이 개정판은 헬라어 파피루스 사본들과 사해 사본의 발견에 따라 원어 텍스트의 역사에 대한 새로운 이해를 기초로 하였다. 단지 읽기나 가르침만을 위한 것이 아니라 공식적, 개인적인

이 구절에서 실제 벌을 주는 사람이 누구인지는 명확하지 않다. "때린다"거나 "매질"을 할 경우 맞은 자리가 붓거나, 멍이 들거나 찢어질 수 있는데, 이것이 이 구절의 의도는 아닐 것이다.

② 잠 10:31: "의인의 입에서는 지혜가 나오지만, 거짓말하는 혀는 잘릴 것이다."[139)]

이 구절이 무엇에 대한 벌을 말하는 지는 도대체 확실하지 않다. R. 노만 와이브래이(R. Norman Whybray)는 이 구절의 뜻을 다음과 같이 설명한다.

> "이 구절은 '의인의 입'과 '거짓말하는 혀'가, 성서의 시에서 흔한 장치의 일례, 특별한 행위와 관련된 신체의 일부가 그 사람 전체를 나타낸다는 식으로 인식할 때만 이해될 수 있다(예를 들어, 사 51:9에서 '깨어나십시오! 깨어나십시오! 힘으로 무장하십시오, 주님의 팔이여!'라는 말과 함께 야훼가 언급되었을 때). 따라서 여기 이 구절들은 그 말이 '의롭거나' '거짓말하는' 사람을 나타낸다."[140)]

몇몇 주석가들은 좋은 과실을 맺는 나무와 선한 입술의 열매 사이, 그리고 나쁜 열매를 맺는 나무를 베어버리는 것과 거짓말 하는 혀 사이의 흥미 있는 병행을 지적한다.[141)] 이 구절은 사람이 단지 은유나[142)] 과장이[143)] 아닌 실제로 잘릴 것이라고 말한다. 그러나 어떤 문화권에서는 문자 그대로 이런 형태의 담화를 취할 수 있을지 몰라도 이 구절이 나무 이미지를 말한다는 증거는 희박하다. 그러나 징벌을 문자 그대로 수용한다 해도 누가 그 벌을 내리는지에 대한

예배에 사용될 목적으로 개정된 RSV는 보다 현대적인 형태의 영어를 채택하고 있다.

139) 시 62:10("억압하는 힘을 의지하지 말고, 빼앗아서 무엇을 얻으려는 헛된 희망을 믿지 말며, 재물이 늘어나더라도 거기에 마음을 두지 말아라."); 92:14("늙어서도 여전히 열매를 맺으며, 진액이 넘치고, 항상 푸르를 것이다."); 슥 9:17("아, 그들이 얼마나 좋고, 얼마나 아름다운가! 총각들은 햇곡식으로 튼튼해지고 처녀들은 새 포도주로 피어날 것이다."). 참조.

140) Whybray, *Proverbs*, 174.

141) Clifford, *Proverbs*, 118; Paul E. Koptak, *Proverbs* (The NIV Application Commentary[NIVAC]; Grand Rapids, MI: Zondervan, 2003), 298; Murphy, *Proverbs*, 76; Whybray, *Proverbs*, 174.

142) 개렛(Duane A. Garret)은 말한다. "혀를 잘라내는 벌(31절)은 은유이다. 그것은 공동체가 거짓말하는 자를 거부하거나 신적 징벌을 내린다는 것을 말하는 것이다"(*Proverbs, Ecclesiastes, Song of Songs*, 123). 개렛이 옳을지 모르지만, 이 벌을 문자적으로 이해한다고 해서 고대 근동 지역의 문맥을 넘어서는 것이라고는 믿지 않는다(참조. Clifford, *Proverbs*, 118). 그린필드(J. Greenfield)는 31-32절의 배경이 법적 문맥이라고 말한다("The Background and Parallel to a Proverb of Ahiqar," *Hommages à Duponi-Sommer* [Paris: Libraire d'amérique et d'orient adrien-maisonneuve, 1971], 58). Wegner, "Discipline in the Book of Proverbs," 727.

143) Ross, *Proverbs*, 958.

언급은 없다. 그리고 이 구절에 나온 것과 같은 심한 벌은 대부분의 사회에서는 부모의 권위 밖에 있다.

8단계. 잠언은 부모의 자녀교육 영역에 이것 역시 포함시키지 않는다. 하지만 국가(나 사회의 지도자들)에 지어진 결과의 영역에는 포함된다. 꾸지람을 듣지 않은 아이는 그 사회의 범주를 모른다. 우리는 죄 된 본성 때문에 그 범위를 가능한 한 오래 그리고 멀리 밀어놓으려 한다. 하나님께서는 창세기 9장 6절에서 어떤 행동들에 대해서 사회적 대응으로서 아주 큰 징벌을 만드셨다. 잠언 19장 18절("네 아들을 훈계하여라. 그래야 희망이 있다. 그러나 그를 죽일 생각은 품지 말아야 한다.")에 언급된 "죽음"은 어쩌면 신명기 21장 18~21절의 안내일 수 있다. 그 구절은 부모는 제멋대로이고 타락한 아들을 그 마을의 연장자들에게 끌고 가 돌을 던지도록 했다.[144] 그런데 하나님께서는 왜 고집이 세고 반항적인 아들을 돌로 치라 하셨을까? 21절에 답이 나온다. 그래야만 이런 유의 죄를 이스라엘에서 제거할 수 있고 온 이스라엘이 그 소식을 듣고 두려워할 것이기 때문이다. 고집이 세고 반항적인 아들은 사회의 생산적 도덕적 일원이 될 수 없을 것이다. 이런 식의 방탕함이 퍼지도록 방치하기보다는 차라리 그와 같은 개인을 돌로 치라는 명령이다.[145]

폴 D. 웨그너(Paul D. Wegner)에 따르면, 잠언에서 꾸지람에 대한 원리를 정리하면 다음과 같다.[146]

① 잠언 22장 15절은 말한다: "아이의 마음에는 미련한 것이 얽혀 있으나, 훈계의 매가 그것을 멀리 쫓아낸다." 이 일반적인 말로서 (모든 아이에게 신체적 징벌이 필요한 것은 아니지만) 모든 아이들에게 어떤 형태로든 훈계가 필요함을 주장한다. 현명한 부모는 비뚤어진 행동을 바로잡기 위해 필요한 최소한의 징벌을 사용한다.

② "훈계"(무사르[*mûsar*])라는 말은 "가르치기"로부터 "때리기"에 이르는 넓은 범위의 꾸짖는 기술이다. 현명한 부모는 비뚤어진 행동에 직면하면 다양한 단계의 훈계를

---

144) "어떤 사람에게, 아버지의 말이나 어머니의 말을 전혀 듣지 않고, 반항만 하며, 고집이 세어서 아무리 타일러도 듣지 않는 아들이 있거든, 그 부모는 그 아들을 붙잡아, 그 성읍의 장로들이 있는 성문 위의 회관으로 데리고 가서, 그 성읍의 장로들에게 '우리의 아들이 반항만 하고, 고집이 세어서 우리의 말을 전혀 듣지 않습니다. 방탕한 데다가 술만 마십니다.' 하고 호소하십시오. 그러면 그 성읍의 모든 사람이 그를 돌로 쳐서 죽일 것입니다. 이렇게 하여서 당신들 가운데서 악을 뿌리 뽑아야 합니다. 그래야만 온 이스라엘이 그 일을 듣고 두려워할 것입니다"(신 21:18-21).

145) Wegner, "Discipline in the Book of Proverbs," 728.

146) Wegner, "Discipline in the Book of Proverbs," 728.

사용한다. 그래서 그 잘못 행동을 고칠 때까지 강도를 높여가며 그것들을 사용한다. 이성적이고 훈계적 기술은 아이의 바른 행동을 격려하기 위해 사용될 수 있다. 현명한 부모는 일찍부터 연령에 맞는 적절한 훈육 기술로 시작해서 이후로도 일관적이며 성실하게 마무리를 짓는다.

③ 현명한 부모들은 다양한 방법들(예를 들어, 죄의 부정적 결과의 예들과 관련된 것; 예를 들어 가면서 행동에 대해 제대로 안내해주기)을 사용해 바른 행동을 격려한다. 이 같은 일은 아이 생애 초기에 이루어져야 하고, 바르지 못한 행동이 보이기 전 중립적 문맥에서가 좋다. 지혜로운 부모들은 그들 자신의 일상생활에서의 바른 행동이 자신들의 의사를 가장 잘 전달해주는 수단이라는 것을 알고, 그것을 보여주는 것에 대해서도 인식하고 있다.

④ 지혜로운 부모들은 아이를 돕고자 하는 목적에서 결코 화를 내지 않고 늘 사랑으로 훈육한다. 하나님도 당신이 사랑하시는 사람들을 꾸짖으신다("주님은, 당신이 사랑하시는 사람을 꾸짖으시니, 마치 귀여워하는 아들을 꾸짖는 아버지와 같으시다"[잠 3:12]).

⑤ 지혜로운 부모들은 그들에게 어떤 형태의 훈육은 집행하도록 되어 있지 않다는 것을 안다. 그런 경우에 그들은 그 집행을 자격 있는 사회 기관에 맡겨야 한다.

주로 자녀의 훈육에 대해 주석가들은 일치하는 것은 아니지만 대체로 필요할 경우 체벌을 해야 한다는 입장이다.

3. 매질의 필요성

좋은 교육적 도구들에도 불구하고, 성서는 가르침과 교육이 항상 쉽지만은 않다는 것을 안다. 잠언은 자녀에 대해 부정적으로 보면서 부모가 엄격해야 한다고 권한다. 어린이의 마음에 어리석음이 꽉 차있기 때문이다. 아버지들은 자식의 응석을 받아주면 안 된다는 경고와 함께 아들과 딸에게 엄격하라는 충고를 받았다. 자녀의 안녕을 위해서는 체벌도 적법한 것이었다.

"아들이 있거든 잘 기르되 어려서부터 길을 잘 들여라. 딸이 있거든 정숙하게 기르되 언제나 엄격하게 다스려라."(집회 7:23~24)

"자식의 응석을 너무 받아주다가는 큰 화를 당하게 되고, 자식하고 놀아만 주다가는 슬픔을 맛보게 된다. 자식과 함께 웃다가는 같이 슬퍼하게 되고 마침내는 통곡하게 된다."(집회 30:9~10)

'매'는 갈대 같은 막대인데, 매로 표현된 용어는 나무지팡이, 곤봉, 막대기, 또는 시편에 나오는 것 같은 방어용이나 양몰이나 회향을 타작하기 위한 나무 가지 등의 뜻으로 사용되었다.

"내가 비록 147)죽음의 그늘 골짜기로 다닐지라도, 주님께서 나와 함께 계시고, 주님의 막대기와 지팡이로 나를 보살펴 주시니, 내게는 두려움이 없습니다."(시 23:4)

그밖에 매는 노예를 체벌하거나 때리는 채찍으로도 사용되었다.

"어떤 사람이 자기의 남종이나 여종을 몽둥이로 때렸는데, 그 종이 그 자리에서 죽으면, 그는 반드시 형벌을 받아야 한다."(출 21:20)

아버지에게 아이에 대해 매와 같은 엄한 처벌을 허락하는 이유는 아마 부모가 엄하지 않기 때문일 것이다. 엄한 부모에게 엄하라고 말할 필요가 없겠기 때문이다. 부모의 자녀에 대한 매질이 자녀들에 대한 사랑과 양립할 수 없는 것은 아니다.

"매를 아끼는 것은 자식을 사랑하지 않는 것이다. 자식을 사랑하는 사람은 훈계를 게을리 하지 않는다."(잠 13:24)

자녀에 대한 체벌은 훈계 이후에 해야 한다. 말로 타이르거나 꾸짖어도 행동에 변화가 없을 때 매질이 필요하다. 매질이 가혹해 보일 수 있어도 사실은 그것이 자녀의 영혼을 구하는 일이다. 그러니 적절한 때라고 생각하면 망설일 이유가 없다. 매질은 제대로 이용하면 지혜로운 일이다.

"아이 꾸짖는 것을 삼가지 말아라. 매질을 한다고 하여서 죽지는 않는다. 그에게 매질을 하는 것이, 오히려 그의 목숨을 스올에서 구하는 일이다."(잠 23:13~14)

매질은 특히 어렸을 때 필요하다. 비뚤어진 싹은 어려서 바로잡지 않으면 나중에 제거하기 어렵다. 어려서 바른 습관을 형성시킬 필요가 있는데, 이는 어

---

147) 또는 '아주 캄캄한 골짜기로'.

렸을 때의 훈련이 도움이 된다.

> "마땅히 걸어야 할 그 길을 아이에게 가르쳐라. 그러면 늙어서도 그 길을 떠나지 않는다."(잠 22:6)

아버지의 교육은 채찍과 막대기가 수반되는 엄격한 교육이었다. 자식을 사랑한다면 당연히 매를 들어야 한다고 생각했다.

> "매를 아끼는 것은 자식을 사랑하지 않는 것이다."(잠 13:24)

아이에게 매를 들어야 하는 이유는 아이들이 미련하다고 생각했기 때문이다. 미련함은 순진함과는 다르다. 순진함이 아이의 본성에 속한다면 어리석음은 어리석은 행동을 야기하는 그릇된 생각이다. 순진함이 본성이라면 어리석음은 왜곡된 어리석은 본성 또는 행위이다. 순진함과 어리석음은 다르지만 순진함이 어리석음으로 이어져서는 안 된다. 어리석음은 그것이 왜 어리석은지를 설명해서 막을 수도 있지만, 아이의 경우에는 그렇지 않다고 본 것 같다. 아이의 경우에는 특별하게도 매를 통해 어리석음을 바로잡을 수 있다고 생각했다.

"아이의 마음에는 얽혀 있는 미련한 것"을 쫓아내는데, 매'(세베트[šēbeṭ])나 지팡이를 사용하는 것보다 더 좋은 수단은 없다. '훈계의 매'가 아이에게서 그와 같은 어리석음을 쫓아내고 양순하고 말을 잘 듣게 만드는데, 이것이 "매와 꾸지람"이 주는 지혜이다.

> "아이의 마음에는 미련한 것이 얽혀 있으나, 훈계의 매가 그것을 멀리 쫓아낸다."(잠잠 22:15)

> "매와 꾸지람은 지혜를 얻게 만들어 주지만, 내버려 둔 자식은 그 어머니를 욕되게 한다."(잠 29:15)

> "명철한 사람의 입술에는 지혜가 있지만, 지혜가 없는 사람의 등에는 매가 떨어진다."(잠 10:13)

4. 매에 대한 해석

성서를 문자적으로 보면 자녀를 바로잡기 위해 매를 사용하라고 말한다. 매는 일단 아이를 바로잡기 위한 교정도구로 생각되지만 다른 의견들도 있다. 매에 대한 강경한 입장으로부터 중도적 입장을 거쳐 상징으로까지 보는 자유로운 입장들이 있다. 매에 대한 해석은 터 잡고 있는 입장에 따라 상이하다.

해석 1. 매는 아이를 때려 고통을 주는 데 사용하는 나무 막대기이다. 잠언에서 매는 부모가 비뚤어진 아이를 때리기 위해 사용하는 나무로 된 막대기 같은 것이다. 부모가 아이를 교육하는 데 매를 사용해야 한다는 잠언의 구절은 다섯 개다.

"매를 아끼는 것은 자식을 사랑하지 않는 것이다. 자식을 사랑하는 사람은 훈계를 게을리 하지 않는다."(잠 13:24)

"아이의 마음에는 미련한 것이 얽혀 있으나, 훈계의 매가 그것을 멀리 쫓아낸다."(잠 22:15)

"매와 꾸지람은 지혜를 얻게 만들어 주지만, 내버려 둔 자식은 그 어머니를 욕되게 한다."(잠 29:15)

그밖에 매와 관련된 성구들에는 다음과 같은 것들이 있다.

"그는 매를 맞고 창피를 당할 것이니, 그 수치를 절대로 씻을 수 없을 것이다."(잠 6:33)

"명철한 사람의 입술에는 지혜가 있지만, 지혜가 없는 사람의 등에는 매가 떨어진다."(잠 10:13)

"미련한 사람의 말은 교만하여 매를 자청하지만, 지혜로운 사람의 말은 그를 지켜 준다."(잠 14:3)

"미련한 사람을 백 번 매질하는 것보다 슬기로운 사람을 한 번 징계하는 것이 더 효과가 있다."(잠 17:10)

"미련한 사람의 입술은 다툼을 일으키고, 그 입은 매를 불러들인다."(잠 18:6)

"오만한 사람에게는 심판이 준비되어 있고, 미련한 사람의 등에는 매가 준비되어 있다."(잠 19:29)

"상처가 나도록 때려야 악이 없어진다. 매는 사람의 속 깊은 곳까지 들어간다."(잠 20:30)

"말에게는 채찍, 나귀에게는 재갈, 미련한 사람의 등에는 매가 필요하다."(잠 26:3)

잠언 23장 13~14절은 막대기가 때리기 위한 것이었음을 보여준다.

"아이 꾸짖는 것을 삼가지 말아라. 매질을 한다고 하여서 죽지는 않는다. 그에게 매질을 하는 것이, 오히려 그의 목숨을 스올에서 구하는 일이다."

양치기는 양들을 구하고, 인도하고, 구역을 정하는 데 보통 매가 아닌 지팡이를 사용한다. 양치기가 막대기를 사용하는 때는 양이 아닌 양의 적들을 때려 쫓아내기 위해서였다. 양의 생명을 보호하기 위해서는 두 가지가 다 필요했다. '때린다'(나카)는 말은 여러 가지 의미를 갖고 있다. 이 용어는 나귀를 때리거나, 지팡이로 반석을 치거나 사람을 죽이는 모든 것에 대해서 사용된다. 이 말은 부당한 야만성이 아닌 불쾌한 신체적 고통에 해당하는 것들을 모두 포함한다. 위에서 언급한 잠언 23장 13~14절은 사실상 체벌을 권장한다. 체벌을 통한 행동 교정을 지지하는 다른 성구들이 있다.

"매를 아끼는 것은 자식을 사랑하지 않는 것이다. 자식을 사랑하는 사람은 훈계를 게을리 하지 않는다."(잠 13:24)

"아이의 마음에는 미련한 것이 얽혀 있으나, 훈계의 매가 그것을 멀리 쫓아낸다."(잠 22:15)

"상처가 나도록 때려야 악이 없어진다. 매는 사람의 속 깊은 곳까지 들어간다."(잠 20:30)

이 같은 입장은 성경이 훈육의 중요성을 강조하고 있다면서, 가르침의 효과는 어렸을 때가 크다고 보는 것 같다. 훈계를 받지 않고 자란 아이는 반항적이 되고, 권위를 무시하고 복종하지 않으며, 결과적으로 하나님께 순종하여 따르지 않을 것이 분명하다고 보는 듯하다. 한걸음 더 나아가 아이를 교육하는 데 매를 사용하는 것은 당연하기에 손을 사용해서는 안 된다는 말도 할 수 있다. 이 같은 입장은 그 의미를 떠나서 일단 그것이 하나님의 명령이라고 본다. 매는 무례한 아이를 둔 부모에 대한 하나님의 명령이다![148] 이 입장은 잠언의 '매'를 사용해 고통을 주어서 아이의 그릇된 행동을 바로잡아야 한다고 보는 보수적 입장이다. "아이의 마음에는 미련한 것이 얽혀 있"는데 그것을 쫓아내는 데 회초리나 매 이상이 없다는 것이다.

해석 2. 매는 아이에게 고통을 가하기 위한 무기가 아니다. 잠언은 비유적 언어로 쓰인 시이다. 그것만 상각해도 잠언에서 말하는 매는 비유적인 매이지, 문자 그대로의 매가 아니다. 그러므로 잠언 22:15("아이의 마음에는 미련한 것이 얽혀 있으나, 훈계의 매가 그것을 멀리 쫓아낸다.")에서 말하는 매는 비폭력적인 가르침과 교정 방법을 말하는 것이다. 그 증거로 잠언 23:13을 든다. "매질을 한다고 하여서 죽지는 않는다." 그러나 실제로 매질을 하면 죽을 수 있기 때문에 그러면 죽지 않는다는 성경의 말은 거짓이다. 그러므로 이 성구는 비신체적인 교정을 말하는 것이다. 출애굽기 21:20 "어떤 사람이 자기의 남종이나 여종을 몽둥이로 때렸는데, 그 종이 그 자리에서 죽으면, 그는 반드시 형벌을 받아야 한다."는 내용으로 보더라도 잠언의 매는 이 구절에 언급된 매와 다르다. 매에 해당하는 히브리어 '쉐베트'(שבט)는 구약에서 대부분 하나님의 권위에 대해 쓰였다. 그러므로 잠언 22:15은 부모의 권위로 아이를 훈육하라는 뜻이다.[149] 시편 23편에서의 막대기와 지팡이가 양들을 때려서 죽이는 것이 아니라 양들을 돌보고 보호하는 것이듯이 부모의 매 역시 마찬가지이다.

해석 3. 매는 고통을 준다. 성서의 정신은 근본적으로 비폭력적이므로 잠언은 무시되어야 한다. 잠언에서 매는 아이를 때리기 위한 것이지만 그것은 성경시대 폭력 시기의 최악의 충고이기에 거부되어야 한다. 잠언에는 아이를 매로 때리라는 말이 다섯 번 정도 나온다. 또 어리석은 바보 같은 자의 등짝을 때리라는 말도 나오며, 태형, 돌로 치기와 같은 가혹한 체벌이 구약에 많이 나타난다. '쉐베트'는 홀이나 양치기의 막대를 뜻한다. 그것은 권위의 표시이며, 양치

---

148) 〈샌프란시스코 크로니클〉(*the San Francisco Chronicle*)에 따르면, 잠언을 토대로 제작한 이 회초리는 "22인치 크기에 가격은 5달러, 나일론 재질 흰색. 성경을 따라 '교정의 매'라고 이름을 붙였다. 이 회초리는 신앙에 기초를 둔 아이 훈육 방법이며 아이를 그리스도인으로 훈련시킴. 그 광고 문구는 다음과 같다: "숟가락은 유리를 위해. 혁대는 바지를 흘러내리지 않게 하기 위해. 손은 사랑을 위해. 매는 잘못을 깨닫게 하기 위해." "Petition to Governor Henry to stop 'The Rod'," http://stoptherod.net; Warren Bolton, "'The Rod' has been spared, but don't abandon spanking," The State, http://www.thestate.com; Anna Badkhen, "Christian crusaders go to battle over spanking. Tools of discipline horrify some of faithful," *San Francisco Chronicle* (6. Feb. 2005), http://sfgate.com.

149) Joanrenae, "The Rod or Shebet: An indepth [sic] examination," http://www.parentingdecisions.com.

기가 양을 치는 도구이다. 홀의 기원은 통치자가 자기 백성의 목자라는 생각으로부터이다. 목자가 양을 막대기로 때리면 양들은 그가 부르는 소리를 듣지 않고 도망쳐 양들을 칠 수 없을 것이다. 부모 역시 마찬가지이다. 부모는 자식이라는 양의 목자이다. 부모는 매를 사용하되, 그 매는 보호, 인도, 돌봄과 양육의 매여야 한다. 훈육은 가르침이지 매질이 아니다. 매를 때려 두려운 사람의 말은 잘 들을 수 없고 매의 경험이 가져온 충격으로 그런 사람으로부터는 배울 수 없다. 배울 수 있는 것은 불신, 두려움, 그리고 폭력일 것이다.150)

신약이 등장했으므로 구약의 어떤 것 일부는 제거되어야 한다.

> "율법은 모세를 통하여 받았고, 은혜와 진리는 예수 그리스도로 말미암아 생겨났다." (요 1:17)

> "생베 조각을 낡은 옷에다 대고 깁는 사람은 없다. 그렇게 하면, 새로 댄 조각이 그 옷을 당겨서, 더욱더 크게 찢어진다"(마 9:16)

예를 들어, 요한복음 8장 3~11절의 간음한 여인의 경우, 구약의 율법에 의하면 간음한 사람은 누구든지 분명히 돌로 쳐야 한다. 그러나 예수는 대신에 사람들에게 말한다. "너희 가운데서 죄가 없는 사람이 먼저 이 여자에게 돌을 던져라." 예수는 율법의 도덕적 원리를 훼손하지는 않았다. 그 여인에게 "가서, 이제부터 다시는 죄를 짓지 말아라"라고 하셨기 때문이다. 그러나 예수는 율법의 요구가 행사되는 방식을 바꾸셨다. 예수는 잔혹한 신체적 처벌을 제했지만 여전히 도덕적 표준을 견지했다. 부모 역시 아이에게 그런 방식을 사용해야 한다.151)

5. 하나님의 징계

징계와 사랑. 징계는 아버지가 자녀에게 가하는 데서 그치지 않는다. 그것은 심지어 하나님조차 동일한 태도를 취하신다. 하나님께서 우리를 징계하시는 것

---

150) Michael Jost, "Spare the Rod...Spoil the Child," "Religion and Discipline," http://www.stophitting.com.

151) Charles F. Creech, *Should Christian Parents Spank Their Children?* (Opelousas, LA: Authorhouse, 2003); Grace P. Chou, "Should I Spank My Child?: One Mother's Answer to Parenting's Most Controversial Question," *Christian Parenting Today* (Summer 2003), http://www.booksofblessing.com.

은 사랑하시기 때문이다.

"주님은, 당신이 사랑하시는 사람을 꾸짖으시니, 마치 귀여워하는 아들을 꾸짖는 아버지와 같으시다."(잠 3:12)

"당신들은, 사람이 자기 자녀를 훈련시키듯이, 주 당신들의 하나님도 당신들을 훈련시키신다는 것을 마음속에 새겨 두십시오."(신 8:5)

"나는 그의 아버지가 되고, 그는 나의 아들이 될 것이다. 그가 죄를 지으면, 사람들이 저의 자식을 매로 때리거나 채찍으로 치듯이, 나도 그를 징계하겠다."(삼하 7:14)

하나님의 지팡이. 신적인 것으로서의 매는 권위를 나타내는 홀, 왕권의 상징, 그리고 모세와 아론이 행한 것 같은 기적의 도구로도 사용되었다. 이와 같은 의미의 매는 처음에 출애굽기에서 지팡이로 등장한다.

"그래서 모세는 아내와 아들들을 나귀 등에 태우고 이집트 땅으로 돌아갔다. 그때에 모세는 손에 하나님의 지팡이를 들고 있었다."(출 4:20)

"바로가 너희에게 이적을 보여 달라고 요구하거든, 너는 아론에게 지팡이를 바로 앞에 던지라고 하여라. 그러면 지팡이가 뱀이 될 것이다."(출 7:9)

"너희가 그것을 먹을 때에는 이렇게 하여라. 허리에 띠를 띠고, 발에 신을 신고, 손에 지팡이를 들고, 서둘러서 먹어라. [152]유월절은 주 앞에서 이렇게 지켜야 한다."(출 12:11)

그러나 본질적으로 '하나님의 지팡이'는 아이들을 포함한 백성들을 훈계하는 데 사용되었다.

"[153]아이들아, 주님의 훈계를 거부하지 말고, 그의 책망을 싫어하지 말아라. 주님은, 당신이 사랑하시는 사람을 꾸짖으시니, 마치 귀여워하는 아들을 꾸짖는 아버지와 같으시다."(잠 3:11~12)

"또 여러분은, 하나님께서 여러분을 향하여 자녀에게 말하듯이 하신 이 권면을 잊었

152) 히, '페싸흐(넘다)'. 우리말 '유월'은 '넘어가다' 또는 '지나가다'는 뜻(13, 27절의 주를 볼 것).
153) 히, '내 아들아'. 스승이 제자를 부르는 말.

습니다. '[154]내 아들아, 주님의 징계를 가볍게 여기지 말고, 그에게 꾸지람을 들을 때에 낙심하지 말아라. 주님께서는 사랑하시는 사람을 징계하시고, 받아들이시는 아들마다 채찍질하신다.' 징계를 받을 때에 참아내십시오. 하나님께서는 자녀에게 대하시듯이 여러분에게 대하십니다. 아버지가 징계하지 않는 자녀가 어디에 있겠습니까? 모든 자녀가 받은 징계를 여러분이 받지 않는다고 하면, 여러분은 사생아이지, 참 자녀가 아닙니다. 우리가 육신의 아버지도 훈육자로 모시고 공경하거든, 하물며 영들의 아버지께 복종하고 살아야 한다는 것은 더욱더 당연한 일이 아니겠습니까? 육신의 아버지는 잠시 동안 자기들의 생각대로 우리를 징계하였지만, 하나님께서는 우리를 자기의 하심에 참여하게 하시려고, 우리에게 유익이 되도록 징계하십니다. 무릇 징계는 어떤 것이든지 그 당시에는 즐거움이 아니라 괴로움으로 여겨지지만, 나중에는 이것으로 훈련받은 사람들에게 정의의 평화로운 열매를 맺게 합니다."(히 12:5~11)

예언자들. 하나님께서는 죄로 인해 백성이 목이 곧아졌기 때문에 징계 이전에 우선 예언자들을 통해 경고를 하신다. 야훼께서는 손으로 예언자를 붙잡아 주시어 예언자로 하여금 징계의 대행자로 삼으신다. 야훼께서는 예언자로 하여금 백성들이 따라가는 길을 버리고, 지칠 줄 모르는 인내심으로 하나님의 뜻과 사랑을 아침과 저녁으로 끊임없이 상기시키는 하나님 자신의 입이 되게 하셨다.

"주님께서 그 힘센 손으로 나를 붙잡고, 이 백성의 길을 따라가지 말라고, 나에게 이렇게 경고의 말씀을 하셨다."(사 8:11)

호세아는 부정한 아내의 회개를 위해 애쓰는 남편의 노력이 무위로 끝나는 것을 비유로 이야기하며 아모스 역시 백성을 회개시키려는 야훼의 노력이 허사가 되었음을 말한다.

"그가 낳은 자식들도, 내가 불쌍히 여기지 않겠다. 그들도 음행하는 자식들이기 때문이다. 그는 자랑하기를 '나는 나의 정부들을 따라가겠다. 그들이 나에게 먹을 것과 마실 것을 대고, 내가 입을 털옷과 모시옷과, 내가 쓸 기름과 내가 마실 술을 댄다.' 하는구나. 그렇다! 그들의 어머니가 음행을 하였다. 그들을 배었던 여인이 부끄러운 일을 저질렀다. 그러므로 내가 이제 가시나무로 그의 길을 막고, 담을 둘러쳐서 그 길을 찾지 못하게 하겠다. 그가 정부들을 쫓아다녀도, 그들을 따라잡지 못할 것이다. 그들을 찾아다녀도, 어디에서도 만나지 못할 것이다. 그제서야 그는 '이제는 발길을 돌려서 나의 남편에게로 돌아가야지. 나의 형편이 지금보다 그때가 더 좋았다.' 할 것이

154) 히, '내 아들아'. 스승이 제자를 부르는 말.

다. 바로 내가 그에게 곡식과 포도주와 기름을 주었으며, 또 내가 그에게 은과 금을 넉넉하게 주었으나, 그는 그것을 전혀 모르고 그 금과 은으로 바알의 우상들을 만들었다. 그러므로 곡식이 익을 때에는 내가 준 그 곡식을 빼앗고, 포도주에 맛이 들 무렵에는 그 포도주를 빼앗겠다. 또 벗은 몸을 가리라고 준 양털과 모시도 빼앗겠다. 이제 내가 그의 정부들이 보는 앞에서 부끄러운 곳이 드러나도록 그를 벗겨도, 내 손에서 그를 빼낼 사내가 하나도 없을 것이다. 또 그가 즐거워하는 모든 것과, 그의 온갖 잔치와, 초하루와 안식일과 모든 절기의 모임들을, 내가 끝장내겠다. 정부들이 저에게 준 몸값이라고 자랑하던 포도나무와 무화과나무들을 내가 모조리 망쳐 놓을 것이다. 내가 그것들을 수풀로 만들어서, 들짐승들이 그 열매를 따먹도록 할 것이다. 또 바알 신들에게 분향하며 귀고리와 목걸이로 몸단장을 하고, 정부들을 쫓아다니면서 나를 잊어버린 그 세월만큼, 내가 이제 그에게 모든 벌을 내릴 것이다. 나 주의 말이다. 그러므로 이제 내가 그를 꾀어서, 빈들로 데리고 가겠다. 거기에서 내가 그를 다정한 말로 달래 주겠다. 그런 다음에, 내가 거기에서 포도원을 그에게 되돌려 주고, 155)아골 평원이 희망의 문이 되게 하면, 그는 젊을 때처럼, 이집트 땅에서 올라올 때처럼, 거기에서 나를 기쁘게 대할 것이다."(호 2:4~15)

"'내가, 너희가 사는 모든 성읍에서 끼닛거리를 남기지 않고, 너희가 사는 모든 곳에서 먹거리가 떨어지게 하였다. 그런데도 너희는 나에게로 돌아오지 않았다.'
주님께서 하신 말씀이다.
'그래서 추수하기 석 달 전에 내리는 비도 너희에게는 내리지 않았다. 또 내가 어떤 성읍에는 비를 내리고, 어떤 성읍에는 비를 내리지 않았다. 어떤 들녘에는 비를 내리고, 어떤 들녘에는 비를 내리지 않아서 가뭄이 들었다. 두세 성읍의 주민들이 물을 마시려고, 비틀거리며 다른 성읍으로 몰려갔지만, 거기에서도 물을 실컷 마시지는 못하였다. 그런데도 너희는 나에게로 돌아오지 않았다.'
주님께서 하신 말씀이다.
'내가 잎마름병과 깜부기병을 내려서 너희를 치고, 너희의 정원과 포도원을 황폐하게 하였다. 너희의 무화과나무와 올리브 나무는, 메뚜기가 삼켜 버렸다. 그런데도 너희는 나에게로 돌아오지 않았다.'
주님께서 하신 말씀이다.
'내가 옛날 이집트에 전염병을 내린 것처럼, 너희에게도 내렸다. 내가 너희의 젊은이들을 칼로 죽였으며, 너희의 말들을 약탈당하게 하였다. 또 너희 진에서 시체 썩는 악취가 올라와서, 너희의 코를 찌르게 하였다. 그런데도 너희는 나에게로 돌아오지 않았다.'
주님께서 하신 말씀이다.
'나 하나님이 옛날에 소돔과 고모라를 뒤엎은 것처럼, 너희의 성읍들을 뒤엎었다. 그때에 너희는 불 속에서 끄집어낸 나뭇조각처럼 되었다. 그런데도 너희는 나에게로 돌

155) '고통'.

아오지 않았다.'
주님께서 하신 말씀이다."(암 4:6~11)

야훼께서 내리시는 벌에는 교육적인 의미가 있다는 것을 지적한다.

"내가 그들이 가는 곳에 그물을 던져서, 하늘에 나는 새를 잡듯 그들을 모조리 낚아챌 것이다. 그들이 저지른 죄악 그대로 내가 그들을 징계하겠다."(호 7:12)

"내가 원하는 그때에 이 백성을 쳐서 벌하겠다. 이방 나라들도 나와 함께 이 백성을 칠 것이다. 나 주를 떠나고 우상을 섬긴 이 두 가지 죄를 벌하겠다."(호 10:10)

예레미야는 "예루살렘아, 이 고난을 경고로 받아들여라."(렘 6:8)는 말로 끊임없이 그러한 사실을 되풀이하지만 모든 것은 허사다. 반역의 자식들은 교훈을 깨닫지 못하고 징계를 받아들이지 않는다.

"내가 너희 자녀들을 때렸으나 헛수고였다. 옳게 가르치는 것을 그들은 받아들이지 않았다. 너희의 칼은 사람을 삼키는 사자처럼, 너희의 예언자들을 죽였다."(렘 2:30)

"그들은 자기들의 하나님인 나 주의 말에 순종하지도 않고, 어떤 교훈도 받아들이지 않는 백성이다. 진실이 아주 없어졌다. 그들의 입에서 진실이 사라진지 이미 오래다. 그러므로 너는 그들에게 이렇게 전하여라."(렘 7:28)

"주님께 순종하지도 않고, 주님의 충고도 듣지 않고, 주님을 의지하지도 않고, 하나님께 가까이 가지도 않는구나. 내가 너에게 일렀다. 너만은 나를 두려워하고, 내가 가르치는 대로 하라고 하였다. 그러면 내가 벌하기로 작정하였다가도 네가 살 곳을 없애지는 않겠다고 하였는데도 너는 새벽같이 일어나서 못된 일만 골라 가면서 하였다."(습 3:2, 7)

"그들은 얼굴을 바윗돌보다도 더 굳게 하고, 주님께로 돌아오기를 거절합니다."(렘 5:3)

그렇기에 야훼의 징계는 강력한 충격을 주는 처벌로 변한다.

"너희가 이 지경이 되어도 나의 말을 듣지 않으면, 이번에는 너희가 지은 죄를 일곱 배로 벌하여"(레 26:18)
"일이 이 지경이 될 때까지도, 너희가 나에게로 마음을 돌이키지 않고, 여전히 나를 거역하면, 나도 너희를 거역할 수밖에 없다. 나 역시 너희가 지은 죄를 일곱 배로 보복하겠다. 나는 더욱 노하여 너희를 거역할 것이며, 너희는 너희가 지은 죄보다 일곱 배나 더 벌을 받게 될 것이다."(레 26:23~24, 28)

그러나 이때에도 이러한 징계는 절도가 있어서 화가 나도 죽일 정도는 아니다.

"주님, 형벌로 주님의 백성을 채찍질하여 주시되, 주님의 진노대로 하지 마시고, 너그럽게 다스려 주십시오. 우리가 죽을까 두렵습니다."(렘 10:24)

"내가 너에게로 가서 너를 구원하겠다. 나 주의 말이다. 내가 너를 쫓아 여러 나라로 흩어 버렸지만, 이제는 내가 그 모든 나라를 멸망시키겠다. 그러나 너만은 멸망시키지 않고, 법에 따라서 징계하겠다. 나는 절대로 네가 벌을 면하게 하지는 않겠다."(렘 30:11)

"나 주의 말이다. 나의 종 야곱아, 너는 두려워하지 말아라. 내가 너와 함께 있다. 내가 너를 쫓아 여러 나라로 흩어 버렸지만, 이제는 내가 그 모든 나라를 멸망시키겠다. 그러나 너만은 내가 멸망시키지 않고, 법에 따라서 징계하겠다. 나는 절대로, 네가 벌을 면하게 하지는 않겠다."(렘 46:28)

"주님, 내 기력이 쇠하였으니, 내게 은혜를 베풀어 주십시오. 내 뼈가 마디마다 떨립니다. 주님, 나를 고쳐 주십시오."(시 6:2)

"아, 주님의 화살이 나를 꿰뚫으며, 주님의 손이 나를 짓누릅니다."(시 38:2)

징계와 회개. 그리고 회개할 여지를 남겨둔다. 이제 이스라엘은 "주님, 우리는 길들지 않은 짐승 같았습니다. 그러나 주님께서 우리를 가르쳐 주셨고, 순종하게 하셨습니다. 우리가 돌아갈 수 있게 이끌어 주십시오. 이제 우리가 주 우리의 하나님께 돌아갈 준비가 되었습니다."(렘 31:18)하는 기도와 함께 끝나야 한다. 시편 작가도 "주님께서 날마다 좋은 생각을 주시며, 밤마다 나의 마음에 교훈을 주시니, 내가 주님을 찬양합니다."(시 16:7) 하였고, 현자도 "하나님께 징계를 받는 사람은, 그래도 복된 사람이다. 그러니 [156]전능하신 분의 훈계를 거절하지 말아라."(욥 5:17)라고 선언한다. 그것이 하나님께서 당신 백성을 다스리시는 수단이기 때문이다.

---

156) 히, '샤다이'.

"뭇 나라를 꾸짖으시는 분이 벌할 수 없겠느냐? 뭇 사람을 지식으로 가르치는 분에게 지식이 없겠느냐?"(시 94:10)

하나님의 교육은 율법이 인간의 마음 속 깊이 새겨질 그 날에 완성될 것이다.

"그러나 그 시절이 지난 뒤에, 내가 이스라엘 가문과 언약을 세울 것이니, 나는 나의 율법을 그들의 가슴 속에 넣어 주며, 그들의 마음 판에 새겨 기록하여, 나는 그들의 하나님이 되고, 그들은 나의 백성이 될 것이다. 나 주의 말이다. 그 때에는 이웃이나 동포끼리 서로 '너는 주님을 알아라' 하지 않을 것이니, 이것은 작은 사람으로부터 큰 사람에 이르기까지, 그들이 모두 나를 알 것이기 때문이다. 내가 그들의 허물을 용서하고, 그들의 죄를 다시는 기억하지 않겠다. 나 주의 말이다."(렘 31:33~34)

이러한 상태에 이르기 위하여 야훼의 종에게 징계가 내려질 필요가 있을 것이다.

"그가 찔린 것은 우리의 허물 때문이고, 그가 상처를 받은 것은 우리의 악함 때문이다. 그가 징계를 받음으로써 우리가 평화를 누리고, 그가 매를 맞음으로써 우리의 병이 나았다."(사 53:5)

그러므로 '사랑하는 아들' 이스라엘에게 경고를 발하셔야 했을 때, 어느 정도 야훼의 마음이 아팠는지를 이해하게 될 것이다.

"에브라임은 나의 귀한 아들이다. 내가 가장 사랑하는 자식이다. 그를 책망할 때마다 더욱 생각나서, 측은한 마음이 들어 불쌍히 여기지 않을 수 없었다. 나 주의 말이다."(렘 31:20)

"에브라임아, 내가 어찌 너를 버리겠느냐? 이스라엘아, 내가 어찌 너를 원수의 손에 넘기겠느냐? 내가 어찌 너를 [157]아드마처럼 버리며, 내가 어찌 너를 스보임처럼 만들겠느냐? 너를 버리려고 하여도, 나의 마음이 허락하지 않는구나! 너를 불쌍히 여기는 애정이 나의 속에서 불길처럼 강하게 치솟아 오르는구나. 아무리 화가 나도, 화나

157) 아드마와 스보임은 요단 저지대의 도시국가로 보인다(창 14:2 참고). 창세기 14장 2절에서와 같이 신명기 29장 23절에도 이 두 도시국가가 소돔과 고모라와 함께 언급된다. 이로 보아 소돔과 고모라와 같은 운명을 겪었을 것으로 추측되는 이 도시들은 죄인들을 멸망시키는 하나님의 심판의 표본이라 할 수 있다.『해설관주 성경전서』, 28, 330, 1407.

는 대로 할 수 없구나. 내가 다시는 에브라임을 멸망시키지 않겠다. 나는 하나님이요, 사람이 아니다. 나는 너희 가운데 있는 한 하나님이다. 나는 너희를 위협하러 온 것이 아니다."(호 11:8~9)

IV. 실물교육

실물교육은 학습자가 교사에 해당하는 대상에 의해 제시된 실제 사물을 직접 만지거나 관찰하는 가운데 학습이 발생하게 되는 교육이라고 할 수 있다. 실물교육은 실제 사물을 매개로 하여 전개된다는 면에서 말이나 문자를 매개로 하는 교육과는 그 성격이 다른 교육이라 할 수 있다. 이스라엘의 교육방법 중에 가장 두드러진 것이 율법을 중심으로 말과 글을 도구로 하는 방법이라 볼 수 있지만, 그 경우는 소위 학교식의 정규적 환경에서 볼 수 있는 경우이고, 그렇지 않은 비형식적 교육의 장에서는 대부분 실물교육의 형태로 비의도적으로 교육이 일어났다. 구름기둥과 불기둥으로 이스라엘 백성을 인도하신 하나님 자체가 그러하며, 제사장과 성전과 제사들이 그러하다. 또한 예언자들은 상징적 행위를 통하여 이스라엘 백성들에게 깊은 인상을 심어주려고 했다. 실물교육은 이스라엘에서 규정적으로 언급되거나 드러나지는 않지만 사실은 가장 두드러진 교육 방법이었다.

1. 상징적 사물

하나님의 임재. 하나님께서 십계명을 선포하실 때, "온 백성이 천둥소리와 번개와 나팔 소리를 듣고 산의 연기를 보았다. 백성은 그것을 보고 두려워 떨며, 멀찍이 물러섰다. 그들은 모세에게 말하였다. '어른께서 우리에게 말씀하십시오. 우리가 듣겠습니다. 하나님이 직접 우리에게 말씀하시면, 우리는 죽습니다.'"(출 20:18). 하나님이 가까이 계시자 백성들은 이를 견뎌낼 수가 없었다. 모세는 두려움을 불러일으키는 위엄을 하나님이 드러내신 것은 죽음과 파멸을 퍼뜨리기 위한 것이 아니라 하나님 백성이 하나님의 뜻을 얼마나 진지하게 받아들여야 하는가 하는 가르침을 베풀기 위한 것이라 하면서 백성을 안심시킨다.[158)]

성전. 예루살렘의 성전은 세계상, 즉 세계를 상징하고 있다. 성전은 하느님이 거주하는 장소이기에 우주의 중심이며 인간이 하나님과 만나 교류하는 한 장소이다. 성전은 "우주 시간이 시작됨을 나타내며, 지상에서 신이 머무는 곳이

---

158) 여기서는 '시험하시려고' 한 말이 이를 뜻하는 듯하다. 『해설·관주 성경전서』, 133.

며, 〈하늘의 오두막〉과 비슷한 모습이다. 성전이 완성되고 야훼의 언약궤가 성소로 운반된 후 구름이 주님의 집을 가득 채웠다. 성전의 구름은 하느님의 능력과 기운이 작용하는 장소임을 상징한다(왕상 8:10~11). 이사야는 성전이 "내가 그들을 나의 한 산으로 인도하여, 기도하는 내 집에서 기쁨을 누리게 하겠다. 또한 그들이 내 제단 위에 바친 번제물과 희생제물들을 내가 기꺼이 받을 것이니, 나의 집은 만민이 모여 기도하는 집이라고 불릴 것이다."(사 56:7). 이로써 예루살렘 성전은 단순히 유대 민족의 종교적 예배의 중심지뿐 아니라 전 인류의 중심이 됐다. "역사가 요세푸스에 따르면 〈성소〉의 세 부분은 궁정, 낮은 곳, 바다의 세 가지 영역을 나타내며, 〈성소〉 그 자체는 지상의 상징이고, 〈지성소〉는 〈하늘〉의 상징이다."[159]

[그림39] 귀도 레니(Guido Reni), 〈십계명판을 든 모세〉, 1624년 경. 캔버스에 유채, 173 x 134 cm, 로마, 보르헤스 갤러리

히브리서 기자는 영원한 하늘 성소인 예수 그리스도와 비교하기 위해, 그리고 이방인 그리스도인들이 이해할 수 있도록 이스라엘 성전이라는 지상의 성소에 대해 말한다.

"첫 번째 언약에도 예배 규정과 세상에 속한 성소가 마련되어 있었습니다. 한 장막을 지었는데, 곧 첫째 칸에 해당하는 장막입니다. 그 안에는 촛대와 상이 있고, 빵을 차려 놓았으니, 이곳을 '성소'라고 하였습니다. 그리고 둘째 휘장 뒤에는, '지성소'라고 하는 장막이 있었습니다. 거기에는 금으로 만든 분향제단과 온통 금으로 입힌 언약궤가 있고, 그 안에는 만나를 담은 금항아리와 싹이 난 아론의 지팡이와 언약을 새긴

159) Jean C. Cooper, *An Illustrated Encyclopaedia of Traditional Symbols*, 이윤기 역, 『그림으로 보는 세계문화상징사전』 (서울: 까치, 1994), 403.

두 돌판이 들어 있었습니다. 그리고 그 언약궤 위에는 영광에 빛나는 그룹들이 있어서, [160]속죄판을 그 날개로 내리덮고 있었습니다."(히 9:1~5)

열왕기상 8장 9절에 따르면 언약궤 안에는 율법판만 들어 있었고, 만나를 담은 금항아리와 아론의 지팡이는 언약궤 근처에 기념물로 진열되어있었다.[161]

성전의 구조는 그 자체가 백성들에 대한 야훼의 함, 장엄함, 그리고 전능함에 대한 기념비적인 실물교육이었다. 성전은 현관, 성소, 그리고 지성소로 구성되어 있는데, 요세푸스에 따르면, 거대한 현관 입구는 천국을 상징하며, 첫째 장막은 기둥들은 하늘을 구성하는 것들, 일곱 개의 등잔은 일곱 개의 별, 열두 개의 빵은 12궁도, 한 해의 순환, 그리고 향을 피운 제단은 하나님이 만물의 주관자라는 것을 의미했다.[162]

하나님의 임재를 나타내는 성전은 상징적이며 그것은 이스라엘 백성의 태도에 따라 현실이 될 수 있다. 중요한 것은 성전의 외적 형태가 아니다. 하나님이 이스라엘 백성과 함께 하느냐 아니냐는 오직 그들의 깨끗한 마음과 바른 행동에 의해 좌우된다.

"나 만군의 주 이스라엘의 하나님이 말한다. 너희의 모든 생활과 행실을 고쳐라. 그러면 내가 이곳에서 너희와 함께 머물러 살겠다. '이것이 주님의 성전이다, 주님의 성전이다, 주님의 성전이다.' 하고 속이는 말을, 너희는 의지하지 말아라. 너희가, 모든 생활과 행실을 참으로 바르게 고치고, 참으로 이웃끼리 서로 정직하게 살면서, 나그네와 고아와 과부를 억압하지 않고, 이곳에서 죄 없는 사람을 살해하지 않고, 다른 신들을 섬겨 스스로 재앙을 불러들이지 않으면, 내가 너희 조상에게 영원무궁 하도록 준 이 땅, 바로 이곳에서 너희가 머물러 살도록 하겠다. 그런데도 너희는 지금 전혀 무익한 거짓말을 의지하고 있다. 너희는 모두 도둑질을 하고, 사람을 죽이고, 음행을 하고, [163]거짓으로 맹세를 하고, 바알에게 분향을 하고, 너희가 알지 못하는 다른 신들을 섬긴다. 너희는 이처럼 내가 미워하는 일만 저지르고서도, 내 이름으로 불리는 이 성전으로 들어와서, 내 앞에 서서 '우리는 안전하다.' 하고 말한다. 너희는 그런 역겨운 모든 일들을 또 되풀이하고 싶어서 그렇게 말한다. 그래, 내 이름으로 불리는 이 성전이, 너희의 눈에는 도둑들이 숨는 곳으로 보이느냐? 여기에서 벌어진 온갖 악을 나도 똑똑히 다 보았다. 나 주의 말이다. 너희는 내가 처음으로 내 이름을 두었던 실로에 있는 내 처소로 가서, 내 백성 이스라엘의 죄악 때문에 내가 그곳을 어떻게

---

160) 또는 '은혜가 베풀어지는 자리(시은좌)'.

161) 신약, 『해설·관주 성경전서』, 527.

162) George A. Smith, *Jerusalem: The Topography, Economics and History From the Earliest Times to A.D. 70*, II, 257 재인용.

163) 또는 '거짓 신들로'.

하였는지 보아라. 너희가 온갖 죄를 지었으므로, 내가 너희에게 서둘러서 경고하였으나, 너희는 듣지 않았다. 내가 불렀으나, 너희는 대답도 하지 않았다. 나 주의 말이다. 그러므로 내가 실로에서 한 것과 똑같이, 내 이름으로 불리며 너희가 의지하는 이 성전, 곧 내가 너희와 너희 조상에게 준 이 장소에, 내가 똑같이 하겠다. 내가 너희의 모든 친척 곧 에브라임 자손 모두를 내 앞에서 쫓아 버렸던 것과 똑같이, 너희도 내 앞에서 멀리 쫓아 버리겠다."(렘 7:3~15)

사람의 손으로 지은 이 성전은 "사람들이 예수님께, 그리하여 하나님께 한 모든 짓으로 보면 더 이상 하나님이 자기 백성 가까이 계시는 곳이어서 백성이 예배드리고 속죄를 경험하는 장소일 수가 없고 장소이어서도 안 된다. 앞으로는 십자가에 달려 죽으셨다가 다시 사신 예수님만이 그런 '장소'가 되실 것이다(막 14:58; 요 2:21 참조)."[164] 신약성서는 성전에 대해 또 다른 새로운 의미를 부여한다. 신자들과 그들이 모인 공동체가 바로 하나님의 성전이라는 것이다.

"여러분은 하나님의 성전이며, 하나님의 성령이 여러분 안에 거하신다는 것을 알지 못합니까? 누구든지 하나님의 성전을 파괴하면, 하나님께서도 그 사람을 멸하실 것입니다. 하나님의 성전은 합니다. 여러분은 하나님의 성전입니다."(고전 3:16~17)

"더 이상 예루살렘 성전이 하나님이 현존하시는 곳이 아니다. 하나님이 거하시는 곳은 하나님의 성령이 그 안에 거처를 취하신 교회 공동체이다. 교회 공동체는 전체로서 여기서 실로 또한 *하나님의 성전*으로 남아 있을 책임이 맡겨져 있다."[165]

[그림40] 〈헤롯 성전 모델〉. 이스라엘 박물관

164) '성전', 용어해설, 『해설·관주 성경전서』, 31

165) 『해설·관주 성경전서』, 399.

[그림41] 〈장막 모형〉, 지성소와 성소

[그림42] 〈성서에 근거한 솔로몬 성전 투시도〉

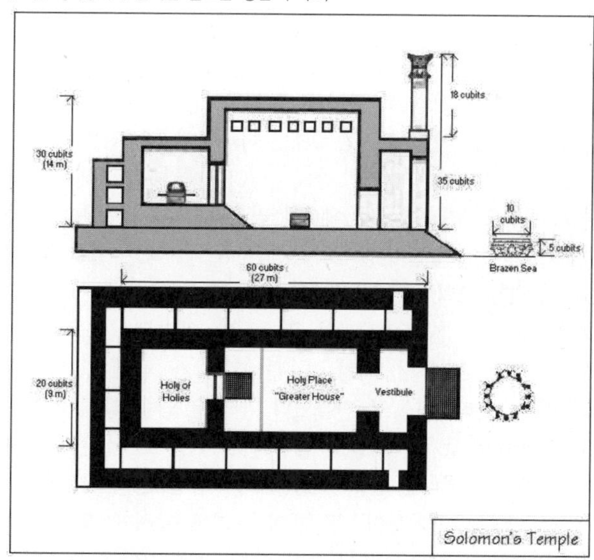

[그림43] 〈성전 내부도〉

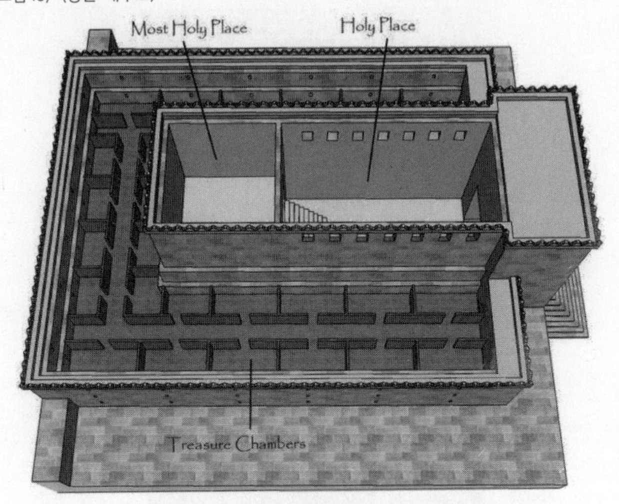

제사장. 제사장들은 미적 감각에 호소하는 의상 등의 전통적인 종교 관련 상징과 제사 행위, 그리고 그와 같은 관습과 제사 등에 대한 기록들을 통해 백성들의 의식과 마음에 분명하고 압축된 형태로, 그러면서도 알기 쉽게 가르침을 남겼다.

제사장이 입는 옷은 제사장의 특별한 지위와 임무를 나타낸다. 그 옷은 "영화롭고 아름답게 보이는 한 예복"이어야 한다(출 28:2). 제사장이 예배자들에게 그렇게 보인다면 그것은 제사장이 중재하는 하나님이 제사장의 옷을 통해 그렇게 보일 수 있다는 것이다.

대제사장의 예복은 "가슴받이와 에봇과 겉옷과 줄무늬 속옷과 관과 띠", 패, 하체를 가리는 고의로 구성된다(출 28:4, 36~38, 42~43). 일반 제사장들의 경우에는 속옷, 띠, 관, 고의이다(출 28:40, 42; 29:8~9). 여기서 대제사장의 예복을 상징적으로 보기도 한다. ① 판결 흉패: 정의와 사랑, ② 에봇: 인성과 신성, ③ 에봇 띠: 섬김, ④ 흉패: 사랑, ⑤ 관: 복종, ⑥ 금패: , ⑦ 속옷: 은혜.

예복은 '금실'과 여러 '색실'로 만들었다. 금실은 금을 얇게 쳐서 만든 금속실이다. 색실은 양털에 갖가지 색깔로 염색한 실이다. 모시실은 아마와 같은 식물을 이용해서 만든 실이다(5~6절). '호마노'는 겹겹으로 여러 빛깔의 줄이진 보석이다. '인장 반지를 새기듯이' 두 개의 호마노 보석에 장유유서 방식으로 여섯 이름씩 새긴다(9~11절). 대제사장이 야훼 앞에 나아갈 때 열두 지파, 곧 온 이스라엘을 어깨에 메고 나아가는 모습이다(12절). 여기에 가슴받이에 역시 열두 지파를 상징하는 열두 보석을 박아 그들을 품고 성소와 지성소에 나아간다(17~20절).

이스라엘 열두 지파 관련 내용을 표로 만들면 다음과 같다.

[도표7] 이스라엘 지파의 성막 위치와 상징석

성막위치	지파	상징석	지파	상징석	지파	상징석
첫째 (성막 동편진)	유다	홍보석	잇사갈	황옥	스블론	녹주옥
		빨강색		금색		녹색
		Sardius		Topaz		Carbuncle
둘째 (성막 남편진)	르우벤	석류옥	시므온	남보석	갓	홍마노
		연녹색		청색		연황색
		Emerald		Sapphire		Diamond
셋째 (성막 서편진)	에브라임	호박	므낫세	백마노	베냐민	자수정
		오렌지색		여러 가지 색		자색
		Ligure		Agate		Amethyst
넷째 (성막 북편진)	단	녹보석	아셀	호마노	납달리	벽옥
		연두색		흑, 적. 백		적, 황.갈색
		Beryl		Onyx		Jasper

석류와 함께 교대로 겉옷자락의 단 끝에 달려있는 금방울 소리는 누구를 위한 것인가(35절). 미드라쉬는 이렇게 해석한다.[166] ① 천사 들으라는 소리다. 대제사장이 들어가면 천사들이 듣고 물러가 있으라는 신호다. ② 대제사장 자신이 들으라는 소리다. 대제사장은 종소리를 들으며 자신의 임무가 중차대함을 절절히 느낀다. ③ 백성들 들으라는 소리다. 금방울 소리는 대제사장이 백성들

166) 강문호, 『성막으로 성경을 말한다』(서울: 한국가능성계발원, 2007).

을 위하여 움직이고 중보 사역하는 현장이다. ④ 마귀 들으라는 소리다. 대속죄일은 가장 중요한 날이다. 속죄하는 자리에 마귀가 공격할 수 있다. ⑤ 하나님 들으라는 소리다. 대제사장의 사역은 하나님께서 들으시고 용서하는 은혜의 시간이다.

[그림44] 〈제사장과 대제사장〉

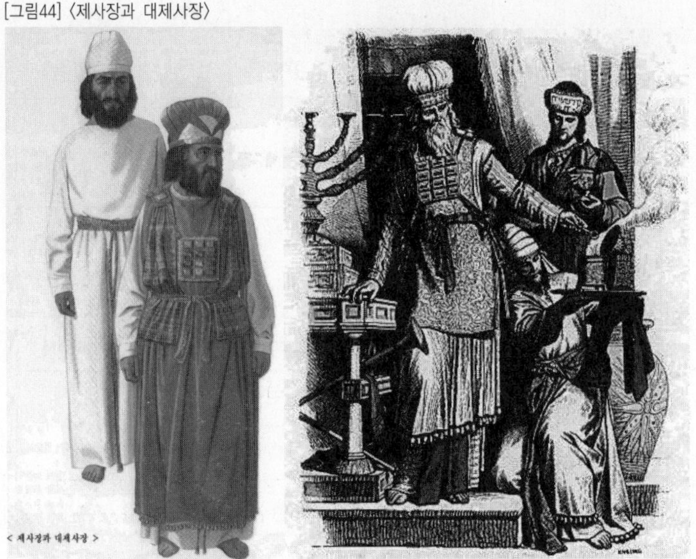

성전제사. 벤 시라(Ben Sira)는 성전제사를 대단히 찬란하고 생생하게 보전하였다. 아마 속죄일 대제사장 시몬이 집전한 제사인 것 같다.

> "그가 지성소에서 나타나, 사람들에게 에워싸였을 때 그 얼마나 훌륭하였던가! 그는 구름 사이에서 빛나는 샛별과 같았고 쟁반처럼 둥근 달과 같았다. 시몬이 찬란한 제복을 입고 휘황찬란한 패물로 단장하고 한 제단으로 올라가서 성소 안을 영광으로 충만하게 했을 때에 그 얼마나 장관이었던가!
>
> 그가 제단 곁에 서서 사제들로부터 제물의 몫을 받을 때에, 그의 형제들은 화환 모양으로 그를 둘러쌌다. 그는 종려나무에 둘러싸인 레바논의 싱싱한 삼나무처럼, 아론의 모든 자손들이 찬란한 옷차림을 하고, 주님께 바칠 제물을 손에 든 이스라엘의 온 회

중 앞에 섰을 때, 시몬은 전능하시고 지극히 높으신 분께 정중하게 제물을 바치면서 제사를 지냈다. 그가 손을 내밀어 한 잔을 들고 포도즙을 약간 부어, 제단 밑에 쏟을 때, 만물의 왕이시며 지극히 높으신 분께 오르는 향기가 그윽하였다. 그때에 아론의 자손들은 환성을 올리고, 잘 두들겨 만든 쇠나팔을 불며 그 소리를 우렁차게 울려서, 지극히 높으신 분 앞에 기념으로 삼았다. 그러자 사람들은 일제히 모두 땅에 엎드려, 전능하시고 지극히 높으신 하느님이신, 그들의 주님을 경배하였다. 악사들은 찬미가를 불렀는데, 그 모든 노래는 아름다운 가락을 이루었다. 사람들은 지극히 높으신 주님께 탄원하고 자비로우신 분께 기도를 올렸다. 이렇게 해서 주님께 바치는 예배가 끝나고 예식을 모두 마쳤다. 그 후에 시몬은 제단에서 내려와 팔을 들어 그 곳에 모인 이스라엘 자손들에게 큰소리로 주님의 축복을 빌어주었다. 이렇듯이 그는 주님의 이름을 부르는 영광을 누렸다."(집회 50:5~6, 11~20).

[그림45] 제임스 티솟(James Tissot), 〈솔로몬 왕의 예루살렘 성전 봉헌〉, 1896—1902년

제사장들은 귀뿐만 아니라 눈을 통해서 가르치는 중요성을 잘 알고 있었다. 그들은 효과적으로 백성들의 미적 감각과 예배 정신에 호소했다. 이것은 일종의 실물교육으로서 제의적 습관이 이에 해당된다. 정결 예식과 흠 없는 의복을 입는 것 등은 야훼의 함과 백성들의 성결 의무를 효과적으로 상기시키는 것이었다. 제사장들은 백성들의 목전에서 지속적으로 실물교육을 함으로써 어떤 음식을 금하거나 부정한 것이 무엇인지를 가르쳤다.[167]

167) Kent, *The Great Teachers of Judaism and Christianity*, 58.

자연 상징. 이스라엘은 교육의 내용이라고 할 수 있는 하나님의 뜻을 묻기 위하여 여러 가지 방법들을 사용하였다. ① 자연을 통한 인식으로 나무들, 강과 샘, 산들, 동굴들, 그리고 돌들은 신들의 처소로 간주되거나 예배의 대상이었기에 그것에 뜻을 물었다. ② 달과 별 역시 토지의 비옥함이나 병에 영향을 줄 수 있다고 보아 예배의 대상이 될 수 있었다. ③ 이동할 수 있는 대상들과 가정신들이 지켜준다고 생각했다.

> "라헬은, 라반이 양털을 깎으러 나간 틈을 타서, 친정집 수호신의 신상들인 168)드라빔을 훔쳐 냈다. '자네가 아버지의 집이 그리워서 돌아가는 것은 당연하지만, 어찌하여 나의 수호신상들을 훔쳤는가?' 라헬이 자기 아버지에게 말하였다.
> '아버지, 너무 노여워하지 마십시오. 지금 저는 월경 중이므로, 내려서 아버지를 맞이할 수 없습니다.' 라반은 두루 찾아보았으나, 끝내 그 수호신상들을 찾지 못하였다." (창 31:19, 30, 35)

> "한편, 미갈은, 집 안에 있는 169)우상을 가져다가 침대에 누이고, 그 머리에는 염소털로 짠 망을 씌우고, 그 몸에는 옷을 입혔다. 사울의 부하들이 다윗을 잡으러 오자, 미갈은 남편이 병이 들어서 누워 있다고 말하였다. 그러자 사울은 다윗이 정말 아픈지 확인하여 보라고 그 부하들을 다시 보내면서, 자기가 직접 죽일 터이니, 그를 침대째로 자기에게 들고 오라고 하였다. 부하들이 와서 보니, 침대에는 집 안에 있던 우상이 누워 있었다. 머리에 염소털로 짠 망을 씌운 채 뉘어 놓은 것이었다."(삼상 19:13~16)

---

168) 가정신상. 이것들이 가정을 위험으로부터 지켜준다고 여겼다. 이 신상을 가진 사람이 유산을 물려받을 수 있었다(CEV); 드라빔(Teraphim)이라는 말은 '편안하게 살다'란 뜻의 히브리어 '타라프'에서 파생된 말이다. 히브리어의 형태는 복수로 되어 있지만 하나 또는 그 이상의 우상을 가리킨다. 사람 형상을 한 우상으로 호주머니에 넣을 수 있는 작은 것에서 사람만한 크기를 지닌 것까지 있었다. 드라빔은 족장시대에 가정 수호신으로 널리 숭배되었다. 이 우상은 보통 나무로 만들었지만, 은으로 값지게 만드는 경우도 있었다. 고고학적 발굴 결과에 따른 학자들의 최근 연구에 의하면, 드라빔은 우상으로 뿐만 아니라 재산 상속권의 증표로도 사용되었다고 한다. 상속자들은 부계의 가신들을 서로 가지고자 했는데, 그 이유는 그것이 종교적인 기능뿐 아니라, 권위의 정통성과 재산권까지 지닌 것이었기 때문이다. 다윗과 미가엘의 집에 있었던 드라빔(삿 17:5; 18:14; 17, 20)은 사사시대에 이스라엘 사람들이 섬겼던 우상이고, 호세아 시대에도 여전히 드라빔이 있었음을 시사해 준다(호 3:4-5). 또한 에스겔은 드라빔을 바빌론 왕이 점치는 데 사용한 것들 중에 언급하고 있으며(21:21), 스가랴는 거짓 예언의 근원들 가운데 드라빔을 포함시키고 있다(10:2). "좋은 귀신들로서 가정을 지켜줄 작은 신상들을 가리키는데, 이것들은 숱한 문화권에 알려져 있고 옛날에는 이스라엘에도 퍼져 있었다(창 31:19; 호 3:4)." 용어해설, 『해설관주 성경전서』, 17.

169) 히, '테라빔'(Teraphim). 드라빔과 동의어.

[그림46] 지오반니 바티스타 티에폴로(Giovanni Battista Tiepolo), 〈테라빔을 깔고 앉은 라헬〉, 프레스코화

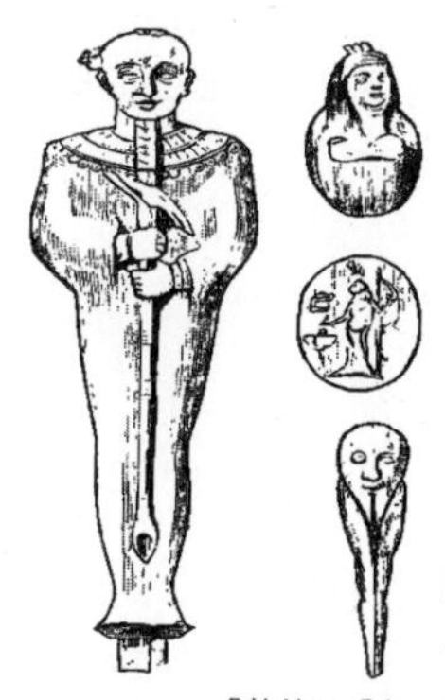

[그림47]
〈고대 팔레스틴 드라빔 또는 가정신상〉

2. 상징적 선취 행위

예언자들이 메시지를 효과적으로 전하기 위해 상징, 실물교육, 극적 방법(dramatic method) 등의 방법을 사용한 예들을 호세아, 이사야, 예레미야, 에스겔 등의 행위에서 확인할 수 있다.

> "예언자들은 자신들의 선포를 보충하는 식으로 이따금씩 장래 사건을 상징적으로 미리 보여주는 행동을 했다. 예레미야는 예루살렘이 바빌론 사람들의 '멍에' 아래 들어가게 되리라는 표로 멍에를 졌고(렘 27:1~11), 에스겔은 자기가 예언한 대로 예루살

렘이 에워싸여 있는 동안에 굶주림이 심하리라는 표로 보잘 것 없는 양식을 저울에 달았다(겔 4:9~11). 이런 행동들은 옛날 사람들에게 앞으로 닥칠 사건에 대한 생생하고도 강렬한 인상을 남겨줄 뿐만 아니라, 그것을 피할 수 없다는 점을 똑똑히 보여준다. 곧, 그 사건을 지금 바로 불러 일으켜 시작되게 하는 것이다. 이리하여 상징 행위는 '주술적인' 효력을 지니지만 그런 효력이 저절로 생기지는 않는데, 이는 예언자들에게 그런 행동을 하게 명령하신 분은 하나님이시기 때문이다."[170]

구약성서에는 약 30개의 상징행동들이 나타난다.

"엘리야가 그곳을 떠나서, 길을 가다가, 사밧의 아들 엘리사와 마주쳤다. 엘리사는 열두 겨릿소를 앞세우고 밭을 갈고 있었다. 열한 겨리를 앞세우고, 그는 열두째 겨리를 끌고서, 밭을 갈고 있었다. 엘리야가 엘리사의 곁으로 지나가면서, 자기의 외투를 그에게 던져 주었다."(왕상 19:19)

"*겉옷*을 던지는 것은 엘리야가 엘리사를 자기 제자로 삼아 자기를 섬기게 한다는 표시인 동시에 엘리사가 앞으로 예언자로서 받게 될 전권을 미리 암시한다(왕하 2:8, 13~14)."[171]

"그 예언자들 가운데서, 그나아나의 아들 시드기야는 자기가 만든 철뿔들을 가지고 나와서 말하였다.
'주님께서 이렇게 말씀하십니다. 철로 만든 이 뿔을 가지고, 너 아합은 사람들을 찌르되, 그들이 모두 파멸될 때까지 그렇게 할 것이다.' 하십니다.'"(왕상 22:11)[172]

[그림48]
〈불마차를 타고 승천하는 엘리야〉,
러시아 이콘, 1290년경

170) 『해설·관주 성경전서』, 29
171) 『해설·관주 성경전서』, 596.
172) *뿔*은 강함의 상징이다. 『해설·관주 성경전서』, 602.

호세아 1~3장의 호세아의 혼인은 이스라엘의 불신실함과 하나님의 신실하심을 상징한다.

"주님께서 나에게 말씀하셨다.
'너는 큰 서판을 가지고 와서, 그 위에 두루 쓰는 글자로 173)'마헬살랄하스바스'라고 써라. 내가 진실한 증인 우리야 제사장과 여베레기야의 아들 스가랴를 불러 증언하게 하겠다.'
그런 다음에 나는 174)예언자인 나의 아내를 가까이하였다. 그러자 그 예언자가 임신하여 아들을 낳았는데, 그때에 주님께서 나에게 이렇게 말씀하셨다.
'그의 이름을 '마헬살랄하스바스'라고 하여라. 이 아이가 '아빠, 엄마'라고 부를 줄 알기도 전에, 앗시리아 왕이 다마스쿠스에서 빼앗은 재물과 사마리아에서 빼앗은 전리품을 가져 갈 것이다.'"(사 8:1~4)

"주님께서 이사야에게 말씀하시기를, 허리에 두른 베 옷을 벗고, 발에서 신을 벗으라고 하셨다. 그래서 이사야는, 말씀대로, 옷을 벗고 맨발로 다녔다."(사 20:2)
"주님께서 나에게 이렇게 말씀하셨다.
'너는 가서 베로 만든 띠를 사서 너의 허리에 띠고, 물에 적시는 일이 없도록 하여라.'
그래서 나는 주님의 말씀대로, 베 띠를 사서 허리에 띠었다. 주님께서 다시 나에게 말씀하셨다.
'네가 사서 허리에 띤 그 띠를 들고 일어나, 유프라테스 강 가로 가서, 그곳의 바위 틈에 그 띠를 숨겨 두어라.'
그래서 나는 주님께서 명하신 대로, 가서 유프라테스 강 가에 그것을 숨겨 두었다. 또 여러 날이 지난 다음에, 주님께서 나에게 말씀하셨다.
'너는 일어나서 유프라테스 강 가로 가서, 내가 그곳에 숨겨 두라고 너에게 명한 그 띠를, 그곳에서 가져 오너라.'
그래서 내가 유프라테스 강 가로 가서, 띠를 숨겨 둔 곳을 파고, 거기에서 그 띠를 꺼내 보니, 그 띠는 썩어서 전혀 쓸모가 없게 되었다. 그때에 주님께서 나에게 말씀하셨다.
'나 주가 말한다. 내가 유다의 교만과 예루살렘의 큰 교만을 이렇게 썩게 하겠다. 이 악한 백성은 나의 말 듣는 것을 거부하고, 자기들의 마음에서 나오는 고집대로 살아가고, 다른 신들을 쫓아가서 그것들을 섬기며 경배하므로, 이제 이 백성은 전혀 쓸모가 없는 이 띠와 같이 되고 말 것이다. 띠가 사람의 허리에 동여지듯이, 내가 이스라엘의 온 백성과 유다의 온 백성을 나에게 단단히 동여매어서, 그들이 내 백성이 되게 하고, 내 이름을 빛내게 하고, 나를 찬양하게 하고, 나에게 영광을 돌릴 수 있게 하

173) '노략이 속히 올 것이다'.
174) 또는 '여자 예언자' 또는 '예언자의 아내'.

였으나, 그들은 듣지 않았다. 나 주의 말이다.'"(렘 13:1~11)

"이것은 주님께서 예레미야에게 하신 말씀이다.
'너는 어서 토기장이의 집으로 내려가거라. 거기에서 내가 너에게 나의 말을 선포하겠다.'
그래서 내가 토기장이의 집으로 내려갔더니, 토기장이가 마침 물레를 돌리며 일을 하고 있었다. 그런데 그 토기장이는 진흙으로 그릇을 빚다가 잘 되지 않으면, 그 흙으로 다른 그릇을 빚었다. 그때에 주님께서 나에게 이렇게 말씀하셨다.
'이스라엘 백성아, 내가 이 토기장이와 같이 너희를 다룰 수가 없겠느냐? 나 주의 말이다. 이스라엘 백성아, 진흙이 토기장이의 손 안에 있듯이, 너희도 내 손 안에 있다.'"(렘 18:1~6)

"주님께서 나에게 말씀하셨다.
'너는 토기장이를 찾아가서 항아리를 하나 산 다음에, 백성을 대표하는 장로 몇 사람과 나이든 제사장 몇 사람을 데리고, 175)'하시드 문' 어귀 곁에 있는 176)'힌놈의 아들 골짜기'로 나아가서, 내가 너에게 일러주는 말을 거기에서 선포하여라. … 이렇게 말하고 나서 너는 데리고 간 사람들이 보는 앞에서 그 항아리를 깨뜨리고, 그들에게 이렇게 전하여라.
'만군의 주가 말한다. 토기 그릇은 한 번 깨지면 다시 원상태로 쓸 수 없다. 나도 이 백성과 이 도성을 토기 그릇처럼 깨뜨려 버리겠다. 그러면 더 이상 시체를 묻을 자리가 없어서, 사람들이 도벳에까지 시체를 묻을 것이다.'"(렘 19:1~2, 11)

"요시야의 아들 177)시드기야가 유다 왕이 되어 다스리기 시작할 무렵에, 주님께서 예레미야에게 말씀하셨다. 주님께서 나에게 이렇게 말씀하셨다.
'너는 나무 멍에들을 만들어 밧줄을 달고, 그 멍에들을 네 목으로 메어다가, 지금 유다 왕 시드기야를 만나려고 예루살렘에 와 있는 사절들에게 나누어 주어, 그것들을 에돔 왕과 모압 왕과 암몬 사람의 왕과 두로 왕과 시돈 왕에게로 보내어라. 너는 또 그들에게 이렇게 명령하여, 각자 상전에게 전하게 하여라.
지금 나는 이 모든 나라를 나의 종 바빌로니아 왕 느부갓네살의 손에 맡겼으며, 들짐승도 그에게 맡겨서, 그가 부리게 하였다. 그러므로 모든 민족이 느부갓네살과 그의 아들과 그의 손자를 섬길 것이다. 물론 바빌로니아도 망하고 느부갓네살도 망할 때가 올 것이다. 그때가 되면, 그의 나라도 강한 족속들과 위대한 왕들을 섬길 것이다. 그러나 바빌로니아 왕 느부갓네살을 섬기지 않으며, 바빌로니아 왕의 멍에를 목에 메지

175) 또는 '질그릇 조각의 문'.
176) 또는 '벤힌놈 골짜기'.
177) 소수의 히브리어 사본과 시리아어 역을 따름. (렘 27:3; 28:1에서도) 대다수의 히브리어 사본에는 '여호야김'으로 되어 있음. 대다수의 칠십인 역 사본에는 1절이 없음.

않는 민족이나 나라가 있으면, 나는 그 민족을 전쟁과 기근과 염병으로 처벌해서라도, 그들을 바빌로니아 왕의 손에 멸망당하게 하겠다. 나 주의 말이다.'"(렘 27:1~4, 6~8)

"유다 왕 시드기야 제 십년에 주님께서 예레미야에게 말씀하셨다. 그 해는 느부갓네살 제 십팔년이었다. 그때에 예루살렘은 바빌로니아 왕의 군대에게 포위되어 있었고, 예언자 예레미야는 유다 왕궁의 근위대 뜰 안에 갇혀 있었다. 주님께서 나에게 말씀하셨다.
'너의 숙부 살룸의 아들 하나멜이 너에게 와서, 아나돗에 있는 그의 밭을 너더러 사라고 하면서, 그 밭을 유산으로 살 우선권이 너에게 있기 때문에, 네가 그것을 사야 한다고 말할 것이다.'
과연 주님의 말씀대로, 숙부의 아들 하나멜이 근위대 뜰 안으로 나를 찾아와서, 내게 부탁하였다. 베냐민 지방의 아나돗에 있는 그의 밭을 나더러 사라고 하였다. … 나는 숙부의 아들 하나멜에게서 아나돗에 있는 그 밭을 사고, 그 값으로 그에게 은 열일곱 세겔을 달아 주었다.
'…참으로 나 만군의 주, 이스라엘의 하나님이 말한다. 사람들이 이 나라에서 다시 집과 밭과 포도원을 살 것이다.'"(렘 32:1~2, 6~9, 15)

"주님께서 예레미야에게 말씀하셨다.
'너는 너의 손으로 큰 돌들을 날라다가, 다바네스에 있는 바로의 궁 대문 앞 포장된 광장을 파고, 유다 사람들이 보는 앞에서 그 돌들을 묻어라. 그런 다음에 너는 유다 사람들에게 이렇게 전하여라. 나 만군의 주, 이스라엘의 하나님이 말한다. 내가 사람을 보내어, 나의 종 바빌로니아 왕 느부갓네살을 데려오겠다. 그러면 그는 내가 묻어 놓은 이 돌들 위에 자기의 보좌를 차려 놓고, 그 위에 차일을 칠 것이다. 그가 와서 이집트 땅을 치면, 염병에 걸려 죽을 자는 염병에 걸려 죽고, 포로로 끌려갈 자는 포로로 끌려가고, 칼에 맞아 죽을 자는 칼에 맞아 죽을 것이다.'"(렘 43:8~11)

"예레미야는, 바빌로니아에 내릴 모든 재앙 곧 바빌로니아를 두고 선포한 이 모든 말씀을, 한 권의 책으로 기록하였다. 그리고 예레미야가 스라야에게 말하였다.
'수석 보좌관께서 바빌론 도성으로 가거든, 이 말씀을 반드시 다 읽고 … 이 책을 다 읽은 다음에는, 책에 돌을 하나 매달아서, 유프라테스 강 물에 던지십시오. 그런 다음에 '주님께서 이곳에 내리는 재앙 때문에 바빌로니아도 이렇게 가라앉아, 다시는 떠오르지 못하고 쇠퇴할 것이다' 하고 말하십시오.'"(렘 51:60~61, 63~64)

[그림49]
렘브란트(Rembrandt van Rijn),
〈예루살렘 멸망을 애도하는 예레미야〉, 1630년 경

"'너 사람아, 너는 이제 흙벽돌을 한 장 가져다가 네 앞에 놓고, 한 성읍 곧 예루살렘을 그 위에 새겨라. 그 다음에 그 성읍에 포위망을 쳐라. 그 성읍을 공격하는 높은 사다리를 세우고, 흙 언덕을 쌓고, 진을 치고, 성벽을 부수는 무기를 성 둘레에 설치하여라. 너는 또 철판을 가져다가 너와 그 성읍 사이에 철벽을 세워라. 그 도성을 포위하고 지켜보아라. 네가 그 도성을 포위하고 있거라. 이것이 이스라엘 족속에게 보여 주는 징조다. 너는 또 왼쪽으로 누워서, 이스라엘 족속의 죄악을 [178]네 몸에 지고 있거라. 옆으로 누워 있는 날 수만큼, 너는 그들의 죄악을 떠맡아라. 나는 그들이 범죄한 햇수대로 네 날 수를 정하였다. 그러니 네가 삼백구십 일 동안 이스라엘 족속의 죄악을 떠맡아야 할 것이다. 이 기간을 다 채운 다음에는, 네가 다시 오른쪽으로 누워서, 유다 족속의 죄악을 사십 일 동안 떠맡고 있거라. 나는 너에게 일 년을 하루씩 계산하여 주었다. 너는 이제 예루살렘의 포위망을 응시하면서, 네 팔을 걷어붙이고, 그 성읍을 심판하는 예언을 하여라. 내가 너를 줄로 묶어서, 네가 갇혀 있는 기한이 다 찰 때까지, 네가 몸을 이쪽저쪽으로 돌려 눕지 못하도록 하겠다. 너는 밀과 보리와 콩과 팥과 조와 귀리를 준비하여 한 그릇에 담고, 그것으로 빵을 만들어 네가 옆으로 누워 있는 삼백구십 일 동안 내내 먹어라. 너는 음식을 하루에 이십 세겔씩 달아서, 시간을 정해 놓고 먹어라. 물도 되어서 하루에 육분의 일 힌씩, 시간을 정해 놓고 따라 마셔라. 너는 그것을 보리빵처럼 구워서 먹되, 그들이 보는 앞에서, 인분으로 불을 피워서 빵을 구워라.'
주님께서 또 말씀하셨다.
'내가 이스라엘 자손을 다른 민족들 속으로 내쫓으면, 그들이 거기에서 이와 같이 더

178) 또는 '네 옆에'.

러운 빵을 먹을 것이다.'
그래서 내가 아뢰었다.
'주 하나님, 저는 이제까지 저 자신을 더럽힌 일이 없습니다. 어려서부터 지금까지 저절로 죽거나 물려 죽은 짐승의 고기를 먹은 적이 없고, 부정한 고기를 제 입에 넣은 적도 없습니다.'
그러자 주님께서 나에게 말씀하셨다.
'좋다! 그렇다면, 인분 대신에 쇠똥을 쓰도록 허락해 준다. 너는 쇠똥으로 불을 피워 빵을 구워라.'
주님께서 또 나에게 말씀하셨다.
'사람아, 내가 예루살렘에서 사람들이 의지하는 빵을 끊어 버리겠다. 그들이 빵을 달아서 걱정에 싸인 채 먹고, 물을 되어서 벌벌 떨며 마실 것이다. 그들은 빵과 물이 부족하여 누구나 절망에 빠질 것이며, 마침내 자기들의 죄악 속에서 말라 죽을 것이다.'"(겔 4:1~17)

"너 사람아, 너는 날카로운 칼을 한 자루 가져 와서, 그 칼을 삭도로 삼아 네 머리카락과 수염을 깎고, 그것을 저울로 달아 나누어 놓아라. 그리고 그 성읍의 포위 기간이 끝난 다음에, 그 털의 삼분의 일을 성읍 한가운데서 불로 태우고, 또 삼분의 일은 성읍 둘레를 돌면서 칼로 내려치고, 또 삼분의 일은 바람에 날려 흩어지게 하여라. 그러면 내가 칼을 빼어 들고, 그 흩어지는 것들을 뒤쫓아 가겠다. 그러나 너는 그것들 가운데서 조금을 남겨 두었다가 네 옷자락으로 싸매어라. 너는 또 그것들 가운데서 얼마를 꺼내서 불 한가운데 집어 던져서 살라 버려라. 그 속에서 불이 나와서 온 이스라엘 족속에게 번질 것이다. 너희 가운데서 삼분의 일은 전염병에 걸려 죽거나 굶어 죽을 것이며, 또 삼분의 일은 성읍의 둘레에서 칼에 맞아 쓰러질 것이며, 나머지 삼분의 일은 내가 사방으로 흩어 버리고, 칼을 빼어 들고 그들의 뒤를 쫓아가겠다."(겔 5:1~4, 12)

"주님께서 나에게 말씀하셨다.
'사람아, 너는 반역하는 백성 가운데 살고 있다. 그들은 볼 눈이 있어도 보려고 하지 않고, 들을 귀가 있어도 들으려고 하지 않는다. 그들은 반역하는 족속이기 때문이다. 그러므로 너 사람아, 그들이 보는 앞에서 포로로 끌려가는 사람처럼, 대낮에 짐을 싸 가지고 길을 떠나거라. 그들이 보는 앞에서, 포로로 끌려가는 것처럼, 네가 살고 있는 그곳에서 다른 곳으로 떠나가거라. 그들이 반역하는 백성이기는 하지만, 혹시 그것을 보고서 깨달을 수도 있을 것이다. 또 너는, 그들이 보는 앞에서, 네 짐은 포로로 끌려가는 사람의 짐처럼 대낮에 내다 놓고, 너는 저녁때에 그들이 보는 앞에서 포로로 끌려가듯 나가거라. 너는, 그들이 보는 앞에서 성벽에 구멍을 뚫고, 네 짐을 그곳으로 내다 놓아라. 너는 그들이 보는 앞에서 어깨에 짐을 메고, 어두울 때에 나가거라. 너는 얼굴을 가리고, 다시는 더 그 땅을 보지 말아라. 내가 너를 이스라엘 백성에게 주는 징조로 삼았기 때문이다.'

그래서 나는 명을 받은 그대로 하였다."(겔 12:1~7)

"주님께서 나에게 말씀하셨다.
'사람아, 너는 떨면서 네 음식을 먹고, 두려움과 근심에 싸여 물을 마셔라. 그리고 너는 이 땅 백성에게 말하여라. 나 주 하나님이 예루살렘과 이스라엘 땅의 주민이 당하게 될 일을 말한다. 그들이 근심에 싸여 음식을 먹고, 놀라움에 싸여 물을 마실 것이다. 이 땅의 모든 주민이 저지른 폭행 때문에, 이 땅의 풍요가 다 사라지고, 황폐하게 될 것이기 때문이다.'"(겔 12:17~19)

[그림50] 〈에스겔의 환상〉, 케루빔과 전차에 대한 전통적인 표현을 보여준다.

"주님께서 나에게 말씀하셨다.
'너는 사로잡혀 간 사람들, 곧 헬대와 도비야와 여다야에게서 예물을 받아라. 그들이 바빌론에서 와서, 지금 스바냐의 아들 요시야의 집에 와 있으니, 너는 오늘 그리로 가거라. 너는 은과 금을 받아서, 그것으로 왕관을 만들고, 그것을 여호사닥의 아들 여호수아 대제사장의 머리에 씌워라. 너는 그에게 이렇게 말하여라.
'나 만군의 주가 이렇게 말한다. 이 사람을 보아라. 그의 이름은 '새싹'이다. 그가 제자리에서 새싹처럼 돋아나서, 주의 성전을 지을 것이다.'"(슥 6:9~12)

환상을 사용해서 듣는 사람들이 상상의 눈으로 보듯 생생하게 그리기도 한다.

"주 하나님이 나에게 다음과 같은 것을 보여 주셨다.
보니, 179)여름 과일 한 광주리가 있었다.
주님께서 물으신다. '아모스야, 네가 무엇을 보느냐?'
내가 대답하였다. '여름 과일 한 광주리입니다.'
주님께서 나에게 말씀하신다.
'나의 백성 이스라엘이 180)끝장났다.
내가 이스라엘을 다시는 용서하지 않겠다.'"(암 8:1~2)

3. 실물교훈

예언자들은 실물교훈의 큰 가치를 인식했다.

"그 무렵에 여로보암이 예루살렘에서 나아오다가, 길에서 실로의 아히야 예언자와 마주쳤다. 아히야는 새 옷을 걸치고 있었고, 들에는 그들 둘만 있었는데, 아히야는 그가 입고 있는 새 옷을 찢어서, 열두 조각을 내고, 여로보암에게 말하였다.
'열 조각은 그대가 가지십시오. 주 이스라엘의 하나님께서 그대에게 이렇게 말씀하셨습니다. 자, 내가 솔로몬의 왕국을 찢어서, 열 지파를 너에게 준다. 그리고 한 지파는 내 종 다윗을 생각해서, 그리고 이스라엘의 모든 지파 가운데서 내가 선택한 성읍 예루살렘을 생각해서, 솔로몬이 다스리도록 그대로 남겨 둔다.'"(왕상 11:29~32)

"오래된 생각에 따르면 새 옷조각 곧 아직 사용하지 않아서 더럽혀지지 않은 옷 조각을 가지고 해야 하는 … 일종의 종교예식적인 행동을 아히야가 하는데, 이 행동은 사울이 버림받는 사건을 상기시킨다(삼상 15:27~28). … 열 지파는 장래 북왕국을 가리키고 … 한 지파는 유다를 뜻한다(열두째 지파는 일찍이 유다 지파에 흡수되어 버린 시몬 지파일 수 있고, 베냐민 지파도 생각해 볼 수 있다."181)

"앗시리아 왕 사르곤이 보낸 다르단 장군이 아스돗으로 와서, 아스돗을 점령하였다. 그 해에 주님께서 아모스의 아들 이사야를 시켜서 말씀하셨다. 주님께서 이사야에게 말씀하시기를, 허리에 두른 베 옷을 벗고, 발에서 신을 벗으라고 하셨다. 그래서 이사야는, 말씀대로, 옷을 벗고 맨발로 다녔다. 그때에 주님께서 말씀하셨다.
'나의 종 이사야가 삼 년 동안 벗은 몸과 맨발로 다니면서, 이집트와 에티오피아에게 표징과 징조가 된 것처럼, 앗시리아 왕이, 이집트에서 잡은 포로와 에티오피아에서

179) 히, '카이츠(과일)'
180) 히, '케츠(끝)'. '과일'과 '끝'을 뜻하는 히브리어의 발음이 비슷함
181) 『해설·관주 성경전서』, 577.

잡은 포로를, 젊은이나 늙은이 할 것 없이 모두 벗은 몸과 맨발로 끌고 갈 것이니, 이집트 사람이 수치스럽게도 그들의 엉덩이까지 드러낸 채로 끌려갈 것이다.'"(사 20:1~4)

"주전 713년 아스돗 임금 야마니는 애굽의 지원을 받아 앗수르의 패권에 반기를 들었고 유다도 그 동맹에 가담시키려고 했던 것으로 보인다. … 이사야의 상징 행위는 유다 사람들에 대한 경고로 이해해야 한다(5절). … 하나님이 예언자에게 옷을 입지 말고 돌아다니고 이런 방법으로 눈에 보이는 경고를 하라고 명령하신 것은 앞에서 말한 아스돗의 반란이 있던 때였을 것이다. (3절에서 알 수 있듯이) 삼년 뒤에 사르곤의 명령으로 최고사령관(군대 장관으로 옮긴 '다르단'은 '제2인자'를 뜻한다. 왕이 아스돗을 정벌하러 온다. 아스돗이 정복 당한 뒤에 하나님은 예언자의 입을 통해 그 상징 행위의 뜻을 밝히신다. 2절에서 베로 옮긴 히브리 낱말은 간단한 옷을 말하는데, 그것이 허리에 두르는 천일 수도 있으나, 목과 팔이 들어갈 구멍이 있는 덧옷일 수도 있다. 둘째 경우라면 예언자가 짧은 속옷은 입었을 것이다. 볼기까지 드러내어는 벗은 몸을 강조하는 표현으로 이해할 수 있다."[182)]

182) 『해설·관주 성경전서: 독일성서공회판』, 1100.

4장 · 구약성서의 교사

구약성서에서 교사는 여러 가지 호칭으로 사용되었다. 그만큼 교사의 의미가 넓었다는 뜻이다. 그런 까닭에 성서에서는 하나님으로부터 부모, 제사장, 예언자, 서기관, 현자, 그리고 랍비에 이르기까지 교사로 등장한다. 이스라엘의 교사는 누구보다 하나님 자신이셨다. 그러나 인간적으로는 부모였다. 다음으로 시간적으로 볼 때 교사들에는 제사장, 예언자, 현자, 서기관, 그리고 궁중의 관리가 있었다. 가장 위대한 교사들 중에 어떤 사람들은 예언자들이었다. 그러나 예언이 쇠퇴하기 시작함에 따라 새로운 형태의 교사들이 출현하였다. 지혜문학을 만들어낸 현인들은 바로 예언자들의 후계자들이었다. 그들은 다음에 서기관들에 의해 계승되어진 것으로 나타난다. 교사는 모두 예외 없이 남성이었다. 이스라엘 공동체가 교육에 의해 그 정체성과 명맥을 유지할 수 있었다고 한다면 그 중심에 역사적 변화의 상황마다 등장하여 제 역할을 충실히 감당했던 교사들이 있었다.

I. 교사의 성격

고대 이스라엘에서 교사의 범위 안에 들어올 수 있는 사람들의 성격은 다양하기 때문에 그들의 공통점을 찾기는 쉽지 않다. 그렇다 하더라도 이스라엘 신앙공동체에서 교사는 기본적으로 사람들의 존경을 받았다. 교사에 대한 그와 같은 존중은 암묵적인 사회적 합의에 의해 교사의 자격을 규정하게 된 것으로 보인다. 이에 부응하여 교사는 학습자를 자기의 자녀처럼 여기며 애정을 갖고 열심히 지도했다.

1. 교사의 정의

성서에서 교사는 이해를 시키거나(메빈) 지혜롭게(마스킬) 하는 사람으로 언급되었다.

> "명철한 사람 요야립과 엘라단"(스 8:16하, 개역개정)

> "여호와 앞에 구별되어서 온 이스라엘을 가르치는 레위 사람"(대하 35:3상, 개역개정)

> "백성 가운데서 지혜 있는 지도자들이 많은 사람을 깨우칠 것인데, …그 지혜 있는 지도자들 가운데"(단 11:33)

> "지혜 있는 사람은 하늘의 밝은 빛처럼 빛날 것이요, 많은 사람을 옳은 길로 인도한 사람은 별처럼 영원히 빛날 것이다."(단 12:3)

> "히스기야는 여호와를 섬기는 일에 통달한 모든 레위 사람에게 위로하였더라."(대하 30:22상, 개역)

그러나 이 말은 널리 수용되지 못했다. 나중에까지 남은 말은 '멜람메드'(מלמד)라는 말이다.

> "뭇 사람을 지식으로 가르치는 분에게 지식이 없겠느냐?"(시 94:10하)

"내가 주님의 증거를 늘 생각하므로, 내가 내 스승들보다도 더 지혜롭게 되었습니다."(시 119:99)

한 유대인 아버지가 아이르르 가르치고 있다. 19세기 포돌리아, 우크라이나

두 가지 명칭은 보다 전문적이다. '강사'(instructor)라는 뜻의 모레(מורה)가 있다. 이 말은 지혜교사, 제사장 또는 예언자(참고 사 9:14)에 대해 사용될 수 있었다.

"이스라엘은 오랫동안 참 하나님이 없이 지내 왔습니다. 가르치는 제사장도 없었고 율법도 없었습니다."(대하 15:3)

"그리하여 사마리아로부터 사로잡혀 온 제사장 가운데 한 사람이, 그리로 돌아가 베델에 살면서, 주님을 경외하는 방법을 그들에게 가르쳤다."(왕하 17:28)

"내가 스승에게 순종하지 않고, 나를 가르쳐 주신 분에게 귀를 기울이지 않고 있다가"(잠 5:13)

그리고 '교사'라는 뜻의 멜람메드가 있다.

"전도자는 지혜로운 사람이기에, 백성에게 자기가 아는 지식을 가르쳤다. 그는 많은 잠언을 찾아내서, 연구하고 정리하였다."(전 12:9)

"내가 스승에게 순종하지 않고, 나를 가르쳐 주신 분에게 귀를 기울이지 않고 있다가"(잠 5:13)

일반적으로 교사는 경험 있는 사람, '현명한' 사람, 하캄(חכם)으로 생각되었다. 이 형용사는 보다 일반적으로 사용될 수 있었는데, 교사와 스승의 특성을 나타내기 위해 몇 군데에서 사용되었다.

"지혜 있는 사람의 가르침은 생명의 샘이니, 죽음의 그물에서 벗어나게 한다."(잠 13:14)

"거만한 사람은 자기를 책망하는 사람을 좋아하지 않으며, 지혜 있는 사람을 찾아가지도 않는다."(잠 15:12)

"귀를 기울여서 지혜 있는 사람의 말을 듣고, 나의 가르침을 너의 마음에 새겨라."(잠 22:17)

"이것도 지혜로운 자들의 말씀이라. 재판할 때에 낯을 보아 주는 것이 옳지 못하니라."(잠 24:23, 개역개정)

'교사들'에 해당하는 명사 모림(מורים)과 멜람므딤(מלמדים)은 동사 야라(ירה)와 라마드(למד)의 어근으로부터 유래되었다.

"내가 스승에게 순종하지 않고, 나를 가르쳐 주신 분에게 귀를 기울이지 않고 있다가"(잠 5:13)

'지혜로운 자'라는 뜻을 지닌 용어 하캄(חכם)도 자주 교사라는 뜻으로 사용되었다.

"지혜로운 사람의 입술은 지식을 전파하지만"(잠 15:7상)

"지혜 있는 사람의 가르침은 생명의 샘이니"(잠 13:14상)

"지혜로운 자"라는 히브리어 복수형 단어는 학교와 학습자들(바님)과 규범(무사르) 및 제 원칙과 지혜의 수집록(또브레 하카밈) 등을 소유하고 있었던 소포이(σόφοι), 즉 희랍의 현인들을 연상시킨다. 또한 이보다 더 후기에서는 뻰(בין)이라는 기본형으로부터 파생된 '교사'를 뜻하는 명사 메빈(מבין)도 발견된다. 교사들은 학습자들(또는 아들들, 빼나임)을 거느렸다.

"이들이 제비를 뽑아서 책임을 맡을 때에는, 대가나 초보자나, 스승이나 배우는 사람이나, 구별을 두지 않았다."(대상 25:8)

"[1]아이들아, 내 말을 받아들이고, 내 명령을 마음 속 깊이 간직하여라."(잠 2:1)

2. 교사의 지위

유대에서 교사는 대단히 존경받는 사람들이었다. 교사가 된다는 것은 생애에서 누릴 수 있는 가장 큰 특권 중에 하나였다. 그것은 시내산에서 직접 하나님께로부터 받았던 것만큼 아동에게 율법을 가르치는 것이 커다란 특권이라는 전통이 내려왔기 때문이다. 교사 랍비는 부모 이상으로 존경 받았다.

"아버지 이상으로 선생을 공경하라. 아버지와 아들은 마땅히 교사를 존경해야만 하기 때문이다."[2]

"아비는 그를 이 세상에 낳았을 뿐이지만, 지혜를 가르치는 선생은 앞으로 닥칠 세상의 생활로 그를 이끌기 때문이다."[3]

랍비뿐만 아니라 초등학교 교사도 존경을 받았다.

---

1) 히, '내 아들아'. 스승이 제자를 부르는 말.
2) *Kerithoth* 6. 9. Barclay, *Educational Ideals in the Ancient World*, 유재덕 역, 『고대세계의 교육사상』 (서울: 기독교문서선교회, 1993), 48 재인용.
3) Baba Metzia 2. 11. William Barclay, *Educational Ideals in the Ancient World*, 48 재인용.

"너의 선생을 두려워하되 하늘을 두려워하듯 하라."[4]

교사들은 하나님께서 이스라엘에게 진리를 전달하실 때 사용한 예언자들과 대조되기도 하였다.[5] 유대에서 가르치는 자에 대한 존경은 당연한 것이었다. 자신의 친구에게서 단 한 장, 단 하나의 율법, 단 한 구절, 혹은 단 한 글자라도 배운 사람은 그를 존경해야 마땅하다고 전해졌다.[6]

왕자 유다(Judah the Prince)에 관한 일화가 있다. 그가 한 마을을 찾아가 파수꾼을 찾았다. 사람들이 그를 관리와 경비병에게 데려갔다. 그러자 그는 "이 사람들 말고." 라고 했다. "학교교사들이 이 도시의 파수꾼이다."라고 말했다고 한다.[7] "교사가 하늘의 뜻에 의해서 내려온 천사 같을 때에만 토라를 그의 입에서 구할 수 있다."[8] 교사를 하늘의 소식을 전하는 천사와 같이 보고 있음을 알려주는 말이다.

민수기에 관한 미드라쉬에서 교사는 '강가의 동산'으로 언급된다.

"계곡처럼 뻗었구나. 강가의 동산 같구나. 주님께서 심으신 침향목 같구나. 냇가의 백향목 같구나."(민 24:6)

"이들은 이스라엘 어린 아동의 교사들인데, 그들은 자신들의 기억에서 지혜로 이끌고 하늘 아버지의 뜻을 이해하고 구분하고 또 가르친다."[9]

구약의 교사는 기본적으로 유대인들이 가장 소중하게 여기는 율법의 해설자였기 때문에 공동체로부터 존경 받았다.

3. 교사의 자질

탈무드에서 말하는 교사의 자질은 다음과 같다. ① 교사는 아동을 사악한

---

4) *Sayings of the Fathers* 4. 15. Barclay, *Educational Ideals in the Ancient World*, 48 재인용.
5) *Shabbath* 119b. Barclay, *Educational Ideals in the Ancient World*, 48 재인용.
6) *Essays on Jewish Life and Thought: The Letters of Benammi*, second series, 56. Barclay, *Educational Ideals in the Ancient World*, 48 재인용.
7) *Jer. Hagig.* 1. 7. Barclay, *Educational Ideals in the Ancient World*, 48 재인용.
8) *Essays on Jewish Life and Thought: The Letters of Benammi*, second series, 56. Barclay, *Educational Ideals in the Ancient World*, 49 재인용.
9) C. G. Montefiore and H. M. J. Loewe, eds., *A Rabbinic Anthology*. Barclay, *Educational Ideals in the Ancient World*, 48 재인용.

것과의 어떤 접촉으로부터 지켜주고 아동이 부모에게 잘못해서 받는 쓰라림일지라도, 아동의 쓰라린 마음을 위로해주고 진짜 잘못된 행동에 대해서 벌을 주며, 또 아동을 편애하지 말아야 한다. ② 교사는 이 세계나 혹은 앞으로 도래할 세계에서의 결과에 관해 이야기함으로써 지나치게 아동을 위협하기보다는 그와 같은 것들에 대한 본질적인 혐오감 안에서 죄를 드러내어야 한다. ③ 교사는 결코 아동을 실망시켜서는 안 된다. 교사는 아동이 거짓말을 하거나 약속을 어기지 않도록 약속을 하지 말든지 했으면 반드시 지켜야 한다. ④ 교사는 결코 인내심을 잃어서는 안 된다. 만일 아동이 이해하지 못하거든 알기 쉽게 계속해서 그 문제를 끈기 있게 설명해야만 한다. 교사는 아동에게 날마다 짐을 조금씩 무겁게 얹는 송아지처럼 대하여야 한다. ⑤ 어떤 경우에도 교사는 학습자들을 친절하게 대하기 위해 노력해야 하고, 그럴 수 없을 때에만 체벌을 해야 한다. 그 경우에도 체벌은 지나치게 가혹해서는 안 된다. 체벌을 지나치게 가혹하게 하는 교사는 선생으로서 자격이 없다. 이스라엘에서는 체벌을 가할 때, 가죽끈으로 하도록 되어 있었고, 막대기로 해서는 안 되었다.[10] ⑥ "게으른 자는 아동을 위한 학교를 운영할 수 없다."[11] ⑦ 결혼하지 않은 자는 가르쳐서는 안 되었으며, 여자는 가르치는 일에 어울리지 않는다고 보았다. ⑧ 교사는 아주 차분해야 한다. 격한 사람은 가르칠 수 없기 때문이다. ⑨ 교사는 품위를 훼손해서는 안 되며, 아동이 있는 앞에서는 절대로 농담을 하거나 먹거나 마셔서도 안 된다.[12]

교사의 자질과 관련된 이 같은 내용들은 유대인들이 교사의 학문적 소양보다 도덕적 품성에 훨씬 더 관심을 가졌음을 보여주는 것이다. 그들의 일차적 질문은 "그가 어떤 기술을 갖춘 학자냐?"가 아니라 "그는 어떤 유형의 사람이냐?"였다. 유대인들은 성품만이 성품을 낳을 수 있음을 잘 알고 있었다.

4. 교사와 학습자의 관계

고대 근동의 전통과 일치해서 교사와 학습자 또는 스승과 제자의 관계는

10) A. Edersheim, *Sketches of Jewish Social Life in the Days of Christ*, 135-136. Barclay, *Educational Ideals in the Ancient World*, 45 재인용.

11) *Kiddushin* 4. 13. Barclay, *Educational Ideals in the Ancient World*, 45-46 재인용.

12) *Sayings of the Fathers* 2. 6. Barclay, *Educational Ideals in the Ancient World*, 47 재인용. Kiddushin 820. Nathan Morris, *The Jewish School: An Introduction to the History of Jewish Education* (London: Eyre and Spottiswoode, 1937), 42 재인용.

'아버지'와 '아들' 관계의 차원에서 은유적으로 표현된다.[13] 교사와 학습자에 대한 이와 같은 호칭은 문자적으로 들으면 오해가 있을 수 있다. 마치 아버지가 자녀들에게 모든 것, 즉 읽기, 쓰기, 그리고 민족적 종교적 전통들을 모두 가르치는 교사의 노릇을 해야 하는 것으로 생각할 수 있다. 성서적 전통에 따르면, 부모가 자기 자녀들에 대한 일반 교육에 책임이 있다면, 그러나 잠언, 코헬렛, 그리고 시락 같은 지혜서들에서 '아버지'에 대한 언급들 대부분은 교사에 대한 언급들로 이해되어야 한다. 교사가 그의 학습자에게 말할 때 사용한 '나의 아들'(benî)이란 명칭은 '아버지', '나의 아버지'란 존칭에 상응한다.

"[14]아이들아, 아버지의 훈계를 잘 듣고, 어머니의 가르침을 저버리지 말아라.
아이들아, 악인들이 너를 꾀더라도, 따라가지 말아라.
아이들아, 그들이 이렇게 말하더라도, 너는 그들과 함께 다니지 말고, 네 발을 그들이 가는 길에 들여놓지 말아라.(잠 1:8, 10, 15)

"아이들아, 내 말을 받아들이고, 내 명령을 마음 속 깊이 간직하여라."(잠 2:1)

"아이들아, 내 가르침을 잊지 말고, 내 계명을 네 마음에 간직하여라."(잠 3:1)[15]

이것은 예언자와 제자 사이의 관계에도 해당된다.

"엘리사가 이 광경을 보면서 외쳤다.
'나의 아버지! 나의 아버지! 이스라엘의 병거이시며 마병이시여!'"(왕하 2:12상)

"엘리사가 죽을병이 들자, 이스라엘 왕 여호아스가 그에게로 내려왔다. 그리고 그 앞에서 눈물을 흘리며 말하였다.
'나의 아버지, 나의 아버지, 이스라엘의 병거와 마병이시여!'"(왕하 13:14 참고)

학습자(나 그의 부모)는 교사를 '아버지'로서 존경하는 마음으로 끝나는 것이 아니라 그들의 봉사 대가로 무엇인가 보상을 했던 것 같다. 신명기에서 볼 수 있는 레위인 배려에 대한 권고를 통해 짐작할 수 있다.

---

13) P. Nel, The Concept of "Father" in the Wisdom Literature of the Ancient Near East, JNSL 5(1977): 53-66. André Lemaire, "Education (Israel)," David N. Freedman, ed., *The Anchor BiBle Dictionary* 2 (New York: Doubleday, 1992), 311.
14) 히, '내 아들아'. 스승이 제자를 부르는 말.
15) 또한 Ahiqar의 잠언들 82, 96, 127, 149행도 참고.

"거기에서 당신들은 주 당신들의 하나님을 앞에 모시고 즐거워하십시오. 당신들만이 아니라, 당신들의 자녀들, 남종과 여종, 당신들처럼 차지할 몫이나 유산도 없이 성 안에서 사는 레위 사람을 다 불러서 함께 즐거워하십시오."(신 12:12)

"부디 당신들은 그 땅에 사는 동안에 레위 사람을 저버리지 않도록 하십시오."(신 12:19)

"그러나 성 안에서 당신들과 함께 사는 레위 사람은, 유산도 없고 차지할 몫도 없는 사람들이니, 그들을 저버리지 않도록 하십시오."(신 14:27)

"당신들은 이 절기에 당신들과 당신들의 아들과 딸과 남종과 여종과 성 안에서 같이 사는 레위 사람과 떠돌이와 고아와 과부까지도 함께 즐거워해야 합니다."(신 16:14)

"레위 사람과, 당신들 가운데서 사는 외국 사람과 함께, 주 당신들의 하나님이 당신들과 당신들의 집안에 주신 온갖 좋은 것들을 누리십시오. 세 해마다 십일조를 드리는 해가 되면, 당신들은 당신들의 모든 소출에서 열의 하나를 따로 떼어서, 그것을 레위 사람과 외국 사람과 고아와 과부에게 나누어 주고, 그들이 당신들이 사는 성 안에서 마음껏 먹게 하십시오. 그렇게 할 때에 당신들은 하나님께 이렇게 아뢰십시오. '우리는 주님께서 우리에게 명하신 대로, 우리 집에서 성물을 내어 레위 사람과 외국 사람과 고아와 과부에게 다 나누어 주어서, 주님의 명령을 잊지 않고 어김없이 다 실행하였습니다.'"(신 26:11~13)

교사에 대한 감사 표시는 '지혜는 산다'는 '퀘네 호크마' 내용의 잠언에서도 나타난다.[16]

"참으로 지혜를 얻는 것이 은을 얻는 것보다 낫고, 황금을 얻는 것보다 더 유익하다."(잠 3:14)

"지혜가 으뜸이니, 지혜를 얻어라. 네가 가진 모든 것을 다 바쳐서라도 명철을 얻어라."(잠 4:7)

"너희는 은을 받기보다는 내 훈계를 받고, 금을 선택하기보다는 지식을 선택하여라."(잠 8:10)

"지혜를 얻는 것이 금을 얻는 것보다 낫고, 명철을 얻는 것이 은을 얻는 것보다 낫

---

16) "가령 은을 많이 주고서 지혜를 배우면 그 덕으로 많은 금을 얻을 것이다."(집회 51:28) 참고.

다."(잠 16:16)

이 같은 교사에게 보수를 지급하는 습관은 고대에 잘 알려져 있었고 아마 예루살렘의 '고등학교' 학습자들이 왜 일반적으로 고위관리나 지도자적 시민들의 부유한 가정 출신인지를 설명할 수 있는 근거가 될 것이다.[17] 따라서 고대 이스라엘에서 가정 형편이 어려워 학교에 다니기 어려운 경우가 충분히 있었을 것이다.[18] 그들은 자녀를 흡족할 만한 교사에게 보낼 수 없었을 것이다. 가정 형편이 어려워 아예 학교에 보내지 않고 집에 방치하는 경우도 많았을 것이다.[19] 그래서 가난한 가정에서도 자녀 교육을 시킬 수 있도록 수업료를 받지 말아야 한다는 주장이 있었다. 이와 같은 여러 상황을 고려할 때 결국 수업료는 정해진 금액이 있는 것이 아니라 형편에 따라 아버지와 교사 사이의 의논을 거쳐 책정된 것 같다.[20]

---

17) 탈무드에 따르면 이스라엘 학교 교사의 봉급은 사회에서 지불해야 했고 그것을 위해 세금이 할당되었는데 세금은 자녀를 둔 사람으로만 제한되었으며, 또 지불할 수 없는 사람들의 재산을 압류할 수도 있었다. *Pesikta* 178, a, b. Barclay, *Educational Ideals in the Ancient World*, 33 재인용.

18) Morris, *The Jewish School*, 43.

19) Morris, *The Jewish School*, 45.

20) Morris, *The Jewish School*, 44.

II. 하나님

성서에서 하나님은 자신을 교사로도 나타내신다. 엘리후는 세 차례 욥에게 하나님이 교사이심을 상기시켰다.

> "사람이 꿈을 꿀 때에, 밤의 환상을 볼 때에, 또는 깊은 잠에 빠질 때에, 침실에서 잠을 잘 때에, 바로 그때에, 하나님은 사람들의 귀를 여시고, 말씀을 듣게 하십니다."(욥 33:15~16)

> "하나님이 우리에게 짐승이나 새가 가진 지혜보다 더 나은 지혜를 주시는데도 하나님께로 돌아가지 않습니다."(욥 35:11)

> "하나님의 능력이 얼마나 큰지를 기억하십시오. 하나님은 우리 모두에게 위대한 스승이십니다."(욥 36:22)

하나님은 교육 내용의 근원이 되시는 교사이시다. 하나님은 당신 자신이 교육 내용일 뿐만 아니라 그것을 자기 백성들에게 알리신다. 하나님은 모든 진리를 지으시고 알리시는 분이시다.[21] 내용 자체이신 하나님은 교사 그 자체이시다. 한 스승이신 하나님은 인간들에게 지식을 부여해주실 뿐만 아니라 또한 인간들 스스로가 남을 가르치도록 인간을 실제로 고무시켜주신다.

> "그에게 하나님의 영을 가득하게 하시고, 지혜와 총명과 지식과 온갖 기술을 갖추게 하셨습니다. 그래서 그는 여러 가지를 생각해 내어, 그 생각해 낸 것을 금과 은과 놋으로 만들고, 온갖 기술을 발휘하여, 보석을 깎아 물리는 일과, 나무를 조각하는 일을 하게 하셨습니다. 또한 주님께서는 그와 단 지파 사람 아히사막의 아들 오홀리압에게는 남을 가르치는 능력도 주셨습니다. 주님께서는 그들에게 기술을 넘치도록 주시어, 온갖 조각하는 일과 도안하는 일을 할 수 있게 하시고, 청색 실과 자주색 실과 홍색 실과 가는 모시 실로 수를 놓아 짜는 일과 같은 모든 일을 할 수 있게 하시고, 여러 가지를 고안하게 하셨습니다."(출 35:31~35)

하나님이 교사라는 사실은 교사의 직을 신적인 것으로 만든다. 하나님이 교사이시므로 가르치는 직책은 참으로 신성한 직책이 아닐 수 없고 모든 사람들

---

21) Robert W. Pazmiño, *Foundational Issues in Christian Education: An Introduction in Evangelical Perspective*, 박경순 역, 『기독교 교육의 기초』 (서울: 디모데, 2003), 22.

에게 매우 영광스럽게 생각되었다.[22)]

1. 교사의 원형

이스라엘에서는 하나님이 그 백성 이스라엘을 인도하시고 훈련하는 교사로 생각되었다.

> "당신들은, 사람이 자기 자녀를 훈련시키듯이, 주 당신들의 하나님도 당신들을 훈련시키신다는 것을 마음속에 새겨 두십시오."(신 8:5)

하나님이 교사라는 사상은 아주 오랜 역사를 지니고 있다. 그것은 모세를 하나님으로부터 직접적으로 지시를 받은 범상치 않은 지도자로 묘사하는 데서 분명히 볼 수 있다. 교육의 시작부터 교육은 하나님께서 명령하신 사명으로 여겨졌다.

> "주 우리의 하나님은 우리가 기도할 때마다 우리 가까이에 계시는 분이십니다. 이와 같은 하나님을 모신 위대한 민족이 어디에 또 있겠습니까?"(신 4:7 비교)

더욱이 모든 교사들의 원형은 모세를 통하여 이스라엘을 가르치신 한 스승, 곧 야훼 그 자신이었다. 모세가 그에 대해 증언한다.

> "이스라엘 자손 여러분, 지금 내가 당신들에게 가르쳐 주는 규례와 법도를 귀담아 듣고, 그대로 지키십시오."(신 4:1상)[23)]

> "보십시오, 내가, 주 나의 하나님이 나에게 명하신 대로, 당신들에게 규례와 법도를 가르쳐 주었습니다."(신 4:5)

야훼 자신이 모세의 스승이었다.

> "그러니 가거라. 네가 말하는 것을 내가 돕겠다. 네가 할 말을 할 수 있도록, 내가

---

22) J. Kaster, "Education, OT," George A. Buttrick, ed., *The Interpreter's Dictionary of the Bible*, 『기독교대백과사전』 1권 (서울: 기독교문사, 1980), 1157.

23) 여기서 '가르치다'를 뜻하는 피엘형 동사 메람메드(מלמד)가 사용되고, '명령하다'라는 동사가 사용되지 않았음.

너에게 가르쳐 주겠다."(출 4:12)

심지어 모세가 자신의 사명을 받아들이기를 거절하였을 때에도 하나님은 그에게 말씀하셨다.

"너희가 하여야 할 말을 가르쳐 주겠다."(출 4:15하)

마찬가지로 야훼께서 그의 백성에게 분노하실 때에 그것은 오로지 선생이 그의 제자들에게 나타내는 분노와 같았으며, 그의 백성들을 징벌하실 때일지라도 항상 그들 곁에 계시며 그들을 올바른 길로 인도하시는 모습을 보이신다.

"비록 주님께서 너희에게 환난의 빵과 고난의 물을 주셔도, 다시는 너의 스승들을 숨기지 않으실 것이니, 네가 너의 스승들을 직접 뵐 것이다."(사 30:20)

이와 똑같은 취지의 내용이 욥기에도 나타나 있다.

"하나님의 능력이 얼마나 큰지를 기억하십시오. 하나님은 우리 모두에게 위대한 스승이십니다."(욥 36:22)

그리고 또한 인간의 편에서 하나님께 가르침을 베풀어 주시기를 청한 경우도 있다.

"내가 걸어온 길을 주님께 말씀드렸고, 주님께서도 나에게 응답하여 주셨으니, 주님의 율례를 내게 가르쳐 주십시오. 나를 도우셔서, 주님의 법도를 따르는 길을 깨닫게 해주십시오. 주님께서 이루신 기적들을 묵상하겠습니다."(시 119:26~27)

야훼는 "뭇 사람을 지식으로 가르치는 분"(시 94:10)이시다. 더구나 하나님께서 시온을 회복하시는 그날이 이르면 "나 주가 너의 모든 아이를 제자로 삼아 가르치겠고"(사 53:13상)라는 구절에서 우리는 그 첫 번째로 만인의 교육에 대한 열망이 표현된 것을 본다.[24]

후대의 다니엘서 역시 하나님께서 중요한 지식을 유대 왕궁의 학습자들에게 전했다는 생각을 나타낸다.

24) Kaster, "Education, OT," 1154.

> "하나님은 이 네 젊은이들이 지식을 얻게 하시고, 문학과 학문에 능통하게 하셨다. 그밖에도 다니엘에게는 환상과 온갖 꿈을 해석하는 능력까지 주셨다."(단 1:17)

성서 기자들은 하나님을 교사로 묘사한다. 이런 이미지는 특히 이사야에게 속한 전통에서 강하다. 이런 본문들 중의 하나는 위험한 실족을 막으려는 즉각적 가르침에 대해 언급한다.

> "비록 주님께서 너희에게 환난의 빵과 고난의 물을 주셔도, 다시는 너의 스승들을 숨기지 않으실 것이니, 네가 너의 스승들을 직접 뵐 것이다. 네가 오른쪽이나 왼쪽으로 치우치려 하면, 너의 뒤에서 '이것이 바른 길이니, 이 길로 가거라.' 하는 소리가 너의 귀에 들릴 것이다."(사 30:20~21)

> "백성들이 오면서 이르기를 '자, 가자. 우리 모두 주님의 산으로 올라가자. 야곱의 하나님이 계신 성전으로 어서 올라가자. 주님께서 우리에게 주님의 길을 가르치실 것이니, 주님께서 가르치시는 길을 따르자' 할 것이다. [25]율법이 시온에서 나오며, 주님의 말씀이 예루살렘에서 나온다."(사 2:3 비교)

이스라엘에 있어서 하나님은 일차적으로 교육하시는 분이었다. 하나님은 '스승'으로 불려졌다.

> "주께서 너희에게 환난의 떡과 고생의 물을 주시나 네 스승은 다시 숨기지 아니하시리니 네 눈이 네 스승을 볼 것이며 너희가 오른쪽으로 치우치든지 왼쪽으로 치우치든지 네 뒤에서 말소리가 네 귀에 들려 이르기를 이것이 바른 길이니 너희는 이리로 가라 할 것이며 또 너희가 너희 조각한 우상에 입힌 은과 부어 만든 우상에 올린 금을 더럽게 하여 불결한 물건을 던짐 같이 던지며 이르기를 나가라 하리라."(사 30:20~22, 개역개정)

그리하여 이사야는 백성들이 지식을 위해 우상이나 죽은 자들에게 물을 것이 아니라 반드시 하나님께 물어야 한다고 생각하였다.

> "어떤 사람이 너희에게 말하기를 주절거리며 속살거리는 신접한 자와 마술사에게 물으라 하거든 백성이 자기 하나님께 구할 것이 아니냐 산 자를 위하여 죽은 자에게 구하겠느냐 하라."(사 8:19, 개역개정)

---

25) 또는 '가르침' 또는 '교훈'.

2. 교육의 내용

하나님께서는 무엇보다 사람들을 직접 가르치셨다. 당신의 본성과 계획, 그리고 기준을 구전을 통해 말씀하셨다. 초기 하나님의 구전 가르침을 수용한 사람들은 아담, 이브, 에녹, 노아, 아브라함, 야곱, 욥, 그리고 모세 등이었다.[26]

율법. 하나님께서는 스승으로서 그의 백성으로 하여금 그의 말씀을 듣도록 촉구하셨다.

"내 백성아, 내 교훈을 들으며, 내 말에 귀를 기울여라."(시 78:1 이하).

율법은 야훼에 의해 주어진 교육 내용이었다. 그가 가르치신 바의 본질은 율법이었다.

"하나님이 친히 말씀하여 주시는 교훈을 받아들이고, 그의 말씀을 네 마음에 깊이 간직하여라."(욥 22:22)

"주님, 주님께서 꾸짖으시고 주님의 법으로 친히 가르치시는 사람은 복이 많은 사람입니다."(시 94:12)

"주님의 율례를 내게 가르쳐 주십시오. … 주님의 법도를 …"(시 119:26 이하)

율법의 가르침은 또한 후대에 전하는 일을 포함하였다.

"우리가 이것을 숨기지 않고 우리 자손에게 전하여 줄 것이니, 곧 주님의 영광스러운 행적과 능력과 그가 이루신 놀라운 일들을 미래의 세대에게 전하여 줄 것이다."(시 78:4)

율법을 교육하는 일과 역사 안에서의 하나님의 활동은 분리되지 않는다.

모세가 하나님께 아뢰었다.
"제가 이스라엘 자손에게 가서 '너희 조상의 하나님께서 나를 너희에게 보내셨다.'

---

26) Roy B. Zuck. "Education in the Pentateuch," Michael J. Anthony, ed., *Evangelical Dictionary of Christian Education*. Baker Reference Library (Grand Rapids, MI: Baker Academic, 2001), 232.

하고 말하면, 그들이 저에게 '그의 이름이 무엇이냐?' 하고 물을 터인데, 제가 그들에게 무엇이라고 대답해야 합니까?"
하나님이 모세에게 대답하셨다.
"[27]나는 곧 나다. 너는 이스라엘 자손에게 이르기를, '나'라고 하는 분이 너를 그들에게 보냈다고 하여라."
하나님이 다시 모세에게 말씀하셨다.
"너는 이스라엘 자손에게 이르기를 '[28]여호와, 너희 조상의 하나님, 곧 아브라함의 하나님, 이삭의 하나님, 야곱의 하나님이 나를 너희에게 보내셨다.' 하여라. 이것이 영원한 나의 이름이며, 이것이 바로 너희가 대대로 기억할 나의 이름이다."(출 3:13~15)

"이스라엘 하나님의 이름은 '문장으로 이루어진 이름'으로 '그가 계시리라.', 조금 더 풀어 말하면 '그는 늘(너희를 위해) 거기 계시리라.'는 뜻으로 이해할 수 있다. 따라서 '나는 스스로 있는 자니라.'와 '스스로 있는 자'라는 번역은 히브리 낱말의 뜻을 충분히 살리지 못한다. 하나님은 모세에게 자신의 이름을 1인칭 형식("나는 …")으로 말씀하시고, 이로써 그 이름이 자신의 본질을 드러내며 자신의 행위를 가리킨다는 점을 분명히 밝히신다(내용상으로는 '내가 정녕 너와 함께 있으리라.'는 12절의 진술과 비슷하다)."[29]

삶에서 입증되는, 참된 슬기는 사람이 하나님의 말씀(법, 율법)을 들을 때 얻을 수 있다. 일시적으로는 모든 것이 그렇지 않아 보이더라도, 궁극적으로는 하나님께서 몸소 이 법을 유효하게 하실 것이다.[30]

"주님, 내가 기쁨으로 드리는 감사의 기도를 즐거이 받아 주시고, 주님의 규례를 내게 가르쳐 주십시오."(시 119:108)

농사. 또 다른 본문은 하나님께서 농부들이 제대로 농사짓는 것을 가르친다고 주장한다.

"너희는 귀를 기울여서, 나의 목소리를 들어라. 주의 깊게 내가 하는 말을 들어라. 씨를 뿌리려고 밭을 가는 농부가, 날마다 밭만 갈고 있겠느냐? 흙을 뒤집고 써레질만 하겠느냐? 밭을 고르고 나면, 소회향 씨를 뿌리거나 대회향 씨를 뿌리지 않겠느냐?

---

27) 칠십인 역에는 '나는 스스로 있는 자다.' 히, '나는 되고자 하는 대로 될 나일 것이다.'
28) '여호와'라고 번역한 히브리어는, 14절의 '나는……이다(또는 있다)'와 발음이 비슷하고, 뜻에 있어서도 서로 관련이 있음.
29) 『해설·관주 성경전서: 독일성서공회판』, 101.
30) 『해설·관주 성경전서: 독일성서공회판』, 949-50.

밀을 줄줄이 심고, 적당한 자리에 보리를 심지 않겠느냐? 밭 가장자리에는 귀리도 심지 않겠느냐? 농부에게 밭농사를 이렇게 짓도록 일러주시고 가르쳐 주신 분은, 바로 하나님이시다. 소회향을 도리깨로 쳐서 떨지 않는다. 대회향 위로는 수레바퀴를 굴리지 않는다. 소회향은 작대기로 가볍게 두드려서 떨고, 대회향도 막대기로 가볍게 두드려서 편다. 사람이 곡식을 떨지만, 낟알이 바스러지도록 떨지는 않는다. 수레바퀴를 곡식 위에 굴릴 때에도, 말발굽이 그것을 으깨지는 않는다. 이것도 만군의 주님께서 가르쳐 주신 것이다. 주님의 모략은 기묘하며, 지혜는 끝없이 넓다."(사 28:23~29)

[그림52] 〈소회향〉(왼쪽)과 〈대회향〉(오른쪽)

From Wikipedia

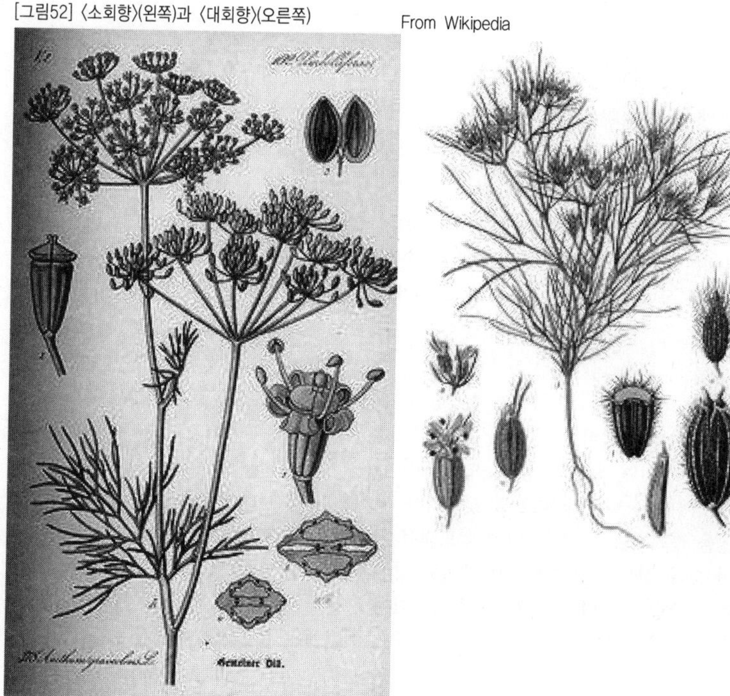

윌리엄 바클레이(William Barclay)에 따르면, 유대 농경 사회에서 땅에서 일하는 것은 끊임 없이 하나님의 방식으로 교육되는 것이었다. 그래서 땅과 자연의 질서에 대해 말하는 것은 가르치시는 하나님에 대해 말하는 것에 다름 아니다. 그는 유월절 등의 절기까지도 농경적 의미가 있다고 한다.31)

> "너희는 마음속으로라도 '주 우리의 하나님은 두려운 분이다. 그분은 제때에 비를 주고, 이른 비와 늦은 비를 철따라 내리며, 곡식을 거두는 일정한 시기를 정하여 주었다.' 하고 말한 적이 없다."(렘 5:24)

추수기한을 정하는 식으로 우주를 통치하는 존재는 하나님뿐이다.

> "이방 사람이 섬기는 허황된 우상들 가운데 비를 내리는 신들이 있습니까? 하늘인들 스스로 소나기를 내려 줄 수가 있습니까? 주 우리의 하나님, 그런 분은 바로 주님이 아니십니까? 그러므로 우리는 오직 주님께만 희망을 걸고 있습니다. 주님께서 이 모든 것을 지으셨기 때문입니다."(렘 14:22)

자연 질서. 유대인들은 우주적 자연 질서와 도덕적 법칙을 연관 지어 생각했다. 그래서 범죄와 자연의 혜택은 연관이 있어서 백성이 범죄를 저지르면 비가 그칠 수 있다.

> "그래서 추수하기 석 달 전에 내리는 비도 너희에게는 내리지 않았다. 또 내가 어떤 성읍에는 비를 내리고, 어떤 성읍에는 비를 내리지 않았다. 어떤 들녘에는 비를 내리고, 어떤 들녘에는 비를 내리지 않아서 가뭄이 들었다."(암 4:7)

> "당신들이, 오늘 내가 당신들에게 명하는 [32]그의 명령들을 착실히 듣고, 주 당신들의 하나님을 사랑하며, 온 마음과 정성을 다하여 주님을 섬기면, [33]주님께서 당신들 땅에 [34]가을비와 봄비를 철 따라 내려 주셔서, 당신들이 곡식과 포도주와 기름을 거두게 하실 것이며, 들에는 당신들의 가축이 먹을 풀을 자라게 하여 주실 것이며, 그리하여 당신들은 배불리 먹고 살 것입니다. 당신들은, 유혹을 받고 마음이 변하여, 다른 신들을 섬기거나 그 신들 앞에 엎드려서 절을 하는 일이 없도록 주의하십시오. 당신들이 다른 신들을 섬기면, 주님께서는 당신들에게 진노하셔서, 하늘을 닫고 비를 내리지 않으실 것이며, 당신들은 밭에서 아무것도 거두지 못할 것입니다. 그렇게 되면 당신들은, 주님께서 주신 기름진 땅에서도 순식간에 망할 것입니다."(신 11:13~17)

> "주님, 주님께서 꾸짖으시고 주님의 법으로 친히 가르치시는 사람은 복이 많은 사람입니다."(시 94:12)

---

31) Barclay, *Educational Ideals in the Ancient World*, 17-18.
32) 칠십인 역을 따름. 히, '나의'.
33) 사마리아 오경과 칠십인 역과 불가타를 따름. 히, '내가'.
34) 히, '이른 비와 늦은 비'.

예언자 예레미야는 하나님께서 사악한 죄인들을 가르치는 데는 실패하신다고 말한다. 배우고자 하지 않는 사람은 가르칠 수 없다는 사실을 보여준다.

> "그들은 나에게 등을 돌려 나를 외면하였다. 내가 그들을 쉬지 않고 가르쳐 주고 또 가르쳐 주었으나, 그들은 나의 교훈을 받아들이지 않았다."(렘 32:33)

종교지도자들은 재난을 하나님이 사랑하는 자들에 대한 훈련으로 설명했다. 이 같은 동기는 특히 욥기에서 두드러진다.[35)]

하나님께서 가르치신다는 것 자체가 희망이었다. 미래의 희망은 하나님께서 그 백성을 가르치실 것이라는 것이다.

> "나 주가 너의 모든 아이를 제자로 삼아 가르치겠고, 너의 아이들은 번영과 평화를 누릴 것이다."(사 54:13)

새로운 언약의 희망은 모든 사람이 야훼를 알고 그의 가르침을 받는 것이다.

> "그때가 오면, 내가 이스라엘 가문과 유다 가문에 새 언약을 세우겠다. 나 주의 말이다. 이것은 내가 그들의 조상의 손을 붙잡고 이집트 땅에서 데리고 나오던 때에 세운 언약과는 다른 것이다. … 내가 이스라엘 가문과 언약을 세울 것이니, 나는 나의 율법을 그들의 가슴 속에 넣어 주며, 그들의 마음 판에 새겨 기록하여, 나는 그들의 하나님이 되고, 그들은 나의 백성이 될 것이다. 나 주의 말이다. 그때에는 이웃이나 동포끼리 서로 '너는 주님을 알아라.' 하지 않을 것이니, 이것은 작은 사람으로부터 큰 사람에 이르기까지, 그들이 모두 나를 알 것이기 때문이다."(렘 31:31~34)

3. 교사 세우기

하나님은 유일하신 교사이지만 사람들을 직접 가르치지는 않는다. 하나님께서 주신 율법은 사람들을 통하여 모세와 제사장들, 예언자들과 그의 종을 통해 전달되었다. 야훼는 교사의 원형을 깨우쳐주셨으나, 율법은 모세를 통해 이스라

---

35) James L. Crenshaw, "Education, OT," *The New Interperter's Dictionary of The Bible*. .vol. 2. Katharine D. Sakenfeld, ed. (New York: Abingdon Press 2006): 199.

엘에 전달되었다.

> "보십시오. 내가, 주 나의 하나님이 나에게 명하신 대로, 당신들에게 규례와 법도를 가르쳐 주었습니다. 당신들이 들어가 차지할 땅에서 당신들이 그대로 지키도록 하려고 그렇게 가르쳤습니다."(신 4:5)

모세를 통하여 이스라엘은 다음세대를 교육시키라는 계명을 받았다.

> "당신들은 오로지 삼가 조심하여, 당신들의 눈으로 본 것들을 잊지 않도록 정성을 기울여 지키고, 평생 동안 당신들의 마음 속에서 사라지지 않도록 하십시오. 또한 그것을 당신들의 자손에게 길이 알리십시오. 당신들이 호렙 산에서 당신들의 하나님이신 주님 앞에 섰던 날에, 주님께서 나에게 말씀하셨습니다.
> '이 백성을 나에게로 불러 모아라. 내가 그들에게 나의 말을 들려주어서, 그들이 이 땅에서 사는 동안에 나를 경외하는 것을 배우고, 또 이것을 그들의 아들딸에게 가르치게 하려고 한다.'"(신 4:9~10)

하나님은 지식과 계시의 원천, 이스라엘에서의 교사의 원형을 깨닫게 하시면서, 그는 다른 사람들에게 교육을 행하라는 계명을 주셨고 또한 그들을 통해 지식을 전달하여 주셨다. 그는 계명을 주셨을 뿐 아니라 사람들에게 가르침을 베풀도록 영감을 불어넣어 주셨다.

> "그에게 하나님의 영을 가득하게 하시고, 지혜와 총명과 지식과 온갖 기술을 갖추게 하셨습니다. 그래서 그는 여러 가지를 생각해 내어, 그 생각해 낸 것을 금과 은과 놋으로 만들고, 온갖 기술을 발휘하여, 보석을 깎아 물리는 일과, 나무를 조각하는 일을 하게 하셨습니다. 또한 주님께서는 그와 단 지파 사람 아히사막의 아들 오홀리압에게는 남을 가르치는 능력도 주셨습니다. 주님께서는 그들에게 기술을 넘치도록 주시어, 온갖 조각하는 일과 도안하는 일을 할 수 있게 하시고, 청색 실과 자주색 실과 홍색 실과 가는 모시 실로 수를 놓아 짜는 일과 같은 모든 일을 할 수 있게 하시고, 여러 가지를 고안하게 하셨습니다."(출 35:31~35)

그가 계명도 영감도 주지 않으셨다면 그들의 가르침은 아무 소용이 없을 것이다.

> "주님께서 나에게 말씀하셨다.
> '그 예언자들은 내 이름으로 거짓 예언을 하고 있다. 나는 그들을 예언자로 보내지도 않았고, 그들에게 명하지도 않았고, 그들에게 말하지도 않았다. 그들이 이 백성에게

예언하는 것은, 거짓된 환상과 [36]허황된 점괘와 그들의 마음에서 꾸며낸 거짓말이다.'"(렘 14:14)

"우상을 무엇에다 쓸 수 있겠느냐? 사람이 새겨서 만든 것이 아니냐? 거짓이나 가르치는, 부어 만든 우상에게서 무엇을 얻을 수 있겠느냐? 그것을 만든 자가 자신이 만든 것을 의지한다고 하지만, 그것은 말도 못하는 우상이 아니냐? 나무더러 '깨어나라!' 하며, 말 못하는 돌더러 '일어나라!' 하는 자야, 너는 망한다! 그것이 너를 가르치느냐? 기껏 금과 은으로 입힌 것일 뿐, 그 안에 생기라고는 전혀 없는 것이 아니냐?"(합 2:18~19)

사비에르 레옹-뒤푸르(Xavier Léon-Dufour)에 따르면, 성서의 하나님은 탁월한 교육자이시다. 그분은 계명과 시련을 통하여 당신 백성(부차적으로는 각 개인들)이 믿음 안에서 율법에 기꺼이 순종하기를 원하셨다. 현자들이나 가정에서 하는 교육이, 세속적인 것으로 보일지라도 사실은 인간에 대한 하나님의 교육을 표현하고 있음을 지혜서들이 분명하게 가르치고 있다.

"주님을 경외하는 것이 지식의 근본이어늘, [37]어리석은 사람은 지혜와 훈계를 멸시한다."(잠 1:7)

그분의 교육은 세 단계로 나뉜다. 첫 단계는 하나님 당신께서 직접 당신의 백성을 교육시키시는 단계이고, 다음은 예수 그리스도를 통해서, 그리고 성령을 통해 당신의 교육 사역을 완성하신다.[38]

"나 주가 너의 모든 아이를 제자로 삼아 가르치겠고, 너의 아이들은 번영과 평화를 누릴 것이다."(사 54:13)

이사야는 미래에 재건될 예루살렘의 외적인 광채에 내적인 상태도 어울리도록 이 성읍 안의 사람들(네 모든 자녀들)은 하나님의 제자로서 하나님에게 직접 그 계명을 배우게 될 것이다라고 하였다.[39]

---

36) 또는 '우상 숭배와'.

37) '어리석은 사람'으로 번역된 히브리어 '에빌림'은 잠언 전체와 구약의 여러 곳에서 도덕적 결함이 있는 사람을 가리킴. 단순히 '둔한 사람'과 구별됨.

38) Xavier Léon-Dufour, "교육", *Vocabulaire de Theologie Biblque*, 임춘갑 역, 『성서신학사전』(광주: 광주가톨릭대학, 1984), 47-50.

39) 『해설·관주 성경전서: 독일성서공회판』, 1154.

"나를 보내신 아버지께서 이끌어 주지 아니하시면, 아무도 내게 올 수 없다. 나는 그 사람들을 마지막 날에 살릴 것이다. 예언서에 기록하기를[40] '그들이 모두 하나님께 가르침을 받을 것이다.' 하였다. 아버지께 듣고 배운 사람은 다 내게로 온다."(요 6:44~45)

"예수는 이 증언으로써 하나님은 각 사람을 예수에게 인도하시기 위하여(요 6:44~45상) 그 양심에 말씀하신다(45상)."[41]

"그러나 그 시절이 지난 뒤에, 내가 이스라엘 가문과 언약을 세울 것이니, 나는 나의 율법을 그들의 가슴 속에 넣어 주며, 그들의 마음 판에 새겨 기록하여, 나는 그들의 하나님이 되고, 그들은 나의 백성이 될 것이다. 나 주의 말이다. 그때에는 이웃이나 동포끼리 서로 '너는 주님을 알아라.' 하지 않을 것이니, 이것은 작은 사람으로부터 큰 사람에 이르기까지, 그들이 모두 나를 알 것이기 때문이다. 내가 그들의 허물을 용서하고, 그들의 죄를 다시는 기억하지 않겠다. 나 주의 말이다."(렘 31:33~34)

"구원에 이르게 하는 하나님의 한 뜻을 알려주는 율법(법), 그리하여 궁극적으로는 하나님을 '아는 것'과 인정하는 것이 중요한 그 율법이 지난날에는 늘 이스라엘의 겉에서 맴돌았다. 아무리 권고하고 가르쳐주어도(신 6:3~4, 6~7, 12 참조) 이스라엘은 율법을 지키지 않았으므로('나의 언약을 깨뜨려 버렸다.'), 하나님은 자기 백성이 바빌론으로 사로잡혀가는 심판을 내릴 수밖에 없었다. … 하나님은 율법이 장래에는 더 이상 자기 백성의 겉에서 맴도는 요구로 머물러 있지 않고 그 속에 지니는 것 곧 속에서부터 나와 삶을 결정하는 힘이 되는 기적을 일으키시려고 하신다(신 24:6~7; 32:28~40; 사 54:13; 겔 11:19~20; 36:26~28 참조). … 율법을 마음속에 기록하는 것은 마지막 때에 성령을 부어주심으로써 이루어졌다(고후 3:5~18; 롬 7~8장)."[42]

"너희에게 새로운 마음을 주고 너희 속에 새로운 영을 넣어 주며, 너희 몸에서 돌같이 굳은 마음을 없애고 살갗처럼 부드러운 마음을 주며, 너희 속에 내 영을 두어, 너희가 나의 모든 율례대로 행동하게 하겠다. 그러면 너희가 내 모든 규례를 지키고 실천할 것이다."(겔 36:26~27)

"25절에서 하나님은 본디 제사장이 해야 할 일을(레 14:51~52; 민 19장 참조) 몸소 하시려 한다. 그러나 하나님이 정결하게 하시는 방식은 피상적인 것이 아니라 마음

40) 사 54:13.
41) 『해설·관주 성경전서: 독일성서공회판』, 230.
42) 『해설·관주 성경전서: 독일성서공회판』, 1229-30.

(26절)을 바꾸시고 또 하나님의 영(성령)이 그 안에 거하게 하시는 방식이다. *굳은 마음*(문자적으로는 '돌의 마음', 곧 돌 같은 마음)으로는 하나님의 부르심에 반응을 보일 수 없는 반면에, *부드러운 마음*(문자적으로 '살의 마음', 곧 살 같은 마음)이라 함은 듣고 배울 각오가 되어 있는 마음을 뜻한다."[43]

예레미야도 이와 비슷한 방식으로 말한 적이 있다.

"그때가 오면, 내가 이스라엘 가문과 유다 가문에 새 언약을 세우겠다. 나 주의 말이다. 이것은 내가 그들의 조상의 손을 붙잡고 이집트 땅에서 데리고 나오던 때에 세운 언약과는 다른 것이다. 내가 그들의 [44]남편이 되었어도, 그들은 나의 언약을 깨뜨려 버렸다. 나 주의 말이다. 그러나 그 시절이 지난 뒤에, 내가 이스라엘 가문과 언약을 세울 것이니, 나는 나의 율법을 그들의 가슴 속에 넣어 주며, 그들의 마음 판에 새겨 기록하여, 나는 그들의 하나님이 되고, 그들은 나의 백성이 될 것이다. 나 주의 말이다. 그때에는 이웃이나 동포끼리 서로 '너는 주님을 알아라' 하지 않을 것이니, 이것은 작은 사람으로부터 큰 사람에 이르기까지, 그들이 모두 나를 알 것이기 때문이다. 내가 그들의 허물을 용서하고, 그들의 죄를 다시는 기억하지 않겠다. 나 주의 말이다."(렘 31:31~34)

4. 시편의 하나님

이스라엘의 찬송으로 알려진 시편은 강력한 교육적 도구이다. 시편에는 이스라엘이 알아야 할 하나님과 인간과 세계에 관한 모든 것이 담겨있다. 시편은 하나님의 가르치심에 대한 잦은 상기 때문에 교육적 가치를 지니기도 한다. 시편은 하나님께서 당신 자신에 관한 가르침에 개입하고 있음을 언급한다.[45]

"겸손한 사람을 공의로 인도하시며, 겸비한 사람에게는 당신의 뜻을 가르쳐 주신다." (시 25:9)

"주님께서 말씀하신다.
'네가 가야 할 길을 내가 너에게 지시하고 가르쳐 주마. 너를 눈여겨 보며 너의 조언

43) 『해설·관주 성경전서: 독일성서공회판』, 1340.
44) 히브리어 바알은 '주' 또는 '남편'.
45) Roy B. Zuck, "Education in the Psalms and Proverbs," Michael J. Anthony, ed., *Evangelical Dictionary of Christian Education*, Baker Reference Library (Grand Rapids, MI: Baker Academic, 2001), 233-34.

자가 되어 주겠다.'"(시 32:8)

"하나님, 주님은 어릴 때부터 나를 가르치셨기에, 주님께서 보여 주신 그 놀라운 일들을 내가 지금까지 전하고 있습니다."(시 71:17)

"뭇 나라를 꾸짖으시는 분이 벌할 수 없겠느냐? 뭇 사람을 지식으로 가르치는 분에게 지식이 없겠느냐?"(시 94:10)

"주님, 주님께서 꾸짖으시고 주님의 법으로 친히 가르치시는 사람은 복이 많은 사람입니다."(시 94:12)

"주님께서 나를 가르치셨으므로, 나는 주님의 규례들에서 어긋나지 않았습니다."(시 119:102)

"주님께서 주님의 율례들을 나에게 가르치시니, 내 입술에서는 찬양이 쏟아져 나옵니다."(시 119:171)

시편 기자들은 하나님께 가르침을 요청한다.

"주님, 주님의 길을 나에게 보여 주시고, 내가 마땅히 가야 할 그 길을 가르쳐 주십시오."(시 25:4)

"주님은 내 구원의 하나님이시니, 주님의 진리로 나를 지도하시고 가르쳐 주십시오. 나는 종일 주님만을 기다립니다."(시 25:5)

"주님, 주님의 길을 나에게 가르쳐 주십시오. 내 원수들이 엿보고 있으니, 나를 안전한 길로 인도하여 주십시오."(시 27:11)

"주님, 주님의 길을 가르쳐 주십시오. 내가 진심으로 따르겠습니다. 내가 마음을 모아, 주님의 이름을 경외하겠습니다."(시 86:11)

III. 부모

부모는 이스라엘 역사에서 가장 오래된 교사이다. 시대에 따라 그에 맞는 교사들이 출현했지만 부모는 언제나 교사로 남아 있었다. 아브라함은 자신의 자녀들에게 뿐만 아니라 그의 전 권속들에게 주의 길에 관해 가르치고자 했다. 이 같은 부모의 자녀 교육 의무는 이스라엘 역사 전체에 걸쳐 유기적 성격을 지닌 가정에서 철저하게 지켜졌다. 이 같은 부모의 자녀에 대한 교육의 전제는 부모의 권위와 자녀의 부모에 대한 순종과 존경이라고 볼 수 있다.

성경에서 자녀들을 가르친 부모들의 예로는 사무엘의 어머니 한나, 다윗의 아버지 이새, 두 아들의 아버지인 이사야, 다니엘, 사드락, 메삭과 아벳느고의 부모들이 있다.[46)]

1. 유기적 교사

하나님께서는 부모에게 자녀를 가르치는 교사가 되라고 하셨다. 이스라엘의 부모는 하나님으로부터 자녀교육의 명을 받았기에 교사로서의 역할을 해야 했다. 가르치라는 하나님의 명령은 우선적으로 부모들에게 향한 것이다. 자녀교육에 대한 명령은 다른 사람이 아닌 하나님으로부터 직접 온 것이기에 거부할 수 없다.

> "자녀에게 부지런히 가르치며, 집에 앉아 있을 때나 길을 갈 때나, 누워 있을 때나 일어나 있을 때나, 언제든지 가르치십시오."(신 6:7)

> "내가 아브라함을 선택한 것은, 그가 자식들과 자손을 잘 가르쳐서, 나에게 순종하게 하고, 옳고 바른 일을 하도록 가르치라는 뜻에서 한 것이다."(창 18:19상)

C. B. 이비는 위의 구절을 설명하면서 아브라함의 교육적 사명과 실천에 대해 말한다. 하늘의 뭇별들과 바닷가의 모래들을 바라보면서 아브라함은 하나님과의 언약을 기억하고 그 언약을 교육 외에 다른 방법으로는 전할 수 없음을

---

46) Roy B. Zuck, "Education in the Monarchy and the Prophets," Michael J. Anthony, ed., *Evangelical Dictionary of Christian Education*, Baker Reference Library (Grand Rapids, MI: Baker Academic, 2001), 232.

깨달았다는 것이다. 이 같은 교육의 증거는 아브라함이 모리아산에서 이삭을 하나님께 바치려고 하였을 때 이삭의 순종에서 확인할 수 있으며, 그 같은 교육의 전통이 이삭과 야곱으로 이어졌다고 말한다.[47)]

> "자녀에게 부지런히 가르치며, 집에 앉아 있을 때나 길을 갈 때나, 누워 있을 때나 일어나 있을 때나, 언제든지 가르치십시오."(신 6:7)

자녀를 가르치라는 엄중한 명령은 후대로 오면서 아들을 학습자와 동일시하게 되기까지 한다. 거꾸로 학습자를 자녀로 부르기도 한다.

> "아이들아, 아버지의 훈계를 잘 듣고, 어머니의 가르침을 저버리지 말아라."(잠 1:8)

> "아이들아, 너희는 아버지의 훈계를 잘 듣고, 명철을 얻도록 귀를 기울여라."(잠 4:1)

> "아이들아, 아버지의 명령을 지키고, 어머니의 가르침을 저버리지 말아라."(잠 6:20)

여기서 '아이들'이라는 밀은 히브리어로 '내 아들'이라는 의미로 스승이 제자를 부르는 말이다. 또한 아버지를 교사로 아들을 학습자로 사용하는 말이 이집트와 메소포타미아, 그리고 잠언서, 시락, 그리고 전도서에서도 '아들들'이라는 복수는 학습자를 지칭한다.[48)]

가정은 유기적 성격을 갖는데, 이런 면에서 부모는 운명적으로 교사이다. 성서는 부모와 자녀 사이의 유기적 연관에 대해 분명히 말한다.

> "나는 그대 속에 있는 거짓 없는 믿음을 기억합니다. 그 믿음은 먼저 그대의 외할머니 로이스와 어머니 유니게 속에 깃들여 있었는데, 그것이 그대 속에도 깃들여 있음을 나는 확신합니다."(딤후 1:5)

이 구절은 신앙이 삼대에 걸쳐 유전되어 왔음을 말하고 있다. 부쉬넬이 기독교 양육이 일어나야 하는 곳으로 본 가정은 가족으로 구성되는데, 부쉬넬은 이 가족을 유기적 단위로 보았다. 여기서 단위는 따로 떼어서는 생각할 수 없는 한 덩어리 몸체라고 할 수 있다. 따라서 가정이 가족을 표현하는 형식적인

---

47) Charles B. Eavey, *History of Christian Education*, 김근수·신청기 공역, 『기독교교육사』 (서울: 한국기독교교육연구원, 1980), 70.
48) Crenshaw, "Education, OT," 198.

용어라면, 가족은 가정을 표현하는 내면적인 용어라고 할 수 있다. 부쉬넬은 이 가족에 '살아있다'는 의미를 부가하기 위하여 '유기체'라는 말을 사용하며, 그 유기체는 서로에게 영향을 준다는 의미를 드러내기 위해 '단위'나 '일치' 라는 말을 사용하고 있다. 부쉬넬에 의하면, 가족은 그 구성원들을 개별적으로 분리하여 생각할 수 없는 유기체적 일치를 이룬 단위(organic unity)이다. 비록 우상숭배의 경우이기는 하지만, 성서 역시 그렇게 생각한다.

> "자식들은 땔감을 줍고, 아버지들은 불을 피우고, 어머니들은 하늘 여신에게 줄 빵을 만들려고 가루로 반죽을 하고 있다. 또 그들은 나의 노를 격동시키려고, 다른 신들에게 술을 부어 바친다."(렘 7:18)

성서에서 부모와 자녀의 유기적 관계의 강조점은 부모에게 주어진다. 그것은 방향의 문제인데, 영향력은 자녀로부터 부모로가 아니다.

> "아들은 아버지의 죄에 대한 벌을 받지 않을 것이며"(겔 18:20)

영향력은 부모로부터 자녀에게로 흘러 내려간다.

> "아버지가 죄를 지으면 본인뿐만 아니라 자손 삼사 대까지 벌을 내린다"(민 14:18)

> "주님이 네 문빗장을 단단히 잠그시고, 그 안에 있는 네 자녀에게 복을 내리셨다."(시 147:13)

이것은 다시 말해 부모와 그 성격과 운명 면에서 자녀가 유기적으로 연결되어 있음을 성서가 보여주고 있다는 것이다.

하나님께서 부모에게 자녀교육을 명하신 이유는 언약의 성격과 가족의 특성, 그리고 그 영향력 때문일 것이다. 아브라함에서 예수 그리스도에 이르는 언약의 전통은 개인적인 것이라기보다는 가족을 단위로 하는 언약이다. 가족의 유기적 단일성은 하나님의 언약을 후손들에게 전하는 통로이다.

> "그의 자손이 아브라함에게 배운 대로 하면, 나는 아브라함에게 약속한 대로 다 이루어 주겠다."(창 18:19하)

언약의 최종적 결과라고 할 수 있는 장차 임할 하나님의 나라는 그와 같은 부모가 자녀를 양육하는 교육의 결과에 의하여 완성될 것이다.

"그때에는 이웃이나 동포끼리 서로 '너는 주님을 알아라.' 하지 않을 것이니, 이것은 작은 사람으로부터 큰 사람에 이르기까지, 그들이 모두 나를 알 것이기 때문이다."(렘 31:34)

그와 같은 때가 임하도록 하기 위해서는 적어도 자녀들은 가정에서 부모에게 하나님에 관하여 배워야 할 것이다.[49] 기독교 양육 없이는 하나님의 나라는 도래하지 않는다. 하나님의 나라는 기독교 양육에 의해 앞당겨진다.

부모, 특히 아버지의 교육은 보통 학교에 가게 되는 다섯 살 이후에라도 지속되었다. 즉 학교가 생긴 후에도 자녀에 대한 아버지의 책임은 막중한 것이었다.[50] 아버지는 아들이 소년이 되었을 때의 교육에서 자주 언급된다.

"아버지는 내게 이렇게 가르치셨다. '내 말을 네 마음에 간직하고, 내 명령을 지켜라. 네가 잘 살 것이다.'"(잠 4:4)

2. 유산 전달자

부모라면 누구나 자기 자녀를 본성적으로 가르치려고 한다. 그러나 모든 부모가 그런 것은 아니다. 이스라엘에서는 부모가 자녀를 가르치는 것을 당연한 의무로 여긴다. 의무란 사람으로서 마땅히 하여야 할 일인데, 그렇게 의무로 수용할 수 있는 이유는 그 일이 타당하다는 인정이 따라야 한다. 이스라엘 부모들이 자녀 교육을 의무로 간주하는 이유는 그것이 하나님과 계약을 맺은 백성으로서 맞다고 생각하기 때문이다. 하나님은 계약을 가르침과 연계 짓는다.

"내가 아브라함을 선택한 것은, 그가 자식들과 자손을 잘 가르쳐서, 나에게 순종하게 하고, 옳고 바른 일을 하도록 가르치라는 뜻에서 한 것이다. 그의 자손이 아브라함에게 배운 대로 하면, 나는 아브라함에게 약속한 대로 다 이루어 주겠다."(창 18:19)

자녀에게 민족의 역사와 율법의 수칙과 원리를 가르치는 것 이상으로 주의해야 할 부모의 의무는 없다.

---

49) Horace Bushnell, *Christian Nurture* (Grand Rapids, MI: Baker Book House, 1979), 36; 한역: 김도일 역, 『기독교적 양육』 (서울: 장로회신학대학교 출판부, 2004).

50) Morris, *The Jewish School*, 21.

"여러분의 아들딸이 여러분에게 '이 예식이 무엇을 뜻합니까?' 하고 물을 것입니다. 그러면 여러분은 그들에게 '이것은 주님께 드리는 유월절 제사다. 주님께서 이집트 사람을 치실 때에, 이집트에 있던 이스라엘 자손의 집만은 그냥 지나가셔서, 우리의 집들을 구하여 주셨다.' 하고 이르십시오."(출 12:26~27)

"그 날에 당신들은 당신들 아들딸들에게, '이 예식은, 내가 이집트에서 나올 때에, 주님께서 나에게 해주신 일을 기억하고 지키는 것이다' 하고 설명하여 주십시오."(출 13:8)

"뒷날 당신들 아들딸이 당신들에게 묻기를, 무엇 때문에 이런 일을 하느냐고 하거든, 당신들은 아들딸에게 이렇게 일러주십시오. '주님께서 강한 손으로 이집트 곧 종살이 하던 집에서 우리를 이끌어 내셨다."(출 13:14)

"보십시오. 내가, 주 나의 하나님이 나에게 명하신 대로, 당신들에게 규례와 법도를 가르쳐 주었습니다. 당신들이 들어가 차지할 땅에서 당신들이 그대로 지키도록 하려고 그렇게 가르쳤습니다."(신 4:5)

"당신들은 오로지 삼가 조심하여, 당신들의 눈으로 본 것들을 잊지 않도록 정성을 기울여 지키고, 평생 동안 당신들의 마음속에서 사라지지 않도록 하십시오. 또한 그것을 당신들의 자손에게 길이 알리십시오. 당신들이 호렙 산에서 당신들의 하나님이신 주님 앞에 섰던 날에, 주님께서 나에게 말씀하셨습니다.
'이 백성을 나에게로 불러 모아라. 내가 그들에게 나의 말을 들려주어서, 그들이 이 땅에서 사는 동안에 나를 경외하는 것을 배우고, 또 이것을 그들의 아들딸에게 가르치게 하려고 한다.'"(신 4:9~10)

"나중에 당신들의 자녀가, 주 당신들의 하나님이 당신들에게 명하신 훈령과 규례와 법도가 무엇이냐고 당신들에게 묻거든, 당신들은 자녀에게 이렇게 일러주십시오.
'옛적에 우리는 이집트에서 바로의 노예로 있었으나, 주님께서 강한 손으로 우리를 이집트에서 이끌어 내셨다.'"(신 6:20)

"또 이 말을 당신들 자녀에게 가르치며, 당신들이 집에 앉아 있을 때나 길을 갈 때나, 누워 있을 때나 일어나 있을 때나, 언제든지 가르치십시오."(신 11:19)

부모는 지혜와 지식, 그리고 도덕적 종교적 내용을 가르침과 모범으로 가르쳤다.[51]

---

51) "Education, Hebrew," John McClintock and James Strong, eds., *Cyclopedia of Biblical,*

"우리가 이것을 숨기지 않고 우리 자손에게 전하여 줄 것이니, 곧 주님의 영광스러운 행적과 능력과 그가 이루신 놀라운 일들을 미래의 세대에게 전하여 줄 것이다."(시 78:4)

주의 계명을 가르치는 것이 아버지의 의무였다.

"그들에게 말하였다. '오늘 내가 당신들에게 증언한 모든 말을, 당신들은 마음에 간직해 두고, 자녀에게 가르쳐, 이 율법의 모든 말씀을 지키게 하십시오.'"(신 32:46)

이 교육의 최고의 목표는 하나님의 언약 백성으로서 이 세계에서 지혜로운 삶을 누리는 것이다. 이 목적은 종교교육을 통해서만 도달될 수 있다.

"주님을 경외하는 것이 지혜의 근본이다. 주님의 계명을 지키는 사람은 바른 깨달음을 얻으니, 영원토록 주님을 찬양할 일이다."(시 111:10; 잠 1:7 참조)

아버지에서 자녀에게로 이어지는 유산전수의 의무는, 이스라엘 제1국가시대 말엽까지 계속된 가장 중요한 의무였으며, 이 유산을 받아 아직 태어나지 않은 다음 세대에 전해야 할 교육전통의 연속성의 원칙은 하나님에 의해 명령된 교육의 교리로서 구체화되었다.

"이것은 우리가 들어서 이미 아는 바요, 우리 조상들이 우리에게 전하여 준 것이다. 우리가 이것을 숨기지 않고 우리 자손에게 전하여 줄 것이니, 곧 주님의 영광스러운 행적과 능력과 그가 이루신 놀라운 일들을 미래의 세대에게 전하여 줄 것이다. 주님께서 야곱에게 언약의 규례를 세우시고 이스라엘에게 법을 세우실 때에, 자손에게 잘 가르치라고, 우리 조상에게 명하신 것이다. 미래에 태어날 자손에게도 대대로 일러주어, 그들도 그들의 자손에게 대대손손 전하게 하셨다."(시 78:3~6)

"부족의 경험을 구현한 다른 전통들은 아버지로부터 자식에게 신성하게 전달되었다."[52]

포로기 이전의 교육방법은 어떤 내용을 말을 통해 가르치기보다 가사나 직

Theological, and Ecclesiastical Literature (Grand Rapids, MI: Baker Book House, 1981), 61.

52) Charles F. Kent, *Narratives of the Beginnings of Hebrew History* (New York: Charles Scribner's Sons, 1904), 13. Fletcher H. Swift, *Education In Ancient Israel: From Earliest Times To 70 A.D.*, 유재덕 역, 『고대 이스라엘의 종교교육: 발생부터 AD 70년까지』 (서울: 소망, 2012), 41 재인용.

업, 성전 의식이나 절기 행사에 실제로 참여하는 식으로 진행되었다. 가족이나 부족의 회합, 양털 깎기, 추수, 출생, 전쟁, 계절과 달의 변화 등은 모두 종교와 연관되어 있었으며, 그런 의식을 지켜보고 준비를 돕고 부모나 장로들이 필요할 때마다 하는 설명을 들으면서 교육과 훈련을 받았다.[53)]

부모는 하나님의 명을 따라 자녀에게 언약과 율법과 민족의 전통과 유산을 가르치는 일에 힘을 쏟아야 했다. 이것은 쉐마와 더불어 올바른 삶을 위해 가르쳐진 계명들이었다. 이 계명들의 의미를 민족의 역사 이야기를 통해 가르치는 것은 아버지의 의무였다. 그리고 부모는 자녀들에게 신앙공동체의 일원으로 살아가는 데 필요한 가르침을 주어야 했다. 그 같은 가르침은 하나님의 자녀로서의 개인적 삶과도 긴밀하게 연결된 것이었다. 사회적 가르침 중에 주된 것들은 성적 유혹, 나태와 술 취함이다. 이 같은 가르침의 주제는 신앙공동체의 삶에 직접적 영향을 미치기 때문에 중요했다. 잠언이 사회생활에 관해 언급하는 처음 부분(잠 1~9장)[54)]에서, 그리고 르무엘 왕자에 대한 충고에서(잠 31:1~9), 이 같은 문제에 관심을 갖는 것은 그것이 개인의 문제를 넘어서 사회의 타락을 가져올 수 있기 때문이다.

3. 권위 있는 교사

자녀들의 종교교육은 부모 모두의 책임이었지만 일차적으로는 자녀를 학습자로 보는 엄격한 성격의 것이었다. 잠언서는 부모의 가르침의 권위를 강조하는 친근한 언어를 사용한다. 가르침은 두 가지 형태를 띠는데 문장식 말과 가르침(instruction)이다. 부모는 자녀를 권위로 가르쳤다. 자녀에 대한 부모의 권위는 신적인 절대적 권위라고 할 수 있다.[55)] 아버지는 딸을 혼인시키거나 노예로 넘길 수 있었다.

> "'우리가 아들딸을 종으로 팔아야 하다니! 우리의 딸 가운데는 벌써 노예가 된 아이들도 있는데, 밭과 포도원이 다 남의 것이 되어서, 우리는 어떻게 손을 쓸 수도 없다.'"(느 5:5)

---

53) Swift, *Education In Ancient Israel*, 45.

54) 이집트 Amenem-opet 가르침의 서론과 관련 있는 부분이다. Crenshaw, "Education, OT," 199.

55) "주님께서는 자식들에게 아비를 공경하게 하셨고 또한 어미의 권위를 보장해 주셨다."(집회 3:2) 참고.

"아버지 없는 어린 아이를 노예로 빼앗아 가는 자들도 있다. 가난한 사람이 빚을 못 갚는다고 자식을 빼앗아 가는 자들도 있다."(욥 24:9)

부모는 자녀들에게 율법이 재가한 권위자이다.

"너희 부모를 공경하여라. 그래야 너희는 주 너희 하나님이 너희에게 준 땅에서 오래 도록 살 것이다."(출 20:12)

그러므로 자녀들은 부모의 말씀을 경청해야 한다.

"너를 낳아 준 아버지에게 순종하고 늙은 어머니를 업신여기지 말아라."(잠 23:22)

만일 그렇지 않으면 중벌을 받게 된다. 자녀에 대한 부모의 권위는 극단적이기까지 하다. 부모에게 불순종하는 자녀에 대한 징벌은 가혹하다.

"아버지를 조롱하며 어머니를 멸시하여, 순종하지 않는 사람의 눈은, 골짜기의 까마귀에게 쪼이고 새끼 독수리에게 먹힐 것이다."(잠 30:17)

"어떤 사람에게, 아버지의 말이나 어머니의 말을 전혀 듣지 않고, 반항만 하며, 고집이 세어서 아무리 타일러도 듣지 않는 아들이 있거든, 그 부모는 그 아들을 붙잡아, 그 성읍의 장로들이 있는 성문 위의 회관으로 데리고 가서, 그 성읍의 장로들에게 '우리의 아들이 반항만 하고, 고집이 세어서 우리의 말을 전혀 듣지 않습니다. 방탕한데다가 술만 마십니다.' 하고 호소하십시오. 그러면 그 성읍의 모든 사람이 그를 돌로 쳐서 죽일 것입니다. 이렇게 하여서 당신들 가운데서 악을 뿌리 뽑아야 합니다. 그래야만 온 이스라엘이 그 일을 듣고 두려워할 것입니다."(신 21:18~21)

이는 배교나 우상 숭배에 해당하는 형벌이었다.

"당신들의 동복 형제나 아들이나 딸이나 당신들의 품에 안기는 아내나, 당신들이 목숨처럼 아끼는 친구 가운데 누구든지, 당신들에게 은밀히 말하기를 '우리와 우리 조상이 일찍이 알지 못하던 신들에게 가서, 그 신들을 섬기자.' 하고 꾀거나, '우리가 가서, 땅의 이 끝에서 저 끝까지, 사방 원근 각처에 있는 민족들의 신을 섬기자.' 하더라도, 그 말에 귀를 기울이지도 말고, 듣지도 말고, 그런 사람을 불쌍하게 여기지도 말며, 가엾게 여기지도 말고, 덮어서 숨겨 줄 생각도 하지 마십시오. 반드시 죽여야 합니다. 증인이 맨 먼저 돌로 치고, 그 다음에 모든 백성이 뒤따라서 돌로 치게 하십시오. 그는 당신들을 꾀어 이집트 땅 종살이하던 집에서 건져내 주신 주 당신들의 하

나님으로부터 당신들을 떠나게 하려는 사람이니, 돌로 쳐서 죽여야 합니다."(신 13:6~10)

자녀를 죽이기까지 하면서 부모의 권위를 수호하고자 하는 이유는 무엇일까. 부모의 권위에 대한 도전은 이스라엘 사회의 기본 단위인 가정에 대한 공격으로 생각했다. 심지어 이스라엘이 망하고 이방에 포로로 잡혀가게 된 이유도 부모를 공경하지 않은 탓으로 돌린다.

"성읍아, 네 안에서 살고 있는 그들이 아버지와 어머니를 업신여기며, 네 한복판에서 나그네를 학대하고, 네 안에서 고아와 과부를 구박하였다. 내가 너의 주민을 이방 사람들 속에 흩으며, 여러 나라로 흩뿌려서, 네게서 더러운 것을 소멸시키겠다."(겔 22:7, 15)

성서는 부모공경을 긍정적인 면에서 교훈한다. 십계명의 제5계명은 부모 공경이 땅에서 잘되고 장수하는 축복의 통로가 된다고 선언한다. 이 축복은 하나님과의 관계에서의 축복이다. 그렇다면 부모의 권위를 "하나님으로부터 부여 받은 신적인 권위"라고 말하는 것이다. 그러므로 부모에게 반항하는 자녀는 하나님의 통치에 대해 도전하는 것으로 볼 수 있기 때문에 사형에까지 처할 수 있는 것이다.[56]

부모 공경과 관련해서 류태영은 자기 경험을 다음과 같이 말한다.

"한번은 한 아이에게 물어보았다.
'너는 왜 부모에게 효도를 하는 거니?'
'예, 저를 위해 합니다.'
얼른 이해가 되지 않았다.
'너를 위해서 한다니, 그게 무슨 뜻이니?'
'하나님께서 부모에게 효도하면 큰 축복을 내린다고 성경에 기록되어 있잖아요. 그리고 사람과 사람 관계에서 가장 중요한 것이 효도라고 했습니다. 눈에 보이는 부모를 제대로 공경하지 못하면서 어떻게 하나님을 공경할 수 있겠습니까?'

교육의 '敎(교)'자도 '孝 (효)'자로 시작된다. 아마도 효도가 모든 교육의 근본이 된다는 뜻일 것이다."[57]

---

56) 권혁승, 『고대 이스라엘의 가정생활: 성서의 문화와 풍습』 (부천: 서울신학대학교 출판부, 2010). 44-45.

57) 류태영, "유대인의 신앙 교육에서 배우는 신앙 대물림의 지혜", 「사목정보」 6:1 (미래사목연구소, 2013.1), 37.

4. 후견인

아동의 훈련과 지도는 거의 전적으로 부모의 책임이었으나 경우에 따라서는 부모가 자녀의 양육을 남에게 위임하기도 했다. 이는 부모와 유사한 성격에 의한 자녀 교육이었다.

"그리하여 왕가를 지키는 사람들과 성읍을 다스리는 사람들과 장로들과 왕자들을 보호하는 사람들이"(왕하 10:5상)

유모. 성서에는 양육하는 아버지와 유모가 등장한다.

"이 모든 백성을 제가 배기라도 했습니까? 제가 그들을 낳기라도 했습니까? 어찌하여 저더러, 주님께서 그들의 조상에게 맹세하신 땅으로, 마치 유모가 젖먹이를 품듯이, 그들을 품에 품고 가라고 하십니까?"(민 11:12)

"'왕들이 네 아버지처럼 될 것이며, 왕비들이 네 어머니처럼 될 것이다. 그들이 얼굴을 땅에 대고 네게 엎드릴 것이며, 네 발의 먼지를 닦아 줄 것이다. 그때에 너는, 내가 주인 줄을 알 것이다. 나를 믿고 기다리는 사람은 수치를 당하지 않는다.'"(사 49:23).

룻의 아이는 나오미가 길렀다.

"나오미가 그 아기를 받아 자기 품에 안고 어머니 노릇을 하였다."(룻 4:16)

요나단의 다섯 살배기 아들은 유모가 담당했다.

"사울의 아들 요나단에게는 두 다리를 저는 아들이 하나 있었다. 사울과 요나단이 죽었다는 소식이 이스르엘에 전해졌을 때에, 그는 겨우 다섯 살이었다. 유모가 그를 업고 도망할 때에, 서둘러 도망하다가, 그가 떨어져서 발을 절게 되었다. 그의 이름이 므비보셋이다."(삼하 4:4)

후견인(guardian). 왕자나 고위 관리들의 아들들을 가르치는 자로서 아합이 사마리아에 있는 70인 자녀를 위해 둔 교육하는 자에 대해 사용되었고, 다윗은 그 아들 솔로몬을 위해 예언자 나단을 초청했다.

"아합의 아들 일흔 명이 사마리아에 살고 있었다. 예후가 편지를 써서 사본을 만들어, 사마리아에 있는 … 58)아들들을 보호하고 있는 사람들에게 보냈다. … 왕자들을 보호하는 사람들이, 예후에게 … 전갈을 보냈다. … 그때에 왕자들 일흔 명은 그들을 키워 준 그 성읍의 지도자들과 함께 있었다."(왕하 10:1, 5~6)

"그 뒤에 다윗이 자기의 아내 밧세바를 위로하고, 동침하니, 그 여인이 아들을 낳았다. 다윗이 그의 이름을 솔로몬이라고 하였다. 주님께서도 그 아이를 사랑해 주셔서, 예언자 나단을 보내셔서, 주님께서 사랑하신다는 뜻으로, 그의 이름을 여디디야라고 부르게 하셨다."(삼하 12:24~25)

58) 칠십인 역 히브리어 본문에는 '아들들'이 없음.

IV. 제사장(Kohanim)

가정의 부모와 궁극의 교사인 하나님과 달리 이스라엘의 공적 교사라고 할 수 있는 사람들은 제사장, 예언자, 그리고 현자들이다. 제사장은 율법을 가르치는 사람들이고, 예언자는 하나님으로부터 받은 말씀을 전하는 사람이고, 현자들은 상담을 해주는 사람들이었다.[59)]

> "백성이 나를 두고 이르기를 '이제 예레미야를 죽일 계획을 세우자. 이 사람이 없어도 우리에게는 율법을 가르쳐 줄 제사장이 있고, 지혜를 가르쳐 줄 현자가 있으며, 말씀을 전하여 줄 예언자가 있다. 그러니 어서 우리의 혀로 그를 헐뜯자. 그가 하는 모든 말을 무시하여 버리자.' 합니다."(렘 18:18)

에스겔 역시 바빌론이 예루살렘을 침공했을 때의 상황을 전한다.

> "재앙에 재앙이 겹치고, 불길한 기별이 꼬리를 물 것이다. 그때에는 사람들이 예언자에게 묵시를 구하여도 얻지 못할 것이며, 제사장에게는 가르쳐 줄 율법이 없어질 것이고, 장로들에게서는 지혜가 사라질 것이다."(겔 7:26)

법이나 규정이 있는 곳에는 어떤 형태로든 교육을 생각할 수 있다. 그 보존과 해석을 위해 규칙적이든 우연히든 가르침이 행해졌을 것이다. 제사장 계급 안에서도 분명히 그와 같은 가르침이 행해졌을 것이고 이런 의미에서 제사장은 이스라엘의 공식적인 최초의 교사라고 할 수 있을 것이다.[60)]

제사장은 주전 586년 예루살렘이 멸망하기까지 예언자와 더불어 이스라엘의 정신적 흐름을 주도했던 세력이다. 이들은 삶에 대한 현실적 관점, 성전과 성소를 중심으로 한 의식주의와 희생적 제의, 강한 지역적 부족적 종교적 외모로 정적 성격을 대변하였다.

제사장은 가문 및 특별한 위임식에 의해 그 지위가 정해졌다. 제사장의 일은 예배를 인도하고 제사를 드리며 하나님의 뜻을 해석하는 것이었다. 율법에 따르면 이 직책은 아론의 후손들에게만 돌아가되 다윗과 솔로몬 시대의 우두머리 제사장이었던 '사독의 아들들'(=자손) 가운데서 나는 제사장들에게 돌아간다.[61)]

---

59) Zuck, "Education in the Monarchy and the Prophets," 231.
60) Morris, *The Jewish School*, 8.

"너는 아론과 그의 아들들을 회막 어귀로 데려다가, 목욕을 하게 하여라. 그리고 너는 아론에게 한 옷을 입게 하고, 그에게 기름을 붓고, 그를 하게 구별하여, 제사장으로서 나를 섬기게 하여라. 그의 아들들을 데려다가, 그들에게 속옷을 입혀라. 그리고 네가 그들의 아버지에게 기름을 부은 것과 같이, 그들에게 기름을 부어라. 그러면 그들이 나를 섬기는 제사장이 될 것이다. 그들은 기름부음을 받음으로써, 대대로 영원히 제사장직을 맡게 된다."(출 40:12~15)

"솔로몬 왕은 아비아달 제사장에게 이렇게 말하였다.
'제사장께서는 상속받은 땅 아나돗으로 가시오. 제사장께서는 이미 죽었어야 할 목숨이지만, 나의 아버지 다윗 앞에서 제사장으로서 주 하나님의 법궤를 메었고, 또 나의 아버지께서 고통을 받으실 때에 그 모든 고통을 함께 나누었기 때문에, 오늘은 내가 제사장을 죽이지는 않겠소.'
왕은 요압 대신에 여호야다의 아들 브나야를 군사령관으로 삼고, 아비아달의 자리에는 사독 제사장을 임명하였다."(왕상 2:26~27, 35)

"북쪽을 향한 저 방은 제단 일을 맡은 제사장들의 방이다. 그들은 레위 자손 가운데서도, 주께 가까이 나아가 섬기는 사독의 자손이다."(겔 40:46)

"나 주 하나님의 말이다. 너는 사독의 자손 가운데서, 나를 섬기려고 나에게 가까이 나오는 레위 지파의 제사장들에게, 어린 수송아지 한 마리를 주어서, 속죄제물로 삼게 하여라."(겔 43:19)

"그러나 이스라엘 자손이 나에게서 떠나 잘못된 길로 갔을 때에도, 레위 지파 가운데서 사독의 자손 제사장들은 내 성소에서 맡은 직분을 지켰으므로, 그들은 내게 가까이 나아와서 나를 섬길 수 있고, 내 앞에 서서 내게 기름과 피를 바칠 수 있다. 나 주 하나님의 말이다."(겔 44:15)

"이 땅은 히 구별된 제사장들 곧 사독의 자손에게 주어야 한다. 그들은 이스라엘 자손이 잘못된 길로 갔을 때에, 레위 지파의 자손이 잘못된 길로 간 것처럼 하지 않고, 내가 맡겨 준 직책을 지킨 사람들이다."(겔 48:11)

레위인들은 성소의 다른 일들을 맡아서 했다. 포로기 이후에는 제사장 계층의 우두머리인 대제사장이 생겨났다. 이들은 유대공동체의 정치적 지도자 역할도 했다. 제사장은 이스라엘이 주전 586년 예루살렘 함락 이후 외국 열강들과의 600여년(주전 586~주후 70년)에 걸친 침략 속에서 국가 지도자로서의 역할

61) "대제사장", 용어해설,『해설·관주 성경전서: 독일성서공회판』, 15,

을 했다. 율법과 경건이 하나였던 시대에 대제사장은 국가 통치자의 기능을 담당했다.[62)]

"주님께서 아론에게 말씀하셨다.
'너는 레위 지파, 곧 네 아버지의 지파에 속한 친족들을 데려다가, 네 가까이에 있게 하여, 너와 너에게 딸린 아들들이 [63)]증거의 장막 앞에서 봉사할 때에, 그들이 너를 돕게 하여라. 그들은 네가 시키는 일만 해야 하며, 장막 일과 관련된 모든 일을 맡아서 해야 한다. 그러나 그들은 성소의 여러 기구나 제단에 가까이하여서는 안 된다. 그렇게 하였다가는, 그들뿐만 아니라 너희마저 죽게 될 것이다. 그들만이 너와 함께 할 것이고, 회막에서 시키는 일을 할 것이며, 장막에서 하는 모든 의식을 도울 것이다. 다른 사람은 너희에게 접근할 수 없다. 성소 안에서 하는 일, 제단에서 하는 일은 너희만이 할 수 있다. 그래야만 이스라엘 자손에게, 다시는 진노가 내리지 아니할 것이다. 나는 이스라엘 자손 가운데서 너희의 친족인 레위 사람을 너희에게 줄 선물로 선택하였다. 그들은 회막 일을 하도록 나 주에게 바쳐진 사람들이다. 그러나 제단과 관련된 일이나 휘장 안에서 일을 하는 제사장 직무는, 너와 너에게 딸린 아들들만이 할 수 있다. 너희의 제사장 직무는, 내가 너희만 봉사하라고 준 선물이다. 다른 사람이 성소에 접근하면, 죽임을 당할 것이다.'"(민 18:1~7)

제사장의 일들은 다음과 같다.[64)]

① 제사장은 성소에 있는 얼굴의 떡, 등불, 분향단, 번제단의 기구와 관리 업무다.

② 제사장은 하나님의 뜻을 알게 한다.[65)]

"레위 지파를 두고서, 그는 이렇게 말하였다.
'레위에게 주님의 [66)]둠밈을 주십시오. 주님의 경건한 사람에게 [67)]우림을 주십시오. 주님께서 이미 그를 맛사에서 시험하시고, 므리바 물가에서 그와 다투셨습니다. 그는

62) 김은규, "솔로몬의 성전에 하나님이 계셨을까: '하나님' 내세운 성전 건축, 종교 권력의 상징으로" 〈뉴스앤조이〉 (2013.1.17).
63) 또는 '법의'.
64) 왕대일, 『목회자의 실패, 목회자의 성공』 구약성서에서 배우는 오늘의 목회』 (서울: 대한기독교서회, 2000), 19-22.
65) 박종수, 『이스라엘 종교와 제사장 신탁: 제비뽑기의 신비』 (서울: 한들, 1997).
66) 제사장들이 하나님의 뜻을 여쭐 때 사용한 것임. 그 사용 방법은 알려져 있지 않음.
67) 제사장들이 하나님의 뜻을 여쭐 때 사용한 것임. 그 사용 방법은 알려져 있지 않음.

자기의 부모를 보고서도 '그들을 모른다'고 하였고 형제자매를 외면하고, 자식마다 모르는 체하면서, 주님의 계명에 순종하였으며, 주님의 언약을 성실하게 지켰습니다. 그들은 주님의 백성 야곱에게 주님의 바른 길을 가르치며, 이스라엘에게 주님의 율법을 가르치며, 주님 앞에 향을 피워 올리고, 주님의 제단에 번제 드리는 일을 계속 하고 있습니다."(신 33:8~10)

"그는, 상의할 일이 있을 때마다 제사장 엘르아살 앞에 가서 설 것이며, 여호수아를 대신하여, 엘르아살이 우림의 판결을 사용하여 나 주에게 여쭐 것이다. 그러면 여호수아와 그와 함께 있는 온 이스라엘 자손, 곧 온 총회는 그의 말에 따라서 나가기도 하고, 그의 말에 따라서 들어오기도 할 것이다."(민 27:21)

③ 제사장은 하나님의 말씀을 가르친다. 레위기 11~15장에서는 백성들에게 정한 동물과 부정한 동물, 산모를 깨끗하게 하는 예식, 사람에게 생기는 악성 피부병, 환자를 정하게 하는 예식, 남자가 부정하게 되는 경우 등에 대해 가르친다.

"모세가 이 율법을 기록하여,
주님의 언약궤를 메는 레위 자손 제사장들과 이스라엘의 모든 장로에게 주었다.
모세가 그들에게 명령하였다.
'일곱 해가 끝날 때마다, 곧 빚을 면제해 주는 해의 초막절에,
온 이스라엘이 주 당신들의 하나님을 뵈려고 그분이 택하신 곳으로 나오면,
당신들은 이 율법을 온 이스라엘 백성 앞에서 읽어서, 그들의 귀에 들려주십시오.
당신들은 이 백성의 남녀와 어린 아이만이 아니라 성 안에서 당신들과 같이 사는 외국 사람도 불러 모아서, 그들이 율법을 듣고 배워서,
주 당신들의 하나님을 경외하며, 이 율법의 모든 말씀을 지키도록 하십시오.
당신들이 요단강을 건너가서 차지하는 땅에 살게 될 때에,
이 율법을 알지 못하는 당신들의 자손도 듣고 배워서,
주 당신들의 하나님을 경외하게 하십시오.'"(신 31:9~13)

"그들은 주님의 백성 야곱에게 주님의 바른 길을 가르치며,
이스라엘에게 주님의 율법을 가르치며,
주님 앞에 향을 피워 올리고,
주님의 제단에 번제 드리는 일을 계속 하고 있습니다."(신 33:10)

④ 제사장은 번제, 소제, 속죄제, 속건제, 화목제 제사와 예배를 관장한다.

"그런 다음에 제물을 가져 온 사람은 거기 주 앞에서 그 수송아지를 잡아야 하고,
아론의 혈통을 이어받은 제사장들은 그 피를 받아다가 회막 어귀에 있는 제단

둘레에 그 피를 뿌려야 한다."(레 1:5)

"제물을 가져 온 사람은, 자기가 바칠 제물의 머리 위에 손을 얹은 다음에, 회막 어귀에서 그 제물을 잡아야 한다. 그러면 아론의 혈통을 이어받은 제사장들이 그 피를 제단 둘레에 뿌릴 것이다. 그 제물의 머리 위에 손을 얹은 다음에, 회막 앞에서 그 제물을 잡아야 한다. 그러면 아론의 아들들이 그 피를 제단 둘레에 뿌릴 것이다."(레 3:2, 8)

제사장이 드리는 제사의 의미는 다음과 같다: 신의 호의를 얻기 위하여 하나님을 달래기. 희생물의 죽음이 희생제물을 바치는 자에게 은혜가 보장되도록 바치는 사람과 희생물을 동일시하는 대속물. 제사의 희생물을 죽여서 그 피를 통한 죄의 제거. 제물을 통하여 하나님에 대한 의무와 하나님과의 영적 교제.[68)]

⑤ 제사장은 하나님의 권능에 의지해서 백성들을 축복한다.

"주님께서 모세에게 말씀하셨다.
'너는 아론과 그 아들들에게 말하여라. 그들이 이스라엘 자손에게 복을 빌 때에는 다음과 같이 빌라고 하여라. '주님께서 당신들에게 복을 주시고, 당신들을 지켜 주시며, 주님께서 당신들을 밝은 얼굴로 대하시고, 당신들에게 은혜를 베푸시며, 주님께서 당신들을 고이 보시어서, 당신들에게 평화를 주시기를 빕니다.'
그들이 나의 이름으로 이스라엘 자손에게 이렇게 축복하면, 내가 친히 이스라엘 자손에게 복을 주겠다.'"(민 6:22~27)

구약성서의 제사장 제도는 예수 그리스도 안에서 마지막에 이르렀고 완성되었다.[69)]

"우리에게는 이 소망이 있으니, 그것은 안전하고 확실한 영혼의 닻과 같아서,
휘장 안에까지 들어가게 해 줍니다. 예수께서는 앞서서 달려가신 분으로서,
우리를 위하여 거기에 들어가셔서,
멜기세덱의 계통을 따라 영원히 대제사장이 되셨습니다."(히 6:19~20)

---

68) Lewis J. Sherrill, *The Rise of Christian Education*, 이숙종 역, 『기독교교육의 발생』 (서울 :대한기독교서회, 1994), 62.
69) "제사장", 용어해설, 『해설·관주 성경전서: 독일성서공회판』, 55.

1. 신탁의 수호자

제사장의 의무는 신명기에 분명하게 언급되었다.

"레위에게 주님의 70)둠밈을 주십시오. 주님의 경건한 사람에게 71)우림을 주십시오. 그들은 주님의 백성 야곱에게 주님의 바른 길을 가르치며, 이스라엘에게 주님의 율법을 가르치며, 주님 앞에 향을 피워 올리고, 주님의 제단에 번제 드리는 일을 계속 하고 있습니다."(신 33:8, 10)

이 구절에 따르면 제사장의 임무는 네 가지이다. 신탁의 수호자, 내린 판결의 의미를 백성들에게 가르치는 재판관, 백성들의 교사, 제단에 제물을 드리는 봉헌자.[72] 제사장은 무엇보다 신탁의 수호자였다. 신탁은 사사기 17~18장에 등장하는 미가에 의해 세워진 제사장의 주요 기능 중 하나였을 것이다. 이스라엘의 지파들 가운데 유산을 받지 못한 단 지파가 그들이 자리 잡고 살 땅을 찾다가 미가의 집에 들러 제사장에게 자기들의 성공 여부를 묻는 장면이 나온다.

"그때에 이스라엘에 왕이 없었고, 단 지파는 이스라엘의 지파들 가운데서 아직 그들이 유산으로 받을 땅을 얻지 못하였으므로, 그들이 자리 잡고 살 땅을 찾고 있었다. 그래서 단 지파 자손은 소라와 에스다올에 살고 있는 지파의 온 가문에서 용감한 사람 다섯 명을 뽑아서 땅 정찰 임무를 맡기고, 땅을 탐지하고 살피도록 보냈다. 그들은 에브라임 산간지방으로 들어섰다가, 미가의 집에 이르러 거기서 하룻밤을 묵었다. 미가의 집에 머무는 동안 그들은 그 젊은 레위 사람의 억양과 말씨를 알아듣고, 그에게 다가가서 물었다.
'누가 당신을 이리로 데려왔습니까?
당신은 여기에서 무슨 일을 하십니까?
무엇 때문에 여기에 있습니까?'
그러자 그는 그들에게 대답하였다.
'미가가 나에게 조건을 제시하고 나를 고용하여 자기의 제사장으로 삼았습니다.'
그들이 그에게 말하였다.
'하나님께 물어 보아서, 우리가 가고 있는 이 길이 성공할 것인지, 우리에게 알려 주십시오.'
그 제사장이 그들에게 '평안히 가십시오. 주님께서 여러분이 가는 그 길을 인도하실

---

70) 제사장들이 하나님의 뜻을 여쭐 때 사용한 것임. 그 사용 방법은 알려져 있지 않음.
71) 제사장들이 하나님의 뜻을 여쭐 때 사용한 것임. 그 사용 방법은 알려져 있지 않음.
72) Charles F. Kent, *The Great Teachers of Judaism and Christianity* (New York: Eaton & Mains; Cincinnati: Jennings & Graham, 1911), 44.

것입니다.' 하고 일러주었다."(삿 18:1~6)

제사장의 역할은 근본적으로 하나님과 백성 사이의 중재자로 하나님의 뜻을 발견하여 사람들에게 알리는 것이다. 그러나 이 같은 역할이 후에 제의에 치중하게 된 까닭에 잊혀진듯하나 제사장이 입은 법의(에봇)와 그 흉배, 그 안의 우림과 둠밈에서 상징적으로 볼 수 있다. 에봇은 제사장 예복의 한 부분(창 41:52)인데, 특히 하나님의 뜻을 물을 때 쓰는 제비인 우림과 둠밈(출 28:15~30)이 담긴 주머니를 가리키는 듯하다(삼상 14:18; 23:9; 30:7). 이와는 달리 사사기에서는 에봇이 신상을 가리키는 것 같다.[73)]

"기드온은 말을 계속하였다.
'여러분에게 한 가지 청이 있습니다. 각 사람이 얻은 전리품 가운데서 귀고리 하나씩을 나에게 주십시오.'
기드온은 이것들을 가지고 에봇 하나를 만들어, 자기가 사는 오브라 성읍에 두었다.
미가라는 이 사람은 개인 신당을 가지고 있었다. 에봇과 드라빔 신상도 만들고, 그 땅을 탐지하러 갔던 다섯 사람이 그리로 들어가서 은을 입힌 목상과 에봇과 드라빔과 부어 만든 우상을 챙기는 동안, 제사장은 그 제안이 마음에 들어, 에봇과 드라빔과 은을 입힌 목상을 받아들고, 그 무리들 가운데로 들어갔다."(삿 8:24, 27; 17:5; 18:17, 20)

사울과 다윗은 왕실 제사장을 두고 하나님의 뜻을 물었다.

"다윗은 사울이 자기를 해치려고 음모를 꾸미고 있다는 사실을 알고서, 제사장 아비아달에게 에봇을 가져오게 하였다. 다윗이 하나님께 아뢰었다.
'주 이스라엘의 하나님, 사울이 나를 잡으려고 그일라로 와서 이 성읍을 멸망시키기로 결심하였다는 소식을, 이 종이 확실하게 들었습니다. [74)]그일라 주민이 나를 사울의 손에 넘겨주겠습니까? 이 종이 들은 소문 그대로 사울이 내려오겠습니까? 주 이스라엘의 하나님, 이 종에게 대답하여 주십시오.'
주님께서 대답하셨다.
'그가 내려올 것이다.'
다윗이 다시 한 번 여쭈었다.
'그일라 주민이 정말로 나를 나의 부하들과 함께 사울의 손에 넘겨주겠습니까?'
주님께서 대답하셨다.
'넘겨 줄 것이다.'

---

73) "에봇", 용어해설, 『해설관주 성경전서: 독일성서공회판』, 17.
74) 여기 나오는 첫 질문이 사해 사본에는 없음.

그래서 다윗은 육백 명쯤 되는 부하를 거느리고, 그일라에서 벗어나 떠돌아다녔다."
(삼상 23:9~13)

아말렉 사람이 다윗의 성을 노략질하고 떠난 후에,

"다윗이 아히멜렉의 아들 제사장 아비아달에게 말하였다.
'어서 나에게 에봇을 가져다주시오!'
아비아달이 에봇을 다윗에게 가져오니, 다윗이 주님께 문의하였다.
'제가 이 강도들을 추격하면 따라잡을 수 있겠습니까?'
주님께서 그에게 대답하셨다.
'네가 틀림없이 따라잡고, 또 틀림없이 되찾을 것이니, 추격하여라!'"(삼상 30:7~8)

제사장이 하나님의 뜻을 묻는 형식이 있었다. 사울이 블레셋 사람을 추격하는 문제로 하나님께 물었을 때였다.

"사울이 주 이스라엘의 하나님께 아뢰었다.
[75]'오늘 저에게 응답하지 않으시니, 웬일이십니까? 주 이스라엘의 하나님, 그 허물이 저에게나 저의 자식 요나단에게 있다면 우림이 나오게 하시고, 그 허물이 주님의 백성 이스라엘에게 있다면 둠밈이 나오게 하십시오.'
그러자 요나단과 사울이 걸리고, 백성들의 혐의는 벗겨졌다. 사울이 말하였다.
'제비를 뽑아서, 나와 나의 아들 요나단 가운데서 누가 죄인인지를 가려내시오.'
그러자 요나단이 걸렸다."(삼상 14:41~42)

제사장이 하나님의 뜻을 묻기 위해 에봇과 그 안에 들어 있는 우림과 둠밈을 사용했다. 우림은 빛을, 둠밈은 완전을 의미한다. 후대로 가면서 율법이 제사장의 판단에 영향을 미쳤다.[76]

"'나 만군의 주가 말한다. 너는 제사장들에게 율법의 가르침이 어떠한지 물어 보아라. 어떤 사람이 하게 바쳐진 고기를 자기 옷자락에다가 쌌는데, 그 옷자락이 빵이나 국이나 포도주나 기름이나 다른 어떤 음식에 닿았다고 하여 이러한 것들이 하여지느냐고 물어 보아라.' 학개가 물어 보니, 제사장들이 그렇지 않다고 대답하였다. 학개가 또다시 시체에 닿아서 더러워진 사람이, 이 모든 것 가운데서 어느 것에라도 닿으면, 그것이 더러워지는 지를 물어 보니, 제사장들이 그렇다고 대답하였다."(학 2:11~13)

---

75) 칠십인 역과 불가타를 따름. 마소라 본문에는 '저에게 둠밈을 보여주십시오'.
76) Kent, *The Great Teachers of Judaism and Christianity*, 50.

2. 재판자

초기 제사장직의 기능은 야훼의 산당을 보호하고 관리하고 제비를 뽑고 가르치는 일이었다. 특히 제사장은 사사, 즉 재판관이기도 했다. 제사장에게는 재판 기능도 있었다. 엘리는 제사장으로서 사사의 일을 40년 동안 했다.

> "그는 마흔 해 동안 이스라엘의 사사로 있었다."(삼상 4:18하)

> "당신들이 사는 성 안에서, [77]피 흘리는 싸움이나, 서로 다투는 일이나, 폭행하는 일로 당신들에게 판결하기 어려운 분쟁이 생기거든, 주 당신들의 하나님이 택하신 곳으로 그 사건을 가지고 올라가서, 제사장인 레위 사람과 그 때에 직무를 맡고 있는 재판관에게 가서 재판을 요청하면, 그들이 당신들에게 그것에 대한 판결을 내려 줄 것입니다."(신 17:8~9)

새로운 문제들과 새로운 원리들을 포함하는 어려운 물음들에 대한 결정을 할 때, 모세는 나중에 법의 기초가 될 수 있는 선례들을 세워나갔다. 모세의 입장은 후에 예언자, 제사장, 사사, 그리고 모든 법과 조직이 따르고 돌아가야 할 원천과 같은 것이었다.[78]

제사장은 야훼를 대신하는 자로 여겨졌다.

> "어떤 사람이 그 이웃에게 돈이나 물품을 보관하여 달라고 맡겼는데, 그 맡은 집에 도둑이 들었을 때에, 그 도둑이 잡히면, 도둑이 그것을 갑절로 물어내야 한다. 그러나 도둑이 잡히지 않으면, 그 집 주인이 [79]하나님 앞으로 나가서, 그 이웃의 물건에 손을 댔는지 안 댔는지를 판결 받아야 한다. 소든지 나귀든지 양이든지 의복이든지, 그 밖의 어떤 분실물이든지, 그것을 서로 자기 것이라고 주장하는 사건이 생기면, 양쪽 다 [80]하나님 앞으로 나아가야 하며, 하나님께 유죄 판결을 받은 사람은 그 상대방에게 갑절로 물어주어야 한다."(출 22:7~9)

이 성구에서 하나님은 제사장을 가리킨다. 제사장의 판결은 최종적인 것으로 여겨졌다.

제사장들의 율법을 봉독하는 의무 등의 율법과 관련된 일 때문에 제사장들

---

77) 또는 '살인 사건이나, 민사 사건이나, 구타 사건으로'.
78) Kent, *The Great Teachers of Judaism and Christianity*, 52.
79) 또는 '재판장'.
80) 또는 '재판장'.

은 법을 다루는 자들로 여겨지기도 했다.

"제사장들은 나 주가 어디에 있는지를 찾지 않으며, 법을 다루는 자들이 나를 알지 못하며"(렘 2:8)

그래서 백성들은 제사장에게서 율법을 찾아야 했다.

"제사장의 입술은 지식을 지켜야 하겠고, 사람들이 그의 입에서 율법을 구하게 되어야 할 것이다. 제사장이야말로 만군의 주 나의 특사이기 때문이다."(말 2:7)

현실에서 제사장은 백성들의 논쟁에 대해 율법을 근거로 해결자로 나섰다.

"제사장인 레위 사람과 그때에 직무를 맡고 있는 재판관에게 가서 재판을 요청하면, 그들이 당신들에게 그것에 대한 판결을 내려 줄 것입니다. 당신들은 주님께서 택하신 곳에서 그들이 당신들에게 내려 준 판결에 복종해야 하고, 당신들에게 일러준 대로 지켜야 합니다. 그들이 당신들에게 내리는 지시와 판결은 그대로 받아들여서 지켜야 합니다. 그들이 당신들에게 내려 준 판결을 어겨서, 좌로나 우로나 벗어나면 안 됩니다. 주 당신들의 하나님을 섬기는 제사장이나 재판관의 말을 듣지 않고 거역하는 사람이 있으면, 죽여야 합니다. 그렇게 하여서 이스라엘에서 그런 악한 일은 뿌리를 뽑아야 합니다."(신 17:9~12)

이처럼 제사장은 정의의 원리를 설명할 뿐만 아니라 백성들을 가르치는 역할도 했다. 교육적 역할이 재판관의 역할에 못지않았다.

3. 교육적 봉사

제사장의 임무는 율법을 가르치는 것이었으나 나라가 북왕국 이스라엘과 남왕국 유다로 나누어진 이후 그 가르치는 책임을 수행할 수 없었다.[81]

"이스라엘은 오랫동안 참 하나님이 없이 지내 왔습니다. 가르치는 제사장도 없었고 율법도 없었습니다."(대하 15:3)

그러나 여호사밧이 왕이 되어 지도자 다섯 명, 레위 사람 아홉 명, 그리고

81) Zuck, "Education in the Monarchy and the Prophets," 232.

두 명의 제사장을 지방으로 파송하여 백성들을 가르치도록 했다.

"그는 왕이 된 지 삼 년째 되는 해에, 지도자들인 벤하일과 오바댜와 스가랴와 느다넬과 미가야를 유다 여러 성읍에 보내어, 백성을 가르치게 하였다. 그들과 함께 레위 사람들, 곧 스마야와 느다냐와 스바댜와 아사헬과 스미라못과 여호나단과 아도니야와 도비야와 도바도니야, 이런 레위 사람들을 보내고, 또 그들과 함께 제사장 엘리사마와 여호람을 보냈다. 그들은 주님의 율법책을 가지고 유다 전국을 돌면서 백성을 가르쳤다. 그들은 유다의 모든 성읍을 다 돌면서 백성을 가르쳤다."(대하 17:7~9)

제사. 제사장의 교육 내용은 크게 두 가지로, 예배드리는 법과 어떻게 사느냐에 관한 것이었다. 공적으로는 성전이나 공개된 곳에 모인 대중들에게 예배의 형식을 가르쳤다. 사적으로는 축제를 계기로 개인들을 가르쳤다. 실제로 초기 제사장들은 제사를 직접적으로 드리는 일은 거의 없었다. 제사장들은 제사를 드려야 할 백성들에게 제사를 어떻게 드려야 하는지, 즉 어떻게 제물을 잡아 제단에 드리고 그것을 가족들과 어떻게 나누는 지를 가르쳤다. 에스겔은 제사장들이 이 중요한 의무를 경시했다고 비판한다.

"이 땅의 제사장들은 나의 율법을 위반하고, 나의 한 물건들을 더럽혔다. 그들은 한 것과 속된 것을 구별하지 않으며, 부정한 것과 정한 것을 구별하도록 깨우쳐 주지도 않으며, 나의 안식일에 대하여서는 아주 눈을 감아 버렸으므로, 나는 그들 가운데서 모독을 당하였다."(겔 22:26)

제사장들은 자신들이 속한 집단의 구성원이나 입문자를 훈련하고 교육을 하였다. 제사직의 의무에는 상당한 정도의 기술적 성격이 포함되기 때문에, 이 같은 정보를 신입자들이 들어올 때마다 가르쳐야 했다. 상이한 종류의 희생제의 여러 내용들, 정하고 부정한 것에 대한 규례들, 제사 달력과 잔치들, 온갖 법들과 위반들에 대한 정해진 징벌들, 하나님의 뜻을 결정하는 특별한 수단들의 조작들,[82] 그리고 그 이상의 것이 서로 연합되었다.

---

82) 예를 들어, 우림과 둠밈. "대제사장이 그 가슴 주머니(출 28:15의 '흉패') 속에 넣어 보관하고 있다가 하나님의 뜻을 알아낼 때 쓰던 '한 제비'.
그러나 출 28:30에 의하면, 우림과 둠밈은(삼상 14:41-42에서처럼) 어려운 상황에서 하나님의 결정을 알기 위해서가 아니라 하나님 앞에 백성의 운명과 소원을 상징적으로 아뢰는 데 쓰인다. 출 28:30의 난하주에서 밝히듯이 우림과 둠밈이 각각 빛과 완전함을 뜻하는지는 확실하지 않다. 삼상 23:6, 9; 30:7(또 삼상 14:18의 칠십인 역본)에서 말하는 에봇도 이를 가리키는 듯하다. 우림과 둠밈은 어려운 상황에서 하나님의 뜻을 알려고 할 때 썼다(출 28:30; 민 27:21; 신 33:8;

제사장들의 일부는 서기관이었다.

"레위 사람 느다넬의 아들 서기관 스마야가, 왕과 지도자들과 제사장 사독과 아비아달의 아들 아히멜렉과 제사장과 레위 사람 가문의 지도자들이 지켜 보는 앞에서, 엘르아살과 이다말 가문 가운데서 한 집씩 제비를 뽑아, 그들의 이름을 기록하였다."(대상 24:6)

제사장들은 또한 율법, 제의, 의식, 신화, 그리고 역사를 수집하고 전달했다. 그들은 문헌을 수집하고 편집하고 전달했다. 그들은 그것들 대부분을 쉽게 접하고 기억해서 사람들을 가르칠 수 있도록 형식화했다.[83)]

교육. 제사장들의 기능 중에서 가르침의 기능이 포로기 이전에 가장 중요하고 의미가 있었다. 하나님은 제사장들과 레위사람들에게 자기들의 생명과 유복한 생활을 보장해주시겠다는 약속 말씀을 하나님에게서 받았다.

"레위 지파를 두고서, 그는 이렇게 말하였다.
'레위에게 주님의 [84)]둠밈을 주십시오. 주님의 경건한 사람에게 [85)]우림을 주십시오. 주님께서 이미 그를 맛사에서 시험하시고, 므리바 물가에서 그와 다투셨습니다. 그는 자기의 부모를 보고서도 '그들을 모른다'고 하였고 형제자매를 외면하고, 자식마다 모르는 체하면서, 주님의 계명에 순종하였으며, 주님의 언약을 성실하게 지켰습니다. 그들은 주님의 백성 야곱에게 주님의 바른 길을 가르치며, 이스라엘에게 주님의 율법을 가르치며, 주님 앞에 향을 피워 올리고, 주님의 제단에 번제 드리는 일을 계속 하고 있습니다. 주님, 그들이 강해지도록 복을 베풀어 주시고, 그들이 하는 모든 일을 기쁘게 받아 주십시오. 그들과 맞서는 자들의 허리를 꺾으시고, 그들을 미워하는 자들을 다시는 일어나지 못하게 하여 주십시오.'"(신 33:8~11)

그 대신에 하나님은 이들에게 맡긴 일인 율법에 따라 이스라엘 사람들에게 조언과 가르침을 베풀어 그들을 죄에서 지키길 기대하셨다.

수 14:2; 삼상 10:20-21). 제비가 둘이라는 것은 그 절차에 상응한다. 곧 양자택일의 특정한 문제에 대해 긍정 아니면 부정의 답이 나왔다(삼상 14:41-42; 23:9-12의 묘사 참조)". 『해설관주 성경전서』, 147; 용어해설 47. 우림과 둠밈은 흉패에 들어있었기에 작고 평평한 나무나 뼈로 되어 있었을 것이다. 학자들은 우림은 유죄, 둠밈은 무죄를 의미했던 것으로 본다. http://en.wikipedia.org/wiki/Urim_and_Thummim.

83) Swift, *Education In Ancient Israel*, 48-49.

84) 제사장들이 하나님의 뜻을 여쭐 때 사용한 것임. 그 사용 방법은 알려져 있지 않음.

85) 제사장들이 하나님의 뜻을 여쭐 때 사용한 것임. 그 사용 방법은 알려져 있지 않음.

"너희는 한 것과 속된 것을 구별하여야 하고, 부정한 것과 정한 것을 구별하여야 한다. 또 너희는 나 주가 모세를 시켜 말한 모든 규례를 이스라엘 자손에게 가르쳐야 할 사람들이다."(레 10:10~11)

"그는 늘 참된 법을 가르치고 그릇된 것을 말하지 않았다. 그는 나를 불편하게 하지 않고 나에게 늘 정직하였다. 그는 또한 많은 사람들을 도와서, 악한 길에서 돌아서게 하였다. 제사장의 입술은 지식을 지켜야 하겠고, 사람들이 그의 입에서 율법을 구하게 되어야 할 것이다. 제사장이야말로 만군의 주 나의 특사이기 때문이다."(말 2:6~7)

제사장들은 해마다 절기 때 초기의 전승들, 예언자들의 메시지, 제사장 계통의 역사가들에 의해 수집된 내용들을 백성들에게 전했다. 아들에게는 성전의 제의적 생활을 지배하는 구체적 제식 법들을 가르쳤다.

제사장들의 가르침은 성전과 연관되어 이스라엘 공동체에서 큰 권위를 갖고 있었다. 그들은 예언의 내용을 가르쳤으며 말과 상징으로 그 내용을 분명하게, 알기 쉽게, 그리고 실생활에 적용할 수 있도록 가르쳤다.[86] 제사장들은 또한 어떻게 바르게 살 것인지, 그리고 이웃 간의 의무 수행에 대해 가르쳤다. 제사장들은 의식법뿐만 아니라 시민법의 원리를 그것들에 기대어 사는 백성들의 필요와 문제들에 적용했다.[87] 제사장들은 점을 치거나 제비뽑기 같은 방법 등을 사용해서 야훼의 뜻을 알리고 가르쳤다. 그들은 일종의 종교의 극화이면서 역사적 교훈이라고도 할 수 있는 공적 축제를 조직하고 지휘했다.

이후 제사장은 추상적이고 상징적인 이와 같은 하나님의 뜻을 묻는 것으로부터 교사로서 하나님의 뜻이라고 할 수 있는 율법을 가르치고 해석하는 역할도 하게 되었다. 신명기에 따르면 제사장은 매 칠년 끝 해 곧 정기 면제년의 초막절에 사람들 앞에서 율법을 낭독해야 하는 의무가 있었다.

"모세가 이 율법을 기록하여, 주님의 언약궤를 메는 레위 자손 제사장들과 이스라엘의 모든 장로에게 주었다. 모세가 그들에게 명령하였다. '일곱 해가 끝날 때마다, 곧 빚을 면제해 주는 해의 초막절에, 온 이스라엘이 주 당신들의 하나님을 뵈려고 그분이 택하신 곳으로 나오면, 당신들은 이 율법을 온 이스라엘 백성 앞에서 읽어서, 그들의 귀에 들려주십시오."(신 31:9~11)

---

86) Kent, *The Great Teachers of Judaism and Christianity*, 46.
87) Kent, *The Great Teachers of Judaism and Christianity*, 48.

제사장들은 백성들에 대한 교육의 의무도 있었는데, 교육 방법은 주기적으로 여러 성읍들을 방문하여 이스라엘사람과 이방인을 불문하고 그곳의 거주자들을 모두 모은 후 그들 앞에서 토라를 설명해 주는 것이었다. 성인들의 교육을 위해서 제사장이나 레위인은 성소가 있는 곳에 머무르거나, 율법을 교육하기 위해 지방을 순회하기도 했다.

"당신들은 이 백성의 남녀와 어린 아이만이 아니라 성 안에서 당신들과 같이 사는 외국 사람도 불러 모아서, 그들이 율법을 듣고 배워서, 주 당신들의 하나님을 경외하며, 이 율법의 모든 말씀을 지키도록 하십시오."(신 31:12)

"또 너희는 나 주가 모세를 시켜 말한 모든 규례를 이스라엘 자손에게 가르쳐야 할 사람들이다."(레 10:11)

"그는 왕이 된 지 삼 년째 되는 해에, 지도자들인 벤하일과 오바댜와 스가랴와 느다넬과 미가야를 유다 여러 성읍에 보내어, 백성을 가르치게 하였다. 그들과 함께 레위 사람들, 곧 스마야와 느다냐와 스바댜와 아사헬과 스미라못과 여호나단과 아도니야와 도비야와 도바도니야, 이런 레위 사람들을 보내고, 또 그들과 함께 제사장 엘리사마와 여호람을 보냈다.
그들은 주님의 율법책을 가지고 유다 전국을 돌면서 백성을 가르쳤다. 그들은 유다의 모든 성읍을 다 돌면서 백성을 가르쳤다."(대하 17:7~9)

"나 만군의 주가 말한다. 너는 제사장들에게 율법의 가르침이 어떠한지 물어 보아라."(학 2:11)

그럼에도 불구하고 제사장직은 백성들을 무료로 교육시켜야 하는 것으로 생각되었기 때문에 그 일로 어떤 보수를 받는 것은 책망 받을 만한 일로 여겨졌다. 그래서 다음과 같은 불평이 일기도 했다. 제사장의 가르침은 돈을 받지 않고 해야 하는 의무였지만 그렇지 않았기 때문이었다.

"이 도성의 지도자들은 뇌물을 받고서야 다스리며, 제사장들은 삯을 받고서야 율법을 가르치며, 예언자들은 돈을 받고서야 계시를 밝힌다. 그러면서도, 이런 자들은 하나같이 주님께서 자기들과 함께 계신다고 큰소리를 친다."(미 3:11)

바빌론 포로기 이후 제사장들은 가르치는 기능을 포기하고 단순히 구전 전승의 수호자, 성소 지킴이, 그리고 제단의 봉헌자가 되었다.[88]

> "예언자들은 거짓으로 예언을 하며, 제사장들은 거짓 예언자들이 시키는 대로 다스리며, 나의 백성은 이것을 좋아하니, 마지막 때에 너희가 어떻게 하려느냐?"(렘 5:31)

교육 방법. *기억* – 제사장들은 행정적 심판과 교육적 역할을 했다. 교육적 역할은 사람과 사람, 하나님과 사람 사이의 관계를 지배하는 원리들을 백성들의 의식과 기억에 심는 것을 목적으로 했다.[89] 규정적 의무들이 응답의 형식으로 백성들의 마음에 새겨졌다.

> "그리고 레위 사람들은 큰소리로 온 이스라엘 모든 백성에게 다음과 같이 외치십시오. '대장장이를 시켜서, 주님께서 역겨워하시는 우상을 새기거나 부어 만들어서, 그것을 은밀한 곳에 숨겨 놓는 자는 저주를 받는다.' 하면, 모든 백성은 '아멘' 하고 응답하십시오."(신 27:14~15)

율법의 내용들은 출애굽기 20장에 십계명으로 요약되어 있다. 십계명이 10가지로 구성된 것은 기억에 도움이 되도록 하려는 의도가 있었던 것 같다.[90] 이 기본적 법들은 열 손가락을 이용하여 기억하기가 쉬웠을 것이다.[91]

기록 – 성전이 파괴된 후 제사장들의 백성들에 대한 이와 같은 직접적인 교육은 불가능해졌다. 후대로 이어지던 성전 의식이 잊혀질 위기에 처하게 되었다. 이때 제사장적 서기관들이 출현해서 전통적인 관습들을 기록하였다. 이 기록된 내용들이 출애굽기와 민수기, 그리고 특히 레위기의 율법적 부분이다.[92]

동거 – 이스라엘 초기에 하나님께 대한 봉사를 위하여 어린아이를 봉헌하는 관습이 있었던 듯 하며 따라서 사무엘의 경우와 같이 어린아이는 젖을 떼자마자 성전으로 데려갔다. 사무엘은 야훼 앞에서 자신의 성직을 수행하기 위하여 엘리로부터 일반적인 교육뿐만 아니라 특수한 교육까지 받아야 했다. 어린나이에 대제사장의 돌봄을 받는 경우가 있는데 이 경우 성전 안이나 가까이서 대제사장과 함께 살았다.

> "어린 사무엘이 엘리 곁에서 주님을 섬기고 … 사무엘은 하나님의 궤가 있는 주님의

---

88) Kent, *The Great Teachers of Judaism and Christianity*, 45.
89) Kent, *The Great Teachers of Judaism and Christianity*, 54.
90) Kent, *The Great Teachers of Judaism and Christianity*, 54.
91) Kent, *The Great Teachers of Judaism and Christianity*, 55.
92) Kent, *The Great Teachers of Judaism and Christianity*, 58.

성전에서 잠자리에 누워 있었다."(삼상 3:1~3)

우리는 사무엘만이 그러한 교육을 받아야 했던 특수한 경우라고 믿어야 할 아무런 이유가 없다. 왜냐하면 사무엘은 레위 가문이 아닌 에브라임 가문 출신이었지만 성전 봉사를 위해 레위족속 이외의 자녀들이 바쳐진 것은 당시 일반적 관습으로서 가능한 일이었기 때문이다.[93]

그러나 다른 의견도 있다. 사무엘이 엘리의 교육을 받을 수 있는 조건을 갖추지 않았다는 것이다. 사무엘은 레위인도 아니었고 제사장 계급에 속하지도 않았기 때문이다. 구약학자들은 이스라엘 성전 주변에 제사장 학교가 있었다고 한다. 사무엘이 여기서 교육을 받았다는 것이다.[94]

4. 레위 사람

사사시대에 레위인들은 제사장 계급이나 지파로 간주되었다.

"미가가 그 레위 사람을 하게 구별하여 세우니, 그 젊은이는 미가 집안의 제사장이 되어, 그의 집에서 살았다."(삿 17:12)

즉 이스라엘 초창기에는 제사장들과 레위인들을 따로 구별하지 않았으나 야훼의 성소에서 일하는 이들을 레위인이라고 불렀다. 요시야 개혁(주전 621년)이후 확실한 구분이 이루어진 것 같다. 이후 예루살렘 이외의 지역에서 산당을 관리하던 레위인들이 수도로 유입되어 국가가 운영하는 성전에 배치되었다.[95] 이미 성전을 책임지고 있던 제사장들이 새로 유입된 레위인들에게 성전 업무를 맡겼을 것이다.[96]

---

93) 이 경우에 그 어린이들은 이집트의 사원학교에서 젊은이들이 받았던 교육과 비슷한 그들의 환경이 허락하는 가장 발전된 형태의 교육을 받았을 것이다. Kaster, "Education, OT," 1154.

94) 이 같은 주장의 배경에는 고대 이집트의 교육 제도를 염두에 둔 듯하다. 이집트에서는 서기관학교에서 초등교육을 마치면 행정직이나 제사장직으로 나뉘어 교육을 받았다. 정인찬 편, 『성서대백과사전』 4 (서울: 기독지혜사, 1979), 22.

95) 레위인 직제의 등장과 발전 과정에 대해서는 Emil Shurer, *A History of the Jewish People in the Time of Jesus Christ*, Div. II, vol.I, (New York: Charles Scribner's Sons, 1891), 223-29. Swift, *Education In Ancient Israel*, 56 재인용.

96) Swift, *Education In Ancient Israel*, 47-48.

레위 지파 사람들은 제사장으로서 제사임무, 즉 "주님 앞에 향을 피워 올리고, 주님의 제단에 번제 드리는 일"만 수행한 것이 아니다. 이들은 백성에게 하나님의 율법을 선포하고 풀이해 주어야 한다. 여러 제사장의 의무들을 제외하고도 레위족은 백성을 가르쳤다.

"그들은 주님의 백성 야곱에게 주님의 바른 길을 가르치며, 이스라엘에게 주님의 율법을 가르치며, 주님 앞에 향을 피워 올리고, 주님의 제단에 번제 드리는 일을 계속하고 있습니다."(신 33:10)

그들은 분명히 주석과 해설에 노련한 사람들이었다(8절). 이들 레위인들은 메비님(מבינים)이라는 명칭으로 불리었다. 그 문자적 의미는 '이해시켜주는 자'라는 뜻이다.

"레위 사람인 예수아와 바니와 세레뱌와 야민과 악굽과 사브대와 호디야와 마아세야와 그리다와 아사랴와 요사밧과 하난과 블라야는, 백성들이 제자리에 서 있는 동안에, 그들에게 율법을 설명하여 주었다. 하나님의 율법책이 낭독될 때에, 그들이 [97]통역을 하고 뜻을 밝혀 설명하여 주었으므로, 백성은 내용을 잘 알아들을 수 있었다." (느 8:7~8)

"그래서 나는 지도급 인사인 엘리에셀과 아리엘과 스마야와 엘라단과 야립과 엘라단과 나단과 스가랴와 므술람과, 학자인 요야립과 엘라단을 불러서"(스 8:16 참조)

예언자들이 전문적인 직업훈련을 받은 적은 수의 제자 무리를 가르친 것처럼 제사장들과 레위인들도 같은 반열의 무리들을 훈련시켰다. 그러나 이스라엘인의 신앙적 교훈을 그들에게 가르치는 의무는 대부분 후자들에게 떠맡겨졌다.

레위족에 대한 모세의 축복은 그들의 위치를 묘사한다. 모세의 축복문에서 레위족속은 백성의 교사로 명명되었다. 그들은 주의 법도를 야곱에게, 주의 율법을 이스라엘에게 가르치는 자들이었다.

"그들은 주님의 백성 야곱에게 주님의 바른 길을 가르치며, 이스라엘에게 주님의 율법을 가르치며, 주님 앞에 향을 피워 올리고, 주님의 제단에 번제 드리는 일을 계속하고 있습니다."(신 33:10)

"또 너희는 나 주가 모세를 시켜 말한 모든 규례를 이스라엘 자손에게 가르쳐야 할

---

97) 히브리어에서 아람어로.

사람들이다."(레 10:11)

레위법전에서 아론의 자손들의 일반적인 의무 가운데는 이스라엘 백성들을 가르치라는 명령이 포함되었다.

"또 너희는 나 주가 모세를 시켜 말한 모든 규례를 이스라엘 자손에게 가르쳐야 할 사람들이다."(레 10:11)

제사장직의 이러한 역할은 제1국가기의 마지막 시기에 이르기까지 중요한 일로서 계속되었다. 즉 여호사밧은 야훼의 율법서를 교과서로 삼고 전국을 돌면서 백성들을 가르치기 위한 학식 있는 제사장들과 레위인들을 파견하였다.

"그들과 함께 레위 사람들, 곧 스마야와 느다냐와 스바댜와 아사헬과 스미라못과 여호나단과 아도니야와 도비야와 도바도니야, 이런 레위 사람들을 보내고, 또 그들과 함께 제사장 엘리사마와 여호람을 보냈다. 그들은 주님의 율법책을 가지고 유다 전국을 돌면서 백성을 가르쳤다. 그들은 유다의 모든 성읍을 다 돌면서 백성을 가르쳤다."(대하 17:8~9)

요시야 치하에서 백성을 가르치는 역할은 레위인들의 의무에 속해 있었다. 요시야의 통치기간 동안에 그들은 교사로 간주되었다.

"온 이스라엘을 가르치는 레위 사람들"(대하 35:3)

이 시기와 그 이후에 레위인의 이러한 역할은 예언자들에게 인정받았다.

"그는 늘 참된 법을 가르치고 그릇된 것을 말하지 않았다. 그는 나를 불편하게 하지 않고 나에게 늘 정직하였다. 그는 또한 많은 사람들을 도와서, 악한 길에서 돌아서게 하였다. 제사장의 입술은 지식을 지켜야 하겠고, 사람들이 그의 입에서 율법을 구하게 되어야 할 것이다. 제사장이야말로 만군의 주 나의 특사이기 때문이다."(말 2:6~7)

레위인들의 이러한 가르치는 역할은 바빌론 포로생활에서의 귀환 후에도 계속되었다. 이들은 에스라의 때까지 이 역할을 유지했다. 에스라는 제사장이면서 서기관이기도 했는데("학자 에스라 제사장"[느 8:9]), 백성들에게 율법을 가르치고 설명을 해 줌으로써 그들이 다시 자신들의 종교적 유산으로 돌아오도록 하는 과제를 수행했다.

> "바로 그 에스라가 바빌로니아에서 돌아왔다. 그는 주 이스라엘의 하나님이 주신 모세의 율법에 능통한 학자이다. 주 하나님이 그를 잘 보살피셨으므로, 왕은 에스라가 요청하는 것은 무엇이나 다 주었다. … 에스라는 주님의 율법을 깊이 연구하고 지켰으며, 또한 이스라엘 사람들에게 율례와 규례를 가르치는 일에 헌신하였다."(스 7:6, 10)

[그림53]
줄리우스 슈누르 폰 카롤스펠트
(Julius Schnoor von Carolsfeld),
〈에스라가 율법서를 읽음〉, 나무조각

율법을 가르칠 때 에스라는 레위족의 도움을 받았다. 에스라는 율법을 백성들의 말인 아람어로 통역해서 가르쳤다.[98] 에스라의 개혁의 영향으로 가르침은 유대인들 사이에서 새로운 우위를 차지하게 되었다. 제사장들과 레위족들은 점차로 활동이 성전에 제한되고, 예언자들의 역할이 급속도로 쇠퇴해가면서 자동적으로 서기관들이 백성의 교육을 주도하게 되었다.[99]

98) 구약 성서에 대한 고대 유태인의 주석인 미드라심은 율법을 상술하고, 또 실례를 들어가면서 도덕적 교훈을 끌어내고 있는 주석을 수집한 성서주해서이다. 이와 함께 아람어(Aramaic)로 번역된 구약성서 주석인 탈굼(Targums) 등은 에스라의 이와 같은 형태의 가르침으로부터 발전했다. R. A. Culpepper, "Education," Geoffrey W. Bromiley, ed., *The International Standard Bible Encyclopedia* (Grand Rapids, MI: WM. B. Eerdmans Pub. Co., 1979), 24.

99) Culpepper, "Education," 24.

V. 예언자(Nebiim)

예를 들어 엘리에게서 보듯이 제사장이 제 역할을 하지 못하면서 하나님께서는 제사장과 현자와 같은 다른 성격의 교사를 일으키셨다.[100] 예언자는 주전 586년 예루살렘이 멸망하기까지 제사장과 더불어 이스라엘의 정신적 흐름을 주도했던 세력이다. 이들은 기정사실들에 대한 고집스런 거부, 새 하늘과 새 땅, 그리고 민족적 차별이나 지역적 경계 어느 것도 인정하지 않는 높은 보편주의에 대한 강렬한 요청 때문에 역동적 성격을 대변하였다.

주전 586년 성전이 파괴되고 지도층이 바빌론으로 잡혀가고 성전도 성소도 희생 제사 등 제사장적 세계가 일시에 파멸을 맞았을 때, 예언자의 가르침이 부각되었다. 이스라엘은 예언자의 가르침에서 현재에 대한 위로와 미래에 대한 희망을 발견했다.[101]

1. 신분

처음부터 예언자들은 교육상의 역할이 분명했다. 그들은 모세를 그들의 근거를 지어준 인물로서 탁월한 예언자로서 회상하였다.

> "그 뒤에 이스라엘에는 모세와 같은 예언자가 다시는 나지 않았다."(신 34:10)

이렇게 말함으로써 예언자의 이상향을 구체화시켰다. 예언자들은 이스라엘 전체의 교사로서 간주되었다.

> "주 당신들의 하나님은 당신들의 동족 가운데서 나와 같은 예언자 한 사람을 일으켜 세워 주실 것이니, 당신들은 그의 말을 들어야 합니다."(신 18:15)

이스라엘 초기에 예언자는 오늘날의 점쟁이나 신통력을 지닌 사람과 흡사했다.

---

100) Zuck, "Education in the Monarchy and the Prophets," 231.
101) Morris, *The Jewish School*, 9.

"옛적에 이스라엘에서 사람들이 하나님께 물으려고 할 때에는, 선견자에게 가자고 말하였다. 오늘날 우리가 '예언자'라고 하는 이들을 옛적에는 '선견자'라고 불렀다."(삼상 9:9)

제사장과 달리 예언자는 성을 초월한 평범한 개인들이었다.

"그(드보라)가 에브라임 산간지방인 라마와 베델 사이에 있는 '드보라의 종려나무' 아래에 앉아 있으면, 이스라엘 자손은 그에게 나아와 재판을 받곤 하였다."(삿 4:5)

"그리하여 힐기야 제사장과 아히감과 악볼과 사반과 아사야가 살룸의 아내 훌다 예언자에게 갔다."(왕하 22:14상)

2. 선포와 문서

예언자들이 제자들을 두고 교육하는 일도 했지만 우선은 그들에 대한 호칭 그대로 하나님의 뜻을 선포하는 것이 우선되었다. 예언자들은 야훼의 뜻을 알리거나 그릇된 일에 대항하거나 정의를 부르짖을 필요가 있을 때 어느 곳이든 그곳에 있었다. 법정에서 왕과 지배자들을 대면할 때도 있고 일반인들을 대상으로 할 때도 있었다. 그러나 주로 성전의 뜰이 예언의 무대가 되었다.[102]

"예레미야는, 주님께서 예언하라고 보내신 도벳에서 돌아와, 주님의 성전 뜰에 서서, 모든 백성에게 말하였다."(렘 19:14).

히브리 예언자들은 미래를 예언하는 것에 힘쓰거나 전념하지 않았다. 그들의 역할은 사회적 영역과 관계가 있다. 예언자직은 이스라엘 왕정 초기에 생겼다. 외부 적들의 부단한 위험과 함께 우상 숭배와 같은 종교의 타락, 빈민에 대한 억압 같은 사회적 학대 등으로 비롯된 사회적 환경이 큰 비전을 갖고 개혁을 꿈꾸는 이들에게 신앙과 애국심을 충동질해 경건한 이들을 결집시키게 되었다. 이 같은 사회적 문제와 관련된 명분은 다음과 같다. ① 궁중에서 중대한 일이나 다른 기회를 고려할 때 야훼의 뜻을 전할 수 있는 존재(seers)의 필요, ② 종교개혁의 필요, ③ 사회 개혁의 필요. 예언자의 기능은 이후 정신적인 것으로 바뀌었고, 단순히 전통적인 관례나 기계적인 기법과 무관해졌다. 달리 말하자

---

102) Swift, *Education In Ancient Israel*, 52.

면, 예언자(나비, נביא) 자신이 야훼가 말하는 주관적인 통로가 된 것이다.[103]

예언자는 먼저 예언을 하고 나서 그것을 기록으로 남겼다. 이것은 메시지의 유예였다. 지금은 여러 여건상 아니지만 나중을 위해 메시지를 보전하는 것을 말한다.[104] 예레미야가 그 예이다.

> "요시야의 아들 여호야김이 유다 왕이 된 지 사 년째 되는 해에, 주님께서 예레미야에게 말씀하셨다. '너는 두루마리를 구해다가, 내가 너에게 말한 날로부터 곧 요시야의 시대부터 이 날까지 내가 이스라엘과 유다와 세계 만민을 두고 너에게 말한 모든 말을, 그 두루마리에 기록하여라. … ' 그래서 예레미야가 네리야의 아들 바룩을 불렀다. 바룩은 예레미야가 불러 주는 대로, 주님께서 그에게 하신 모든 말씀을 두루마리에 기록하였다."(렘 36:1~4)

이사야의 경우도 마찬가지이다. 그는 자기가 선포한 것들을 글로 적었고, 그 문서를 둘둘 말아 끈으로 묶고 봉합하여 자기를 따르는 사람(제자)들에게 맡겨 보관하게 했다. 이 구절은 예언자들은 제자들을 모아 그들 마음에 메시지 내용을 간직하게 하고 그것들을 보전하도록 위임한다는 사실을 보여준다. 메시지의 보관은 다음 세대들에게 내용을 전달하는 중요한 방식이다.

제사장과 유사하게 예언자집단은 점이나 말이나 글을 통한 통렬한 비판, 조언적 위로 등, 그들이 하는 일들의 핵심들을 후손을 위해 보전했다. 신적 말씀을 분별하고 그것을 청중에게 제대로 전달하는 기술과 같은 복잡한 과제, 시적 설득 기술, 중보적 역할, 그들이 일하는 지역에 맞는 전승들과 제의적 실천들, 이 모든 기술들은 다음세대로 전달되었다.[105] 예를 들어, 이사야는 자기가 선포한 것들을 글로 적었고, 그 문서를 둘둘 말아 끈으로 묶고 봉합하여 자기를 따르는 사람(제자)들에게 맡겨 보관하게 했다.

> "나는 이 증언 문서를 밀봉하고, 이 가르침을 봉인해서, 나의 제자들이 읽지 못하게 하겠다.
> 주님께서 비록 야곱의 집에서 얼굴을 돌리셔도, 나는 주님을 기다리겠다."(사 8:16~17상)

예언의 내용은 대중에게 알리려는 내용, 법, 역사, 그리고 자신들의 행적에

103) Swift, *Education In Ancient Israel*, 49.
104) Kent, *The Great Teachers of Judaism and Christianity*, 34.
105) Crenshaw, "Education, OT," 203.

대한 것들이다. 예언의 형식은 시로서 운율은 메시지에 적합한 것을 택했다. 기록된 예언은 제자들과 후대를 위한 교재로 사용되었다.[106)]

한편 이들을 문서예언자라고 한다.

"성경의 어떤 예언자가 선포한 말씀이 글로 확정되고 그것을 바탕으로 그 예언자의 이름이 붙은 책이 생겨났을 때 그런 예언자를 문서예언자라고 한다."[107)]

"예언서의 형성 과정은 대강 다음과 같이 생각해 볼 수 있다. 맨 먼저 한 예언자가 공개적으로 선포한 말씀을 개별적으로 예언자 자신이나 그를 따르던 사람들이 글로 기록했을 것이다(이를테면 렘 36장). 나중에 예언자의 제자들은 이런 글들을 모아서 만든 여러 묶음을 보충하고 확장시켰을 뿐만 아니라 예언자가 당한 일과 살아간 삶에 대해서도 이야기 형식으로 적기도 했을 것이다. 특히 자세한 것은 예레미야의 비서인 바룩이 자기 선생님에 대해서 적은 것으로 보이는 기록이다(렘 36~45장)."[108)]

모세의 원형에 그 뿌리를 가지고 있었던 전승으로부터 생각하여 볼 때, 예언자들의 가르침은 율법에 집중되어 있었을 것이며 당시대에 유효적절한 해석 문제를 설명하였을 것이다.

예언자들의 교육은 읽기, 쓰기, 문학, 연설, 작곡 등의 내용이었을 것이다.[109)] 예언자들은 그의 제자들에게 지식을 전수시켰다. 전수시킨 지식의 한 영역은 의학에 관한 것이었다.[110)]

"한 사람이 나물을 캐려고 들에 나갔다가 들포도덩굴을 발견하고서, 그 덩굴을 뜯어, 옷에 가득 담아 가지고 돌아와서, 그것이 무엇인지도 잘 모르는 채로 국솥에 썰어 넣었다. 그들이 각자 국을 떠다 먹으려고 맛을 보다가, 깜짝 놀라 하나님의 사람을 부르며, 그 솥에 사람을 죽게 하는 독이 들어 있다고 외쳤다. 그래서 그들이 그 국을 먹지 못하고 있는데, 엘리사가 밀가루를 가져 오라고 하여, 그 밀가루를 솥에 뿌린 뒤에, 이제는 먹어도 되니 사람들에게 떠다 주라고 하였다. 그러고 나니 정말로 솥 안에는 독이 전혀 없었다."(왕하 4:39~41)

---

106) Swift, *Education In Ancient Israel*, 51.
107) 『해설·관주 성경전서: 독일성서공회판』, 1067.
108) 『해설·관주 성경전서: 독일성서공회판』, 1069.
109) Swift, *Education In Ancient Israel*, 51.
110) 비교. 애굽에서는 사실상 신학과 의학이 결합되어 있었다.

3. 예언자 수련생

예언자들은 신의 뜻을 확인하거나 신적 능력으로 의사소통하는 비범한 능력을 소유한 것으로 간주되었다. 이들은 대부분 객관적인 물리적 현상을 보고 의견을 제시했다. 예언은 예언의 영이 임한 누구나 할 수 있는 개방적인 사건이었다.

> "사울이 종과 함께 산에 이르자, 예언자의 무리가 그를 맞아 주었다. 그때에 하나님의 영이 그에게 세차게 내리니, 사울이 그들과 함께, 춤추며 소리를 지르면서 예언을 하였다."(삼상 10:10)

> "그 순간 그(사울의) 부하들에게도 하나님의 영이 내리니, 그들도 춤추고 소리치며, 예언을 하였다."(삼상 19:20하)

예언에는 위의 성구에서 보듯이 춤과 노래가 동원되기도 했다.

사무엘 시대 훨씬 전부터 예언자(로에, רועה)와 점쟁이(코셈, קוסם)가 여러 부족에 거주한 것 같다.

> "예언자들 한 무리가 사무엘 앞에서 춤추고 소리치며, 예언을 하고 있었다."(삼상 19:20상)

예언자 집단(삼상 10:5, 10; 19:20)은 예언자의 무리로 서술되었다. 예언자들은 엘리야처럼 개인적으로 또는 사무엘이나 엘리야처럼 벧엘이나 길갈 같은 유명한 성소 근처에서 "예언자들의 아들들"(sons of prophets)이라는 이름으로 집단적으로 거주한 것 같다. 예언자의 아들들은 예언자로부터 가르침을 받는 제자들이었다.

> "엘리사가 길갈로 돌아왔다. 그곳은 엘리사가 111)예언자 수련생들을 데리고 사는 곳이었다."(왕하 4:38)

뒤에 가면 예언자들이 그 제자들을 가르쳤다는 명백한 증거가 나온다.

> "예언자 수련생들 … 선생님의 스승"(왕하 2:3)

---

111) 히. '예언자들의 아들들'.

"예언자 수련생들"(왕하 4:38)

초기에는 예언자들도 때때로 교훈을 베풀었다(참조.. 삼상 10:11 이하).[112] 가르침은 예언자의 역할에 통합되어 있었다. 적어도 야훼주의 예언전통이 확고한 기초위에 확립된 왕정시대에 이르면서 예언자들이 그들이 가르칠 제자들을 가지고 있었다는 점은 확실하게 말할 수가 있다.

"나의 제자들"(사 8:16하)

우리가 보아온 바와 같이 이사야는 '림무딤'(למודים)이라는 용어를 사용하였는데, 이것은 학습자들 또는 제자들을 뜻하기 위해 사용된 전문용어 중의 하나이다. 엘리야의 제자이며 또한 그의 후계자는 엘리사였고 그는 분명히 탁월한 예언자의 뛰어난 제자였다.

"아벨므홀라 출신인 사밧의 아들 엘리사에게 기름을 부어서, 네 뒤를 이을 예언자로 세워라."(왕상 19:16하)

그리고 벧엘에 많은 '예언자들의 아들들'의 큰 집단이 있었음을 말해주는 기록을 볼 수 있다.

"베델에 살고 있는 [113]예언자 수련생들이 엘리사에게 와서"(왕하 2:3상)

이들 '예언자들의 아들들'은 엘리사를 존경심을 가지고 대했음이 분명하다.

"예언자 수련생들 가운데서 쉰 명이 요단강까지 그들을 따라갔다. 엘리야와 엘리사가 요단 강 가에 서니, 따르던 제자들도 멀찍이 멈추어 섰다."(왕하 2:7)

엘리야의 승천 후에는 엘리사를 자신들의 선생으로 인정하였다.

"그때에 여리고에서부터 따라온 예언자 수련생들이 강 건너에서 이 광경을 보고는 '엘리야의 능력이 엘리사 위에 내렸다.' 하고 말하면서, 엘리사를 맞으러 나와, 땅에 엎드려 절을 하였다."(왕하 2:15)

---

112) Derek Williams, ed., *New Concise Bible Dictionary*, 한국기독학습자회출판부 편역, 『IVP 성경사전』 (서울: 한국기독학습자회출판부, 1992), 45.

113) 히, '예언자들의 아들들'.

'아들들' 혹은 '바님'(בנים)은 '학습자들'을 가르치는 하나의 전문용어이다. 선생인 엘리사는 또한 그의 죽은 제자들의 미망인들과 어린 자녀들의 복지에 책임을 지게 되었다.

> "예언자 수련생들의 아내 가운데서 남편을 잃은 어느 한 여인이, 엘리사에게 부르짖으며 호소하였다. '예언자님의 종인 저의 남편이 죽었습니다. 예언자님께서도 아시다시피 그는 주님을 경외하는 사람이었습니다. 그런데 빚을 준 사람이 와서, 저의 두 아들을 자기의 노예로 삼으려고 데려가려 합니다.' 엘리사가 그 여인에게 말하였다. '내가 어떻게 하면 도움이 되겠는지 알려 주시오. 집 안에 무엇이 남아 있소?' 그 여인이 대답하였다. '집 안에는 기름 한 병 말고는 아무것도 없습니다.'"(왕하 4:1~2 이하)

[그림54] 지오반니 란프란코(Giovanni Lanfranco), 〈엘리야를 공궤하는 사렙다 과부〉, 1621-1624년경, 캔버스에 유채, 203.2 x 243.84 cm, fhak, 이태리

기근 시에는 제자들의 식량을 마련하는 책임을 맡기도 했다.

> "마침 그때에 그 땅에 흉년이 들었다. 엘리사가 한 종에게, 큰 솥을 걸어 놓고 예언자 수련생들이 먹을 국을 끓이라고 하였다."(왕하 4:38)

4. 교육적 사명

이스라엘 백성들의 타락에 직면해서 예언자들은 개인적 죄와 사회적 불의를 지적하고 하나님께 불순종하는 데 따르는 심각한 결과에 대해 상기시키고 주님께 돌아와 회개하라고 외쳤으며, 미래에 대한 하나님의 계획에 대하여 예언하였다.[114] 예언자들은 때로 적대감을 일으킬 정도로, 겁 없이 가르치고 메시지를 전했다. 마지막 사사이면서 최초의 예언자인 사무엘은 백성을 잘 가르치겠다는 다짐을 표현한다.

> "나는 당신들이 잘 되도록 기도할 것입니다. 내가 기도하는 일을 그친다면, 그것은 내가 하나님께 죄를 짓는 것입니다. 그런 일은 없을 것입니다. 오히려 나는, 당신들이 가장 선하고 가장 바른 길로 가도록 가르치겠습니다."(삼상 12:23)

미래에 대한 예언자들의 이상은 백성에 대한 종교교육을 포함하는 것이다.[115]

> "… 물이 바다를 채우듯, 주님을 아는 지식이 땅에 가득하기 때문이다."(사 11:9)

보편적 교육에 대한 비전도 예언자들에게서 찾아볼 수 있다.

> "나 주가 너의 *모든* 아이를 제자로 삼아 가르치겠고, 너의 아이들은 번영과 평화를 누릴 것이다."(사 54:13)

> "예언서에 기록하기를 [116]'그들이 모두 하나님께 가르침을 받을 것이다.' 하였다. 아버지께 듣고 배운 사람은 다 내게로 온다."(요 6:45 참조)

여기서 '모든 아이'를 미래 예루살렘 성읍 안의 사람들로 보는 견해도 있다.[117] 예언자들은 자신의 역할을 백성에 대한 교사로 그리고 율법의 해석자로 인식했다.

지혜학교에서처럼, 예언자들 가운데서도 지혜와 지식은 주님으로부터 온다. 그리고 이 지식을 완전할 정도로 획득한 사람에게 온다.

> "이집트의 임금아, 너를 섬기는 현인이 어디에 있느냐? 그들을 시켜서, 만군의 주님께서 이집트에 대하여 무엇을 계획하셨는지를 알게 하여 너에게 보이라고 하여라."(사 19:12)

---

114) Zuck, "Education in the Monarchy and the Prophets," 232; Culpepper, "Education," 24.
115) R. A. Culpepper, "Education," Geoffrey W. Bromiley, ed., *The International Standard Bible Encyclopedia* (Grand Rapids, MI: WM. B. Eerdmans Pub. Co., 1979), 24.
116) 사 54:13.
117) 『해설·관주 성경전서: 독일성서공회판』, 1154.

> "너희가 어떻게 '우리는 지혜를 가진 사람들이요, 우리는 주님의 율법을 안다' 하고 말할 수가 있느냐? 사실은 서기관들의 거짓된 붓이 율법을 거짓말로 바꾸어 놓았다. 그러므로 지혜 있는 사람들이 부끄러움을 당하고, 공포에 떨며 붙잡혀 갈 것이다. 그들이 주의 말을 거절하였으니, 이제 그들에게 무슨 지혜가 있다고 하겠느냐?"(렘 8:8~9)

예언자들은 종교적이고 도덕적 교사집단이었다. 그들은 종교 및 사회적 이상의 창조자, 정책의 비판자와 제안자, 사회적 불의에 대한 고발자, 개인 및 사회 정의의 전달자이면서 야훼 사상과 이스라엘의 사명을 상기시키는 통로였다. 국가적 위기 때마다 그들은 비판하고 격려하고 위로하고 가르쳤다. 그들은 이스라엘의 공적 양심, 종교의 정신, 여론의 조성자이면서 탁월하고 존경받고 확신에 찬 교사들이었다.[118)]

---

118) Swift, *Education In Ancient Israel*, 52.

VI. 서기관

히브리어로 서기관은 문자대로는 '책의 사람들'을 의미한다. 즉 이스라엘 초기 교사들의 문헌들을 옮겨 쓰는 사람일 뿐 아니라, 편집자와 해석자였다. 이들은 율법의 수호자였으며 그 해석에 대한 권위자였다.

1. 서기관의 성격

서기관은 성경을 쓰는 자로서 율법에 능통한 학자였다. 서기관이 되려면, 5살부터 13살까지 율법 교육을 받아야 했다. 서기관은 30세가 되면서 가르치기를 시작했다. 서기관의 주요 임무는 율법을 해석하고 가르치고 송사를 해결하고 재판하는 일이었다. 서기관은 랍비(선생) 혹은 율법사라고도 불리었고, 공의회의 의원도 될 수 있었다.

구약에서 서기관에 대한 최초의 언급은 예레미야서에 나타난다.

> "너희가 어떻게 '우리는 지혜를 가진 사람들이요, 우리는 주님의 율법을 안다.' 하고 말할 수가 있느냐? 사실은 서기관들의 거짓된 붓이 율법을 거짓말로 바꾸어 놓았다."(렘 8:8)[119]

이 구절은 서기관들이 바빌론 포로기 이전에도 존재했었음을 보여준다. 아마 이들은 제사장 신분이었지만 주로 문서 작업에 종사했을 것이다.[120]

바빌론 유수는 이스라엘의 생활과 사상뿐 아니라 그 내부조직에도 혁명과 같은 것이었다. 국가의 멸망과 성전의 파괴는 이제껏 구두로 전해진 관습법과 조직들에 대한 내용에 대해 문서 형태가 요구되었으며 성전 파괴로 일이 없어진 제사장들에게 이 일이 맡겨졌다. 이를 통해 최고의 시련기에 신앙을 생생하게 유지할 수 있었고, 민족의 순수성을 보전할 수 있었다. 제사장들은 서기관이 되어 이어져 내려온 법과 전통들을 필사하고, 통일시키고, 편집했다. 바빌론 포로기라는 새로운 상황을 맞이하여 백성들의 변화된 생활과 관점들의 요구에 맞

---

119) "사람이 하나님의 율법을 아주 면밀하고 자세히 풀이할 수 있지만 바로 그렇게 함으로써 하나님이 본디 바라시는 바를 놓칠 수 있다. 기록된 율법은 되새기면서도 생생하게 임하는 예언의 말씀이 요구하는 바는 멀리할 수가 있다(8-9절)." 독일, 1189.

120) Kent, *The Great Teachers of Judaism and Christianity*, 86.

추어 새로운 법이 필요하게 되었고 이에 따라 옛 법들은 확장되고, 예언자들의 원리들을 적용하는 일이 제사장적 서기관의 몫이 되었다.[121]

2. 서기관의 역사

이스라엘에서 바빌론 포로기와 포로 후기 시대에 이르기까지 서기관 계급의 존재를 알려주지 않는다. 그러나 에스라서의 "주 이스라엘의 하나님이 주신 모세의 율법에 능통한 학자이다."(스 7:6)라는 구절은 당시 서기관 계급은 없었어도 서기관 조직이 있었음을 추측케 한다. 스라야와 같이 서기관직을 수행한 사람들이 있었기 때문이다.

"스라야는 서기관이 되고"(삼하 8:17)

"궤가 차면, 레위 사람들이 그 궤를 왕궁 관리들에게로 가지고 갔는데, … 왕실 서기관과 대제사장의 관리가 와서, 그 궤의 돈을 계산하였다."(대하 24:11 비교)

이 서기관들은 왕실과 국가행정에서 행정적 기능을 수행했을 것이다. 일부 서기관들은 율법 전수에 참여하였다. 서기관들은 왕궁에서 일하거나, 행정 문서들을 작성했거나, 종교 문서들을 베끼는 일을 했을 것이다.

서기관의 직책은 제1국가시대의 초창기에서부터 시작되었는데 그 당시 그들의 직위는 군대의 장관들 및 대제사장들과 같은 왕국의 일급관리로 언급되었다(삼하 8:17).[122] 그들의 주 임무는 분명히 서기업무와 관련된 것들로서 외교문서를 작성하고 왕국의 연대기를 편찬하는 책임을 지고 있었을 것이다.[123] 그러나 웃시야 왕 치하의 서기관 여이엘은 그 이름이 군대의 장관들 이름 중에 언급되기도 했다. 그래서 역대하 26장 11절은 여이엘을 바로 장군으로 언급한 구절로 해석할 수 있다.

---

121) Kent, *The Great Teachers of Judaism and Christianity*, 86-87.

122) "아히둡의 아들 사독과 아비아달의 아들 아히멜렉은 제사장이 되고, 스라야는 서기관이 되고," (삼하 8:17)

123) 이러한 면에서 볼 때 이스라엘이 이집트의 정치체제로부터 큰 영향을 받은 것은 확실하다는 주장이 있다. 이집트의 서기관직은 매우 존경받는 직책으로서 그들 중 어떤 이들은 군대의 장관이 되기도 했고 호렘헵(Hor-em-heb의 경우처럼 그들 자신이 왕이 되기도 했다. Kaster, "Education, OT," 1156.

"여이엘 병적 기록관과 마아세야 병무담당 비서관이 이들(군대)을 징집하여 병적에 올렸다."(대하 26:11)

서기관들의 대부분이 레위족속이었다는 사실은 가능성 있는 일로서 그들은 필사하는 일과 가르치는 임무를 자연스럽게 결합시켰고, 따라서 제2국가기에 특수한 제도로 확립되었던 서기관들의 조상의 역할을 감당했으며 또한 토라의 수호자와 그 해석자이기도 했다. 그러므로 제1국가시대의 연대기에는 레위인이었던 스마야가 다윗 휘하에서 서기관으로 일한 것으로 기록되었고, 또한 요시야 치하에 서기관으로 일한 일단의 레위인에 대해서도 기록되었다.

"레위 사람 느다넬의 아들 서기관 스마야가"(대상 24:6)

"그들은 목도꾼을 감독하고, 각종 공사 책임자들을 감독하였으며, 어떤 레위 사람은 기록원과 사무원과 문지기의 일을 맡았다."(대하 34:13)

물론 제1국가시대에도 서기관들은 이미 학식과 지혜를 지닌 사람들로서 언급되었다. 다윗의 숙부 요나단은 '이해시켜주는 자'(메빈 מבין)[124]인 모사이며 서기관이었다.

"다윗의 삼촌 요나단은 고문이며 서기관이다."(대상 27:32)

예레미야의 비서겸 제자였으며 따라서 '예언자들의 아들들' 중 한 사람이었던 바룩도 역시 서기관이었다.

"왕은 … 명령하여, 서기관 바룩과 예언자 예레미야를 체포하라고 하였다."(렘 36:26)

제1국가기 말엽에 서기관 직책은 이미 전문적인 계층으로 인식되었으며 학식 있는 토라의 수호자로 생각되었다.

"너희가 어떻게 '우리는 지혜를 가진 사람들이요, 우리는 주님의 율법을 안다.' 하고 말할 수가 있느냐? 사실은 서기관들의 거짓된 붓이 율법을 거짓말로 바꾸어 놓았다."(렘 8:8)

---

124) '교사'를 가리키는 전문용어중의 하나이다.

이 구절은 서기관이 거짓을 말한다는 고발이라기보다는 오히려 서기관들이 "하나님의 율법을 아주 면밀하고 자세히 풀이할 수 있지만 바로 그렇게 함으로써 하나님이 본디 바라시는 바를 놓칠 수 있다."는 경고로 보아야 할 것이다. "기록된 율법은 되새기면서도 생생하게 임하는 예언의 말씀이 요구하는 바를 멀리"해서는 안 된다고 주의를 주는 말씀이지만 서기관의 율법 지식에 대한 전문성이 상대적으로 드러난다.125)

바빌론에서의 포로생활을 끝내고 귀환한 이후 예루살렘이 복구되자 제사장들의 정치적 비중이 증가했다. 제사법전은 제사장들에게 최고의 종교적 권위뿐 아니라 최고의 정치적 권위까지 부여했다. 그들이 제2성전과 관련해서 체계화된 정치 및 행정 업무의 정교한 예배 체제에 몰두하면서 이전의 교육적 기능은 새롭게 등장한 서기관이라는 일반 계급에게 점차 대부분 양도되었다. 성전의식이 복잡해지고 정교화 되고, 제사장들의 정치 및 행정 활동이 확대된 것에 힘입어서 교육적 역할 대부분이 제사장과 예언자로부터 새롭게 등장한 교육집단의 소페림(**סופרים**), 또는 서기관들에게 점차 인식되었다. 그 이후 시대에 이르러 고위 제사장들은 점차로 정치에 관여하게 되고 그 밖의 제사장들과 레위인들은 성전봉사에 있어서 복잡다단하고 거대한 성전 예배 의식들을 맡게 됨에 따라 성서해석과 연구는 서기관 그룹에 맡겨지게 되었다. 제사장이자 서기관인 에스라는 이러한 신흥계급의 발전을 보여준다. 에스라는 이스라엘의 지적 유산을 소유하고 있던 서기관의 임무를 지닌 제사장의 전통적인 틀 안에서 출현하였다. 에스라 자신은 제사장이며 서기관이었으므로, 그의 후계자들은 서기관으로 간주되어야만 한다. 그는 후기 유대문학에서 '학사 에스라'로 알려졌고 또한 모세의 법에 익숙한 학사로서 묘사되었다. 에스라 시대 이래 서기관은 성서학자, 주석가, 공직 교사, 정신적 지도자의 지위를 지닌 특수 계급이었다.

> "그는 주 이스라엘의 하나님이 주신 모세의 율법에 능통한 학자이다. 에스라는 제사장이면서 학자이며, 이스라엘이 받은 주님의 계명과 율례를 많이 배운 사람이었다." (스 7:6, 11)

> "하늘의 하나님의 율법에 통달한 학자 에스라 제사장"(스 7:12, 21)

> "모든 백성이 한꺼번에 수문 앞 광장에 모였다. 그들은 학자 에스라에게, … 모세의 율법책을 가지고 오라고 청하였다. … 에스라 제사장은 율법책을 가지고 회중 앞에 나왔다. 백성은 율법의 말씀을 들으면서, 모두 울었다. 그래서 총독 느헤미야와, 학자

---

125) 『해설·관주 성경전서: 독일성서공회판』, 1189.

에스라 제사장과, 백성을 가르치는 레위 사람들이, … 울지도 말라고 모든 백성을 타일렀다"(느 8:1~2, 9)

에스라 시대부터 그 이후로 서기관들은 성서학자와 주석자들이라는 특수계층이 되었고 그 자체로서 백성들의 공식적인 교사와 영적 지도자로 인정을 받았다. 미쉬나에 기록된 전승에 의하면 이스라엘의 문화유산의 저장소였던 이들 서기관들은 제2국가시대 초기에는 '대성회의 사람들'(아나솨이 카나사트 학게둘라, אנשי כנסת הגדולה)로 알려졌었는데, 이것은 아마도 그들이 귀화하던 당시에 백성들의 대성회에서 토라를 해설해준 에스라 및 그의 서기관들과 관련되었고 또한 그들의 지적 유산을 계승했기 때문일 것이다. 전체가 교훈적 내용으로 된 미쉬나의 '트랙테이트 아보트'(Tractate Aboth) 부분에 보면, '대성회의 사람들'[126]은 토라의 수호자로서 예언자들의 직계 자손들이었으며 에스라, 느헤미야 시대와 알렉산더 대왕 시대 사이에 살았던 것으로 나타난다.

소페림이 율법의 교사가 된 것은 사실이지만, 제사장들은 여전히 예배의 형식을 빌어서 사람들의 위대한 교사 역할을 계속했다. 이뿐만 아니라 일부 제사장들은 유명한 서기관이기도 했는데, 이런 능력 덕분에 율법의 교사로 불리기도 했다.[127]

이스라엘이 바빌론포로로부터 귀환한 후에는 율법이 문서화되었다. 이것은 히브리어로 되어 있어서 아람어나 헬라어를 사용하는 대중들을 위한 설명과 해석이 필요하게 되었고, 이 역할을 맡은 사람들이 소페림이었다. 바빌론 포로기 이후 사람들을 율법으로 훈련시키고 그 해석을 담당하는 전문적 층으로 서기관들이 등장했다.[128] 소페림은 이후 알렉산더 시대까지 거대한 집단을 이루어가며 활동하였다. 이후 이들의 명칭은 '장로들'(제케님, זקנים)에서 '지혜로운 사람들'(하카밈, חכמים)로 불리었는데, 소페림은 경칭어로 사용되었다. 그 후에 소페림은 '어린이들의 교사'를 의미하게 되었다.[129]

정리하면, 서기관의 역사는 세 단계로 나뉜다. 첫 단계는 에스라로부터 시작해서 알라카빈(Alaccabean) 시기(주전 450~150)까지로, 소페림 또는 서기관으로 대표된다. 이 시기의 서기관들에 대해서는 알려진 바가 거의 없다. 아봇(Aboth) 또는 선조 어록(*Sayings of the Fathers*)으로 알려진 미쉬나 처음 부분

126) 혹은 카나사트(כנסת)를 이 단어에 해당하는 헬라어 수나고게(σ υ ν α γ ω γ η)에 준하여 번역하여 '대회당의 사람들'이라고도 할 수 있다. 그러나 그 당시에 실제로 예배하는 집으로서의 회당은 아직 존재하지 않았다. Kaster, "Education, OT," 1156.
127) Swift, *Education In Ancient Israel*, 114.
128) Culpepper, "Education," 24.
129) Swift, *Education In Ancient Israel*, 115.

에서 몇 가지 가르침의 특징을 찾아볼 수 있을 뿐이다. 이 시기 서기관들의 과제는 구약의 성문법과 법적 경전의 끝부분을 완성하고 편집하는 것이었다. 그들의 도발적 수칙이 하나 있다. "제자를 양육하라"는 것인데, 이 말로 보아 그들이 율법의 개편자요 해석자일 뿐 아니라 교사임을 알 수 있다. 이들 그룹은 의인 시몬(Simon the Just)처럼 대제사장이었던 듯하다.130)

두 번째 시기는 주고트(זוגות) 또는 짝(Pairs)으로 대표된다. 이 시기는 마카비 후반부와 로마 전반 시기이다(주전 150~10). 짝을 이루는 다섯 쌍의 교사들이 유명하다. 대표적인 사람들은 힐렐(Hillel)과 샴마이(Shammai)다. 이들은 신약 시대 시작 바로 전까지 활동했다.131)

세 번째 시기는 탄나임(תנאים) 또는 교사로 대표된다. 번성했던 시기는 신약 시대 처음 2세기 간이었다. 이들에게 처음 주어졌던 이름은 랍비(רַבִּי), 나의 주인(라바님, רבנים, my Master), 또는 단순히 랍반(*Rabban*), 주인이었다. 서기관 계급에서 나온 랍비라는 말에서 '라브'(רב, master)는 히브리어로 위대한 사람(great one)을 뜻하는 것으로, 존중과 구별의 용어였다. 가장 유명한 랍비는 힐렐의 아들 또는 손자인 가말리엘(Gamaliel), 힐렐 학파로 얌니야(Jamnia)에 유명한 랍비학교를 세운 조하난(Johanan), 그리고 조하난을 계승한 가말리엘 2세 등이다.132)

3. 서기관 계층

130) 시몬은 이런 말을 했다. "세상이 딛고 있는 터 세 가지가 있다. 토라, 예배, 그리고 친절 베풂". Kent, *The Great Teachers of Judaism and Christianity*, 91.

131) 힐렐은 바빌론에서 태어났지만, 전승에 의하면 다윗 왕조의 후손이었지만 어린 시절 가난과 싸워야 했다. 그는 40세가 되어서 예루살렘에 왔다. 목적은 당시 유명한 스승인 셰마야(Shemaiah)와 압탈리온(Abtalyon)에게서 율법을 공부하기 위해서였다. 그는 수업료를 낼 수 없어서 창문틀에 올라가 강의를 듣는데, 눈이 오는 줄도 모르고 해가 어둑어둑할 때까지 있다가 몸이 굳고 의식을 잃었다. 힐렐은 유대 민족의 성격과 신앙 발전에 크게 영향을 끼친 유명한 학교를 설립했다. 그는 온유하며, 인내심이 있고 넓은 관점을 가졌지만, 그의 라이벌인 샴마이는 아주 보수적이고 성질이 급했다. 샴마이는 이런 말을 했다. "토라를 고장된 것으로 만들라. 말을 적게 하고 행동은 많이 하라. 모든 사람을 밝은 얼굴로 대하라."(Aboth I. 15) 힐렐은 종종 예수의 것과 비교되는 율법을 요약한 사람으로 유명하다. "네가 싫어하는 바를 다른 사람에게 하지 말라. 이것이 율법의 전부다. 나머지는 사족이다."(Shabbath 30b) 이 두 위대한 교사들 간의 토론과 이들에 의해 세워진 학교에 관한 이야기가 탈무드를 채우고 있다. 힐렐과 샴마이는 당시 유대교의 신념과 관점의 상이함을 반영한다. Kent, *The Great Teachers of Judaism and Christianity*, 92-93.

132) Kent, *The Great Teachers of Judaism and Christianity*, 93.

기록된 율법이 최종적으로 마감된 주전 400년 이후 율법의 최종 형태가 결정되었지만, 입에서 입으로 전해져 내려오던 구전 형태의 법들은 거의 주후 2세기 말까지 이어졌다. 그것은 미쉬나 또는 율법의 두 번째 판이라 불리는 것이다. 서기관의 영향력이 제사장과 예언자의 영향력을 넘어서게 되었지만 서기관들은 여전히 제사장 계급에서 나왔다. 시간이 흐르면서 평민들이 서기관 층에 진출하면서 서기관과 제사장 층의 구별이 선명해지게 되었다. 이런 가운데 서기관들이 제사장들이 맡았던 교육의 기능을 담당하게 되었다. 성문법의 중요성과 대중적 명성이 커지면서 율법의 수호자들은 자연스레 해석자로 여겨졌다. 서기관들 역시 구체적 법들을 해석하고 율법의 진리를 사람들의 마음에 심어줄 필요성을 알았다.[133]

지혜자들 역시 서기관 계층으로 이루어졌다. 벤시라에서는 이 과정을 보여준다. 서기관은 잠언서 기자가 말하는 현자였을 것이다. 그들이 선생을 아버지로, 학습자를 아들로 호칭하는 것은 고대 수메르 지역의 서기관 학교의 영향일 수 있다.[134]

> "학자가 지혜를 쌓으려면 여가를 가져야 한다. 사람은 하는 일이 적어야 현명해진다."(집회 38:24)

그런 다음에 그는 사회의 노동자들이 서기관의 학식을 얻기가 불가능함을 말한다.

> "쟁기를 잡고 막대기를 휘두르며 소를 모는 데 여념이 없고, 송아지 이야기밖에 할 줄 모르는 농부가 어떻게 현명해질 수 있으랴? 그의 머릿속에는 이랑을 짓는 생각으로 가득 차 있고, 저녁에는 암소에게 먹이 주는 일로 시간을 다 보낸다. 모든 직공과 기술자는 물론, 주야로 일만 하는 자들은 모두 마찬가지다. 도장을 새기는 사람은 새로운 도형을 만드는 데 열중하고 그 도형과 똑같은 것을 파느라고 부심하며 일을 완성하려고 밤을 새운다. 마찬가지로 대장장이는 모루 옆에 앉아서 이 쇠로 무엇을 만들까를 생각한다. 그의 살은 불길에 화끈 달아, 뜨거운 화롯불과 맞싸우듯 한다. 망치 소리에 고막이 터질 듯하고 그의 눈은 모형을 노려본다. 일을 잘 마치려고 심혈을 기울이고 완성품을 내기까지 밤을 새운다. 또 옹기장이는 일터에 앉아서 자기 발로 풀무를 돌리며, 생각은 항상 자기 작품에 집중돼 있고 동작 하나하나를 신중하게 한다. 손으로 진흙을 빚으며 발로 반죽을 갠다. 그릇에 윤을 잘 내려고 온 정성을 기울이며 가마를 깨끗이 하느라고 밤을 새운다."(집회 38:25~30)

---

133) Kent, *The Great Teachers of Judaism and Christianity*, 87-88.
134) 정인찬 편, 『성서대백과사전』 4, 21-22.

그리고 결론을 내린다.

> "이 사람들은 모두 자기 손재주에 자신을 갖고 있으며, 저마다 자기 일의 특기를 지니고 있다. 이런 사람들이 없이는 도시를 건설할 수가 없고 거주민도 없을 것이고 여행자도 없을 것이다. 그러나 그들은 시의회에 불리지도 않으며 공중 집회에서 윗자리를 차지하지도 않는다. 그들은 재판관 자리에 앉지도 않으며 법률을 잘 알지도 못한다. 그들의 교양이나 판단력은 출중하지 못하고 격언을 만드는 사람들 축에 끼이지도 못하지만, 그들 때문에 이 세상은 날로 새롭게 되고 지탱이 된다. 그리고 그들은 오직 자기들이 하는 일이 잘되기를 빌 뿐이다."(집회 38:31~34)

기독교 초기로 접어들면서 지혜자는 완전히 서기관 층이 된다. 그때부터 현자라는 말은 유명한 서기관이나 랍비를 지칭하는 것으로 사용된다. 서기관이란 용어는 결국 랍비로 대치되었다.[135] 현자와 서기관의 합체로 후자의 사상과 방법을 풍부하게 확장하게 되었다.

마카비 후기 치하에서 서기관들이 늘어나고 그 영향력이 강해지면서 유대의 최고 의회인 산헤드린의 대표자들이 되었다. 서기관들은 처음부터 바리새파와 긴밀하게 연합되었다. 바리새인은 "분리하다"는 말에서 유래한 말로서 세상 사람과는 구별되어 남달리 율법을 철저히 지키려고 애쓰던 일종의 경건주의자였다. 바리새인은 금식과 기도, 구제를 많이 하였다.

> "그러나 율법학자단은 알키모스와 바키데스에게 가서 일을 공정하게 처리해 달라고 요구했다. 이스라엘 쪽에서 처음으로 화평을 제의한 사람들은 하시딤이라고 하는 경건파 사람들이었다."(1마카 7:12~13)

사두개파도 있었는데, 이들은 후기에 대부분 바리새파에 속하게 되었다. 그래서 신약에서는 바리새파와 사두개파 용어가 거의 교차 사용되었다. 아마 전부는 아니더라도 바리새파의 상당수가 서기관이었다.

서기관들의 율법에 대한 충성이 백성들의 사랑을 받았고 권위를 행사할 수 있도록 되었다. 여기에 율법의 자세한 규정들을 백성들에게 가르치고자 하는 열성이 더욱 그 영향력을 키웠다.

---

135) S. V. McCasland, "education, NT," George A. Buttrick, ed., *The Interpreter's Dictionary of the Bible*, "교육, 신약의", 기독교문사 편, 『기독교대백과사전』 1(서울: 기독교문사, 1980), 1163.

4. 서기관의 활동

서기관들의 활동은 여러 측면을 지니고 있기 때문에 간단히 말하기가 어렵다. 그럼에도 불구하고 서기관은 전문적으로 율법을 파악하고 과학적으로 연구하여 그것을 백성들에게 해석하여 주는 일을 하던 이들이었다.

서기관의 임무는 네 가지이다. ① 법률전문가로서 율법을 정연하게 구성, 이스라엘 초기 교사들의 당대의 삶과 요구에 대한 가르침에 대한 해석과 적용이다. ② 성서학자로서 율법, 역사, 교훈들의 의미를 면밀하게 검토, 이스라엘이 떨쳐 일어나 그들 생각에 야훼의 뜻을 충분하고도 완벽하게 표현한 토라가 요구하는 세세한 것까지 모든 면에서 통일을 시키고자 했다. 이런 목적을 달성하기 위해, 그들은 우선, 한순간이라도 개인의 행동의 작은 것까지도 규제해서 율법의 종을 만들어 하나님의 종을 만들고자 하였다. ③ 교사로서 생도들에게 율법을 가르치고 회당에서 연설하였으며, 백성들을 가르치는 교사였다. 서기관은 세 가지 방법으로 사람들을 직접적으로 가르쳤다. 첫 번째는 회당 예배에 참석하여 성서를 읽고 해석하는 식으로였다. 회당 예배는 철저하게 민주적이었지만 학식 있는 서기관이 참석했을 경우, 율법과 선지서를 읽고 그 해석을 부탁 받았다.

> "예수께서 안식일에 곧바로 회당에 들어가서 가르치셨는데, 사람들은 그의 가르침에 놀랐다. 예수께서 율법학자들과는 달리 권위 있게 가르치셨기 때문이다."(막 1:21~22)

두 번째는 전승에 따르면, 마카비 시대 말에 설립된 회당 부속 초등학교를 통해서였다. 세 번째는 제자들을 통해서였다. 그에게 배우러 온 많은 제자들을 통해 백성들을 가르쳤다.[136)]

서기관들 역시, 제사장이나 예언자들처럼 도제들에게 그들 직업의 책임들을 가르쳤다. 사람들을 상대해서 그들의 역할들은 다양했다. 거기에는 외교서신들을 번역하고 답장하는 일이 들어있고, 기록들을 왕궁에 보관하는 일, 단순한 업무 처리과정을 감독하는 일, 결혼서약서 작성과 이혼 절차, 법적 문서들을 준비하고 민간의 분쟁을 판결하고, 공문서를 작성하고, 문서를 베끼는 일 등으로 구성되어 있었다. 몇몇 서기관들은 홀로가 아니면, 나중에 성서 경전과 그와 경쟁하는 외경들이 된 국가문서지기로 대규모로 고용되었다.

---

136) Kent, *The Great Teachers of Judaism and Christianity*, 96.

안정된 사회에 필요한, 육체노동으로 생계를 꾸리는 농부들, 장인들, 대장장이들, 그리고 옹기장이들과는 달리 벤 시라는 서기관들은 권력을 잡은 지위에 있는 사람들을 섬기며 학식 있는 자들 사이에서 이치에 맞는 말을 하며, 통치자의 명을 받아 먼 나라로 여행을 한다.

서기관들은 수업료를 받는 것은 하나님의 지혜를 매매하는 것으로 보기 때문에 보수를 받지 않았다. 이스라엘의 교사는 제자에게 지혜와 지식과 훈계를 해야 한다.[137]

"진리를 사들이되 팔지는 말아라. 지혜와 훈계와 명철도 그렇게 하여라."(잠 23:23)

생계를 위해서는 장사를 하거나 다른 기술을 가졌다. 하지만 학습자들과 부모들의 보답, 빈민을 위한 십일조의 분배과정에서 약간의 고려, 어떤 경우에는 성전 기금의 지원에 의지했다.[138]

자신들의 의도한 일을 수행할 수 있고 국가의 범위에서 율법에서 말하는 야훼의 뜻을 깨달을 수 있는 교사로서 제자들을 훈련하는 것이었다. 서기관들이 개인에게 관심이 있었지만 두드러지게는 국가 전체에 걸쳐 자신들의 이상이 호응을 받는 데 관심이 있었다. 이 이상은 구체적이고 분명했지만 바로 그런 성격 때문에 완전한 실현은 불가능했다. 율법에 대한 극단적 강조가 근본적 원리들을 모호하게 만들었으며, 모든 종교적 발전과 성장의 본질인 개인적 도덕과 영적 감각 발전의 발목을 잡았다.[139]

④ 성서의 수호자로서 만연된 악으로부터 성서를 보전하는 책임을 갖고 있었다.[140] 소페림이 율법을 당대의 상황에 맞추려는 노력을 했음에도 불구하고 일단 율법적 관점 때문에 큰 원칙을 간과하고 세부적 내용에 과도하게 집중하는 경향이 생겨났다. 그 결과 이스라엘 종교의 정신과 기본적 원리 대신 외적 형식이 중시되게 되었다.[141]

서기관들의 가르침의 한계는 그들의 시선이 현재와 미래보다는 지나치게 과거를 향해 있다는 것이다. 그들의 가르침은 인간의 절실한 문제들과 필요와의 긴밀성에서 나오는 권위와 본래성이 결여되었다. 앞선 예언자들의 가르침을 망

---

137) Xavier Léon-Dufour, "교육", *Vocabulaire de Theologie Biblque*, 임춘갑 역, 『성서신학사전』 (광주: 광주가톨릭대학, 1984), 48.

138) Swift, *Education In Ancient Israel*, 118.

139) Kent, *The Great Teachers of Judaism and Christianity*, 93-94.

140) E. Schürer, *History of the Jewish People in the Time of Jesus Christ*, Second Division II, Sec. 25, Sherrill, *The Rise of Christian Education*, 60 재인용.

141) Swift, *Education In Ancient Israel*, 118.

각하고 그들은 제의적 행위를 인격과 행동보다 중시했다. 그들은 또한 종교를 하나님과 개인의 인격적 관계라기보다는 어떤 상세한 율법 조항의 준수로 보았다.[142]

---

142) Kent, *The Great Teachers of Judaism and Christianity*, 105.

VII. 현자

성서에서 지혜는 이스라엘이 몰락하는 과정에서 출현한다. 물론 지혜로운 자들이 오래전부터 있어온 것은 사실이지만 고유한 것으로서의 지혜는 이스라엘이 수많은 경험 속에서 풀리지 않는 문제들에 대한 깊은 탐구와 반성의 결과라고 할 수 있다. 따라서 그 지혜는 이스라엘 민족적인 성격보다는 우주적 성격을 띠면서도 인간 보편적 성향이 강하다. 현자들의 교육내용은 가장 오랜 교육의 지침서인 잠언, 시락의 자손인 예수의 지혜를 담고 있는 집회서, 솔로몬의 지혜서에서 볼 수 있다. 이들 내용들은 유대인의 생활과 도덕에 큰 영향을 끼쳤다.

1. 현자의 신분

전도서(Ecclesiastes, 설교자)에서 지혜를 말하는 화자를 코헬렛(קהלת, Qohelet)이라 부른다. 전도서는 히브리어 제목 코헬렛(회중, 모임)을 그리스어(에클레시아스테스, Ἐκκλησιαστής)로 옮긴 것인데 코헬렛은 '집회에서 말하는 사람'이라는 의미이다. 이들 교사는 하나님께서 피조물과 인간 삶을 어떻게 주관하시는 지를 분별하는 자들이다. 그런 면에서 지혜교사는 현실적이다. 지혜교사들은 현실주의의 목소리들이며, 정책 입안자들이며, 공적 생활의 책임적 참여자들이다. 지혜교사는 학자, 해석자, 여행객, 신하, 그리고 헌신적인 사람이다. 그들은 법률가이면서, 의사이면서, 철학자이기도 했다.

> "그들은 옛 성현들의 지혜를 탐구하고 예언을 연구하는 데 자기 시간을 바친다. 그는 유명한 사람들의 말을 보전하고 비유의 깊은 뜻을 파고든다. 그는 격언의 숨은 뜻을 연구하고 난해한 비유를 푸는 데 흥미를 느낀다. 그는 벼슬에 올라 군주들을 섬기고 통치자들 사이에서 중책을 맡는다. 외국을 두루 여행하며 인간 사회의 좋은 것과 나쁜 것을 체험으로 안다. 아침에 일어나면서 마음을 모두어 창조주이신 주님께 생각을 돌리고 지극히 높으신 분께 온 마음을 바친다. 입을 열면 기도요, 자기 죄의 용서를 빈다."(집회 39:2~5)

현자에게 학자다운 여가 생활은 필수적이다. 물론 노동이나 노동을 하는 사람을 경시한 것은 아니지만 세계의 모든 것의 바탕을 이루는 지혜 추구가 필요하다. 이 지혜는 이상적인 것을 희생하는 바탕 위에서 집중을 통해 이루어진다. 따라서 여유가 일상의 노동으로부터의 쉼이나 안식이 아니라 오히려 지혜를 향한 집중적인 노력을 말한다고 볼 수 있다.

> "학자가 지혜를 쌓으려면 여가를 가져야 한다. 사람은 하는 일이 적어야 현명해진다. 쟁기를 잡고 막대기를 휘두르며 소를 모는 데 여념이 없고, 송아지 이야기밖에 할 줄 모르는 농부가 어떻게 현명해질 수 있으랴? 그의 머릿속에는 이랑을 짓는 생각으로 가득 차 있고, 저녁에는 암소에게 먹이 주는 일로 시간을 다 보낸다. 모든 직공과 기술자는 물론, 주야로 일만 하는 자들은 모두 마찬가지다. 도장을 새기는 사람은 새로운 도형을 만드는 데 열중하고 그 도형과 똑같은 것을 파느라고 부심하며 일을 완성하려고 밤을 새운다. 마찬가지로 대장장이는 모루 옆에 앉아서 이 쇠로 무엇을 만들까를 생각한다. 그의 살은 불길에 화끈 달아, 뜨거운 화롯불과 맞싸우듯 한다. 망치 소리에 고막이 터질 듯하고 그의 눈은 모형을 노려본다. 일을 잘 마치려고 심혈을 기울이고 완성품을 내기까지 밤을 새운다. 또 옹기장이는 일터에 앉아서 자기 발로 풀무를 돌리며, 생각은 항상 자기 작품에 집중돼 있고 동작 하나하나를 신중하게 한다. 손으로 진흙을 빚으며 발로 반죽을 갠다. 그릇에 윤을 잘 내려고 온 정성을 기울이며 가마를 깨끗이 하느라고 밤을 새운다. 이 사람들은 모두 자기 손재주에 자신을 갖고 있으며, 저마다 자기 일의 특기를 지니고 있다. 이런 사람들이 없이는 도시를 건설할 수가 없고 거주민도 없을 것이고 여행자도 없을 것이다. 그러나 그들은 시의회에 불리지도 않으며 공중 집회에서 윗자리를 차지하지도 않는다. 그들은 재판관 자리에 앉지도 않으며 법률을 잘 알지도 못한다. 그들의 교양이나 판단력은 출중하지 못하고 격언을 만드는 사람들 축에 끼지도 못하지만, 그들 때문에 이 세상은 날로 새롭게 되고 지탱이 된다. 그리고 그들은 오직 자기들이 하는 일이 잘되기를 빌 뿐이다."(집회 38:24~34)

무엇보다 현자는 전문가이다. 그가 권위를 갖는 것은 무엇보다 전통에 대한 전문가이기 때문이다. 그러니까 현자의 권위는 개인적 권위가 아닌 전통의 권위이다. 그가 가르치는 전통에 의해 그는 권위를 확보한다.[143]

아마 잠언서의 '현자'들은 십중팔구 이전 시기의 서기관들인 것 같으며 구약의 지혜문학을 마련하고 편찬한 사람들도 그들임이 거의 확실하다. 모든 가능성에서 볼 때, 이스라엘의 현자들은 서기관 학교에서 사용하기 위해 그들 나름의 교재를 작성했다. 그 같은 추정은 잠언서 중 가장 나중 수집물(1-9)과 욥기와 전도서에도 적용된다.[144]

---

143) Daniel J. Estes, *Hear, My Son: Teaching & Learning in Proverbs 1-9*, New Studies in Biblical Theology Series, D. A. Carson, ed., (Grand Rapids, MI: Eerdmans, 1997), 142; Lang(1986), 37.

이 서기관들의 교육자로서의 역할은 그들의 활동 속에 두드러지게 나타나고 있다. 즉 잠언서의 여러 부분을 들춰보면, '현인'이란 곧 '교사'를 말하고, '아들'은 곧 '학습자'를 의미하고 있다는 사실이 이를 뒷받침해준다. 잠언서는 그들의 교육방법론과 교육학적 태도, 그리고 그들의 학교에서 가르친 여러 가지 주제들의 거의 대부분의 내용을 소개한 요약서이며, 또 한편으로는 고대 근동지방의 교훈전승에 속하는 지혜문학이다.

2. 지혜의 전통

성서에서 현자의 신분은 오랜 것이다. 그 기원은 동방 근동에서 찾을 수 있다. 욥기에도 이웃 나라의 현자들에 대한 언급이 나온다. 이들은 지혜 그룹의 특성을 나타내는 내용의 말들을 한다.

> "그때에 욥의 친구 세 사람, 곧 데만 사람 엘리바스와 수아 사람 빌닷과 나아마 사람 소발은, 욥이 이 모든 재앙을 만나서 고생한다는 소식을 듣고, 욥을 달래고 위로하려고, 저마다 집을 떠나서 욥에게로 왔다."(욥 2:11)

> "엘리바스는 에돔 사람인데, 에돔 사람들은 특별히 지혜로운 자들로 통했다."[145]

> "나 만군의 주가 말한다. 이제 데만에 더 이상 지혜가 없느냐? 명철한 사람들에게서 좋은 생각이 다 사라져 버렸느냐? 그들의 슬기가 끝이 났느냐?"(렘 49:7)

> "빌닷의 출신지 수아는 유브라데 상류에 있다(창 25:2, 6). 나아마는 베이루트와 다메섹 사이 어디인 듯하다. 세 친구들(과 그들이 나중에 말하는 내용)은 당시 이스라엘 주변 세계 전체의 지혜를 대변할 것이다."[146]

열왕기상 4장 30절에는 이스라엘의 지혜가 바빌론이나 이집트 같은 주변국의 것보다 탁월하다는 것을 말하기 위해 그에 대해 언급하고 있다.

> "솔로몬의 지혜는 동양의 어느 누구보다도, 또 이집트의 어느 누구보다도 더 뛰어났다."

---

144) Crenshaw, "Education, OT," 200.
145) 『해설·관주 성경전서: 독일성서공회판』, 813.
146) 『해설·관주 성경전서: 독일성서공회판』, 813.

현자들의 활동은 조용히 영향을 끼쳤으나 바빌론 포로기 이후 절정에 이른다. 현자들이 남긴 초기 내용들은 삼손에게서 볼 수 있다. 삼손이 자기가 죽인 사자에게서 얼마 후 꿀을 발견하게 된 다음 사람들에게 수수께끼를 낸다.

> "먹는 자에게서 먹는 것이 나오고, 강한 자에게서 단 것이 나왔다."(삿 14:14)

이 수수께끼에 대해 사람들이 삼손에게 말하였다.

> "무엇이 꿀보다 더 달겠으며, 무엇이 사자보다 더 강하겠느냐?"(삿 14:18상)

삼손이 그들에게 대답하였다.

> "나의 암소로 밭을 갈지 않았더라면, 이 수수께끼의 해답을 어찌 찾았으랴."(삿 14:18하)

솔로몬은 특히 지혜자로서 명성이 높다.

> "하나님께서 솔로몬에게 지혜와 총명과 넓은 마음을 바닷가의 모래알처럼 한없이 많이 주시니, 솔로몬의 지혜는 동양의 어느 누구보다도, 또 이집트의 어느 누구보다도 더 뛰어났다. 그는 어느 누구보다도 더 지혜로웠다. 예스라 사람 에단과 마홀의 아들 헤만과 갈골과 다르다보다도 더 지혜로웠으므로, 그의 명성은 주위의 모든 민족 가운데 자자하였다. 그는 삼천 가지의 잠언을 말하였고, 천다섯 편의 노래를 지었고, 레바논에 있는 백향목으로부터 벽에 붙어서 사는 우슬초에 이르기까지, 모든 초목을 놓고 논할 수 있었고, 짐승과 새와 기어 다니는 것과 물고기를 두고서도 가릴 것 없이 논할 수 있었다. 그래서 그의 지혜에 관한 소문을 들은 모든 백성과 지상의 모든 왕은, 솔로몬의 지혜를 들어서 배우려고 몰려 왔다."(왕상 4:29~34)

[그림54] 구스타프 도레(Gustave Doré), 〈솔로몬의 재판〉, 19세기, 판화

성서가 지혜자에 대해 항상 호의적인 것은 아니었다. 이사야는 이렇게 말한다.

"주님께서 말씀하신다. '이 백성이 입으로는 나를 가까이하고, 입술로는 나를 영화롭게 하지만, 그 마음으로는 나를 멀리하고 있다. 그들이 나를 경외한다는 말은, 다만, 들은 말을 흉내내는 것일 뿐이다. 그러므로 내가 다시 한 번 놀랍고 기이한 일로 이 백성을 놀라게 할 것이다.' 지혜로운 사람들에게서 지혜가 없어지고, 총명한 사람들에게서 총명이 사라질 것이다."(사 29:13~14)

"예레미야의 대적들은 예레미야가 거짓된 조언자들이라고 규탄하는(사 8:11~12; 23:31~32. 겔 7:26 참조) 세력가들을 얽고 있다."[147]

"백성이 나를 두고 이르기를 '이제 예레미야를 죽일 계획을 세우자. 이 사람이 없어도 우리에게는 율법을 가르쳐 줄 제사장이 있고, 지혜를 가르쳐 줄 현자가 있으며, 말씀을 전하여 줄 예언자가 있다. 그러니 어서 우리의 혀로 그를 헐뜯자. 그가 하는 모든 말을 무시하여 버리자.' 합니다.(렘 18:18)

예언자들은 이스라엘 국가의 멸망 후 예언자들이 백성들에게 하나님의 뜻을 외쳤던 책임을 지게 되었다. 국가 멸망 후 강제된 휴지 기간 동안에 이들은 주변국, 특히 그리스와 로마의 철학자들과 윤리교사들과의 접촉을 통해 이제는 국가적 문제가 아닌 개인적 문제들에 대해 충분히 숙고할 수 있는 기회를 얻었다.[148]

이스라엘 후기의 지혜자에 대한 묘사는 벤 시라에 의해 잘 표현되고 있다.

"그러나 온 정력과 정신을 기울여 지극히 높으신 분의 율법을 연구하는 사람은 다르다. 그들은 옛 성현들의 지혜를 탐구하고 예언을 연구하는 데 자기 시간을 바친다. 그는 유명한 사람들의 말을 보전하고 비유의 깊은 뜻을 파고든다. 그는 격언의 숨은 뜻을 연구하고 난해한 비유를 푸는 데 흥미를 느낀다. 그는 벼슬에 올라 군주들을 섬기고 통치자들 사이에서 중책을 맡는다. 외국을 두루 여행하며 인간 사회의 좋은 것과 나쁜 것을 체험으로 안다. 아침에 일어나면서 마음을 모두어 창조주이신 주님께 생각을 돌리고 지극히 높으신 분께 온 마음을 바친다. 입을 열면 기도요, 자기 죄의 용서를 빈다. 위대하신 주님께서 뜻하신다면 그는 깨우침의 영검을 충만히 받을 것이

147) 『해설·관주 성경전서: 독일성서공회판』, 1206.
148) Kent, *The Great Teachers of Judaism and Christianity*, 66.

다. 그때 그는 지혜의 말씀을 두루 전할 것이며 주님께 감사 기도를 올릴 것이다. 그는 공정한 판단력과 올바른 지식을 얻을 것이며 주님의 신비를 명상할 것이다. 그는 배운 지식을 밝히 가르칠 것이며 주님의 계약인 율법을 빛낼 것이다. 많은 사람들이 그의 총명함을 칭찬할 것이며 그의 이름은 길이 남을 것이다. 그는 사람들의 기억에서 사라지지 않을 것이며 대대로 그의 이름은 빛날 것이다. 만백성이 그의 지혜를 찬양할 것이며, 모임에서는 그에 대한 칭송이 자자할 것이다. 그가 장수하면 그의 이름은 천 명의 이름보다 더 영광된 것이요 만일 일찍 죽는다 해도 한이 없을 것이다." (집회 39:1~11)

벤 시라 자신에 대한 묘사라고도 할 수 있는 이 내용은 당시 지혜자들이 실제적이고 철학적 가르침을 수집하고 있음을 보여준다. 폭넓은 경험, 인간 본성에 대한 예리한 통찰력, 그리고 다량의 실제적 정보를 지닌 지혜자는 성서에 능통했으며, 당시의 중요한 문제들에 익숙했고, 무엇보다 자신의 지식과 경험을 모든 사람들, 특히 젊은이들에게 가르치고 싶어 했다.

"지혜로운 사람의 혀는 좋은 지식을 베풀지만, 미련한 사람의 입은 어리석은 말만 쏟아낸다."(잠 15:2)

"지혜로운 사람의 입술은 지식을 전파하지만, [149]미련한 사람의 마음에는 그러한 생각이 없다."(잠 15:7절)

이와 같은 모습들은 바빌론 포로기 이후의 현자들의 전형적인 모습이라고 할 수 있겠다.[150]

예언자들이 전체라는 국가를 상대로 메시지를 선포한 것과는 달리 지혜자들은 개인들을 상대로 전했다. 잠언에서 이스라엘이라는 말이 등장하지 않는다는 점이 이것을 시사한다. 현자들은 당시의 정치적 문제들에 대해 관심이 없어 보인다.[151]

3. 지혜의 성격

149) '미련한 사람'으로 번역된 히브리어 '크씰림'은 '어리석은 사람'으로 번역된 '에빌림'과 함께 도덕적 결함을 지닌 사람을 뜻함.

150) Kent, *The Great Teachers of Judaism and Christianity*, 67.

151) Kent, *The Great Teachers of Judaism and Christianity*, 68.

지혜는 인간의 경륜에 의지하지 않는다. 성서는 지혜의 가능성을 인간 지식의 한계를 통해 말한다. 인간의 지식이 한계에 이른 곳에서 지혜는 시작되나 그마저도 하나님의 은총에 의지할 수밖에 없다. 욥기는 하나님의 신비를 인간이 직면한 난관들과 대조시킨다.

> "바로 그때에 그분께서, 지혜를 보시고, 지혜를 칭찬하시고, 지혜를 튼튼하게 세우시고, 지혜를 시험해 보셨다. 그런 다음에, 하나님은 사람에게 말씀하셨다. '주님을 경외하는 것이 지혜요, 악을 멀리하는 것이 슬기다.'"(욥 28:27, 28)

여기서 지혜는 종교적 헌신이고 그냥 평범한 것이고 단순한 것이다. 지혜는 하나님을 기쁘시게 하고자 하는 사람들의 손 안에 있다. 신명기에서는 하나님이 감추신 것과 사람에게 드러내신 것 사이에 여전히 긴장이 있다. 하지만 사람은 숨겨진 것 때문에 걱정할 필요가 없다. 왜냐하면 그는 율법을 가지고 있기 때문이다. 그러나 전도서의 설교자인 코헬렛에게 사람이 신적인 것을 발견할 수 없는 것은 당연하다. 지혜 추구는 필연적으로 실패하고 말 것이다.[152]

> "나는 이 모든 것을 지혜로 시험해 보았다. 내가 '지혜 있는 사람이 되어야지.' 하고 결심해 보았지만, 지혜가 나를 멀리하더라."(전 7:23)

오랫동안 부모가 자녀에게, 교사가 학습자에게든지 그와 같은 지식을 전달하고자 하는 의욕은 종종 적잖은 저항에 부딪쳤다. 왜냐하면 참 지혜는 "이성의 제한"(restraints of reason)과 "기도의 겸손"(humility of prayer) 둘 다에 대해 동일한 관심을 요구하기 때문이다.

따라서 교수-학습 과정은 침묵하거나 좌절해서 포기할 필요는 없다. 제임스 에이. 크렌쇼(James A. Crenshaw)는 그 까닭을 현자들은 알 수 있는 것과 신비로운 것 둘 다를 저항할 수도 저항해서도 안 되는 거룩한 유혹인 것처럼 동일하게 추구했다는 사실에서 찾는다.[153]

지혜는 하나님의 것이다. 그래서 지혜는 하나님으로부터 온다. 그래서 지혜는 성격상 종교적이지만 실제적이기도 하다. 지혜는 하나님을 잘 알 수 있게 할 뿐만 아니라 현실적으로 세상에서 성공적으로 잘 살아가게 한다. 존 패터슨(John Paterson)에 따르면 현자들은 예언자들의 고귀한 가르침을 매개하고 또

---

152) 벤 시라 역시 어려운 문제들을 궁구하는 것에 대해 경고한다(3:17-24). 겸손만이 지혜 추구를 막을 것이다.

153) Crenshaw, *Education in Ancient Israel.*

일상생활과 경험을 통해 그것들을 해석했던 영적 중개인들이었다고 한다.[154)]

4. 교육적 지혜

지혜문학에 따르면 교육의 책임은 현자들에게 있다. 그들은 종교와 지식에 관심을 가진 사람들로서 지혜를 창조, 경외, 인격적 지혜, 성품 형성과 같은 주제에 적용을 했다. 현자들의 교육열은 뜨거웠다. 그들은 자신들처럼 제자들이 지혜로운 사람이 되기를 간절히 원하고 있었다.

> "[155)]아이들아, 너희는 아버지의 훈계를 잘 듣고, 명철을 얻도록 귀를 기울여라. 내가 선한 도리를 너희에게 전하니, 너희는 내 교훈을 저버리지 말아라. 나도 내 아버지에게는 아들이었고, 내 어머니 앞에서도 하나뿐인 귀여운 자식이었다. 아버지는 내게 이렇게 가르치셨다.
> '내 말을 네 마음에 간직하고, 내 명령을 지켜라. 네가 잘 살 것이다. 지혜를 얻고, 명철을 얻어라. 내가 친히 하는 말을 잊지 말고, 어기지 말아라. 지혜를 버리지 말아라. 그것이 너를 지켜 줄 것이다. 지혜를 사랑하여라. 그것이 너를 보호하여 줄 것이다. 지혜가 으뜸이니, 지혜를 얻어라. 네가 가진 모든 것을 다 바쳐서라도 명철을 얻어라. 지혜를 소중히 여겨라. 그것이 너를 높일 것이다. 지혜를 가슴에 품어라. 그것이 너를 존귀하게 할 것이다. 그 지혜가 아름다운 화관을 너의 머리에 씌워 주고, 영광스러운 왕관을 너에게 씌워 줄 것이다.'"(잠 4:1~9)

> "지혜가 일곱 기둥을 깎아 세워서 제 집을 짓고,[156)] 짐승을 잡고, 포도주를 잘 빚어서, 잔칫상을 차린 다음에, 시녀들을 보내어, 성읍 높은 곳에서 외치게 하였다.
> '[157)]어수룩한 사람은 누구나 이리로 발길을 돌려라.'
> 지각이 모자라는 사람도 초청하라고 하였다. '와서 내가 차린 음식을 먹고, 내가 잘 빚은 포도주를 마셔라. 어수룩한 길을 내버리고, 생명을 얻어라. 명철의 길을 따라 가거라.' 하였다."(잠 9:1~6)

---

154) John Paterson, *The Book that is Alive: Studies in Old Testament Life and Thought As Set Forth by the Hebrew Sages* (New York: Scribner,1923), 53, 66,

155) 히, '아들들아' 스승이 제자를 부르는 말.

156) "지혜가 자기 집을 짓고 낙성식에 사람들을 초대한다. 일곱 기둥이 있다고 함으로써 이 집은 궁궐과 성전 수준으로 격이 높아진다. 아울러 '지혜라는 여인'의 지위가 높다는 점에 대해서도 말한 셈이다." 『해설·관주 성경전서: 독일성서공회판』, 1009.

157) '어수룩한 사람'으로 번역된 히브리어 '프타임'(פתיים)은 도덕적 방향감각이 없어서 악으로 기울어질 수 있는 단순한 사람을 일컬음(22, 32절 참조).

교육 목적. 현자들의 교육 목적은 첫째, 학습자가 학습과 실천적 수업에 대한 바른 태도, 즉 수용적 마음을 갖도록 하는 것이다.

> "마음이 지혜로운 사람은 명령을 받아들이지만, 입을 어리석게 놀리는 사람은 멸망한다."(잠 10:8)

> "어리석은 사람은 자신의 행실만이 옳다고 여기지만, 지혜로운 사람은 충고에 귀를 기울인다."(잠 12:15)

> "너는 들어라, 마음만 있으면 지혜를 배울 수 있고 그것에 정진하면 현명해질 것이다. 네가 듣기를 좋아하면 배우는 것이 많겠고 귀를 기울일 줄 알면 현자가 되리라. 너는 노인들의 모임에 자주 가고 그 중에 현명한 사람이 있거든 그를 가까이하여라. 신성한 말씀을 항상 즐겨 듣고 뜻 깊은 격언을 귓전으로 흘려버리지 말아라. 지혜로운 사람을 발견하거든 아침 일찍부터 그를 찾아 그 집 문지방이 닳도록 다녀라."(집회 6:32~36)

현자들의 두 번째 교육목적은 특히 젊은이와 경험이 없는 자들에게 실제적 지식과 지혜를 자주 반복함으로써 머리에 심어주는 것이다. 전체적으로 현자를 대변하는 인격화된 지혜가 외친다.

> "사람들아, 내가 너희를 부른다. 내가 모두에게 소리를 높인다. 어수룩한 사람들아, 너희는 명철을 배워라. 미련한 사람들아, 너희는 지혜를 배워라."(잠 8:4~5)

현자들의 의무는 과거로부터 전해 내려온 실제적, 윤리적, 종교적 경험의 유산을 모든 개인에게 전달하는 것이었다. 올바른 행동을 위해서는 지식이 필요하다는 것이 그들의 인식이었다.

세 번째 목적은 사람들이 하나님께 바른 태도를 갖게 하는 것이다. 현자들 역시 예언자들과 마찬가지로 윤리적, 종교적 교사들이었다. 즉 그들은 의를 추구하는 자들이었다. 그들은 기본적으로 주님을 경외하는 것이 지식의 근본이라고 생각했는데, '경외'가 무엇인지 분명히 말하고 있다.[158]

> "바른 길을 걷는 사람은 주님을 경외하지만, 그릇된 길을 걷는 사람은 주님을 경멸한다."(잠 14:2)

---

158) Kent, *The Great Teachers of Judaism and Christianity*, 71.

현자들에게 경외란 정서적으로 위축되거나 겁을 먹는 것이 아니라, 바른 행위에서 표현되는 존경과 충성을 의미한다.[159]

"너의 마음을 다하여 주님을 의뢰하고, 너의 명철을 의지하지 말아라. 네가 하는 모든 일에서 주님을 인정하여라. 그러면 주님께서 네가 가는 [160]길을 곧게 하실 것이다."(잠 3:5~6)

"귀를 기울여서 지혜 있는 사람의 말을 듣고, 나의 가르침을 너의 마음에 새겨라. 이는 네가 주님을 의뢰하며 살도록 하려고 오늘 내가 너에게 특별히 알려 주는 것이다."(잠 24:17, 19)

네 번째 목적은 바르고 고상한 행동을 권하는 것이다. 현자들의 궁극적 호소는 감정이나 이성이 아닌 의지에 대한 것이다. 그들 모든 가르침은 이 실제적 목적을 위한 수단일 뿐이다.

"인자와 진리를 저버리지 말고, 그것을 목에 걸고 다니며, 너의 마음속 깊이 새겨 두어라. 그러면 하나님과 사람 앞에서 네가 은혜를 입고 귀중히 여김을 받을 것이다." (잠 3:3~4)

구체적으로 현자들은 사회적 관계에서 개인의 의무를 규정하려고 했다. 입과 귀의 바른 사용, 부모에 대한 자녀의 의무와 자녀에 대한 부모의 의무, 신하에 대한 왕의 책임과 왕에 대한 신하의 책임, 거짓됨, 교만, 잔인함, 그리고 방종이란 악들, 진실, 정직, 그리고 자선이란 덕에 대해 말한다. 대체로 현자의 목적은 사람들을 건전하고 행복하고, 능력 있는 사람으로 삼고자 하였다.[161] 그러므로 현자들에 따르면, 교육의 목적은 개인이 통찰(즉 개방적이고 지적인 태도), 지식, 그리고 지혜(즉 지식뿐만 아니라 그것을 실제적으로 삶에 적용하는 능력)를 얻어서 어리석은 악으로부터 구원하는 것이었다.[162]

"내가 주님의 증거를 늘 생각하므로, 내가 내 스승들보다도 더 지혜롭게 되었습니다."(시 119:99)

---

159) Kent, *The Great Teachers of Judaism and Christianity*, 72.
160) 또는 '길을 인도하실 것이다'.
161) Kent, *The Great Teachers of Judaism and Christianity*, 73.
162) Kent, *The Great Teachers of Judaism and Christianity*, 75.

지혜 추구의 방법. 크렌쇼에 따르면, 현자들은 세 가지 주요 수단을 통해 진리를 추구했다. ① 자연과 인간 행동의 관찰. 지혜에는 경험적 요소들이 많다. 즉 현자들은 자연 세계를 관찰하여 그것에서 지혜를 끌어내려고 했다. 그러나 그럴 때에라도 기계적인 자연의 질서보다 생이 의미 있는가라는 질문을 빼놓지 않는다. 해 아래에서 수고하는 모든 수고가 사람에게 무엇이 유익한가? 이 같은 질문 뒤에 자연의 주기를 묘사하고 있는 시가 뒤를 잇는다. 삶은 단조롭고, 의미 없는 자연의 주기보다 더 의미 있는가?

> "사람이 [163]세상에서 아무리 수고한들, 무슨 보람이 있는가? 한 세대가 가고, 또 한 세대가 오지만, 세상은 언제나 그대로다. 해는 여전히 뜨고, 또 여전히 져서, 제자리로 돌아가며, 거기에서 다시 떠오른다. 바람은 남쪽으로 불다가 북쪽으로 돌이키며, 이리 돌고 저리 돌다가 불던 곳으로 돌아간다. 모든 강물이 바다로 흘러가도, 바다는 넘치지 않는다. 강물은 나온 곳으로 되돌아가, 거기에서 다시 흘러내린다."(전 1:3~7)

② 현 세상에 대한 전통적 진리의 주장에 대한 시험. 에드워드 M. 커티스(Edward M. Curtis)에 의하면, 구약의 지혜자는 모호하게 하는 방식과 사람의 마음에 긴장을 일으키는 방식을 사용해서 가르쳤다. 이와 같은 가르침의 방식은 학습자가 딜레마 때문에 일어난 문제들에 대한 해답을 찾고자 할 때 학습자 편에서 생각하고 반성하도록 자극하려는 의도였다. 이와 같은 지적이며 적용적인 노력은 학습자가 야훼의 질서를 따라 살아가는 기술을 발전시킨다는 목적을 향해 나아갈 때 의미 있는 역할을 했다.[164]

현자는 상식적이고 일반적 사실에 대해 도전한다. 과연 학습자들이 알고 있는 사실은 맞는가? 지혜와 어리석음 중에 어느 것이 나은 것인지는 너무도 당연하여 비교할 필요도 없다. 그러나 전도자는 이렇게 말하여 독자들을 당혹케 한다.[165]

> 무엇이 슬기로운 일이며, 무엇이 얼빠지고 어리석은 일인지 알려고 애를 써 보기도 하였다. '빛이 어둠보다 낫듯이, 슬기로움이 어리석음보다 더 낫다'는 것, '슬기로운 사람은 제 앞을 보지만, 어리석은 사람은 어둠 속에서 헤맨다'는 것, 이런 것은 벌써부터 알고 있다. 지혜 있는 사람에게나 어리석은 사람에게나 똑같은 운명이 똑같이

---

163) 히, '해 아래'.

164) Edward M. Curtis, "Learning Truth from the Sages," *Christian Education Journal* 2:1(Spring 2005), 113.

165) Curtis, "Learning Truth from the Sages," 113-28.

닥친다는 것도 알고 있다. 그래서 나는 스스로 물었다.
'어리석은 사람이 겪을 운명을 나도 겪을 터인데, 무엇을 더 바라고, 왜 내가 지혜를 더 얻으려고 애썼는가?'
그리고 나 스스로 대답하였다.
'지혜를 얻으려는 일도 헛되다.'
사람이 지혜가 있다고 해서 오래 기억되는 것도 아니다. 지혜가 있다고 해도 어리석은 사람과 함께 사람들의 기억에서 영원히 사라져 버린다. 슬기로운 사람도 죽고 어리석은 사람도 죽는다. 그러니 산다는 것이 다 덧없는 것이다. [166]인생살이에 얽힌 일들이 나에게는 괴로움일 뿐이다. 모든 것이 [167]바람을 잡으려는 것처럼 헛될 뿐이다."(전 2:12~17)

지혜의 한계를 말한 전도자는 의인과 악인의 운명을 제시하며 독자들을 긴장시킨다.[168]

"헛된 세월을 사는 동안에, 나는 두 가지를 다 보았다. 의롭게 살다가 망하는 의인이 있는가 하면, 악한 채로 오래 사는 악인도 있더라. 그러니 너무 의롭게 살지도 말고, 너무 슬기롭게 살지도 말아라. 왜 스스로를 망치려 하는가? 너무 악하게 살지도 말고, 너무 어리석게 살지도 말아라. 왜 제 명도 다 못 채우고, 죽으려고 하는가? 하나를 붙잡되, 다른 것도 놓치지 않는 것이 좋다. 하나님을 두려워하는 사람은 극단을 피한다."(전 7:15~18)

③ "초월자"와의 만남. 인간적 탐구와 신적 계시 사이의 긴장이 있을 때, 현자들이 지식을 개인적 성취로 생각하는지 아니면 하나님의 선물로 생각하는지 하는 물음이 일어난다. 크렌쇼에 따르면 현자들은 지식에 대해 그 둘 다, 즉 자기 훈련적 연구와 하나님의 선물로서 인식될 수밖에 없는 신비한 경이적 계시로 생각한다. 현자들은 개인적 관찰과 탐구에 의해 지식을 획득했을 뿐만 아니라, 지성 너머의 미지의 측면, 즉 하나님의 영역, 곧 하나님의 선물을 통해서도 획득했다.[169]

전도자는 지혜는 획득이 불가능하며 하나님의 손에 있는 초월적이라는 편에 선다. 지혜교사는 인간의 행위는 하나님에 의해 제한된다고 본다. 지혜교사는 하나님의 섭리가 일어나는 모든 것 뒤에 있다고 인정한다. 그러나 인간은 그 신의 활동을 충분히 이해할 수 없다.[170]

---

166) 히, '해 아래'.
167) 또는 '바람을 먹고 사는 것과 같다'(호 12:1을 볼 것).
168) Curtis, "Learning Truth from the Sages," 119.
169) Crenshaw, *Education in Ancient Israel*, 마지막 장.

"하나님이 하시는 일을 생각해 보아라. 하나님이 구부려 놓으신 것을 누가 펼 수 있겠는가?"(전 7:13)

"바람이 다니는 길을 네가 모르듯이 임신한 여인의 태에서 아이의 생명이 어떻게 시작되는지 네가 알 수 없듯이, 만물의 창조자 하나님이 하시는 일을 너는 알지 못한다."(전 11:5)

"나는 이 모든 것을 마음속으로 깊이 생각해 보았다. 그리고서 내가 깨달은 것은, 의로운 사람들과 지혜로운 사람들이 하는 일을 하나님이 조종하신다는 것, 그들의 사랑과 미움까지도 하나님이 조종하신다는 것이다. 사람은 아무도 자기 앞에 놓여 있는 일을 알지 못한다. 모두가 같은 운명을 타고 났다. 의인이나 악인이나, 착한 사람이나 [171]나쁜 사람이나, 깨끗한 사람이나 더러운 사람이나, 제사를 드리는 사람이나 드리지 않는 사람이나, 다 같은 운명을 타고 났다. 착한 사람이라고 해서 죄인보다 나을 것이 없고, 맹세한 사람이라고 해서 맹세하기를 두려워하는 사람보다 나을 것이 없다. 모두가 다 같은 운명을 타고 났다는 것, 이것이 바로 [172]세상에서 벌어지는 모든 잘못된 일 가운데 하나다. 더욱이, 사람들은 마음에 사악과 광증을 품고 살다가 결국에는 죽고 만다."(전 9:1~3)

의인 그리고 현인의 행위는 하나님의 손에 있다. 이것이 사랑이든 미움이든 사람은 모른다. 모두 하나님 앞에 있다. 깨끗한 자나 더러운 자나 선한 자나 악한 자에게 같은 사건이 일어나므로 모든 것은 같은 것이다. 지혜교사가 이 책에서 말하는 것의 진실을 부정하기는 어렵다. 삶은 우리의 이해와 능력 너머에 있다.[173]

지혜교사의 교육 방법의 열쇠는 질문을 통해 학습자에게 긴장을 일으키고 상황을 모호하게 함으로써 학습자 스스로 답을 구하도록 도전한다.[174] 전도서는 전형적인 서양의 직선적 논리를 사용하지 않는다. 오히려 직면한 주제와 직접적으로 관계도 없고 사뭇 달라 보이는 여러 의견들을 통해 막연하게나마 사태를 파악하게 방식을 사용한다.[175]

---

170) Curtis, "Learning Truth from the Sages," 120.
171) 칠십인 역(아퀼라역)과 불가타와 시리아어 역을 따름.
172) 히, '해 아래'.
173) Estes, *Hear My Son.*
174) Estes, *Hear My Son.*
175) Robert B. Kaplan, "Cultural Thought Patterns in Inter-Cultural Education," K. Croft, ed., *Readings on English As A Second Language*, 2nd ed. (Boston: Little, Brown and Company, 1980), 406.

지혜는 하나님께로부터 나오고, 또 하나님의 계명을 받아들이고 따르는 것이며, 그 지혜는 사람에게 명예를, 또 그를 사랑하는 사람들에게는 즐거움을 가져다주고, 그 지혜는 애를 써야만 얻어질 수 있을 뿐이며 그리고 필요하다면 징계와 연단의 회초리로라도 그렇게 해야만 하는 것이다.[176]

> "마침내 네 몸과 육체를 망친 뒤에, 네 종말이 올 때에야 한탄하며, 말하기를 '내가 어찌하여 훈계를 싫어하였던가? 내가 어찌하여 책망을 멸시하였던가? 내가 스승에게 순종하지 않고, 나를 가르쳐 주신 분에게 귀를 기울이지 않고 있다가, 온 회중이 보는 앞에서 이런 처절한 재난을 당하는구나!' 할 것이다."(잠 5:11~14)

지혜교사는 권위자이며 안내자이다. 지혜교사들은 교육이라는 연속선상에서 이들 양 끝에 모두 위치한다. 교육의 연속선의 한끝은 교사가 권위를 갖고 진리를 학습자에게 말하고 학습자가 그 내용을 받아 품기를 바란다. 오늘날 '무대위의 현인'(Sage on the Stage)이라고 해서 교사가 모든 것을 다 알고 있는 사람의 역할을 한다. 교육의 연속선 다른 쪽 끝에는 촉진자로서의 교사가 있다. 이 입장의 교사는 약간의 지시를 할 뿐이며 학습자 스스로 선택을 하도록 요청한다. 소위 교사는 '객석의 안내자'(Guide on the Side)와 같은 부분적인 역할을 한다.[177]

크렌쇼에 따르면, 설득적 기술과 수사적 전략을 균형 있게 사용했다. 연사나 청중에 따라 그 접근은 달라졌다.[178] 다니엘 J. 에스테스(Daniel J. Estes) 역시 지혜교사가 학습자의 지적 도덕적 발달 수준에 맞추어 전문가적 권위자에서 촉진자의 역할을 오갔다고 말한다. 학습자가 초보자일 때 교사는 상당한 정도의 지시를 해야 한다. 하지만 학습자가 점차 지혜가 자라감에 따라, 교사는 점차 학습자가 그 자신의 결정을 하도록 지원하는 기능을 하게 된다.[179] 에스테스에 따르면, 이 모든 것의 목적은 "학습자가 야훼의 세계 안에서 살아가는 독자적 능력을 발전시키는 것"이다.[180]

전도서는 일종의 변증서이다. 불신앙의 세계에서 신앙인이 어떤 마음으로 살아가야 하는 지를 현실 부정이 아니라 신앙을 부정하는 식으로 접근한다.[181]

---

176) 지혜와 징계에 관한 성구들 잠 17:10; 13:24; 22:15; 29:15, 17; 집회 7:23-24; 30:1-13 참조.

177) Curtis, "Learning Truth from the Sages," 113-14.

178) Crenshaw, *Education in Ancient Israel*, 130.

179) Estes, *Hear My Son*, 134.

180) Estes, *Hear My Son*, 134.

181) Michael A. Eaton, *Ecclesiastes*, Tyndale Old Testament Commentary (Downers Grove, IL:

전도서는 신앙을 핑계로 현실을 미화하지 않으며 있는 그대로의 현실, 즉 헛된 희망이 아닌 절망과 좌절, 또는 허무로부터 솟아난 소망을 가지라고 권한다. 죽음과 삶을 정면으로 직시하고, 두려움과 떨림을 지니고 하나님을 의존해야 한다는 지혜로움을 가지라고 한다.[182] 전도서는 학습자에게 지혜를 전하기 위해 독자적 전략을 세우는데, 그것은 질문이다. 지혜가 무엇인지는 대답되지 않는다. 질문 안에 이미 답이 있기 때문이다. 그리고 그 답은 학습자들의 또 다른 질문들로 이어져야 하며, 그런 면에서 전도서는 삶의 신비를 묻는 모든 사람들에게 영원히 열려있는 책이다.

InterVarsity Press, 1983), 44-45.

182) Duane Garrett, *Proverbs, Ecclesiastes, Song of Songs*, New American Commentary (Nashville, TN: Broadman Press, 1993), 278.

VIII. 랍비

주전 2세기말 이후 유대 전통은 세 개의 주요 그룹으로 나뉘었다. 즉 바리새파(Pharisees[פרוש], 또는 페루심[פרושים]),[183] 사두개파(Sadducees, 또는 제두킴[צדוקים]), 그리고 에세네파. 그들 각자는 율법에 대한 그 나름대로의 해석, 그 나름의 교사들, 그리고 그 나름의 학교들을 갖고 있었다. 에세네파의 학교와 가르침은 오늘날 사해사본 덕택에 잘 알려져 있다.[184] 한편 바리새파는 예루살렘에서 뿐만 아니라 지방학교들에서의 가르침으로 유명하다.

> "율법 교사로서, 온 백성에게서 존경을 받는 가말리엘이라는 바리새파 사람"(행 5:34)

> "나는 유대 사람입니다. 나는 길리기아의 다소에서 태어나서, 이 도시 예루살렘에서 자랐고, 가말리엘 선생의 문하에서 우리 조상의 율법의 엄격한 방식을 따라 교육을 받았습니다. 그래서 나는 오늘날 여러분 모두가 그러하신 것과 같이, 하나님께 열성적인 사람이었습니다."(행 22:3)

> "그런데 바울이 그들의 한 부분은 사두개파 사람이요, 한 부분은 바리새파 사람인 것을 알고서, 의회에서 큰소리로 말하였다.
> '[185]동포 여러분, 나는 바리새파 사람이요, 바리새파 사람의 아들입니다. 나는 지금, 죽은 사람들이 부활할 것이라는 소망 때문에 재판을 받고 있습니다.'"(행 23:6)

바리새파의 가르침은 후기에 쓰여진 랍비 전승으로부터 알려졌다(미쉬나, 탈무드, תלמוד). 랍비문학에 의하면 학교의 위임제도가 확립된 것은 바리새인들의 공헌이었다고 한다.[186]

---

183) 페루심 또는 분리주의자들은 에스라 이전의 오랜 전통을 대변한다. 그것은 율법을 개인과 민족에 철저하게 적용해야 한다는 입장이다. 국가의 정치 경제 등은 모두 종교를 기준으로 이루어져야 한다. 이방과의 거리를 유지해야 하며 유대인만의 독특한 방식과 관습을 지키는 것이 생존의 원리로 보았다. 서기관 중의 상당수가 페루심이었지만, 그렇다고 페루심이 교사집단인 소페림을 지원했지만 자신들의 당파 형성과 관계된 경우는 예외이지만 일반적으로 말하는 대중을 위한 교사는 아니었다. Swift, *Education In Ancient Israel*, 119.

184) A. Lemaire, L'enseignement essénien et l'école de Qumrân. 191-203 in *Hellenica et Judaica, Hommage V. Nikiprovetzky*, ed., A. C Caquot et al., Leuven and Paris. Lemaire, "Education (Israel)," 309 재인용.

185) 그, '형제들'.

186) 살로메 알렉산드라(주전 76-67)의 통치기간 중에 바리새인들의 지위가 부상된 이후 그들은 대

사두개파의 가르침은 여전히 실제로는 알려지지 않은 채 남아있다.[187] 기독교 시대로 접어들 때쯤, 학교는 유대 사회에서, 특히 수도에서 아주 잘 알려진 기관이 되었다.

"예루살렘에 480개의 회당들이 있었다. 그 각각의 것들은 벧-세퍼(*bêt-sēper*)와 벳-탈무드(*bêt-talmûd*)를 갖고 있었다. 전자는 성서, 후자는 미쉬나를 위한 것이었다."[188]

랍비는 유대교 율법 교사를 말한다. 여기서는 그 같은 교사로서의 랍비들을 배출하는 종파에 대해 살펴본다.

1. 바리새파(פרושים, Pharisees, 초자연주의자)

바리새라는 말은 '구별된', '분리'라는 뜻이다.

바리새파는 "마카베오 전쟁 이후로 가장 강력한 종교적인 당파인데, 이들은 이스라엘이 물려받은 율법 및 선조들의 전통을 존중하고 일상생활의 사소한 데에 이르기까지 이 율법을 정확하게 지키려는 열정을 품고서 메시아에 대한 약속들의 성취를 인간편에서 확보하려고 분투했다."[189]

바빌론 포로기 이후 절망적인 상황 속에서도 야훼를 경외하고 그 이름을 존중이 여기는 사람들, 소위 "경건한 사람들"(the godly people), 즉 하시디안들(Hasidians)이 있었다.

"그때에 주님께서는, 주님을 경외한 사람들이 서로 주고받는 말을 똑똑히 들으셨다. 그 가운데서도 주님을 경외하며, 주님의 이름을 존중하는 사람들을 당신 앞에 있는 비망록에 기록하셨다."(말 3:16)

이들은 헬레니즘 문물이 이스라엘에 들어오는 것에 대해 개탄했다. 유대인

부분의 도시 거주인들로부터 전반적인 지지를 받았다. 시몬 벤시타의 지도 아래서 바리새인들은 민중들에게 조직적인 방법으로 그들의 가르침을 펼쳐나가는 지혜를 배웠다.

187) Jean Le Moyne, *Les sadducéens*, Études bibliques (Paris: Librairie Lecoffre, 1972).

188) *y. Meg.* 3:1.

189) 용어해설,『해설관주 성경전서: 독일성서공회판』, 22.

의 안목에서 볼 때 군대보다 위험했던 것은 헬라적 사고와 생활양식이었다. 상류층들은 헬라 풍의 양식에 사로잡혀있었고, 젊은 제사장들은 제단에 대한 관심을 잃어버리고 체육관으로 발걸음을 옮겼다. 헬라의 언어, 철학, 문학, 학문과 상업, 건축, 음식과 의복, 가구, 조각 등이 총체적으로 유대를 휩쓸어 유대교에 위협이 되었다. 이 같은 상황에서 끝까지 야훼께 충성한 남은 자들이 있어서 이스라엘의 구원을 누릴 것이다. 이사야와 에스겔의 남은 자 사상이 그것을 말해준다.

> "그 날이 오면, 이스라엘 가운데서 남은 사람들과 야곱 겨레 가운데서 살아남은 사람들이 다시는 그들을 친 자를 의뢰하지 않고, 오직 '이스라엘의 거룩하신 분'인 주님만을 진심으로 의지할 것이다. [190]남은 사람들이 돌아올 것이다. 야곱의 자손 가운데서 남은 사람들이 전능하신 하나님께 돌아올 것이다. 이스라엘아, 네 백성이 바다의 모래처럼 많다고 하여도, 그들 가운데서 오직 남은 사람들만이 돌아올 것이다. 너의 파멸이 공의로운 판결에 따라서 이미 결정되었다."(사 10:20~22)

> "그 날이 오면, 주님께서 다시 손을 펴시어서, 그의 남은 백성들, 곧 앗시리아와 하이집트와 [191]상 이집트와 [192]에티오피아와 엘람과 [193]바빌로니아와 하맛과 바다 섬들에서 남은 사람들을, 자기의 소유로 삼으실 것이다. 주님께서, 남은 백성 곧 앗시리아에 남은 자들이 돌아오도록 큰길을 내실 것이니, 이스라엘이 이집트 땅에서 올라오던 날과 같게 하실 것이다."(사 11:11, 16)

> "그러나 나는 너희 가운데서 얼마를 남겨, 전쟁을 모면하게 하고 여러 나라에 흩어져 여러 민족들 사이에서 살아가게 하겠다. 전쟁을 모면한 사람들은 포로가 되어 끌려가, 이방 사람들 속에서 살면서, 비로소 나를 기억할 것이다."(겔 6:8)

성전이 이방신으로 더럽혀진 것에 항거한 점에서 마카비 혁명을 이끌었던 마카비 형제들과 사상적으로 흡사했다.

> "그러자 일부 하시딤 사람들이 모여와서 그들과 합세했다. 그들은 용감한 사람들이었고 모두 경건하게 율법을 지키는 사람들이었다."(1마카 2:42)

그러나 마카비의 뒤를 이은 하스모니안 가문의 권력을 위한 정치 투쟁과 이

---

190) 히, '스알야숩'.
191) 히, '바드로스'.
192) 히, '구스', '나일' 강 상류지역.
193) 히, '시날'.

방 헬라에 의한 대제사장 임명 등의 일들을 겪으면서 하스모니안가는 마카비 전쟁에서 비중 있는 역할을 했던 하시딤(חסידים)과 결별하였다. 이 분리된 일파들이 바리새파를 형성한 것으로 보인다.

"유다 마카베오가 이끄는 하시디인이라는 유다인들은 전쟁을 일삼고 폭동을 일으키며 국가의 안녕 질서를 교란하고 있습니다."(2마카 14:6)

그 뜻이 '분리자'란 말답게 대다수의 정치 종교적인 태도에서 자신들을 다른 사람들과 분리시켰다. 바리새인들은 그들은 의식상 부정을 가져올 만한 것은 무엇이든지 엄격하게 피했다. 제사의 정결 문제나 음식 먹는 법, 안식일 계명 등에 대해 특별한 주의를 하였다. 다니엘은 하시딤의 전형적인 인물이었다. 이들은 율법을 연구하며 하나님께서 인간의 뜻과 상관없이 꼭 승리하시고 당신의 뜻을 관철하시리라는 걸 믿었다. 이 점이 바리새파가 율법을 전통적으로 해석하고 적용하는 체계를 세우게 된 배경이 된다. 이들은 율법뿐만 아니라 율법에 대한 전통적인 해석, '구전법'도 중요하게 취급하기 시작했다. "이들은 모세의 율법에 적힌 것뿐만 아니라 입으로 전해 내려온 정확하고도 엄격한 적용 규칙들, 곧 장로(=이전의 율법 스승)들의 유전(마 15:2)도 일상생활에서 지켜야 할 것으로 여겼다."[194] 이 전통은 신약시대에 와서 우리가 미쉬나로 알고 있는 많은 것을 포함하였다.

제2성전기 이후 성전 없는 시대의 생활에 대한 율법 적용을 지속적으로 발전시켜나갔다. 그러나 이들의 위험성은 냉혹한 엄격성을 지닌 율법성에 있었다. 이 때문에 예수께서는 이러한 그릇된 경건성을 비판하지 않을 수 없다.[195] 주전 70년 이후 예루살렘 멸망 후에는 사두개파가 사라지면서 유대교 사상을 주도하면서 바리새파의 사상은 랍비 유대교로 승계되었다.[196]

2. 사두개파(צדוקים, Sadducees, 자연주의자)

사두개란 말은 일반적으로 "의로운"이란 뜻의 "싸디킴"이란 말에서 유래한 것으로 보인다. 그 기원은 솔로몬의 제사장인 '사독'이라고 한다.[197]

194) 용어해설, 『해설관주 성경전서: 독일성서공회판』, 22.
195) 용어해설, 『해설관주 성경전서: 독일성서공회판』, 22.
196) 최인식, 『예수와 함께 걷는 유대교 산책』 (부천: 예루살렘아카데미, 2008), 210-11.
197) 그러나 이에 대한 이의도 있다. 최인식, 203-4 참조.

> "아히둡의 아들 사독과 아비아달의 아들 아히멜렉은 제사장이 되고, 스라야는 서기관이 되고"(삼하 8:17)

> "왕은 요압 대신에 여호야다의 아들 브나야를 군사령관으로 삼고, 아비아달의 자리에는 사독 제사장을 임명하였다."(왕상 2:35)

사두개파는 "유력한 제사장 가문들과 세속 귀족 대표자들이 속한 종파"이다. 바리새인들이 중류 계층인 반면 사두개인들은 부유한 귀족층과 예루살렘에서 막강한 세력을 가진 제사장 계급을 대표하는 단체였다. 이들은 공회에서 지도적인 파로서 정치적 책임을 맡았다.

> "바울이 그들의 한 부분은 사두개파 사람이요, 한 부분은 바리새파 사람인 것을 알고서, 의회에서 큰소리로 말하였다."(행 23:6)

사두개인들은 로마와 타협해서라도 유다 백성에게 마지막으로 남아있던 정치적 자유를 누리고자 했다.[198]

사두개파는 성전과 깊은 관련이 있다. 성전은 그들 권력의 근거이고 활동의 중심 무대였다. 주후 70년 예루살렘 파괴와 더불어 성전이 사라지면서 그들이 역사의 무대에서 사라졌다는 사실이 이를 반증한다.[199]

> "안나스는 그 해의 대제사장인 가야바의 장인"(요 18:13)

> "대제사장 안나스를 비롯해서, 가야바와 [200]요한과 알렉산더와 그밖에 대제사장의 가문에 속한 사람들이 모두 참석하였다."(행 4:6)

> "대제사장과 그의 지지자들인 사두개파 사람들"(행 5:17)

이들은 기록된 토라의 권위를 인정했으나 구전 율법의 권위는 인정치 않았다. 모세오경 율법에 문자적으로 포함되지 않은 내용들은 모두 거부했다. 그들이 죽은 자들의 부활이나 천사의 존재를 믿지 않은 것은 이런 까닭에서이

---

198) 용어해설,『해설·관주 성경전서: 독일성서공회판』, 28.
199) 용어해설,『해설·관주 성경전서: 독일성서공회판』, 28; 최인식,『예수와 함께 걷는 유대교 산책』, 205.
200) 다른 고대 사본들에는 '요나단'.

다.[201] 바리새파에게 율법이 신앙의 중심이라면 사두개파에게는 율법이 신앙의 왜곡이었다.

"부활이 없다고 주장하는 사두개파 사람"(눅 20:27)

사두개파는 당시 불신앙인, 무신론자, 자유의지론자, 자기의 특권 유지만 신경 쓰는 자, 율법에는 열심히 없는 자 등으로 여겨졌다. 이들이 이와 같은 판단을 받은 이유는 신명기 30장에 근거하여 누구든지 자기가 행한 행위에 대해서는 이 땅에서 그 상벌을 받는다는 생각 때문이었다. 사두개파는 운명을 부정했다. 사람들에게 일어나는 일은 모두 자신에게 책임이 있다고 보았다.[202] 그들은 바리새인들의 예정론에 반대하여, 그들은 만사를 임의로 결정할 수 있다고 하여, 사람의 선택의 자유를 주장하였다. 그러므로 후기 유대교는 초기에 제사장과 예언자 사이에 나타난 갈등을 재현하였다.

"내가 오늘 당신들에게 명하는 대로, 당신들이 주 당신들의 하나님을 사랑하고, 그의 길을 따라가며, 그의 명령과 규례와 법도를 지키면, 당신들이 잘 되고 번성할 것입니다. 또 당신들이 들어가서 차지할 땅에서, 주 당신들의 하나님이 당신들에게 복을 주실 것입니다. 그러나 당신들이 마음을 돌려서 순종하지 않고, 빗나가서 다른 신들에게 절을 하고 섬기면, 오늘 내가 당신들에게 경고한 대로, 당신들은 반드시 망하고 맙니다. 당신들이 요단 강을 건너가서 차지할 그 땅에서도 오래 살지 못할 것입니다."(신 30:16~18)

앞에서 살펴본 바리새파와 사두개파의 대립적 입장을 정리하면 다음의 도표 8과와 같다.

[도표8] 바리새파와 사두개파 비교

주　제	바리새파	사두개파
계층	평민	귀족
외세	반헬라	친헬라
종교적 터전	경전	성전
경전 인정	토라와 구전	토라

201) 용어해설, 『해설·관주 성경전서: 독일성서공회판』, 28.
202) 최인식, 『예수와 함께 걷는 유대교 산책』, 205-206

3. 엣센파(אסיים, Essenes, Εσσήνοι, 금욕주의자)

엣센파는 주전 2세기부터 주후 1세기까지 활동했던 종파이다. 엣센이라는 말은 어원적으로 볼 때, '치유자들', '경건한 자들', '행하는 자'라는 뜻을 지니고 있다.[203] 엣센파는 당시 이스라엘이 자유로운 독립적 지위를 누리며 살도록 해 주었던 애굽의 톨레미(Ptolemy) 왕국이 헬라계 셀류시드(Selucid) 왕국에게 전쟁에서 패한 후, 정통 대제사장인 반 헬라파 오니아스 3세가 축출되고 이어 친헬라적인 야손(Jason)에게 넘어간 대제사장직을 매수하여 차지한 메넬라오스에 의해 살해되었다. 그 후 대제사장 메넬라오스는 성전 제의를 완전히 폐쇄하고 대신 제우스신을 섬기도록 했다. 이에 반발해 마따디아(Mattathias) 제사장 가문을 중심으로 우상숭배를 제거하고 성전 제사를 회복하려는 힘을 합쳐 셀류시드 왕국에 대항한 혁명이 마카비(Maccabee) 전쟁이었다. 3년간의 전쟁 후 평화협정을 맺은 유대군 총사령관 마따디아의 아들 요나단은 셀류시드 왕과 야합을 통해 대제사장의 자리를 차지했다. 사독 가문의 적법한 자격을 갖춘 사람이 있었음에도 이와 같은 일이 발생하자, 이에 위협을 느낀 적법한 계승자인 소위 '의의 교사'(מורה הצדק, The Teacher of Righteousness)[204]가 피신하여 이끈 공동체가 엣센파이다.[205] 이 같은 사실을 근거로 보면 엣센파는 은둔적인 수도원적 소수 종파가 아니었다. 요세푸스에 의하면 1세기 중엽 예루살렘에는 바리새파가 6,000명, 엣센파가 4,000명 정도, 그리고 사두개파와 셀롯당은 각각 수 백명 정도였다고 한다. 활동 지역, 역시 엣센파는 사두개파와 더불어 주로 예루살렘과 인근 유대지역에 살았던 것으로 보인다. 바리새파는 갈릴리지역에 과반수 정도, 그리고 셀롯당은 대부분 갈릴리 지역에 살았다고 한다.[206]

이들은 공동체 생활을 하였다. 지도자의 통제를 따라 재산은 공동으로 관리하였고 독신으로 생활하였다. 엣센파의 회원이 되려면 3년 동안의 시험기를 거쳐야 했다.

공동체의 신조는 야훼 하나님에 대한 경건과 사람에 대한 의로움이었다. 공동체의 특이한 요구사항은 엣센파의 도서들과 천사들의 이름들을 보전하는 의

---

203) 최인식, 『예수와 함께 걷는 유대교 산책』, 192.
204) 또는 '유일한 교사', '토라 해석가', 혹은 단순하게 '그 제사장'이라고 불렸다. 최인식, 『예수와 함께 걷는 유대교 산책』, 200.
205) 최인식, 『예수와 함께 걷는 유대교 산책』, 195-200.
206) 김창선, 『쿰란문서와 유대교』(서울: 한국성서학연구소, 2002), 66-67, 최인식, 『예수와 함께 걷는 유대교 산책』, 201-2 재인용.

무였다.[207)]

공동체의 계급은 크게 ① 제사장, ② 레위인들, ③ 이스라엘의 자녀들, ④ 온전한 개종자인 의의 개종자와 구별된 문의 개종자들과 같이 나누어져 있었다.

히폴리투스(Saint Hippolytus of Rome)에 따르면 역사의 과정에서 엣센파는 네 개의 파로 분열되었으며, 그 중 잘 알려진 것이 "셀롯당"(열심당)이다.[208)] 엣센파의 신학은 약간씩 다르나 다음의 네 가지를 믿었다. ① 야훼께서 세계의 통치자이시며 모든 선의 근원이라고 믿는 유일신 신앙, ② 열렬한 율법 연구와 은유적 해석 방법, ③ 엄격한 안식일 준수, ④ 육체 부활.

앞에서 살펴 본 유대교 주요 종파의 관계는 다음과 같다. 바리새파는 친헬라적 사두개파와 대립하였다. 바리새파는 엣센파의 '의의 교사'를 거부했다. 사두개파는 사독 정통 가문이 아닌 마따디아 가문의 요나단을 지지하는 성전 제사장 그룹이었기에 엣센파와 대립하였다. 유대교의 네 집단에 대해 우리가 알아보면서 결론을 내릴 수 있는 것은 당시 유대교 지도자 및 유대인들은 획일적인 방법과 양태로 외세나 불신앙자에 대응하지 않았다는 점이다. 다양한 처세와 세계관이 있었다는 것이다.

[그림55] 〈쿰란(זארמוק) 동굴〉

207) 최인식, 『예수와 함께 걷는 유대교 산책』, 194.

208) 종교적으로 열심히 로마와 투쟁했다. 메시야 왕국을 이루기 위해 로마와 폭력적으로 싸웠고, 그런 까닭으로 주후 70년 예루살렘 멸망을 가져왔다. 용어해설, 『해설·관주 성경전서: 독일성서공회판』, 32.

[그림56] 〈쿰란 동굴에서 발견된 도자기들〉. 안에 사해 사본이 들어있다.

4. 교육 방법

토론. 랍비들의 교육을 그 방법을 중심으로 살펴보자. 랍비들은 젊은 수련생들을 가르치는 데 두드러진 기술과 능숙함을 보여주었다. 일상의 방법 하나는 여러 학교의 교사들이 사람들 앞에서 벌이는 공적 토론이다. 이 토론은 매우 자유로워서 다양한 의견들이 표현되었다. 때로 사소한 주제도 다루어졌지만, 대부분은 신앙과 실천에 관한 근본 원리에 관한 것들이었다. 이런 방법으로 여러 관점들이 다루어졌고 최종 결론에 대한 동의는 개인에게 달려 있었다.[209]

문답. 다음으로 문답의 방법이다. 랍비들은 제자들에 둘러싸여 보통 성전 경내 높은 곳에 앉아 질문을 받았다. 랍비는 받은 질문에 대해 제자들이 다루거나 토론하도록 거꾸로 구체적 경우를 제기했다. 예를 들어 한 제자가 "지혜가 무엇입니까?" 하고 물으면, 교사가 대답했다. "자유롭게 판단하고, 순수하게 살고, 이웃을 사랑하는 것이다." 소크라테스의 영향을 받은 교사는 "가장 위대한 지혜는 나 자신을 아는 것이다."라고 대답할 것이다. 다음과 같은 전형적 문답이 오고 갔다. "누가 지혜를 얻는가? 어디서든 기꺼이 배우고자 하는 사람이다. 강한 자는 누구인가? 자기 성질을 죽이는 사람이다. 누가 부자인가? 자기 몫에

---

209) Kent, *The Great Teachers of Judaism and Christianity*, 97

만족하는 사람이다. 누가 영예로운 자인가? 인간을 존중하는 사람이다. 어떻게 죄를 피할 수 있는가? 다음 세 가지를 생각하라: 너는 어디로부터 왔는가? 어디로 가는가? 누구 앞에 서게 되는가?"[210]

이야기. 랍비들은 기억을 돕고 상상력을 불러일으키기 위해 자주 이야기라는 수단을 이용해 가르쳤다. 이야기는 역사적이거나 교훈적 내용을 가르칠 때 흔히 사용하던 방법이었다. 교리적 가르침, 권고, 비유, 그리고 이야기들의 종합이 랍비들의 가르침을 수집물인 12권짜리 방대한 탈무드의 대부분을 차지하고 있는 하가다(הַגָּדָה)이다.

수칙. 랍비들은 대부분의 가르침을 정교한 수칙 형태로 제시했다. 이 구전 율법들은 당대와 후대에 기록된 율법의 보충으로 동등한 권위를 가진 것으로 간주되었다. 이 수칙들과 율법적 전승들이 할라카(הֲלָכָה), 문자대로는 길, 즉 용도, 규칙으로 알려진 것이다. 할라카는 아가다(אגדה) 또는 하가다라고 하는 유대교에서 전설이나 격언을 포함하는 비법률적인 랍비 문학 형태와 대조된다.

> "공간적으로 아가다가 하나님과 창조 세계와 그 가운데 사는 여러 민족들에 관심을 보인다면, 할라카는 하나님과 이스라엘만의 관계에 제한하여 초점을 맞춘다. 그리고 시간적으로 아가다가 과거와 현재 미래를 망라한 모든 일에 대하여 말하는 반면에, 할라카는 현재 이 약속의 땅에서 어떻게 살 것인가에 집중한다. 그러므로 아가다는 세계 개방적인 외향성(exteriority)을 지니며, 할라카는 이스라엘 중심의 내향성(interiority)을 띤다."[211]

교육적으로는 할라카적 해석보다는 아가다적 해석이 더 적절하다. 본래 아가다는 역사적 사건이나 교훈을 이용해 가르치고자 하는 이야기이기 때문이다.[212] 그러나 이 두 전통은 랍비들의 기록된 율법에 대한 울타리나 대비책이다. 이 구전 율법이란 수단으로 그들은 행위에 관해 생겨날 수 있는 모든 가능한 문제에 대한 대답이 되고자 했다. 그래서 영으로든, 문자로든 기록된 율법의 어느 것도 위반되지 않도록 했다. 목표는 훌륭했지만 실천적으로 이 방법은 그 자신의 무게 때문에 침몰했다. 진정으로 중요한 원리들을 모호하게 만들고 선악 간 개인의 판단을 흐리는 엄청난 양의 법을 사람들의 어깨 위에 무겁게 지

---

210) Kent, *The Great Teachers of Judaism and Christianity*, 98.
211) 최인식, 『예수와 함께 걷는 유대교 산책』, 341-42.
212) 최인식, 『예수와 함께 걷는 유대교 산책』, 327.

웠다.[213]

지혜 전통. 그러나 엄청난 작은 규칙들 안에는 여러 가지 고상한 도덕 수칙들, 몇몇 법적인 것들, 그리고 몇몇 인간의 보편적 경험의 경험을 구체화한 것들이 있다. 예를 들어, "모든 사람은 자기 때가 있으며, 모든 것은 제자리가 있다." "하나님에 대한 지식과 사람에 대한 지식을 지닌 사람은 쉽게 죄를 질 수 없다." "최고의 설교자는 마음이고, 최고의 교사는 시간이며, 최고의 책은 세계이고, 최고의 친구는 하나님이다." 이와 같은 내용들은 현자와 서기관의 융합의 산물이다. 사상의 깊이, 형식의 아름다움, 그리고 항구적 가치면에서 그들 중 여러 가지는 신구약의 가르침과 비교된다.[214]

"때에 맞는 말이 동전 한 닢의 가치가 있다면, 침묵은 두 배의 가치가 있다."와 같은 잠언 역시 랍비들이 즐겨 사용하던 교육 형식이었다. 이면에서 랍비들은 다른 사람들과 같이 앞선 현자들의 신실한 제자들임을 보여준다.[215]

또한 랍비들은 가르침을 "큰 병 안의 작은 동전이 큰소리를 낸다." "태양은 네가 돕지 않아도 뜰 것이다." "어떤 죄를 두 번 저질러라. 그러면 그것이 네게 범죄처럼 보이지 않을 것이다." "훔칠 기회를 얻지 못한 도둑은 자신을 정직한 사람으로 생각한다."와 같은 경구 형태로 제시했다.[216]

또한 랍비들은 제자들을 가르치는 데 중요한 요소로서 기도의 가치를 인식했다. 그들은 제자들에게 기도를 가르치기도 하고 기도의 본성에 관한 여러 가지 지혜로운 가르침을 베풀었다.

> "기도하기 위해 높은 곳에 설 필요는 없다. 왜냐하면 이렇게 쓰여 있기 때문이다. '깊은 곳에서 내가 당신께 부르짖나이다. 오 주님.'"
>
> 기도는 이스라엘의 유일한 무기이다. 조상으로부터 물려받은 무기이며, 수천 번의 전투에서 입증된 무기이다.[217]

랍비들은 때로 저주와 축복의 전언이란 형태도 사용했다.

> 지도자를 잃은 나라에게 저주를.

213) Kent, *The Great Teachers of Judaism and Christianity*, 99.
214) Kent, *The Great Teachers of Judaism and Christianity*, 100.
215) Kent, *The Great Teachers of Judaism and Christianity*, 100.
216) Kent, *The Great Teachers of Judaism and Christianity*, 101.
217) Kent, *The Great Teachers of Judaism and Christianity*, 101.

더 이상 선장이 없는 배에게 저주를.

아버지와 함께 공부하는 아들은 복이 있다.
아들을 가르치는 아버지는 복이 있다.

벤 시라. 성서에 이름이 남은 유일한 전문 교사는 벤 시라(Ben Sira)이다. 그리고 그 성격은 메소포타미아와 이집트의 서명이 된 본문보다 앞선 헬레니즘 저자에 대한 자부심에 무엇인가를 빚진 것일 수 있다. 솔로몬의 지혜(Wisdom of Solomon)의 미상의 저자는 알렉산드리아 헬레니즘 교육의 한 산물이다. 어떤 지점에서는 심지어 커리큘럼을 물리, 연대학, 천문학, 생물학, 의학, 식물학, 그리고 철학으로 구성했다.

"그분은 나에게 만물에 대한 어김없는 지식을 주셔서 세계의 구조와 구성 요소의 힘을 알게 해주셨고 시대의 시작과 끝과 중간, 동지, 하지의 구분과 계절의 변화를 알게 해주셨으며 해가 바뀌는 것과 별들의 자리를 알게 해주셨고 동물들의 성질과 야수들의 본능, 그리고 요귀들의 힘과 인간의 생각, 또 각종 식물들과 그 뿌리의 특성을 알게 해주셨다. 만물을 만드신 하느님의 지혜의 가르침을 받아서 나는 드러나 있는 것은 물론 감추어진 모든 것까지도 알게 되었다. 지혜 속에 있는 정신은 영리하며 거룩하고, 유일하면서 다양하며 정묘하다. 그리고 민첩하고 명료하며 맑고 남에게 고통을 주지 않으며 자비롭고 날카로우며"(지혜 7:17~22)

이후의 필로도 유사한 알렉산드리아 교육을 받았다. 그는 또한 그의 보다 철학적 헬레니즘적 교육을 유대 가르침들과 결합시키려고 했다. 성서의 비유적 해석은 이 같은 목적을 이루는 주요 수단이 되었다. 그의 교육은 4과(quadrivium, 산수, 기하학, 천문학, 그리고 음악)와 3학(trivium, 문법, 수사학, 그리고 변증학)으로 구성되었다. 여전히 필로는 이 같은 과목들을 특히 보다 높은 단계의 학습인, 시각적 인식에 바탕을 두지 않는 철학, 그리고 지혜와 대비할 때 열등하면서 끌리는 것으로 생각했다.218)

이상의 이스라엘 사회의 교사들과 그 역할에 대해서 로버트 W. 파즈미뇨(Robert W. Pazmiño)는 다음과 같이 정리한다.219)

218) Crenshaw, "Education, OT," 199.
219) Pazmiño, *Foundational Issues in Christian Education*, 19.

[도표9] 구약의 교사와 역할

	백성/민족	예언자	제사장	현 자	랍 비
목적	백성의 자유	자유의 실현	전통적 유산	질적 삶	바른 성서 해석 (스 7:6, 10)
내용	역사적 사건	예측적 역사적 전망	종교적 실천/ 율법	일상적 삶의 기술	신학적 주석
방법	기억/민족적 문화	구전/ 상징적 행위	모세오경: 율법 기억, 유전, 설명 등	대중적 지혜	교훈
환경	국가/공동체	선지학교	성전	왕과 왕비의 궁전	유대교 회당

우리는 앞에서 여러 성격의 교사들에 대해 살펴보았다. 이스라엘의 역사적 과정을 거치면서 가정의 부모에서 시작하여 성전을 중심으로 한 서기관들과 기성세력에 대해 도전하는 예언자들과 오랜 전통에 대한 반성을 통한 경륜적 현자들과 말씀의 생활화에 관심을 갖는 랍비 등에 이르기까지 시대마다 역사적 현실에 반응하는 교사들이 출현하였다. 이는 이스라엘이 가르침을 얼마나 중시하는 지를 보여주는 예라 할 것이다. 또한 이스라엘에서 교사가 얼마나 중핵적인 역할을 감당해 왔는지를 보여준다. 교사에 대해 자주 인용되는 말이 있다.

> "어떤 사람과 그의 아버지와 교사가 포로로 잡힐 경우에, 그는 구원할 목적으로 교사보다 먼저 나선다. 교사는 아버지보다 먼저 구해야 된다. 하지만 어머니의 경우에는 가장 먼저 구해야 한다. 현자의 경우, 왕보다 먼저 구해야 한다. 현자가 죽으면 그와 같은 이를 달리 구할 수 없기 때문이다. 왕이 죽으면 온 이스라엘에서 찾으면 된다."[220]

220) Nathan Morris, *The Jewish School: An Introduction to the History of Jewish Education* (London: Eyre and Spottiswoode, 1937), 67.

5장 · 구약성서의 학습자

고대 이스라엘에서 교육의 대상인 학습자에 대한 관점은 가정적이고, 종교적이고, 심리적이었다. 이스라엘 사람들은 어떻게 보면 평생을 학습자로 산다고 할 수 있을 것이다. 가정에서 그들은 이미 학습자로 출생한다. 말을 하기 시작하면 마치 기다렸다는 듯이 율법 교육이 시작된다. 그러한 교육은 철저히 인간발달을 고려한 것으로 학습자의 수준을 잘 배려하고 있다.

I. 자녀로서의 학습자

구약성서에서 학습자를 나타내는 단어는 '가르침을 받는 자들'이라는 뜻을 지닌 림무딤(למודים)이다.[1] 이사야서에 그 예들이 나온다.

"나는 이 증언 문서를 밀봉하고, 이 가르침을 봉인해서, 나의 제자들이 읽지 못하게 하겠다."(사 8:16)

"주 여호와께서 학자들의 혀를 내게 주사 나로 곤고한 자를 말로 어떻게 도와줄 줄을 알게 하시고 아침마다 깨우치시되 나의 귀를 깨우치사 학자들 같이 알아듣게 하시도다."(사 50:4, 개역개정)

여기서 '학자들'은 한글 개역개정에 의하면, '제자들', '가르침을 받은 자들'을 의미한다.

또한 학습자를 가리키는 말에 타르미딤(תלמידים)이라는 것이 있다.

"이들이 제비를 뽑아서 책임을 맡을 때에는, 대가나 초보자나, 스승이나 배우는 사람이나, 구별을 두지 않았다."(대상 25:8)

학습자들은 또한 '아들들'이라는 뜻을 가진 바님(בנים)이라는 말로도 불리어졌다.[2]

"젊은이들아, 와서 내 말을 들어라. 주님을 경외하는 길을 너희에게 가르쳐 주겠다."(시 34:11)

"생활교육(*훈계*)의 자리는 본디 가정이었다. 그러나 중동의 관습에 따르면 지혜의 스승은 자기제자를 *아들*이라고 부른다."[3]

"내 아들아 네 아비의 훈계를 들으며 네 어미의 법을 떠나지 말라. 내 아들아 악한 자가 너를 꾈지라도 따르지 말라."(잠 1:8, 10, 개역개정)

---

1) 그러나 오늘날까지 남은 단어는 탈미드(תלמיד)이다. "배우는 사람"(대상 25:8하)

2) J. Kaster, "Education, OT," George A. Buttrick, ed., *The Interpreter's Dictionary of the Bible*, 『기독교대백과사전』 1권 (서울: 기독교문사, 1980), 1151.

3) 『해설·관주 성경전서: 독일성서공회판』, 1000.

"내 아들아 네가 만일 나의 말을 받으며 나의 계명을 네게 간직하며"(잠 2:1)

"내 아들아 나의 법을 잊어버리지 말고 네 마음으로 나의 명령을 지키라"(잠 3:1)

예언자들의 경우, 자신들을 따르는 추종자들을 제자들(림무딤)과 아이들(예라딤, ילדים)[4]이라고 불렀다.

"나는 이 증언 문서를 밀봉하고, 이 가르침을 봉인해서, 나의 제자들이 읽지 못하게 하겠다. 내가 여기에 있고, 주님께서 나에게 주신 이 아이들이 여기에 있다. 나와 아이들은, 시온 산에 계시는 만군의 주님께서 이스라엘에게 보여 주시는, 살아 있는 징조와 예표다."(사 8:16, 18)

제자들은 "예언자들의 아들들"로 불리기도 했다.

"베델에 살고 있는 예언자 수련생들 … 여리고에 살고 있는 예언자 수련생들"(왕하 2:3, 5)

"엘리사가 길갈로 돌아왔다. 그곳은 엘리사가 예언자 수련생들을 데리고 사는 곳이었다. … 엘리사가 한 종에게, 큰 솥을 걸어 놓고 예언자 수련생들이 먹을 국을 끓이라고 하였다."(왕하 4:38)

여기서 "예언자 수련생들"은 히브리어로 '예언자들의 아들들'이란 뜻도 있다. 이상에서 보아 알 수 있듯이 학습자는 주로 아들이라 불리면서 자녀의 성격이 강하다.

"자식은 주님께서 주신 선물이요, 태 안에 들어 있는 열매는, 주님이 주신 상급이다. 젊어서 낳은 자식은 용사의 손에 쥐어 있는 화살과도 같으니, 그런 화살이 화살통에 가득한 용사에게는 복이 있다. 그들은 성문에서 원수들과 담판할 때에, 부끄러움을 당하지 아니할 것이다."(시 127:3~5)

자녀가 율법에 개인적으로 책임을 지는 나이인 13세까지[5] 부모는 하나님의 명을 따라 자녀 교육에 힘을 쏟아야 했다.

---

4) '아이들'이란 말은 비유적인 것으로 볼 수 있으나 문자 그대로를 의미할 수도 있다.
5) Babylonian Talmud, "Tract Aboth," V, 끝부분. Rodkinson's translation,133. Swift, *Education In Ancient Israel*, 71 재인용.

"'자녀에게 부지런히 가르치며, 집에 앉아 있을 때나 길을 갈 때나, 누워 있을 때나 일어나 있을 때나, 언제든지 가르치십시오. 또 당신들은 그것을 손에 매어 표로 삼고, 이마에 붙여 기호로 삼으십시오. 집 문설주와 대문에도 써서 붙이십시오.'"(신 6:7~9)

이 자녀는 인간 부모의 자녀만을 가리키지 않는다. 이스라엘은 하나님의 자녀이다.

"당신들은, 사람이 자기 자녀를 훈련시키듯이, 주 당신들의 하나님도 당신들을 훈련시키신다는 것을 마음속에 새겨 두십시오."(신 8:5)

"이스라엘이 어린 아이일 때에, 내가 그를 사랑하여 내 아들을 이집트에서 불러냈다. … 나는 에브라임에게 걸음마를 가르쳐 주었고, 내 품에 안아서 길렀다. … 나는 인정의 끈과 사랑의 띠로 그들을 묶어서 업고 다녔으며, 그들의 목에서 멍에를 벗기고 가슴을 헤쳐 젖을 물렸다."(호 11:1~4)

이 같은 자녀로서의 백성에 대한 하나님의 사랑은 길거리에서 발견한 어린이를 교육시키는 에스겔 16장의 우화에서도 볼 수 있다.

"그때에 내가 네 곁으로 지나가다가, 핏덩이로 버둥거리는 너를 보고, 핏덩이로 누워 있는 너에게, 제발 살아만 달라고 했다. [6](핏덩이로 누워 있는 너에게, 제발 살아만 달라고 했다.) 그리고서 내가 너를 키워 들의 풀처럼 무성하게 하였더니, 네가 크게 자라 [7]보석 가운데서도 가장 아름다운 보석처럼 되었고, 네 가슴이 뚜렷하고, 머리카락도 길게 자랐는데, 너는 아직 벌거벗고 있었다. 그때에 내가 네 곁으로 지나가다가 너를 보니, 너는 한창 사랑스러운 때였다. 그래서 내가 네 몸 위에 나의 겉옷 자락을 펴서 네 벗은 몸을 가리고, 너에게 맹세하고, 너와 언약을 맺어서, 너는 나의 사람이 되었다. 나 주 하나님의 말이다."(겔 16:6~8)

레옹-뒤푸르(Xavier Léon-Dufour)에 따르면, 이것은 출애굽기 4장의 논리적, 회화적 표현이다.[8]

"나 주가 이렇게 말한다. 이스라엘은 나의 맏아들이다."(출 4:22)

---

6) 일부 히브리어 사본과 칠십인 역과 시리아어 역에는 묶음표 안의 본문이 없다.
7) 또는 '성숙하였고'.
8) Xavier Léon-Dufour, "교육", *Vocabulaire de Theologie Biblque*, 임춘갑 역, 『성서신학사전』 (광주: 광주가톨릭대학, 1984), 48.

II. 성서의 아동관

마르시아 J. 번지(Marcia J. Bunge)에 따르면, 성서에서 어린이에 대한 관점은 크게 여섯 가지로 나타난다.[9] 그것들은 다음과 같다: 하나님의 선물이며 기쁨의 원천(Gifts of God and sources of joy), 죄된 피조물이며 도덕적 존재(Sinful creatures and moral agents), 가르침과 지도가 필요한 발달적 존재(Developing beings who need instruction and guidance), 온전한 인간이며 하나님의 형상으로 지음 받은 자(Fully human and made in the image of God), 신앙의 모델이며 계시의 출처(Models of faith and sources of revelation), 정의와 동정이 필요한 고아, 이웃, 나그네(Orphans, neighbors, and strangers in need of justice and compassion).

1. 하나님의 선물이며 기쁨의 원천

성서와 기독교 전통은 어린이를 하나님의 선물로 묘사한다. '하나님의 선물'은 궁극적으로 하나님으로부터 왔으며, 하나님께 속한다는 뜻이다. 어린이는 또한 기쁨과 즐거움의 원천이다.[10] 여러 성경 구절이 어린이를 하나님의 선물이나 하나님의 축복의 표시로 말한다. 예를 들어, 야곱의 첫 아내인 레아는 그녀의 여섯 번째 아들을 하나님께서 주신 지참금 또는 결혼 선물이라고 말한다.

> "'하나님이 나에게 이렇게 좋은 선물을 주셨구나. 내가 아들을 여섯이나 낳았으니, 이제부터는 나의 남편이 나에게 잘 해주겠지.' 하면서, 그 아이 이름을 스불론이라고 하였다."(창 30:20)

여기서 "스불론"은 '지참금'이라는 뜻이다.

성경은 이 소중한 선물을 받은 부모들은 하나님께서 기억하신 바된 것이라고 한다.

---

9) Marcia J. Bunge, "Rediscovering the Dignity and Complexity of Children: Resources from the Christian Tradition," *Sewanee Theological Review* 48:1 (2004), 51-64. 그리고 Marcia J. Bunge, *The Child in the Bible* (Grand Rapids, MI: Wm. B. Eerdmans Publishing Company, 2008) 참고.

10) John T. Carroll, "Children in the Bible," *Interpretation* 55:2 (Apr 2001), 124.

"하나님은 라헬도 기억하셨다. 하나님이 라헬의 호소를 들으시고, 그의 태를 열어 주셨다."(창 30:22)

"한나는 서원하며 아뢰었다.
'만군의 주님, 주님께서 주님의 종의 이 비천한 모습을 참으로 불쌍히 보시고, 저를 기억하셔서, 주님의 종을 잊지 않으시고, 이 종에게 아들을 하나 허락하여 주시면, 저는 그 아이의 한평생을 주님께 바치고, 삭도를 그의 머리에 대지 않도록 하겠습니다.'"(삼상 1:11)

"다음날 아침, 그들은 일찍 일어나 주님께 경배를 드리고 나서, 라마에 있는 집으로 돌아왔다."(삼상 1:19)

또는 자녀를 갖게 되는 것을 '복'(good fortune)을 받은 것이라고 말한다.

"레아는 '내가 복을 받았구나' 하면서, 그 아이 이름을 갓이라고 하였다."(창 30:11)

갓은 '행운'이라는 뜻이다.

자녀가 많다는 것은 하나님의 축복을 받은 것이다. 시편 기자는 자녀는 하나님의 '기업'이며 '상급'이라고 말한다.

"보라 자식들은 야훼의 기업이요 태의 열매는 그의 상급이로다."(시 127:3, 개역개정)

그리고 자녀는 하나님을 따르는 사람에게 주어지는 축복의 일부이다.[11)]

"주님을 경외하며, 주님의 명에 따라 사는 사람은, 그 어느 누구나 복을 받는다. 네 집 안방에 있는 네 아내는 열매를 많이 맺는 포도나무와 같고, 네 상에 둘러앉은 네 아이들은 올리브 나무의 묘목과도 같다. 주님을 경외하는 사람은 이와 같이 복을 받는다. 아들딸 손자손녀 보면서 오래오래 살 것이다. 이스라엘에 평화가 깃들기를!"(시 128:1, 3~4, 6)

---

11) Scottie May, Beth Posterski, Catherine Stonehouse, and Linda Cannell, *Children Matter: Celebrating Their Place in the Church, Family, and Community* (Grand Rapids, MI: Eerdmans, 2005), 17.

자녀가 하나님의 선물이며 축복의 표라고 하는 개념과 연관지어, 성서는 자녀를 기쁨과 즐거움의 원천이라고 말한다. 이에 대한 여러 예를 들 수 있을 것이다. 아브라함과 사라는 아들 이삭이 태어났을 때 기뻐했다. 예레미야는 두려움과 고뇌 속에서도 자신의 출생 소식이 아버지 힐기야를 "기쁘게"했다는 이야기를 생각해낸다.

"나의 아버지에게 '아들입니다, 아들!' 하고 소식을 전하여, 아버지를 기쁘게 한 그 사람도 저주를 받았어야 했는데."(렘 20:15)

천사가 사가랴와 엘리사벳에게 그들의 아이가 그들에게 "기쁨과 즐거움"이 될 것이라고 약속한다.

"그 아들은 네게 기쁨과 즐거움이 되고, 많은 사람이 그의 출생을 기뻐할 것이다."(눅 1:14)

요한복음에서 예수는 말씀하신다.

"여자가 해산할 때에는 근심에 잠긴다. 진통할 때가 왔기 때문이다. 그러나 아이를 낳으면, 사람이 세상에 태어났다는 기쁨 때문에, 그 고통을 더 이상 기억하지 않는다."(요 16:21)

구약~유대 전통에서 어린이는 기본적으로 긍정적인 의미와 역할을 갖는다.[12] 어린이는 원역사에서 창조주가 인간을 축복한 것과 부합되게 하나님의 선물이며 하나님의 축복의 표시로 보았다.

"하나님이 그들을 남자와 여자로 창조하셨다. 하나님이 그들에게 복을 베푸셨다. 하나님이 그들에게 말씀하시기를 '생육하고 번성하여 땅에 충만하여라.'"(창 1:27-28)

자녀가 많은 것은 풍성한 축복이자 큰 기쁨의 원천이었다.

"자식은 주님께서 주신 선물이요, 태 안에 들어 있는 열매는, 주님이 주신 상급이다. 젊어서 낳은 자식은 용사의 손에 쥐어 있는 화살과도 같으니, 그런 화살이 화살통에 가득한 용사에게는 복이 있다. 그들은 성문에서 원수들과 담판할 때에, 부끄러움을

12) Judith Gundry-Volf. "'To Such As These Belongs the Reign of God': Jesus and Children," *Theology Today* 56:4 (Princeton: Jan 2000), 469-80.

당하지 아니할 것이다."(시 127:3~5)

"네 집 안방에 있는 네 아내는 열매를 많이 맺는 포도나무와 같고, 네 상에 둘러앉은 네 아이들은 올리브 나무의 묘목과도 같다. 주님을 경외하는 사람은 이와 같이 복을 받는다. 주님께서 시온에서 너에게 복을 내리시기를 빈다. 평생토록 너는, 예루살렘이 받은 은총을 보면서 살게 될 것이다. 아들딸 손자손녀 보면서 오래오래 살 것이다. 이스라엘에 평화가 깃들기를!"(시 128:3~6)

또한 자녀가 많은 것은 후손을 통한 사후 생명의 희망이다.

"온갖 어려움에서 나를 건져 주신 천사께서 이 아이들에게 복을 내려 주시기를 빕니다. 나의 이름과 할아버지의 이름 아브라함과 아버지의 이름 이삭이 이 아이들에게서 살아 있게 하여 주시기를 빕니다. 이 아이들의 자손이 이 땅에서 크게 불어나게 하여 주시기를 빕니다."(창 48:16)

"평소에 압살롬은, 자기의 이름을 후대에 남길 아들이 없다고 생각하여, 살아 있을 때에 이미 자기 비석을 준비하여 세웠는데, 그것이 지금 '왕의 골짜기'에 있다. 압살롬이 그 돌기둥을 자기의 이름을 따서 불렀기 때문에, 사람들은 그것을 오늘날까지도 '압살롬의 비석'이라고 한다."(삼하 18:18)

자식이 없는 것은 딱한 것이며, 그래서 그것을 극복하기 위해 특이한 방법들이 사용되었다.

"라헬이 말하였다.
'나에게 몸종 빌하가 있어요. 빌하와 동침하셔요. 그가 아이를 낳아서 나에게 안겨 주면, 빌하의 몸을 빌려서 나도 당신의 집안을 이어나가겠어요.'
레아는, 자기가 다시는 더 아기를 낳을 수 없다는 것을 알고서, 자기의 몸종 실바를 데려다가 야곱에게 주어서, 아내로 삼게 하였다.
라헬이 레아에게 말하였다.
'언니, 아들이 가져온 자귀나무를 조금만 나눠 줘요.'"(창 30:3, 9, 14)

자귀나무는 합환채(Mandragora 또는 Mandrake)라고도 하는데, 가지과에 속하는 작고 노란 열매를 말한다. 이 열매의 즙이 인간의 번식력을 강화한다는 미신이 당시에 널리 퍼져 있었다.[13)]

---

13) 『해설·관주 성경전서: 독일성서공회판』, 56-57.

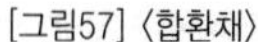

[그림57] 〈합환채〉

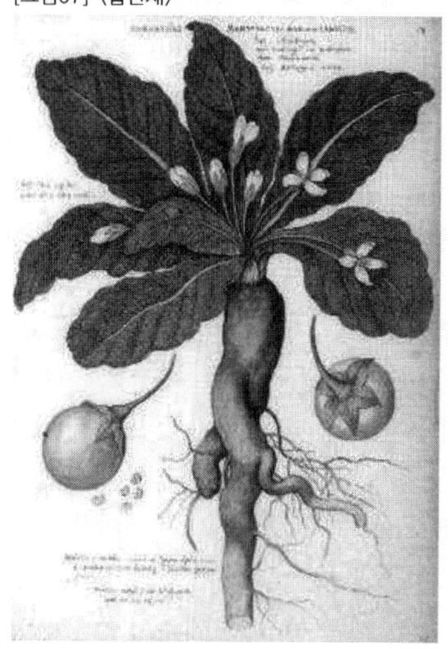

“한나는 서원하며 아뢰었다.
‘만군의 주님, 주님께서 주님의 종의 이 비천한 모습을 참으로 불쌍히 보시고, 저를 기억하셔서, 주님의 종을 잊지 않으시고, 이 종에게 아들을 하나 허락하여 주시면, 저는 그 아이의 한평생을 주님께 바치고, 삭도를 그의 머리에 대지 않도록 하겠습니다.’”(삼상 1:11)

“형제들이 함께 살다가, 그 가운데 한 사람이 아들이 없이 죽었을 때에, 그 죽은 사람의 아내는 딴 집안의 남자와 결혼하지 못합니다. 남편의 형제 한 사람이 그 여자에게 가서, 그 여자를 아내로 맞아, 그의 남편의 형제된 의무를 다해야 합니다. 그래서 그 여자가 낳은 첫 아들은 죽은 형제의 이름을 이어받게 하여, 이스라엘 가운데서 그 이름이 끊어지지 않게 해야 합니다. 그 남자가 자기 형제의 아내와 결혼하는 것을 기뻐하지 않을 경우에, 홀로 남은 그 형제의 아내는 성문 위의 회관에 있는 장로들에게 가서 ‘남편의 형제가 자기 형제의 이름을 이스라엘 가운데서 잇기를 바라지 않으며, 남편의 형제의 의무도 나에게 하지 않고 있습니다.’ 하고 호소해야 합니다. 그러면 그 성읍의 장로들이 그를 불러다가 권면하십시오. 그래도 듣지 않고, 그 여자와 결혼할 마음이 없다고 하면, 홀로 남은 그 형제의 아내가, 장로들이 보는 앞에서 그에게 나아가서, 그의 발에서 신을 벗기고, 그의 얼굴에 침을 뱉으면서 말하기를 ‘제 형제의 가문 세우기를 원하지 않는 사람은 이렇게 된다.’ 하십시오. 그 다음부터는 이스라엘 가운데서 그의 이름이 ‘신 벗긴 자의 집안’이라고 불릴 것입니다.”(신 25:5~10)

아이는 하나님의 아브라함에 대한 약속, 비록 지금 자식은 없지만 그를 축복하여 그에게 땅의 티끌처럼 하늘의 별처럼 헤아릴 수 없는 후손을 주어서 "큰 민족"이 되게 하리라는 약속에서 중심을 차지한다.

> "내가 너로 큰 민족이 되게 하고, 너에게 복을 주어서, 네가 크게 이름을 떨치게 하겠다. 너는 복의 근원이 될 것이다."(창 12:2)

아브라함에 대한 약속은 역사를 미래로 정위한다. 아이는 더 이상 대를 이어가는 자연적 존재가 아니라 하나님 약속에 대한 희망의 담지자이며 그 약속의 견고한 징표가 된다.[14]

> "내가 너의 자손을 땅의 먼지처럼 셀 수 없이 많아지게 하겠다. 누구든지 땅의 먼지를 셀 수 있는 사람이 있다면, 너의 자손을 셀 수 있을 것이다."(창 13:16)

> "주님께서 아브람을 데리고 바깥으로 나가서 말씀하셨다.
> '하늘을 쳐다보아라. 네가 셀 수 있거든, 저 별들을 세어 보아라.'
> 그리고는 주님께서 아브람에게 말씀하셨다.
> '너의 자손이 저 별처럼 많아질 것이다.'"(창 15:5)

[그림58] 카라바조(Caravaggio), 〈이삭의 희생〉, 바로크시대

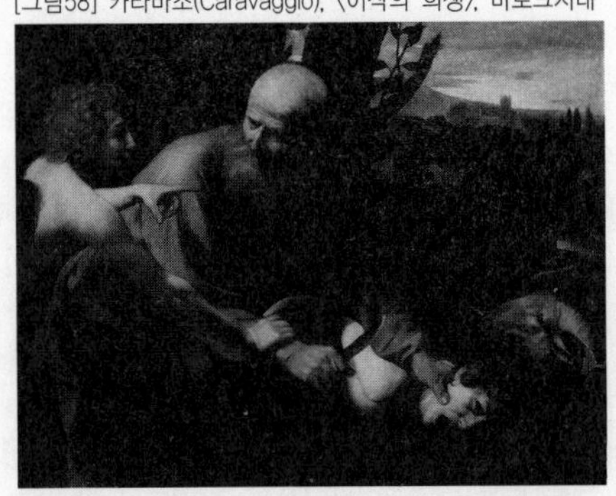

이스라엘에서 어린 남아는 언약의 표인 할례를 받았다.

---

14) Jürgen Moltmann, "Child and Childhood as Metaphors of Hope," *Theology Today* 56:4 (Jan 2000), 597.

"너희 가운데서, 남자는 모두 할례를 받아야 한다. 이것은 너와 네 뒤에 오는 너의 자손과 세우는 나의 언약, 곧 너희가 모두 지켜야 할 언약이다. 너희는 포피를 베어서, 할례를 받게 하여라. 이것이 나와 너희 사이에 세우는 언약의 표이다. 대대로 너희 가운데서, 남자는 모두 난 지 여드레 만에 할례를 받아야 한다. 너희의 집에서 태어난 종들과 너희가 외국인에게 돈을 주고서 사온 종도, 비록 너희의 자손은 아니라 해도, 마찬가지로 할례를 받아야 한다. 집에서 태어난 종과 외국인에게 돈을 주고서 사온 종도, 할례를 받아야 한다. 그렇게 하여야만, 나의 언약이 너희 몸에 영원한 언약으로 새겨질 것이다. 할례를 받지 않은 남자 곧 포피를 베지 않은 남자는 나의 언약을 깨뜨린 자이니, 그는 나의 백성에게서 끊어진다."(창 17:10~14)

2. 죄된 피조물이며 도덕적 존재

성서는 아이가 죄인이며 도덕적 존재라고 말한다. 예를 들어, 창세기에서 우리는 사람의 심성이 '어릴 때부터 악하다'는 말을 읽는다.

"다시는 사람이 악하다고 하여서, 땅을 저주하지는 않겠다. 사람은 어릴 때부터 그 마음의 생각이 악하기 마련이다. 다시는 이번에 한 것 같이, 모든 생물을 없애지는 않겠다."(창 8:21)

잠언에서도 아이의 마음에 "미련한 것이 얽혀" 있다고 말한다.

"아이의 마음에는 미련한 것이 얽혀 있으나, 훈계의 매가 그것을 멀리 쫓아낸다."(잠 22:15)

다니엘 J. 에스테스(Daniel J. Estes)에 따르면 청년은 특히 죄의 유혹에 빠지기 쉽다. 그들은 잘 속고, 동료들의 압력이나 악한 자들이나 낯선 여인들의 꼬임에 빠지기 쉽다.[15)]

시편은 우리가 태어날 때부터 죄가 있다고 선언한다.

"실로, 나는 죄 중에 태어났고, 어머니의 태 속에 있을 때부터 죄인이었습니다."(시 51:5)

---

15) Daniel J. Estes, *Hear My Son: Teaching and Learning in Proverbs 1-9*, New Studies in Biblical Theology Series, D. A. Carson, ed., (Grand Rapids, MI: Eerdmans, 1997),

"악한 사람은 모태에서부터 곁길로 나아갔으며, 거짓말을 하는 자는 제 어머니 뱃속에서부터 빗나갔구나."(시 58:3)

바울 역시 모든 사람은 "죄 아래에 있"다고 선언한다.

"그러면 무엇을 말해야 하겠습니까? 우리 유대 사람이 이방 사람보다 낫습니까? 전혀 그렇지 않습니다. 유대 사람이나 그리스 사람이나, 다같이 죄 아래에 있음을 우리가 이미 지적하였습니다. 성경에 이렇게 기록되어 있습니다. '의인은 없다. 한 사람도 없다.'"(롬 3:9~10)[16)]

"그러므로 한 사람으로 말미암아 죄가 세상에 들어왔고, 또 그 죄로 말미암아 죽음이 들어온 것과 같이, 모든 사람이 죄를 지었기 때문에 죽음이 모든 사람에게 이르게 되었습니다."(롬 5:12 참조)

어린이들은 랍비 가르침에 의하면 태속에서부터 하나님과 이스라엘 언약의 백성들이다. 그래서 그들에게는 언약에 따르는 책임을 져야하는 것이 기대되었다.

구약에서 앞에서 언급한 어린이들에 관한 내용과 일치하지 않은 언급들을 발견할 수 있지만, 예를 들어, 그들은 무지하고 변덕이 심하고, 엄격한 훈련을 받아야 한다는 등, 그와 같은 언급들이 어린이들에 대해 기본적으로 긍정적 견해와 전통적으로 그들의 중요성을 부정하는 것은 아니다. 사실 유대인들은 당대의 사람들이 하는 유산, 신생아 유기 등과 같은 어린이들에 대한 긍정적이라 할 수 없는 어린이들에 대한 거친 실천들을 거부함으로써 자신들을 구별하였다.

"엘리사가 그곳을 떠나 베델로 올라갔다. 그가 베델로 올라가는 길에, 어린 아이들이 성읍에서 나와 그를 보고 '대머리야, 꺼져라. 대머리야, 꺼져라.' 하고 놀려 댔다. 엘리사는 돌아서서 그들을 보고, 주님의 이름으로 저주하였다. 그러자 곧 두 마리의 곰

---

16) 참조. "어리석은 사람은 마음 속으로 '하나님이 없다' 하는구나. 그들은 한결같이 썩어서 더러우니, 바른 일을 하는 사람이 아무도 없구나."(시 14:1) 시편에서 '어리석은 사람'이라고 번역된 히브리어 '나발'은 도덕적으로 결함이 있는 자를 가리킴.; "어리석은 사람은 마음속으로 '하나님이 없다' 하는구나. 그들은 한결같이 썩어서 더러우니, 바른 일 하는 사람 아무도 없구나. 하나님께서는 하늘에서 사람을 굽어보시면서, 지혜로운 사람이 있는지, 하나님을 찾는 사람이 있는지를 살펴보신다. 너희 모두는 다른 길로 빗나가서 하나같이 썩었으니, 착한 일 하는 사람이 하나도 없구나"(시 53:1~3).; "좋은 일만 하고 잘못을 전혀 저지르지 않는 의인은 이 세상에 하나도 없다."(전 7:20)

이 숲에서 나와서, 마흔두 명이나 되는 아이들을 찢어 죽였다."(왕하 2:23~4)

"'내가 철부지들을 그들의 지배자로 세우고, 어린것들이 그들을 다스리게 하겠다.'"(사 3:4)

"아이의 마음에는 미련한 것이 얽혀 있으나, 훈계의 매가 그것을 멀리 쫓아낸다."(잠 22:15)

그러나 그들은 무엇보다 부모에게 배우는 자들이고 부모에게 효도해야 할 자들이다.

"아이들아, 너희는 아버지의 훈계를 잘 듣고, 명철을 얻도록 귀를 기울여라. 내가 선한 도리를 너희에게 전하니, 너희는 내 교훈을 저버리지 말아라. 나도 내 아버지에게는 아들이었고, 내 어머니 앞에서도 하나뿐인 귀여운 자식이었다. 아버지는 내게 이렇게 가르치셨다.
'내 말을 네 마음에 간직하고, 내 명령을 지켜라. 네가 잘 살 것이다.'"(잠 4:1~4)

"지혜로운 아들딸들은 아버지의 가르침을 듣지만, 거만한 사람은 꾸지람을 듣지 않는다."(잠 13:1)

아이는 어리석어 염려스럽다.

"아이의 마음에는 미련한 것이 얽혀 있으나, 훈계의 매가 그것을 멀리 쫓아낸다."(잠 22:15)

또한 젊은이들은 악의 유혹을 받기 쉽기 때문에 부모에게 심려를 끼친다.

"[17]아이들아, 악인들이 너를 꾀더라도, 따라가지 말아라.
"그들이 너에게 이렇게 말할 것이다. '함께 가서 숨어 기다렸다가, 이유를 묻지 말고, 죄 없는 사람을 죽이자. 우리는 온갖 값진 것을 얻게 될 것이며, 빼앗은 것으로 우리의 집을 가득 채우게 될 것이다. 너도 우리와 함께 제비를 뽑고, 우리 사이에 돈주머니는 하나만 두자.'"(잠 1:11, 13~14)

"네 길에서 그 여자를 멀리 떨어져 있게 하여라. 그 여자의 집 문 가까이에도 가지

17) 히, '내 아들아'. 스승이 제자를 부르는 말.

말아라."(잠 5:8)

"너를 악한 여자에게서 지켜 주고, 음행하는 여자의 호리는 말에 … 네 마음에 그런 여자의 아름다움을 탐내지 말고, 그 눈짓에 홀리지 말아라."(잠 6:24~25)

그러나 공부하기를 싫어한 불량배들에 대한 언급도 나타난다.

"그들이 너에게 이렇게 말할 것이다.
'함께 가서 숨어 기다렸다가, 이유를 묻지 말고, 죄 없는 사람을 죽이자.'"(잠 1:11~14)

3. 가르침과 지도가 필요한 발달적 존재

성경은 성인들에게 어린이들을 지도하고 양육하라고 권한다. 예를 들어, 창세기, 잠언, 신명기, 그리고 에베소서 등에서 우리는 성인들의 어린이에 대한 양육 책임에 관한 여러 구절들을 볼 수 있다. 아이들은 미련하고 제멋대로이기 때문이다.[18]

"아이의 마음에는 미련한 것이 얽혀 있으나, 훈계의 매가 그것을 멀리 쫓아낸다."(잠 22:15)

아이들은 철이 없고 무례하기 때문이다.

"내가 철부지들을 그들의 지배자로 세우고, 어린것들이 그들을 다스리게 하겠다. 백성이 서로 억누르고, 사람이 서로 치고, 이웃이 서로 싸우고, 젊은이가 노인에게 대들고, 천한 자가 존귀한 사람에게 예의 없이 대할 것이다."(사 3:4~5)

그럼에도 불구하고 남자아이들은 할례를 통해 언약공동체 안에 자리를 잡게 되며, 그들에 대한 교육은 유대 가정의 주된 의무가 된다. 모세가 온 이스라엘을 불러놓고 말했다.

"당신들이 주 당신들의 하나님을 경외하며, 내가 당신들에게 명한 모든 주님의 규례

---

18) Carroll, "Children in the Bible," 125.

와 법도를 잘 지키면, 당신들과 당신들 자손이 오래오래 잘 살 것입니다. … 자녀에게 부지런히 가르치며, 집에 앉아 있을 때나 길을 갈 때나, 누워 있을 때나 일어나 있을 때나, 언제든지 가르치십시오."(신 6:2, 7)

거꾸로 자녀들에게는 부모의 가르침을 잘 받으라고 권하고 있다.

"[19]아이들아, 아버지의 훈계를 잘 듣고, 어머니의 가르침을 저버리지 말아라."(잠 1:8)

"아이들아, 내 가르침을 잊지 말고, 내 계명을 네 마음에 간직하여라."(잠 3:1)

"아이들아, 아버지의 명령을 지키고, 어머니의 가르침을 저버리지 말아라."(잠 6:20)

그래서 어른은 "마땅히 걸어야 할 그 길을 아이에게 가르쳐"(잠 22:6)야하며 부모는 자녀들을 "주님의 훈련과 훈계로"(엡 6:4) 길러야 한다. 부모들은 자녀들에게 "주님의 신실하심"(사 38:19)과 "주님의 영광스러운 행적"(시 78:4)을 일러주어야 한다. 그들은 아이들에게 마땅한 가르침을 행해야 한다.

율법의 말씀

"그러므로 당신들은, 내가 한 이 말을 마음에 간직하고, 골수에 새겨두고, 또 그것을 손에 매어 표로 삼고, 이마에 붙여 기호로 삼으십시오. 또 이 말을 당신들 자녀에게 가르치며, 당신들이 집에 앉아 있을 때나 길을 갈 때나, 누워 있을 때나 일어나 있을 때나, 언제든지 가르치십시오."(신 11:18~19)

"당신들은 이 백성의 남녀와 어린 아이만이 아니라 성 안에서 당신들과 같이 사는 외국 사람도 불러 모아서, 그들이 율법을 듣고 배워서, 주 당신들의 하나님을 경외하며, 이 율법의 모든 말씀을 지키도록 하십시오. 당신들이 요단강을 건너가서 차지하는 땅에 살게 될 때에, 이 율법을 알지 못하는 당신들의 자손도 듣고 배워서, 주 당신들의 하나님을 경외하게 하십시오."(신 31:12~13)

하나님만 사랑

"당신들은 마음을 다하고 뜻을 다하고 힘을 다하여, 주 당신들의 하나님을 사랑하십

---

19) 히브리어로는 '내 아들아'로. 스승이 제자를 부르는 말이다.

시오."(신 6:5)

옳고 의롭고 공평함

"내가 아브라함을 선택한 것은, 그가 자식들과 자손을 잘 가르쳐서, 나에게 순종하게 하고, 옳고 바른 일을 하도록 가르치라는 뜻에서 한 것이다. 그의 자손이 아브라함에게 배운 대로 하면, 나는 아브라함에게 약속한 대로 다 이루어 주겠다."(창 18:19)

"그때에야 너는 정의와 공평과 정직, 이 모든 복된 길을 깨달을 것이다."(잠 2:9)

부모들에 대한 권면과 엄격한 경고가 잠언서에 많이 나타난다. 전도서 저자는 너무 많은 공부가 반갑지 않은 결과를 가져올 수 있다고 주의를 준다.

"한 마디만 더 하마. 나의 아이들아, 조심하여라. 책은 아무리 읽어도 끝이 없고, 공부만 하는 것은 몸을 피곤하게 한다."(전 12:12)

4. 온전한 인간이며 하나님의 형상으로 지음 받은 자

어린이는 발달의 과정 중에 있지만, 동시에 하나님의 형상으로 지어진 온전하고 완전한 인간 존재이다. 따라서 그들은 존중 받을 만하다. 이 같이 말할 수 있는 근거는 하나님께서 사람을 당신의 형상대로 창조하셨기 때문이다.

"하나님이 당신의 형상대로 [20]사람을 창조하셨으니, 곧 하나님의 형상대로 사람을 창조하셨다. 하나님이 그들을 남자와 여자로 창조하셨다."(창 1:27)

그 구절에서 하나님께서는 사람을 하나님의 형상으로 만드셨다고 한다. 따라서 모든 아이들은 인종, 성이나 계층의 차이를 떠나 온전히 인간으로서 존중 받을 만한 가치가 있다.

유대 부모들은 자녀들에게 계명들을 가르쳤다.

"자녀에게 부지런히 가르치며, 집에 앉아 있을 때나 길을 갈 때나, 누워 있을 때나

20) 히, '아담'.

일어나 있을 때나, 언제든지 가르치십시오."(신 6:7)

종교적 정서. 온전한 인간을 약한 모습을 포함한 인간 그대로의 모습으로 볼 수도 있다. 특히 감정적인 면에서 인간은 감정에 휘둘리는 약한 존재이다. 시편은 광범위한 종교적 감정과 마음의 상태를 표현한다. 시편은 다양한 종교적 경험과 그 정서적 깊이와 강도를 알려준다. 사람의 보편적 정서에는 두려움, 고통, 분노, 절망, 그리고 희망 등이 있다. 시편 8편에서의 정서를 보자.

"주 우리 하나님, 주님의 이름이 온 땅에서 어찌 그리 위엄이 넘치는지요? 저 하늘 높이까지 주님의 위엄 가득합니다.
어린이와 젖먹이들까지도 그 입술로 주님의 위엄을 찬양합니다. 주님께서는 원수와 복수하는 무리를 꺾으시고, 주님께 맞서는 자들을 막아 낼 튼튼한 요새를 세우셨습니다.
주님께서 손수 만드신 저 큰 하늘과 주님께서 친히 달아 놓으신 저 달과 별들을 내가 봅니다.
사람이 무엇이기에 주님께서 이렇게까지 생각하여 주시며, 사람의 아들이 무엇이기에 주님께서 이렇게까지 돌보아 주십니까?
주님께서는 그를 하나님보다[21] 조금 못하게 하시고, 그에게 존귀하고 영화로운 왕관을 씌워 주셨습니다.
주님께서 손수 지으신 만물을 다스리게 하시고, 모든 것을 그의 발아래에 두셨습니다.
크고 작은 온갖 집짐승과 들짐승까지도,
하늘을 나는 새들과 바다에서 놀고 있는 물고기와 물길 따라 움직이는 모든 것을, 사람이 다스리게 하셨습니다.
주 우리의 하나님, 주님의 이름이 온 땅에서 어찌 그리 위엄이 넘치는지요?"(시 8:1~9)

열 구절도 안 되는 이 시편에 네 가지 기본적 정서가 나타난다: 우주를 창조하신 하나님의 신비와 장엄에 대한 경외, 하나님과 그의 위엄 넘치는 피조물들과 비교해서 인간의 유한함과 한계를 생각할 때 갖게 되는 겸손, 사람을 하나님과 가장 닮은 존재로 지으시고, 땅과 짐승들을 다스리는 만물의 영장으로 삼으신 데 대한 감사, 인간에 대한 하나님의 특별한 관심과 관계의 결과인 자기존엄과 자존감. 이 네 가지 정서가 유대 종교적 경험의 바탕을 이룬다. 이 시편은 또한 멋진 종교적 의식의 역설, 즉 종교인 안의 겸손과 높은 자존감의 공

---

21) 또는 '천사보다'. 히, '엘로힘'.

존을 표현한다.

시편 23편은 위에서 언급한 것과는 다른 두 가지 다른 두드러진 정서를 표현한다: 지키시는 분과 공급하시는 분으로서의 하나님에 대한 신뢰와 그와 같은 신뢰로부터 나오는 영적 평정심. 이 정서들과 태도들은 종교적 억압이나 일반적 고통을 견디어내는 강력한 도구들이다.

다윗이 밧세바와 범죄한 후의 심정을 내용으로 하는 시편 51편은 죄인의 여섯 가지 감정을 표현한다. 시편 기자는 자신의 죄에 대한 깊은 죄의식과 회한으로부터 하나님으로부터 분리된 느낌, 영적 정화에 대한 갈망, 뉘우침, 그리고 하나님께서 그의 기도를 들으시고 마음을 변화시키시고 그와 화해한다면 느낄 수 있을 것으로 보는 기쁨의 경험을 희망한다. 그는 죄에 빠져 하나님의 은혜가 아니면 그의 영혼을 정결케 할 수 없다고 느낀다.

시편 51편은 하나님-인간 관계의 단절과 그 갱신의 열망을 다루지만, 또한 두 인간 사이의 관계 단절과 그들 사이의 화해를 시도하기 위한 패러다임으로서 봉사할 수 있다. 한때 사랑했으나 지금은 상대에 대한 죄 때문에 떨어져 있는 남편과 아내는 새롭게 시작하고, 과거의 고통을 치유하고, 그리고 다시 한 번 서로를 사랑할 수 있는 기회를 갖기를 간절히 바란다.

5. 신앙의 모델이며 계시의 출처

신약성서는 아이들을 어른의 신앙 모델, 계시의 원천이나 매개, 그리고 예수의 대표자 등으로 놀랍고 심지어 급진적 방식으로 기술한다.[22] 복음서에서 우리는 예수께서 아이들을 축복하시고, 안아주시며, 아이들을 내쫓는 사람들을 꾸짖으시고, 그들을 고치시며, 신앙의 본으로 치켜세우시기까지 한다. 예수는 자신을 어린아이들과 동일시하여서 자기 이름으로 소자를 영접하는 것이 자기와 그를 보내신 이를 영접하는 것이라고 하신다. 예수께서는 경계하여 이르셨다.

> "내가 진정으로 너희에게 말한다. 너희가 돌이켜서 어린이들과 같이 되지 않으면, 절대로 하늘나라에 들어가지 못할 것이다. 그러므로 누구든지 이 어린이와 같이 자기를 낮추는 사람이 하늘나라에서는 가장 큰 사람이다. 또 누구든지 내 이름으로 이런 어린이 하나를 영접하면, 나를 영접하는 것이다."(마 18:3~5)

---

22) Carroll, "Children in the Bible," 127-30.

예수께서 덧붙이신다.

"어린이들이 내게 오는 것을 허락하고, 막지 말아라. 하늘나라는 이런 어린이들의 것이다."(마 19:14)[23)]

왜 그런가? 그럴 만해서 그런가? 그렇지 않다. 어린아이는 자신의 출생처럼 하나님의 나라를 받아들이기 때문이다.[24)] 그리고 하나님의 나라에서는 작은 자가 가장 큰 자이고, 가장 큰 자가 작아져야한다. 이 주제와 관련된 신약성서 복음서에서의 중요한 구절들은 다음과 같다.

"그들은 가버나움으로 갔다. 예수께서 집 안에 계실 때에, 제자들에게 물으셨다.
'너희가 길에서 무슨 일로 다투었느냐?'
제자들은 잠잠하였다. 그들은 길에서, 누가 가장 큰 사람이냐 하는 것으로 서로 다투었던 것이다. 예수께서 앉으신 다음에, 열두 제자를 불러 놓고, 그들에게 말씀하셨다.
'누구든지 첫째가 되고자 하면, 그는 모든 사람의 꼴찌가 되어서 모든 사람을 섬겨야 한다.'
그리고 어린이 하나를 데려다가 그들 가운데 세우신 다음에, 그를 껴안아 주시고 그들에게 말씀하셨다.
'누구든지 내 이름으로 이런 어린이들 가운데 하나를 영접하면, 그는 나를 영접하는 것이요, 누구든지 나를 영접하는 사람은, 나를 영접하는 것보다, 나를 보내신 분을 영접하는 것이다.'"(막 9:33~37)

예수를 보내신 분은 하나님이시다. 자신과 어린이를 동일시하심으로써 예수께서는 어린이를 사회에서 그의 대표로 선언하신다. 예수 안에 하나님의 메시야적 사명이 있듯이 어린이 안에 그리스도가 있다. 심판의 날에 대한 묘사에서 "너희가 여기 내 [25)]형제자매 가운데, 지극히 보잘 것 없는 사람 하나에게 한 것이 곧 내게 한 것이다." "너희는, 내가 주릴 때에 내게 먹을 것을 주었고, … 감옥에 갇혀 있을 때에 찾아 주었다."(마 25:40, 35~36)라고 말씀한 것과 같다. 세상을 심판하시는 자가 낮은 자와 자신을 동일시하신다. 어린이가 낮은 자

---

23) 신약성서에서 이 구절과 여타구절들에 대한 논의는 Judith Gundry-Volf, "The Least and the Greatest: Children in the New Testament," Marcia J. Bunge, ed.,, *The Child in Christian Thought* (Grand Rapids, MI: Eerdmans, 2001), 29-60 참조.
24) Gundry-Volf, "'To Such As These Belongs the Reign of God': Jesus and Children," 471-72.
25) 그, '형제들'.

가 아니라 어린이를 영접하는 자가 낮은 자이다. 어린이와 동일시하시는 예수는 무력한 어린이 안에 있어 우리의 영접을 기다리신다.[26]

> "제자들 사이에서는, 자기들 가운데서 누가 가장 큰 사람이냐 하는 문제로 다툼이 일어났다. 예수께서 그들 마음속의 생각을 아시고, 어린이 하나를 데려다가, 곁에 세우시고, 그들에게 말씀하셨다.
> '누구든지 내 이름으로 이 어린이를 영접하면 나를 영접하는 것이요, 누구든지 나를 영접하면 나를 보내신 분을 영접하는 것이다. 너희 가운데에서 가장 작은 사람이 큰 사람이다.'"(눅 9:46~48)

> "그때에 제자들이 예수께 다가와서 물었다.
> '하늘나라에서는 누가 가장 큰 사람입니까?'
> 예수께서 어린이 하나를 곁으로 불러서, 그들 가운데 세우시고 말씀하셨다.
> '내가 진정으로 너희에게 말한다. 너희가 돌이켜서 어린이들과 같이 되지 않으면, 절대로 하늘나라에 들어가지 못할 것이다. 그러므로 누구든지 이 어린이와 같이 자기를 낮추는 사람이 하늘나라에서는 가장 큰 사람이다. 또 누구든지 내 이름으로 이런 어린이 하나를 영접하면, 나를 영접하는 것이다.'"(마 18:1~5)

신앙으로 들어가는 나라가 하나님의 나라라면 그 나라에 가장 가까운 자는 어린이이다. 왜 어린이인가. 그는 약하고, 가난하고, 순진하기 때문이다. 하나님의 나라에 들어가기 위해 어린이의 무능과 유치함을 닮을 필요는 없다. 어린이는 어른들이 잃어버린 순진무구함을 가지고 있으며 이것이 하나님 나라에 근접하게 하는 속성이다. 여기에 어린이는 하나님의 사랑을 받아 누릴 줄 알며 하나님의 축복을 받아들일 줄 안다.[27]

> "사람들이, 어린이들을 예수께 데리고 와서, 쓰다듬어 주시기를 바랐다. 그런데 제자들이 그들을 꾸짖었다. 그러나 예수께서는 이것을 보시고 노하셔서, 제자들에게 말씀하셨다.
> '어린이들이 내게 오는 것을 허락하고, 막지 말아라. 하나님 나라는 이런 사람들의 것이다. 내가 진정으로 너희에게 말한다. 누구든지 어린이와 같이 하나님 나라를 받아들이지 않는 사람은 거기에 들어가지 못할 것이다.'
> 그리고 예수께서는 어린이들을 껴안으시고, 그들에게 손을 얹어서 축복하여 주셨다."
> (막 10:13~16)

---

26) Moltmann, "Child and Childhood as Metaphors of Hope," 599.
27) Moltmann, "Child and Childhood as Metaphors of Hope," 600.

산상수훈에서 보듯이 하나님의 나라는 가난한 자, 배고픈 자, 우는 자들의 것이고, 어린이들의 것이다. 그것을 받을 만해서가 아니라 오히려 받을 수 없기에 그들의 것이다. 그것은 합당한 조건 때문이 아니라 무력하다는 사실로부터 오는 것이다.[28]

"그때에 사람들이 예수께 어린이들을 데리고 와서, 손을 얹어서 기도하여 주시기를 바랐다. 그런데 제자들이 그들을 꾸짖었다. 그러나 예수께서 말씀하셨다.
'어린이들이 내게 오는 것을 허락하고, 막지 말아라. 하늘나라는 이런 어린이들의 것이다.'
그리고 그들에게 손을 얹어주시고, 거기에서 떠나셨다."(마 19:13~15)

"사람들이 아기들까지 예수께로 데려와서, 쓰다듬어 주시기를 바랐다. 제자들이 보고서, 그들을 꾸짖었다. 그러자 예수께서 아기들을 가까이에 부르시고, 말씀하셨다.
'어린이들이 내게로 오는 것을 허락하고, 막지 말아라. 하나님의 나라는 이런 사람의 것이다. 내가 진정으로 너희에게 말한다. 누구든지 어린이와 같이 하나님의 나라를 받아들이지 않는 사람은 거기에 들어가지 못할 것이다.'"(눅 18:15~17)

"그때에 예수께서 이렇게 말씀하였다.
'하늘과 땅의 주님이신 아버지, 이 일을 지혜 있고 똑똑한 사람들에게는 감추시고, 어린아이들에게는 드러내어 주셨으니, 감사합니다.'"(마 11:25)

"성전 뜰에서 눈 먼 사람들과 다리를 저는 사람들이 예수께 다가왔다. 예수께서는 그들을 고쳐 주셨다. 그러나 대제사장들과 율법학자들은, 예수께서 하신 여러 가지 놀라운 일과, 또 성전 뜰에서 '다윗의 자손에게 [29]호산나!' 하고 외치는 아이들을 보고, 화가 나서 예수께 말하였다.
'당신은 아이들이 무어라 하는지 듣고 있소?'
예수께서 그들에게 말씀하셨다.
'그렇다. 주님께서는 어린 아이들과 젖먹이들의 입에서 찬양이 나오게 하셨다[30] 하신 말씀을, 너희는 읽어보지 못하였느냐?'"(마 21:14~16)

6. 정의와 동정이 필요한 고아, 이웃, 나그네

---

28) Moltmann, "Child and Childhood as Metaphors of Hope," 599.
29) '구하여 주십시오!'를 뜻하는 히브리어였으나 찬양의 감탄으로 사용됨.
30) "어린이와 젖먹이들까지도 그 입술로 주님의 위엄을 찬양합니다."(시 8:2상)

어린아이들은 또한 정의롭고 동정심을 갖고 다룰 필요가 있는 고아, 이웃, 그리고 나그네임을 상기시키는 여러 구절들이 성서에 나온다.[31] 성서에는 사회에서 가장 힘이 없는 과부와 고아를 도우라고 분명하게 명령하는 구절들이 여럿 있다. 예를 들어 본다.

> "너희는 과부나 고아를 괴롭히면 안 된다. 너희가 그들을 괴롭혀서, 그들이 나에게 부르짖으면, 나는 반드시 그들의 부르짖음을 들어주겠다. 나는 분노를 터뜨려서, 너희를 칼로 죽이겠다. 그렇게 되면, 너희 아내는 과부가 될 것이며, 너희 자식들은 고아가 될 것이다."(출 22:22~24)

> "이 세상에는 신도 많고, 주도 많으나, 당신들의 주 하나님만이 참 하나님이시고, 참 주님이십니다. 그분만이 크신 권능의 하나님이시요, 두려우신 하나님이시며, 사람을 차별하여 판단하시거나, 뇌물을 받으시는 분이 아니시며, 고아와 과부를 공정하게 재판하시며, 나그네를 사랑하셔서 그에게 먹을 것과 입을 것을 주시는 분이십니다."(신 10:17~18)

> "당신들은 매 삼 년 끝에 그 해에 난 소출의 십일조를 다 모아서 성 안에 저장하여 두었다가, 당신들이 사는 성 안에, 유산도 없고 차지할 몫도 없는 레위 사람이나 떠돌이나 고아나 과부들이 와서 배불리 먹게 하십시오. 그러면 주 당신들의 하나님은 당신들이 경영하는 모든 일에 복을 내려 주실 것입니다."(신 14:28~29)

이와 같은 구절들은 우리에게 어린 아이를 돌보는 것이 정의를 추구하고 이웃을 사랑하는 일부임을 분명하게 보여준다.

위에서 살펴 본 성서에 나오는 어린이에 대한 관점들은 서로 상치되는 것 같다. 그렇기 때문에 특정한 관점에 치중할 경우 다른 관점들을 보지 못할 수 있다. 이와 같은 문제를 피하고 성서적 아동관을 제대로 파악하기 위해서는 위에서 언급한 어린이에 대한 여섯 가지 관점들을 모두 함께 고려해야 한다. 온전히 인간이고 하나님의 형상으로 지음 받았지만 여전히 발달하기에 가르침과 지도가 필요한 자로, 하나님의 선물이며 기쁨의 원천이지만 이기적이고 죄를 짓는 자이기도 하며, 미숙한 신앙과 유치한 행동의 비유이지만 신앙의 모델이며 계시의 출처인 자로 이해해야 한다.

31) Carroll, "Children in the Bible," 131-32.

III. 인간 발달

5세에는 성서, 10세에는 미쉬나, 13세에는 십계명, 15세에는 탈무드, 18세에는 결혼, 20세에는 직업, 30세에는 능력, 40세에는 분별, 50세에는 지혜, 60세에는 수명, 70세에는 황금의 때를, 80세에는 지혜의 힘, 90세에는 노쇠, 100세에는 마치 죽고 없어지고 또 세상이 끝난 것과 같다.

1. 인생의 사계절

전도서 1장 2절("[32]전도자가 말한다. 헛되고 헛되다. 헛되고 헛되다. 모든 것이 헛되다.")에 대한 미드라쉬의 주석에는 남자 생애의 일곱 시기에 해당하는 일곱 가지 헛된 것을 인용한다.

> "한 살배기 이 아동은 모두가 숭배하는 왕과 같다. 두, 세 살 아동은 오물 속에서 철버덕거리는 돼지와 같다. 열 살은 염소 새끼처럼 뛰논다. 스무 살은 콧바람을 일으키는 사나운 말과 같고, 또 아내를 구한다. 아내를 얻으면 보라. 나귀와 같다. 자식을 얻으면 먹을 양식을 구하는 개만큼이나 부끄러움을 모른다. 나이가 들어 만일 율법을 모르고 또 지키지 않으면 원숭이와 같지만 율법의 자식이라면 늙었어도 다윗과 같은 왕이다."[33]

이 내용은 다음과 같이 이해할 수 있을 것이다. ① 한 살은 임금님: 모든 사람들이 임금님을 모시듯이 달래거나 얼러서 비위를 맞춘다. ② 두 살은 돼지: 진흙탕 속을 마구 뒹군다. ③ 열 살은 새끼양: 웃고 떠들고 마음껏 뛰어다닌다. ④ 스무 살은 말: 다 자랐기 때문에 자기 힘을 자랑하고 싶어한다. ⑤ 결혼하면 당나귀: 가정이라는 무거운 짐을 지고 힘겹게 끌고 가야 한다. ⑥ 중년은 개: 가족을 먹여 살리기 위하여 사람들의 호의를 개처럼 구걸한다. ⑦ 노년은 원숭이: 어린아이와 똑같아지지만 아무도 관심을 갖지 않는다. 위의 내용은 인생의 발달 단계에 따른 과업을 중심으로 사람의 가치를 평가한 듯하다.

레위기에는 연령에 따라 사람의 값이 달라지는 것을 보여준다. 어떤 이유에

---

32) 히, '코헬렛'. '설교자' 또는 '교사' 또는 '총회의 인도자'.

33) C. Taylor, *Sayings of the Jewish Fathers*, 97. Barclay, *Educational Ideals in the Ancient World*, 35 재인용.

서든 사람을 하나님께 드리기로 서원을 했을 수 있다. 그러나 어떤 형편에 의하여 서원한 것을 돈으로 바꾸어 드리는 것이 필요했다.

> "어느 누구든지, 주에게 사람을 드리기로 서약하고, 그 사람에 해당되는 값을 돈으로 환산하여 드리기로 하였으면, 그 값은 다음과 같다. 스무 살로부터 예순 살까지의 남자의 값은, 성소에서 사용되는 세겔로 쳐서 은 오십 세겔이고, 여자의 값은 삼십 세겔이다. 다섯 살에서부터 스무 살까지는, 남자의 값은 이십 세겔이고, 여자는 십 세겔이다. 난 지 한 달 된 아이에서부터 다섯 살까지는, 남자의 값은 은 오 세겔이고, 여자의 값은 은 삼 세겔이다. 예순 살이 넘은 사람들은, 남자의 값은 십오 세겔이고, 여자의 값은 십 세겔이다.(레 27:2~7)

레위기 27장 2~7절은 그의 인생의 다양한 단계들을 따라 사람의 가치를 돈으로 평가한다. 여기서 '성소의 세겔'은 돈의 대용이었다.

> "당시에는 아직 주조화폐가 없었으므로 은을 달아서 썼고, 당시 사람들은 통일된 측량체계를 알지 못했기 때문에 제사장들이 확정해 주는 척도가 통용되었다(발견된 저울추로 보면, 1세겔은 12 그램 정도이다)."[34]

이 돈은 해마다 새로 드려야 하는 것이다. 해가 바뀌면 나이가 달라지기 때문이다.[35]

"난 지 한 달 된 아이에서부터 다섯 살까지": 남아는 은 5 세겔, 여아는 은 3 세겔. 이 시기의 아이는 무능한 어린아이로 여겨져 그 가치가 성인의 십분의 일밖에 안 된다.

"다섯 살에서부터 스무 살까지": 남자는 20 세겔, 여자는 10 세겔. 이 시기에는 어른을 도울 수 있고 독립적으로 일을 할 수 있다. 따라서 그의 가치가 어른의 삼분의 일이나 또는 오분의 이이다.

"스무 살로부터 예순 살까지": 남자는 50 세겔, 여자는 30 세겔. 이 시기의 사람은 성인이다.

"예순 살이 넘은 사람들": 남자는 15 세겔이고, 여자는 10 세겔. 이 시기의 노인들은 많은 일을 할 수 없다. 그래서 그의 가치는 성인의 약 삼분의 일에 불과하다.[36]

---

34) 『해설·관주 성경전서: 독일성서공회판』, 214
35) 『해설·관주 성경전서: 독일성서공회판』, 214.
36) André Lemaire, "Education (Israel)," David N. Freedman, ed., *The Anchor BiBle Dictionary* 2 (New York: Doubleday, 1992), 307.

레위기 구절들은 나이 이십 세가 대체로 일을 하기에 적합하며 충분한 능력을 갖춘 나이로 생각하였음을 보여준다. 그러나 다른 전승들은 일반적으로 책임이 있는 공식 직책을 맡을 수 있는 나이를 삼십 세로 보는 것 같다. 요셉이 파라오의 국무총리가 되고,

"바로가 또 요셉에게 말하였다. '내가 너를 온 이집트 땅의 총리로 세운다.' … 요셉이 이집트 왕 바로를 섬기기 시작할 때에, 그의 나이는 서른 살이었다."(창 41:41, 46)

다윗이 왕이 되고,

"다윗은 서른 살에 왕이 되어서, 사십 년 동안 다스렸다."(삼하 5:4)

레위 족이 제단 가까운 성전의 종들이 되었을 때가 이 나이였다. 물론 이 정보는 이스라엘의 상류층, 즉 왕실 가족이나 제사장 가족 즉 고위직과 주도적 시민들에 관심을 갖는다. 하류층(농부, 공예인)에 관한 정보는 결여되어 있다.[37)]

"서른 살에서 쉰 살까지 군대에 입대할 수 있는 이들로서, 회막 일을 맡을 수 있는 사람"(민 4:3)

"서른 살에서 쉰 살까지 군대에 입대할 수 있는 이들로서, 회막 일을 맡을 수 있는 사람"(민 4:23절)

"서른 살에서 쉰 살까지 군대에 나갈 수 있는 이들로서, 회막 일을 맡을 수 있는 사람"(민 4:30절)

"서른 살에서 쉰 살까지 군대에 입대할 수 있는 이들로서, 회막 일을 맡을 수 있는 사람"(민 4:35절)

"서른 살에서 쉰 살까지 군대에 입대할 수 있는 사람으로서, 회막 일을 맡을 수 있는 사람들"(민 4:43절)

"서른 살에서 쉰 살까지 일을 감당할 수 있는 이들로서, 회막의 짐을 운반할 사람"

---

37) André Lemaire, "Education(Israel)," *ABD*, 307.

(민 4:47절)

"예수께서 활동을 시작하실 때에, 그는 서른 살쯤이었다."(눅 3:23)

또한 창세기에 따르면, 소년 요셉이 형들과 들에서 일을 하고 모험을 시작 나이가 열일곱 살로 나타난다. 당시에는 그 정도의 나이를 성인으로 생각한 듯하다.

"열일곱 살 된 소년 요셉이 아버지의 첩들인 빌하와 실바가 낳은 형들과 함께 양을 치는데"(창 37:2)

2. 아동기 인간발달

알프레드 에더샤임(Alfred Edersheim)은 아동기의 인간발달에 대해 다음과 같이 단계를 나누어 말한다.38)

신생아기(남자는 예레드, 여자는 얄다). 아기가 태어나면 물로 닦고 소금으로 문지르고 강보로 감쌌다.

"네가 태어나던 날, 아무도 네 탯줄을 잘라 주지 않았고, 네 몸을 물로 깨끗하게 씻어 주지 않았고, 네 몸을 소금으로 문질러 주지 않았고, 네 몸을 포대기로 감싸 주지도 않았다."(겔 16:4)

"마리아가 첫 아들을 낳아서, 포대기에 싸서 구유에 눕혀 두었다."(눅 2:7상)

아기가 첫째 아들이면 야훼의 몫이었고 다섯 세겔을 바쳐서 대속해야 했다.

"당신들은 태를 처음 열고 나오는 모든 것을 주님께 바치십시오. 그리고 당신들이 기르는 짐승이 처음 낳는 수컷은 다 주님의 것입니다."(출 13:12)

---

38) Alfred Edersheim, *In the Days of Christ: Sketches of Jewish Social Life* (F. H. Revell, 1876), 104-5. Swift, *Education In Ancient Israel*, 100 재인용; 그리고 Jeffrey E. Feinberg, "Jewish Education," Michael J. Anthony, ed., *Evangelical Dictionary of Christian Education*, Baker Reference Library (Grand Rapids, MI: Baker Academic, 2001), 382 참조.

"그러나 사람의 맏이는 네가 속전을 받고 반드시 되돌려 주어야 한다. … 속전은 한 세겔 당 스무 게라 나가는 성소의 세겔에 따라서 네가 은 다섯 세겔로 정해 주어라."(민 18:15~16)

"어느 누구든지, 주에게 사람을 드리기로 서약하고, 그 사람에 해당되는 값을 돈으로 환산하여 드리기로 하였으면, 그 값은 다음과 같다. 난 지 한 달 된 아이에서부터 다섯 살까지는, 남자의 값은 은 오 세겔이고, 여자의 값은 은 삼 세겔이다."(레 27:2, 6)[39]

생후 여드레째에 모든 남자아이는 할례를 받는다. 할례에 대한 성서의 가장 오래된 언급은 모세와 관련해서이다.

"모세가 길을 가다가 어떤 숙소에 머물러 있을 때에, 주님께서 찾아오셔서 모세를 죽이려고 하셨다. 십보라가 부싯돌 칼을 가지고 제 아들의 포피를 잘라서 [40]모세의 [41] 발에 대고, '당신은, 나에게 [42]피 남편입니다' 하고 말하였다. 그래서 주님께서 그를 놓아 주셨는데, 그때에 십보라가 '피 남편'이라고 말한 것은 바로 이 할례 때문이다. (출 4:24~26)

"대대로 너희 가운데서, 남자는 모두 난 지 여드레 만에 할례를 받아야 한다. 너희의 집에서 태어난 종들과 너희가 외국인에게 돈을 주고서 사온 종도, 비록 너희의 자손은 아니라 해도, 마찬가지로 할례를 받아야 한다. 집에서 태어난 종과 외국인에게 돈을 주고서 사온 종도, 할례를 받아야 한다. 그렇게 하여야만, 나의 언약이 너희 몸에 영원한 언약으로 새겨질 것이다. 할례를 받지 않은 남자 곧 포피를 베지 않은 남자는 나의 언약을 깨뜨린 자이니, 그는 나의 백성에게서 끊어진다."(창 17:12~14)[43]

이름은 아버지나 어머니를 좇아서 지었다.[44]

"하갈과 아브람 사이에서 아들이 태어나니, 아브람은, 하갈이 낳은 그 아들의 이름을

39) 돈으로 쓴 은에는 이스라엘의 세겔과 로마의 데나리온과 헬라의 드라크마가 있다. 열왕기하 7장 16절에 따르면 한 세겔로 보리 14킬로그램이나 밀가루 7킬로그램을 구했다.

40) 히, '그의'.

41) '발'은 성기에 대한 완곡한 표현.

42) 또는 '피를 흘려서 얻은 남편'.

43) 할례를 가족의 의식이 아니라, 부족의 의식으로, 그리고 유아기의 의식이 아닌 청소년기의 성인식으로 보는 입장도 있다. Swift, *Education In Ancient Israel*, 78.

44) 구약성서에 등장하는 어린이의 작명 사례 44개 가운데 4개는 하나님, 14개는 남성, 그리고 26개는 여성과 관계가 있다. Ismar J. Peritz, "Woman in the ancient Hebrew cult," *Journal of Biblical Literature* 17:2 (1898), 130-31. Swift, *Education In Ancient Israel*, 77 재인용.

이스마엘이라고 지었다."(창 16:15)

"아기가 태어난 지 여드레째 되는 날에, 그들은 아기에게 할례를 행하러 와서, 그의 아버지의 이름을 따서, 그를 사가랴라 하고자 하였다."(눅 1:59)

"여드레가 차서, 아기에게 할례를 행할 때에, 그 이름을 예수라고 하였다. 그것은, 아기가 수태되기 전에, 천사가 일러준 이름이다."(눅 2:21)

유아기의 할례의식 등은 유아가 야훼에게로 구분된 민족의 일원이 되었다는 표시였다. 어린아이가 나이를 먹으면 그런 이상이 말과 행위를 통해서 점차 내부에 자리를 잡았다.[45]

어린아이들은 야훼의 가장 값진 선물로 간주되었다.

"또 자손도 많이 늘어나서, 땅에 풀같이 많아지는 것을 보게 될 것이다."(욥 5:25)

"자식은 주님께서 주신 선물이요, 태 안에 들어 있는 열매는, 주님이 주신 상급이다."(시 127:3)

"네 집 안방에 있는 네 아내는 열매를 많이 맺는 포도나무와 같고, 네 상에 둘러앉은 네 아이들은 올리브 나무의 묘목과도 같다. 주님을 경외하는 사람은 이와 같이 복을 받는다."(시 128:3~4).

어린이가 없으면 행복을 알 도리가 없었다.

"어울려서 노는 소년 소녀들이 이 도성의 광장에 넘칠 것이다."(슥 8:5)

야훼 자신은 자애로운 아버지의 원형으로 생각되었고,

"부모가 자식을 가엾게 여기듯이, 주님께서는 주님을 두려워하는 사람을 가엾게 여기신다."(시 103:13)

이스라엘은 그의 아들이었다.

"이스라엘이 어린 아이일 때에, 내가 그를 사랑하여 내 아들을 이집트에서 불러냈

---

45) Swift, *Education In Ancient Israel*, 87.

다."(호 11:1)

젖먹이기(요네). 대개는 산모가 직접 젖을 먹였다.

"그(사라)는 말을 계속하였다.
'사라가 자식들에게 젖을 물리게 될 것이라고, 누가 아브라함에게 말할 엄두를 내었으랴? 그러나 내가 지금, 늙은 아브라함에게 아들을 낳아 주지 않았는가!'"(창 21:7)

지도적 가정에서는 유모가 어머니를 대신할 수 있다.

"그들은 누이 리브가와 그의 유모를 아브라함의 종과 일행에게 딸려 보내면서"(창 24:59)

"리브가의 유모 드보라가 죽어서"(창 35:8)

"왕들은 네 양부가 되며 왕비들은 네 유모가 될 것이며"(사 49:23, 개역개정)

이런 방식은 특히 예루살렘이나 이집트의 왕족들 사이에서 볼 수 있다.

"여호람 왕의 딸이요 아하시야의 누이인 여호세바가, 아하시야의 아들 요아스를 몰래 빼내어, 유모와 함께 침실에 숨겼다."(왕하 11:2중)

"왕의 딸 여호세바가 아하시야의 아들 요아스를 몰래 빼내어, 유모와 함께 침실에 숨겨서"(대하 22:11)

"그 때에 그 아이의 누이가 나서서 바로의 딸에게 말하였다.
'제가 가서, 히브리 여인 가운데서 아기에게 젖을 먹일 유모를 데려다 드릴까요?'"(출 2:7)

어린 아이는 대체로 젖을 뗄 때까지 어머니와 함께 살았다.

"한나는 … 자기 남편에게 이렇게 말하였다.
'나는 아이가 젖을 뗄 때까지 기다렸다가, 젖을 뗀 다음에, 아이를 주님의 집으로 데리고 올라가서, 주님을 뵙게 하고, 아이가 평생 그곳에 머물러 있게 하려고 합니다.'
남편 엘가나가 그에게 대답하였다.
'당신 생각에 그것이 좋으면, 그렇게 하시오. 그 아이가 젖을 뗄 때까지 집에 있으시

오. 주님께서 46)당신의 말대로 이루어 주시기를 바라오.'
그래서 그의 아내는 아들이 젖을 뗄 때까지 집에 머무르면서 아이를 길렀다."(삼상 1:22~23)

모유와 이유기 유아(오렐). 고대 이스라엘에서 아이가 젖을 떼는 시기는 오늘날보다 훨씬 늦었던 것 같다. 어린아이들은 일반적으로 두세 살에 젖을 뗐다. 그러나 젖 떼는 날을 특정하기는 어렵다. 어머니마다 다를 것이기 때문이다.[47] 그러나 마카베오서, 요세푸스(*Ant* 2.230), 그리고 메소포타미아와 이집트 전승(*ANET*, 420)에 따르면 대체로 아이가 젖을 떼는 나이는 세 살이었다.[48]

"그러나 어머니는 그 잔인한 폭군을 조롱이나 하듯이 자기 아들에게 가까이 가서 자기 나라 말로 이렇게 말하는 것이었다.
'내 아들아, 이 어미를 불쌍하게 생각하여라. 나는 너를 아홉 달 동안 뱃속에 품었고 너에게 삼 년 동안 젖을 먹였으며 지금 내 나이에 이르기까지 너를 기르고 교육하며 보살펴 왔다.'"(2마카 7:27)

그러나 사무엘의 경우, 엘리 제사장 앞에서 하나님을 섬길 수 있을 만큼 성장했을 때 젖을 뗀 것 같다.

"남편 엘가나가 자기의 온 가족을 데리고 주님께 매년제사와 서원제사를 드리러 올라갈 때가 되었을 때에, 한나는 함께 올라가지 않고, 자기 남편에게 이렇게 말하였다.
'나는 아이가 젖을 뗄 때까지 기다렸다가, 젖을 뗀 다음에, 아이를 주님의 집으로 데리고 올라가서, 주님을 뵙게 하고, 아이가 평생 그곳에 머물러 있게 하려고 합니다. 49)나는 그 아이를 평생 나실 사람으로 바치겠습니다.'

남편 엘가나가 그에게 대답하였다.
'당신 생각에 그것이 좋으면, 그렇게 하시오. 그 아이가 젖을 뗄 때까지 집에 있으시오. 주님께서 50)당신의 말대로 이루어 주시기를 바라오.'
그래서 그의 아내는 아들이 젖을 뗄 때까지 집에 머무르면서 아이를 길렀다."(삼상 1:21~23)

---

46) 사해 사본과 칠십인 역과 시리아어 역을 따름. 마소라 본문에는 '주님의 말씀대로'
47) Lemaire, "Education (Israel)," *ABD*, 307.
48) 권혁승, 『고대 이스라엘의 가정생활: 성서의 문화와 풍습』 (부천: 서울신학대학교 출판부, 2010), 55.
49) 사해 사본에는 이 말이 더 있음. 나실 사람은 '구별된 사람', '거룩하게 바쳐진 사람'.
50) 사해 사본과 칠십인 역과 시리아어 역을 따름. 마소라 본문에는 '주님의 말씀대로'.

이유기 유아(가무트). 이유기가 끝나면 잔치를 벌여 축하하기도 했다.[51] 아마 젖을 떼는 날이 희생제로 축하된 듯하다.

"아기가 자라서, 젖을 떼게 되었다. 이삭이 젖을 떼는 날에, 아브라함이 큰 잔치를 벌였다."(창 21:8)

그 후로 적어도 다섯 살 또는 그 이상까지 아이는 보모나 여자 가정교사의 돌봄 아래 있을 수 있다.

"사울의 아들 요나단에게는 두 다리를 저는 아들이 하나 있었다. … 유모가 그를 업고 도망할 때에"(삼하 4:4)

이 같은 일은 때로 할머니 또는 남성의 책임이었다.

"나오미가 그 아기를 받아 자기 품에 안고 어머니 노릇을 하였다."(룻 4:16)

"이 모든 백성을 제가 배기라도 했습니까? 제가 그들을 낳기라도 했습니까? 어찌하여 저더러, 주님께서 그들의 조상에게 맹세하신 땅으로, 마치 유모가 젖먹이를 품듯이, 그들을 품에 품고 가라고 하십니까?"(민 11:12)

"왕들이 네 아버지처럼 될 것이며, 왕비들이 네 어머니처럼 될 것이다."(사 49:23상)

"모르드개에게는 하닷사라고 하는 사촌 누이동생이 있었다. 이름을 에스더라고도 하는데, 일찍 부모를 여의었으므로, 모르드개가 데려다가 길렀다."(에 2:7상)
남성보호자들은 특히 왕자들과 연관되어 있다.[52]

"아합의 [53]아들들을 보호하고 있는 사람들"(왕하 10:5하)

다섯 살부터 일곱 살까지 아동은 학교에 갈 수 있고 또는 어떤 경우에는 자녀에게 어떤 직업(농부, 공예가 등)을 소개한 자기 아버지와 함께 일을 시작할

---

51) H. A. White, "Birth," James Hastings, ed., *A Dictionary of the Bible: Dealing with its language,literature,and contents including the biblical theology*, vol.1 (Edinburgh: T. & T. Clark, 1904), 301a.
52) 그리스의 파이다고고스(paidagōgos, "가정 교사")와 같다.
53) 칠십인 역 히브리어 본문에는 '아들들'이 없음.

수 있다.[54)]

'매달리는' 시기의 아동(타프). 종교 및 도덕 교육의 지침서라고 할 수 있는 잠언과 외경인 집회서는 어린이의 본성을 무책임하고 다루기 힘들고, 어리석고, 반항적으로 묘사한다.

> "길들이지 않은 말은 사나워지고 제멋대로 자란 자식은 방자해진다."(집회 30:8)

> "자식이 젊을 때에 길을 잘 들이고 어릴 때부터 회초리로 키워라. 그렇지 않으면 고집만 자라서 말을 안 듣고 너에게 큰 고통을 안겨줄 것이다. 자식을 엄격히 기르고 그를 단련시켜라. 그렇지 않으면 그의 추태로 네가 치욕을 당하게 될 것이다."(집회 30:12~13)

> "자식을 사랑하는 부모는 매를 아끼지 않는다. 만년에 그 자식은 기쁨이 될 것이다. 자식을 엄격히 키우는 사람은 덕을 볼 것이며 친지들 사이에서 그 자식이 자랑거리가 될 것이다. 자식을 잘 가르치는 사람은 원수들에게는 시기를 사지만 친구들 앞에서는 명예롭다. 이런 아비는 죽어도 죽지 않은 것과 같다. 자기와 같은 사람을 남겨놓았기 때문이다. 그는 살아서는 자식을 보고 기뻐하며 죽어서도 아무런 한이 없다. 또 그는 자기 원수를 갚아주고, 친구들의 은혜를 갚아줄 사람을 남기고 가는 것이다. 자식을 귀여워만 하는 사람은 자식의 상처를 싸매 주다 말 것이고 자식이 울 때마다 조바심만 낸다. 길들이지 않은 말은 사나워지고 제멋대로 자란 자식은 방자해진다. 자식의 응석을 너무 받아주다가는 큰 화를 당하게 되고, 자식하고 놀아만 주다가는 슬픔을 맛보게 된다. 자식과 함께 웃다가는 같이 슬퍼하게 되고 마침내는 통곡하게 된다. 젊은 자식에게 너무 자유를 주지 말고 그의 잘못을 눈감아주지 말아라."(집회 30:1~11)

'튼튼해지고 강해지는' 시기. 훈련은 어린 나이에 시작되었다.

> "제사장들이 나에게 빈정거린다.
> '저자가 누구를 가르친다는 건가? 저자의 말을 들어야 할 사람이 누구란 말인가? 젖뗀 아이들이나 가르치라고 하여라. 젖을 먹지 않는 어린 아이들이나 가르치라고 하여

---

54) 후기 유대전승에서 적어도 종교적 관점에서는, 남자의 첫 성징이 분명해지는, 열두 살에서 열네 살쯤의 소년은 일반적으로 성인으로 생각되었다. 그래서 랍비 예후다 벤 테마(Yehuda ben Tema)에 따르면: 다섯 살에 성서에 적합하며, 열 살에는 미쉬나, 열세 살에는 계명 준수, 열다섯 살에는 탈무드, 열여덟 살에는 결혼(bride-chamber), 스무 살에는 (어떤 소명) 추구, 서른 살에는 권위. Lemaire, "Education (Israel)," 307.

라.'"(사 28:9)

바빌론포로 전기에 있어서는 약간의 예외가 있기는 했지만 어린이들은 집에서 부모의 가르침을 받았다. 장차 후계자가 될 장남은 종교나 부족의 의식, 제도와 법에 대해서 어느 정도 특별한 훈련을 받았을 수 있다. 하인리히 그래츠(Heinrich Graetz)는 말한다.

> "오래된 족장시대부터 (제사장직과) 더불어서 모든 가정의 장남이 희생의식의 진행에 반드시 참석해야 하는 관습이 존재했다. 이 특권은 갑자기 사라질 수 없었고, 그래서 레위지파의 제사장직과 더불어서 한동안 지속되었다."[55]

청소년기(남자는 엘렘, 여자는 알마). 탈무드에 따르면 유대인은 13세에 사회적 정치적 및 종교적 의무를 지게 된다. 달리 말하면 율법을 책임져야 했다. 이와 같은 전통은 14세기 이후 생겨난 것 같다.[56] 유대인들은 이 시기를 중시하여 직접 율법을 완수할 책임을 지는 나이인 13세에 도달한 유대인 남성을 뜻하는 '바르 미츠바'(בר מצוה)라 하였다.[57] 바르는 아들, 미츠바는 율법을 의미한다. 그래서 바르 미츠바는 '율법의 아들'이란 뜻이다. 유대 남자아이가 종교적 책임과 의무를 지게 된 것을 축하하기 위한 예식이다. 사춘기의 일차 징후로 몸의 두 곳에서 털이 자라면 소년은 율법을 준수할 책임을 갖게 되었다.[58]

> "예수가 열두 살이 되는 해에도, 그들은 절기 관습을 따라 [59]유월절을 지키러 예루살렘에 올라갔다."(눅 2:42)

미쉬나에는 13세를 토라의 계명을 준수해야 하는 나이로 보았다. 유대 소년은 13세 생일을 맞이하기 얼마 전부터 특별히 준비하고 종교적 교훈을 받는 시기에 들어간다. 소년은 13세 생일이 지난 첫째 안식일에 아버지와 함께 회당에 간다. 아버지는 회중 앞에서 다음과 같이 기도하고 자녀 지도의 책임을 공식적

---

55) Heinrich Graetz, *History of the Jews: From the Earliest Period to the Death of Simon the MacCabee (135 B.C.E.)*, vol.I (Jewish Publication Society of America; Reprint edition, 1891), 25. Swift, *Education In Ancient Israel*, 37 재인용.

56) K. Kohler, "Bar Mizwah," *The Jewish Encyclopedia*, II (New York: Ktav Publishing House, 1901), 509b. Swift, *Education In Ancient Israel*, 81 재인용.

57) 여자 아이의 경우에는 '밭 미츠바'(בת מצוה) 라고 한다. 이것은 유대의 성인식이다. 그러나 성서, 미쉬나나 탈무드(Talmud) 시대에는 나오지 않는다.

58) *Nidah* 6. 11. Barclay, *Educational Ideals in the Ancient World*, 37 참조.

59) 출 12:13; 21-28을 볼 것.

으로 면하게 된다. "이 아이에 대한 책임을 벗어나게 하시니 당신을 찬양합니다."소년은 성서의 일부를 읽는다. 축복기도를 성서일과를 마치면 연설을 할 수도 있다. 회당 예배가 끝나면 집에서 선물을 건네는 등 잔치를 벌인다. 13세 이전까지는 아이의 부모가 아이의 행동에 대해 책임을 졌다. 이제 13세부터는 아이는 유대 의식법, 전통, 그리고 윤리에 대해 스스로 책임을 져야했다. 가정이나 공동체에서 기도나 기타 종교적 예배를 인도할 수 있었고 유대 공동체 생활의 모든 영역에 참여할 수 있다. 13세라는 나이가 신체적 사춘기와 대체로 일치하는 것이 흥미롭다.[60]

율법에 대한 의무의 외적 표현으로 옷술(지지트, ציצית)을 달고, 경문곽(테필린) 등을 착용해야 한다. 지지트는 겉에 걸치는 스코틀랜드식 격자무늬 형태의 커다란 천인 심라의 네 귀퉁이에 실을 꼬아 술처럼 단 장식이다.

> "이것을 각자의 손에 감은 표나 이마 위에 붙인 표처럼 여겨라."(출 13:16)[61]

> "당신들은 당신들이 입은 겉옷 자락 네 귀퉁이에 술을 달아야 합니다."(신 22:12)

> "그들은 [62]경문 곽을 크게 만들어서 차고 다니고, 옷술을 길게 늘어뜨린다."(마 23:5하)

[그림59] 〈탈릿과 테필린을 착용한 13세 소년〉
From wikipedia

60) Swift, *Education In Ancient Israel*, 81-83; Sherrill, *The Rise of Christian Education*,, 42; "Bar and Bat Mitzvah," http://en.wikipedia.org.

61) "이 관습은 부족 시대에 구성원을 식별하거나 주술로부터 보호하려고 표시를 하거나 문신을 하는 일부 습관에서 비롯된 것으로 보인다." Swift, *Education In Ancient Israel*, 80.

62) 성경구절이 들어 있는 곽으로서 이마나 팔에 달고 다님.

'성숙한' 시기(바쿠르). 연령으로 볼 때, 아동 초기에는 놀이가, 그리고 커가면서 시합 하는 것을 배웠다. 공놀이와 높이뛰기, 달리기와 활쏘기 시합 등을 했다.

> "너를 공처럼 둥글게 말아서, 넓고 아득한 땅으로 굴려 버리신다."(사 22:18상)

> "내가, 연습 삼아 어떤 표적을 놓고 활을 쏘는 것처럼, 그 바위 곁으로 화살을 세 번 쏘겠네."(삼상 20:20상)

> "주님께서 나를 과녁으로 삼아서, 활을 당기신다."(애 3:12)

> "해는 … 제 길을 달리는 용사처럼 즐거워한다."(시 19:5)

젊은 남녀는 노래나 악기, 춤 등을 익혔다.[63] 실로의 처녀들은 해마다 노래하고 춤을 추면서 포도원으로 갔다.

> "실로의 처녀들이 춤을 추러 나오면"(삿 21:21상)

소년들은 다윗이 그의 아들 요나단을 애도한 노래를 익혔다.

> "다윗이 사울과 그의 아들 요나단의 죽음을 슬퍼하여, 조가를 지어서 부르고, 그것을 '활 노래'라 하여, 유다 사람들에게 가르치라고 명령하였다."(삼하 1:17~18)

목자와 사냥꾼은 저녁에 광야의 샘 옆에서 휴식을 취하면서 피리에 맞춰서 노래를 불렀다.

> "물 긷는 이들 사이에서 들리는 소리, 활 쏘는 사람들의 요란한 저 소리, 거기서도 주님의 의로운 업적을 들어 말하여라. 이스라엘 용사들의 의로운 업적을 들어 말하여라."(삿 5:11)

히브리 청년들은 소구, 피리, 수금, 거문고, 심벌즈, 하프, 뿔나팔, 나팔, 꽹과리를 치면서 춤을 추거나 노래를 불렀다. 음악이나 춤은 직업이 아닌 경우에 특별한 지도 없이 다른 사람들을 따라 배운 것으로 보인다.

---

63) Swift, *Education In Ancient Israel*, 39-40.

바빌론 포로기 이전 시대 남성의 이상은 두 가지, 즉 계략과 영리함, 그리고 힘과 용기였다. 영리함의 예는 세심한 목자와 농부, 능숙한 장사꾼, 안목을 갖춘 의로운 재판관, 계략이 뛰어난 전사였다. 구체적인 인물로는 야곱을 들 수 있다. 야곱은 "필요할 경우에는 교활하고 부정직하면서도 자신의 종교적 유산은 소중하게 간주하면서 온갖 역경을 계략으로 이겨냈다." 힘과 용기 있는 사람의 예는 튼튼하고 대담한 사냥꾼과 군인이었다. 구체적 인물들로는 "입다와 기타 부족의 영웅들이나 '사사들', 다른 사람보다 어깨 위만큼 더 컸던 사울, 1천명을 살해한 다윗이 거기에 해당한다."[64]

3. 토라적 발달

S. 스켁터(S. Schechter)는 레위기 19장 23~24절에 관한 미드라쉬를 인용한다. 그 구절에는 나무를 심으면 그 열매는 처음 삼 년간 따서는 안 되며, 사 년째 열리는 열매는 모두 야훼께 거룩하다고 규정하고 있다. 처음 삼 년 동안 어린아이는 말을 하지 못하고, 따라서 모든 종교적 의무에서 면제된다.[65]

> "너희가 그 땅으로 들어가 온갖 과일나무를 심었을 때에, 너희는 그 나무의 과일을 [66]따서는 안 된다. 과일이 달리는 처음 세 해 동안은 그 과일을 따지 말아라. 너희는 그 과일을 먹어서는 안 된다. 넷째 해의 과일은 거룩하게 여겨, 그 달린 모든 과일을 주를 찬양하는 제물로 바쳐야 한다."(레 19:23~24)

랍비 시기 동안에 종교교육의 중요성은 〈선조의 어록〉(Sayings of the Fathers) 5권 부록의 *Pirqe Aboth* 5:32에서 강조된다. 이것을 예수의 경우를 예로 들어 설명한다. 다섯 살에 성경 연구를 시작한다. 배울 내용은 먼저 레위기로 그 책을 통해 의식적 정결과 희생제를 통해 하나님께 나가는 방법을 배웠다. 그런 다음에 시편을 통해 하나님의 본성에 관해 배운다. 예수께서 어린아이와 같아야 한다고 하신 것은 어린아이와 같은 순수함을 의미한 것이다.

> "예수께서 어린이 하나를 곁으로 불러서, 그들 가운데 세우시고 말씀하셨다.
> '내가 진정으로 너희에게 말한다. 너희가 돌이켜서 어린이들과 같이 되지 않으면, 절대로 하늘나라에 들어가지 못할 것이다. 그러므로 누구든지 이 어린이와 같이 자기를

---

64) Swift, *Education In Ancient Israel*, 35-36.
65) S. Schechter, *Studies in Judaism: First Series* (Philadelphia: The Jewish Publication Society of America, 1911), 300, Barclay, *Educational Ideals in the Ancient World*, 36 재인용.
66) 히, '할례받지 못한 것으로 여겨라'.

낮추는 사람이 하늘나라에서는 가장 큰 사람이다.'"(마 18:2~4)

열 살 때는 구전 율법(Oral Law) 미쉬나를 배웠다. 열세 살에 계명들(מִצְוֹת, 미츠바트)을 지켜야 했다. 예수께서 성전에서 선생들과 토론한 내용을 구전 율법으로 보기도 한다.

"그들은 성전에서 예수를 찾아냈는데, 그는 선생들 가운데 앉아서, 그들의 말을 듣기도 하고, 그들에게 묻기도 하고 있었다."(눅 2:46)

열다섯 살에 탈무드의 지혜 연구를 시작했다. 열여덟 살에 결혼을 하고, 스무 살에 생계를 위한 직업을 잡았다. 예수는 목수인 아버지 요셉을 따라 목수 일을 하였다.

"이 사람은 목수의 아들이 아닌가?"(마 13:55)

"이 사람은 마리아의 아들 목수가 아닌가?"(막 6:3)

서른 살에는 자기 일을 할 수 있는 충분한 힘이 있어야 했다. 예수께서 공생애에 들어 선 때가 이 나이 때였다. 마흔 살에 이해력이 어떤 지점에 도달한다. 쉰 살에 다른 사람들을 상담할 정도가 된다. 예순 살에 노년이 된다. 여든 살에 건장한 노년에 이르고, 아흔 살에 등이 굽는다. 그리고 백 살에 이미 죽은 것과 같아서 세상을 뜬다.

유사한 인생의 단계들이 Pirqe Aboth와 거의 동 시기의 것으로 보이는 이집트 텍스트들에도 나타난다.

"그(사람)는 10살 아이가 되어야 죽음과 삶을 이해한다. 그는 또 10년을 보내면서 그가 살아갈 수 있는 교육을 받는다. 그가 또 10년을 걸려서 살아가기 위한 직업을 얻어 수입을 얻는다. 그는 또 10년이 걸려서 노인이 되어 상담을 할 마음을 지닌다. 남은 60세까지의 인생은 하나님의 사람에게 맡겨진다."

이스라엘은 어린아이가 출생해서부터 죽을 때까지의 인간 발달 전체를 교육의 시기로 보았다. 각각의 발달 단계에서 야훼의 백성으로 성장하기 위해 필요한 종교적 내용들을 인간발달을 고려해서 발달 과제로 삼고 있다.

6장 · 구약성서의 교육 환경

고대 이스라엘에서 교육이 벌어지는 장으로서의 교육 환경은 다양했다. 가정으로 시작해서 왕실에서는 행정과 외교 등에 필요한 인재들을 길러냈으며, 서기관 집단, 제사장 계급, 그리고 예언자 무리 역시 후계자들을 훈련했다. 그들이 오늘날과 같은 의미의 학교와 같은 교육 기관에서 교육과 훈련을 한 것 같지는 않다. 그럼에도 불구하고 그들의 공동체 자체가 요구와 필요를 충족시키는 이미 하나의 적절한 교육 환경이었다고 할 수 있다. 이 같은 교육환경은 점차 교육기관으로서 제 모습을 갖추어 가게 되는데 그것이 회당으로부터 시작되어 일반학교로 이어지는 과정이다. 이 같은 교육적 환경들은 좀 더 큰 범위인 사회적 역사적 도전에 대해 응전하며 저마다 필요한 조건 안에서 조직의 목적에 충실한 내용들을 정비하면서 발전해 나갔다.

I. 가정

성서에서 가족이나 가정은 오늘날 일반적 용법을 넘어서는 풍부한 뜻을 지니고 있다. 구약성서에서 가정은 하나님과 이스라엘 관계의 은유이며 인간 존재를 향한 은혜의 통로이다.[1] 가르치라는 권고가 가정에 주어졌다. 자녀들은 가정에서 여러 성구, 기도 몇 가지, 노래 몇 곡, 민속 전통들을 배웠다. 또한 여러 축제와 절기를 지켜보고 구전과 더불어 참여도 하면서 그 기원에 대해 설명을 듣고 그 행위에 담겨있는 의미들을 배웠다. 가정은 민족의 역사, 하나님의 거룩한 공의, 그리고 자연세계에서의 하나님의 은혜(농경사회에서 비, 추수 등)를 배우는 기본적인 교육의 장이었다. 가정에서는 의식과 가르침, 그리고 토론 등을 통해 삶과 종교와의 관계 내용들을 몸에 익혀갔다.[2] 가정교육에 대해서는 분명하게 명령을 하고 있다.

> "이 말을 당신들 자녀에게 가르치며, 당신들이 집에 앉아 있을 때나 길을 갈 때나, 누워 있을 때나 일어나 있을 때나, 언제든지 가르치십시오."(신 11:19)

> "마땅히 걸어야 할 그 길을 아이에게 가르쳐라. 그러면 늙어서도 그 길을 떠나지 않는다."(잠 22:6)

1. 아버지

이스라엘에서 모든 교육의 기초가 되는 것은 가정에서의 교육이었다. 가정교육이라고 할 때 그것은 사실 아버지에 의한 교육이라고 할 수 있다. 이 아버지의 교육적 역할은 나중에 학교가 생긴 이후에도 지속되었다. 이스라엘 교육의 목적은 즉 왜 가르치느냐 하는 그 이유로서의 목적은 무엇보다 우선 그것이 부모의 종교적 의무였기 때문이다. 가정에서 가르쳐진 것은 상당한 내용이 이스라엘의 종교적 전통이었다.

> "내가 아브라함을 선택한 것은, 그가 자식들과 자손을 잘 가르쳐서, 나에게 순종하게

---

1) J. Andrew, Dearman, "The Family in the Old Testament," *Interpretation* 52:2 (Apr 1998): (Apr 1998), 117.

2) William B. Kennedy, "역사를 통해 본 기독교 교육", Marvin J. Taylor, 『기독교 교육학』, 33.

하고, 옳고 바른 일을 하도록 가르치라는 뜻에서 한 것이다. 그의 자손이 아브라함에게 배운 대로 하면, 나는 아브라함에게 약속한 대로 다 이루어 주겠다."(창 18:19)

이 구절이 강조하는 바는, 가정 내에서의 교육의 중요성, 그 가르침의 종교적인 내용이다. 가정에서의 종교교육이 히브리 자녀교육의 심장이었기 때문에 그것은 모든 부모의 엄중한 의무였다. 특히 가정교육의 목적은 자녀들이 옳고 바르게 살도록 하는 것이었다("옳고 바른 일을 하도록"). 또 하나 가르침과 민족의 희망과의 관계, 즉 가르침의 목적은 민족의 희망을 이루는 것이다("나는 아브라함에게 약속한 대로 다 이루어 주겠다.").[3]

"여러분의 아들딸이 여러분에게 '이 예식이 무엇을 뜻합니까?' 하고 물을 것입니다. 그러면 여러분은 그들에게 '이것은 주님께 드리는 [4]유월절 제사다. 주님께서 이집트 사람을 치실 때에, 이집트에 있던 이스라엘 자손의 집만은 그냥 지나가셔서, 우리의 집들을 구하여 주셨다.' 하고 이르십시오."(출 12:26~27)

"그 날에 당신들은 당신들 아들딸들에게, '이 예식은, 내가 이집트에서 나올 때에, 주님께서 나에게 해주신 일을 기억하고 지키는 것이다.' 하고 설명하여 주십시오."(출 13:8)

"당신들은 오로지 삼가 조심하여, 당신들의 눈으로 본 것들을 잊지 않도록 정성을 기울여 지키고, 평생 동안 당신들의 마음속에서 사라지지 않도록 하십시오. 또한 그것을 당신들의 자손에게 길이 알리십시오."(신 4:9)

"내가 오늘 당신들에게 명하는 이 말씀을 마음에 새기고, 자녀에게 부지런히 가르치며, 집에 앉아 있을 때나 길을 갈 때나, 누워 있을 때나 일어나 있을 때나, 언제든지 가르치십시오."(신 6:6~7)

"나중에 당신들의 자녀가, 주 당신들의 하나님이 당신들에게 명하신 훈령과 규례와 법도가 무엇이냐고 당신들에게 묻거든, 당신들은 자녀에게 이렇게 일러주십시오. '옛적에 우리는 이집트에서 바로의 노예로 있었으나, 주님께서 강한 손으로 우리를 이집트에서 이끌어 내셨다. 그때에 주님께서는 우리가 보는 데서, 놀라운 기적과 기이한 일로 이집트의 바로와 그의 온 집안을 치셨다. 주님께서는 우리를 거기에서 이끌어

---

3) R. A. Culpepper, "Education," Geoffrey W. Bromiley, ed., *The International Standard Bible Encyclopedia* (Michigan: WM. B. Eerdmans Pub. Co., 1979), 22.

4) '유월절(페싸흐)'과 '지나가다(파싸흐)'가 같은 어원에서 나옴

내시고, 우리의 조상에게 맹세하신 대로, 이 땅으로 우리를 데려오시고, 이 땅을 우리에게 주셨다. 주님께서 우리에게 이 모든 규례를 명하여 지키게 하시고, 주 우리의 하나님을 경외하게 하셨다. 우리가 그렇게만 하면, 오늘처럼 주님께서 언제나 우리를 지키시고, 우리가 잘 살게 하여 주실 것이다. 우리가 주 우리의 하나님 앞에서, 그가 우리에게 명하신 대로 이 모든 명령을 충실하게 지키면, 그것이 우리의 의로움이 될 것이다.'"(신 6:20~25)

"아득한 옛날을 회상하여 보아라. 조상 대대로 내려온 세대를 생각하여 보아라. 너희의 아버지에게 물어 보아라. 그가 일러줄 것이다. 어른들에게 물어 보아라. 그들이 너희에게 말해 줄 것이다."(신 32:7)

"모세가 이 모든 말을 온 이스라엘 사람에게 한 뒤에, 그들에게 말하였다. '오늘 내가 당신들에게 증언한 모든 말을, 당신들은 마음에 간직해 두고, 자녀에게 가르쳐, 이 율법의 모든 말씀을 지키게 하십시오.'"(신 6:45~46)

"여호수아는 요단강에서 가져 온 돌 열두 개를 길갈에 세우고 이스라엘 자손에게 이렇게 말하였다. '당신들 자손이 훗날 그 아버지들에게 이 돌들의 뜻이 무엇인지를 묻거든, 당신들은 자손에게 이렇게 알려 주십시오. 이스라엘 백성이 이 요단강을 마른 땅으로 건넜다. 우리가 홍해를 다 건널 때까지, 주 우리의 하나님이 우리 앞에서 그것을 마르게 하신 것과 같이, 우리가 요단강을 다 건널 때까지, 주 우리의 하나님이 요단 강 물을 마르게 하셨다. 그렇게 하신 것은, 땅의 모든 백성이 주님의 능력이 얼마나 강하신가를 알도록 하고, 우리가 영원토록 주 우리의 하나님을 경외하도록 하려는 것이다.'"(수 4:20~24)

"아이들아, 너희는 아버지의 훈계를 잘 듣고, 명철을 얻도록 귀를 기울여라. 내가 선한 도리를 너희에게 전하니, 너희는 내 교훈을 저버리지 말아라. 나도 내 아버지에게는 아들이었고, 내 어머니 앞에서도 하나뿐인 귀여운 자식이었다. 아버지는 내게 이렇게 가르치셨다. '내 말을 네 마음에 간직하고, 내 명령을 지켜라. 네가 잘 살 것이다.'"(잠 4:1~4)

여기서 "아이들아"라는 말은 히브리어에서 '아들들아'를 말하는데 이것은 스승이 제자를 부르는 말이다. 그러니까 가정교육에서 부모는 실제로는 스승, 곧 교사였다. 그리고 학교의 교사라 하더라도 그 역시 부모에게서 가르침을 받았다. "나도 내 아버지에게는 아들이었고"(3절). 즉 부모의 학습자이었다는 말이다. 이는 이스라엘 학교의 기초가 가정교육이었음을 알려주는 것이다. 구약은 하나님께서 자녀들이 경건함 가운데서 자라기를 기대하는 의미의 말씀을 담고 있다. 그러기 위해서는 어렸을 때의 교육이 중요하다. 랍비 아부야(Abujah)는 이렇게 말했다.

> "어려서 배우는 사람은 무엇과 같을까? 새 종이에 먹물로 쓰는 것, 그리고 나이 들어 배우는 사람은 무엇과 같을까? 한 번 사용한 종이에 먹물로 쓰는 것."[5]

> "마땅히 걸어야 할 그 길을 아이에게 가르쳐라. 그러면 늙어서도 그 길을 떠나지 않는다."(잠 22:6)

어린 시절의 교육이 성인기까지 강력한 영향을 미칠 수 있음을 짐작케 하는 말씀이다.

아동은 말을 하자마자 다음 두 가지 구절을 암기하고 또 말할 수 있도록 가르쳤다.

> "이스라엘은 들으십시오. [6]주님은 우리의 하나님이시요, 주님은 오직 한 분뿐이십니다."(신 6:4)

> "우리는 모세가 전하여 준 율법을 지킨다. 이 율법은 야곱의 자손이 가진 소유 가운데서, 가장 으뜸가는 보물이다."(신 33:4)

구약은 가정의 모든 아버지가 그 자녀들이 아주 어렸을 적부터 그들에게 교훈을 들려주어야 할 의무를 일차적으로 짊어지고 있었음을 보여준다. 출애굽사건과 하나님에 대한 경외심 등 이스라엘 초기에 있었던 추억들은 어린이들 앞에서 들려져야 했다.

> "그뿐만 아니라, 내가 이집트 사람들을 어떻게 벌하였는지를, 그리고 내가 그들에게 어떤 이적을 보여 주었는지를, 네가 너의 자손에게도 알리게 하려고, 또 내가 주님임을 너희에게 가르치려고 그렇게 한 것이다."(출 10:2)

> "여러분의 아들딸이 여러분에게 '이 예식이 무엇을 뜻합니까?' 하고 물을 것입니다. 그러면 여러분은 그들에게 '이것은 주님께 드리는 [7]유월절 제사다. 주님께서 이집트

---

5) *Sayings of the Fathers* 4. 27. Charles Taylor는 이에 대한 각주를 단다. '젊어 배우는 것은 바위에 새기는 것과 같고 늙어 배우는 것은 모래에 쓴 글자를 읽는 것과 같다.' William Barclay, *Educational Ideals in the Ancient World*, 유재덕 역, 『고대세계의 교육사상』 (서울: 기독교문서선교회, 1993), 35-36 재인용.

6) 또는 '주 우리의 하나님, 주님은 한 분이시다.' 또는 '주 우리의 하나님은 한 주님이시다.' 또는 '주님은 우리의 하나님이시다. 오직 주님만이'.

사람을 치실 때에, 이집트에 있던 이스라엘 자손의 집만은 그냥 지나가셔서, 우리의 집들을 구하여 주셨다' 하고 이르십시오. 백성은 이 말을 듣고서, 엎드려 주님께 경배를 드렸다."(출 12:26~27)

자녀가 말을 하기 시작하는 서너 살 때부터 자녀에게 위대한 진리를 소개하는 것은 아버지의 의무였다.[8] 사실 가정에서의 교육은 태어날 때부터 시작된다고 할 수 있다. 그러나 젖을 떼는 세 살 경부터 본격적 교육이 시작되었다고 볼 수 있다. 이때 쉐마를 가르치는 것이 중요한 의무였다.[9] 물론 이 세 살이라는 나이는 정해진 나이가 아니다. 아이의 개인차가 있기 때문에 배울 준비가 되었느냐하는 준비성의 나이라고 보아야 할 것이다. 중요한 것은 아이가 말을 하기 시작할 때부터 가르쳐야 한다는 것이다. 아이가 말을 하기 시작하면 아버지는 히브리어를 사용해야 하며 토라를 가르쳐야 한다. 그렇게 하지 않는다면 자녀를 매장하는 것과 같으며 차라리 태어나지 않는 게 낫다고 생각했다.[10]

아버지의 가르침은 신앙과 관련된 내용이었다. 가정에서의 자녀에 대한 부모의 교육적 책임은 문자해독과 같은 예비적인 요구사항을 조건으로 하고 있다. 그러나 언제든 교육은 하나님에 대한 의무 설명, 즉 율법 설명에 전념하였다.

그리고 제2국가시대 동안에도 어린이는 그의 아버지로부터 현자들의 말씀에 대한 그의 첫 교육을 받았고, 그 말씀들을 존경하게 되었다.

"나도 내 아버지에게는 아들이었고, 내 어머니 앞에서도 하나뿐인 귀여운 자식이었다. 아버지는 내게 이렇게 가르치셨다. '내 말을 네 마음에 간직하고, 내 명령을 지켜라. 네가 잘 살 것이다.'"(잠 4:3~4)

"[11]아이들아, 들어라. 내 말을 받아들이면, 네가 오래 살 것이다."(잠 4:10)

---

7) '유월절(페싸흐)'과 '지나가다(파싸흐)'가 같은 어원에서 나옴.

8) S. Schechter, *Studies in Judaism: First Series*, 300, Barclay, *Educational Ideals in the Ancient World*, 36 재인용.

9) William B. Kennedy, "역사를 통해 본 기독교 교육", Marvin J. Taylor, ed., *An Introduction to Christian Education*, 송광택 역, 『기독교 교육학』 한국교회 100주년 기념 기독교교육연구시리즈 1 (서울: 한국장로교출판사, 2006), 33.

10) Sukkah 420; Nedarim 32:1. Nathan Morris, *The Jewish School: An Introduction to the History of Jewish Education* (London: Eyre and Spottiswoode, 1937), 59-60 재인용.

11) 히, '내 아들아'. 스승이 제자를 부르는 말.

그래서 율법을 가르치지 않는 아버지는 암 하아레츠(עם הארץ), 즉 시골뜨기, 무식한 자라는 등의 비난을 받았다.[12] 지혜와 지식은 잠언에 많이 언급되는데, 이것은 주로 율법의 지시에 따른 도덕적 종교적 내용으로 부모의 가르침과 모범에 의해 전해졌다.[13]

> "이 잠언은 지혜와 훈계를 알게 하며, 명철의 말씀을 깨닫게 하며, [14]아이들아, 아버지의 훈계를 잘 듣고, 어머니의 가르침을 저버리지 말아라."(잠 1:2, 8)

> "지혜에 네 귀를 기울이고, 명철에 네 마음을 두어라. 지혜가 네 마음속에 들어가고, 지식이 네 영혼을 즐겁게 할 것이다."(잠 2:2, 10)

> "아이들아, 너희는 아버지의 훈계를 잘 듣고, 명철을 얻도록 귀를 기울여라. 지혜가 으뜸이니, 지혜를 얻어라. 네가 가진 모든 것을 다 바쳐서라도 명철을 얻어라. 아이들아, 내가 하는 말을 잘 듣고, 내가 이르는 말에 귀를 기울여라."(잠 4:1, 7, 20)

> "지혜가 부르고 있지 않느냐? 명철이 소리를 높이고 있지 않느냐?"(잠 8:1)

> "지혜가 일곱 기둥을 깎아 세워서 제 집을 짓고, 주님을 경외하는 것이 지혜의 근본이요, 거룩하신 이를 아는 것이 슬기의 근본이다."(잠 9:1, 10)

> "훈계받기를 좋아하는 사람은 지식을 사랑하지만, 책망받기를 싫어하는 사람은 짐승같이 우둔하다."(잠 12:1)

> "명철한 사람에게는 그 명철함이 생명의 샘이 되지만, 어리석은 사람에게는 그 [15]어리석음이 벌이 된다."(잠 16:22)

> "슬기로운 사람의 눈은 지혜를 가까이에서 찾지만, 미련한 사람은 눈을 땅 끝에 둔다."(잠 17:24; 그리고 31:1~31 참조)

---

12) *Sotah*, 22a. Lewis J. Sherrill, *The Rise of Christian Education*, 이숙종 역, 『기독교교육의 발생』 (서울 :대한기독교서회, 1994), 37 재인용.

13) "Education, Hebrew," John McClintock and James Strong, eds., *Cyclopedia of Biblical, Theological, and Ecclesiastical Literature* (Michigan: Baker Book House, 1981), 61.

14) 히, '내 아들아'. 스승이 제자를 부르는 말.

15) '어리석은 사람'으로 번역된 히브리어 '에빌림'은 잠언 전체와 구약의 여러 곳에서 도덕적 결함이 있는 사람을 가리킴. 단순히 '둔한 사람'과 구별됨.

5세 이후 자녀의 교육도 아버지가 맡았다. 유대인들은 아이가 첫해에는 요람에서 사람들의 사랑만 받지만, 그 다음부터는 말썽을 부리는 것으로 보았다. 그래서 5세 이후부터는 본격적으로 교육을 시키는데, 먼저는 아버지가 토라를 가리키는 일이었다. 자녀가 말할 때가 되면 아버지는 그에게 토라와 쉐마를 낭송하도록 가르칠 책임이 있었다.[16] 그 구체적 내용은 다음과 같다.

"모세가 우리에게 명한 토라는 야곱 족속의 유산이다."
"오, 이스라엘이여, 들으라, 우리 주 하나님은 한 분이시다."

나이가 들어가면서 아들은 아버지로부터 포도재배, 가축 돌보기, 농사 일 등을 배웠다. 여기에 사냥, 싸움, 목수, 그리고 벽돌 쌓기 등이 더해지기도 했다. 그들은 또한 기본적인 관습법을 학습했다.[17] 가정은 유대 종교교육의 중심이었다. 가정에서의 의식은 수세기 동안 유대인 생활을 보존하고 전달하는 역할을 했다. 날마다 기도와 음식 규정을 지켰으며 이와 더불어 매주 안식일을 준수했는데 이는 유대인의 평생교육이라 할 수 있다.[18] 가정에서의 교육은 주로 신앙, 도덕, 태도, 직업 훈련 등으로 구성되었다. 이 같은 교육의 목적은 야훼에 대한 개인적 책임을 자각하게 하는 것이었다.

2. 어머니

고대 이스라엘에서 여자는 경시되었다. 여자는 노비와 이방인처럼 여겨졌다. 그래서 경건한 유대인조차 여자로 태어나지 않은 것을 하나님께 감사했을 정도이다.[19] 그러나 어머니로서의 여자는 달랐다. 그는 존경해야 할 인물이었다. 어머니는 딸과 아내로서는 아버지의 권위와 비교할 수 없었지만 어머니로서의 그들은 아버지만큼 권위가 있고 두려워해야 할 존경 받는 존재였다.[20]

"너희 부모를 공경하여라. 그래야 너희는 주 너희 하나님이 너희에게 준 땅에서 오래

---

16) *Sukkah*, 42a. Sherrill, *The Rise of Christian Education*, 66. 재인용.
17) Crenshaw, James L. "Education, OT," *The New Interperter's Dictionary of The Bible*. vol.2, Katharine D. Sakenfeld, ed. (New York: Abingdon Press 2006), 198.
18) Gabriel Moran, "Religious Education," Mircea Eliade, ed., *The Encyclopedia of Religion*, vol.12 (New Yo가.: Macmillan Pub. Co., 1987-), 321.
19) Morris, *The Jewish School*, 31.
20) Morris, *The Jewish School*, 26.

도록 살 것이다."(출 20:12)

"너희 부모를 공경하여라. 주 너희 하나님이 명하신 것이다. 그래야 너희는, 주 너희의 하나님이 너희에게 준 땅에서 오래 살면서 복을 누린다."(신 5:16)

"너희는 저마다 어머니와 아버지를 공경하여라."(레 19:3)

잠언서는 교육을 책임지고 있다는 점에서 어머니를 아버지와 똑같이 중요하게 여겼다. 아버지만큼 어머니의 교육적 역할도 컸다.[21]

"[22]아이들아, 아버지의 훈계를 잘 듣고, 어머니의 가르침을 저버리지 말아라."(잠 1:8)

"아이들아, 아버지의 명령을 지키고, 어머니의 가르침을 저버리지 말아라."(잠 6:20)

"너를 낳아 준 아버지에게 순종하고 늙은 어머니를 업신여기지 말아라."(잠 23:22)

이스라엘에서 5세 이전의 자녀교육은 아버지와 함께 어머니의 책임이었다. 인간 형성이 5세 이전에 거의 이루어진다는 사실을 생각해보면 어머니의 교육의 중요성을 알 수 있다. 오늘날 혈통적으로 유대인으로 인정되는 조건도 어머니가 유대인이어야 한다는 사실 역시 시사하는 바가 크다. 어머니가 유대인인 경우, 자녀는 자동적으로 유대인이 되지만, 아버지가 유대인인 경우, 자녀는 법에 따라 개정 수속을 밟아야 한다. 이것은 1년 이상 매주 랍비에게서 모세 5경 등 유대 민족 공부를 하고 시험에 통과해야하는 과정이다. 이와 같은 과정을 두는 입법 취지에는 모세의 예를 들고 있다. 즉 모세가 유대 민족의 정체성을 유지할 수 있었던 것은 그의 생모가 유모로서 모세를 양육했기 때문이라는 것이다.[23]

5세 이후부터의 자녀교육의 책임은 아버지에게 넘어가지만, 딸에 대한 교육은 여전히 어머니에게 남겨진다. 그러나 어머니는 자녀가 십대가 되어서도 자기 자녀들에 대한 교육에서 중요한 부분을 맡았다.

---

21) J. Wight Dutt, "Education," James Hastings, Louis H. Gray, and John A. Selbie, eds., *Encyclopaedia of Religion and Ethics* (Edinburgh: T. & T. Clark, 1981), 194.

22) 히, '내 아들아'. 스승이 제자를 부르는 말.

23) 류태영, "유대인의 신앙 교육에서 배우는 신앙 대물림의 지혜", 「사목정보」 6:1 (미래사목연구소, 2013.1), 34.

"자식들도 모두 일어나서, 어머니 업적을 찬양하고"(잠 31:28)

지혜서인 잠언 31장 1~9절에서는 어머니가 성인이고 임금인 아들에게까지 훈계를 하고 있다.

"르무엘 왕의 잠언, 곧 그의 어머니가 그에게 교훈한 말씀이다.
내 아들아, 내가 무엇을 말할까? 내 태에서 나온 아들아, 내가 무엇을 말할까? 서원을 하고 얻은 아들아, 내가 무엇을 말할까? 여자에게 너의 힘을 쓰지 말아라. 여자는 임금도 망하게 할 수 있으니, 여자에게 너의 길을 맡기지 말아라. 르무엘아, 임금에게 적합하지 않은 일이 있다. 포도주를 마시는 것은 임금에게 적합한 일이 아니다. 독주를 좋아하는 것은 통치자들에게 적합한 일이 아니다. 술을 마시면 법을 잊어버리고, 억눌린 사람들에게 판결을 불리하게 내릴까 두렵다. 독한 술은 죽을 사람에게 주고, 포도주는 마음이 아픈 사람에게 주어라. 그가 그것을 마시고 자기의 가난을 잊을 것이고, 자기의 고통을 더 이상 기억하지 않을 것이다. 너는 벙어리처럼 할 말을 못하는 사람과 더불어, 고통 속에 있는 사람들의 송사를 변호하여 입을 열어라. 너는 공의로운 재판을 하고, 입을 열어, 억눌린 사람과 궁핍한 사람들의 판결을 바로 하여라."(잠 31:1~9)

가정은 무엇보다 여성들을 위한 교육공간이었다. 회당과 성전, 그리고 일부 축제를 제외하고 가정은 소녀들과 여성에게 훈련과 교육을 제공하는 유일한 기관이었다. 대부분의 소녀들의 경우, 어머니로부터 가르침을 받는 이 같은 관계는 보통 결혼하는 때인 십대 초반 때까지 이어졌다. 소녀들은 여러 가지 살림 기술들을 배웠다. 음식 재료로 요리를 하고, 짚으로 바구니를 짜고, 아마와 양털로 옷을 짜고, 진흙으로 그릇을 만들고, 아이를 사회적 존재로 만드는 일 등, 넓은 범위에 걸쳐 있다.[24] 그러나 일반적으로는 이스라엘 가정에서 어머니는 딸들에게 좋은 아내와 어머니가 되는 길을 가르쳤다. 잠언서에서 좋은 아내에 대한 내용이 언급된 것을 볼 수 있다.

"어진 아내는 남편의 면류관이지만, 욕을 끼치는 아내는 남편의 뼛속을 썩게 한다."(잠 12:4)

"지혜로운 여자는 집을 세우지만, 어리석은 여자는 제 손으로 집을 무너뜨린다."(잠 14:1)

24) Crenshaw, "Education, OT," 198.

"아내를 맞이한 사람은 복을 찾은 사람이요, 주님으로부터 은총을 받은 사람이다."(잠 18:22)

"미련한 아들은 아버지에게 파멸을 가져다주고, 다투기를 잘하는 아내는 새는 천장에서 떨어지는 물과 같다. 집과 재물은 조상에게서 물려받은 유산이지만, 슬기로운 아내는 주님께서 주신다."(잠 19:13~14)

"다투기를 좋아하는 여자와 넓은 집에서 함께 사는 것보다, 차라리 다락 한 구석에서 혼자 사는 것이 더 낫다. 다투며 성내는 아내와 함께 사는 것보다, 광야에서 혼자 사는 것이 더 낫다."(잠 21:9, 19)

또한 아이들이나 노예들 훈육하기 등에 대한 언급도 있다.

"네 아들을 훈계하여라. 그래야 희망이 있다. 그러나 그를 죽일 생각은 품지 말아야 한다."(잠 19:18)

"부모를 저주하는 자식은 암흑 속에 있을 때에 등불이 꺼진다."(잠 20:20)

"마땅히 걸어야 할 그 길을 아이에게 가르쳐라. 그러면 늙어서도 그 길을 떠나지 않는다. 아이의 마음에는 미련한 것이 얽혀 있으나, 훈계의 매가 그것을 멀리 쫓아낸다."(잠 22:6, 15)

3. 자녀

자녀 사랑. 부모가 자식을 사랑하지 않는 일은 불가능하다.

"어머니가 어찌 제 젖먹이를 잊겠으며, 제 태에서 낳은 아들을 어찌 긍휼히 여기지 않겠느냐! 비록 어머니가 자식을 잊는다 하여도, 나는 절대로 너를 잊지 않겠다."(사 49:15)

자녀는 사랑과 부드러운 돌봄의 대상이었다.

"이스라엘이 어린 아이일 때에, 내가 그를 사랑하여 내 아들을 이집트에서 불러냈다."(호 11:1)

"에브라임은 나의 귀한 아들이다. 내가 가장 사랑하는 자식이다. 그를 책망할 때마다 더욱 생각나서, 측은한 마음이 들어 불쌍히 여기지 않을 수 없었다. 나 주의 말이다."(렘 31:20)

"부모가 자식을 가엾게 여기듯이, 주님께서는 주님을 두려워하는 사람을 가엾게 여기신다."(시 103:13)

"주님께서, 우리야의 아내와 다윗 사이에서 태어난 아이를 치시니, 그 아이가 몹시 앓았다. 다윗이 그 어린 아이를 살리려고, 하나님께 간절히 기도를 드리면서 금식하였다. 그는 왕궁으로 돌아와서도 밤을 새웠으며, 맨 땅에 누워서 잠을 잤다."(삼하 12:15~16)

"왕이 목 놓아 울면서 압살롬의 죽음을 슬퍼하고 있다는 소문이 요압에게 전해졌다."(삼하 19:1)

사랑과 동정이 어머니에게서 더 강렬하다는 것은 말할 필요도 없다.

"'아이가 죽어 가는 꼴을 차마 볼 수가 없구나!' 하면서, 화살 한 바탕 거리만큼 떨어져서, 주저앉았다. 그 여인은 아이 쪽을 바라보고 앉아서, 소리를 내어 울었다."(창 21:16)

"그 일꾼은 그 아이를 안아서, 그의 어머니에게로 데리고 갔다. 그 아이는 점심때까지 어머니의 무릎에 누워 있다가, 마침내 죽고 말았다."(왕하 4:20)

성서에서 자녀는 하나님의 선물, 하나님 은혜의 표, 또는 하나님 의지의 표시로 간주되었다. 이 같은 사상은 첫 자녀가 세상에 나오는 것과 관련되어 있다.

"[25]아담이 자기 아내 하와와 동침하니, 아내가 임신하여, 가인을 낳았다. 하와가 말하였다.
'주님의 도우심으로, 내가 남자 아이를 [26]얻었다.'"(창 4:1)

"야곱이 라헬에게 화를 내면서 말하였다.
'내가 하나님이라도 된단 말이오? 당신이 임신할 수 없게 하신 분이 하나님이신데,

---

25) 또는 '그 남자가'.
26) 히브리어 동사 '얻다'(또는 '생산하다')의 발음이 가인이라는 말과 비슷함.

나더러 어떻게 하라는 말이오?'"(창 30:2)

"요셉이 자기 아버지에게 대답하였다.
'이 아이들은 여기에서 하나님이 저에게 주신 자식들입니다.'"(창 48:9상)

"내가 여기에 있고, 주님께서 나에게 주신 이 아이들이 여기에 있다. 나와 아이들은, 시온 산에 계시는 만군의 주님께서 이스라엘에게 보여 주시는, 살아 있는 징조와 예표다."(사 8:18)

"자식은 주님께서 주신 선물이요, 태 안에 들어 있는 열매는, 주님이 주신 상급이다."(시 127:3)

"모태에서 빈손으로 태어났으니, 죽을 때에도 빈손으로 [27]돌아갈 것입니다. 주신 분도 주님이시요, 가져가신 분도 주님이시니, 주님의 이름을 찬양할 뿐입니다."(욥 1:21)

자녀는 하나님이 주시기에 가족이나 공동체의 운명과 긴밀한 관계가 있다. 그것이 행운(헵시바, 임마누엘)이나 불운(이가봇, 로루하마, 마헬살랄하스바스)의 이름에 나타난다.

"그 아이의 이름을 [28]이가봇이라고 지어 주며, '이스라엘에서 영광이 떠났다' 하는 말만을 남겼다. 하나님의 궤를 빼앗긴 데다가, 시아버지도 죽고 남편도 죽었기 때문이었다."(삼상 4:21)

"그러므로 주님께서 친히 다윗 왕실에 한 징조를 주실 것입니다. 보십시오, [29]처녀가 잉태하여 아들을 낳을 것이며, 그가 그의 이름을 [30]임마누엘이라고 할 것입니다."(사 7:14)

"그런 다음에 나는 [31]예언자인 나의 아내를 가까이하였다. 그러자 그 예언자가 임신하여 아들을 낳았는데, 그때에 주님께서 나에게 이렇게 말씀하셨다.
'그의 이름을 '마헬살랄하스바스'라고 하여라.'"(사 8:3)

---

27) 또는 '떠날 것입니다'.
28) '영광이 없음'.
29) 칠십인 역을 따름. 히, '젊은 여인이'.
30) '하나님이 우리와 함께 계신다'.
31) 또는 '여자 예언자' 또는 '예언자의 아내'.

> "고멜이 다시 임신하여 딸을 낳았다. 이때에 주님께서 호세아에게 말씀하셨다.
> '그 딸의 이름은 [32]로루하마라고 하여라. 내가 다시는 이스라엘 족속을 불쌍히 여기지도 않고, 용서하지도 않겠다.'"(호 1:6)

예언자들의 경우, 아이는 당대에 기쁜 소식을 전하거나 경고를 하는 특별한 사명을 띠고 세상에 보내졌다는 생각을 갖고 있었다.[33]

남아 선호. 아들은 아버지의 이름과 대를 잇기 때문에 선호되었다. 이것은 본성적이기도 한데, 아들의 출생은 큰 기쁨이었다. 그러므로 독자의 죽음은 슬픔과 애탄이었다.

> "나의 딸, 나의 백성아, 너는 굵은 베 옷을 허리에 두르고, 잿더미 속에서 뒹굴어라. 외아들을 잃은 어머니처럼 통곡하고, 슬피 울부짖어라. 멸망시키는 자가 갑자기 우리를 덮쳐 올 것이다."(렘 6:26)

> "내가 너희의 모든 절기를 통곡으로 바꾸어 놓고, 너희의 모든 노래를 만가로 바꾸어 놓겠다. 내가 모든 사람에게 굵은 베 옷을 입히고, 머리를 모두 밀어서 대머리가 되게 하겠다. 그래서 모두들 외아들을 잃은 것처럼 통곡하게 하고, 그 마지막이 비통한 날이 되게 하겠다."(암 8:10)

> "내가, 다윗 집안과 예루살렘에 사는 사람들에게 '은혜를 구하는 영'과 '용서를 비는 영'을 부어 주겠다. 그러면 그들은, 나 곧 그들이 찔러 죽인 그를 바라보고서, 외아들을 잃고 슬피 울듯이 슬피 울며, 맏아들을 잃고 슬퍼하듯이 슬퍼할 것이다."(슥 12:10)

대를 이어야 한다는 마음은 아버지의 이름이 보존되는 것이었지만 여자들에게도 강했다. 일부다처제 사회에서 자녀가 없는 부인의 느낌은 견딜 수 없었을 것이다.

> "하루는 큰 딸이 작은 딸에게 말하였다.
> '우리 아버지는 늙으셨고, 아무리 보아도 이 땅에는 세상 풍속대로 우리가 결혼할 남자가 없다. 그러니 우리가 아버지께 술을 대접하여 취하시게 한 뒤에, 아버지 자리에 들어가서, 아버지에게서 씨를 받도록 하자.'"(창 19:31~32)

---

32) '불쌍히 여김을 받지 못하는 딸'.
33) Morris, *The Jewish School*, 205.

"라헬은 자기와 야곱 사이에 아이가 없으므로, 언니를 시새우며, 야곱에게 말하였다. '나도 아이 좀 낳게 해주셔요. 그렇지 않으면, 죽어 버리겠어요.'"(창 30:1)

"아들이 없다는 이유로 아버지의 가족 가운데서 아버지의 이름이 없어져야 한다니, 어찌 이럴 수가 있습니까? 우리 아버지의 남자 친족들이 유산을 물려받을 때에, 우리에게도 유산을 주시기 바랍니다."(민 27:4)

"한나는 서원하며 아뢰었다.
'만군의 주님, 주님께서 주님의 종의 이 비천한 모습을 참으로 불쌍히 보시고, 저를 기억하셔서, 주님의 종을 잊지 않으시고, 이 종에게 아들을 하나 허락하여 주시면, 저는 그 아이의 한평생을 주님께 바치고, 삭도를 그의 머리에 대지 않도록 하겠습니다.'"(삼상 1:11)

아들이 호의를 받은 반면에 딸은 가족에게 환영받지 못했던 것 같다. 그러나 성서에 그에 대한 경멸적 태도를 보이는 경우는 없다.[34] 딸을 자랑하는 경우는 있다. 따라서 아들과 딸에 대한 부모의 사랑에는 거의 차별이 없었다고 볼 수 있다.[35]

"젊어서 낳은 자식은 용사의 손에 쥐어 있는 화살과도 같으니"(시 127:4)

"네 집 안방에 있는 네 아내는 열매를 많이 맺는 포도나무와 같고, 네 상에 둘러앉은 네 아이들은 올리브 나무의 묘목과도 같다."(시 128:3)

"우리의 아들들은 어릴 때부터 나무처럼 튼튼하게 잘 자라고, 우리의 딸들은 궁전 모퉁이를 장식한 우아한 돌기둥처럼 잘 다듬어지고"(시 144:12)

"그는 아들 일곱과 딸 셋을 낳았다. 첫째 딸은 [36]여미마, 둘째 딸은 [37]긋시아, 셋째 딸은 [38]게렌합북이라고 불렀다. 땅 위의 어디에서도 욥의 딸들처럼 아리따운 여자를 찾아볼 수 없었다. 더욱이 그들의 아버지는, 오라비들에게 준 것과 똑같이, 딸들에게도 유산을 물려주었다."(욥 42:13~15)

---

34) G. H. Payne, "The Child in Human Progress," 194, 198. Morris, *The Jewish School*, 207 재인용.
35) Morris, *The Jewish School*, 207.
36) '비둘기'.
37) '계피 향'.
38) 화장도구, 특히 눈 화장에 사용.

"어울려서 노는 소년 소녀들이 이 도성의 광장에 넘칠 것이다."(슥 8:5)

자녀의 지위. 그러나 성서에는 자녀를 유기하는 경우도 있었음을 언급한다.

"사라가 보니, 이집트 여인 하갈과 아브라함 사이에서 태어난 아들이 이삭을 놀리고 있었다.
사라가 아브라함에게 말하였다.
'저 여종과 그 아들을 내보내십시오. 저 여종의 아들은 나의 아들 이삭과 유산을 나누어 가질 수 없습니다.'
그러나 아브라함은, 그 아들도 자기 아들이므로, 이 일로 마음이 몹시 괴로웠다. 하나님이 그에게 말씀하셨다.
'그 아들과 그 어머니인 여종의 일로 너무 걱정하지 말아라. 이삭에게서 태어나는 사람이 너의 씨가 될 것이니, 사라가 너에게 말한 대로 다 들어 주어라.'"(창 21:9~12)

"네가 태어난 것을 말하자면, 네가 태어나던 날, 아무도 네 탯줄을 잘라 주지 않았고, 네 몸을 물로 깨끗하게 씻어 주지 않았고, 네 몸을 소금으로 문질러 주지 않았고, 네 몸을 포대기로 감싸 주지도 않았다. 이 모든 것 가운데서 한 가지만이라도 너에게 해 줄 만큼 너를 불쌍하게 여기고 돌보아 준 사람이 없다. 오히려 네가 태어나던 바로 그 날에, 사람들이 네 목숨을 천하게 여기고, 너를 내다가 들판에 버렸다."(겔 16:4~5)

"나의 아버지와 나의 어머니는 나를 버려도, 주님은 나를 돌보아 주십니다."(시 27:10)

"들녘의 암사슴도 연한 풀이 없어서, 갓낳은 새끼까지 내버린다."(렘 14:5)
"내 백성의 도성이 망하였다. 아이들과 젖먹이들이 성 안 길거리에서 기절하니, 나의 눈이 눈물로 상하고, 창자가 들끓으며, 간이 땅에 쏟아진다.
아이들이 어머니의 품에서 숨져 가면서, 먹을 것 마실 것을 찾으며 달라고 조르다가, 성 안 길거리에서 부상당한 사람처럼 쓰러진다. 온 밤 내내 시간을 알릴 때마다 일어나 부르짖어라. 물을 쏟아 놓듯, 주님 앞에 네 마음을 쏟아 놓아라.
거리 어귀어귀에서, 굶주려 쓰러진 네 아이들을 살려 달라고, 그분에게 손을 들어 빌어라.
'주님, 살펴 주십시오. 주님께서 예전에 사람을 이렇게 다루신 적이 있으십니까? 어떤 여자가 사랑스럽게 기른 자식을 잡아먹는단 말입니까? 어찌 주님의 성전에서, 제사장과 예언자가 맞아 죽을 수 있습니까?'"(애 2:11~12, 19~20)

"순금만큼이나 고귀한 시온의 아들들이, 어찌하여 토기장이들이 빚은 질그릇 정도로

나 여김을 받는가? 들개들도 제 새끼에게 젖을 물려 빨리는데, 내 백성의 도성은 사막의 타조처럼 잔인하기만 하구나. 젖먹이들이 목말라서 혀가 입천장에 붙고, 어린 것들이 먹을 것을 달라고 하여도 한 술 떠주는 이가 없구나. 지난 날 맛있는 음식을 즐기던 이들이 이제 길거리에서 처량하게 되고, 지난 날 색동옷을 입고 자라던 이들이 이제 거름 더미에 뒹구는구나."(애 4:2~5)

자식들은 희생 제물에도 노출되어 있었다.

"하나님이 아브라함을 시험해 보시려고, 그를 부르셨다. '아브라함아!' 하고 부르시니, 아브라함은 '예, 여기에 있습니다.' 하고 대답하였다.
하나님이 말씀하셨다.
'너의 아들, 네가 사랑하는 외아들 이삭을 데리고 모리아 땅으로 가거라. 내가 너에게 일러주는 산에서 그를 번제물로 바쳐라.'"(창 22:1~2)

"입다가 주님께 서원하였다.
'하나님이 암몬 자손을 내 손에 넘겨주신다면, 내가 암몬 자손을 이기고 무사히 돌아올 때에, 누구든지 내 집 문에서 먼저 나를 맞으러 나오는 그 사람은 주님의 것이 될 것입니다. 내가 번제물로 그를 드리겠습니다.'
입다가 미스바에 있는 자기 집으로 돌아올 때에, 소고를 치고 춤추며 그를 맞으려고 나오는 사람은 바로 그의 딸이었다. 그는 입다의 무남독녀였다. 입다는 자기 딸을 보는 순간 옷을 찢으며 부르짖었다.
'아이고, 이 자식아, 네가 이 아버지의 가슴을 후벼 파는구나. 나를 이렇게 괴롭히는 것이 하필이면 왜 너란 말이냐! 주님께 서원한 것이어서 돌이킬 수도 없으니, 어찌한단 말이냐!'
그러자 딸이 아버지에게 말하였다.
'아버지, 아버지께서 입으로 주님께 서원하셨으니, 서원하신 말씀대로 저에게 하십시오. 이미 주님께서는 아버지의 원수인 암몬 자손에게 복수하여 주셨습니다.'"(삿 11:30~31, 34~36)

그러나 이 같은 경우는 예외적이라 하겠다. 고대 이스라엘에서 자녀는 나름대로 일꾼인 농경 사회의 조건과 결합되어 하나님의 선물이라는 생각이 일반적이었다.[39] 자녀를 버리거나 신에게 바치는 것은 혐오스럽게 여겼다.

"당신들은 주 당신들의 하나님을 섬길 때에 이방 민족들이 그들의 신들을 섬기는 방식으로 섬겨서는 안 됩니다. 주님께서는 그들이 신들을 섬길 때에 사용하는 모든 의

39) Morris, *The Jewish School*, 208.

식을 싫어하시고 역겨워하십니다. 그들은 자기들의 아들이나 딸마저도 불에 살라 신에게 바칩니다."(신 12:31)

"그래서 모압 왕은, 자기를 대신하여 왕이 될 장자를 죽여, 성벽 위에서 번제로 드렸다. 이것을 본 이스라엘 사람들은 크게 당황하여, 그곳을 버리고 고국으로 돌아갔다."(왕하 3:27)

"아와 사람들은 닙하스와 다르닥을 만들었으며, 스발와임 사람들은 자기들의 신인 아드람멜렉과 아남멜렉에게 그들의 자녀를 불살라 바치기도 하였다."(왕하 17:31)

"나는 그들이 모두 맏아들을 제물로 바치도록 시켰고, 그들이 바치는 그 제물이 그들을 더럽히게 하였다. 내가 이렇게 한 것은, 그들을 망하게 하여 내가 주인 줄 그들이 알게 하려는 것이었다."(겔 20:26)

"수천 마리의 양이나, 수만의 강줄기를 채울 올리브기름을 드리면, 주님께서 기뻐하시겠습니까? 내 허물을 벗겨 주시기를 빌면서, 내 맏아들이라도 주님께 바쳐야 합니까? 내가 지은 죄를 용서하여 주시기를 빌면서, 이 몸의 열매를 주님께 바쳐야 합니까?"(미 6:7)

"너희는 [40]상수리나무 사이에서, 모든 푸른 나무 아래에서, 정욕에 불타 바람을 피우며, 골짜기 가운데서, 갈라진 바위 밑에서, 자식들을 죽여 제물로 바쳤다."(사 57:5)

"그들은 자기들의 아들과 딸들을 불태워 제물로 바치려고 '힌놈의 아들 골짜기'에 도벳이라는 산당을 쌓아 놓았는데, 그런 것은 내가 명하지도 않았고, 상상조차도 하여 본 적이 없다."(렘 7:31)

"그들은 제 자식들을 바알에게 번제물로 불살라 바치려고, 바알의 산당들을 세움으로써, 내가 그들에게 명한 적도 없고, 말한 적도 없는, 내가 상상조차도 하여 본 적이 없는 죄를 저질렀기 때문이다."(렘 19:5)

"너는, 우리 사이에서 태어난 아들들과 네 딸들을 데려다가, 우상들에게 제물로 바쳐 불사르게 하였다. 너의 음욕이 덜 찼느냐? 네가 내 아들딸마저 제물로 바쳤다. 또 네가 그들을 불 속으로 지나가게 하였다."(겔 16:20~21)

40) 또는 '우상으로 더불어'.

"나는 그들이 모두 맏아들을 제물로 바치도록 시켰고, 그들이 바치는 그 제물이 그들을 더럽히게 하였다. 내가 이렇게 한 것은, 그들을 망하게 하여 내가 주인 줄 그들이 알게 하려는 것이었다. … 또 너희는 온갖 제물을 바치고 너희 아들들을 불 가운데로 지나가게 하여 제물로 바침으로써, 너희가 오늘날까지 우상들을 섬김으로써, 너희 자신을 더럽히고 있다."(겔 20:26, 31상)

"오히려 그는 이스라엘의 왕들이 걸어간 길을 걸어갔고, 자기의 41)아들을 불에 태워 제물로 바쳤다."(왕하 16:3상)

"그는 자기의 아들들을 42)불살라 바치는 일도 하고"(왕하 21:3)

"'힌놈의 아들 골짜기'에서 분향을 하고, 자기 아들을 불에 태워 제물로 바쳤다. 이것은 주님께서 이스라엘 자손이 보는 앞에서 쫓아내신 이방 민족들의 역겨운 풍속을 본받는 행위였다."(대하 28:3)

"아들들을 '힌놈의 아들 골짜기'에서 43)번제물로 살라 바쳤으며, 점쟁이를 불러 점을 치게 하고, 마술사를 시켜 마법을 부리게 하고, 악령과 귀신들을 불러내어 묻곤 하였다. 이렇게 하여, 그는 주님께서 보시기에 악한 일을 많이 하여, 주님께서 진노하시게 하였다."(대하 33:6)

"이스라엘 자손 가운데서 어떤 사람이든지, 또는 이스라엘에서 나그네로 사는 외국 사람 가운데서 어떤 사람이든지, 제 자식을 몰렉에게 제물로 준다면, 그를 반드시 사형에 처해야 한다. 그 지방 사람이 그를 돌로 쳐죽여야 한다. 나도 바로 그런 자에게 진노하여, 그를 자기 백성에게서 끊어지게 하겠다. 그가 자식을 몰렉에게 주어 나의 성소를 더럽히고, 나의 거룩한 이름을 욕되게 하였기 때문이다. 그 지방 사람이, 자식을 몰렉에게 준 자를 눈감아 주고, 그를 사형에 처하지 않으면, 내가 직접 그와 그의 가문에 진노를 부어서 그는 물론이고, 그를 따라 몰렉을 섬기며 음란한 짓을 한 자들을, 모조리 자기 백성에게서 끊어지게 하겠다."(레 20:2~5)

이스라엘은 자식을 제물로 바치는 것과 같은 행위를 대단히 혐오스럽게 보았으며 아이들을 그와 같은 희생으로부터 해방시키려고 했다. 간혹 아이를 제물로 삼는 것과 같은 경우가 있었는데 그 같은 경우는 포위와 굶주림으로 인한 극심한 고통스런 상황으로 예외적이다. 성서에는 그와 같은 경우가 여섯 차례

41) 또는 '아들을 불로 지나가게 하였다'.
42) 또는 '불로 지나가게 하고'.
43) 히, '불 가운데로 지나가게 하였으며'.

등장하는데, 그 중 둘은 실제 사건을 묘사하려한 것 같다.[44)]

> "너희는 너희 아들의 살과 딸의 살이라도 먹을 것이다."(레 26:29)

> "당신들의 원수가 당신들을 에워싸서 당신들에게 먹거리가 떨어지면, 당신들은 당신들의 뱃속에서 나온 자식 곧 주 당신들의 하나님이 당신들에게 주신 당신들의 아들딸을 잡아서, 그 살을 먹을 것입니다."(신 28:53)

> "어느 날 이스라엘 왕이 성벽 위를 지나가고 있을 때에, 한 여자가 왕에게 부르짖었다.
> '높으신 임금님, 저를 좀 살려 주십시오.'
> '도대체 무슨 일로 그러오?'
> 그 여자가 말하였다.
> '며칠 전에 이 여자가 저에게 말하기를 '네 아들을 내놓아라. 오늘은 네 아들을 잡아서 같이 먹고, 내일은 내 아들을 잡아서 같이 먹도록 하자.' 하였습니다. 그래서 우리는 우선 제 아들을 삶아서, 같이 먹었습니다. 다음날 제가 이 여자에게 '네 아들을 내놓아라. 우리가 잡아서 같이 먹도록 하자.' 하였더니, 이 여자가 자기 아들을 숨기고 내놓지 않습니다.'"(왕하 6:26, 28~29)

> "너희 가운데서 아버지가 자식을 잡아먹고, 자식이 아버지를 잡아먹을 것이다."(겔 5:10상)

> "주님, 살펴 주십시오. 주님께서 예전에 사람을 이렇게 다루신 적이 있으십니까? 어떤 여자가 사랑스럽게 기른 자식을 잡아먹는단 말입니까?"(애 2:20)

> "내 백성의 도성이 망할 때에, 자애로운 어머니들이 제 손으로 자식들을 삶아서 먹었다."(애 4:10)

고대 이스라엘에서 자녀는 하나의 소유, 즉 아버지의 재산이었다. 아버지는 자녀를 땅이나 소출이나 소와 양 같은 다른 재산을 다루듯 할 수 있었다.

> "또 당신들을 사랑하고 복을 주셔서 번성하게 하실 것입니다. 당신들에게 주시겠다고 당신들의 조상에게 맹세하신 땅에서, 당신들에게 복을 주셔서 자식을 많이 보게 하시고, 땅에 복을 주셔서 열매와 곡식과 새 술과 기름을 풍성하게 내게 하시고, 소와 양에게도 복을 주셔서 새끼를 많이 낳게 하여 주실 것입니다"(신 7:13)

---

44) Morris, *The Jewish School*, 210.

"당신들의 태가 복을 받아 자식을 많이 낳고, 땅이 복을 받아 열매를 풍성하게 내고, 집짐승이 복을 받아 번식할 것이니, 소도 많아지고 양도 새끼를 많이 낳을 것입니다. 주님께서는, 당신들에게 주시겠다고 당신들의 조상에게 약속하신 이 땅에서, 당신들 몸의 소생과 가축의 새끼와 땅의 소출이 풍성하도록 하여 주실 것입니다. 당신들의 몸에서 태어난 자녀와 당신들 땅의 곡식과 소 새끼와 양 새끼도 저주를 받을 것입니다."(신 28:4, 11, 17, 18)

"[45]예언자 수련생들의 아내 가운데서 남편을 잃은 어느 한 여인이, 엘리사에게 부르짖으며 호소하였다.
'예언자님의 종인 저의 남편이 죽었습니다. 예언자님께서도 아시다시피 그는 주님을 경외하는 사람이었습니다. 그런데 빚을 준 사람이 와서, 저의 두 아들을 자기의 노예로 삼으려고 데려가려 합니다.'"(왕하 4:1)

"르우벤이 아버지에게 말하였다.
'제가 베냐민을 다시 아버지께로 데리고 오지 못한다면, 저의 두 아들을 죽이셔도 좋습니다. 막내를 저에게 맡겨 주십시오. 제가 반드시 아버지께로 다시 데리고 오겠습니다.'"(창 42:37)

가족은 개인의 집합이 아니라 전체로서 간주되었다. 개인적 자유나 도덕적 책임을 위한 여지는 없었다. 개인은 가족이나 부족에 함몰된 존재였다.[46]

"여호수아가 말하였다.
'너는 어찌하여 우리를 괴롭게 하느냐? 오늘 주님께서 너를 괴롭히실 것이다.'
그러자 온 이스라엘 백성이 그를 돌로 쳐서 죽이고, 남은 가족과 재산도 모두 돌로 치고 불살랐다."(수 7:25)

"'그의 자손 가운데서 남자 일곱 명을 우리에게 넘겨주시기를 바랍니다. 그러면 주님께서 택하신 왕 사울이 살던 기브아에서, 우리가 주님 앞에서 그들을 나무에 매달겠습니다.'
왕이 약속하였다.
'내가 그들을 넘겨주겠소.'
그러나 다윗은 사울의 아들인 요나단과 그들 사이에 계시는 주님 앞에서 맹세한 일을 생각하여, 사울의 손자요 요나단의 아들인 므비보셋은, 아껴서 빼놓았다. 그 대신에 왕은 아야의 딸 리스바가 사울과의 사이에서 낳은 두 아들인 알모니와 므비보셋

45) 히, '예언자들의 아들들'.
46) Morris, *The Jewish School*, 212.

을 붙잡고, 또 사울의 딸 메랍이 므홀랏 사람 바르실래의 아들인 아드리엘과의 사이에서 낳은 아들 다섯을 붙잡아다가, 기브온 사람의 손에 넘겨주었다."(삼하 21:6, 9상)

그러나 이 같은 가족 집단주의는 예레미야와 에스겔에 의해 극복된다.

"그때가 오면, 사람들이 더 이상 '아버지가 신포도를 먹었기 때문에, 자식들의 이가 시게 되었다'는 말을 하지 않을 것이다."(렘 31:29)

"사람아, 만약 어떤 나라가 가장 불성실하여 나에게 죄를 지으므로, 내가 그 나라 위에 손을 펴서 그들이 의지하는 양식을 끊어 버리고, 그 나라에 기근을 보내며, 그 나라에서 사람과 짐승을 사라지게 한다고 하자. 비록 그 나라 가운데 노아와 [47]다니엘과 욥, 이 세 사람이 있다 하더라도, 그 세 사람은 자신의 의로 말미암아 자신의 목숨만 겨우 건질 것이다. 나 주 하나님의 말이다. 내가 나의 삶을 두고 맹세하건대, 비록 이 세 사람이 그 가운데 있다 하더라도, 그들은 아들이나 딸도 건져 내지 못하고, 그들 자신만 겨우 구출할 것이며, 그 땅은 황무지가 될 것이다. 나 주 하나님의 말이다. 비록 이 세 사람이 그 가운데 있다 하더라도, 내가 나의 삶을 두고 맹세하건대, 그들은 아들이나 딸도 건지지 못하고 그들 자신의 목숨만 겨우 건질 것이다. 나 주 하나님의 말이다. 비록 노아와 다니엘과 욥이 그 가운데 있을지라도, 내가 나의 삶을 두고 맹세하건대, 그들은 아들이나 딸도 건지지 못할 것이다. 그들마저도 자신의 의로 말미암아 그들의 목숨만 겨우 건질 것이다. 나 주 하나님의 말이다."(겔 14:13, 16, 18, 20)

"죄를 지은 영혼 바로 그 사람이 죽을 것이며, 아들은 아버지의 죄에 대한 벌을 받지 않을 것이며, 아버지가 아들의 죄에 대한 벌도 받지 않을 것이다. 의인의 의도 자신에게로 돌아가고, 악인의 악도 자신에게로 돌아갈 것이다."(겔 18:20)

"너 사람아, 네 민족의 자손 모두에게 전하여라. 의인이라고 해도 죄를 짓는 날에는 과거의 의가 그를 구원하지 못하고, 악인이라고 해도 자신의 죄악에서 떠나 돌이키는 날에는 과거의 악이 그를 넘어뜨리지 못한다고 하여라. 그러므로 의인도 범죄하는 날에는 과거에 의로웠다는 것 때문에 살 수는 없다."(겔 33:12)

종교적 의무. 남자 아이가 네 살이 되면 부모와 함께 회당에 참석했다. 남자 아이의 법적 책임은 13세부터 시작된다.[48] 또는 율법의 준수는 여자 아이를 포

---

47) 히, '다넬'. 히브리어의 자음 표기가 예언자 다니엘과는 다르므로, 서로 다른 인물일 수도 있음.
48) *Aboth* V, 21. Sherrill, *The Rise of Christian Education*, 66 재인용.

함해 사춘기 징후가 나타나기 시작하는 때부터 보았다.[49] 남자 아이는 테필라의 의무가 있었으며, 식사 후 축복기도를 할 수 있었고, 탈리트(유대 남자가 아침 예배 때 어깨에 걸치는 겉옷)를 입었다. 미성년일지라도 회당에서 토라를 읽고 설명할 수 있었다.[50]

그러나 남자 아이들의 절기 참석 등의 종교적 의무는 사춘기이전부터 시작되었다. 가정에서의 가족적 의식 외에, 아이는 부모와 동행해서 성전 순례를 했다. 아이가 예루살렘에서 성전으로 올라가는 동안 아버지의 등에 업히지 않을 정도가 되면, 유월절, 오순절, 초막절 등에 성전에 올라갈 의무가 있었다.[51] 초기에 이것은 지방 성소로의 여행을 의미했다.

> "마침내 아이가 젖을 떼니, 한나는 아이를 데리고, [52]삼 년 된 수소 한 마리를 끌고, 밀가루 한 에바와 포도주가 든 가죽부대 하나를 가지고, 실로로 올라갔다. 한나는 어린 사무엘을 데리고 실로에 있는 주님의 집으로 갔다."(삼상 1:24)

그러나 그 뒤 신명기적 개혁 후에 그 순례는 예루살렘 성전에 대한 것으로 바뀌었다.[53]

> "모든 남자는 한 해에 세 번, 무교절과 칠칠절과 초막절에, 주 당신들의 하나님이 택하신 곳으로 가서 주님을 뵈어야 합니다."(신 16:16)

이 순례들은 희생제이기 때문일 뿐만 아니라 이 절기 동안에 베풀어지는 가르침과 기도 때문에 중요했다. 예를 들어, 토라(tôrâ)는 매 7년마다 초막절 기간 동안에 공적으로 읽혀졌다.

> "당신들은 이 백성의 남녀와 어린 아이만이 아니라 성 안에서 당신들과 같이 사는 외국 사람도 불러 모아서, 그들이 율법을 듣고 배워서, 주 당신들의 하나님을 경외하며, 이 율법의 모든 말씀을 지키도록 하십시오."(신 31:12)

---

49) *Niddah* VI, 11. Sherrill, *The Rise of Christian Education*, 66 재인용.

50) *Megillah* IV, 6. Sherrill, *The Rise of Christian Education*, 66 재인용.

51) *Hagiga* I, 1, 6a; 또한 녀 · 모 II, 8eh 참조. Sherrill, *The Rise of Christian Education*, 66 재인용.

52) 사해 사본과 칠십인 역과 시리아어 역을 따름. 마소라 본문에는 '수소 세 마리'.

53) André Lemaire, "Education (Israel)," David N. Freedman, ed., *The Anchor BiBle Dictionary* 2 (New York: Doubleday, 1992), 307.

아마 교육의 일부 또는 유사한 내용들도 역시 매 축제 때, 특히 언약 갱신 기간 동안, 공적으로 읽혀졌을 것이다.[54)]

"그가 '언약의 책'을 들고 백성에게 낭독하니, 그들은 '주님께서 명하신 모든 말씀을 받들어 지키겠다'고 말하였다."(출 24:7)

실제로 이 대가족 가운데, 아이는 일반 교육 뿐만 아니라 국가적 전통에 관한 가르침, 특히 유월절과 같은 가족 명절들 기간 동안 아이들은 질문을 하는 능동적 역할을 했다.[55)]

"만일 자네의 아버님이 내가 왜 안 보이느냐고 물으시거든, 그때 자네는, 내가 우리 고향 베들레헴으로 가서 온 가족과 함께 거기에서 매년 제를 드릴 때가 되어, 급히 가 보아야 한다고, 말미를 달라고 해서, 허락해 주었다고 말씀드려 주게."(삼상 20:6)

"내가 이집트 사람들을 어떻게 벌하였는지를, 그리고 내가 그들에게 어떤 이적을 보여 주었는지를, 네가 너의 자손에게도 알리게 하려고, 또 내가 주님임을 너희에게 가르치려고 그렇게 한 것이다."(출 10:2)

"여러분의 아들딸이 여러분에게 '이 예식이 무엇을 뜻합니까?' 하고 물을 것입니다. 그러면 여러분은 그들에게 '이것은 주님께 드리는 [56)]유월절 제사다. 주님께서 이집트 사람을 치실 때에, 이집트에 있던 이스라엘 자손의 집만은 그냥 지나가셔서, 우리의 집들을 구하여 주셨다.' 하고 이르십시오."(출 12:26~27)

이 모든 가르침은 청취뿐만 아니라 반복과 노래를 통해 암기되었다. 시편, 특히 역사 또는 가르침(토라)에 대한 명상의 시편들은 이런 면에서 중요한 역할을 했다. 시편은 국가의 과거와 그 기본적 원리들에 관한 학습을 위한 좋은 교육적 수단이었다.

"내 백성아, 내 교훈(tôrātî)을 들으며, 내 말에 귀를 기울여라. 내가 입을 열어서 비유로 말하며, 숨겨진 옛 비밀을 밝혀 주겠다. 이것은 우리가 들어서 이미 아는 바요, 우리 조상들이 우리에게 전하여 준 것이다."(시 78:1~3)

---

54) Lemaire, "Education (Israel)," 307.
55) Lemaire, "Education (Israel)," 307.
56) '유월절(페싸흐)'과 '지나가다(파싸흐)'가 같은 어원에서 나옴.

이 같은 종류의 교육적 역사적 명상은 여러 시편들에서 잘 증명된다(시 44; 105; 106; 114; 136), 다른 시편들은 도덕 교육을 더 주장한다(참조 시 15; 19; 50; 119).[57]

순례 축제들 외에, 고대 이스라엘의 종교와 국가적 교훈을 배울 수 있는 교육적 수단들 중의 하나는 이스라엘 축제들을 정례화한 의식이었다. 초기 제1성전기 동안에 이것은 초하루와 보름날을 포함했다.

> "남편이 말하였다.
> '왜 하필 오늘 그에게 가려고 하오? 오늘은 초하루도 아니고 안식일도 아니지 않소?'"(왕하 4:23)
>
> "안식일 당번, 안식일 비번, 안식일 당번인 사람들과 안식일 비번인 사람들"(왕하 11:5, 7, 9)
>
> "초하루와 안식일과 대회로 모이는 것"(사 1:13)
>
> "[58]초하루 축제가 언제 지나서, 우리가 곡식을 팔 수 있을까? 안식일이 언제 지나서, 우리가 밀을 낼 수 있을까?"(암 8:5중)
>
> "새 달과 대보름날에, 우리의 축제날에, 나팔을 불어라."(시 81:3)

에스라에 의한 율법 선포 이후에는 매 일곱 번째 날이 아동들뿐만 아니라 성인들의 종교 교육을 위해 사용되었다.[59]

> "하나님은 하시던 일을 [60]엿샛날까지 다 마치시고, 이렛날에는 하시던 모든 일에서 손을 떼고 쉬셨다. 이렛날에 하나님이 창조하시던 모든 일에서 손을 떼고 쉬셨으므로, 하나님은 그 날을 복되게 하시고 거룩하게 하셨다."(창 2:2~3)
>
> "이렛날은 안식일이니"(출 16:26중)
>
> "이렛날은 주 너희 하나님의 안식일이니, 너희는 어떤 일도 해서는 안 된다. 너희나,

---

57) Lemaire, "Education (Israel)," 308.
58) 또는 '새 달' 축제.
59) Lemaire, "Education (Israel)," 308.
60) 사마리아 오경과 칠십인 역과 시리아어 역을 따름. 히, '이렛날까지'.

너희의 아들이나 딸이나, 너희의 남종이나 여종만이 아니라, 너희 집짐승이나, 너희의 집에 머무르는 나그네라도, 일을 해서는 안 된다."(출 20:10)

"엿새 동안은 일을 하고, 이렛날은 나 주에게 바친 거룩한 날이므로, 완전히 쉬어야 한다. 안식일에 일하는 사람은 반드시 죽여야 한다. 이스라엘 자손은 이 안식일을 영원한 언약으로 삼아, 그들 대대로 지켜야 한다. 이것은 나와 이스라엘 자손 사이에 세워진 영원한 표징이니, 이는, 나 주가 엿새 동안 하늘과 땅을 만들고 이렛날에는 쉬면서 숨을 돌렸기 때문이다."(출 31:15~17)

"엿새 동안은 일을 하여라. 그러나 이렛날은 반드시 쉬어야 하는 안식일이다. 거룩한 모임을 열어야 하고, 어떤 일도 해서는 안 된다. 이 날은 너희가 살고 있는 모든 곳에서 지킬 주의 안식일이다."(레 23:3)

"이렛날은 주 너희 하나님의 안식일이니, 너희는 어떤 일도 해서는 안 된다. 너나, 너의 아들이나 딸이나, 너희의 남종이나 여종뿐만 아니라, 너희의 소나 나귀나, 그 밖에 모든 집짐승이나, 너희의 집안에 머무르는 식객이라도, 일을 해서는 안 된다. 너희의 남종이나 여종도 너와 똑같이 쉬게 하여야 한다."(신 5:14)

안식년에 성전 구석구석에서 율법이 읽혀지면 아동을 그곳에 데려가야만 한다는 규정도 있었다.

"모세가 그들에게 명령하였다. '일곱 해가 끝날 때마다, 곧 빚을 면제해 주는 해의 초막절에, 온 이스라엘이 주 당신들의 하나님을 뵈려고 그분이 택하신 곳으로 나오면, 당신들은 이 율법을 온 이스라엘 백성 앞에서 읽어서, 그들의 귀에 들려주십시오. 당신들은 이 백성의 남녀와 어린 아이만이 아니라 성 안에서 당신들과 같이 사는 외국 사람도 불러 모아서, 그들이 율법을 듣고 배워서, 주 당신들의 하나님을 경외하며, 이 율법의 모든 말씀을 지키도록 하십시오."(신 31:10~12)

그밖에 아동들은 사고와 행동을 자극하는 다양한 교육의 장을 경험했다. 예를 들어, 공동체, 부족 혹은 민족의 다양한 제도, 관습, 축제와 활동, 전쟁, 사냥, 원정, 재판정이나 장소, 그리고 성전 등이었다.[61]

여성의 지위. 아들과 달리 딸은 결혼하기 전까지는 아버지의 재산이었다. 아

61) Fletcher H. Swift, *Education In Ancient Israel: From Earliest Times To 70 A.D.*, 유재덕 역, 『고대 이스라엘의 종교교육: 발생부터 AD 70년까지』 (서울: 소망, 2012), 46.

버지는 딸을 파는 식으로 결혼시키거나 노예로 팔 수도 있었다. 다만 창녀로 파는 것은 금지되었다.

"아버지께서는 우리를 아주 딴 나라 사람으로 여기십니다. 아버지께서는 우리를 파실 뿐만 아니라, 우리 몫으로 돌아올 것까지 다 가지셨습니다."(창 31:15)

"남의 딸을 종으로 샀을 경우에는, 남종을 내보내듯이 그렇게 내보내지는 못한다."(출 21:7)

"어떤 사람이 아직 약혼하지 않은 처녀를 꾀어서 건드리면, 그는 반드시 신부의 몸값을 내고, 그 여자를 아내로 맞아들여야 한다."(출 22:16)

"그 남자는 그 처녀의 아버지에게 은 오십 세겔을 지불해야 합니다. 그리고 그 여자에게 욕을 보인 대가로 그 여자는 그의 아내가 되고, 그는 평생 동안 그 여자와 이혼할 수 없습니다."(신 22:29)

"너는 네 딸을 [62]창녀로 내놓아서, 그 몸을 더럽혀서는 안 된다. 딸을 창녀로 내놓으면, 이 땅은 온통 음란한 풍습에 젖고, 망측한 짓들이 온 땅에 가득하게 될 것이다."(레 19:29)

딸의 지위가 이렇게 낮았기 때문에 자녀에게 토라를 가르쳐야할 아버지의 의무도 딸에게는 해당이 되지 않았다. 딸은 집안일에 매진하면 되었다. 곡식을 빻고, 물을 길어오고, 동생을 업어주고, 돌봐주어야 했다. 학교에도 갈 수 없었다. 그러니 자연스레 무식할 수밖에 없었다.[63]

여성은 처음에 종교 행위에서 배제되지 않았으나, 언제부터인가 가사나 신체적 조건 때문에 정해진 시기에 따른 의식에 참여하지 못하고 배제된 것 같다.

예외적으로 여성에게 지도자 교육을 시키기도 했다. 어떤 여자들은 비교적 훌륭한 교육을 받고 여자 예언자가 되었다. 그들은 예언자 직책을 감당하기 위하여 이스라엘의 과거 역사와 현재 벌어지고 있는 사건들에 대하여 바른 지식을 가져야만 했다. 이스라엘 초기의 여자 예언자는 물론 드보라이다. 제1국가시대 후기에는 훌다라는 여예언자가 나타났다.

62) 이 여자들은 가나안 사람들이 풍요의 농경신을 섬기는 성소에서 일하였음.
63) Morris, *The Jewish School*, 32.

"그때에 이스라엘의 사사는 랍비돗의 아내인 예언자 드보라였다."(삿 4:4 이하; 5장 참조).

"힐기야 제사장과 아히감과 악볼과 사반과 아사야가 살룸의 아내 훌다 예언자에게 갔다. … 훌다는 예루살렘의 제 이 구역에서 살고 있었는데, 그들이 그에게 가서 왕의 말을 전하였다. 그러자 훌다가 그들에게 말하였다.
'주 이스라엘의 하나님께서 이렇게 말씀하시니, 그대들을 나에게 보낸 그에게 가서 전하시오.'
'주님의 뜻을 주님께 여쭈어 보라고 그대들을 나에게로 보낸 유다 왕에게 또 이 말도 전하시오.'
그들이 돌아와서, 이 말을 왕에게 전하였다."(왕하 22:14~16, 18, 20하)

여성에 대한 교육의 목적은 하나님에게 영광을 돌리고, 가정을 보살피고, 자녀를 훈련하고, 남편을 섬기면서 기쁘게 하는 것이었다. 소녀의 교육목적은 유능하고 성실한 주부, 순종적이면서 덕이 있고, 하나님을 경외하는 아내와 딸을 만드는 것이었다.

가정은 이스라엘 초기 기본적이면서 가장 비중이 있는 교육기관이었지만, 회당과 학교의 출현 이후 교육적 부담이 크게 줄었다. "자녀교육에 대한 부모의 의무를 유대교보다 더 크게 강조해온 종교는 존재하지 않는다." 학교의 역할이 제 아무리 크더라도 학교는 본래 '보조적인 가정'에 머물렀다.[64] 가정에서 아버지가 아들을 가르치는 전통은 학교가 생겨났을 때도 학교에 전가되지 않았다. 재난과 박해 속에서도 이스라엘이 그 전통과 율법을 이어갈 수 있었던 것은 바로 가정에서의 교육 덕분이었다고 할 수 있다.[65]

나중에 가정교육에 대한 권고는 정규교육에 관한 권고로 해석되었다. 고대 이스라엘에서 학교의 존재가 불분명하고 설사 학교가 존재했어도 왕궁의 관리나 귀족의 자녀 등 특권층을 위한 것이었기 때문에 일반 대중들에게 학교는 먼 것이었다. 그런 상황에서 종교와 도덕 교육의 대부분을 담당한 곳은 가정이었다. 가정은 학교라는 교육의 장이 출현하기 이전까지 이스라엘에서 축제와 의식 등과 함께 시기별로 어린이에게 지식을 제공하는 교육의 장 구실을 했다.

---

64) Isdore Epstein, *The Jewish Way of Life* (Edward Goldston, 1947) 196-99. Barclay, *Educational Ideals in the Ancient World*, 14 재인용.
65) Sherrill, *The Rise of Christian Education*, 38.

II. 교육의 장

1. 왕실관료

왕실관료는 왕정의 출범으로 인한 필요에서 생겨났을 것이다. 왕정은 궁중 업무에 대한 문서 기록들이 필요했을 것이다. 동맹, 조약, 국왕의 칙령, 전쟁터를 비운 장수들에게 내린 국왕의 지시, 국왕의 업적을 기록한 연대기 등이 궁중 관리들에 의해 작성되었을 것이다.

다윗과 솔로몬 치하에서 이스라엘 지역에 대한 영향력 증가, 행정의 발달, 그리고 예루살렘의 새 성전 건축 등이 왕실 관리의 교육과 왕실 교육의 필요성을 가져왔을 것이다. 이 경우 솔로몬 자신이 이집트 바로의 딸과 결혼했다는 사실로부터("이집트 왕 바로가 … 그 성을 솔로몬의 아내가 된 자기의 딸에게 결혼 지참금으로 주었다."[왕상 9:16];"솔로몬 왕은 외국 여자들을 좋아하였다. 이집트의 바로의 딸 말고도, 모압 사람과 암몬 사람과 에돔 사람과 시돈 사람과 헷 사람에게서, 많은 외국 여자를 후궁으로 맞아들였다."[왕상 11:1]), 아마도 이집트의 영향을 받아 그 모델을 따랐을 것이다.[66] 종종 신명기 사가라고 불리는 사관은 솔로몬의 행정 체계가 이집트의 것을 따랐다는 사실을 함축한다. 그러나 이스라엘과 이 두 지역 사이에 시간상으로나 문화적으로 수준 차이가 있다는 이유를 들어 이집트와 메소포타미아로부터의 학교제도 채용에 의문을 제기한다.[67] 이집트의 왕실에서처럼 적어도 예루살렘과 어쩌면 12개의 지역 수도에서도 "왕의 아들들"과 "왕의 친구들의 아들들", 또는 고위직과 왕실 고문이 되는 지도적 시민들에게 읽기, 쓰기, 계산, 행정, 역사, 지리 등 형식교육을 행했을 것이다.

> "자기와 함께 자란, 자기를 받드는 젊은 신하들, 왕과 함께 자란 젊은 신하들"(왕상 12:8)

이스라엘과 유다의 군주제는 당장 효율적 국내 통치와 경쟁하는 나라와의

---

66) Tryggve N. D. Mettinger, *Solomonic State Officials: A Study of the Civil Government Officials of the Israelite Monarchy* (Lund: Gleerup, 1971).
67) Crenshaw,"Education, OT," 198.

외교를 위해 서신 교환 등을 위한 인재가 필요했을 것이다. 세수, 물자, 그리고 징병대상자 명단 기록을 위해, 현 행정부에 대한 효과적 선전을 위해, 공식적 제의에서 종교극을 감시하기 위해, 많은 서기관을 양성하기 위해, 국가를 위한 "신학적 신화"를 지어내기 위해 관리들이 필요했다. 이와 관련된 왕궁에서의 교육을 언급한 성구들이 있다.

북왕국의 후견인(하오메님)

> "아합의 아들 일흔 명이 사마리아에 살고 있었다. 예후가 편지를 써서 사본을 만들어, 사마리아에 있는 [68]이스르엘의 관리들과 원로들과 아합의 [69]아들들을 보호하고 있는 사람들에게 보냈다."(왕하 10:1)
> "왕자들을 보호하는 사람들"(왕하 10:5)

유다의 히스기야의 사람들

> "이것도 솔로몬의 잠언으로, 유다 왕 히스기야의 신하들이 편집한 것이다."(잠 25:1)

그와 같은 왕실 교육은 아마 세겜, 티르쟈, 그리고 사마리아의 수도들에도 세워졌겠지만 위의 열왕기하 10장 1절의 사마리아 귀족들과 함께 있던 아합의 아들 70명의 왕자들에 관한 내용이 이 왕실 또는 개인교사들에 대한 것인지는 확실하지 않다. 다만 적어도 이 "아들들을 보호하고 있는 사람들", 또는 "왕자들을 보호하는 사람들"(5절)은 사마리아 왕실 법정을 형성하고 있었던 듯하다.

바빌론 포로기 동안 이스라엘 교육은 이방의 영향을 받았다. 그들 자녀 중의 얼마는 바빌로니아 왕실에서 교육받았다.

> "그때에 왕은 아스부나스 환관장에게 명령하여, 이스라엘 백성, 특히 왕과 귀족의 자손 가운데서, 몸에 흠이 없고, 용모가 잘생기고, 모든 일을 지혜롭게 처리할 수 있으며, 지식이 있고, 통찰력이 있고, 왕궁에서 왕을 모실 능력이 있는 소년들을 데려오게 하여서, 그들에게 [70]바빌로니아의 언어와 문학을 가르치게 하였다. 또한 왕은 왕궁에서 날마다 일정한 양을 정해서 음식과 포도주를 그들에게 공급하도록 해주면서, 삼 년 동안 교육시킨 뒤에, 왕을 모시도록 하였다."(단 1:3~5)

이 구절을 보면 일부 히브리 청년들이 바빌로니아의 교사에게 어떤 식으로

---

68) 칠십인 역과 불가타에는 '성읍의'.
69) 칠십인 역 히브리어 본문에는 '아들들'이 없음.
70) 또는 '갈대아'.

교육을 받았는지 알 수 있다. 다니엘과 그의 친구들은 바빌로니아의 언어와 문학을 배웠다. 이들은 삼 년 동안 교육을 받았으며, 그런 다음에 왕 앞에 설 수 있었다.

598년에서 587년 사이의 유배시절의 대부분의 사람들은 잘 교육받은 사람들이다; 그들 중 일부는 아마 이미 아람어를 다소 알았다. 이 같은 외국어 능력은 마찬가지로 주전 701년 초 왕실 대신 중 일부에게서도 볼 수 있다.

> "힐기야의 아들 엘리야김과 셉나와 요아가 랍사게에게 말하였다. '성벽 위에서 백성들이 듣고 있으니, 우리에게 유다 말로 말씀하지 말아 주십시오. 이 종들에게 시리아 말로 말씀하여 주십시오. 우리가 시리아 말을 알아듣습니다.'"(왕하 18:26)

이 같은 외국어 지식으로 유배민들은 바빌로니아에서 번성할 수 있었다. 그리고 일부는 바빌로니아에서, 그리고 나중에는 페르시아에서 행정직을 하는 공식 지위를 얻을 수 있었다.

> "아하수에로 왕은 … 모르드개에게 높은 벼슬을 주어서 … 유다 사람 모르드개는 아하수에로 왕 다음으로 실권이 있었다."(에 10:1~3)

이 왕실 관원들은 아마도 왕의 아들들과 함께 예루살렘 왕실에서 훈련을 받았을 것이다. 이것은 이집트에서 입증된 관례이다.

> "다브네스의 동생은 아들 그누밧을 낳았는데, 다브네스는 그를 바로의 궁 안에서 양육하였으므로, 그누밧은 바로의 궁에서 바로의 아들들과 함께 자랐다."(왕상 11:20)

그들은 아마 이미 주전 701년 사용이 확인된(왕상 18:26) 아람어와 같은 외교 언어뿐 아니라, 이스라엘 법, 지리, 그리고 역사를 충분히 익혀야 했을 것이다. 더 나아가 이들은 통치술이나 행정과 같은 어려운 기술들을 공부했어야 했다. 이런 종류의 가르침은 상위 공직자들이나 은퇴 고위 관리들에 의해 행해졌을 것이다.

학습자들의 연령층은 아마 십대였을 것이다. 그들 대부분은 고위 관리들의 자제들로서 왕을 섬기는 데 필요한 내용들을 배웠을 것으로 보인다. 연령상 잠언의 도덕적 행동에 관한 내용들에 대한 가르침도 따랐을 것이다. 이 시기의 성서의 책들, 즉 오경의 오래된 전승들, 여호수아서의 지리적 자료들, 사무엘서와 열왕기의 역사적 전승들,[71] 그리고 잠언서의 지혜전승들(참고. 주로 왕실에 관한 잠언들과 통치 기술)은 예루살렘 왕실의 교육을 반영하고 있다.

왕 중 왕 아닥사스다에 의해 공식 지위에 오른 사람들은 세스바살, 스룹바벨, 느헤미야, 그리고 에스라 등도 마찬가지였다.

> "페르시아 왕 고레스는 재무관 미드르닷을 시켜, 그 그릇들을 꺼내어 낱낱이 세어서, 유다 총독 세스바살에게 넘겨주게 하였다. 금그릇과 은그릇은 모두 오천사백 개이다. 세스바살은, 포로로 잡혀 간 이들을 바빌로니아에서 예루살렘으로 데리고 올 때에, 이 그릇을 모두 가지고 왔다."(스 1:8, 11)

> "그들은, 스룹바벨과 예수아와 느헤미야와 스라야와 르엘라야와 모르드개와 빌산과 미스발과 비그왜와 르훔과 바아나가 돌아올 때에 함께 돌아왔다."(스 2:2)

> "왕 중의 왕 아닥사스다는 하늘의 하나님의 율법에 통달한 학자 에스라 제사장에게 칙령을 내린다."(스 7:12)

배움의 공간은 서기관 훈련, 성전 예배를 위한 제사장 교육, 그리고 통치 기술을 위한 왕족 교육을 위해 사원과 궁전에 있었을 것이다.

> "바룩은 주님의 성전으로 들어가서, 모든 백성에게 예레미야가 한 주님의 말씀을 기록한 두루마리를 낭독하였다. 그가 낭독한 곳은 서기관 사반의 아들 그마랴의 방이었고, 그 방은 주님의 성전 '새 대문' 어귀의 위 뜰에 있었다."(렘 36:10)

> "왕궁에 있는 서기관의 방으로 들어갔다. 마침 그곳에는 모든 고관이 모여 있었다. 곧 서기관 엘리사마와, 스마야의 아들 들라야와, 악볼의 아들 엘라단과, 사반의 아들 그마랴와, 하나냐의 아들 시드기야 등 모든 고관이 앉아 있었다. … 그리고 고관들은 그 두루마리를 서기관 엘리사마의 방에 보관하여 두고, … 여후디가 서기관 엘리사마의 방에서 그 두루마리를 가져다가"(렘 36:12, 20~21)

2. 서기관 집단

우리가 알고 있는 서기관은 역사적으로 다중의 층위를 갖고 있다. 왕실관리들은 다윗 시대 이후로 서기관의 역할을 한 것으로 보인다. 여기에 제사장의

---

71) André Lemaire, "Vers l'historie de la rédaction des livres des Rois," *ZAW* 98(1986), 221-36. Lemaire, "Education(Israel)," 310 재인용.

일부가 서기관 역할을 했으며, 현자들의 일부 역시 서기관이었다. 시대적 거리가 있어도 서기관의 기능에는 큰 차이가 없었다.

제1성전기 동안에 대부분의 서기관들은 왕실 행정에 고용되었다. 조직의 성격은 길드 형태로 보인다.

> "야베스에 사는 서기관 족은 디랏 족과 시므앗 족과 수갓 족이며, 이들이 레갑 가문의 조상 함맛에게서 나온 겐 족이다."(대상 2:55)

가장 중요한 서기관은, 아마 일종의 국무장관이나 수상인, 공식 "왕의 서기관"이었다.

> "아히둡의 아들 사독과 아비아달의 아들 아히멜렉은 제사장이 되고, 스라야는 서기관이 되고"(삼하 8:17)

> "스와는 서기관이 되고, 사독과 아비아달은 제사장이 되고"(삼하 20:25)

> "시사의 아들 엘리호렙과 아히야는 서기관이고, 아힐룻의 아들 여호사밧은 역사 기록관이고"(왕상 4:3)

> "그 궤가 헌금으로 가득 찰 때마다, 왕실 서기관과 대제사장이 와서 주님의 성전에 헌납된 헌금을 쏟아 내어 계산하였다."(왕하 12:10)

주전 701년, 이 기능은 셉나(Shebna)가 맡았다.

> "그들이 왕을 부르자, 힐기야의 아들 엘리야김 궁내대신과 셉나 서기관과 아삽의 아들 요아 역사기록관이 그들을 맞으러 나갔다."(왕하 18:18)

> "힐기야의 아들 엘리야김 궁내대신과 셉나 서기관과 아삽의 아들 요아 역사기록관이, 울분을 참지 못하여 옷을 찢으며 히스기야에게 돌아와서, 랍사게의 말을 그대로 전하였다."(왕하 18:37)

> "그는 엘리야김 궁내대신과 셉나 서기관과 원로 제사장들에게 베옷을 두르게 한 뒤에, 이 사람들을 아모스의 아들 이사야 예언자에게 보냈다."(왕하 19:2)

> "그는 궁내대신 엘리야김과 서기관 셉나와 원로 제사장들에게 베옷을 두르게 한 뒤에, 이 사람들을 아모스의 아들 예언자 이사야에게 보냈다."(사 37:2)

요시야의 통치 기간 동안에는 사반(Shaphan)이 맡았다.

"요시야 왕 제 십팔년에 왕은, 아살랴의 아들이요 므술람의 손자인 사반 서기관을, 주님의 성전으로 보내며 지시하였다."(왕하 22:3)

"힐기야 대제사장이 사반 서기관에게, 주님의 성전에서 율법책을 발견하였다고 하면서, 그 책을 사반에게 넘겨주었으므로, 사반이 그 책을 읽어 보았다. 사반 서기관은 그 책을 읽어 본 다음에, 왕에게 가서 '임금님의 신하들이 성전에 모아 둔 돈을 쏟아 내어, 작업 감독관, 곧 주님의 성전 수리를 맡은 감독들에게 넘겨주었습니다.' 하고 보고하였다. 사반 서기관은 왕에게, 힐기야 대제사장이 자기에게 책 한 권을 건네주었다고 보고한 다음에, 그 책을 왕 앞에서 큰소리로 읽었다. 왕은 힐기야 대제사장과 사반의 아들 아히감과 미가야의 아들 악볼과 사반 서기관과 왕의 시종 아사야에게 명령하였다."(왕하 22:8~10, 12)

그리고 여호야김 치하에서는 아마도 엘리사마(Elishama)가 담당한 것 같다.

"왕궁에 있는 서기관의 방으로 들어갔다. 마침 그곳에는 모든 고관이 모여 있었다. 곧 서기관 엘리사마와, 스마야의 아들 들라야와, 악볼의 아들 엘라단과, 사반의 아들 그마랴와, 하나냐의 아들 시드기야 등 모든 고관이 앉아 있었다."(렘 36:12)

이 서기관들, 특히 사반(렘 36:11, 12, 20, 21; 40:9도 참고)의 가족들은 신명기 역사를 기록하는 데 중요한 역할을 했다. 이들 왕실 고위 공직자들은 "왕의 아들", "왕실 종사자", "왕의 시종", "시 통치자", "서기관", "제사장"과 같은 신분이 적힌 봉인이나 관인을 통해서도 알려졌다.[72)]

필기도구. 서기관들의 업무는 주로 문서와 관련된 것이다. 그들이 그와 같은 일들을 구체적으로 어떻게 진행했는지 알아보자. 메소포타미아와 페니키아 해변의 우가릿에서는 점토판이 사용되었다. 점토판의 크기는 폭이 2~3인치, 길이가 3~4인치, 두께가 1인치 정도 되었다. 모양은 일반적으로 직사각형이나 삼각형, 원형, 원추형 등도 있었다. 서기관들은 진흙판에 쐐기 모양을 내기 위해 갈대펜을 사용했다. 손에 잡히는 이 토판은 햇빛에 말리거나 구워서 타일(terra cotta)로 만들었다. 하나의 책이 되려면 토판이 수십 내지 수백 개가 필요했기에 보관과 열람이 불편했으나 보존성은 뛰어났다.

---

72) N. Avigard, "Hebrew Seals and Sealings," *Congress Volume, Jerusalem* 1986. VT Sup 40 (Leiden: 1988), 7-16, Lemaire, "Education (Israel)," 310 재인용.

[그림60] 〈고대근동 지역 서기관들의 필기구〉

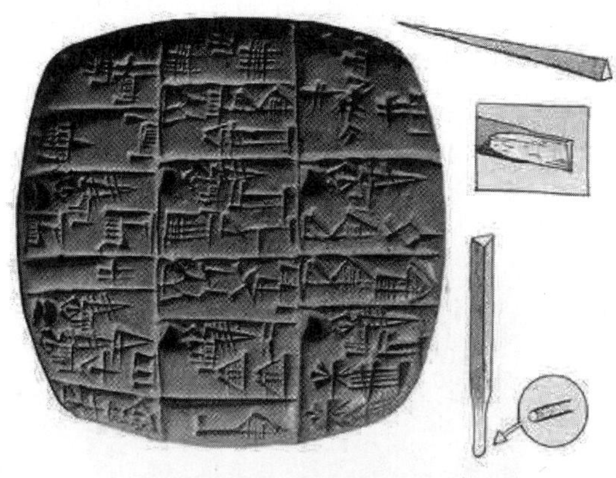

이집트와 이스라엘에서는 펜과 잉크가 선호되는 필기도구였다. 파피루스는 나일강 유역에서 자라는 식물로 줄기를 얇게 잘라 엮어서 압착하여 말린 일종의 종이이다. 일반적인 파피루스의 크기는 폭이 9~11인치, 길이가 5~9인치 정도로 이것을 20여개 정도 이어 두루마리를 만든다. 습기에 약해 보존성이 낮다.

[그림61] 〈파피루스〉

갈대로 만든 펜, 팔레트(palette)와 여러 색깔(강조에는 빨강)의 잉크들은 서기관의 필기구였다.[73] 필사하는 데 사용된 잉크는 기름의 그을음에 고무 용액을 섞어서 만든 검은 잉크와 빨간 진흙이나 산화철로 만든 빨간 잉크가 사용되었다.

[그림62] 〈이집트 갈대 펜〉, 루브르 박물관 팔레트

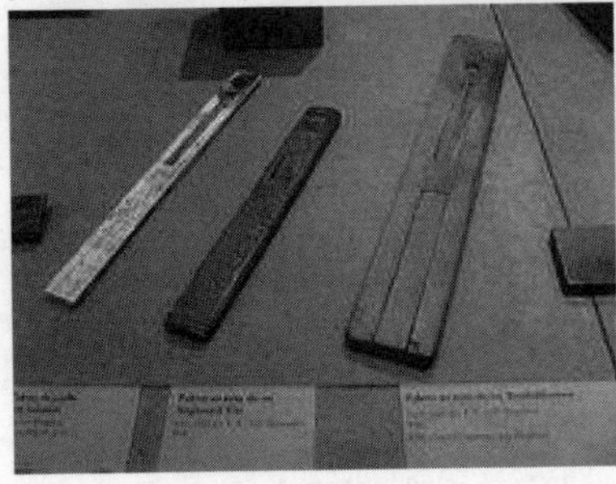

한 서기관의 기록이 이들 물건들의 중요성을 다음과 같이 말해준다.

"그들(서기관들)은 자신을 제사장으로
서판은 사랑하는 아들
가르침은 그들의 무덤
갈대펜은 그들의 자녀
석면은 그들의 아내."[74]

[그림63] 〈헤라클레스 파피루스〉, 헤라클레스가 사자와 싸우고 있다. 파피루스 줄기를 엇갈려 엮은 표시가 보인다.

73) Chester Beatty Papyrus IV. Crenshaw, "Education, OT," 200 재인용.
74) Chester Beatty Papyrus IV. Crenshaw, "Education, OT," 200 재인용.

이스라엘에서 학습자들은 나무판이나 석판에 글씨 연습을 했다. 때로는 왁스에 썼다. 보관용 기록들은 가죽 두루마리나 동판도 사용했다. 파피루스가 활용됨에 따라 그것 역시 널리 사용되었다. 왕실을 선전할 목적으로 쓰여진 행정적 기록들은 성서의 십계명처럼 주로 돌에 새겼다. 도자기는 펜과 잉크를 사용해 꾸며졌고 누구에게 속한다는 신분을 표시했다. 깨진 토기들과 석회석 조각들은 글자를 연습하는 데 편리한 수단이 되었다.[75]

서기관 훈련 과정에서 가장 중요한 훈련은 문서를 옮기는 일이었다. 이들이 필사한 문서들에는 욥기와 전도서가 있다.[76] 이 텍스트들은 교육적이거나 행정적 문서가 아니기에 서기관들의 교육 방법으로 사용되었다는 주장을 수용하기 어려울 수 있으나 이 같은 방법에 의해 텍스트들이 알려지고 전달되었을 가능성도 있다.[77] 메소포타미아(Mesopotamia)의 학습자들은 위대한 서사시들인, 아트라하시스(Atrahasis),[78] 길가메시(Gilgamesh),[79] 에누마 엘리쉬(Enuma

---

75) Crenshaw, "Education, OT," 201.

76) James L. Crenshaw, *Education in Ancient Israel: Across the Deadening Silence*, Anchor Bible Reference Library (Garden City, NY: Doubleday, 1998).

77) Katharine Dell, "Education in Ancient Israel: Across the Deadening Silence," *BR* 16:5 (Oct 2000): 45-46

78) 바빌로니아 신화의 신들이 일으킨 대홍수에서 살아남은 사람. 아카드어로 기록된 아트라하시스 서사시의 주인공으로 대홍수 속에서 살아남아 인류와 지상의 동식물을 보존한 존재로 묘사된다. 아트라하시스는 아카드어로 '매우 똑똑하다'는 뜻이다. 서사시의 내용에 따르면, 신들이 자신들의 노동을 덜기 위해서 인간을 창조했는데, 그 숫자가 늘어나면서 시끄러운 소리 때문에 괴로워하게 되었다. 이에 신들의 왕인 엘릴(Ellil, 수메르 신화의 엔릴[Enlil])은 인간의 역병과 가뭄을 통해 인간의 숫자를 줄이려 한다. 하지만 인간에게 동조적인 신 에아(Ea, 수메르 신화의 엔키[Enki])가 지혜로운 왕 아트라하시스에게 대처 방법을 알려주어 모두 실패했다. 세 번째로 엘릴은 대홍수를 일으켜 인간들을 없애고자 하였다.
하지만 이번에도 에아는 대홍수 계획을 알려주고, 살아남기 위해 방주를 건조하도록 지시한다. 아트라하시스는 에아 신의 조언에 따라 지붕이 있고, 내부가 2층으로 나뉘어 있으며, 가로 세로 길이가 같은 배를 건조하고, 온갖 짐승과 식물의 씨앗을 함께 싣고, 대홍수에서 살아남는다. 대홍수 뒤 에아 신은 문제가 되었던 인구증가를 억제하기 위해 불임과 유아사망, 그리고 여제사장직을 통한 독신 인구 증가 등의 대책을 강구한다. 아트라하시스(Atrahasis)는 수메르 홍수 이야기에 나오는 지우수드라(Ziusudra), 길가메시 서사시에 등장하는 우트나피쉬팀(Utnapishtim)과 동일 인물이다. 길가메시 서사시에서는 우트나피쉬팀의 별명으로 아트라하시스라는 이름이 직접 언급된다. "아트라하시스(Atrahasis)", 〈네이버 백과사전〉.

79) 세계에서 가장 오래된 바빌로니아의 서사시. 그리스의 ≪오디세이아≫에 비할 만하다. 주인공 길가메시는 수메르 ·바빌로니아 등 고대 동양 여러 민족 사이에 알려진 전설적 영웅으로, 수메르의 자료에 의하면 우루크 제1왕조 제5대 왕이었으나 뒤에는 전설적인 인물이 되어 부조(浮彫)와 원통(圓筒) ·인장(印章) 등의 미술작품에도 가끔 나타나고 있다. 《길가메시 서사시》는 주전 2000년경에 이룩된 것이라 하는데 각기 시대가 다른 별도의 이야기들을 한 사람의 인물인 길가메시에 통일시킨 것이다. 오늘날에는 주로 주전 7세기 니네베의 아슈르바니팔 왕궁 서고(書庫)에서 출토된, 12개의 점토서판(粘土書板)이 그 전거(典據)가 되는데, 1862년에 영국의 조지 스미스가 이 서판의 내용을 공표함으로써 전세계에 알려지게 되었다. 여기서는 길가메시는 반신반인(半神

Elish)[80] 등을 베꼈다. 이집트에서는 서기관들의 훈련에 케미트서(Book of Kemit)[81]와 케티의 교훈(Instruction of Khety)[82] 등과 같은 문서들을 이용했

半人)의 영웅으로 폭군이 되어 있다. 여신 아루루가 괴물 엔키두를 보냈지만 두 사람은 싸움 끝에 친구가 된다. 두 사람은 숲속의 괴물 훔바바를 치러 함께 떠나 이를 무찌른다. 다음에 엔키두는 하늘의 황소까지 죽여 버리는데 그 죄과로 하늘로부터 죽음의 벌을 받는다. 친구의 죽음을 애통해하며 길가메시는 죽지 않는 비결을 찾아 헤맨다. 드디어 멀리 성자(聖者)의 섬에 사는 우트나피시팀(바빌로니아의 노아)을 만난다. 이곳에서 우트나피시팀은 옛날 신이 일으켰던 대홍수(구약성서 중 노아의 대홍수 이야기와 거의 동일하지만 근원설화라고 하기에는 논란이 되고 있다)의 이야기를 한다. 그러나 그도 죽지 않는 비결은 알지 못하고 다만 불로초를 바다에서 캐는 방법을 가르쳐 준다. 길가메시는 이 풀을 캐 가지고 집으로 돌아가다가 잠시 쉬고 있는 사이 뱀이 이 불로초를 먹어 버려 빈손으로 슬픔에 잠겨 우루크성(城)으로 돌아온다. "길가메시 서사시(Gilgamesh Epoth)", 〈네이버 백과사전〉. 《길가메시 서사시》의 주인공 길가메시는 새 사료가 발견되어 실제 존재했던 자배자로서 역사성을 인정받았다. Jean Castarede, *Luxe et Civillisations*, 이소영 역,『사치와 문명』(서울: 뜨인돌, 2011), 25.

80) 바빌로니아의 창세 서사시. 19세기 중반 영국의 고고학자 오스틴 헨리 레이어드(Austin Henry Layard)가 앗시리아 제국 수도였던 니네베(Nineveh, 현재 이라크 모술 지방) 유적발굴 도중, 아슈르바니팔(Ashurbanipal) 왕의 도서관 유적에서 발견해 세상에 알려지게 되었다. 일곱 개의 점토판에 아카드어로 기록되어 있으며 총 1100행에 이르지만, 이중 다섯 번째 점토판의 100행 정도는 알아볼 수 없어서 나머지만 판독된 상태다. 바빌로니아에서 가장 오래된 창조 서사시로 꼽힌다. 에누마 엘리쉬는 천지창조 이전 신들의 탄생과 투쟁에 관한 이야기에서 시작된다. 태초의 혼돈 속에 있던 담수를 다스리는 아프수와 바다의 짠물을 다스리는 티아마트 사이에서 라흐무(Lahmu), 라하무(Lahamu), 안샤르(Anshar) 등 최초의 신들이 탄생하고, 이 신들이 다시 자신들을 닮은 자식을 낳는 과정에서 훗날 신들의 왕이 될 마르두크가 태어난다. 이후 자신의 뱃속을 어지럽히는 신들을 멸망시키려는 티아마트와 마르두크 신 사이에 싸움이 벌어지고, 마르두크가 주문을 걸어 티아마트를 죽이고 승리한다. 승리한 마르두크는 티아마트의 시체를 둘로 나누어 하늘과 땅을 창조한다. 그리고 점토에 신의 피를 섞어서 사람을 만들어 그 동안 작은 신들이 담당했던 노역을 담당하게 했다. 마르두크 신은 또한 사람들에게 신들의 거처로 바빌론을 만들게 하였다. 마르두크의 위엄을 본 신들은 그를 신들의 왕으로 추대하고, 50가지 이름을 바치고 칭송하였다. 오늘날 에누마 엘리쉬는 바빌로니아 최초의 창세 서사시로 가치가 높지만 애초 창작 동기는 바빌로니아의 주신인 마르두크 신이 신들의 왕 즉 최고신의 자리에 오르게 되는 과정을 보여주고 찬미하는 데 있었다. 이를 역사적 맥락으로 보면 주전 1,800년을 전후해서 메소포타미아 지방에서 바빌로니아가 일어나 이 지역의 중심세력으로 성장하는 과정을 보여주는 것이다. 결국 에누마 엘리쉬는 바빌로니아라는 도시 국가의 성장을 도시의 주신 마르두크에 빗대어 노래한 것이라고 볼 수 있다. 이런 역사적 의미 때문에 바빌로니아 왕국 신년 축제 때 대사제가 마르두크 신전에서 에누마 엘리쉬를 낭송하곤 했다. 에누마 엘리쉬에 나오는 천지창조 내용은 기본 골격이 구약성서 창세기의 내용과 유사하다는 평가를 받고 있다. 신이 천지를 창조한 뒤 휴식을 취했다는 것이나 빛에서 시작해서 인간으로 끝나는 창조의 순서 등이 유사점으로 거론된다. 학자들은 구약성서 창세기가 에누마 엘리쉬에서 변형된 것이거나, 두 이야기가 모두 동일한 제 삼의 원전(수메르 신화일 것으로 보고 있다)에서 파생된 것으로 추정하고 있다. "에누마 엘리쉬(Enuma Elish)", 〈네이버 백과사전〉.

81) 교육적 목적의 서신으로 이집트 학습자들이 도편(ceramic ostraca)에 쓰기 훈련을 할 때 사용되었다.

82) 메리카라 왕(King Merykara)을 위한 가르침. 케티(Kheti)라고 하는 왕이 미래에 왕이 될 자신의 아들에게 좋은 왕이 되는 법과 악을 피하는 법에 대해 충고하는 교훈서.

다. 학습자들은 이런 방식으로 쓰기를 배웠을 뿐만 아니라, 그들 선조들의 위대한 문헌들에 정통하게 되었다.

서기관 학교. 바빌론 포로기 이후에 소페림의 역할과 숫자, 중요성, 그리고 숙달해야 할 문헌의 증가로 인해서 장기적이고 세밀한 훈련이 필요했다. 서기관들은 율법을 선포하고 집행해야 했기에 율법에 대한 해석 방법, 그리고 율법의 시행에 관한 선례들 등을 알아야 했다. 이와 같은 필요에 의해 서기관들은 그들을 따르는 젊은이들을 중심으로 학교를 운영했다. 샴마이(Shammai, 주전 50-주후 30)와 다소 출신 사울의 스승이었던 힐렐(Hillel the Elder)[83]이 운영하는 학교가 유명하였다.

서기관 학교의 교육내용은 주로 구전법이었다. 크게 할라카와 아가다(또는 하가다)로 나뉜다. 할라카는 출 24장 12절에 근거해서 모세가 시내산에서 십계명을 받을 때 구전법인 할라카도 받았다고 주장한다. 할라카는 기록을 금지했기 때문에 교사를 따라 암기해야 했다. 내용은 주로 법률적인 것이었다. 이에 비해 아가다는 비법률적 성격을 지녔다. 상당부분이 윤리적, 주석적이거나 설교적이지만, 잠언, 우화, 전승, 역사와 과학까지 포함했다. 아가다는 이후에 탈무드로 발전한다. 힐렐과 샴마이가 창설한 랍비 학교는 구전법을 시내산 모세의 율법과 동일한 것으로 취급하는 할라카의 전통에 서 있다.

[그림64] 〈이스라엘 메론 강가의 샴마이 묘〉

83) 주전 110년경 바빌론에서 출생한 것으로 알려졌고 주후 10년 예루살렘에서 죽었다.

3. 제사장 계급

소페림이라는 교사 집단의 등장과 회당의 증가에도 불구하고 예루살렘의 성전은 국가적인 종교교육의 중심으로서의 역할을 결코 상실하지 않았다. 성전은 예배처 구실 외에도 종교법과 의식을 교육하는 곳이었다. 모든 상징과 의식이 종교심을 자극했고 신앙, 법, 전통, 혹은 민족적 의식이 강력하게 전파되는 곳이었다. 예루살렘 성전은 성전을 위해 봉사할 훈련받은 사람이 필요했다. 이스라엘에는 제사장 집단이 관리하는 다수의 산당과 성전이 도처에 있었다. 실로(Shiloh), 세겜(Shechem), 길갈(Gilgal), 베델(Bethel), 헤브론(Hebron), 그리고 브엘세바(Beersheba)의 지역 성소들이 그것이다.

그런 사람들은 그들의 봉사(읽기, 쓰기, 노래, 음악, 의식, 축제, 달력, 국가 종교 전통들 등)를 위해 형식교육을 받아야 했다. 이곳에서 사람들은 중요한 국가의 축제를 치렀고 다양한 예배를 통한 훈련을 받았다. 신중하게 훈련된 레위인들의 성가대는 민족적인 찬양을 연주했고, 그것을 통해서 사람들에게 찬송을 교육했다.

성전 봉사에 필요한 교육은 아마 왕실 행정에 요구된 것과는 달랐을 것이다. 읽기, 쓰기, 서기관적 기술, 그리고 민족적 전통들과 같은 일반적 훈련을 받은 후에, 미래의 제사장들은 아마도 의식, 희생제, 역법, 성전(건축, 기물 등), 정결한 것과 부정한 것 사이의 구별, 시편 부르기, 그리고 종교음악 연주에 관한 보다 구체적 내용들을 가르쳤다. 제사장의 가르침은 레위기, 특히 1~7, 11, 13~14, 그리고 25장, 또는 출애굽기 끝부분인 25~31장, 그리고 35~40장 등에서 찾아볼 수 있다. 사실 이런 성서 본문들은 예루살렘의 제사장 학교, 아마 이집트에서 유래된 것으로 알려진 몇몇 도서관을 지닌("힐기야 대제사장이 사반 서기관에게, 주님의 성전에서 율법책을 발견하였다고 하면서, 그 책을 사반에게 넘겨주었으므로, 사반이 그 책을 읽어 보았다."[왕하 22:8] 참고)[84] 성전 복합 건물에 위치한 학습 센터에서 참고도서, 또는 일종의 교재로서 사용되었을 수 있다.

성전 교육은 아마 대제사장의 감독 하에 성전에서 또는 근처에서 행해졌을 것이다. 제사장 교육은 제사장 후보에게만이 아니라 어린 왕자나 왕에 대한 교육을 포함했을 것으로 보인다.

---

84) A. Van der Kooij, "Die alten Textzeugen des Jesajabuches," *OBO* 35 (Freiburg, 1981), 332-35. Lemaire, "Education(Israel)," 310 재인용.

"요아스는 여호야다 제사장이 가르쳐 준 대로 하였으므로, 일생 동안 주님께서 보시기에 올바른 일을 하였다."(왕하 12:2)

제사장 교육의 초기 흔적은 사무엘에게서 찾아볼 수 있다.

"어린 사무엘이 엘리 곁에서 주님을 섬기고 있을 때이다."(삼상 3:1)

이 구절은 사무엘이 아마 엘리의 아들들처럼 성소에서 도제와 같은 방식의 교육을 받았었다는 것을 암시한다.

예레미야 당시에는 성전 뜰이 대중교육의 장소로 이용되었다.[85]

"예레미야가 바룩에게 이렇게 지시하였다. '나는 감금되어 주님의 성전에 들어갈 수 없는 몸이 되었으니, 그대가 금식일에 주님의 성전으로 들어가서, 내가 불러 준 대로 기록한 두루마리에서, 주님의 말씀을 백성에게 낭독하여 들려주시오.' … 그가 낭독한 곳은 서기관 사반의 아들 그마랴의 방이었고, 그 방은 주님의 성전 '새 대문' 어귀의 위 뜰에 있었다."(렘 36:5~6, 10)

성전 뜰에서는 예배를 통한 교육과 훈련 이외에도 공적 교육이 종종 제공되었다.

성전에서의 여러 모양의 교육은 유대와 디아스포라 지역의 회당을 위한 예배의 틀을 제공했다. 기도의 형식이나, 예배 시간, 성전을 향해 기도하는 것 등이 성전의 기준에 맞추어 정해졌다.[86]

4. 예언자 무리

"예언자의 아들들"로 불리는 예언자 무리들은 특히 사무엘과 엘리사와 연관된다. 이들 무리들은 사무엘과 엘리사의 가르침을 포함하는 다양한 사역들을 지원하였을 것이다.[87]

---

85) 예레미야 시대보다 훨씬 더 오래된 게 분명한 이 관습은 예수 시대에도 여전히 고수되었다.

86) Swift, *Education In Ancient Israel*, 138.

87) Roy B. Zuck, "Education in the Monarchy and the Prophets," Michael J. Anthony, ed., *Evangelical Dictionary of Christian Education*, Baker Reference Library (Grand Rapids, MI: Baker Academic, 2001): 232.

사무엘상에 나타나있는 예언자 무리에 관한 언급은 체계화된 교육을 시키는 예언자 무리의 존재를 추측케 한다.

"그런 다음에 그대는 하나님의 산으로 가십시오. 그곳에는 블레셋 수비대가 있습니다. 그곳을 지나 성읍으로 들어갈 때에, 거문고를 뜯고 소구를 치고 피리를 불고 수금을 뜯으면서 예배 처소에서 내려오는 예언자의 무리를 만날 것입니다. 그들은 모두 춤을 추고 소리를 지르면서 예언을 하고 있을 것입니다.… 사울이 종과 함께 산에 이르자, 예언자의 무리가 그를 맞아 주었다. 그때에 하나님의 영이 그에게 세차게 내리니, 사울이 그들과 함께, 춤추며 소리를 지르면서 예언을 하였다."(삼상 10:5, 10)

"사울은 다윗을 잡아 오라고 부하들을 보냈다. 그들이 가서 보니, 예언자들 한 무리가 사무엘 앞에서 춤추고 소리치며, 예언을 하고 있었다. 그 순간 그 부하들에게도 하나님의 영이 내리니, 그들도 춤추고 소리치며, 예언을 하였다."(삼상 19:20)

물론 이러한 추정은 어떠한 방법으로도 확증될 수 없지만 적어도 이 젊은이들에게 부여된 일단의 어떤 지식과 기술들이 있었다고 추측할 수는 있다. 왜냐하면 예언은 이스라엘 왕국 역사에서 처음부터 하나의 정해진 일이었던 것으로 생각되기 때문이다. '예언자의 아들들/제자들'에 관한 다양한 이야기들은 예언자의 제자 훈련이 이스라엘의 오랜 전통이었음을 보여준다.

예언자들이 예언자 무리들을 통해서만 교육 받은 것 같지는 않다. 일부 예언자들, 예를 들어 이사야 그리고 어쩌면 스바냐 등은 왕실에서 교육을 받았고 에스겔, 예레미야, 그리고 말라기 등은 제사장 교육을 받았을 것이다. 그러나 예언자들은 그들 나름의 가르침과 그들 나름의 제자들을 가졌다. 주전 9세기 후반 여리고 근처의 50명 이상의 "예언자의 아들들"([88]예언자 수련생들 가운데서 쉰 명이 요단강까지 그들을 따라갔다.[왕하 2:7])이 언급될 정도로 발전한 예언 운동은 엘리야에게도 가르침을 위한 보다 큰 집의 필요성을 고려토록 했다. 제자들이 엘리사의 말을 앉아서 듣곤 하던 장소는 너무 좁아졌기 때문이다.

"[89]예언자 수련생들이 엘리사에게 말하였다.
'보십시오. 우리들이 예언자님을 모시고 살고 있는 이곳이, 우리에게는 너무 좁습니다. 우리가 요단으로 가서, 거기에서 들보감을 각각 하나씩 가져다가, 우리가 살 곳을

---

88) 히, '예언자들의 아들들'.
89) 히, '예언자들의 아들들'.

> 하나 마련하는 것이 좋겠습니다.'
> 이 말을 듣고 엘리사는 그렇게 하는 것이 좋겠다고 대답하였다. … 그들이 요단에 이르러, 나무를 자르기 시작하였다."(왕하 6:1~4)

예언자와 그 생도들은 소규모의 공동체를 이루어 산 것 같다. 예언자들의 생도들은 필요에 따라 노동을 하며 함께 거주했었던 듯하다.

> "엘리사가 길갈로 돌아왔다. 그곳은 엘리사가 예언자 수련생들을 데리고 사는 곳이었다. 마침 그때에 그 땅에 흉년이 들었다. 엘리사가 한 종에게, 큰 솥을 걸어 놓고 예언자 수련생들이 먹을 국을 끓이라고 하였다."(왕하 4:38~39)

예언자의 가르침은 왕실이나 제사장 계급에서의 기본 가르침과는 사뭇 다르다. 제자들은 10대만이 아니라 성인들이었다. 그리고 그 분위기는 그리스 철학학교의 분위기와 아주 유사했을 것이다.[90] 가르침의 방법은 각 예언자의 개인적 성격에 의존했다. 예언자 무리의 존재는 예언자의 이야기와 가르침이 쓰여지고 후손들에게 전달될 수 있었던 이유와 방법을 설명해준다.

> "마침 그때에 왕은 하나님의 사람의 시종인 게하시와 이야기를 나누고 있었다. 왕이 게하시에게 엘리사가 한 큰일들을 말해 달라고 하였다."(왕하 8:4)

> "나는 이 증언 문서를 밀봉하고, 이 가르침을 봉인해서, 나의 제자들이 읽지 못하게 하겠다."(사 8:16)

> "그들은 바룩에게, 그가 어떻게 그러한 말씀을 모두 기록하였는지, 자기들에게 알려 달라고 말하였다. 바룩이 그들에게 대답하였다.
> '예레미야 예언자께서 저에게 이 말씀을 모두 불러 주셨고, 저는 그것을 받아서, 먹으로 이 두루마리에 받아썼습니다.'
> 고관들이 바룩에게 부탁하였다.
> '그대는 가서 예레미야와 함께 숨으시오. 그대들이 어디에 있는지 아무도 모르게 숨으시오.'"(렘 36:17~19)

'어떤 사람 앞에 앉기'와 같은 표현들은 제자들이 스승의 말을 듣는 자세를 묘사하는 전형적 말이다.

---

90) B. Lang, *Wie wird man Prophet in Israel?* (Düsseldorf, 1980), 31-58.

"제 육년 여섯째 달 오일에 나는 집에 앉아 있고, 유다 장로들은 내 앞에 앉아 있을 때에, 주 하나님의 능력이 거기에서 나를 사로잡으셨다."(겔 8:1)

"이스라엘의 장로들 가운데서 몇 사람이 내게로 와서, 내 앞에 앉았다."(겔 14:1)

"제 칠년 다섯째 달 십일에 이스라엘의 장로들 가운데서 몇 사람이, 주님의 뜻을 물으려고 나에게 와서, 내 앞에 앉았다."(겔 20:1)

이들은 도움이 필요한 사람들에게 일정한 시간을 내어준 것 같다.

"그 여인은 남편을 불러서 이렇게 말하였다.
'일군 한 사람과 암나귀 한 마리를 나에게 보내 주십시오. 내가 얼른 하나님의 사람에게 다녀오겠습니다.'
남편이 말하였다.
'왜 하필 오늘 그에게 가려고 하오? 오늘은 초하루도 아니고 안식일도 아니지 않소?'"(왕하 4:22~23)

이들 예언자 집단은 지혜 학교들보다는 공적 통제로부터 훨씬 자유로운 학교 형태를 유지한 것 같다.

"바룩은 주님의 성전으로 들어가서, 모든 백성에게 예레미야가 한 주님의 말씀을 기록한 두루마리를 낭독하였다. 그가 낭독한 곳은 서기관 사반의 아들 그마랴의 방이었고, 그 방은 주님의 성전 '새 대문' 어귀의 위 뜰에 있었다. 그때에 사반의 손자요 그마랴의 아들인 미가야가 두루마리에 있는 하나님의 말씀을 다 듣고, 왕궁에 있는 서기관의 방으로 들어갔다. 마침 그곳에는 모든 고관이 모여 있었다. … 미가야는, 바룩이 백성에게 책을 낭독하여 들려줄 때에 들은 모든 말을, 그들에게 전달하였다. 모든 고관은, 구시의 증손이요 셀레먀의 손자요 느다냐의 아들인 여후디를 바룩에게 보내어, 바룩이 백성에게 낭독하여 들려준 그 두루마리를 가지고 오게 하였다. 네리야의 아들 바룩이 그 두루마리를 가지고 그들에게로 가니, 그 고관들이 바룩에게 말하였다.
'그대는 앉아서, 우리에게 그 두루마리를 낭독하여 들려주시오.'
바룩이 그들에게 낭독하여 들려주니, … 그들은 바룩에게, 그가 어떻게 그러한 말씀을 모두 기록하였는지, 자기들에게 알려 달라고 말하였다. 바룩이 그들에게 대답하였다.
'예레미야 예언자께서 저에게 이 말씀을 모두 불러 주셨고, 저는 그것을 받아서, 먹으로 이 두루마리에 받아썼습니다.'"(렘 36:10~18)

성전과 왕궁에서 교육과 훈련이 전개되면서 현자들을 위한 교육도 생겨났을 것이다. 그러나 그 같은 교육은 독자적이었고 기록 전승도 달랐을 것이다. 이들의 존재는 다만 그들 그룹의 생산물이라 할 수 있는 기록물을 제외하고는 거의 알 수 없다.[91] 예를 들어, 잠언은 간결한 속담을 불러주고 내용도 가르치면서 쓰기 훈련과 문법 연습에 사용되었을 것이다.[92] 전도서는 잠언과 아울러 예루살렘 성전에서도 교과서로 쓰였을 것이다.[93]

---

91) R. A. Culpepper, "Education," Geoffrey W. Bromiley, ed., *The International Standard Bible Encyclopedia* (Grand Rapids, MI: WM. B. Eerdmans Pub. Co., 1979), 23.

92) Culpepper, "Education," 23.

93) 『해설·관주 성경전서: 독일성서공회판』, 1041.

III. 회당

주전 586년 예루살렘이 멸망하기까지 이스라엘의 정신적 흐름을 주도했던 세력은 제사장과 예언자였다. 그러나 성전이 파괴되고 많은 사람들이 바빌론으로 잡혀가면서 현실적으로 성전 제사가 불가능하게 되었다. 이에 따라 자연스럽게 제사장 세력이 약화되고 예언자의 가르침이 부각되었다. 이 같은 근본적 변화의 결과로서 새로운 기관이 출현했는데, 그것은 시공간과 계급의 제한으로부터 자유로운 보편 예언(universalism of prophecy)의 표현인 회당이었다.[94] 그렇다고 제사장적 성격이 예언자적 성격에 의해 완전히 배제된 것은 아니었다. 오히려 회당에서는 회당 예배와 유사 성전 제의가 수 세기 동안 병행되었다. 회당은 외적 환경의 압박 속에서 제사장과 예언자적 성격을 높은 차원에서 종합하고자 한 시도라고 할 수 있다. 회당은 유대인의 가장 위대한 실천적 성과이며, 교회와 모스크의 선구이며 성인을 위한 최초의 학교이며 일반 대학의 효시라고도 할 수 있어 교육사적으로 중요하다.[95]

1. 회당의 기원

[그림65] 〈회당〉, 450–500년, 터어키, 마니사

94) William A. Smith, *Ancient Education* (New York: Piloosophical Library, 1955), 239.
95) Morris, *The Jewish School*, 9.

회당이 언제부터 생겨났느냐에 대해서는 몇 가지 입장이 있다. 요세푸스와 필로의 경우, 회당의 기원이 모세 때까지 거슬러 올라가는 것으로 본다.[96] 타르굼(תרגום)의 경우에는 족장시대에까지 거슬러 올라간다. 타르굼은 히브리어 성서 전체나 일부를 아람어로 번역한 몇몇 역본들을 가리키는 말이다 원래는 어느 언어를 사용했든 구약성서 역본을 가리키는 일반 용어였으나, 후에는 구체적으로 아람어 역본을 가리키게 되었다.

온켈로스의 타르굼은 야곱이 가르침의 집에서 일했다고 한다. 옛 이야기에 따르면 노아의 두 아들 셈과 야벳이 예쉬바(유대인 토라공부방 혹은 토라학교)를 쯔밧(Safed)에 세웠으며 야곱이 그 예쉬바에서 몇 년 동안 공부를 했다고 한다.

> "두 아이가 자라, 에서는 날쌘 사냥꾼이 되어서 들에서 살고, 야곱은 성격이 차분한 사람이 되어서, 주로 집에서 살았다."(창 25:27)

예루살렘 타르굼에서는 야곱이 가르침의 집을 세웠다고 한다.

> "이스마엘은 모두 백서른일곱 해를 누린 뒤에, 기운이 다하여서 숨을 거두고, 세상을 떠나 조상에게로 돌아갔다."(창 33:17)

역시 같은 타르굼에서는 모세의 장인이 회당에 출석하는 이들에게 기도를 가르치도록 간청했다고 한다.[97]

> "그리고 자네는 그들에게 규례와 율법을 가르쳐 주어서, 그들이 마땅히 가야 할 길과 그들이 마땅히 하여야 할 일을 알려 주게."(출 18:20)

그러나 이 같은 주장들은 A. R. S. 케네디(A. R. S. Kennedy)에 따르면 '고상한 시대착오적 보고들'이다.[98]

> "가장 널리 받아들여진 주장은 주전 6세기 바빌론 포로시대의 산물로 보는 시각이다. 예루살렘 성전이 상실된 시대에 바빌론으로 끌려간 사람들이 유대인의 정체성을 지키

---

96) Josephus, *Against Apion*, 2. 17; Philo, *Life of Moses* 3. 27. Barclay, *Educational Ideals in the Ancient World*, 23 재인용.

97) Apion, ii, 17; Philo, De Vita Moses, iii. 27; Targum Jer와 출 18:20 비교.

98) D. B. 1. 646. Barclay, *Educational Ideals in the Ancient World*, 23 재인용.

기 위해 의식적으로 세웠을 것이라는 주장이다. 이런 주장이 설득력이 있으나, 이를 입증할 직접적인 증거는 아직 없다."[99]

바빌론포로기 이후 이스라엘은 그 첫 번째 형식적 교육 기관인 회당을 갖게 되었다. 직접적 증거의 결여에도 불구하고 일반적으로 회당은 바빌론 포로기 동안 하나의 기관으로 발전했다고 본다.[100] 회당은 바빌론 포로기 때 성전이 사라진 시대에 생겨났다는 것이 일반적 의견이다. 제사를 드릴 수는 없었지만 안식일에 기도와 하나님의 말씀에 대한 연구를 하기 위한 장소의 필요성에서 생겨난 듯하다. 희생제물은 예루살렘 성전에서만 드릴 수 있었다고 하더라도 바빌론포로 신세의 유대인들은 하나님의 말씀을 듣고 예배를 드리고자 하였다. 회당은 처음에 이와 같은 목적으로 모였던 모임이었던 것 같다. 에스겔서를 통해 유추할 수 있다.

"제 육년 여섯째 달 오일에 나는 집에 앉아 있고, 유다 장로들은 내 앞에 앉아 있을 때에, 주 하나님의 능력이 거기에서 나를 사로잡으셨다."(겔 8:1)

"이스라엘의 장로들 가운데서 몇 사람이 내게로 와서, 내 앞에 앉았다."(겔 14:1)

"제 칠년 다섯째 달 십일에 이스라엘의 장로들 가운데서 몇 사람이, 주님의 뜻을 물으려고 나에게 와서, 내 앞에 앉았다."(겔 20:1)

회당의 기원에 대한 성서적 근거는 희박하다. 물론 구약에서 "그들은 '씨도 남기지 말고 전부 없애 버리자.' 하고 마음먹고, 이 땅에 있는, 하나님을 만나 뵙는 장소를 모두 불살라 버렸습니다."(시 74:8)에서 유대인 회당을 뜻하는 '모압'(מועד)이라는 말이 사용되기는 했다. 또한 일부 학자들은 에스겔 14장 1절 "이스라엘의 장로들 가운데서 몇 사람이 내게로 와서, 내 앞에 앉았다."라는 구절을 유대인 회당의 기원에 대한 개연성 있는 근거로 본다. 또한 주후 70년 이후 "비록 내가 그들을 멀리 이방 사람들 가운데로 쫓아 버렸고, 여러 나라에 흩어 놓았어도, 그들이 가 있는 여러 나라에서 내가 잠시 그들의 성소가 되어 주겠다"(겔 11:16)는 구절이 디아스포라에서 성전을 대신하는 회당을 의미하는 것으로 해석되어왔다. 어느 경우에는 회당이 모세에 의해 설립되었다고도 주장되었다. 이 같은 회당의 기원에 대한 성서적 주장들은 유대 민족에게 회당의

99) 김창선, "성서의 배경사: 안식일과회당예배", 「성서마당」 (2008 여름), 83-98.
100) Paul Levertoff, "Synagogue," *The International Standard Bible Encyclopedia*(ISBE).

중요성이 컸다는 것을 반증한다.[101] 회당은 10명의 성인 유대인이 있는 곳이면 어디에나 세워졌다.[102] 예루살렘에만도 480개의 회당과 그 부속학교가 있었다고 전해진다.[103]

2. 회당의 기능

회당은 성서에서 '모임', 또는 '모이는 처소', 또는 '기도처'를 의미한다.

"회당의 모임이 끝난 후에"(행 13:43, 개역개정)

"그는 우리 민족을 사랑하는 사람이고, 우리에게 회당을 지어주었습니다."(눅 7:5)

"유대 사람이 기도하는 처소가 있음직한 곳을 찾아갔다."(행 16:13)

마치 교회가 믿는 자들의 모임에서 그들이 모이는 건물을 가리키게 된 것처럼 회당 역시 모임으로부터 그 모임의 장소를 이르는 건물을 가리키게 된 것 같다. 바빌론 포로기 때 발생했다고 보이는 회당은 예배와 기도, 그리고 율법을 공부하는 유대인들만의 처소였다.

회당의 용도는 처음에 율법의 해석을 위해서였지만 여기에 기도와 설교가 덧붙여졌다. 따라서 회당은 처음에 안식일과 절기에만 모였으나 다른 날에도 열리게 되었다. 회당 예배는 안식일, 그리고 절기 때와 금식일에 두 차례, 그리고 시장이 열리는 날인 매주 월요일과 목요일에 열렸다. 회당의 중요한 목적은 기도가 아니라 모든 사람에게 율법을 가르치는 데 있었다.[104]

"기독교 이전 시대의 디아스포라에서는 '회당'이라는 단어보다는 '기도처'라는 단어를 즐겨 사용하였다. 하지만 성전시대 팔레스타인의 회당은 기도처의 역할보다는 토라 연구의 장으로의 역할이 컸다. 로마군에 의해 제2성전이 파괴된 주후 70년 이후에 와서 회당은 성전의 제의적 기능을 수용하면서 다양한 요소들을 받아들인다. 그리하여

---

101) Levertoff, "Synagogue," *The International Standard Bible Encyclopedia*(ISBE).
102) C. Doug Bryan, *Relationship Learning: A Primer in Christian Education* (Nashville, TN: Baptist Sunday School Board, 1990), 31.
103) *Jes. Meg,* 73b. Barclay, *Educational Ideals in the Ancient World,* 32 재인용.
104) Philo는 회당을 "선조들의 철학과 모든 덕들을 가르치는 가르침의 집"이라고 불렀다."(마 4:23; 막 1:21; 6:2; 눅 4:15,33; 6:6; 13:10; 요 6:59; 18:20 비교)

성경을 낭독하고 해석하는 일뿐만 아니라, 정형화된 기도문도 받아들인다."[105]

회당은 성인들을 위한 것이었지만, 그때까지 전적으로 부모의 손에 맡겨져 있던 아이들 교육에서 간접적 교육의 매개가 되었다. 아이들은 아버지가 회당에 모일 때 함께 가서 담화를 듣고 기도를 함께하는 등 공동체 생활에 발을 들여놓았을 것이다.[106]

3. 회당의 구성

회당에는 전면에는 아론 하-코데쉬(ארון-הקודש), 보통은 테바흐(טבה)라 불리는 이동 가능한 궤가 있다.[107] 그 안에는 율법서와 예언서 두루마리가 들어있다. 궤 앞에는 회중을 향하여 회당장들과 학식 있는 사람들을 위한 의자가 있었다.

"잔치에서는 윗자리에, 회당에서는 높은 자리에 앉기"(마 23:6)

율법을 읽는 단인 베마(במה)가 따로 있었다.[108]

"학자 에스라는 임시로 만든 높은 나무 단 위에 섰다."(느 8:4)

"단 위에는 레위 사람인 예수아와 바니와 갓미엘과 스바냐와 분니와 세레뱌와 바니와 그나니가 올라서서, 주 하나님께 큰소리로 부르짖었다."(느 9:4)

회당에 종사하는 사람들에는 장로,[109] 회당장, 종, 회중대표, 통역자 등이 있었다. 장로들은 지역재판소를 구성했으며, 유대 지역에서 회당 운영위원회의 일원으로 활동했다.[110] 그들에게는 파문시키는 권한이 있었던 것 같다.[111]

---

105) 김창선, "성서의 배경사: 안식일과회당예배", 83-98.
106) Morris, *The Jewish School*, 10.
107) Meghillah 3 1; Nedharim 5 5; Ta'anith 2 1,2.
108) Jerusalem Meghillah 3 1.
109) "그 백부장이 예수의 소문을 듣고, 유대 사람들의 장로들을 예수께로 보내어 그에게 청하기를, 와서 자기 종을 낫게 해달라고 하였다."(눅 7:3)
110) Berakhoth 4 7; Nedharim 5 5; Meghillah 3 1 비교. Paul Levertoff, "Synagogue," *The International Standard Bible Encyclopedia*(ISBE). 재인용.

[그림66] 〈회당 내부도〉

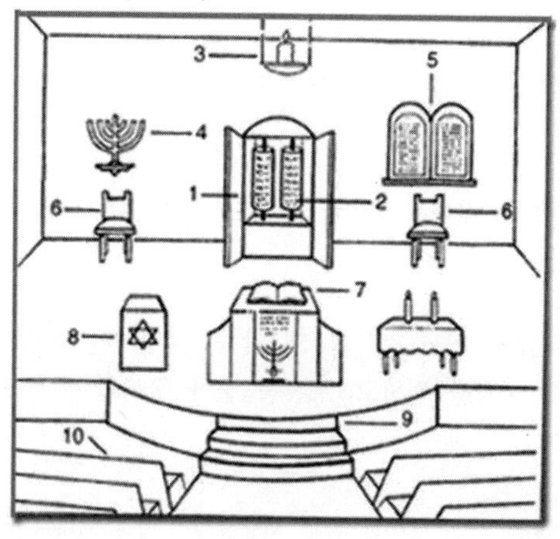

"사흘 안에 오지 않는 사람은, 지도자들과 원로들의 결정에 따라 재산을 빼앗고, 잡혀 갔다가 돌아온 백성의 모임에서 내쫓는다고 하니"(스 10:8)

"사람들이 너희를 미워하고, 인자 때문에 너희를 배척하고, 욕하고, 너희의 이름을 악하다고 내칠 때에는, 너희는 복이 있다."(눅 6:22)

"그 부모는 유대 사람들이 무서워서 이렇게 말한 것이다. [112]예수를 [113]그리스도라고 고백하는 사람은 누구든지 회당에서 내쫓기로, 유대 사람들이 이미 결의해 놓았기 때문이다."(요 9:22)

"지도자 가운데서도 예수를 믿는 사람이 많이 생겼으나, 그들은 바리새파 사람들 때문에, 믿는다는 사실을 드러내지는 못하였다. 그것은, 그들이 회당에서 쫓겨날까봐 두려워하였기 때문이다."(요 12:42)

"사람들이 너희를 회당에서 내쫓을 것이다. 그리고 너희를 죽이는 사람마다, 자기네가 하는 그러한 일이 하나님을 섬기는 일이라고 생각할 때가 올 것이다."(요 16:2)

---

111) `Edhuyoth 5 6; Ta`anith 3 8; Middoth 2 2). 비교. Paul Levertoff, "Synagogue," *The International Standard Bible Encyclopedia*(ISBE). 재인용.

112) 그, '그를'.

113) 또는 '메시아'. 그리스어 그리스도와 히브리어 메시아는 둘 다 '기름 부음 받은 이'를 뜻함.

일부 회당에는 회당장이 여러 명이었다.

> "회당장 가운데서 야이로라고 하는 사람"(막 5:22)

> "율법서와 예언자의 글을 낭독한 뒤에, 회당장들이 바울과 바나바에게 사람을 보내어 '형제들이여, 이 사람들에게 권면할 말씀이 있으면 해주시오.' 하고 청하였다."(행 13:15)

회당장은 장로들 중에서 선출한 것 같다. 회당장은 율법과 선지서를 읽을 사람과[114] 설교할 사람을 정하고, 토론을 맡아 질서를 유지하는 등 회당 예배를 관장했다.

> "율법서와 예언자의 글을 낭독한 뒤에, 회당장들이 바울과 바나바에게 사람을 보내어 '형제들이여, 이 사람들에게 권면할 말씀이 있으면 해주시오.' 하고 청하였다."(행 13:15)

> "회당장은, 예수께서 안식일에 병을 고치신 것에 분개하여 무리에게 말하였다. '일을 해야 할 날이 엿새가 있으니, 엿새 가운데서 어느 날에든지 와서, 고침을 받으시오. 그러나 안식일에는 그렇게 하지 마시오.'"(눅 13:14)

회당의 시종, 혹은 대리인이라 부르는 하짠(חזן)은 급료직으로서 그의 의무는 예배를 보조하며 주중에는 학교교사를 겸임하였다. 종은 회당에 불을 밝히고 청소 등을 하는 사람이다.

> "예수께서 두루마리를 말아서, 시중드는 사람에게 되돌려주시고, 앉으셨다."(눅 4:20)

그는 회당에서 정죄 받은 사람에게 채찍을 휘두르는 징벌을 담당했다.

> "그들이 너희를 법정에 넘겨주고, 그들의 회당에서 매질을 할 것이다."(마 10:17)

> "너희는 그 가운데서 더러는 죽이고, 더러는 십자가에 못 박고, 더러는 회당에서 채찍질하고, 이 동네 저 동네로 뒤쫓으며 박해할 것이다."(마 23:34)

---

114) Yoma' 7 1. Paul Levertoff, "Synagogue," *The International Standard Bible Encyclopedia*(ISBE). 재인용.

"사람들이 너희를 법정에 넘겨줄 것이며, 너희가 회당에서 매를 맞을 것이다."(막 13:9)

"내[바울]가 말하였습니다. '주님, 내가 주님을 믿는 사람들을 가는 곳마다 회당에서 잡아 가두고 때리고 하던 사실을 사람들이 잘 알고 있습니다.'"(행 22:19)[115)]

종은 초등학교의 교사 노릇도 한 것 같다.[116)] 회중 대표는 항구적인 직책이 아니고 매 집회 때 회당장이 선발했다. 이들은 성경을 읽고 기도문을 읽도록 요청받았다. 이들은 성품도 좋아야 했다. 통역자는 히브리어로 읽은 율법서와 예언서의 구절들을 아람어로 통역하는 사람이다.[117)] 통역자 역시 매 모임마다 회당장이 한 사람을 택했다. 회당에서는 구제도 행해졌다.

"그러므로 네가 자선을 베풀 때에는, 위선자들이 사람들에게 칭찬을 받으려고 회당과 거리에서 그렇게 하듯이, 네 앞에 나팔을 불지 말아라. 내가 진정으로 너희에게 말한다. 그들은 자기네 상을 이미 다 받았다."(마 6:2)[118)]

[그림67] 〈현대의 회당 내부 모습〉

115) Makkoth 16 비교. Paul Levertoff, "Synagogue," *The International Standard Bible Encyclopedia*(ISBE). 재인용.

116) Shabbath 1 3. Paul Levertoff, "Synagogue," *The International Standard Bible Encyclopedia*(ISBE). 재인용.

117) Meghillah 3 3; "통역할 사람이 없거든, 교회에서는 침묵하고, 자기에게와 하나님께 말하십시오."(고전 14:28 비교). Paul Levertoff, "Synagogue," *The International Standard Bible Encyclopedia*(ISBE). 재인용.

118) Pe'ah 8 7에 따르면, 모금(collecting)은 적어도 둘, 기부(distributing)는 적어도 세 명에 의해 행해졌다. Paul Levertoff, "Synagogue," *The International Standard Bible Encyclopedia*(ISBE). 재인용.

4. 예배와 교육의 결합

성전이 파괴되자 성전 예배가 불가능해지고 회당이 그 역할을 하게 되었다. 회당은 사람들을 위한 기도의 집, 회합의 장소, 그리고 교육의 집이 되었다. 성서와 기도문 교육을 위한 장소가 되었다. 회당의 필요성 중의 하나는 히브리어 외에 다른 언어가 유대인들의 공용어가 되었을 때 혹은 변화된 상황이 토라의 재해석을 요구하게 되어 회당에서의 모임이 필요했다. 바빌론 포로기 이전 이스라엘의 교육은 성전과 제사장을 중심으로 희생제사에 집중되었다. E. L. 수케닉(Sukenik)은 고대 세계에서 신비가 주도하거나 신의 호의를 얻기 위한 희생제사적 성격이 아닌 교육이 중심이 되었던 예배 형식의 창안은 혁명적이라고 했다.[119] 유대교에 그 성격을 부여해 준 것은 바로 회당이었다.

회당은 체계적 가르침과 기도가 긴밀하게 결합된 곳이다.[120] 회당에서 예배와 교육의 결합 방식은 예배 순서에서 확인할 수 있다. 순서는 다섯 분야로 구성되어 있다: 쉐마, 기도, 토라 낭송, 예언서 낭송, 제사장의 축복이다. 예배순서는 다음과 같다.
회당 예배 순서

두 번의 축복기도(기도나 찬양).
지명된 사람이 암송하면 회중은 '아멘'으로 화답

'쉐마' 암송.
모든 성인 남성들

신 6:4~9
"이스라엘은 들으십시오. [121]주님은 우리의 하나님이시요, 주님은 오직 한 분뿐이십니다. 당신들은 마음을 다하고 뜻을 다하고 힘을 다하여, 주 당신들의 하나님을 사랑하십시오. 내가 오늘 당신들에게 명하는 이 말씀을 마음에 새기고, 자녀에게 부지런히 가르치며, 집에 앉아 있을 때나 길을 갈 때나, 누워 있을 때나 일어나 있을 때나, 언제든지 가르치십시오. 또 당신들은 그것을 손에 매어 표로 삼고, 이마에 붙여 기호

119) E. L. Sukenik, *Ancient Synagogues in Palestine and Greece: The Schweich Lectures on Biblical Archaeology at the British Academy 1930* (Humphrey Milford, 1934), 2. Sherrill, *The Rise of Christian Education*, 63 재인용.
120) Moran, "Religious Education," 321.
121) 또는 '주 우리의 하나님, 주님은 한 분이시다.' 또는 '주 우리의 하나님은 한 주님이시다.' 또는 '주님은 우리의 하나님이시다. 오직 주님만이'.

로 삼으십시오. 집 문설주와 대문에도 써서 붙이십시오."

신 11:13~21
"당신들이, 오늘 내가 당신들에게 명하는 [122]그의 명령들을 착실히 듣고, 주 당신들의 하나님을 사랑하며, 온 마음과 정성을 다하여 주님을 섬기면, [123]주님께서 당신들 땅에 [124]가을비와 봄비를 철 따라 내려 주셔서, 당신들이 곡식과 포도주와 기름을 거두게 하실 것이며, 들에는 당신들의 가축이 먹을 풀을 자라게 하여 주실 것이며, 그리하여 당신들은 배불리 먹고 살 것입니다. 당신들은, 유혹을 받고 마음이 변하여, 다른 신들을 섬기거나 그 신들 앞에 엎드려서 절을 하는 일이 없도록 주의하십시오. 당신들이 다른 신들을 섬기면, 주님께서는 당신들에게 진노하셔서, 하늘을 닫고 비를 내리지 않으실 것이며, 당신들은 밭에서 아무것도 거두지 못할 것입니다. 그렇게 되면 당신들은, 주님께서 주신 기름진 땅에서도 순식간에 망할 것입니다. 그러므로 당신들은, 내가 한 이 말을 마음에 간직하고, 골수에 새겨두고, 또 그것을 손에 매어 표로 삼고, 이마에 붙여 기호로 삼으십시오. 또 이 말을 당신들 자녀에게 가르치며, 당신들이 집에 앉아 있을 때나 길을 갈 때나, 누워 있을 때나 일어나 있을 때나, 언제든지 가르치십시오. 당신들의 집 문설주와 대문에도 써서 붙이십시오. 그러면 주님께서 당신들 조상에게 주겠다고 맹세하신 땅에서, 당신들과 당신들 자손이 오래오래 살 것입니다. 당신들은 하늘과 땅이 없어질 때까지 길이길이 삶을 누릴 것입니다."

민 15:37~41
"주님께서 모세에게 말씀하셨다.
'너는 이스라엘 자손에게 말하여라. 그들에게 일러라. 너희는 대대손손 옷자락 끝에 술을 만들어야 하고, 그 옷자락 술에는 청색 끈을 달아야 한다. 너희는 이 술을 볼 수 있게 달도록 하여라. 그래야만 너희는 주의 모든 명령을 기억하고, 그것들을 실천할 것이다. 그래야만 너희는, 마음 내키는 대로 따라가거나 너희 눈에 좋은 대로 따라가지 아니할 것이고, 스스로 색욕에 빠지는 일이 없을 것이다. 그리고 너희가 나의 모든 명령을 기억하고 실천할 것이며, 너희의 하나님 앞에 거룩하게 될 것이다. 나는 주 너희의 하나님이다. 너희의 하나님이 되려고, 너희를 이집트 땅에서 이끌어 내었다. 내가 주 너희의 하나님이다.'"

한 번의 축복기도[125].

122) 칠십인 역을 따름. 히, '나의'.
123) 사마리아 오경과 칠십인역과 불가타를 따름. 히, '내가'.
124) 히, '이른 비와 늦은 비'.
125) 설교단에 진행, 이 후의 기도는 예배인도자가 법궤 앞에서 진행. Edersheim, *In the Days of Christ*, 271a. Swift, *Education In Ancient Israel*, 145 재인용.

축복기도는 쉐마와 연관된 것이다. 예식에서 중요한 부분으로 모세에 의해 명령된 것으로 믿겨짐[126]

다양한 축복기도.

12가지 내용이 주기를 이룸. 회중은 '아멘'으로 응답.

후에는 18이나 19 가지를 주기로 했다. 18가지를 주기로 하는 기도문(쉬모네[שמונה], 에스레[עשר])은 시편과 예언서를 기초로 한다. 그 내용은 다음과 같다. ① 조상들,[127] ② 권능, ③ 주의 이름의 거룩함, ④ 이해 또는 지식, ⑤ 회개, ⑥ 사죄, ⑦ 구원, ⑧ 치유, ⑨ 풍년 기원, ⑩ 흩어진 백성의 귀향, ⑪ 올바른 심판의 회복, ⑫ 배교자의 심판, ⑬ 이방인 개종자에 대한 축복, ⑭ 예루살렘과 시온에 관한 것, ⑮ 기도 응답을 비는 것, ⑯ 예배에 관한 것, ⑰ 감사에 관한 것, ⑱ 평안의 축복.

안식일과 축제일에는 앞의 세 기도(1~3)와 뒤의 세 기도(16~18)를 낭송의 형식으로 드렸고, 그 사이 제4기도로부터 15기도까지의 기도들(12개) 중에서 그 날에 적합한 기도 하나를 선택하여 드린다. 기도들은 회중의 '아멘' 응답으로 마친다. 이 기도들은 모두 일어서서 드렸다.

제사장의 축복기도.

아론의 후손, 그렇지 않을 경우 기도를 주도하는 사람들

민 6:24~26
"주님께서 당신들에게 복을 주시고, 당신들을 지켜 주시며,
주님께서 당신들을 밝은 얼굴로 대하시고, 당신들에게 은혜를 베푸시며,
주님께서 당신들을 고이 보시어서, 당신들에게 평화를 주시기를 빕니다."

첫째 낭독자의 축복기도.

율법서 낭독.

---

126) Ant, IV, viii, 13 비교. Paul Levertoff, "Synagogue," *The International Standard Bible Encyclopedia*(ISBE) 재인용.

127) 조상들과 관련된 기도의 내용은 다음과 같다. "주 우리 하나님, 우리 조상들의 하나님, 아브라함의 하나님, 이삭의 하나님, 야곱의 하나님은 복되시도다. 위대하고 강하시며 두려운 하나님, 지고하신 하나님은 자비와 친절을 보이시고, 만물을 지으시고, 선조들의 경건한 행위를 기억하시며, 당신 이름을 위하여 후손의 자녀들을 사랑하사 구원하시리라. 오 왕이시며 돕는 자이시며 구주요 방패시여 아브라함의 방패이신 오 주님, 복되시나이다."

모세오경을 처음에는 7년에 걸쳐서 읽었다.[128] 그러나 후에는 154개로 나누어 3년~3.5년 소요. 1회에 최소 7명이 세 구절 이하로 낭독.[129] 낭독자는 미성년자를 포함한 남자. 제사장이나 레위인이 있을 경우에는 그들에게 우선권이 주어졌다. 한 구절씩 읽고 나서 아람어로 통역.[130] 팔레스타인 회당에서는 3년에 한 번, 바빌론 회당에서는 1년에 한번 통독하였다.

예언서 낭독.

두 세 구절 읽고 통역.[131] 신약 시대 초기 이후부터 행해진 것으로 보임.[132]

마지막 낭독자의 축복기도.

주석 또는 데라샤(דרשה).

낭독한 내용에 대한 설명.

본래 율법에 대한 날카로운 주석이었으나 시간이 지나면서 경건한 성격으로 바뀌었다. 설명을 덧붙인 이 해석은 설교의 원형이라 할 수 있을 것이다.[133] 설교나 교훈은 제사장에 한정되지 않았다. 교훈을 할 만한 능력이 있으면 회중 중에 아무라도 의견을 말할 수 있었다. 예수께서 나사렛의 회당에서 성경낭독과 설명을 하셨던 경우(눅 4:16~21)나 사도 바울이 안디옥의 회당에서 설교를 하였던 경우(행 13:15~42)를 보면 알 수 있다. 이 순서가 언제부터 있었는지 분명히 알 수 없으나 이미 예수 시대에 일반적이었다. 자세한 설명이 오후 늦게까지 이어지기도 했다.[134]

축도.

설교 후에 제사장에 의한 축도가 있었다. 회중은 '아멘'으로 응답.

---

128) Morris, *The Jewish School*, 85.

129) 예배를 위해서는 최소 10명의 인원이 필요했을 것이다(Meghillah 4 3; Sanhedhrin 1 6). Paul Levertoff, "Synagogue," in *The International Standard Bible Encyclopedia*(ISBE) 재인용.

130) Meghillah 3 3. Paul Levertoff, "Synagogue," *The International Standard Bible Encyclopedia*(ISBE) 재인용.

131) Megillah 240,. Morris, *The Jewish School*, 164 재인용.

132) Sherrill, *The Rise of Christian Education*, 64.

133) Sherrill, *The Rise of Christian Education*,, 65.

134) Sherrill, *The Rise of Christian Education*,, 65.

회당은 이스라엘이 예배, 제사에 중점을 두던 것으로부터 교육에 중점을 두는 방향으로의 전환이었다. 또한 회당은 토라를 접하고 그 설명을 듣는 교육의 기능을 넘어 공동체를 위한 만남의 장을 제공하는 역할도 했다. 이와 같은 역할을 통해 회당은 이스라엘이 이방 민족들 사이에서 민족의 정체성을 유지해 나갈 수 있도록 하는 데 큰 역할을 했다. 회당은 이슬람과 기독교 예배에 영향을 주었다. 그러나 개신교는 교육과 예배가 하나가 된 회당의 성격을 유지하지 못하고 그것들을 분리시키는 과오를 범했다.[135)]

[그림68] 앨버트 베나로야(Albert Benaroya),
〈회당의 아동들〉, 린넨에 유채, 100x81cm

135) Sherrill, *The Rise of Christian Education*,, 65.

IV. 학교

고대 이스라엘에서 학교를 오늘날과 같은 것으로 생각해서는 안 된다. 당시의 학교는 앞에서 살펴보았듯이 특정 계층이나 조직의 유지나 필요에 따른 기능을 훈련하는 곳 정도로 생각해야 할 것이다. 따라서 오늘날의 기준에서 보았을 때 다양한 조직의 학교로 보기는 어렵고 요구와 필요에 따라 나름대로 교육을 수행한 교육적 단위로 보아야 할 것이다. 교사와 학습자의 경우도 정해져 있기보다 비형식적 측면이 많았다. 그나마 당시의 관점에서 학교라는 것도 왕의 아들들, 서기관들, 그리고 고위 왕족들이 누릴 수 있는 것이었다.[136] 일반인들이 학교를 통해 교육의 혜택을 입기 시작한 것은 바빌론 포로로부터 귀환한 이후였다.

1. 학교의 존재

일반적인 학교에 대해 언급하기 이전에 먼저 고대 이스라엘에 학교가 존재했느냐하는 문제는 지속적인 논란거리이다. 문헌이나 고고학적인 증거로 볼 때 당시 학교가 존재했었다고 볼 수 있는 확실한 증거가 없다는 주장이 있으며,[137] 비록 직접적인 증거가 불충분하기는 해도 학교가 있었다는 증거는 충분하다고 주장하는 이들도 있다.[138]

성경에는 어떤 식으로든 학교에 대해 언급하는 내용이 없다.[139] 성경에서

136) Lemaire, "Education (Israel)," 308.

137) James L. Crenshaw, "Education in Ancient Israel," *Journal of Biblical Literrature* 104:4(December 1985):601-15; James L. Crenshaw, *Education in Ancient Israel: Across the Deadening Silence*, Anchor Bible Reference Library (Garden City, NY: Doubleday, 1998) 참조.

138) André Lemaire, "Sagesse et ecoles", Vetus Testamentum 34(1984), 270-81; "The Sage in School and Temple," *The Sage in Israel and the Ancient Near East*, eds., John G. Gammie and Leo G. Perdue (Winona Lake, IN: Eisenbrauns, 1990), 165-81 참조.

139) 성경에 포함되지 않은 Ben Sira가 언급할 때까지 그렇다. 그러나 라기스(Lachish), 가데스-바네아(Kadesh-Barnea)와 쿤티레트(Kuntillet) 등에서 출토된 게젤 달력 등을 들어 학습자들의 쓰기 연습의 증거로 볼 수 있는 판들의 고고학적 증거를 들어 고대 이스라엘에서 학교의 존재를 주장하기도 한다. 대표적으로 르마이유(André Lemaire)는 고대 이스라엘에 서기관학교가 광범위하게 분포되어 있었다고 주장한다. Lemaire, "The Sage in School and Temple," *The Sage in Israel and the Ancient Near East*, 165-181; *Les écoles et la formation de la Bible dans*

학교와 가장 유사한 유일한 언급은 신약성서 사도행전인데 그것은 그리스를 배경으로 한 것이고, 그마저도 학교라고 보기에는 문제가 있다.

> "몇몇 사람은, 마음이 완고하게 되어서 믿으려 하지 않고, 온 회중 앞에서 이 '도'를 비난하므로, 바울은 그들을 떠나, 제자들을 따로 데리고 나가서, 날마다 두란노 학당에서 [140]강론하였다."(행 19:9)

바울은 에베소서에서 3개월 전도 후 두란노라는 교사의 강당을 빌려 강당이 비어있는 5시간을 사용하여 2년간 설교하고 토론했다. 이 강당은 철학자나 수사가 썼던 곳으로 강의실이나 교실을 의미했다.

나단 모리스(Nathan Morris)는 고대 이스라엘에 오늘날의 개념에서 학교라는 개념은 없었지만 아이들에게 말하고(telling) 아이들과 연관시키고(relating) 아이들을 가르치는(teaching) 구절들은 많다는 사실을 지적한다.[141]

> "자녀에게 부지런히 가르치며, 집에 앉아 있을 때나 길을 갈 때나, 누워 있을 때나 일어나 있을 때나, 언제든지 가르치십시오.(신 6:7)

> "그 날에 당신들은 당신들 아들딸들에게, '이 예식은, 내가 이집트에서 나올 때에, 주님께서 나에게 해주신 일을 기억하고 지키는 것이다.' 하고 설명하여 주십시오."(출 13:8, 14)

제임스 L. 크렌쇼(James L. Crenshaw)는 벤 시라 51장 23절 "교육받지 않은 사람을 내게로 데려와서 지식의 집에 머물게 하라"는 구절을 언급하면서, 주전 2세기까지 학교에 대해 언급하는 현존하는 문헌은 없다고 한다.[142] 고대 이스라엘에서 학교의 형태는 점차 발전해 나갔을 것이다. 학교의 기원이 모호하고 순탄하게 발전적 과정을 거쳐 왔다고 말할 수 없지만, 공동체 안에서 사회적, 경제적, 정치적 변화에 적응하며 점진적 과정을 거쳐 왔다고 할 수 있다.[143] 서당과 같은 성격을 갖추었을 지파 시대의 학교, 왕정 시대의 관료훈련 학교, 그리고 바빌론포로 후기로부터 등장하는 회당으로 발전해 나갔을 것으로 보인다. 학교가 존재했을 가능성에 비중을 두고 안근조는 그 초기의 형태에 대해 다음과 같이 예측한다.

---

140) 다른 고대 사본들에는 '오전 열한 시부터 오후 네 시까지 강론하였다'.

141) Morris, *The Jewish School*, 4.

142) Crenshaw, *Education in Ancient Israel*,

143) Morris, *The Jewish School*, 3.

> "이스라엘 사회의 발전에 따라, 초기 유목민 사회와 지파체제 사회에서 가정 중심의 교육이 어머니와 가부장을 통해서 이루어지다가 왕정국가로 옮아가면서 교육의 장은 가족 단위를 넘어선 집단교육 체제로 그리고 왕궁 중심의 전문적 관료 교육기관으로 차츰차츰 갱신되어 갔으리라 본다."[144]

구약성서에 학교가 존재했다는 분명한 언급은 없지만 위에서 살펴본 바와 같이 정황상 학교가 존재했을 것이다. 고대 이스라엘 주변국들에 학교가 존재했었다는 사실로부터 이스라엘이 그들 국가들과 교류를 했었다면 학교라는 제도도 받아들였을 것이다. 고대 이스라엘에 학교가 존재했었다면 그것은 아주 소수의 남자아이들을 위한 것이었을 것이다. 당시 어떤 형태의 학교가 존재했든 대체로 부유한 가정의 자녀들, 왕실의 아이들을 위한 것이었을 것이다.[145] 그것들이 궁정 관리들이나 귀족들을 위한 제한된 범위의 교육기관이어서 일반 대중교육으로까지는 확산되지 않았다 하더라도 적어도 학교와 같은 성격의 기관을 통해 교육이 행해졌을 것이다.

이와 같은 교육기관의 의의는 다음과 같다. 먼저 성서 형성, 특히 유사학교 기관은 지혜문서들의 형성에 기여를 했을 것이다. 이들 기관이 아니었다면 지혜문서들과 같은 체계적인 문서의 편집이 어려웠을 것이다. 그래서 "잠언서를 비롯한 구약성서의 지혜문서들은 고대 이스라엘 교육제도의 산물이라는 주장도 있다.[146] 학교의 역사적, 신앙적 의미는 구약성서의 중요한 전통인 율법으로서의 토라 신앙과 지혜로서의 호크마 경건의 통합이 학교를 통해 일어났다는 것이다. 안근조는 이에 대해 다음과 같이 말한다.

> "이러한 호크마 경건의 최종적인 형태가 바로 주전 200년경에 쓰여진 외경인 집회서에서 드러나 있다. '이 모든 것(*호크마*)은 지극히 높으신 하느님의 계약의 글이고 야곱의 회중의 상속 재산으로 모세가 우리에게 제정해 준 율법(*토라*)이다." 곧 *토라* 경건과 *호크마* 지혜의 연합이다. 그런데 이러한 연합의 실제적 배경은 학교이다. 즉, 집회서의 저자인 율법교사 시락(Sirach)이 *호크마* 학교에 모세의 *토라*를 도입하려는 교육적인 시도였으며 이를 통해서 궁극적으로 *쉐마* 교육전통과 *호크마* 교육전통은 본격적인 통합의 길을 걷게 된다(Collins, p.54)."[147]

---

144) 안근조, "구약성서의 '쉐마'와 호크마: 고대이스라엘의 지혜교육", 「기독교교육정보」 21(서울: 한국기독교교육정보학회, 2008.12), 171.

145) Melchert, *Wise Teaching,* 『지혜를 위한 교육』(서울: 한국장로교출판사, 2002), 48.

146) John Collins, *Jewish Wisdom in Hellenistic Age* (Louisville: Westminster John Knox Press, 1977), 5. 안근조, "구약성서의 '쉐마'와 호크마", 171 재인용.

147) 안근조, "구약성서의 '쉐마'와 호크마", 177.

2. 학교의 역사

8세기부터 계속해서 고대 히브리(paleo-Hebrew) 비명(Samaria ostraca, Kuntillet-Ajrud, Khirbet el-Qôm, Khir-bet Beit-Lei, Silwam, Siloah, 그리고 Arad 명문, 기명이 된 밀봉[inscribed seals]도 마찬가지)과 성서 본문들(주로 아모스, 호세아, 미가, 그리고 이사야의 예언서들)은 고대 이스라엘에서 쓰기 용도의 중요한 발전을 보여준다. 이 발전은 왕실이나 성전에서의 교육과는 다른 새로운 학교의 창립과 연관되어 왔을 수 있다. 실제로 성서에는 아마 고위 왕실 관리들, 제사장들, 그리고 레위족들의 감독 아래 행해졌을 것으로 보이는 몇 가지 교육개혁에 대한 언급이 나온다.

> "그는 왕이 된 지 삼 년째 되는 해에, 지도자들인 벤하일과 오바댜와 스가랴와 느다넬과 미가야를 유다 여러 성읍에 보내어, 백성을 가르치게 하였다. 그들과 함께 레위 사람들, 곧 스마야와 느다냐와 스바댜와 아사헬과 스미라못과 여호나단과 아도니야와 도비야와 도바도니야, 이런 레위 사람들을 보내고, 또 그들과 함께 제사장 엘리사마와 여호람을 보냈다. 그들은 주님의 율법책을 가지고 유다 전국을 돌면서 백성을 가르쳤다. 그들은 유다의 모든 성읍을 다 돌면서 백성을 가르쳤다."(대하 17:7~9)

쿰란 공동체(Qumrân community)의 존재가 확인된 쿰란 동굴 근처에서 발견된 두루마리 중의 하나에서 그 공동체에 속한 아이들의 교육에 대해 언급하고 있다.

> "그리고 이것은 이스라엘의 모든 출신들에 관한 회중 무리 모두의 규칙이다. 어린 시절부터 『명상의 서』(*the Book of Meditation*)로 교육을 받을 것이다. 그리고 나이에 맞추어 언약의 계율들(precepts of the Covenant)을 가르칠 것이다. 그리고 어린 이반에 들어갈 때부터 십년 동안 규정들에 대한 교육을 받을 것이다. 그런 다음 스무 살에 인구에 속하게 될 것이다." (1QSa 1:6)

이 언급은 유대학교에 대한 탈무드의 언급보다 앞선다. 하지만 이것을 쿰란 공동체 외의 유대 어린이 교육에 대해서까지 일반화하는 근거로 삼을 수는 없다.[148)]

그리스 및 로마의 지배 하에서 회당 부속의 초등학교에서 읽기, 쓰기, 연산

---

148) Culpepper, "Education," 25.

(calculation) 등을 가르쳤다. 초등학교 수준에서 배우는 읽고(Reading) 쓰고(wRiting) 셈하는(aRithmetic), 이른바 3R 교육이 일찍부터 행해졌을 것이다.

라기스(Lachish), 아랏(Arad), 아로에(Aroer), 가데스-바네아(Kadesh-Barnea), 그리고 쿤티레트-아주룯(Kuntillet-Ajrud)에서 발견된 '문자판'(abecedaries)과 학습자의 연습물들은 제1성전기 말에, 사람이 대도시에서 뿐만 아니라 마을들과 작은 성읍들에서도 쓰기를 배울 수 있었다는 증거가 된다. 실제로 "신명기는 사회에 스며들기 위한 읽기·쓰기 능력 정도를 기대한다."

"집 문설주와 대문에도 써서 붙이십시오."(신 6:9)

"당신들의 집 문설주와 대문에도 써서 붙이십시오."(신 11:20)

그리고 비문 증거에 따르면 "쓰기를 모르는 장소는 거의 없을 것이다."[149] 그와 같은 읽기·쓰기 정도는 지역 학교의 존재가 없이는 거의 도달될 수 없다.

본격적인 학교의 출현은 아무리 빨리 잡아도 바벨론 포로기 이후가 될 것이다. 학교에 대한 최초의 언급은 주전 75년에 나타난다.[150] 그래서 초등 교육은 주전 75년경에는 의무제가 되어 대부분의 남자 아이들이 학교에 들어갔을 정도로 발전했을 것이다. 의무제라고 해서 오늘날과 같은 의미의 의무교육이라고 생각해서는 안 된다. 그것은 보다 느슨한 의미에서의 보편(universal) 교육, 즉 다닐 여유가 있으면 다닐 수 있는 오늘날 사설 학원과 같은 개념이었을 것이다.[151] 여기에 재단사나 무두장이가 하듯 그럴 만하다고 여기는 사람들이 자신의 집에 직업학교를 운영했을 수 있다.[152]

모리스에 따르면, 일반학교의 탄생 시기는 다음의 세 기간 중의 하나이다. ① 바빌론 유수 기간 동안 회당의 출현 바로 후에, ② 마카비 전쟁 시기 경 젊은이를 위한 학교 설립, ③ 그리고 로마에 의해 제2성전이 파괴되고 나라가 망한 후 일반 초등학교의 시작이다.[153] 이를 종합하면, 학교는 처음에 회당이나 가정에서 불규칙적으로 가르치기 시작해서 예루살렘과 대도시를 중심으로 한 대중학교가 설립되면서 회당과는 떨어진 독립된 기관이 되었을 것이다.[154] 대

149) Millard, "An Assessment of the Evidence of Writing in Ancient Israel," *Biblical Archaeology Today* (Jerusalem, 1985), 308. Lemaire, "Education (Israel)," 309 재인용.
150) Sherrill, *The Rise of Christian Education*,, 53.
151) Morris, *The Jewish School*, 19-20.
152) Baba Bathra 21. Morris, *The Jewish School*, 43 재인용.
153) Morris, *The Jewish School*, 11.
154) Morris, *The Jewish School*, 18.

중교육은 성인으로부터 시작해서 점차 아동들에게까지 확대된 것 같다.

취학 연령은 5세쯤이었을 것이다.[155] 이집트의 경우에는 6세[156] 또는 7세였다.[157] 가말리엘 문하에서는 취학연령이 6세였다. 이로 보아 취학 연령이 특정하게 정해졌다고 보기는 어렵다.

유대인들의 아동에 대한 존중은 다음의 구절로부터 알 수 있다.

> "등잔대 줄기는 꽃받침과 꽃잎을 갖춘 감복숭아꽃 모양 잔 네 개를 쌓아 놓은 모양으로 만들어라."(출 25:34)

이 성구에 대한 미드라쉬(Midrash)의 해석은 "꽃-이것들은 학교에 다니는 아동이다."[158] 유대인들은 하나님이 제물의 향기보다 학교에 다니는 아동의 숨결을 더 소중히 여긴다고 생각했다.[159]

부유한 가정에서는 노예를 가정교사로 썼다. 율법학자도 고등교육에 종사하여 율법을 가르쳤다. 수업료는 명목상 취하지 않았으나, 헤롯대왕 당시에는 계원이 있어서 입장료를 모았다고 한다.

교실은 성전의 바깥뜰에 속해 있는 방이라든가 회당의 방을 사용했다.

> "사흘 뒤에야 그들은 성전에서 예수를 찾아냈는데, 그는 선생들 가운데 앉아서, 그들의 말을 듣기도 하고, 그들에게 묻기도 하고 있었다."(눅 2:46)

3. 책의 집(벧 하세퍼, The House of the Book)

회당. 초등학교는 처음에 회당 안에 있었던 것 같다. 그러나 가끔 교사의 사택에서 모이기도 했다.[160] 회당은 기도하는 집이며 '작은 성소'(little sanctuary)였지만,[161] '주민의 집'(people's house)으로 불렸듯이 성인들이 성경을 연구하

---

155) m. ʾ*Abot* 5:21
156) *Ketub.* 50a.
157) *B. Bat.* 21a, H. Brunner, *Altägyptische Erziehung*, Wiesbaden, 1957: 40
158) Pes. R. 29b. C. G. Montefiore and H. M. J. Loewe, eds., *A Rabbinic Anthology* (1938), Barclay, *Educational Ideals in the Ancient World*, 9 재인용.
159) Barclay, *Educational Ideals in the Ancient World*, 9.
160) Morris, *The Jewish School*, 48.
161) "나 주 하나님이 이렇게 말한다. 비록 내가 그들을 멀리 이방 사람들 가운데로 쫓아 버렸고, 여러 나라에 흩어 놓았어도, 그들이 가 있는 여러 나라에서 내가 잠시 그들의 성소가 되어 주겠다."(겔 11:16)

기도 하고 재판을 하는 곳이기도 하며 때로는 여행자의 숙소로도 사용되었던 것으로 보아 초기의 학교 건물로도 사용되었을 것이다.[162] 초등학교는 회당과는 관계없이 처음에 독자적으로 개인적 사업으로 시작된 것 같다. 몇몇 학교들은 회당에서 모이기도 했지만, 서기 200년이 되어서야 초등학교가 회당과 확고하게 연결된다.[163]

설립자. 유대 초등학교의 기원은 모호하다. 팔레스타인계 탈무드는 그 시작을 시몬 벤 쉐타(Simon ben Shetah, 주전 약 120~40년)[164]에게 돌리고 바빌론계 탈무드는 모든 지역과 도시에 교사들이 임명되어야 한다는 칙령을 소개한 조수아 벤 가믈라(Joshua ben Gamla)의 R. 유다-라브(R. Judah-Rav) 전승을 들고 나온다. 시몬은 "앉는다"(sitting)는 뜻의 예시바(ישיבה)를 큰 도시에 세워 아동들에게 성서와 전통적 율법을 가르쳐야 한다고 했다.[165] 그는 어린이들(문자적 의미는 '어린아이들')은 '책의 집' 즉 토라를 뜻하는 초등학교(빠이트 핫 소페르, בית־הספר)에 다녀야 한다고 규정했다. 오늘날의 예시바는 미드라쉬의 집(벧 미드라쉬)이고 토라, 탈무드, 랍비 문헌 등을 공부하는 유대교 교육기관으로 탈무드 아카데미, 랍비학교 등으로 불린다.[166] 이 학교에서 사용한 교과서는 곧 토라였으며 이 토라에 대한 교육은 구전된 율법(oral law)에 근거한 설명과 해석으로 보충되었다. 이 구전된 율법이란 제2국가시대 동안에 서기관들에 의하여 이루어진 것으로서 방대한 양에 이르는 토라에 대한 설교 및 법적인 주석이며 바리새인들은 이것을 그들의 가르침의 근거로 삼았다. 이들 바리새인들의 첫 번째 학교는 예루살렘에 세워졌고 후에 이 제도는 다른 지역으로도 퍼져나갔다.

예루살렘 성전이 파괴되기 수년전에 조수아 벤 가믈라는 모든 지방과 성읍에 어린이를 위한 교사들이 임명되어야 하며 어린이들은 6살이나 7살이 되면 학교에 입학을 해야 한다는 규정을 제정했다.

> "처음에 아버지가 있는 아동들은 모두 그로부터 율법을 배웠지만 아버지가 없는 아동은 율법을 배우지 못했다. … 나중에 예루살렘에는 아동을 위한 교사들이 임명되었다. … 하지만 이 조치조차 만족스럽지 못했다. 아버지가 있는 아동들은 그가 학교에 데

162) Morris, *The Jewish School*, 51.
163) Morris, *The Jewish School*, 52; Culpepper, "Education," 25.
164) Jer. Keth VIII. 11. 그는 주전 78년부터 69년까지 통치했던 알렉산드리아 여왕의 형제였다. Barclay, *Educational Ideals in the Ancient World*, 33.
165) "Simeon ben Shetach," Wikipedia, the free encyclopedia.
166) 최인식, 『예수와 함께 걷는 유대교 산책』 (부천: 예루살렘아카데미, 2008), 501.

려가서 그곳에서 교육을 시켰지만 아버지가 없는 아동은 교육받으러 그곳에 갈 수 없었기 때문이다. 따라서 지방마다 교사를 임명할 것을 제정하였다. 아동들은 16세나 17세가 되면 이곳에 보내졌다. 교사가 제자에게 화를 내게 되면 제자는 다리에 인장이 찍혀 쫓겨났다. 이 상태에서의 교육은 요수아 벤 가말라 때까지 존속되었는데 그는 방방곡곡마다 교사를 임명해서 그들이 6, 7세의 아동들을 양육하도록 제정한 인물이었다."[167)]

조수아는 64년경 대제사장 직에 있었다. 그는 아동 교육에 신경을 써 5세 이상의 어린이를 위해 모든 마을에 학교를 세웠다.[168)] 그런 까닭에 유대 공식 교육 기관의 설립자로 간주된다. 이 전승들 중 어느 것도 확실하다고 할 수 없다.[169)] 그러나 시므온과 조수아의 활동 기간을 고려하면 초등학교의 설립은 1세기 초로 볼 수 있을 것이다. 유대 초등학교는 벤 쉐타에게서 새로운 자극을 받았고 벤 가믈라로부터 그것이 새롭고 동시에 훨씬 효과적으로 구체화되었다.[170)] 초등학교의 확산과 의무적 성격에는 쉐타와 가믈라의 공이 컸다.

유대에서 대체로 다섯 살이면 성경을 공부하기 시작했는데, 어떤 랍비는 "여섯 살이 안 된 아동을 학교에 들여놓아서는 안 된다."[171)]라고 한 것으로 보아, 이 말은 여섯 살에 학교에 가는 아이들이 있었기 때문일 수 있다. 따라서 종합적으로 볼 때, 남자아이들은 5~7세 사이에 유대 초등학교에 입학한 것으로 보인다.

교육 내용. 초등학교에서는 먼저 읽는 법을 가르쳤고 읽을 줄 알게 되면 가정과 회당에서 종교예식에 참여하는 데 필요한 내용과 하나님의 백성으로 살아가는 데 필요한 기본적 율법을 배웠다. 초등학교에서는 읽기, 쓰기, 그리고 산수를 가르쳤다. 이 내용들은 율법을 통해서 행해졌다. 초등학교의 공부는 율법의 삼중적 내용, 즉 의식과 민법과 형법을 배우는 것이었다. 율법 안에서 3R인[172)] 읽기, 쓰기, 셈하기, 그리고 종교, 도덕, 예의, 역사, 그리고 법률까지 모

---

167) *Baba Bathra* 21a. Barclay, *Educational Ideals in the Ancient World*, 34 재인용.
168) "Joshua ben Gamla," Wikipedia, the free encyclopedia.
169) Culpepper, "Education," 25.
170) Barclay, *Educational Ideals in the Ancient World*, 35.
171) Kethuboth 50a. Barclay, *Educational Ideals in the Ancient World*, 38 재인용.
172) Reading, wRiting, aRithmetic를 말한다. 최근에는 인성 교육이 New 3R이라는 이름으로 행해지고 있다.
믿을만한 사람(Reliable): 자아성찰과 내 인생에 대한 주체적 창조능력을 가진 인간, 책임지는 사람(Responsible): 자신의 삶, 타인, 집단과의 관계에서 주체적 의사결정을 할 수 있고 자신의 선택과 결정에 대해서 성실성과 일관성을 유지하며 책임질 줄 아는 인간,

두를 배우는 식이었다.

아이들은 처음에 자음으로만 이루어진 알파벳을 배웠다. 그 이름과 모양, 그리고 쓰임새를 익혔다. 그런 다음에 그들은 곧바로 성경을 보고 그 뜻과 더불어 구절들을 바르게 읽는 법을 배웠다.[173] 이렇게 하는 데는 약 일 년 간 소요되었다.[174] 학교에서의 성경 읽기는 회당의 모세오경을 낭독 진도에 맞추어 읽어 나갔을 것이다.[175] 이것은 나중에 회당에서 성경을 3년 주기나 1년 주기로 읽었을 때도 그 진도를 따라가기 어려웠기 때문에 그대로 지켜졌다.[176]

아동들이 읽기를 배우기는 쉽지 않았을 것이다. 히브리 글자는 처음에 자음만 있었기 때문이다. 따라서 글자를 읽을 때는 의미, 문맥, 그리고 성구의 독특한 리듬 구조를 고려해야 했다. 세 개의 자음으로 구성된 '와카다르'는 '추억' 또는 '남자'로 읽을 수 있었다. 전설에 따르면 요압은 그의 선생이 후자로 읽었기 때문에 에돔과 전쟁을 하기로 결정했다고 한다.[177] 알파벳을 배운다는 것은 글자 생김새, 소리, 그리고 이름을 배우는 것이다. 예를 들어 김멜과 달렛는 이런 식으로 배웠다.

김멜(ג), 달렛(ד)="가난한 사람에게 친절히 대하라."(게몰 달림)

"왜 김멜의 발이 달렛을 향해 뻗어있는가?"
"그것이 가난한 사람을 좇아가는 자비로운 사람의 방식이기 때문이다."
"왜 달렛의 발이 김멜을 향해 뻗어있는가?"
"가난한 사람이 자기를 발견하도록 하기 위해서이다."
"왜 달렛의 얼굴이 김멜을 피하는가?"
"왜냐하면 부끄러움을 당하지 않게 개인적으로 도와주려고 하기 때문이다."[178]

남자 아이들은 먼저 히브리어 알파벳(알렙벧, אב)을 배운다. 아동이 글자를 배워 읽을 수 있게 되면 하나님을 섬기기 위해 필요한 핵심적인 내용들을 적은 아동용 양피지 두루마리가 주어졌다. 그 내용은 쉐마, 할렐(Hallel, 시편 113~118편),[179] 창조부터 대홍수이전까지의 역사, 레위기의 핵심법 등이었

존경받는 사람(Respectable): 자신을 존중할 줄 알고 타인으로부터 애정과 신뢰를 받는 인간.
173) Morris, *The Jewish School*, 79.
174) Morris, *The Jewish School*, 87.
175) Morris, *The Jewish School*, 85.
176) Morris, *The Jewish School*, 88
177) B. Bathra 21a. Morris, *The Jewish School*, 147 재인용.
178) Morris, *The Jewish School*, 148-49.
179) 시편 145-150편도 할렐이라 불리는 경우가 있다. 시편 136편은 때로 "위대한 할렐"(The Great

다.[180] 쉐마의 전문은 신 6:4~9, 11:13~21, 그리고 민 15:37~41이다. 쉐마는 히브리어 명령형 동사로 뜻은 '들으라'이다. 그것은 신명기의 핵심구절인 6장 4절의 첫 머리이다. 그것은 유대 신조의 기초이자 지금도 회당의 일일예배를 시작하는 문장의 기초이다. 그것은 경건한 유대인 누구나가 매일같이 아침과 저녁마다 낭송해야 했기에 반드시 배울 필요가 있었다. 할렐은 '야훼를 찬양하라!'는 뜻이다. 이 시편들은 새로운 달과 절기 때마다 낭송되고, 또 유월절 의식에서 특별한 자리를 차지하던 일련의 유명한 찬양시들이다. 창조이야기는 창세기 1~5장까지의 내용이다. 레위기는 1~8장까지의 율법의 핵심 내용들이다. 아동이 조금 더 자세하게 율법을 읽고 또 공부할 수 있게 되면, 레위기 공부가 시작되었다. 한 사람의 유대인이 정결법과 성전제사법을 완벽하게 아는 것은 필수적이었다. 성전이 파괴되어 제사가 불가능해진 후에도, 레위기는 주요한 교육의 내용이었다.[181] 이것은 아마 탈무드 시기 이후에 교육 내용으로 들어왔을 것이다.[182] 율법과 오경은 가장 중시되었다. 나머지는 모두 그것들에 대한 주석일 뿐이다.

아동은 이외에도 개인교재라 할 수 있는 내용을 배웠다. 그것은 개인 이름 첫 글자로 시작해서 마지막 글자로 끝나는 내용의 성구이다.[183] 예를 들어, 아브네르(Abner)라는 아동은 A로 시작하고 r로 끝나는 내용을 배웠다. 예를 들어, 히브리어는 아니지만 다음과 같은 식이다.

> "A soft answer turneth away wrath;
> 부드러운 대답은 분노를 가라앉히지만,
> But grievous words stir up anger.
> 거친 말은 화를 돋운다."(잠 15:1)

교사들은 랍비라고 불렸으며, 그들은 주로 강의식으로 가르쳤다. 학습자들은 그 교육내용을 암기하고 암송했다. 랍비와 학습자 사이의 주고받는 식의 역사상 새로운 어떤 교육방식, 곧 대화를 통한 교육이 생겨났다.

Hallel)로 언급된다. 유월절의 마지막 순서이다. 최인식, 403. http://en.wikipedia.org/wiki/Hallel. 그밖에 시 30, 100, 19, 34, 90, 91, 135, 136, 33, 92, 93 등도 불렸다. "Pesukei dezimra," http://en.wikipedia.org/wiki/Pesukei_dezimra#cite_note-1.

180) Swift, *Education In Ancient Israel*, 131-32; Morris, *The Jewish School*, 86.

181) 그 이유에 대해 미드라쉬는 이렇게 말한다. "제사는 순결하다. 그리고 아동들은 순결하다. 순결한 사람이 순결한 것을 책임지게 하라." Mudrash Rabba. Barclay, *Educational Ideals in the Ancient World*, 44-45 재인용.

182) Morris, *The Jewish School*, 89.

183) Bryan, *Relationship Learning*, 31-32.

고대 유대인의 형식교육은 5~7세 사이에 시작되었다. 그 연령의 학습자들은 학교에 가서 선생님의 발치에 앉는다. 바클레이는 말한다. "… 스승의 발치에 앉는 것은 학자의 겸손의 상징이며 배우고자 하는 열망이다."[184] 제자는 학교에 들어서면 선생의 발아래 앉았다. 수업 중에 교사가 지적을 한다거나 질문을 할 경우에 학습자는 그 자리에서 일어나서 대답을 한 다음에 다시 제자리에 앉았다. '교부들의 윤리'(Ethics of the fathers)라는 문헌에는 "네 집을 현자와 만나는 방이 되게 하라. 그들 발의 먼지 한가운데 앉아 그들이 하는 말을 목마르게 들이켜라."는 말이 나온다. 학습자들은 보통 교사들의 발 밑바닥에 앉아 배웠다.[185] 석류 씨처럼 줄을 맞추어 앉아 토라를 배웠다.[186] 바울은 자신이 가말리엘의 발아래서 컸다고 소개한다.

교사는 성경을 들고 학습자들 곁에서 가르친다. 제2국가기의 초기에는 학습자들에게는 교재가 없다. 모두 말로 가르쳤다. 끈질기게 반복하고 아이들은 그것을 듣는다. 두루마리 책은 비쌌기 때문일 것이다. 토라 하나를 필사하는 데는 숙련된 서기관이라도 거의 일 년이 걸렸다. 그러나 바빌론 포로기 동안에 그 값은 아주 비싼 것 같지는 않았다. 예를 들어 어느 문헌에는 도둑맞은 두루마리가 8주짐, 즉 4 세겔에, 시편, 욥기, 그리고 잠언 세 가지 두루마리가 5미나, 즉 20파운드 정도였다.[187] 어느 아버지가 아들을 두고 시장에 갈 때 아이에게 해야 할 일을 묻자 아이가 일어나서 두루마리를 꺼내와 무릎에 펼쳐놓고 공부한다는 내용이 문헌에 보인다.[188] 이로 보아 아이의 학습을 위한 작은 두루마리가 있었던 듯하다.

교육에 사용되었던 교구는 학습자의 경우 밀랍을 칠한 서자판(wax tablet)과 여기에 글자를 쓰는 철필(stylus)이 있었고, 교사의 경우에는 지시봉이 있었다(pointer).[189]

학교는 오전 10시부터 오후 3시까지 수업이 없었고, 타무즈월 17일부터 아빕월 14일까지, 즉 대략 7월과 8월에는 수업시간이 네 시간을 넘지 않아야 한다는 규정이 있었다. 그러나 탈무드 시기에는 학교는 이른 아침, 해가 뜨면 시작해서 하루 종일 공부하고 저녁에 귀가했다.[190] 학교가 쉬는 날은 분명하지

---

184) Barclay, *Educational Ideals in the Ancient World*, 44-45.
185) Morris, *The Jewish School*, 52.
186) Canticles Rabbah 6. 17. Morris, *The Jewish School*, 53 재인용.
187) Baba Kama ii5a from the fourth century; Gittin 350. 후대에 대해서는 S. Asaph in the u Reshumoth " I 참조. Morris, *The Jewish School*, 56 재인용.
188) Aboth der. Morris, *The Jewish School*, 53 재인용.
189) Morris, *The Jewish School*, 54
190) See Baba Kama H4&, quoted above; Taanith 23. Morris, *The Jewish School*, 63 재인용.

않으나 대체로 주요 절기와 성전이 파괴된 날인 아브월 9일 금식일에 쉬었을 것으로 추측된다.[191]

교사. 어린이들의 선생은 '하짠'이라고 불렸는데, 그는 어린이들의 읽기교육과 보다 일반적인 종류의 의무들을 결합시켰던 점에서 볼 때 여러 가지 잡다한 일을 맡은 사람이었음이 분명하다.[192] 교사가 학습자들을 가르치는 외에 다른 일을 했었을 것이라는 추측은 교사에겐 명예가 중시되었으므로 경제적으로는 어려움을 겪어 세금이 면제될 정도였다. 최소한의 의식주 문제를 해결하기 위해서 교사는 설교, 재판, 직원 등의 일을 함께했어야 했을 것이다.[193]

교사는 주님의 호위 천사장과 비교되었다. 토라는 다른 곳이 아닌 그의 입술에서 찾을 수 있다.[194] 교사의 자질로서 가장 우선되는 것은 교육에 대한 열정이었다. 다음으로는 인내였다. 인내심이 부족한 사람은 교사가 될 수 없다는 것이 당시의 일반적 인식이었다.[195] 교사직은 중요했기 때문에 나중에는 종교공동체 지도자들의 통제를 받았다.[196]

학교는 보건상 인구밀도가 높은 지역을 피해 짓도록 규정되어 있었다.[197] 마을이 큰 경우에는 두 개의 학교가 있어야 했고, 또 강으로 마을이 나뉜 경우에는 특히 그랬는데 다리를 건너는 것이 위험한 일이었기 때문이다.[198]

소년들은 대개 12세나 13세에 학업을 끝마치고 직업의 세계에 들어갔다. 아주 일부만이 서기관이나 랍비가 되기 위해서 상급학교에 진학했다.

여성. 고대 근동의 형식교육은 통치자의 딸들을 예외로 하고는 소년들에 국한되었다. 희랍세계에서조차 소녀는 주전 4세기말까지 학교로부터 배제되었다. 메소포타미아 수천 명의 서기관 이름 중에서도 여자는 극히 적었다. 어떤 이집트의 문헌은 여자에 대한 교육을 터진 자루에 모래를 붓는 것에 비유한다. 여자에 대한 벤 시라의 묘사가 보여주는 것은 그 같은 이집트의 정서가 이집트만

191) Morris, *The Jewish School*, 63 재인용.
192) Sabb. I. 3.
193) Morris, *The Jewish School*, 66.
194) Hagigah 156. Morris, *The Jewish School*, 65 재인용.
195) Baba Bathra 8& ; Erubin 54a; Berakhoth 63; Aboth 2. 6; Taanith 8a. Morris, *The Jewish School*, 65 재인용.
196) Morris, *The Jewish School*, 65.
197) *Pesahim* 112a. Barclay, *Educational Ideals in the Ancient World*, 재인용.
198) Baba Bathra 21a. Barclay, *Educational Ideals in the Ancient World*, 38 재인용.

의 현상은 아니었음을 보여준다.

> "목마른 여행자가 입을 열어 아무 물이나 닥치는 대로 들이키듯이, 그런 여자는 아무 품에나 달려들고, 아무에게나 제 몸을 내맡긴다."(집회 26:12)

여성에 대한 폄하는 그리스-로마 환경과 일부 랍비 써클에서 흘러넘쳤다. 이와 같은 시대적 분위기가 교육에 영향을 미쳤을 것이다.

여성들은 가정에서의 비공식적 교육을 받았다. 학교는 남자들만을 위한 것이어서 여성에게는 개방되지 않았다.[199] 소녀와 여성에게는 학교가 전혀 제공되지 않았다. 여성의 교육은 주로 가정에서 어머니에게 집안일을 배우고 어머니를 도와 절기를 준비하면서 배웠다. 가정 외에 그들은 성전 예배에 참석하고 국가적 절기를 준수하고, 회당예배에 참석하였다. 그러나 이 같은 여성들에 대한 교육의 범위는 후대로 가면서 크게 축소되었다. 옷단에 수술을 다는 것이나 쉐마 낭독, 회당의 본당에 들어가는 것이 금지되었다. 생리나 출산 시 정해진 의식에 참여하지 않아도 되었다.[200]

그러므로 여성들을 위한 교육은 철저하게 가정에 국한되었고 거의 전적으로 가정에서 이루어졌다고 볼 수 있다. 잠언 31장 10~31절에서 행의 첫 글자를 아래로 연결해서 특정한 어구가 되게 하는 유능한 아내에 대한 아크로스틱(acrostic) 시에서, 여인은 아주 활동적이며, 이 묘사는 가정에서 젊은 상류층 여인들 교육에 대한 하나의 가이드로 기여했을 것이다.[201]

젊은 여인이 훌륭한 가정주부가 되고, 때로 들에서 일하는 것을 돕도록 하는 일반적 교육 외에 몇 가지 일들을 젊은 여인들이 맡은 것 같다: 간호, 산파(출 1:21), 요리, 방직(삼상 8:13; 참고. 토빗 2:11 이하), 향 제조(삼상 8:13), 문상(렘 9:19), 노래(삼하 19:35; 전 2:8; 대하 35:25), 주술(삼상 28:7) 또는 매춘(왕상 3:16 참고)-이 후자의 두 가지는 비난을 받았지만, 여인들에 의해 행해졌던 것으로 알려졌다.

일반적으로 이스라엘에서 여성들을 위한 교육이 가정에 국한되었지만 상류층 여인들의 경우는 예외였다. 그녀들을 위해 존재했던 몇 가지 교육과 학교, 특히 왕의 딸들과 예루살렘의 위대한 인물들의 딸들을 위한 교육이 행해졌다. '딸들', 또는 '아내들'에게 속한 몇 가지 봉인들이 알려졌고, 그 중에는 수금 장

---

199) Sherrill, *The Rise of Christian Education*, 85; Lemaire, "Education (Israel)," 311.
200) Sherrill, *The Rise of Christian Education*, 112.
201) M. B. Crook, "The Marriageable Maiden of Prov 31:10-31," JNES 13(1954), 137-40. Lemaire, "Education (Israel)," 311 재인용.

식이 달린 '왕의 딸'의 봉인이 있는데,[202] 그것은 그녀가 열렬한 수금 연주자였음을 의미한다. 그러나 가장 흥미로운 봉인은 아합의 아내인 이세벨 왕비("시돈 왕 엣바알의 딸인 이세벨"[왕상 16:31중] 참고)의 것으로 알려진 것과[203] 통치자 엘나단(Elnathan)의 슬로밋 아내, 아마 유다의 통치자, 궁극적으로는 다윗의 후손인[204] 스룹바벨(Zerubbabel)의 딸의 것이다.[205]

> "브다야의 아들은 스룹바벨과 시므이이다. 스룹바벨의 아들들은 므술람과 하나냐이며, 슬로밋은 그들의 누이이다."(대상 3:19)

이 여인들이 공식문서들(서한, 증서 등)에 그들 자신의 봉인으로 서명을 할 수 있었다는 것과 그들이 아마 읽고 쓸 수 있었다는 것은 예루살렘의 학교에서 상류층 여인들에 대한 교육이 행해졌음을 추측케 한다. 또 궁중 예복 관리자인 할하스의 아들 디과의 살룸의 아내인 훌다가 공식 예언자로 여겨져서 왕이 보낸 관리들이 그녀의 집을 찾아가 상의했다는 사실은 여성들에 대한 교육이 예외적으로 행해졌다는 것을 알 수 있는 대목이다.

> "그리하여 힐기야 제사장과 아히감과 악볼과 사반과 아사야가 살룸의 아내 훌다 예언자에게 갔다. 살룸은 할하스의 손자요 디과의 아들로서, 궁중 예복을 관리하는 사람이었다. 훌다는 예루살렘의 제 이 구역에서 살고 있었는데, 그들이 그에게 가서 왕의 말을 전하였다. 그러자 훌다가 그들에게 말하였다. '주 이스라엘의 하나님께서 이렇게 말씀하시니, 그대들을 나에게 보낸 그에게 가서 전하시오.'"(왕하 22:14~15)

4. 주석의 집(벧 함미드라쉬, 또는 벧 탈무드, The House of Study)

성인들과 장래가 유망한 청년들에 대한 중등 및 고등교육은 '주석의 집'에서 계속되었다. 이 학교의 주요 교과과정은 기록된 토라에 대한 전통적 해석이었

---

202) N. Avigard, "The King's Daughter and the Lyre," *IEJ* 28(1978), 147-51. Lemaire, "Education (Israel)," 311 재인용.

203) N. Avigard, "The Seal of Jezebel," *IEJ* 14 (1964), 274-76. Lemaire, "Education (Israel)," 311 재인용.

204) A. Lemaire, "Review of N. Avigard, Bullae and Seals," *Syria* 54(1977), 129-31; E. M. Laperrousaz, Le régime théocratique juif a-t-il commencé à l'époque perse ou seulement á l'époque hellénistique? *Sem* 32: 93-96. 1982. Lemaire, "Education (Israel)," 309. 재인용.

205) N. Avigard, "Bullae and Seals from a Post-Exilic Judean Archive," *Qedem* 4, (Jerusalem, 1976). "Education(Israel)," *ABD*, 311 재인용.

다. 계속해서 반복과 암기가 강조되었으며, 암기를 돕기 위해 다양한 방안들이 채택되었다. 이들 중 몇몇 학교에서는 훌륭한 바리새파교사들이 직접 가르쳤다. 그리고 이 교사들 중의 몇 사람은 교사로서 널리 명성을 얻었고 특히 힐렐의 경우에는 그에게 가르침을 받기 위해 바빌론에서부터 찾아오기까지 했다. 이 '주석의 집'은 회당보다도 더 신성한 곳으로 간주되었다.[206] 바리새파 현인들의 지도하에서 15세 정도의 젊은 학습자들이 토라의 해석에 관한 토론과 아울러 토라의 교훈을 당시 그리스 로마 시대에 팔레스타인의 급변한 생활에 적용하는 문제를 놓고 토론하였다. 이 토론과 강의 내용들이 나중에 표준적인 유대교 기초가 된 미쉬나로 발전하였다. 성인대중을 위하여서는 오늘날 성인교육에 해당하는 체계적인 제도가 있었고 그곳에서 주 1회씩 토라가 연구되었다. 요세푸스 때에는 이 제도가 이미 확고하게 형성된 관습이 되었다.[207] 벧 함미드라쉬와 벧 하세퍼가 어떤 관계인지는 명확하지 않다.

다음의 [도표10]은 초등학교 출현 이후 어린이들의 교육을 개략적으로 소개한 것이다.[208]

[도표10] 이스라엘의 일반교육

연 령	시 기	교육기관	교 사	학습내용 및 활동
1~6세	유아기	가정	부모, 기타 가족들	쉐마 및 국가 차원의 신앙교리, 성서구절과 잠언, 기도와 찬송과 성서 이야기
6~12세	아동기	초등학교	하짠 (초등학교 교사)	암기가 필요한 구약성서 내용, 특히 모세오경
12세 이후	청소년기	서기관학교 (아카데미)	소페림 (서기관들)	문서와 구전으로 구성된 수준 높은 종교 및 신학 문헌

이후 유대교육에 헬레니즘이 내용 면에서 어떤 영향을 미쳤는지에 대해서도 한 번쯤 생각해 볼 필요가 있다. 유대인에게 교육은 종교적 의무로서 헬레니즘적 문화보다 앞서는 것임에도 불구하고 헬레니즘의 영향을 완전히 무시할 수

206) Meg., 26b-27a.
207) J. Kaster, "Education, OT," George A. Buttrick, ed., *The Interpreter's Dictionary of the Bible*, 『기독교대백과사전』 1권 (서울: 기독교문사, 1980), 1157.
208) Swift, *Education In Ancient Israel*, 84.

는 없다. 헬레니즘의 영향 또는 교육이라는 것이 당시로서는 헬라어를 말하고 헬라인으로 살아가기 위한 학습이었다. 이런 의미에서 헬레니즘적 교육은 고상한 인물을 교육하기 위한 것이었다. 그 같은 예를 다니엘의 경우에 찾아볼 수 있다.

> "그때에 왕은 아스부나스 환관장에게 명령하여, 이스라엘 백성, 특히 왕과 귀족의 자손 가운데서, 몸에 흠이 없고, 용모가 잘생기고, 모든 일을 지혜롭게 처리할 수 있으며, 지식이 있고, 통찰력이 있고, 왕궁에서 왕을 모실 능력이 있는 소년들을 데려오게 하여서, 그들에게 [209]바빌로니아의 언어와 문학을 가르치게 하였다. 또한 왕은 왕궁에서 날마다 일정한 양을 정해서 음식과 포도주를 그들에게 공급하도록 해주면서, 삼 년 동안 교육시킨 뒤에, 왕을 모시도록 하였다."(단 1:3~5)

헬레니즘 시기 초에 코헬렛이나 예수 벤 시라의 가르침은 우리에게 예루살렘에서 제공된 '철학적' 가르침의 성격에 대해 생각해보게 한다.

> "전도자는 지혜로운 사람이기에, 백성에게 자기가 아는 지식을 가르쳤다. 그는 많은 잠언을 찾아내서, 연구하고 정리하였다."(전 12:9)

> "율법서와 예언서와 그 뒤를 이은 후대의 저서들이 우리에게 위대한 가르침을 많이 전해 주었다. 이것으로 보아 이스라엘 민족의 학문과 지혜는 찬양을 받을 만하다. 그런데 책을 읽는 사람은 스스로의 지식을 쌓는 것에 머물지 말고, 쌓은 지식을 말로나 글로 나타내어 다른 사람들을 돕는 자가 되어야 한다. 나의 조부 예수가 바로 그런 분이었다. 그분은 율법서와 예언서와 우리 조상들이 남긴 다른 저서들을 열심히 공부하여 통달한 후, 그 자신도 교훈과 지혜를 담은 책을 저술하기로 하였다. 그 목적은 지혜를 사랑하는 사람들이 자기의 가르침을 아울러 익혀서 율법대로 잘사는 방법을 터득하게 하려는 것이었다. 그러므로 나는 여러분이 이것에 흥미를 가지고 주의 깊게 읽어주기를 바라며, 우리의 노력에도 불구하고 어떤 구절의 번역이 혹 잘못되었으면 널리 양해해 주기를 바란다. 원래 히브리어로 표현된 말을 다른 언어로 번역해 놓으면, 그 뜻이 제대로 드러나지 않는 수가 많다. 이것은 비단 이 책의 경우뿐만이 아니라, 예언서와 그 외의 다른 저서들, 심지어는 율법서마저도 그 번역서와 원서와의 사이에는 큰 차이가 있음을 발견할 것이다.
> 내가 유에르게테스 왕 삼십팔 년에 이집트에 가서 그곳에 머무를 때에 고상한 교훈이 담긴 책을 한 권 발견하였다. 그래서 나는 이 책을 번역하는 데 나의 정성과 노력을 바치는 것이 나의 의무라고까지 생각하였다. 그래서 그곳에 머무르는 동안에 나

---

209) 또는 '갈대아'.

는 나의 온 지식을 기울여 불철주야, 이 책을 완성하여 세상에 내는 일에 몰두하였다. 나는 이 책을 이국땅에 살면서 학문을 사랑하고 올바른 행실로 율법을 따라서 살려고 하는 사람들을 위해서 펴내는 바이다."(집회 머리말)

"배우지 못한 사람들아, 나에게로 와서 내 학교에 들어오너라."(집회 51:23)

그와 같은 가르침은 전통적인 동시에 혁신적인 것이었다. 기독교 초기시대에 접어들면서 바누스(Bannus)나 가말리엘(Gamaliel)과 같은 종교적 인물들이 전통적이면서 철학적 가르침과 긴밀히 연결된 가르침을 전하게 된다. 세례 요한(마 3:1 이하와 병행구)과 예수(마 4:23 이하와 여러 곳)도 제자들을 자기 주위로 모았으며, 이들의 교육은 보다 예언자적 전통의 노선에 서있었다.[210]

"예수께서 갈릴리 바닷가를 걸어가시다가, 두 형제, 베드로라는 시몬과 그와 형제간인 안드레가 그물을 던지고 있는 것을 보셨다. 그들은 어부였다. 예수께서 그들에게 말씀하셨다.
'나를 따라오너라. 나는 너희를 사람을 낚는 어부로 삼겠다.'
그들은 곧 그물을 버리고 예수를 따라갔다. 거기에서 조금 더 가시다가, 예수께서 다른 두 형제 곧 세베대의 아들 야고보와 그의 [211]동생 요한을 보셨다. 그들은 아버지 세베대와 함께 배에서 그물을 깁고 있었다. 예수께서 그들을 부르셨다. 그들은 곧 배와 자기들의 아버지를 놓아두고, 예수를 따라갔다."(마 4:18~22)

"[212]예수께서 무리를 보시고, 산에 올라가 앉으시니, 제자들이 그에게 나아왔다. [213] 예수께서 입을 열어서 그들을 가르치셨다."(마 5:1)

"그런데 요한은, [214]그리스도께서 하신 일들을 감옥에서 전해 듣고, 자기의 [215]제자들을 예수께 보내어, 물어 보게 하였다.
'오실 그분이 당신이십니까? 그렇지 않으면, 우리가 다른 분을 기다려야 합니까?'
예수께서 그들에게 대답하셨다.
'가서, 너희가 듣고 본 것을 요한에게 알려라. 눈 먼 사람이 보고, 다리 저는 사람이 걸으며, [216]나병 환자가 깨끗하게 되며, 듣지 못하는 사람이 들으며, 죽은 사람이 살

---

210) Lemaire, "Education (Israel)," 309-11.
211) 그, '형제'.
212) 그, '그가'.
213) 그, '그가'.
214) 또는 '메시아'. 그리스도는 그리스어이고 메시아는 히브리어임. 둘 다 '기름부음 받은 사람'을 뜻함.
215) 다른 고대 사본들에는 '두 제자를'.

아나며, 가난한 사람이 복음을 듣는다. 나에게 [217]걸려 넘어지지 않는 사람은 복이 있다.'

이들이 떠나갈 때에, 예수께서 무리에게 요한을 두고 말씀하셨다.

'너희는 무엇을 보러 광야에 나갔더냐? 바람에 흔들리는 갈대냐? [218]아니면, 무엇을 보러 나갔더냐? 화려한 옷을 입은 사람이냐? 화려한 옷을 입은 사람은 왕궁에 있다. [219]아니면, 무엇을 보러 나갔더냐? 예언자를 보려고 나갔더냐? 그렇다. 내가 너희에게 말한다. 그렇다. 그는 예언자보다 더 훌륭한 사람이다. 이 사람을 두고 성경에 기록하기를, [220]'보아라, 내가 내 심부름꾼을 너보다 앞서 보낸다. 그가 네 앞에서 네 길을 닦을 것이다.' 하였다. 내가 진정으로 너희에게 말한다. 여자가 낳은 사람 가운데서 [221]세례자 요한보다 더 큰 인물은 없었다. 그런데 하늘나라에서는 아무리 작은 이라도 요한보다 더 크다. [222]세례자 요한 때로부터 지금까지, 하늘나라는 [223]힘을 떨치고 있다. 그리고 [224]힘을 쓰는 사람들이 그것을 차지한다. 모든 예언자와 율법서는, 요한에 이르기까지, 하늘나라가 올 것을 예언하였다. 너희가 그 예언을 기꺼이 받아들이려고 하면, 요한, 바로 그 사람이 오기로 되어 있는 엘리야이다. 들을 귀가 있는 사람은 들어라."(마 11:2~15)

5. 아카데미

서기관의 기능과 역할이 확장되면서 이들 율법 전문가 양성을 위한 교육기관이 필요했다. 서기관들에게는 율법에 대한 가능한 해석들, 해석 방법들, 해석의 사례들 등을 포함한 율법 전수의 전문가로서의 소양과 동시에 할라카와 하가다 구전법들에 대해서도 통달할 것이 요구되었다.[225]

서기관으로 양성하기 위한 학생 선발은 율법학자들이 자신의 자녀들 중에서 택하거나 중등학교에서 탁월한 학생들을 선발하는 식이었다. 이와 같은 교육이 발전해서 학교 형태를 띠게 되었고 삼마이와 힐렐 같은 대학자에 의해 세워진 학교들이 서로 경쟁하게 되었다. 특히 제2성전이 파괴된 후 디아스포라의 처지

216) 나병을 포함한 여러 가지 악성 피부병을 말함.
217) 또는 '의심을 품지 않는'.
218) 다른 고대 사본들에는 '너희는 왜 나갔더냐? 화려한 옷을 입은 사람을 보러 나갔더냐?'
219) 다른 고대 사본들에는 '너희는 왜 나갔더냐? 예언자를 보러 나갔더냐?'
220) 말 3:1.
221) 또는 '침례자'.
222) 또는 '침례자'.
223) 또는 '폭행을 당한다'.
224) 또는 '폭력을 행사하는 사람들이 그것을 약탈한다'.
225) Smith, *Ancient Education*, 249.

가 된 유대인들은 아카데미를 세워 유대주의를 존속시켰고 성서의 정경화도 이룩하였다. 대표적 아카데미에는 랍비 요하난 벤 자카이(Johanan ben Zakkai)가 세운 얌니아(Jamnia 또는 야브네 Yabneh) 학당이 있다.

성전이 파괴된 후 제사가 불가능해지자 그 대안으로 철저한 율법 연구가 이 같은 학교 출현의 동기로 작용하였다. 주후 90년 얌니아 학당에서 모인 얌니아 공의회(the Council of Jamnia)에서는 그동안 문제시 되었던 전도서, 아가서 등을 인정하면서 최종적으로 구약정경이 확정되었다.

나가는 글

우리는 이제까지 고대 이스라엘의 교육에 대해 살펴보았다. 이스라엘에서 종교와 교육은 그 의미에 있어서 거의 동일한 것이었다. 그 둘 사이에 명확한 구분이 없었다. 그들은 '토라'라는 단어를 사용해서 율법과 가르침이라는 두 가지 의미로 동시에 사용하였다.[1] 나아가 로버트 울리히(Robert Ulich)는 구약성서는 이스라엘의 과제를 하나님과의 연합을 향한 교육의 과정(a process of education toward unity with God)으로 해석했다.[2]

우리는 이와 같은 성격의 이스라엘 교육을 일반적인 교육의 범주인 교육의 목적, 내용, 방법, 교사, 학습자, 그리고 환경에 맞추어 살펴보았다. 하나님을 경외하게 하는 교육은 토라를 교육의 내용으로 하여 가정에서 아버지의 가르침과 생의 주기에 따른 통과의례, 절기 의식, 상징, 그리고 성전예배와 제사를 통해 하나의 종교적 신앙 공동체로 형성되었고, 후대에 교육 기관으로 발전되었다.

이스라엘의 교육은 한마디로 야훼 경외의 교육이라 할 수 있다. 아브라함을 불러 하나님의 백성으로 삼아주신 하나님께 충성하는 것이야말로 달리 생각할 수 없는 삶의 유일한 목표였다. 그럴 수밖에 없는 것이 막강한 여러 이방 나라들과 겨루며 살아가야 하는 이스라엘은 자연히 이방민족들보다 더 강한 야훼를

1) Charles B. Eavey, *History of Christian Education*, 김근수·신청기 공역, 『기독교교육사』 (서울: 한국기독교교육연구원, 1980), 76.

2) Robert Ulich, *History of Religious Education: Documents and Interpretations from the Judaeo-Christian Tradition* (New York: New York University Press, 1968), 4.

신봉하고 의지할 수밖에 없었을 것이다. 이 같은 하나님 경외의 신앙은 저절로 형성된 것이 아니다. 그것은 하나님께서 그들의 하나님이시라는 확고한 인식과 신념이 밑받침 되었기에 가능했다. 하나님에 대한 신뢰를 가능케 했던 하나님에 대한 인식의 자원이 된 것은 역사적 사실이었다. 야훼 하나님이 이스라엘 백성에게 얼마나 신실하셨는가를 보여주는 출애굽과 요단강 도하 사건 등(출 12:26, 13:8, 13:14; 신 6:20~21; 수 4:6, 21)의 역사적 사건들은 이스라엘의 야훼 신앙을 견고하게 지탱해주는 강력하고도 소중한 경험이었다. 따라서 선조들에게 베푸셨던 하나님의 구원 사건을 후손들에게 전하는 것이야말로 가장 중요한 교육적 사명이 되었다.

이스라엘 신앙의 요체인 하나님 경외는 하나님의 권능 앞에서 삼간다거나, 감정적으로 두려워하는 것 이상의 의미를 지닌다. 하나님 경외는 그것이 의미하는 모든 의미 이상으로 교육적 성격을 지닌다. 즉 이스라엘은 하나님 경외를 지식으로 생각했으며, 나아가 순종과 지혜로 생각했다. 즉 이스라엘의 교육이념으로서의 하나님 경외는 하나님을 아는 일과 하나님의 백성으로서의 정체성을 형성하는 것이었다.[3] 이스라엘이 그토록 성서의 말씀과 그로부터 비롯된 율법들에 집착하는 것은 하나님 말씀에 대한 공부가 바로 하나님 신앙이고 경외였기 때문이다. 앞에서 말했듯이 알지 않고 어떻게 믿고 신뢰할 수 있겠는가. 하나님 말씀에 대한 지식은 거기서 머무는 것이 아니라 그 말씀이 하나님의 살아있는 음성으로 들려질 때 하나님의 권위를 지닌 엄정한 명령으로 드러난다. 이스라엘은 이제 말씀이 아닌 하나님의 음성으로 들려지는 그 말씀에 순종하지 않을 수 없다. 그가 만일 하나님의 말씀에 순종하지 않는다면 그는 하나님의 말씀을 제대로 수용하지 않은 것이며 실제로는 하나님의 말씀에 무지한 것과 같다. 그와 같은 자는 어리석은 자이다. 이처럼 이스라엘은 야훼 신앙을 지식으로부터 삶의 총체적 진실인 지혜로까지 그 개념을 압축하고 있다.

이스라엘은 야훼 신앙을 하나님과의 관계에서만 종교적으로 표현하지 않았다. 완전하신 하나님의 요구에 순종하여 그들은 삶 자체가 하나님을 경외하는 것이어야 함을 깨닫고 일상생활에서도 하나님의 율법에 매이기를 원했다. 율법의 준수가 엄격하고 구태의연하고 경직된 것으로서 보일 수 있으나 그 아래에는 하나님의 백성으로 살고자 하는 강한 결의가 흐르고 있는 것이다. 이스라엘은 한순간의 행동으로부터 일상의 범위를 넘어 개인을 제한하는 사회의 구조까지 이 세계 전체를 하나님의 뜻을 실현하는 터로 삼았다. 하나님께서 이스라

3) 김재은, “구약성서시대의 종교교육”, 오인탁 외 4인편, 『기독교교육사』 (서울: 도서출판 교육목회, 1994), 44.

엘 역사에 개입하신 사건들과 그에 대한 응답으로서의 야훼 경외, 그리고 야훼 신앙을 삶 안에서 표현하는 행위는 별개의 분리된 내용들이 아니다. 이스라엘은 지금도 현재진행형으로 그들의 삶에서 활동하시는 하나님을 경외하며 그 하나님과 함께하려는 노력 가운데 있다.

이스라엘의 교육 내용은 모든 교육의 기초를 이루는 읽고 쓰기 교육으로 시작해서 율법을 향한다. 이스라엘에서 율법은 다양한 층위를 형성한다. 이스라엘 초기에 율법은 모세오경에 한정되었으나 점차 과도한 율법 사랑에서 비롯된 해석의 과잉으로 구전 율법에 대한 비중이 높아졌다. 그러나 쓰여진 율법은 가장 권위를 인정받았다. 그것은 율법이 문자로서의 진리가 아니라 율법이 형성되기까지의 공동체의 합의가 표현된 누구도 부정할 수 없는 책이었기 때문이다. 정경비평은 오늘날과 같은 성서가 형성된 동기가 신앙공동체의 의도였다고 보는 역사비평 방법이다. 이 비평에 따르면 성서의 저자는 개별 책들의 저자가 아니라 성서를 경전으로 수용한 공동체이다. 성서형성과정은 중립적이거나 우연한 과정으로 볼 수 없다. 형성과정은 그 자체가 고백적 행위이다.[4] 따라서 성서를 학습한다는 공동체의 신앙고백을 동시에 나의 것으로 고백하는 행위이다. 율법에 대한 학습이 학습자를 에토스 안으로 인도하며 공동체의 일원이 되게 한다. 율법에 대한 교육은 그래서 입교식이라 할 수 있을 것이다. 율법 중에서 특히 쉐마는 이스라엘 교육의 보석과 같은 것으로 이스라엘 사람들의 평생 동반자로서 그들의 삶을 이끌었다.

종교의식은 또 다른 중요한 교육 내용이었다. 야훼 예배자로서의 이스라엘 백성의 삶은 종교적 의식으로 둘러싸여 있다. 태어나서 할례를 시작으로 역사적 사건들을 구원의 사건으로 소화하여 형식화된 각종 절기들, 그리고 무엇보다 여러 가지 목적으로 드려지는 성전의 제사들은 그 종교적 격식 안에 이스라엘 백성들이 배워야 할 내용으로 가득 차 있었다. 가정적으로 치러진 의식과 국가적으로 치러진 예식은 이스라엘 백성에게 야훼 경외를 표현하는 수단이면서 결국에는 이스라엘의 정체성을 알려주어 공동체를 형성하는 중요한 매개였다. 종교 예식이 종교성에 봉사하기 위한 것이 아니라 교육적 의도로 활용됐다는 것이 이스라엘 종교의 특성이기도 하다.

이스라엘이 배타적으로 종교적 삶에만 신경을 쓴 것은 아니다. 그들에게 야훼를 경외하는 종교적 삶이 중요하다고 해서 현실의 삶을 경시하거나 배제하지 않았다. 삶은 엄연한 현실이며 그 삶은 하나님으로부터 주어진 것이기에 하나

4) Walter Brueggemann, *The Creative Word: Canon as a Model for Biblical Education* (Philadelphia; Fortress Press, 1982).

님의 자녀들은 그것을 진지하게 살아야 할 의무가 있다. 이러한 차원에서 이스라엘은 살아가는 데 인간관계에서 중요한 인품교육에서부터 삶을 구성하는 중요한 단위인 가정과 관계되어 인간 생존에 필요한 내용들을 배웠으며 독립적으로 살아가는데 필요한 직업교육을 했다. 나아가 삶을 누리기 위한 예능 역시 두드러지지는 않지만 익혔을 것이다. 국가와 사회는 구성원들의 삶의 존립을 좌우하기에 군사교육 등도 받았다. 하나님을 경외하는 삶은 삶의 본질인 생명을 이어가는 것일 뿐만 아니라 그것은 순화시키며 풍성하게 하는 것이라고 볼 때 이스라엘의 현실교육은 이에서 벗어나지 않는 종교교육이었다고 할 수 있다.

사람은 어떤 현상을 하나의 공식으로 설명하고자 하는 욕구가 있다. 경제학에서 어빙 피셔(Irving Fisher)가 화폐의 가치를 결정하는 하나의 공식을 제시하고,[5] 우주에 존재하는 중력, 전자기력, 약력, 강력의 4가지 힘을 하나의 원리로 설명하려는 끈이론(string theory)[6] 등이 모두 그러한 예들이다. 이스라엘은 어땠을까. 그들 역시 하나님과의 관계에서 빚어진 그리고 신앙의 눈으로 바라본 세계의 신비와 율법, 그리고 하나님에 대한 경외를 표현하고자 했던 여러 종교 의식들을 하나로 통합하고자 하는 시도를 하지 않았을까. 종교와 삶을 통합할 수 있는 것은 무엇일까. 추상과 구체는 어디에서 만날 수 있을까. 그래서 모든 것이 만나는 최종적으로 도달한 지점이 지혜라는 터가 아니었을까.

월터 브뤼그만(Walter Brueggemann)에 따르면 지혜는 토라와 대조된다. 토라가 자유와 정의를 추구하는 정열(passion)이라면, 지혜는 신비, 경외, 그리고 경이로운 관점(perspective)이다. 토라가 타협할 수 없는 것으로서 변화를 거부한다면 지혜는 미래를 향하여 개방되어 있다.[7] 지혜는 삶의 다면성이 상호관계가 있다고 보고, 이 상호성 안에 초월적 신비가 존재한다고 보며, 사물에 대해 의혹과 비판의 시선을 보내며, 믿음에 순종한다.[8] 이 같은 지혜의 반성적 속성이 당대까지의 이스라엘 신앙공동체의 정체성을 지혜 안에 모두 담을 수 있는 기능을 했을 것으로 보인다.

지혜는 어쩌면 이스라엘 교육에서 가장 본질적인 내용이지만 그 형체는 모

---

5) Irving Fisher, *The Purchasing Power of Money: Its Determination and Relation to Credit Interest and Crises* (New York: Macmillan, 1911).

6) Brian Greene, *The Elegant Universe: Superstrings, Hidden Dimensions, and the Quest for the Ultimate Theory*, 박병철 역, 『엘러건트 유니버스: 초끈이론과 숨겨진 차원, 그리고 궁극의 이론을 향한 탐구 여행』 (서울: 승산, 2002).

7) Walter Brueggemann, "Passion and Perspective: Two Dimensions of Education in the Bible," *Theology Today* 1985 42: 172. 174-75.

8) Brueggemann, "Passion and Perspective," 177-78.

호하다. 그 모양새가 어떠한지 그리고 그 정체가 무엇인지, 그래서 그것에 대해 정의하거나 명명하고자 할 때 학습자가 당혹스러움을 느끼게 된다. 그런 면에서 지혜는 도상(道上)의 내용이라 할 수 있다. 정지된 내용이 아니라 길 위에서 계속 그 형세를 바꾸어가는 유동적이고 역동적인 내용이라 할 수 있을 것이다. 따라서 난해한 지혜에 대한 교육이 모호한 정교함을 추구하는 고도의 교육 방법을 통해서 시도되었다.

이스라엘이 역사적 신앙의 유산을 전달하기 위해 사용한 대표적 방법은 구전이었다. 구전은 방법이기도 하고 내용이기도 하다. 구전은 정착되어 율법이 되고 율법은 구전에 의해 전달되었다. 구전과 율법은 하나이다. 구전 율법도 모세 오경과 마찬가지로 하나님으로부터 직접 왔다고 주장하는 이스라엘 후기에 나온 주장들은 아마 이 구전과 율법의 이종교배로부터 탄생했을 것이다. 구전의 정체는 이야기인데, 이 이야기는 이스라엘의 교사들이 즐겨 사용하던 방법이었다. 유월절 등의 행사를 지키면서 부모들은 자녀들에게 절기 순서들의 의미를 이야기 형태로 들려주었다. 이스라엘이 이야기의 힘을 알아챈 것은 놀랍다. "인간과 이야기는 함께 태어났다. 인간은 누구나 태어날 때부터 이야기를 하고 싶어 한다."[9] 사람은 이야기에 의해 형성된다. 이스라엘의 정체성이 형성된 것은 이야기의 힘이다. 이스라엘의 이야기들은 시공간적 변화 속에서 비유나 잠언 등으로 응용되어 사용되었을 것이다. 이 같은 교육 방법들은 이야기를 좋아하는 인간 본성에 부합할 뿐만 아니라 형태의 변화를 통해 학습자의 발달 수준에 부응했다.

그럼에도 불구하고 이야기는 역사적 그 이야기(the stories)이다. 다른 이야기는 없다. 타협은 없다. 타협될 수 없는 이야기이다. 이스라엘의 정체성을 형성해야 할 이야기이다. 그럼에도 그 이야기는 자유로운 해석(freedom in interpretation)이 허락된 이야기이다. 이야기가 주장하는 내용은 이스라엘에 일어난 결정적 사건들은 하나님이 이스라엘을 위해, 그리고 이스라엘에 일으키셨다는 것이다.

> "너희는 내가 이집트 사람에게 한 일을 보았고, 또 어미독수리가 그 날개로 새끼를 업어 나르듯이, 내가 너희를 인도하여 나에게로 데려온 것도 보았다."(출 19:4)

이 같은 일에 대한 반응은 하나님을 찬양하고 감사하고 복종으로 이어지는

9) EBS 다큐프라임 '이야기의 힘' 제작팀, 『이야기의 힘: 매혹적인 스토리텔링의 조건』 (서울: 황금물고기, 2011).

것이다.

> "오직 주님을 소망으로 삼는 사람은 새 힘을 얻으리니, 독수리가 날개를 치며 솟아오르듯 올라갈 것이요, 뛰어도 지치지 않으며, 걸어도 피곤하지 않을 것이다."(사 40:31)

이와 같은 의미에서 그 이야기는 기쁨의 이야기이지만 때로 죄의식을 일으키는 슬픔의 이야기가 되기도 했다. 감사와 죄의식은 이스라엘의 변증법으로 하나님과의 관계를 살아있으면서 개방적으로 만든 요인이기도 하였다.

그러나 이야기는 가슴에 심상을 남기고 흘러간다. 이스라엘의 역사적 상황은 거의 평안할 경우가 없었다. 이 같은 상황에서는 교육의 내용이 정서라는 앙금으로 가라앉는 것에 만족해서는 안 되었다. 이야기의 내용이 잊혀져서는 안 되는 것이라면 망각의 강을 따라 흘러가 버리지 않도록 부여잡을 필요가 있다. 그것이 암기라는 교육방법이다. 암기는 구전을 내 안에 붙잡아두는 것이다. 구전이 암기될 때 구전은 나와 하나가 되어 나를 형성한다. 내 안에 자리한 기억들은 그 안에서 곰삭여지며 나를 새롭게 형성시키는 단초적 요소가 된다. 이스라엘이 암기를 그토록 강조한 것은 바로 암기가 가장 효율성이 높은 율법의 내적 전수 수단이라 생각했기 때문이다.

징계라는 교육 방법은 인간의 악에 대한 일종의 통찰이다. 교육적 인간의 원죄는 교사의 가르침에 대한 불순종과 학습 내용의 실천 미비에 있다. 거역하고자 하는 심성은 늘 학습자 앞에서 얼씬댄다. 이스라엘에서 징계를 타이르는 수준의 훈육으로부터 신체에 고통을 가하는 매질을 거쳐 최종적으로는 돌로 쳐 죽이는 극한적인 징계의 단계를 두는 것은 인간 심성의 치료의 가능성과 불가능성 둘 다에 대해 말하는 것이다. 물론 그 무게는 전자에 두고 있다. 하나님을 경외하는 삶을 살아야 한다는 철저한 신념이 징계라는 교육 방법을 낳았다고 할 수 있다.

말과 징계가 통하지 않을 때 교육자는 무엇을 해야 하는가. 그때 등장해야 하는 것이 상징이다. 상징은 학습자에게 반성을 요구한다. 제시되는 사물이 무엇을 의미하는지 반사적으로 생각하도록 하는 것이 상징이다. 구약성서에 등장하는 상징은 그것을 보여주는 사람의 의도를 나타내지 않는다. 자연으로부터 시작해서 성전과 제사장의 예복과 제사행위 등은 이미 일정 기간을 거치면서 그 상징적 의미가 정착된 경우가 많다. 그런 면에서 상징은 주관적인 것 같이 보이나 사실은 객관성을 지닌다고 할 수 있다. 예언자들의 선취 행위 역시 그들 자신의 자의적 행위가 아니다. 강력한 선포를 통한 경고를 포함해 어떤 방법으로도 백성들의 마음을 움직이지 못하게 되었을 때 하나님께서는 예언자들을 통해 상징적 행위를 보이신다. 상징적 행위는 학습자에게 그 상징에 대한 해석의 책임을 지운다. 상징은 역사 속에서 구현되어가고 학습자는 역사적 상황을 경험하면서 그것이 무엇인지를 알아챌 수 있는 혜안이 있어야 한다. 그래서 상징은 높은 수준의 교육 방법이며 학습자의 참여적 이해를 요구한다는 면에서 적극적 교육 방법이다.

구약성서에서 교사들은 혈연을 바탕으로 한 가정에서부터 등장하나 역사의 변천 가운데서 그 변화에 대응하기 위한 다양한 유형의 교사들이 등장한다. 이스라엘의 교사들은 자신들의 준교육기관이라고 할 수 있는 조직이나 집단의 목적 성취를 위해 가르쳤기 때문에 그 자질이나 하는 일 등이 상이했다. 그러나 부모, 제사장, 예언자, 서기관, 현자, 랍비 등은 활동하는 시간과 공간의 차이에도 불구하고 율법을 교육 내용으로 한다는 면에서 공통적이다. 이스라엘 역사에서 이들 다양한 성격의 교사들은 어느 하나 불필요하지 않았으며 그들 모두의 행위를 통해 이스라엘이라는 야훼신앙 공동체를 형성해가는 데 기여했다고 할 수 있다. 그리고 그 모든 교사들의 출현과 그들 활동과 동기의 배후에 이스라엘과의 언약을 신실히 지키기 위해 힘쓰시는 진정한 교사이신 하나님께서 계셨다.

이스라엘 교육에서 학습자는 개인적이기도 하고 공동체적이기도 하다. 학습자를 어떤 관점에서 보든 이스라엘에서 학습자는 하나님과의 관계에서 그리고 신앙의 관점에서 비추어졌다. 이스라엘 자녀들은 가족이나 공동체의 일원이기 이전에 그는 율법과 야훼 경외를 배워야 할 학습자였다. 교육은 나름대로 학습자에 대한 이해를 바탕으로 하고 있다. 인간 보편의 발달과 아울러 학습자를 종교적 차원에서도 이해하려는 노력도 보인다. 이스라엘에서 학습자는 하나님의 존전에 있는 종교적 존재이지만 한편으로는 배워야 하는 교육적 존재였다.

상당부분 구약성서의 교육을 잇고 있는 것으로 보이는 유대교육을 가정교육과 자연스럽게 연결시키는 것을 볼 때, 이스라엘 교육의 상당 부분은 가정을 통해 이루어졌다. 가정은 생활의 터전이지만 하나님의 뜻이 삶 속에서 이루어져야 할 일차적 공간이었다. 그러다 보니 가정이 교육에서 중요한 기능을 한 것은 당연하다. 성전이나 왕실 등도 그 기능을 위해 후임자나 관리들을 훈련하는 교육기관의 역할을 했지만 오늘날의 의미에서 볼 때 본격적인 교육의 공간은 회당으로부터 시작되었다. 나라를 잃고 바빌론에 포로로 끌려가 정착하게 된 이스라엘 백성들에게 회당은 성전의 대체기관으로서 예배와 교육을 병행해야 했다. 시대가 발전하면서 교육에 대한 필요성과 수요가 늘어나면서 오늘날과 같은 의미의 학교들이 출현했다. 남자 아이들은 어린 나이에 학교에 입학해서 구전 율법을 포함해 날로 정교해져가는 율법들을 토론 등의 방식으로 랍비들에게 교육을 받았다.

전체적으로 이스라엘 교육의 성격은 기본적으로 종교적이지만 그것이 현실의 삶에서 표현될 때 윤리적인 성격을 띠었다. 구약성서에서 교육은 미몽의 역사적 현실 안에서 질서를 잡아주는 역할을 하면서 과거의 선조와 현재의 자손을 이어주며 미래의 후손들에게까지 연속성을 제공하는 수단이었다.[10] 공동체가 자신의 정체성을 유지하기 위해서는 비전, 가치, 그리고 인식의 연속성이 확보되어야 하는데,[11] 이 같은 역할을 자임한 것이 교육이었다.

이상에서 살펴 본 구약 교육의 여러 측면들이 우리에게 이스라엘의 교육과 이스라엘의 교육기관과 관련된 다양한 역사적 문제들에 관한 모든 정보를 제공해주지는 않는다. 그럼에도 불구하고 그것들은 고대 이스라엘의 교육과·성서 사이에 강한 연결 관계가 있음을 알려준다. 다시 말해 구약성서는 교육을 위한 책이면서 동시에 그것 자체가 이미 이스라엘이 오랜 기간에 걸쳐 교육을 해 온 경험을 담았을 뿐만 아니라 실제 교육을 염두에 둔 교육적 의도를 가진 교육의 책이라는 것이다.[12] 성서 자체가 우리의 교사이다. 우리는 성서에 의하여(by means of) 배운다.

한편 구약성서의 교육에 대해 레오 배크(Leo Baeck)는 종교교육, 거룩을 위한 교육으로 정리한다. 그에 따르면, 유대교의 바탕은 거룩이다.

> "너희의 하나님인 나 주가 거룩하니, 너희도 거룩해야 한다."(레 19:2)

> "너희는 몸가짐을 깨끗하게 하고 거룩한 사람이 되어야 한다. 나는 주 너희의 하나님이기 때문이다. 나 주가 거룩하니, 너희도 나에게 거룩한 사람이 되어야 한다. 나는 너희를 뭇 백성 가운데서 골라서, 나의 백성이 되게 하였다."(레 20:7, 26)

이스라엘이 이루어야 할 이 거룩이 이방 민족들과의 차이인데, 이스라엘 교육은 이 차이를 교육을 통해 더욱 적극적으로 부각시키려 했다는 것이다.[13]

한편 이시도레 엡스타인(Isidore Epstein)은 이스라엘의 교육을 예레미야 15

---

10) James L. Crenshaw, *Education in Ancient Israel: Across the Deadening Silence*, Anchor Bible Reference Library (Garden City, NY: Doubleday, 1998),

11) Brueggemann, *The Creative Word*.

12) André Lemaire, "Education (Israel)," David N. Freedman, ed., *The Anchor BiBle Dictionary* 2 (New York: Doubleday, 1992), 311.

13) Leo Baeck, *Essence of Judaism*. William Barclay, *Educational Ideals in the Ancient World*, 유재덕 역, 『고대세계의 교육사상』 (서울: 기독교문서선교회, 1993), 49-50 재인용.

장 19절을 들어 “천한 것”을 “귀한 것”으로[14] 양육하는 것으로 보았다. 이 같은 관점은 대단히 소박하며 구원사의 관점을 포기하고 개인적 신앙에로 침잠하는 것이다.[15] 쉐릴은 아스라엘의 교육을 아주 교과서적으로 모범적으로 정리한다. 그에 따르면, 유대교육은 가정, 회당, 학교라는 교육의 장을 통하여 토라를 성서와 구전을 통하여 어릴 때부터 철저히 가르치고자 한 교육이었다. 다음으로 유대교육은 유대의 민족적 전통을 외세로부터 지켜내고자 한 철저하고도 지속적인 교육이었다.[16] 안근조는 고대 이스라엘 교육의 흐름을 크게 토라와 지혜로 보면서 이스라엘의 교육은 그것들의 통합이며, 방법과 성격 면에서 이스라엘의 교육을 통전적 교육, 들음의 교육, 영성교육, 공동체교육, 그리고 참여적 교육 등으로 본다.[17] 앞에서 언급한 고대 이스라엘 교육의 특성에 대한 언급들은 수용할 만하다.

김재은은 구약성서의 교육의 현대적 함의를 세 가지로 말한다. 첫째, 가정에서의 부모의 종교교육자로서의 역할 회복, 둘째, 삶의 주기에 따른 통과의례, 절기 준수 및 상징 등을 포함한 신앙공동체의 삶에의 참여를 통한 교육, 셋째, 종교의식(예배)에서의 교육적 요소 회복이다.[18]

이스라엘의 교육은 한마디로 하나님을 경외하게 하는 교육이라고 할 수 있다. 그러나 막연하게 복종케 하는 교육이 아니라 역사의 한가운데서 신앙과 불신앙 사이의 경계에 서서 하나님의 율법적인 정답을 듣기보다 질문을 던지며 치열한 삶의 현장에서 하나님의 거룩한 백성으로 살기 위해 몸부림치며 답을 구했던 야훼 신앙 구현의 교육이다.

---

14) “헛된 것을 버리고 귀한 것을”(개역개정); “천박한 것을 말하지 않고, 귀한 말을 선포하면”(새번역).

15) Isidore Epstein, *The Jewish Way of Life*, 200-201. Barclay, *Educational Ideals in the Ancient World*, 50 재인용.

16) Lewis J. Sherrill, *The Rise of Christian Education*, 이숙종 역, 『기독교교육의 발생』 (서울 :대한기독교서회, 1994), 90-91.

17) 안근조, “구약성서의 ‘쉐마’와 호크마: 고대이스라엘의 지혜교육,” 「기독교교육정보」 21 (서울: 한국기독교교육정보학회, 2008, 12), 182 이하.

18) 김재은, “구약성서시대의 종교교육”, 45.

부　　록

참고문헌

Anthony, Michael J. and Benson, Warren S. *Exploring the History & Philosophy of Christian Education: Principles for the 21st Century*. Grand Rapids, MI:Kregel Publications, 2003.

Barclay, William. *Educational Ideals in the Ancient World*. 유재덕 역. 『고대 세계의 교육사상』. 서울: 기독교문서선교회, 1993.

Braulik, G. *Deuteronomium 1-16:17*. NEB. Würzburg, 1986.

Benson, Clarence H. *A History of Christian Education*. Chicago: Moody Press, 1964.

Bergson, Henri-Louis. *Matiere Et Memoire*. 박종원 역. 『물질과 기억』 대우고전총서-017. 서울: 아카넷, 2005.

Blackburn, G. R. "*Aims of Education in Ancient Israel. Journal of Christian Education*." 1966(9:1): 46-56.

Blumberg, S. H. "Torah, Study and Teaching of." Cully, Iris V. and Kendig B. Cully. Ed. *Harper's Encyclopedia of Religious Education*. New York: Harpercollins, 1990: 661-62.

Botterweck, G. Johannes. and Ringgren, Helmer. Eds. *Theologisches Wörterbuch zum Alten Testament*. Willis, John T. and Green, David E. Trans. *Theological Dictionary of the Old Testament. 1-15*. Grand Rapids, MI:William B. Eerdmans, 1974-2006.

Brueggemann, Walter. "Passion and Perspective: Two Dimension of Education in the Bible." *Theology Today*. 42:2 (July 1985): 172-80;

________________. *The Creative Word: Canon as a Model for Biblical Education*. 김도일·강성열 공역. 『기독교 교육: 월터 브르거만의 창조적인 말씀을 통한』. 서울:한들, 1999.

Bryan, C. Doug. *Relationship Learning: A Primer in Christian Education*. Nashville, TN: Baptist Sunday School Board, 1990.

Bunge, Marcia J. Ed. *The Child in Christian Thought*. Grand Rapids: Eerdmans, 2001.

________________. "Rediscovering the Dignity and Complexity of

Children: Resources from the Christian Tradition." *Sewanee Theological Review* 48:1(2004): 51-64.

________________. "The Child, Religion, and the Academy: Developing Robust Theological and Religious Understandings of Children and Childhood." *Journal of Religion* 86:4. October 2006: 549-79.

________________. *The Child in the Bible*. Grand Rapids, MI: Wm. B. Eerdmans Publishing Company, 2008.

________________. "The Vocation of the Child: Theological Perspectives on the Particular and Paradoxical Roles and Responsibilities of Children." Brennan, Patrick McKinley. Ed. *The Vocation of the Child*. Grand Rapids: Eerdmans, 2008.

Bushnell, Horace. Christian Nurture. Grand Rapids, Mich.: Baker Book House, 1979.

Buttrick, George A. *Interpreter's Dictionary of the Bible*. Nashiville, TN: Abingdon Press, 1981.

Carroll, John T. "Children in the Bible." *Interpretation* 55:2. Apr 2001: 121-34.

Castarede, Jean. *Luxe et Civillisations*. 이소영 역. 『사치와 문명』. 서울: 뜨인돌, 2011.

Chou, Grace P. "Should I Spank My Child?: One Mother's Answer to Parenting's Most Controversial Question." *Christian Parenting Today*. 2003-Summer.

Christensen, Duane L. *Deuteronomy 1:1-21:9*. WBC. Nashville, TN: Thomas Nelson Publishers, 2001.

Clifford, Richard J. *Proverbs: A Commentary*. The Old Testament Library. Louisville: Westminster /John Knox Press, 1999.

Clines, David J. A. "Learning, Teaching, and Researching Biblical Studies, Today and Tomorrow." *Journal of Biblical Literature* 129:1. Spring 2010: 5-29.

Cohen, Abraham. *Everyman's Talmud*. New York: E.P. Dutton, 1949.

Cooper, Jean C. *An Illustrated Encyclopaedia of Traditional Symbols*. 이윤기 역. 『그림으로 보는 세계문화상징사전』. 서울: 까치, 1994.

Creech, Charles F. *Should Christian Parents Spank Their Children?* Opelousas, LA: Authorhouse, 2003.

Crenshaw, James L. "Education in Ancient Israel." *Journal of Biblical Literrature* 104:4. December 1985: 601-15

________________. *Education in Ancient Israel: Across the Deadening Silence.* Anchor Bible Reference Library. Garden City, NY: Doubleday, 1998.

________________. "Education, OT." Sakenfeld, Katharine D. Ed. *The New Interperter's Dictionary of The Bible.* Vol. 2. New York: Abingdon Press 2006: 195-205.

Cubberley, Ellwood P. *History of Education: Educational Practice and Progress Considered as a Phase of the Development and Spread of Western Civilization.* Boston, New York: Houghton Mifflin, 1920.

Culpepper, R. A. "Education." Bromiley, Geoffrey W. Ed. *The International Standard Bible Encyclopedia.* Michigan: WM. B. Eerdmans Pub. Co., 1979: 21-27.

Curtis, Edward M. "Learning Truth from the Sages." *Christian Education Journal* 2:1, Spring 2005: 113-28.

Davies, G. I. "Were There Schools in Ancient Israel?." Day, J. Robert P. Gordon, and H. G. M. Williamson. Eds. *Wisdom in Ancient Israel.* Cambridge: Cambridge University Press, 1995: 199-211.

Dearman, J. Andrew. "The Family in the Old Testament." *Interpretation.* 52:2 (Apr 1998): 117-29.

Dell, Katharine. "Education in Ancient Israel: Across the Deadening Silence." *BR* 16:5 (Oct 2000): 44-46.

DeVries, Dawn. "Toward a Theology of Childhood." *Interpretation* 55:2. April 2001: 161-73.

Douglas, James D. Ed. *The New Bible Dictionary.* Michigan: WM. B. Eerdmans Pub. Co., 1962.

Drazin, Nathan. *History of Jewish Education from 515 B. C. E. to 220 C.E: During the Periods of the Second Commonwealth and the Tannaim.* Baltimore: The Johns Hopkins press, 1940.

Dutt, J. Wight. "Education." Hastings, James. Gray, Louis H. and Selbie,

John A. Eds. *Encyclopaedia of Religion and Ethics*. Edinburgh: T. & T. Clark, 1981: 166-216.

Eaton, Michael A. *Ecclesiastes*. Tyndale Old Testament Commentary. Downers Grove, IL: InterVarsity Press, 1983.

Eavey, Charles B. *History of Christian Education*. 김근수·신청기 공역. 『기독교교육사』. 서울: 한국기독교교육연구원, 1980.

Ebner, Eliezer. *Elementary Education in Ancient Israel During the Tannaitic Period: 10-220 C.E.* New York: Bloch Pub. Co, 1956.

EBS 다큐프라임 '이야기의 힘' 제작팀, 『이야기의 힘: 매혹적인 스토리텔링의 조건』 (서울: 황금물고기, 2011.

Hays, Edward L. "기독교 교육의 성서적 근거." Graendorf, Werner C. Ed. *Introduction to Biblical Christian Education*. 김국환역. 『복음주의 기독교 교육론』. 서울: 기독교문서선교회, 1992: 33-48.

Elias, John L. *A History of Christian Education: Protestant, Catholic, and Orthodox Perspectives*. Malabar, FL: Krieger Pub. Co., 2002.

Estes, Daniel J. *Hear, My Son: Teaching and Learning in Proverbs 1-9*. New Studies in Biblical Theology. Grand Rapids, MI: Eerdmans, 1997.

Feinberg, Jeffrey E. "Jewish Education." Anthony, Michael J. Ed. *Evangelical Dictionary of Christian Education*. Baker Reference Library. Grand Rapids, MI: Baker Academic, 2001: 382-84.

Fisher, Irving. *The Purchasing Power of Money: Its Determination and Relation to Credit Interest and Crises*. New York: Macmillan, 1911.

Fox, Michael V. "The Epistemology of the Book of Proverbs." *Journal of Biblical Literature* 126:4, Winter 2007: 669-84.

Fox, Michael V. "The Pedagogy of Proverbs 2." *Journal of Biblical Literature* 113:2. Summer 1994: 233-43.

Fox, Michael V. *Proverbs 1-9: A New Translation with Introduction and Commentary*. Garden City, NY: Doubleday, 2000.

Freedman, David N. *The Anchor Yale Bible Dictionary*, Si-Z: Vol. 6. Yale University Press, 1992.

Gangel, Kenneth O. "Toward a Biblical Theology of Marriage and the Family," *Journal of Psychology and Theology* 5 (Winter 1977):

318-31.

__________. and Benson, Warren S. *Christian Education: Its History and Philosophy*. 유재덕 역. 『기독교 교육사』. 서울: 문서선교회, 1992.

Garrett, Duane. *Proverbs, Ecclesiastes, Song of Songs*, New American Commentary. Nashville, TN: Broadman Press, 1993.

Gordis, Robert. *The Book of Job*. New York: The Jewish Theological Seminary of America, 1978.

Greene, Brian. *The Elegant Universe: Superstrings, Hidden Dimensions, and the Quest for the Ultimate Theory*. 박병철 역. 『엘러건트 유니버스: 초끈이론과 숨겨진 차원, 그리고 궁극의 이론을 향한 탐구 여행』. 서울: 승산, 2002.

Gundry-Volf, Judith. "'To Such As These Belongs the Reign of God': Jesus and Children." *Theology Today* 56:4. Princeton: Jan 2000: 469-80.

__________. "The Least and the Greatest: Children in the New Testament." Bunge, Marcia J. Ed. *The Child in Christian Thought*. Grand Rapids: Eerdmans, 2001: 29-60.

Hastings, James. Ed. *A Dictionary of the Bible: Dealing with its Language, Literature, and Contents Including the Biblical Theology*. Vol. 1. Edinburgh: T. & T. Clark, 1904.

Heaton, Eric W. *The School Tradition of the Old Testament*. Oxford: Oxford University Press, 1994.

Hilton, John, III and Gardner, Ryan S. "The Pedagogy of Jeremiah: A Teaching Model for Religious Educators." *Religious Education* 107:5. 2012: 531-43.

Jacobs, S. L. "Torah as Teaching." Cully, Iris V. and Kendig B. Cully. Eds. *Harper's Encyclopedia of Religious Education*. New York: Harpercollins, 1990: 659-61.

Jamieson-Drake, David W. *Scribes and Schools in Monarchic Judah: A Socio-Archaeological Approach*. London; New York: T&T Clark, 2009.

Jensen, David H. *Graced Vulnerability: A Theology Of Childhood*. New York: Pilgrim Press, 2005. Cleveland: Pilgrim Press, 2005.

Johnson, Ronnie J. "Torah." Anthony, Michael J. Ed. *Evangelical Dictionary of Christian Education.* Baker Reference Library. Grand Rapids, MI: Baker Academic, 2001: 701.

Kaplan, Robert B. "Cultural Thought Patterns in Inter-Cultural Education." Croft, K. Ed. *Readings on English As A Second Language.* 2nd Ed. Boston: Little, Brown and Company, 1980.

Kaster, J. "Education, OT." George A. Buttrick, Ed. *The Interpreter's Dictionary of the Bible.* 『기독교대백과사전』 1권. 서울: 기독교문사, 1980: 1151-58.

Kennedy, William B. "역사를 통해 본 기독교 교육". Taylor, Marvin J. Ed. *An Introduction to Christian Education.* 송광택 역. 『기독교 교육학』 한국교회 100주년 기념 기독교교육연구시리즈1. 서울: 한국장로교출판사, 2006: 32-51.

Kent, Charles F. *The Great Teachers of Judaism and Christianity.* New York: Eaton & Mains; Cincinnati: Jennings & Graham, 1911.

Kidner, Derek. *The Proverbs: An Introduction and Commentary.* Tyndale Old Testament Commentaries 15. Downers Grove, IL: InterVarsity, 1964.

Kienel, Paul A. *A History of Christian School Education* 1. Colorado springs, CO: Association of Christian Schools International, 1998.

Kretzmann, Paul E. *Education Among the Jews from the Earliest Times to the End of the Talmudic Period, 500 A.D.* Boston: R. G. Badger, 1916.

Lang, B. Wie wird man Prophet in Israel? (Düsseldorf, 1980), 31-58.

Lee, James M. "Religious Education and the Bible: A Religious Educationist's View." Marino, Joseph S. Ed. *Biblical Themes in Religious Education.* Birmingham, AL: Religious Education Press, 1983. 3-8.

Lemaire, André. "Sagesse et ecoles." *Vetus Testamentum* 34. 1984: 270-81.

____________. "The Sage in School and Temple." *The Sage in Israel and the Ancient Near East.* Eds. Gammie, John G. and Perdue, Leo G. Winona Lake, IN: Eisenbrauns, 1990: 165-81.

____________. "Education, Ancient Israel." David N. Freedman. Ed.

The Anchor BiBle Dictionary 2. New York: Doubleday, 1992: 305-12.

Léon-Dufour, Xavier. "교육." *Vocabulaire de Theologie Biblque.* 임춘갑 역. 『성서신학사전』. 광주: 광주가톨릭대학, 1984: 47-50.

Lewit, J. *Theoretische und Praktische Paedagogik im Juedischen Altertume.* Berlin, 1896.

Magnus, Philip. "Adult Education in Ancient Times." *The Edinburgh Review* 237. Jan 1, 1923: 78-94.

Marique, Pierre Joseph. *History of Christian education.* New York, Fordham University Press, 1924.

Martin, Dale B. *Pedagogy of the Bible: An Analysis and Proposal.* Louisville, KY: Westminster John Knox Press, 2008.

McKane, William. *Proverbs: A New Approach.* Old Testament Library. Philadelphia: Westminster Press, 1970.

McKay, J. W. "Man's Love for God in Deuteronomy and the Father/Teacher-Son/Pupil Relationship. *Vetus Testamentum* 22. 1972: 426-35.

McKim, Donald K. *Westminster Dictionary of Theological Terms.* Louisville, K.Y.: Westminster John Knox Press, 1996.

Melchert, Charles F. "The Book of Job: Education through and by Diversity." *Religious Education* 92:1. Winter 1997: 9-23.

__________________. *Wise Teaching: Biblical Wisdom and Educational Ministry.* 송남순김도일 공역. 『지혜를 위한 교육』. 서울: 한국장로교출판사, 2002.

Mercer, Joyce A. *Welcoming children: A Practical Theology of Childhood.* St. Louis, MO: Chalice Press, 2005.

Michel, Diethelm. "II. Altes Testament, Bildung II." Krause, Gerhard. 편 *Theologische Realenzyklopädie.* V1-36. Berlin: Walter de Gruyter, 1995: 582-84.

Miller, Donald E. *Story and Context: An Introduction to Christian Education.* 고용수장종철 공역. 『기독교교육개론』. 서울: 대한예수교장로회 총회출판국, 1988.

Miller-McLemore, Bonnie. *Let the Children Come: Reimagining Childhood from a Christian Perspective.* Families and Faith Series. San Francisco: Jossey-Bass, 2003.

Miller, Patrick D. *Deuteronomy.* Interpretation: A Bible Commentary for Teaching and Preaching. Louisville: John Knox Press, 1980.

Moltmann, Jürgen. "Child and Childhood as Metaphors of Hope." *Theology Today* 56:4. Jan 2000: 592-603.

Monroe, Paul A. Text-book in the History of Education. New York: The Macmillan Co., 1905.

Moran, Gabriel. "Religious Education." Eliade, Mircea. Ed. *The Encyclopedia of Religion* 12. New York: Macmillan Pub. Co., 1987- : 321.

Morgan, Donn F. *The Making of the Sages: Biblical Wisdom and Contemporary Culture.* Harrisburg, PA: Trinity Press International, 2002.

Morris, Nathan. *The Jewish School: An Introduction to the History of Jewish Education.* London: Eyre and Spottiswoode, 1937.

Moyne, Jean Le. Les saddućeens, Études bibliques (Paris: Librairie Lecoffre, 1972).

Murphy, Roland E. *Proverbs.* Word Biblical Commentary 22. Nashville: Thomas Nelson, 1998.

National Research Council. *How People Learn: Brain, Mind, Experience and School.* Washington D.C.: National Academic Press, 2000.

Paterson, John. *The Book that is Alive: Studies in Old Testament Life and Thought As Set Forth by the Hebrew Sages.* New York: Scribner, 1923.

Pazmiño, Robert W. *Foundational Issues in Christian Education: An Introduction in Evangelical Perspective.* 박경순 역. 『기독교 교육의 기초』. 서울: 디모데, 2003.

Pearce, Clarence. *The Education of Hebrew Youth from the Earliest Times to the Maccabean Period.* n.d.

Putnam, Frederic C. "Hear, My Son. Teaching & Learning in Proverbs 1-9." *Journal of the Evangelical Theological Society* 43:2. Lynchburg: Evangelical Theological Society, Jun 2000: 319.

Reed, James E. and Prevost, Ronnie. *A History of Christian Education.*

Nashville, TN: Broadman & Holman Publishers, 1993. 268.09-R324h

Reich, K. Helmut. "Teaching Genesis: A Present-day Approach Inspired by the Prophet Nathan." *Zygon* 38:3. Sep 2003: 633-41.

Roloff, Marvin L. *Education for Christian Living.* 장종철 역. 『기독교교육』. 서울: 컨콜디아사, 1989.

Roncace, Mark. and Patric Gray. Eds. *Teaching the Bible: Practical Strategies for Classroom Instruction.* Atlanta: Society of Biblical Literature, 2005.

Rosenberg, Meyer J. *The Historical Development of Hebrew Education from Ancient Times to 135 C.E.* New York, 1927.

Ross, Alien P. *Proverbs 5.* The Expositor's Bible Commentary. Grand Rapids: Zondervan, 1991.

Shupak, Nili. *Where Can Wisdom Be Found? The Sage's Language in the Bible and in Ancient Egyptian Literature.* Gottingen: Vandenhoeck & Ruprecht, 1993.

Sherrill, Lewis J. *The Rise of Christian Education.* 이숙종 역. 『기독교교육의 발생』. 서울: 대한기독교서회, 1994.

Shorris, Earl. Riches for the Poor: The Clemente Course in the Humanities, 고병헌· 이병곤임정아 공역, 『희망의 인문학』(서울: 이매진, 2006).

Siew, Yau-Man. "Hebrew Education through Feasts and Festivals." Anthony, Michael J. Ed. *Evangelical Dictionary of Christian Education.* Baker Reference Library. Grand Rapids, MI: Baker Academic, 2001: 324-25.

Simon, Joseph. *L'education et instruction des enfants chez les anciens Juifs d'apris la Bible et le Talmud.* Paris: Leipsic, 1879.

Smith, William A. *Ancient Education.* New York: Piloosophical Library, 1955.

Swift, Fletcher H. *Education In Ancient Israel: From Earliest Times To 70 A.D....* 유재덕 역. 『고대 이스라엘의 종교교육: 발생부터 AD 70년까지』. 서울: 소망, 2012.

Taylor, Marvin J. Ed. *Religious Education: A Comprehensive Survey.* N.Y.:Abingdon Press, 1960.

Tenney, Merrill C. Ed. *The Zondervan Pictorial Bible Dictionary.*

Michigan: Zondervan Pub. House, 1967.

Theiβen, Gerd. *Zur Bibel Motivieren.* 고원석·손성현 공역. 『성서, 어떻게 가르칠 것인가?: 열린 성서 학습의 길』. 서울: 동연, 2010.

Thomas, D. Winton. "Textual and Philological Notes on Some Passages in the Book of Proverbs," Vetus Testamentum Supplement 3. 1955.

Toy, Crawford H. *A Critical And Exegetical Commentary on The Book of Proverbs.* International Critical Commentary. Edinburgh: T. & T. Clark, 1989.

Ulich, Robert. *History of Religious Education: Documents and Interpretations from the Judaeo-Christian Tradition.* New York: New York University Press, 1968.

____________. *Three Thousand Years of Educational Wisdom.* 2nd Ed. Cambridge, MA: Harvard University Press, 1999.

VanGemeren, Willem A. Ed. *New International Dictionary of Old Testament Theology and Exegesis* 2. Grand Rapids, MI: Zondervan Pub. House 1997.

von Rad, Gerhard. *Weisheit in Israel.* Gütersloh: Gütersloher Taschenbucher, 1437; 1992,

Weber, Hans-Ruedi. *Jesus and the Children: Biblical Resources for Study and Preaching.* Atlanta: John Knox Press, 1979. 1

Wegner, Paul D. "Discipline in the Book of Proverbs: 'To Spank or Not to Spank?'." *Journal of the Evangelical Theological Society*48. 4 (Dec 2005): 715-32.

Whybray, R. Norman. Proverbs. The New Century Bible Commentary. Grand Rapids, MI: Eerdmans, 1994.

Williams, Derek. Ed. *New Concise Bible Dictionary.* 한국기독학습자회출판부 편역. 『IVP 성경사전』. 서울: 한국기독학습자회출판부, 1992.

Wilson, Marvin R. "Jewish Concept of Learning: A Christian Appreciation." *Christian Scholar's Review* 5:4. 1976: 350-363.

Zuck. Roy B. *Precious in His Sight: Childhood and Children in the Bible.* Grand Rapids, MI: Baker Books, 1996.

____________. "Education in the Monarchy and the Prophets." Anthony, Michael J. Ed. *Evangelical Dictionary of Christian Education.*

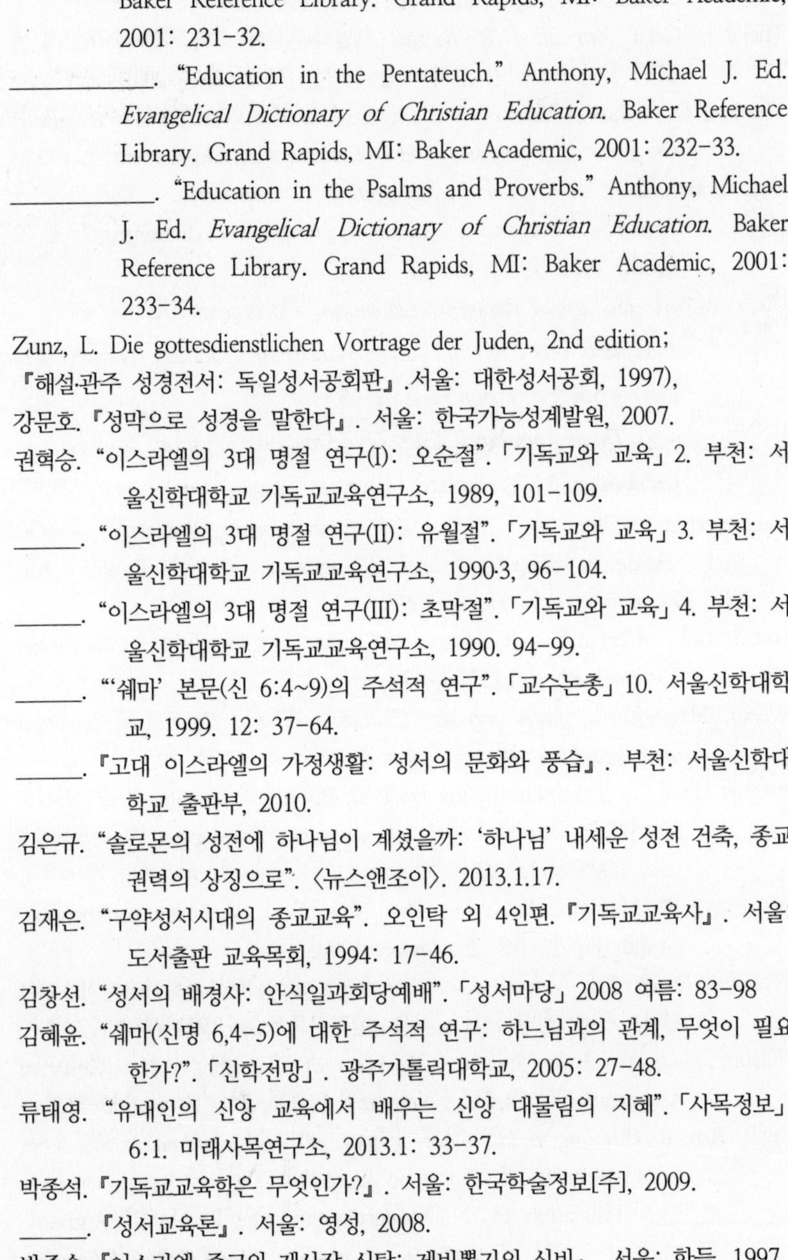

Baker Reference Library. Grand Rapids, MI: Baker Academic, 2001: 231-32.

______. "Education in the Pentateuch." Anthony, Michael J. Ed. *Evangelical Dictionary of Christian Education*. Baker Reference Library. Grand Rapids, MI: Baker Academic, 2001: 232-33.

______. "Education in the Psalms and Proverbs." Anthony, Michael J. Ed. *Evangelical Dictionary of Christian Education*. Baker Reference Library. Grand Rapids, MI: Baker Academic, 2001: 233-34.

Zunz, L. Die gottesdienstlichen Vortrage der Juden, 2nd edition;

『해설·관주 성경전서: 독일성서공회판』. 서울: 대한성서공회, 1997),

강문호. 『성막으로 성경을 말한다』. 서울: 한국가능성계발원, 2007.

권혁승. "이스라엘의 3대 명절 연구(I): 오순절". 「기독교와 교육」 2. 부천: 서울신학대학교 기독교교육연구소, 1989, 101-109.

______. "이스라엘의 3대 명절 연구(II): 유월절". 「기독교와 교육」 3. 부천: 서울신학대학교 기독교교육연구소, 1990·3, 96-104.

______. "이스라엘의 3대 명절 연구(III): 초막절". 「기독교와 교육」 4. 부천: 서울신학대학교 기독교교육연구소, 1990. 94-99.

______. "'쉐마' 본문(신 6:4~9)의 주석적 연구". 「교수논총」 10. 서울신학대학교, 1999. 12: 37-64.

______. 『고대 이스라엘의 가정생활: 성서의 문화와 풍습』. 부천: 서울신학대학교 출판부, 2010.

김은규. "솔로몬의 성전에 하나님이 계셨을까: '하나님' 내세운 성전 건축, 종교 권력의 상징으로". 〈뉴스앤조이〉. 2013.1.17.

김재은. "구약성서시대의 종교교육". 오인탁 외 4인편. 『기독교교육사』. 서울: 도서출판 교육목회, 1994: 17-46.

김창선. "성서의 배경사: 안식일과회당예배". 「성서마당」 2008 여름: 83-98

김혜윤. "쉐마(신명 6,4-5)에 대한 주석적 연구: 하느님과의 관계, 무엇이 필요한가?". 「신학전망」. 광주가톨릭대학교, 2005: 27-48.

류태영. "유대인의 신앙 교육에서 배우는 신앙 대물림의 지혜". 「사목정보」 6:1. 미래사목연구소, 2013.1: 33-37.

박종석. 『기독교교육학은 무엇인가?』. 서울: 한국학술정보[주], 2009.

______. 『성서교육론』. 서울: 영성, 2008.

박종수. 『이스라엘 종교와 제사장 신탁: 제비뽑기의 신비』. 서울: 한들, 1997.

聖書百科大辭典編纂委員會 譯編.『聖書百科大辭典』1. 서울: 聖書教材刊行社, 1979.

안근조. "구약성서의 '쉐마'와 호크마: 고대이스라엘의 지혜교육".「기독교교육정보」21. 한 국기독교교육정보학회, 2008. 12: 165-190.

오인탁 외 10인.『기독교교육사』기독교교육학 기본교재 총서4. 서울: 기독한교, 2010.

왕대일.『목회자의 실패, 목회자의 성공』구약성서에서 배우는 오늘의 목회. 서울: 대한기독교서회, 2000.

유형기.『성서사전』. 서울: 미화인쇄소, 1970.

이남훈.『CEO 스티브잡스가 인문학자 스티브잡스를 말하다: 스티브 잡스의 인문학적 통찰력과 예술적 감수성』. 서울: 팬덤북스, 2011.

이성호편.『성서대사전』. 서울: 성지사, 1982.

이은우. "쉐마(신 6: 4-9)의 수용사(Reception History)".「구약논단」17:2(40). 한국기독교학회, 2011. 6: 54-83.

임상훈. "인문과학은 여전히 가능하다". 〈경향신문〉. 2012.5.11.

임인환. "신명기에 나타난 유대인의 교육관".「성경과 고고학」50. 2006·여름: 24-37.

장상호. "教育的 關係의 인식론적 의의".「教育原理研究」1:1. 서울대학교 教育原理研究會, 1996: 23-25.

장홍길. "유대교의 성서해석".「성서마당」. 2008·봄: 106-115.

정인찬 편.『성서대백과사전』4. 서울: 기독지혜사, 1979.

최인식.『예수와 함께 걷는 유대교 산책』. 부천: 예루살렘아카데미, 2008.

색 인

주제어

㉩

기타

성 구

〈구약〉

창세기

레위기

민수기

잠언

전도서

예레미야 애가

에스겔

〈신약〉

마태복음

마가복음

누가복음

요한복음

사도행전

도　표

그　림